5-7, rue de l'Ecole-Polytechnique, 75005 Paris

www.editions-harmattan.fr

ISBN : 978-2-343-21076-6
EAN : 9782343210766

Pour un droit constitutionnel des collectivités territoriales

Évolutions et débats

Collection *Droit des collectivités territoriales*

Fondée et dirigée par
Bernard POUJADE et Xavier CABANNES

Professeurs à l'Université de Paris

Série
Travaux de l'Association française
de droit des collectivités locales

Dernières parutions

Marie JAN, *L'égalité professionnelle dans la fonction publique territoriale. L'exemple de la Région Nouvelle-Aquitaine*, 2020

J.-C. CERVANTÈS, *Le principe d'unité des catégories de collectivités territoriales en question*, 2019

C. CHEVILLEY-HIVER, M. HOUSER et A. MARCEAU (dir.), *Les collectivités territoriales à l'ère du numérique*, 2019

Thierry DI MANNO et A. LE QUINIO (dir.), *Quelle(s) commune(s) pour le XXIe siècle ?*, 2018

Maylis DOUENCE (dir.), *L'exercice des compétences locales entre rationalisation et créativité*, 2018

Apolline THIRION, *La nouvelle compétence GEMAPI*, 2018.

Jean-Marc BOU, *La dynamique de l'économie mixte dans la région Occitanie*, 2017.

Julie BENETTI (dir.), *Les collectivités territoriales et le principe d'égalité*, 2016.

Mathilde MONTAUBIN, *Le référendum d'indépendance de l'Ecosse*, 2016.

Jean-François BRISSON (dir.), *L'Assemblée délibérante, avenir de la démocratie locale*, 2015.

Mélissa GOASDOUÉ, *Les collectivités territoriales et la spéculation*, 2015

Sous la direction de
Pauline TÜRK

Pour un droit constitutionnel des collectivités territoriales

Évolutions et débats

L'Harmattan

TABLE DES MATIÈRES

Partie 3
Les collectivité territoriales et la fonction externe de l'État.
Un cadre constitutionnel préservé

AVANT-PROPOS

Pauline TÜRK,
Professeur à l'Université Côte d'Azur,
Faculté de droit et science politique de Nice

La constitutionnalisation du droit des collectivités territoriales, ainsi que la construction du droit constitutionnel local, ont déjà fait l'objet de nombreuses études. Cependant, les problématiques sont profondément réactualisées, compte tenu de l'ouverture de nouveaux débats et perspectives. En effet, à la suite des lois de décentralisation de 1982-1984, de la réforme constitutionnelle du 28 mars 2003 relative à l'organisation décentralisée de la République, puis d'un troisième élan insufflé par le législateur à partir de 2013, un nouvel « Acte » de la décentralisation a été annoncé, en juillet 2017, par le Président Macron dans le cadre du « Pacte girondin pour les collectivités ».

Parmi les différentes pistes dessinées, le gouvernement a retenu plusieurs propositions, intégrées aux projets de loi constitutionnelle n° 911 du 9 mai 2018 *pour une démocratie plus représentative, responsable et efficace*, et n° 2203 du 29 août 2019 *pour un renouveau de la vie démocratique*. Si le devenir de ces projets apparaît aujourd'hui très incertain, les débats qu'ils ont ouverts, eux, vont probablement perdurer.

L'inscription dans la Constitution d'un droit à la différenciation territoriale, d'un statut spécifique pour la Corse, la refonte de l'article 72 de la Constitution, l'approfondissement du droit à l'expérimentation, l'actualisation du statut de l'outre-mer, ou encore l'adaptation du nombre et du mode d'élection des représentants au Parlement, figurent parmi les principales pistes à l'étude. Celles-ci soulèvent de nombreux enjeux, en lien avec les principes constitutionnels classiques : l'égalité devant la loi, l'indivisibilité de la République, la libre administration des collectivités, l'égalité devant le suffrage, etc.

C'est donc de l'état et des perspectives d'évolution du statut et des compétences des collectivités territoriales, tels qu'ils sont encadrés par la Constitution de 1958 et par la jurisprudence constitutionnelle, qu'il est question dans cet ouvrage. Ce dernier est le fruit de travaux qui ont mobilisé, en 2019 et 2020, l'équipe de droit public de la Faculté de droit et science politique de Nice (CERDACFF) en partenariat avec l'Association Française de Droit des Collectivités locales (AFDCL), grâce au soutien du Conseil départemental des Alpes Maritimes et de l'Université Côte d'Azur.

L'ouvrage est structuré en trois parties.

La première vise à analyser, du point de vue des principes et du cadre constitutionnel, qui apparait « sous tension », les enjeux des réformes constitutionnelles proposées et désormais débattues. Qu'il s'agisse de la pression exercée sur les principes d'égalité et d'indivisibilité de la République ou des perspectives ouvertes par la différenciation territoriale, les analyses des propositions à l'étude en France sont éclairées par la comparaison avec les modèles italien et belge. De même, les cas particuliers de la Corse, de la Polynésie, ou de la Nouvelle-Calédonie, permettent d'illustrer les défis que représentent, pour la structure de l'état unitaire, les réformes successives tendant à reconnaître les spécificités de ces territoires.

La deuxième partie est consacrée au principe de libre administration, sous tous ses aspects, dès lors que sa définition, son fondement, ses contours, ses manifestations et déclinaisons sont profondément mis en cause du fait des évolutions passées et sans doute à venir. Le degré d'autonomie des collectivités, le champ et la nature de leurs compétences, leur marge de manœuvre budgétaire et fiscale, notamment, sont analysés et mesurés, entre réalités et faux semblants. L'adaptation du cadre constitutionnel aux faits et aux besoins est évaluée, afin d'établir si ce cadre est dépassé, si des réformes constitutionnelles peuvent être envisagées, ou si des évolutions de la jurisprudence constitutionnelle sont perceptibles.

La troisième partie est consacrée spécifiquement à une thématique portée par le laboratoire CERDACFF de Nice, dans le cadre du projet « diter » (diplomatie territoriale). Au regard du développement et de l'intérêt de l'action extérieure des collectivités territoriales, il apparaît pertinent de s'intéresser au cadre constitutionnel dans lequel s'inscrit la contribution des collectivités à la fonction externe de l'Etat. Cette participation des collectivités a des incidences évidentes sur la souveraineté de l'Etat et l'exercice d'une de ses fonctions régaliennes, ce qui justifie la prudence, si l'on souhaite voir le cadre constitutionnel préservé.

Que soient remerciés tous ceux qui ont participé à cet ouvrage pour la richesse de leurs contributions, et particulièrement, pour leur soutien à son initiative et à sa concrétisation, Bertrand Faure, Laetitia Janicot, Xavier Latour, Bernard Poujade, Christian Vallar et, bien sûr, Michel Verpeaux.

PRÉFACE

Laetitia JANICOT
Professeur de droit public, Université de Cergy Pontoise

Michel VERPEAUX
Professeur émérite de droit public, Université Paris I

Les 14 et 15 novembre 2019 se sont tenues à Nice les 6ème Journées d'études de l'Association française de droit des collectivités locales, depuis 2014, dans un tour de France qui relie Bordeaux, Reims, Toulon, Besançon et Pau. Elles ont été organisées de manière parfaite - en dehors de la pluie et des orages, inattendus sur la Côte d'Azur et qui ont littéralement cloué au sol certains des participants, ainsi amenés à prolonger leur séjour ! - par le Centre d'Études et de Recherche en Droit Administratif, Constitutionnel, Financier et Fiscal sous la direction des professeurs Christian Vallar, Xavier Latour et Pauline Türk. Cette dernière a été le lien constant, efficace et compétent entre l'AFDCL et tous les partenaires niçois. Qu'elle soit ici vivement et grandement remerciée.

Ces Journées ont pu être organisées grâce à l'aide de l'Université Côte d'Azur, de la Faculté de droit et science politique de Nice, dirigée par son doyen le professeur Xavier Latour et avec le soutien du Conseil départemental des Alpes maritimes, de la Région Sud et de la Métropole Nice Côte-d'Azur. Les travaux se sont déroulés, pour la première journée, dans les très beaux locaux du Palais des rois sardes, dit aussi des Ducs de Savoie, classé monument historique. La seconde journée a été organisée dans les locaux de la Faculté de droit de Nice, à la Villa Passiflore, berceau de la Faculté fondée par le doyen Trotabas, et qui bénéficient d'un environnement et d'une vue exceptionnels. L'assistance a toujours été nombreuse, attentive et la présence des étudiants des masters niçois a été un réconfort pour les participants.

Trois tables rondes ont été successivement proposées aux nombreux participants :

- « Le statut des collectivités territoriales, entre unité et diversité – Un cadre constitutionnel sous tension » ;
- « Libre administration des collectivités : le principe et son effectivité – Un cadre constitutionnel dépassé ? » ;

« Les collectivités territoriales et la fonction externe de l'Etat – Un cadre constitutionnel préservé ».

Le thème général choisi, intitulé « *Constitution et Droit des collectivités territoriales* », portait sur l'importance du droit constitutionnel pour les collectivités locales, illustrant, une fois encore, la diversité de la réflexion et de la recherche dans cette discipline, qu'il s'agisse des règles ou de la pratique du droit qui s'applique aux collectivités locales. D'ailleurs, si beaucoup de communications traitaient de thèmes nationaux, les organisateurs avaient fait le bon choix de réserver une place à des questions, des illustrations et des témoignages locaux. Cette conjonction des centres d'intérêt trouvait aussi sa source dans la « double casquette » de plusieurs intervenants, à la fois universitaires reconnus et élus locaux. Egalement, des contributions de collègues étrangers, belge et italiens, sont venues très utilement enrichir la réflexion et la discussion concernant les rapports entre droit constitutionnel et droit des collectivités territoriales, à la lumière de débats d'actualité dans ces Etats voisins.

Le droit constitutionnel des collectivités locales (ou territoriales) est une discipline nouvelle, toutes proportions gardées, dans un Etat aussi unitaire que la France, dans lequel les collectivités n'étaient régies que par des règles et des principes venus du droit administratif général sous le contrôle des juridictions administratives et, pendant longtemps, du seul Conseil d'Etat. Le développement de ce droit repose sur une double cause, bien identifiée : la multiplication des lois dites de décentralisation depuis 1982 et le développement du contrôle de constitutionnalité des lois de manière parfaitement concomitante, alors même que les deux phénomènes n'avaient, *a priori*, aucun rapport l'un avec l'autre. La rencontre des deux a conduit à faire émerger et respecter par le législateur, à partir de quelques lignes de la Constitution rédigée en 1958, des principes aussi importants que la libre administration des collectivités et le nécessaire contrôle de l'Etat. Il est évident que la construction de ce droit est à l'origine de la révision constitutionnelle de 2003, rendue nécessaire afin de surmonter les obstacles mis sur la route de certaines réformes par le Conseil constitutionnel, qui faisait une stricte, mais exacte application des dispositions du texte. On pense notamment au droit de l'outre-mer et aux quelques règles qui empêchaient les évolutions vers une diversité statutaire.

Le projet de loi constitutionnelle présenté en 2018-2019, s'il devait voir le jour, illustre aussi cette nécessité du « lit de justice constitutionnelle » pour aller plus loin, que ce soit pour le statut de la Corse ou pour la reconnaissance éventuelle d'une diversité des compétences pour les collectivités appartenant à une même catégorie.

La publication de ces journées d'études niçoises s'inscrit dans la collection des travaux de l'AFDCL qui se nourrit ainsi de la parution d'un nouvel et très bel ouvrage.

Rapport introductif

Droit constitutionnel des collectivités territoriales ou droit constitutionnel local ?

Michel VERPEAUX

Professeur de Droit public, Université Panthéon Sorbonne – Paris I,

Président de l'AFCDL

Ce colloque, fruit d'un projet né lors d'une soutenance de thèse parisienne d'il y a bientôt deux ans, est le sixième d'une nouvelle série, qui est celle des Journées d'études de l'AFDCL, association que j'ai l'honneur de présider. Le choix des villes organisatrices, cette année donc Nice, obéit à des équilibres subtils, est-ouest, nord sud, mais il résulte surtout des initiatives prises par les forces locales. En guise d'illustration de ces choix géographiques et scientifiques, l'AFDCL est heureuse d'annoncer que les prochaines journées de novembre 2020 se tiendront à Strasbourg. La diversité des thèmes retenus chaque année par les organisateurs, avec l'aval et parfois la suggestion de l'AFDCL, montre combien le droit des collectivités territoriales est riche et multiple.

Le thème de ces journées niçoises ne pouvait pas être mieux choisi, bien sûr, ce qui ne veut pas dire qu'il soit simple. En outre, ouvrir un colloque n'est pas une tâche aisée, en dehors de la phase, obligée, mais sincère et agréable, de l'autosatisfaction et des remerciements, adressés à Pauline Türk et aux organisateurs niçois. Il n'est pas possible d'anticiper sur ce qui sera brillamment dit, ni d'empiéter sur les sujets qui seront mieux traités et en détail par les différents intervenants. En sens inverse, la tentation est grande de se prononcer sur certaines questions, quitte à contredire d'emblée les auteurs de communications. Pour autant, la tâche est aisée, car il n'est nul besoin de rentrer dans le détail de chacune des questions, laissant cette mission aux contributions. Les propos introductifs qui suivent pourront alors se contenter d'être très généraux.

Les organisateurs du colloque ont choisi, pour titre de ces propos introductifs, un intitulé double ou à tiroirs, ce qui pourrait être de nature à faciliter la tâche, car il laisse ouvertes des perspectives : « Droit constitutionnel des collectivités territoriales ou droit constitutionnel local ». Laissons de côté l'absence de choix entre les deux adjectifs qui caractérisent le droit qui nous occupe, à savoir territorial et local. Après tout, il est possible d'inverser l'ordre des mots et d'écrire « droit constitutionnel des collectivités locales ou droit constitutionnel territorial ». Est-ce que cela aurait changé quelque chose au contenu ou à mon propos ? Il a été choisi néanmoins de ne pas traiter de cette question terminologique pour ne pas déflorer ce qui sera sans doute l'un des thèmes abordés lors des futures Journées d'étude de Strasbourg.

C'est à un professeur aixois que l'on doit la deuxième expression utilisée comme titre d'un des premiers ouvrages consacrés uniquement à ce sujet, du moins dans la période contemporaine et en France, celui d'André Roux, intitulé précisément « Droit constitutionnel local » paru en 1995[1]. Depuis cette date, beaucoup d'ouvrages, d'articles et de contributions ont abordé cette question, y compris sous l'angle du droit comparé[2].

Les dimensions chronologique et géographique du sujet ont leur intérêt. Le thème traité apparaît en effet comme un phénomène récent en France, sur le court terme, en ce qu'il se consacre à cette question, alors que les grands auteurs du début du XXe siècle n'avaient aucune hésitation à traiter de la place des pouvoirs locaux dans leurs œuvres de droit constitutionnel. Une sorte de régression semble s'être produite à ne pas vouloir prendre en compte la dimension locale ou territoriale de la Constitution. En second lieu, les juristes de pays voisins seraient sans doute surpris que l'on s'étonne de l'existence d'un droit constitutionnel des collectivités territoriales, tant cette réalité est une évidence dans ces Etats qu'il est tentant de qualifier de normaux. La bizarrerie française sur ce point n'a d'équivalent que l'existence de cette construction historique que beaucoup s'obstinent à qualifier de « bloc de constitutionnalité » tandis que la plupart des Etats possèdent des constitutions dans lesquelles sont inscrits des droits et des libertés, ou des droits fondamentaux.

Bien sûr, la situation constitutionnelle est nécessairement différente dans les Etats fédéraux pour lesquels l'organisation territoriale est inscrite dans le texte constitutionnel, car c'est lui qui détermine la place des divers pouvoirs et leurs compétences. De même, dans ces Etats et à s'en tenir à l'Europe, une juridiction nécessairement constitutionnelle ou suprême est chargée de vérifier le respect du contrat fédératif inscrit dans le texte fondateur. Sans même penser à la Cour suprême des Etats-Unis, la Cour constitutionnelle de Karslruhe ou la Cour constitutionnelle belge ont dans leurs attributions la résolution des conflits de répartition des compétences.

---

[1] André ROUX, *Droit constitutionnel local*, coll Droit poche, droit public fondamental, Economica, 1995, et les références auxquelles il renvoie.

[2] G. GUGLIELMI et Julien MARTIN (s.d.) *Le droit constitutionnel des collectivités territoriales*, coll Au fil des débats, Berger Levrault, 2015.

Dans les Etats qualifiés rapidement de régionaux, les Cours constitutionnelles ont également cette fonction, qu'il s'agisse du Tribunal constitutionnel espagnol ou de la Cour constitutionnelle italienne. Néanmoins, dans ces derniers pays, les pouvoirs locaux ne se limitent pas à la seule administration de quelques services publics. Ceci explique peut-être cela. La prise en compte des pouvoirs locaux a pu néanmoins donner naissance à la notion, intéressante et nouvelle en France, de séparation verticale, ou division verticale des pouvoirs, qui s'intéresse à la façon de concevoir les différents échelons territoriaux, et cela notamment sous l'influence du droit comparé[3]. Celle-ci, au même titre que la séparation horizontale, a alors sa place naturelle dans un texte constitutionnel et permet d'envisager cette question dans des Etats ayant des formes ou des organisations très différentes, qu'ils soient unitaires, régionaux ou fédéraux.

L'ouvrage précité d'André Roux définit le droit constitutionnel local sous l'angle de la constitutionnalisation des branches du droit. Pour lui, le droit constitutionnel local désigne « l'ensemble des règles et principes constitutionnels applicables aux collectivités territoriales (ou locales) »[4].

La constitutionnalisation des branches du droit, que le doyen Favoreu a amplement contribué à développer, au point de susciter des critiques y compris de la part de ceux dont on avait pu penser qu'ils pouvaient en être à l'origine, signifie que chaque discipline juridique doit trouver (ou a) un fondement constitutionnel. Ou, si l'on préfère, que le droit constitutionnel, et au-delà la Constitution, pouvait fonder et justifier les principes d'un ensemble homogène de règles de droit correspondant à une discipline. Le droit constitutionnel civil avoisinait ainsi le droit constitutionnel pénal, qui côtoyait le droit constitutionnel financier. Il n'y avait alors aucune raison que le droit qui s'applique aux collectivités locales à la française échappe à ce mouvement unificateur ou impérialiste, selon l'appréciation que l'on peut en faire, donnant lieu à la naissance, ou au constat de l'existence d'un droit constitutionnel local ou territorial.

Pour que cet objectif soit atteint, la situation est doublement compliquée en France du fait de la brièveté du texte constitutionnel et de l'absence d'un organe chargé de faire appliquer la Constitution aux autorités normatives supérieures, c'est-à-dire le législateur. Le parallèle opéré *supra* avec les droits et libertés trouve ici encore toute sa pertinence.

---

[3] Dans ce sens, Louis FAVOREU et alii, *Droit constitutionnel*, coll Précis, Dalloz, 21ème édition, 2019, p. 467

[4] André ROUX, op. cit, p. 5.

Pour qu'il existe un droit constitutionnel des collectivités territoriales (ou locales), il faut qu'il y ait une Constitution, si possible formelle. Ceci n'est cependant pas suffisant, car encore faut-il que ce droit soit constitutionnalisé.

I- La constitution des collectivités territoriales

Pour qu'il y ait droit constitutionnel des collectivités, il faut qu'il y ait une Constitution. Un survol rapide des textes français montre une assez grande continuité dans la prise en compte des réalités locales dans la plupart des textes constitutionnels. La présentation, les principes affirmés, les mots utilisés diffèrent cependant selon les époques et selon les contextes. Les Constitutions révolutionnaires faisaient ainsi mention de l'administration intérieure, comme celle des 3 et 14 septembre 1791, au sein d'une section d'un chapitre intitulé « De l'exercice du pouvoir exécutif » dont l'article 2 proclamait que « Les administrateurs n'ont aucun caractère de représentation - Ils sont des agents élus à temps par le peuple, pour exercer, sous la surveillance et l'autorité du roi, les fonctions administratives »[5]. Une place particulière était néanmoins réservée aux communes dont les officiers municipaux sont chargés de gérer les affaires particulières de la commune[6].

La Constitution de l'an I avait innové dans ses articles 78 à 84 qui traitaient des « Corps administratifs et municipaux », impliquant une distinction riche de sens entre le niveau communal et les deux autres niveaux, comme en 1791, alors même que l'article 78 affirmait qu'« Il y a dans chaque commune de la République une administration municipale ; - Dans chaque district, une administration intermédiaire ; - Dans chaque département, une administration centrale ». Celle du 5 fructidor an III (22 août 1795) reprenait dans un long titre VII (art.174 à 201) la même expression de « corps administratifs et municipaux », mais innovait en prévoyant des municipalités de canton (art. 180). Faute de temps sans doute, la Constitution du 22 frimaire s'est contentée d'affirmer dans son article 1er que « La République française est une et indivisible. - Son territoire européen est distribué en départements et arrondissements communaux », mais il est vrai que le véritable texte constitutionnel sur le sujet fut la loi du 28 pluviôse an VIII (17 février 1800)

---

[5] Section du Chapitre IV, intitulé « De l'exercice du pouvoir exécutif » du titre III de la Constitution des 3 et 14 septembre 1791 affirmant aussi à l'article 1 : « Il y a dans chaque département une administration supérieure, et dans chaque district une administration subordonnée ».

[6] Titre II « De la division du royaume, et de l'état des citoyens » : l'article 9 prévoyait en effet que « Les citoyens qui composent chaque commune, ont le droit d'élire à temps, suivant les formes déterminées par la loi, ceux d'entre eux qui, sous le titre *d'Officiers municipaux*, sont chargés de gérer les affaires particulières de la commune. - Il pourra être délégué aux officiers municipaux quelques fonctions relatives à l'intérêt général de l'Etat ».

concernant la division du territoire de la République et l'administration et qui intéressait tous les niveaux de l'administration locale.

Les Chartes royales de 1814 et 1830 étaient muettes sur le sujet, exception faite de l'article 69 celle du 14 août 1830 annonçant, au titre des « dispositions particulières », qu'il devait être pourvu par des lois particulières relatives à des « institutions départementales et municipales fondées sur un système électif ». La Constitution du 4 novembre 1848 a renoué avec l'inscription de dispositions au sein de la Constitution, mais aussi avec des dénominations anciennes dans un chapitre VII intitulé « De l'administration intérieure ». Il comprend un article 79 au contenu politique très novateur : « Les conseils généraux et les conseils municipaux sont élus par le suffrage direct de tous les citoyens domiciliés dans le département ou dans la commune. Chaque canton élit un membre du conseil général »[7]. A la suite de la proclamation du suffrage universel par le décret du 5 mars 1848[8], la Constitution de 1848 mettait plus l'accent sur la question du suffrage que sur l'affirmation d'une réelle décentralisation, mais l'une pouvait cependant naître de l'autre. La Constitution du 14 janvier 1852 s'est inscrite dans la tradition napoléonienne en ne consacrant, au sein d'un Titre VIII - Dispositions générales et transitoires- qu'un seul article 57 prévoyant qu'« Une loi déterminera l'organisation municipale. Les maires seront nommés par le pouvoir exécutif, et pourront être pris hors du conseil municipal ».

Il est donc difficile de considérer que les diverses constitutions françaises ont ignoré les réalités locales, même si ces dernières, à l'exception possible de celle de 1848, n'étaient conçues que comme des rouages de l'administration de l'Etat. Si les lois constitutionnelles de 1875 ne contenaient aucune disposition relative à cette matière, c'est la Constitution du 27 octobre 1946 qui a considérablement innové sur ce point en consacrant des notions et un vocabulaire nouveau, insérant dans le texte constitutionnel les concepts de « libre administration » et de « collectivités territoriales » aux articles 85 à 89 du Titre X[9]. En réalité d'ailleurs, c'est le projet de constitution adopté le 19 avril 1946 qui a introduit ces notions et profondément innové la perception de l'administration locale, dans un Titre VIII intitulé « Des collectivités locales » et comprenant les articles 114 à 120.

---

[7] Les articles 76 à 80. L'alinéa 2 de l'article 79 prévoyait que « Une loi spéciale réglera le mode d'élection dans le département de la Seine, dans la ville de Paris et dans les villes de plus de vingt mille âmes ».

[8] Par le décret du 5 mars 1848, le corps électoral est passé de 246 000 votants à plus de neuf millions.

[9] La Constitution de 1946 comprenait aussi un Titre VIII intitulé « De l'Union française » dont la Section III était intitulée « Des départements et territoires d'outre-mer ».

Sous la Vème République et jusqu'à la loi constitutionnelle relative à l'organisation décentralisée de la République du 28 mars 2003, le corpus constitutionnel territorial était des plus faibles. Le titre XI, intitulé comme le titre X de la Constitution de 1946 « Des collectivités territoriales », comprenait cinq articles en 1958. L'un, l'article 76, est devenu rapidement sans objet, mais fut abrogé seulement en 1995[10], et trois étaient consacrés au seul outre-mer, dont l'article 75, intéressant plutôt les juristes civilistes spécialistes du droit des personnes que ceux qui s'intéressent au droit local[11], et un article 72 aux trois alinéas aussi ramassés que denses. En outre, pour l'essentiel, ces quelques malheureuses dispositions n'étaient que la reprise appauvrie de celles figurant déjà dans le texte constitutionnel de la IVe République.

Pourtant, l'énumération de ces articles de la Constitution de 1958, contenus au titre XI puis XII[12], ne rendait pas compte de toute la réalité de l'ensemble des normes constitutionnelles applicables aux collectivités territoriales. En effet, et en dehors même de l'ancien titre XIII relatif à la Communauté, des dispositions intéressent essentiellement la souveraineté et sont ainsi inscrites dans les premiers articles de la Constitution. L'article 1er proclame que la France est une République indivisible, ce qui a pour effet d'affirmer, à la suite d'une longue tradition constitutionnelle, qu'elle est un État unitaire.

Ces diverses dispositions ne visent donc pas spécialement les collectivités territoriales, mais elles peuvent s'appliquer en matière locale, parfois sous réserve d'une interprétation par le juge constitutionnel. L'article 24, alinéa 4, concerne plus directement les collectivités territoriales en confiant au Sénat le soin d'assurer leur représentation au sein du Parlement. De même, l'article 53, alinéa 3, prévoit l'obligation d'une consultation des populations intéressées, par un référendum, en cas de cession, d'échange ou d'adjonction de territoire.

On ne saurait oublier l'article 34 qui affirmait que, parmi les principes fondamentaux relevant de la loi figurait « la libre administration des collectivités locales, de leurs compétences et de leurs ressources » (ancien alinéa 14). La révision de 2003 en a d'ailleurs modifié sa rédaction en adoptant

---

[10] Loi constitutionnelle n°95-880 du 4 août 1995 portant extension du champ d'application du référendum, instituant une session parlementaire ordinaire unique, modifiant le régime de l'inviolabilité parlementaire et abrogeant les dispositions relatives à la Communauté et les dispositions transitoires (JO n°181 du 5 août 1995 page 11744). C'est l'article 12 de la loi, au sein du Chapitre IV « Abrogation des dispositions relatives à la Communauté » qui a abrogé spécialement l'article 76 de la Constitution.

[11] Cet article 75, non modifié à ce jour dispose que « Les citoyens de la République qui n'ont pas le statut civil de droit commun, seul visé à l'article 34, conservent leur statut personnel tant qu'ils n'y ont pas renoncé ».

[12] C'est l'article 3 de la loi constitutionnelle n° 93-952 du 27 juillet 1993 portant révision de la Constitution du 4 octobre 1958 et modifiant ses titres VIII, IX, X et XVI
qui a procédé à la nouvelle numérotation des titres X à XVI de la Constitution de 1958

l'expression de « libre administration des collectivités territoriales » et la révision du 23 juillet 2008 en a fait un alinéa 3[13]. Les contributions de Jean-François Brisson et de Maylis Douence traiteront sans doute de la place de la loi en tant que norme protectrice, ou non, de la libre administration ou des libertés locales.

Il est cependant impossible d'énumérer toutes les dispositions constitutionnelles susceptibles d'intéresser, d'une manière ou d'une autre, les collectivités territoriales. Le Préambule de la Constitution de 1958 et les textes auxquels il se réfère contiennent des principes généraux qui ont vocation à s'appliquer aussi à ces collectivités : l'article 6 de la Déclaration des droits proclame ainsi l'égal accès aux emplois publics, dont font partie évidemment les emplois locaux.

Cette même révision de 2003 a ouvert de nombreuses perspectives nouvelles, en enrichissant le titre XII de plusieurs articles et en réécrivant parfois complètement les anciennes dispositions, comme les articles 72, 73 et 74. Nécessairement, le droit constitutionnel postérieur à 2003 ne peut être que plus développé, même si un constat rapide permet de dire que le droit relatif aux outre-mer a bien plus bénéficié de cet apport que le droit commun, tant la révision de 2003 a bien été le résultat d'une double source d'inspiration. La loi constitutionnelle a également introduit des dispositions nouvelles ou modifié des règles existantes en dehors du seul titre XII, dans les articles 34, 39 et 60. Que dire aussi de l'ajout à l'article 1er de la Constitution de l'affirmation selon laquelle l'organisation de la République est décentralisée ? On peut en effet se demander si cette disposition a considérablement modifié la nature du droit constitutionnel local ou si elle n'était qu'une pétition de principe à vocation proclamatoire.

Soyons charitable et passons rapidement sur l'article 75-1 introduit par la révision précitée de 2008 et dont la place au sein du titre XII peut être source d'étonnements (« Les langues régionales appartiennent au patrimoine de la France »).

S'agissant de l'avenir, le projet de loi constitutionnelle déposé une première fois en mai 2018, retiré puis redéposé fin août 2019, et qui sera souvent évoqué dans nos travaux ; contribue surtout, en l'état, à renforcer la différenciation de certains territoires (la Corse) ou de certaines compétences.

Le droit local a connu une autre révision et un projet de loi constitutionnelle non abouti antérieurs à 2003, qui sont venus illustrer, *nolens volens*, l'importance de la prise en compte de la Constitution. L'accord de Nouméa du 5 mai 1998 a été repris et donc accepté par la loi constitutionnelle n° 98-610 du 20 juillet 1998 relative à la Nouvelle-Calédonie, qui a inséré deux

---

[13] Article 11 de la loi constitutionnelle n° 2008-724 du 23 juillet 2008 de modernisation des institutions de la Ve République (JO n°0171 du 24 juillet 2008 p. 11890).

nouveaux articles 76 et 77 dans le titre XIII sous le nom de « Dispositions transitoires relatives à la Nouvelle-Calédonie ». Parce que ce statut déroge sur plusieurs points aux dispositions constitutionnelles applicables dans les autres parties du territoire français, seule une révision pouvait juridiquement contredire d'autres règles constitutionnelles, même pour une partie limitée du territoire français.

Depuis 2003, son absence de la liste de l'alinéa 2 de l'article 72-3 semble indiquer que la Nouvelle-Calédonie échappe largement au droit des autres collectivités territoriales, et si le titre XII peut apparaître comme un titre général, le titre XIII constitue un titre spécifique[14].

L'évolution de la Polynésie française vers le statut de « pays d'outre-mer », sur le modèle de ce que venait de connaître la Nouvelle-Calédonie fut néanmoins bloquée par la suspension, en janvier 2000, de l'examen par le Congrès du Parlement du projet de loi constitutionnelle relatif à la Polynésie française et à la Nouvelle-Calédonie, pour des raisons extérieures à l'avenir de la Polynésie[15].

Dans les deux cas, il s'agissait alors de modifier la Constitution pour mieux la contourner ou de s'en servir pour mieux la méconnaître, le pouvoir de révision pouvant conduire à introduire dans la Constitution des dispositions contradictoires. Dans le même sens, on pourra rappeler l'article 88-3 sur le droit de vote des citoyens de l'Union européenne aux élections locales et introduit par la loi constitutionnelle du 25 juin 1992 [16].

Ces textes constitutionnels ne sont rien, ou pas grand-chose, s'ils ne sont pas appliqués. C'est alors la prise en compte réelle et l'applicabilité de ces normes qui peuvent envisager un véritable droit des collectivités territoriales. C'est ce phénomène qui est désigné, du moins dans l'esprit de ceux qui l'ont popularisé, sous le nom de constitutionnalisation du droit des collectivités territoriales.

---

[14] Dans un arrêt de Section du 13 décembre 2006, *M. Genelle*, n° 279323, le Conseil d'État a jugé que la Nouvelle-Calédonie n'était pas une collectivité territoriale au sens de l'article 72 parce que la révision constitutionnelle de 1998 a sorti cette « entité » du statut des collectivités territoriales soumis au titre XII. Le Conseil constitutionnel, dans une décision n° 2014-392 QPC du 25 avril 2014, Province Sud de Nouvelle-Calédonie, a adopté une position similaire en jugeant que « les institutions de la Nouvelle-Calédonie sont régies par les dispositions du titre XIII de la Constitution ; qu'il s'ensuit que l'article 72 ne leur est pas applicable de plein droit » (cons. 11).

[15] Projet de loi constitutionnelle relatif à la Polynésie française et à la Nouvelle-Calédonie déposé le 26 mai 1999 sur le bureau de l'Assemblée nationale. Voir le décret du 19 janvier 2000 abrogeant le décret du 3 novembre 1999 tendant à soumettre deux projets de loi constitutionnelle au Parlement réuni en Congrès (JO du 20 janvier 2000).

[16] Loi constitutionnelle n° 92-554 du 25 juin 1992 ajoutant à la Constitution un titre : "Des Communautés européennes et de l'Union européenne" JO du 26 juin 1992, p. 8406.

II- La constitutionnalisation du droit des collectivités territoriales

Pour étudier ce processus, il faut remarquer d'emblée qu'il n'est nul besoin d'avoir recours à des Principes fondamentaux reconnus par les lois de la République (PFRLR) ou à des éléments extérieurs à la Constitution. Tout se trouve dans la Constitution numérotée, encore faut-il la faire parler.

Trois dates jalonnent cette évolution, auxquelles il faut ajouter deux dispositions procédurales inscrites dans la Constitution qui n'intéressent pas, *a priori*, le sujet abordé. La première est la révision du 29 octobre 1974, car l'ouverture de la saisine aux parlementaires leur a permis d'invoquer la méconnaissance des quelques dispositions constitutionnelles intéressant les collectivités territoriales à l'appui de leurs saisines[17]. La deuxième est l'ouverture du contrôle *a posteriori* par l'article 61-1 sous la réserve que les « libertés locales » s'inscrivent dans les droits et libertés que la Constitution garantit.

Les trois dates jalonnant cette constitutionnalisation progressive sont 1979, 1982 et 2010. Dans une décision passée assez largement inaperçue n° 79-104 DC du 23 mai 1979[18], le Conseil constitutionnel a tout d'abord jugé que la disposition de la loi mettant fin aux fonctions de l'assemblée territoriale de Nouvelle-Calédonie n'avait pas « méconnu ni le principe de la séparation des pouvoirs, ni les dispositions constitutionnelles qui le mettent en œuvre ou qui consacrent la libre administration des collectivités territoriales » (consid 9)[19]. Cette décision répondait à une double saisine de députés et de sénateurs qui avaient invoqué l'alinéa 2 de l'article 72. Encore fallait-il faire le lien entre la libre administration et l'article 72, ce que ne faisait précisément pas la décision précitée de 1979. Cette dernière se contentait de faire référence, ce qui se pratiquait fréquemment dans la décennie 1970, à des principes dont le caractère non écrit était sujet à caution, alors que le texte de la Constitution, sur ce sujet au moins, était clair[20]. Aussi imparfaite fût-elle, cette décision

---

[17] Loi constitutionnelle n° 74-904 du 29 octobre 1974 portant révision de l'article 61 de la Constitution (JO du 30 octobre 1974 p. 11035).

[18] Seuls les commentateurs les plus avisés de l'époque ont consacré une étude plus ou moins brève à cette décision : Pierre AVRIL, et Jean GICQUEL, *Pouvoirs*, novembre 1979, n° 11, p. 186 Léo HAMON, *La Gazette du Palais*, 1981, p. 12, Louis FAVOREU, *Revue du droit public et de la science politique en France et à l'étranger*, janvier-février 1979, p. 1694-1704. Cette décision avait été intégrée dans Louis FAVOREU et Loïc PHILIP, *Les grandes décisions du Conseil constitutionnel*. Sirey, édition de 1979, p. 447-469.

[19] Décision n° 79-104 DC du 23 mai 1979, Loi modifiant les modes d'élection de l'Assemblée territoriale et du Conseil de gouvernement du territoire de la Nouvelle-Calédonie et dépendances et définissant les règles générales de l'aide technique et financière contractuelle de l'État

[20] La deuxième saisine des sénateurs considérait néanmoins que « Le précédent ainsi créé comporte à l'égard des collectivités territoriales de la République une menace grave et portant

opérait, pour la première fois, un contrôle au fond d'une loi en matière de collectivités territoriales.

Il a fallu attendre ensuite la décision du 5 janvier 1982 pour que l'article 72 soit directement utilisée en réponse à la saisine des députés qui estimait que la disposition contestée était « évidemment contraire à l'article 72 alinéa 3 » lors de l'examen d'une loi d'orientation autorisant le Gouvernement à agir par voie d'ordonnances [21] : « Considérant que, si, en vertu de l'article 72 de la Constitution, les collectivités territoriales de la République s'administrent librement par des conseils élus, elles le font "dans des conditions prévues par la loi" ; qu'aux termes de l'article 34 de la Constitution "la loi détermine les principes fondamentaux de la libre administration des collectivités locales, de leurs compétences et de leurs ressources" ; que la loi peut donc instituer un système de péréquation entre ces collectivités et que la disposition contestée, limitant d'ailleurs cette péréquation à certaines charges consécutives à la cessation anticipée d'activité des agents des collectivités locales, ne méconnaît pas l'article 72 de la Constitution, non plus qu'aucune règle ou principe de valeur constitutionnelle » (n° 81-134 DC, cons. 12).

Ce sont alors les nombreuses saisines, dues à la pluralité de lois adoptées à compter de 1982, qui ont modifié la perception de la libre administration par le Conseil constitutionnel, aidé par la volonté du Conseil (due au doyen Goerges Vedel dit-on) de faire référence à des normes écrites plutôt qu'à des principes dont l'origine pouvait être contestée. C'est ainsi que la *grande décision* n° 82-137, Loi relative aux droits et libertés des communes, des départements et des régions a fait alors directement utilisation de l'article 72, le Conseil ayant jugé « qu'il résulte des dispositions précitées de l'article 72 de la Constitution que si la loi peut fixer les conditions de la libre administration des collectivités territoriales, c'est sous la réserve qu'elle respecte les prérogatives de l'Etat énoncées à l'article 3 de cet article » (considérant 4)[22]. Le Conseil fut aidé par la saisine des sénateurs qui concluaient « qu'il plaise au Conseil Constitutionnel dire non conformes à l'article 72 alinéa 3 de la Constitution les articles 2 et 3 de cette loi »[23]. Ils craignaient que la suppression du contrôle administratif exercé par le préfet ne permette plus préserver la liberté des citoyens et qu'ainsi puissent « être violés des droits fondamentaux du citoyen garantis par la Constitution ou

---

atteinte au 2e alinéa de l'article 72 qui stipule que ces collectivités s'administrent librement par des conseils élus ».

[21] Décision n° 81-134 DC du 5 janvier 1982, Loi d'orientation autorisant le Gouvernement par application de l'article 38 de la Constitution, à prendre des mesures d'ordre social, à propos d'un système de péréquation entre collectivités territoriales pour les charges relatives à la cessation anticipée d'une activité d'agents de collectivités territoriales.

[22] Décision publiée au Journal officiel du 3 mars 1982, p. 759.

[23] Texte de la saisine accessible sur le site Internet du Conseil constitutionnel.

appartenant à la catégorie des principes fondamentaux reconnus par les lois de la République ».

On ne saurait oublier la décision du même jour, n° 82-138 DC relative au statut particulier de la Corse, qui a consacré une liberté encadrée pour le législateur afin de créer une collectivité territoriale nouvelle, innovation qui a été prolongée en 1991, et qui a été en quelque sorte constitutionnalisée par l'insertion de la catégorie des collectivités à statut particulier lors de la révision de 2003, avant même un éventuel article constitutionnel réservé à la Corse dans le projet de loi constitutionnelle déposé le 29 août 2019[24].

Ces décisions ont inauguré une jurisprudence foisonnante, diversifiée et faisant utilisation, comme elles le pouvaient et de manière parfois discutée, des quelques dispositions écrites dont le Conseil a dû tirer, autant que faire se peut, la substantifique moelle. C'est ainsi, au gré des lois, chaque loi apportant une pierre supplémentaire à l'œuvre de définition, et des décisions du Conseil, que le principe de libre administration peut être nourri de manière concrète et ne pas être seulement une sorte de « proclamation de principe ». Jusqu'à ce jour, le Conseil constitutionnel a cependant refusé d'utiliser la catégorie des PFRLR, bien que la IIIe République ait pu être riche de lois contenant un certain nombre de principes fondamentaux, à commencer par celle du 5 avril 1884 relative à l'organisation municipale. Bien au contraire, à plusieurs reprises, le Conseil a refusé de voir dans ces textes un PFRLR[25]. Il n'a manifestement, mais implicitement, pas voulu avoir recours à cette catégorie de normes pour refuser de reconnaître valeur constitutionnelle à l'existence d'une clause générale de compétences au profit des collectivités territoriales[26].

On ne sera pas alors pas surpris que le grand colloque consacré en 1984 à la libre administration[27] contienne une étude intitulée « Libre administration et principes constitutionnels », sous la plume de Louis Favoreu, dont les premiers mots étaient : « Les aspects constitutionnels du droit des collectivités

[24] Décision n° 82-138 DC du 25 février 1982, Loi portant statut particulier de la région de Corse.

[25] Décisions n° 98-407 DC du 14 janvier 1999, Loi relative au mode d'élection des conseillers régionaux et des conseillers à l'Assemblée de Corse et au fonctionnement des Conseils régionaux, à propos de la prime majoritaire liée à l'âge en cas d'égalité des voix (cons. 9), n° 2010-618 DC du 9 décembre 2010, Loi de réforme des collectivités territoriales refusant de voir dans la loi du 10 août 1871 un PFRLR reconnaissant une clause générale de compétence au profit des conseils généraux (cons. 54).

[26] Décision n° 2016-565 QPC du 16 septembre 2016, Assemblée des départements de France. Sur ce thème, voir la communication de Maylis DOUENCE au présent colloque.

[27] Colloque sur la libre administration des collectivités locales, 1984, Arc-et-Senans/Besançon, organisé par l'Université de Franche-comté et l'Association des institutions universitaires de formation et de recherche en administration locale.

territoriales avaient peu, jusqu'ici, attiré l'attention »[28]. Quelques années après, un autre colloque, intitulé « Révolution et décentralisation », consacrait une grande partie de ses travaux à une approche constitutionnelle y compris dans une dimension historique[29].

D'autres étapes suivront, telle la loi n° 2000-597 du 30 juin 2000 relative au référé devant les juridictions administratives, consacrant une procédure vite désignée sous le nom de référé-liberté et permettant au juge des référés d'ordonner toutes mesures nécessaires à la sauvegarde d'une liberté fondamentale » [30]. Dès sa décision de Section du 18 janvier 2001, Commune de Venelles et Morbelli (n° 229247), le Conseil d'État a considéré que la libre administration des collectivités territoriales était une des libertés fondamentales susceptibles d'être protégées par la procédure du « référé-liberté »

Dans le prolongement de cette jurisprudence, la libre administration a été qualifiée de liberté que la Constitution garantit (art. 61-1) et dont l'atteinte peut être invoquée dans le cadre d'une question prioritaire de constitutionnalité (déc. n° 2010-12 QPC du 2 juillet 2010 Commune de Dunkerque). Il s'agit alors de la troisième date de cette évolution, dont rien ne dit qu'elle est achevée. Depuis cette jurisprudence, les collectivités territoriales peuvent, à l'occasion d'un litige, invoquer le non-respect de droits et libertés que la Constitution garantit, dont font partie les « libertés locales ». L'introduction de la QPC participe ainsi à la juridictionnalisation croissante des rapports entre l'État et les collectivités territoriales et marque la reconnaissance progressive de droits et de libertés invocables par les collectivités, en dehors de la seule défense de leur « libre administration ». Ainsi, le Conseil constitutionnel a reconnu au profit des collectivités territoriales le droit à un recours effectif posé à l'article 16 DDHC[31].

Le bilan qualitatif peut être contesté et l'on peut considérer que le Conseil a parfois sur-interprété le texte constitutionnel, par exemple sur le principe d'égalité

---

[28] Jacques MOREAU et Gilles DARCY (s.d.) *La libre administration des collectivités locales, Réflexion sur la décentralisation*, PUAM, Economica, coll Droit public positif, 1984, p. 63.

[29] Jacques MOREAU et Michel VERPEAUX (s.d .) *Révolution et décentralisation, le système administratif français et les principes révolutionnaires de 1789*, coll Droit public positif, Economica, 1992, 261p.

[30] L'article 6 de la loi créait un article L. 521-2 du code de justice administrative ainsi rédigé : « Saisi d'une demande en ce sens justifiée par l'urgence, le juge des référés peut ordonner toutes mesures nécessaires à la sauvegarde d'une liberté fondamentale à laquelle une personne morale de droit public ou un organisme de droit privé chargé de la gestion d'un service public aurait porté, dans l'exercice d'un de ses pouvoirs, une atteinte grave et manifestement illégale. Le juge des référés se prononce dans un délai de quarante-huit heures. »

[31] Déc. n° 2013-350 QPC du 25 octobre 2013, Commune du Pré-Saint-Gervais, censurant l'article 48 de la loi du 29 juillet 1881 sur la presse privant les collectivités territoriales du droit d'exercer une action pénale pour diffamation.

existant entre collectivités territoriales. De même, le bilan quantitatif peut être jugé léger dans la mesure où les censures de lois contraires aux principes constitutionnels sont restées, à ce jour, fort peu nombreuses, malgré une utilisation fréquente tirée de la méconnaissance supposée du principe libre administration par des dispositions législatives dans les saisines des parlementaires. C'est notamment le cas en matière financière, malgré l'ajout d'un nouvel article 72-2 en 2003.

Il reste à déterminer à quoi a pu servir – et peut encore - cette constitutionnalisation et si elle ne présente que des avantages pour le droit des collectivités territoriales et, au-delà, pour les collectivités elles-mêmes. Si la libre administration de ces dernières a acquis une dimension constitutionnelle et donc une forme de protection, les principes relatifs à l'organisation de la République, et notamment son caractère unitaire, ont été eux aussi élevés à ce niveau. La République française reste un Etat unitaire et les collectivités sont encadrées, s'agissant de leurs compétences et de leur absence de compétences. C'est ainsi que le rôle des collectivités au sein des relations extérieures de l'Etat trouve sa place dans le respect de ce que les organisateurs ont qualifié, sobrement, dans la troisième partie, de « cadre constitutionnel préservé ».

Les propos introductifs connaissent, malgré leur nom, une conclusion. Le droit constitutionnel des collectivités territoriales existe, peut- être de façon plus certaine que le droit constitutionnel local, car ce n'est pas véritablement le droit qui est local, à la différence du droit local d'Alsace-Moselle, sauf à penser que quand est évoqué le droit constitutionnel civil, c'est en réalité celui du droit civil.

Dans ces quelques réflexions, a été occulté la question de l'existence d'un droit, à la fois quant à savoir si une discipline juridique autonome peut être identifiée, avec son corpus de règles, ses principes, ses modes de raisonnement, et aussi quant à déterminer si l'on peut parler d'un droit qui serait homogène, au-delà de l'addition d'un droit municipal, d'un droit départemental ou d'un droit régional. Ce que pourrait inviter à repenser, par exemple, la structuration du code général des collectivités territoriales.

Pendant des décennies, le droit des collectivités a très bien vécu, s'est développé en dehors du champ constitutionnel. Une chose est néanmoins certaine : plus aucun enseignement, plus aucun ouvrage ou manuel ne pourront traiter du droit des collectivités territoriales sans au moins mentionner que celui-ci trouve ses fondements dans des dispositions constitutionnelles ou, en tous les cas, que la Constitution n'ignore pas les entités locales. Le constat peut être retourné, car plus aucun enseignement de droit constitutionnel ne devrait faire l'impasse sur l'existence de dispositions intéressant les collectivités. Ne pas le faire, c'est amputer le texte constitutionnel d'une part de lui-même. Ainsi peut se réaliser, comme dans les œuvres des grands juristes du temps passé, l'unité nécessaire du droit public.

PARTIE 1
LE STATUT DES COLLECTIVITÉS TERRITORIALES, ENTRE UNITÉ ET DIVERSITÉ

UN CADRE CONSTITUTIONNEL SOUS TENSION

LE PRINCIPE D'INDIVISIBILITÉ DE LA RÉPUBLIQUE ET LE JUGE CONSTITUTIONNEL

Bertrand FAURE
Professeur de droit public, Université de Nantes

A propos de l'indivisibilité de la République (art.1 Const.) beaucoup d'auteurs sont à l'œuvre depuis longtemps. Le sujet est intimidant, une somme de connaissances de tous ordres ayant été engagée depuis longtemps. Nous nous limiterons, dans le cadre de cette intervention, à une seule question : comment le juge constitutionnel se fait-il le gardien du principe d'indivisibilité ?

Nous procéderons, pour répondre, à un réexamen critique du statut contentieux du principe d'indivisibilité. On restera sur le terrain de l'évidence empirique étudiant, telles qu'elles sont, les décisions du Conseil constitutionnel appliquant cette référence.

1. - Le juge constitutionnel possède, en effet, une manière d'appliquer cette référence, un procédé de présentation de ses décisions, qui fait que l'indivisibilité ne va jamais seule dans ce contentieux. Le juge assure ses décisions en les appuyant sur un corps de références constitutionnelles au sein duquel l'indivisibilité fait cause commune avec, selon les cas, l'unité du "peuple français" (Préambule de la Constitution), la compétence du législateur (art.34 Const.), l'égalité des citoyens (art. 1er Const.) ou le principe du contrôle de l'Etat sur les collectivités territoriales (art.72 dernier alinéa Const.)... De telle manière que se sont toutes ces normes qui semblent faire autorité ensemble. Revenons, par exemple, sur la censure juridictionnelle de l'affirmation d'un "peuple corse", fut-elle présentée comme une "composante du peuple français", par l'article 1er de la loi du 13 mai 1991. Elle est très solidement justifiée par une pluie d'interdictions constitutionnelles : respect de l'indivisibilité (art. 1 C.), unicité du "peuple français" (Préambule C.), expression de la souveraineté par ce peuple unique (art.3 C.), expression de "population" particulière, qui est la seule juridiquement admissible, excluant celle de "peuple" particulier (art.53 C.) (Cons. const. n° 91-290 DC du 9 mai 1991, *Statut de la Corse*, Rec. p.50, RFDA 1991 p.407, note B.Genevois, RFDC 1001 p.305 et p.487, note L.Favoreu, RDP 1991, p.943, note

F.Luchaire, LPA 1991 n° 74, p.15, note C.Houteer, D.1991 p.624, note C.Debbasch, RUDH 1991 p.381, note C.Grewe, RA 1991 p.234, note R.Etien).

Une deuxième illustration est relative à la pratique illicite des langues minoritaires dans le fonctionnement des services publics (écoles, tribunaux...). Cette pratique est empêchée par l'indivisibilité et l'égalité entre les citoyens (art. 1er C.), l'unité du "peuple français" (art. 3 Const.) et le monopole du français qui est la "langue de la République" (art.2 C.) (Cons. const. n° 99-412 DC du 15 juin 1999, *Charte européenne des langues régionales et minoritaires*, AJDA 1999 p.573, note J.-E.Schoettl, RFDC 1999, p.594, note M.Verpeaux, AIJC 1999, p.603, note J.Pini, RDP 1999, p.985, note F.Melin Soucramanien, AJDA 2000, p.300, note M.Frangi).

Une autre illustration peut être donnée avec le fondement constitutionnel du principe selon lequel les libertés doivent être les mêmes pour tous, principe dit "d'unicité des conditions d'exercice des libertés publiques". Ce principe est imposé par l'égalité et l'indivisibilité (art.1 Const.), par le principe de l'enseignement public comme devoir de l'Etat (Préambule Constitution 1946) et la liberté d'enseignement - principe fondamental reconnu par les lois de la République - (Cons. const. n° 93-329 DC du 13 janv. 1994, *Révision de la loi Falloux*, RFDA 1994, p.209, note B.Genevois, RFDC 1994 p.325, note L.Favoreu, RDP 1994 p.609, note F.Luchaire, RA 1994, p.61, note J.-M.Pontier, AJDA 1994, p.132, note J.-P.Costa, D. 1995 n° 40 p.350, note F.Mélin Soucramanien).

Le même principe de présentation se retrouve dans les décisions où la loi est apparue irréprochable au regard de l'indivisibilité. Les conditions d'acquisition plus stricte de la nationalité à Mayotte sont justifiées, aux yeux du juge constitutionnel, par le contexte local particulier de cette île de l'archipel des Comores et, en cela, ces conditions plus strictes ne heurtent pas le principe d'égalité des citoyens devant la loi, l'indivisibilité républicaine, la souveraineté nationale, la séparation des pouvoirs, ni le droit de mener une vie familiale normale (Cons. const. n° 2018-770 DC du 6 septembre 2018, *Loi pour une immigration maîtrisée, un droit d'asile effectif et une intégration réussie*). Dans le même sens, on pourra également observer que les pouvoirs qui ont été confiés aux préfets pour fermer les lieux de culte en cas de menace terroriste ne constituent pas, notamment au regard des conditions posées par la loi, une atteinte inconstitutionnelle à l'indivisibilité et à l'égalité devant la loi, ni au respect des croyances (Cons. const. n° 2017-695 QPC du 29 mars 2018, *M.Rouchdi B. et autres*, D. 26 avril 2018 p.876, note Y.Mayaud, RA,

2018 p.34, note G.Eveillard, JCP Adm. 10 septembre 2018, p.36, note J.-C.Jobart, Constitutions, 2018-2 p.276, note O.Le Bot et L.Domingo).

2. - On tire ainsi deux conséquences de la lecture des décisions du Conseil constitutionnel. D'une part, on l'a dit, le juge n'applique pas seul l'indivisibilité. Il l'intègre au sein d'un vaste appareil de référence. De telle manière que c'est en réseau avec d'autres références constitutionnelles qu'on voit l'indivisibilité faire autorité au contentieux. Le juge semble bien définir les bases d'un ordre public national à partir d'un ensemble d'exigences concordantes qui se recrutent au sein des premiers articles de la Constitution et qui forment l'assise positive, la base de notre cohésion nationale. D'autre part, en observant de plus près les choses, on voit le juge constitutionnel réintroduire l'indivisibilité dans un contexte constitutionnel plus précis qui va identifier ce principe. En effet, ces autres références qui l'accompagnent ont des effets juridiques plus concrets. Elles possèdent leur propre source au sein de la Constitution, mais le juge est intellectuellement amené à les rattacher à l'indivisibilité. Il les applique en tant que conséquences nécessaires de cette indivisibilité (égalité, "peuple français", respect des croyances, monopole de la loi par le parlement...).

Alors, une question vient d'elle-même : dans la mesure où ces autres références sont plus précises, est-ce que ce ne sont pas elles qui commandent, qui instruisent le sens de l'indivisibilité en droit positif ?

3. - En effet, l'indivisibilité ne possède aucun contenu propre, elle n'est que le manteau commun de ces autres références, leur synthèse supérieure. Elle ne s'impose pas par elle-même parce qu'elle a besoin de cette béquille interprétative, de ce cadre à l'intérieur duquel elle acquiert un contenu matériel objectif. Mais, à l'intérieur de ce cadre, son rôle reste finalement formel, pédagogique. L'indivisibilité préside le travail juridictionnel, mais ne le gouverne pas. C'est pourquoi on pourrait aller jusqu'à soutenir l'inutilité du principe d'indivisibilité en droit constitutionnel positif, car, sans ce principe, ce droit constitutionnel ne connaîtrait pas de développements différents puisque ceux-ci sont imputables à l'égalité, au monopole de la compétence législative par le parlement, etc. On parvient à une définition de l'indivisibilité en droit positif toute verbale, tautologique : contrevient à l'indivisibilité tout fractionnement de la communauté nationale, placé sous l'interdit d'un article de la Constitution, interdit expressément formulé.

D'ailleurs, puisque l'indivisibilité ne gouverne pas, le juge peut se dispenser d'y faire appel lorsqu'il doit assurer sa protection On a vu le cas avec la censure des dispositions légales qui, en 2002, avaient cherché à doter l'Assemblée de Corse du pouvoir d'adapter les lois à titre expérimental (Cons. const. n° 01-454 du 17 janv. 2002, *Loi relative à la Corse*, D. 2003 p.1124, note X. Magnon, AJDA 2002, p.100, note J.-E.Schoettl, RFDA 2002, p.459, note M. Verpeaux et p.469, note B. Faure, RDP 2002 p.885, note F. Luchaire). Ce fût également le cas pour assurer l'exclusivité du droit de vote et d'éligibilité des citoyens français aux élections aux assemblées délibérantes des collectivités territoriales (Cons. const. n° 92-312 DC du 2 septembre 1992, Traité sur l'Union européenne, RDP 1992 p.1587, note F. Luchaire et 1993, p.17, note D. Rousseau, RFDC 1992, p.408, note L. Favoreu, RFDA 1992, p.937, note B. Genevois).

Pour aller jusqu'au bout de la démonstration, on parviendra malgré tout à trouver des décisions de censure exclusivement fondées sur l'atteinte portée à l'indivisibilité. Et, sans doute, ces décisions gardent-elles toute leur valeur aujourd'hui. Mais la jurisprudence la plus récente semble faire voir une autre manière de procéder : dans les cas où il est indifféremment possible de fonder la décision sur les deux principes d'indivisibilité et d'égalité à la fois, il suffira au juge de relever l'atteinte portée à l'égalité pour censurer la loi. L'atteinte à l'indivisibilité - dans les cas où elle est relevée - ne semble plus être présentée que comme la conséquence d'une atteinte préalable à l'égalité (par exemple, Cons. const. n° 94-358 DC du 26 janv. 1995, *Loi d'orientation pour l'aménagement et le développement du territoire*, RFDA 1995 p.783 et p.876, note D. Rousseau, note B. Mathieu, D. 1997 p.139, note F. Mélin Soucramanien, RFDC 1995 p.787, note J. Trémeau).

4. - Au terme de cette revue de jurisprudence, l'impression qui domine est celle d'un juge "qui ne veut pas gouverner" (J. Rivero, "Le juge administratif, un juge qui gouverne ?", D.1951, p.307), au sens où ce juge ne se reconnaît pas "le pouvoir de maintenir une idéologie nationale" et "d'imposer son éthique au législateur". En effet, tout ce que le juge fait dire à ce mot peut être ramené aux interventions plus précises et plus directes du constituant défendant l'égalité, l'unité du "peuple français", le monopole de la loi par le parlement... Il faut noter l'habileté évidente de l'opération juridictionnelle : le juge soustrait ainsi le mot aux attentes politiques dont il est l'objet, il le vide de tout contenu propre, refusant ainsi de se déterminer sous la pression de l'idéologie puisque, encore une fois, il ne garantit, en son nom, que les éléments concrets de la Constitution. Cette prudence du juge est parfaitement fondée : c'est que la confrontation à l'indivisibilité est trop difficile pour un juge. On sent bien que la réserve du juge vient de l'abstraction du mot. Sans doute est-il d'usage courant et constant, issu des profondeurs de notre histoire politique. Sans doute exprime-t-il une orientation du droit et des institutions hostile aux interpositions, aux sécessions, aux immunités particulières. En cela, on sent bien que l'indivisibilité exprime une philosophie politique lourdes de conséquences concrètes.

5. - Pour autant, le mot reste impraticable au premier abord pour un juge, car il semble bien difficile de rentrer dans les cas d'espèce sur son seul énoncé. S'agit-il d'une condamnation du fédéralisme ? Certainement. Encore qu'il s'agisse d'une condamnation historique, et les formes concrètes du fédéralisme que pourrait condamner notre Constitution ne sont pas si simples à tracer (par exemple : le juge a bien accepté l'existence d'une fiscalité propre locale en vertu d'une lecture assouplie de l'article 34 de la Constitution avant la révision constitutionnelle du 28 mars 2003).

Les critères de ce qui unit ou divise la République sont difficiles à donner à l'avance. La France, l'Espagne, l'Italie et le Portugal s'affichent tous comme des Etats indivisibles. Mais on voit entre eux de grandes variations institutionnelles qui ont abouti, sous son couvert, au régionalisme avec la consécration de lois locales, parfois de langues et de drapeaux locaux officiellement reconnus. En fait, la portée exacte de l'indivisibilité ne sera jamais donnée d'avance parce que le mot met en jeu les institutions et que celles-ci sont la libre invention des hommes et des régimes. Ceci à la différence des droits et des libertés, qu'on pourra toujours formuler dans l'abstrait pour se faire une idée de leur contenu à protéger.

La confrontation de l'indivisibilité à notre histoire nationale n'apportera pas plus de netteté au mot. Au contraire, l'histoire l'aura transformé en syncrétisme, l'aura plié à la force des circonstances en rapport avec une troisième république laïque, une quatrième république sociale et, surtout, une cinquième république décolonisatrice, décentralisatrice et européenne..

Voilà pourquoi l'indivisibilité ne dispose pas, et ne peut disposer, d'un contenu objectif préalable que révèlerait la conscience juridique. Et le juge n'a pas à prendre la relève du constituant pour arbitrer entre les différentes doctrines de l'indivisibilité, doctrines éclatées entre les patriotes exaltés d'un côté et ceux, de l'autre, qui ne voient plus dans l'indivisibilité qu'un simple salut donné à une vieille idole à laquelle on ne croit plus trop face aux réalités et aux tendances de la France d'aujourd'hui. Tout dépendra des yeux qui liront le mot. Et rien ne serait plus dommageable pour le juge, et l'autorité morale de la jurisprudence, que de faire irruption dans un tel débat qui apparaît confus au plan de la raison, et clair au plan passionnel. Au contraire, on a vu qu'il réalisait ce tour de force d'appliquer l'indivisibilité sans avoir besoin de l'interpréter, se plaçant du seul point de vue du droit expressément formulé. C'est comme s'il appliquait un droit vierge de toute influence politique.

6. - Alors, la discussion juridique se transforme, se situant plutôt ici : le statut de cette référence, sa nature. La méthode de contrôle du juge nous dit quelque chose sur la manière dont les normes constitutionnelles apprennent à vivre ensemble et sur la distribution de la normativité entre elles.

On éprouvera quelques difficultés à ranger le principe d'indivisibilité dans la catégorie des principes généraux du droit telle qu'entendue en droit administratif. Pourtant certains traits incitent au rapprochement : le juge utilise l'indivisibilité pour son expression ramassée, récapitulative de tous les empêchements constitutionnels exprès qu'il eut placés sous ce mot. L'indivisibilité jouit ainsi d'une prééminence naturelle : elle a cet attribut prestigieux du principe fondamental à haut degré d'abstraction et de généralité, du principe qu'on évoque en tête de l'appareil de référence. En outre, ce trait accuse d'encore plus près la similitude avec les principes généraux du droit : le juge s'en tient souvent à l'expression abrégée de "principe d'indivisibilité", ou "d'indivisibilité" qui suggèrerait, conformément à la théorie des principes généraux du droit, la préexistence du principe sur son inscription dans le texte de l'article 1er de la Constitution de 1958. C'est, de sa part, une présentation audacieuse : tout se passe comme s'il voulait exprimer que l'indivisibilité était une règle traditionnelle et objective entrée dans le droit positif bien avant sa réception dans le texte de 1958.

Mais on sent bien l'obstacle : le principe d'indivisibilité s'impose en vertu du droit écrit et il n'est pas besoin de faire appel à une source supplétive du droit - comme c'est le cas de la théorie des principes généraux du droit - dans le cas où le principe s'applique de son propre chef.

Il semble plutôt permis de présenter le principe d'indivisibilité comme un principe général du droit au sens de la théorie privatiste cette fois. En droit privé, ces principes ne sont qu'une modalité d'énonciation des normes écrites dans le langage des juges (par exemple : principe de l'effet relatif des contrats, principe posé par tel ou tel article du Code civil). Cette qualification n'a aucune conséquence sur le statut de la norme matériellement et hiérarchiquement constitutionnelle. Elle permet simplement de tenir compte de cette dissociation discrète de la norme à partir de son support formel, dissociation qui la distingue de la plupart des autres normes constitutionnelles plus concrètes qui sont d'application directe. C'est ce passage par la théorie des principes généraux du droit - mais dans son sens "privatiste" donc - qui permet de rendre compte de la fonction qu'on voit l'indivisibilité tenir dans le contentieux constitutionnel : celle d'une expression ramassée utile pour récapituler un ensemble d'exigences constitutionnelles plus précises dont elle n'est que le commun dénominateur.

7. - Pour autant, est-il si sûr que le juge ne veuille pas gouverner ? On a vu son attitude prudente quant aux effets contraignants qu'il place sous son énoncé. On a vu qu'il ne dessinait aucune prohibition qui ne résultait pas du droit expressément formulé, qu'il s'en tenait au donné objectif et que, finalement, son interprétation du mot ne procédait pas d'une doctrine, mais plutôt d'une méthode de contrôle convoquant une famille de normes d'inspiration commune où la sollicitation de chacune appelait et renforçait celle des autres.

Il y a pourtant un trompe-l'œil dans l'opération. Cet appareil de référence est tout à la fois donné et créé, car le juge a la maîtrise du lien qu'il établit entre toutes les normes, et de l'intensité de leur application. Et, ce que le juge ne peut pas dire au nom de l'indivisibilité, il le fera endosser par toutes ces normes de second rang, apparemment plus explicites et plus ordinaires (égalité, compétence du législateur...). Ce sont ces normes secondaires qui en diront plus sur ce qui doit être constitutionnel ou pas. Cela apporte au juge la satisfaction d'avoir pu diminuer l'enjeu politique du problème, enjeu qu'il peut désirer dissimuler. Deux exemples peuvent être donnés.

Ainsi, au nom de l'égalité, le juge s'est engagé dans un assez large processus d'unification des conditions essentielles d'existence des individus. Dès l'instant où ces conditions sont en jeu, il commande à la loi de régir de manière uniforme les situations qu'elle vise : jurisprudence sur l'unicité des conditions d'exercice des libertés publiques, jurisprudence sur l'unité des catégories de collectivités territoriales, sur la constitution d'un corps électoral unique de nationaux français pour participer aux élections locales, rejet des droits des minorités...

Cette autre illustration peut être tirée de l'expression de "peuple français" à laquelle le juge constitutionnel a attaché une valeur contraignante qui n'allait pas de soi. La formule se retrouve à plusieurs endroits au sein du bloc de constitutionnalité. Néanmoins, il était possible de la regarder comme purement verbale, la reconnaissant comme le fondement sociologique de l'Etat mais sans y attacher d'obligation particulière. Or, avec une certaine surprise au vu des commentaires de l'époque, on l'a vu jouer le rôle d'une norme de référence dans le contrôle de la loi. Tout s'est passé comme si le juge avait confondu le "juridique" et le "normatif" (Cons. const. n° 91-290 DC préc.).

8. - C'est pourquoi, on finit par se demander si tout ne traduit pas l'existence d'un choix du juge. Dans la mesure où ces normes secondaires d'interprétation de l'indivisibilité ne sont souvent pas beaucoup plus précises et procèdent de la même idée (égalité, laïcité, souveraineté, séparation des pouvoirs...), on reste dans une argumentation circulaire où toutes ces règles peuvent se déduire les unes des autres. Chacune est fondement et explication des autres.

La conséquence est que le juge constitutionnel reste d'autant plus libre d'adapter leur portée. Il acquiert d'autant plus de marge de manœuvre. Il pourra troquer une obligation primaire d'indivisibilité contre une obligation secondaire d'égalité, comme il le fait souvent. L'avantage est que la sollicitation de la Constitution apparaîtra plus discrètement liée à des considérations d'opportunité. Le juge a finalement une utilisation du principe d'indivisibilité toute stratégique : soit il l'applique en l'effaçant au fond, soit, au contraire, il s'en sert comme un masque pour faire passer ses exigences dans le droit positif.

UNITÉ ET DIVERSITÉ DES COLLECTIVITÉS TERRITORIALES : LA PROBLÉMATIQUE BELGE

Marc VERDUSSEN

Professeur de droit constitutionnel, Université de Louvain, Directeur du Centre de recherche sur l'Etat et la Constitution.

L'Etat belge n'a pas toujours été fédéral. Le fédéralisme y est né d'une lente métamorphose, qui s'est opérée par le fractionnement graduel d'un Etat souverain et sous la pression de forces centrifuges et identitaires[32]. Un succinct retour en arrière s'impose.

En 1831, année d'adoption de la Constitution belge, la Belgique est un Etat juridiquement décentralisé. Le territoire national est divisé en collectivités locales, dans une logique de décentralisation territoriale : les provinces et les communes. La vérité exige cependant de préciser qu'à l'époque, l'autonomie locale inspirait une forte méfiance dans le chef de plusieurs courants politiques, de telle sorte que les pouvoirs réels des provinces et des communes étaient passablement réduits, ce qui a fait écrire à l'historienne Els Witte que « *de fait, à cette période, il ne reste pas grand-chose des exigences décentralisatrices de 1828-1830* »[33].

A partir de 1970, la Belgique a décidé de se convertir au fédéralisme. Désormais, elle n'est plus seulement une « *monarchie constitutionnelle et parlementaire* »[34]. Elle est un Etat fédéral. Pour autant que de besoin, la

---

[32] Voy. M. VERDUSSEN, « La Belgique. Un fédéralisme bipolaire mû par une dynamique de dissociation », in M. SEYMOUR et G. LAFOREST (dir.), *Le fédéralisme multinational – Un modèle viable ?*, Peter Lang, 2011, pp. 211-225 ; ID., « Les paramètres de la fragmentation de l'Etat belge », in J.-F. CARON (dir.), *L'unité et la fragmentation des fédérations multinationales*, Presses de l'Université Laval, 2016, pp. 77-98 ; W. SWENDEN, M. BRANS and L. DE WINTER, « The politics of Belgium: Institutions and Policy Under Bipolar and Centrifugal Federalism », *West European Politics*, 2006, vol. 29, pp. 863-873.

[33] E. WITTE, *La Construction de l'Etat*, trad., Bruxelles, Le Cri, 2010, p. 112.

[34] Décret du Congrès national du 22 novembre 1830 sur la forme du Gouvernement de la Belgique.

Constitution le proclame expressément, dès l'article 1er : « *La Belgique est un Etat fédéral qui se compose des communautés et des régions* ». Les articles 2 et 3 précisent, respectivement, que la Belgique comprend trois communautés et trois régions : la Communauté française, la Communauté flamande et la Communauté germanophone, d'une part ; la Région wallonne, la Région flamande et la Région bruxelloise (qui abrite la capitale du Royaume), d'autre part[35]. Ce faisant, le Constituant a voulu reconnaître un certain nombre d'identités particulières et les intégrer dans l'organisation de l'Etat, en aménageant à leur profit de substantiels espaces d'autonomie. S'il est désormais rangé aux côtés de l'Allemagne et des Etats-Unis ou de la Suisse et du Canada, l'Etat fédéral belge n'en est pas moins le produit d'une culture politique très spécifique modelée par un processus historique dont on s'accorde à reconnaître l'absolue singularité. On parle d'ailleurs volontiers d'un « *fédéralisme unique* »[36] ou, mieux encore, d'un « *fédéralisme à la belge* »[37]. Une des particularités de l'Etat fédéral belge réside en ceci que les communautés ne se juxtaposent pas aux régions, mais se superposent au-dessus des régions. Cette configuration est rendue possible par le fait que les communautés ne sont pas des collectivités territoriales à proprement parler, mais des collectivités de personnes. La nuance n'est évidemment pas négligeable.

La Belgique est désormais un Etat fédéral, mais elle n'en demeure pas moins aussi un Etat décentralisé. En effet, la transformation de la Belgique en un Etat fédéral n'a pas entrainé pour autant la suppression des provinces et des communes, même si un débat existe depuis plusieurs années sur la question de la suppression des provinces. A ce jour, les provinces sont au nombre de 10 et les communes au nombre de 581. Toutefois, l'Etat décentralisé a dû s'adapter à l'Etat fédéral. Jusqu'en 2003, l'aménagement de ces collectivités locales est demeuré, pour l'essentiel, de la responsabilité des autorités fédérales. En 2003, par une modification de la loi spéciale de réformes institutionnelles – qui est une des lois organiques des institutions fédérées –,

---

[35] Un souci de précision incite à observer qu'il existe en réalité cinq catégories de collectivités territoriales. En plus des provinces et des communes, des régions et des communautés, on a créé, dans le périmètre de la Région bruxelloise, trois autres collectivités territoriales à qui l'on a donné le nom incongru de « commissions communautaires ». Pour ne pas simplifier les choses, deux d'entre elles sont des collectivités fédérées (la Commission communautaire commune et la Commission communautaire française), la troisième n'étant qu'une collectivité décentralisée (Commission communautaire flamande), cette distinction obéissant à de très ésotériques raisons.

[36] J. FITZMAURICE, *The Politics of Belgium – A Unique Federalism*, London, Hurst & Co, 1996.

[37] E.A. FERIOLI, « Il Belgio », in P. CARROZZA, A. DI GIOVINE et G.F. FERRARI (dir.), *Diritto costituzionale comparato*, Roma-Bari, Laterza, 2009, p. 337.

il a été décidé, à l'instar de ce qui se fait dans la plupart des Etats fédéraux, que les trois régions seraient désormais habilitées, chacune pour ce qui la concerne et sous réserve de quelques exceptions, à régler « *la composition, l'organisation, la compétence et le fonctionnement des institutions provinciales et communales* »[38].

Ces observations préalables étant faites, la question de l'unité et de la diversité dans un Etat fédéral et décentralisé peut être libellée de plusieurs manières. Nous optons pour la formulation suivante : les collectivités infra-étatiques ont-elles un statut unique ou des statuts différenciés ? Ainsi posée, la question renvoie à l'application du principe d'égalité aux composantes infra-étatiques de l'Etat belge. En réalité, il est impossible de répondre à cette question sans opérer une distinction entre les collectivités fédérées (I) et les collectivités décentralisées (II). Il ne fait aucun doute que les statuts des collectivités fédérées sont fondamentalement différents de ceux des collectivités décentralisées, les unes et les autres ayant une nature singulière. Par conséquent, la question de l'unité et de la diversité des statuts doit être posée distinctement pour les deux catégories de collectivités.

L'objectif de cette brève contribution est de montrer qu'en cette matière une approche théorique et normative trop idéalisante d'une société politique ou d'un modèle étatique peut se heurter à des réalités humaines et sociales qui ne s'accommodent pas d'une référence à un type idéal d'Etat mais réclament au contraire une approche plus pragmatique, plus subtile, plus complexe. Sur ce point, la Belgique est un laboratoire intéressant.

I. En ce qui concerne les collectivités fédérées

Dans un Etat fédéral, le pouvoir constituant produit un ordre juridique structurant et englobant – l'ordre constitutionnel – qui s'impose aux ordres juridiques partiels des collectivités fédérées, ainsi qu'à l'ordre juridique, lui aussi partiel, de la collectivité fédérale. Le pluralisme inhérent au choix de la forme fédérale doit être garanti « *par un ordre juridique tiers au sens où il structure tous les ordres juridiques appelés à se rencontrer dans la communauté politique* »[39]. Cette suprématie de l'ordre constitutionnel à l'égard de tous les niveaux de pouvoir permet de garantir au mieux l'égalité entre tous les ordres juridiques partiels. L'égalité entre les composantes de l'Etat fédéral doit donc être envisagée dans une double perspective : d'une part, verticale (égalité entre la collectivité fédérale et les collectivités fédérées)

[38] Loi spéciale de réformes institutionnelles, art. 6, § 1er, VIII.

[39] M.-F. RIGAUX, *La théorie des limites matérielles à l'exercice de la fonction constituante*, Bruxelles, Larcier, 1985, p. 147.

et, d'autre part, horizontale (égalité entre les collectivités fédérées). Il en est ainsi tout particulièrement en Belgique, où le système de partage des compétences répond à un souci de cloisonnement des compétences respectives de toutes les composantes de l'Etat fédéral.

L'égalité verticale concerne les rapports entre le niveau fédéral et le niveau fédéré[40]. Dans l'Etat fédéral belge, la collectivité fédérale, d'un côté, chacune des collectivités fédérées, de l'autre, sont sur un pied d'égalité lorsqu'elles mettent en œuvre les compétences qui leur sont attribuées. Les autorités fédérées ne sont ni subordonnées aux autorités fédérales, ni contrôlées par ces dernières. Par ailleurs, les unes et les autres ont le pouvoir d'adopter des normes ayant force de loi. Cette égalité est une valeur essentielle du modèle fédéral belge et est un des critères qui permet de départager le fédéralisme et la décentralisation. Pour autant, à l'instar de l'égalité entre les individus, elle ne s'entend pas d'une égalité stricte et formelle. Certaines règles traduisent une prééminence de l'ordre fédéral. Dès le moment où elles répondent à des impératifs objectivement et raisonnablement justifiables et où elles conservent un caractère dérogatoire, ces règles ne sont pas inconciliables avec l'option fédérale. L'égalité est envisagée ici en tant qu'idéal, et non comme un standard rigide et absolu. Il serait d'ailleurs préférable de parler d'équivalence ou d'équilibre plutôt que d'égalité. Comme l'a écrit John E. Trent, « *le principe fédéral qui sous-tend tous les autres est la notion d'équilibre* », qui « *ne représente pas une position arrêtée, mais plutôt une attitude de base* »[41].

L'égalité horizontale touche aux relations entre les collectivités fédérées elles-mêmes. Elle nous intéresse plus particulièrement dans le cadre de cette contribution. Dans un Etat fédéral idéal, la Constitution aménage le statut des autorités fédérales, mais aussi des collectivités fédérées, en privilégiant pour celles-ci un statut uniforme, leur imposant d'agir dans un cadre institutionnel façonné à leur intention et faisant ainsi « *prévaloir la règle d'égalité jusque dans l'aménagement interne des collectivités politiques qu'elle a contribué à mettre en place* »[42]. Pourtant, dans la réalité des choses, une telle vision se

---

[40] Voy. C. ROMAINVILLE et M. VERDUSSEN, « The Enforcement of Federal Law in the Belgian Federal State », in A. JAKAB and D. KOCHENOV (eds.), *The Enforcement of EU Law and Values – Ensuring Member States' Compliance*, Oxford, Oxford University Press, 2017, p. 286.

[41] J.E. TRENT, « Les origines du fédéralisme sont ses principes : le cas du Canada », in P. DESTATTE (dir.), *L'idée fédéraliste dans les États-Nations*, Bruxelles, Presses universitaires européennes, 1999, p. 136.

[42] F. DELPÉRÉE et M. VERDUSSEN, « L'égalité, mesure du fédéralisme » in J.-F. GAUDREAULT-DESBIENS et F. GÉLINAS (dir.), *Le fédéralisme dans tous ses Etats – Gouvernance, identité et méthodologie*, Cowansville, Yvon Blais, Bruxelles, Bruylant, 2005, p. 203.

heurte à de sérieux écueils. D'où la propension de plusieurs Etats fédéraux, dont la Belgique, à introduire des asymétries, contribuant ainsi à l'émergence d'un fédéralisme dit « asymétrique ». L'idée qu'« *un système fédéral ne peut survivre s'il institue des statuts spéciaux (...) est contredite par l'expérience de nombreux pays* »[43]. Si le fédéralisme entend concilier unité et diversité, le fédéralisme asymétrique a lui pour objectif d'« *admettre la diversité dans la diversité* »[44]. Comme l'a bien dit Benoît Pelletier, professeur de droit constitutionnel à l'Université d'Ottawa et alors Ministre du Gouvernement québecois, « *l'asymétrie est un hommage à la souplesse et à l'adaptabilité, essentielles à la formule fédérale classique* »[45]. Pour paraphraser Jean Carbonnier, il y aurait place pour un fédéralisme flexible. Un flexible fédéralisme.

En Belgique, l'asymétrie entre les collectivités fédérées se manifeste de différentes manières[46]. On distingue ici quatre figures asymétriques (1 à 4) et on les complète par quelques constats plus généraux (5).

1. Des asymétries discriminantes

Au Canada, en Italie ou en Espagne, par exemple, les collectivités fédérées ou régionales ne jouissent pas toutes de la même autonomie, une distinction étant faite entre les provinces et les territoires autonomes (Canada), les régions à statut spécial et les régions ordinaires (Italie), les communautés autonomes historiques et les communautés autonomes de second rang (Espagne). Pourtant, sans jouir de la même autonomie, une partie significative des compétences qui leurs sont attribuées sont identiques, ces collectivités étant de même nature.

En Belgique, la différence entre les régions et les communautés est tout autre : les régions et les communautés ne sont pas de même nature et ont donc des compétences distinctes. Et il ne saurait être question d'affirmer une prééminence juridique de l'autonomie régionale sur l'autonomie communautaire ou inversement. En revanche, de part et d'autre, un traitement différent est réservé à une des trois entités. Au niveau communautaire, la Communauté germanophone a un statut qui diffère sur plusieurs points de celui réservé aux deux autres communautés. Au niveau régional, c'est la

[43] W. KYMLICKA, *La citoyenneté multiculturelle – Une théorie libérale du droit des minorités*, trad., Paris, La Découverte, 2001, p. 284.

[44] F. DELPÉRÉE, « La complexité fédérale », in *Mélanges en l'honneur de Pierre Pactet – L'esprit des institutions, l'équilibre des pouvoirs*, Paris, Dalloz, 2013, p. 122.

[45] *Globe and Mail*, 8 novembre 2004.

[46] M. VERDUSSEN, « Il federalismo asimmetrico in Belgio », *Diritto pubblico comparato ed europeo*, 2007, pp. 1172-1181.

Région bruxelloise qui est traitée différemment des deux autres régions, et ce en raison d'une double particularité.

Tout d'abord, la Région bruxelloise abrite la capitale du pays – la ville de Bruxelles – et elle accueille de nombreuses et importantes institutions européennes et internationales. A ce titre, elle est astreinte à des contrôles auxquels ne sont pas soumises les deux autres régions. On en trouve un exemple dans une disposition originale de la loi spéciale sur les institutions bruxelloises qui prévoit que, dans certains domaines, les lois adoptées par la Région bruxelloise peuvent être annulées s'il s'avère qu'elles portent atteinte au rôle international et à la fonction de capitale de Bruxelles[47]. Imaginons qu'afin de prévenir des attentats terroristes sur le territoire de la capitale, la Région bruxelloise adopte une loi qui, par une série de mesures liées à l'aménagement du territoire et aux transports publics, limite considérablement les possibilités de circulation dans les rues de Bruxelles. Un tel objectif législatif est justifiable : il est question d'assurer la sécurité des habitants de Bruxelles. Il n'en demeure pas moins que semblable loi pourrait entraîner des conséquences de nature à porter atteinte au rôle international et à la fonction de capitale de Bruxelles, notamment en rendant impossibles sur le territoire bruxellois les réunions des sommets des chefs d'Etat et de gouvernements de l'Union européenne. C'est la raison pour laquelle, dans un tel cas de figure, les autorités fédérales seraient autorisées à intervenir, le Parlement fédéral pouvant aller jusqu'à l'annulation pure et simple de la loi.

Ensuite, si l'on se base sur les données de l'administration fiscale, la Région bruxelloise compte plus de 90 % de francophones, les bruxellois flamands étant donc très minoritaires. C'est en grande partie « *la crainte de la francisation et le statut particulier de Bruxelles – ville flamande à l'origine devenue le symbole d'une Belgique dominée par les francophones –* »[48] qui expliquent qu'il ait fallu attendre huit ans pour que francophones et flamands parviennent à trouver un accord sur le statut de la Région bruxelloise, qui plus est un statut distinct, et le traduise dans la loi spéciale sur les institutions bruxelloises. En effet, la méfiance des flamands à l'égard d'une région très majoritairement francophone a conduit à soumettre cette région à des contraintes non prévues pour les deux autres régions et à la priver du bénéfice de règles applicables aux deux autres régions. Si le traitement différencié réservé à la Région bruxelloise a été quelque peu revu à l'occasion de la dernière réforme de l'Etat (2012-2014), de sensibles différences de traitement subsistent.

---

[47] Loi spéciale sur les institutions bruxelloises, art. 45.

[48] M. UYTTENDAELE, « Bruxelles, capitale de l'altérité », *Pouvoirs*, 2011, n° 136, p. 139.

2. Des asymétries ré-équilibrantes

Au sein de la Région bruxelloise, toujours elle, le caractère nettement minoritaire des flamands a justifié l'adoption au profit de ceux-ci de règles qu'on ne trouve pas dans les deux autres régions. A la différence des règles évoquées ci-dessus, et spécialement celle touchant au rôle international et à la fonction de capitale de Bruxelles, il s'agit de règles protectrices de la minorité flamande à Bruxelles plutôt que de règles inspirées par une méfiance institutionnelle à l'égard de la Région bruxelloise.

Par exemple, sur les 89 sièges du Parlement bruxellois, les flamands se voient réserver, par la loi spéciale sur les institutions bruxelloises, 17 sièges, ce qui ne correspond pas au poids qu'ils représentent dans l'ensemble de la population bruxelloise[49]. Pour la même raison, sur les cinq postes de ministre du Gouvernement bruxellois, deux leur sont réservés[50].

On y verra le reflet inversé des règles de protection dont bénéficient les francophones au niveau fédéral, eux qui sont majoritaires à Bruxelles, mais minoritaires à l'échelle nationale. Il faut savoir, en effet, que les institutions fédérales sont généralement composées de manière linguistiquement paritaire (Conseil des ministres, Cour constitutionnelle…), sauf au Parlement, mais, dans ce cas, les francophones disposent de mécanismes de blocage mobilisables au cas où il adviendrait que les flamands profitent de leur supériorité numérique pour imposer aux francophones des lois nuisant à leurs intérêts. Il s'agit de « *droits-freins* », selon l'expression de Nathalie Des Rosiers, qui précise que « *les conceptions enrichies de la démocratie reconnaissent que ce n'est pas seulement le calcul brut des voix qui permet à une société d'être juste, et que les droits de la personne et la protection des minorités doivent aussi être pris en compte* »[51].

Pour bien comprendre ces asymétries rééquilibrantes, il faut avoir en tête que la Belgique fait partie, avec le Canada, de ces Etats dont les ordres juridiques contiennent des dispositions constitutionnelles et législatives fort élaborées visant à protéger les minorités linguistiques, la protection de ces minorités s'inscrivant au cœur de la vie constitutionnelle et politique du pays[52].

---

49 Loi spéciale sur les institutions bruxelloises, art. 14.

50 Loi spéciale sur les institutions bruxelloises, art. 34, § 1er.

51 N. DES ROSIERS, « Le droit et la protection de la langue : noblesse oblige ou habilitation des minorités », *Revue générale de droit d'Ottawa*, 2010, vol. 40, p. 235.

52 J. WOEHRLING, « Les trois dimensions de la protection des minorités en droit constitutionnel comparé », *Revue de droit de l'Université de Sherbrooke*, 2003-2004, vol. 34, p. 111. Pour plus de détails, voy. M. VERDUSSEN, « La protection des minorités linguistiques en Belgique : heurs et heurts », in E. BROUILLET et L.-P. LAMPRON (dir.), *La*

3. Des asymétries constitutives

Les deux précédentes figures asymétriques sont prévues par la Constitution ou par des lois prises en vertu de la Constitution (dynamique *top-down*). La troisième concerne des asymétries créées par les collectivités fédérées elles-mêmes, sur habilitation constitutionnelle[53].

En principe, la composition et le fonctionnement des parlements et des gouvernements de communauté et de région est réglée par la Constitution et, dans le prolongement des règles constitutionnelles, par des lois fédérales, dont la loi spéciale de réformes institutionnelles et la loi spéciale sur les institutions bruxelloises, déjà citées ci-avant. Cependant, la Constitution autorise le législateur fédéral à désigner certains aspects de la composition et du fonctionnement des parlements et gouvernements qui peuvent être réglées par les régions et les communautés elles-mêmes, chacune pour ce qui la concerne. Le cas échéant, elles le font par des lois adoptées à la majorité des deux tiers des suffrages exprimés et, pour ce qui concerne la Région bruxelloise, à la majorité des deux tiers des suffrages exprimés, mais également à la majorité absolue des suffrages dans chaque groupe linguistique du Parlement bruxellois[54].

On parle d'« autonomie constitutive ». Dans la mesure où les régions et les communautés n'ont pas le pouvoir de faire œuvre constituante, l'autonomie constitutive n'est pas une autonomie constituante, au sens formel du terme. Pour éviter toute ambiguïté, certains préfèrent d'ailleurs parler d'« autonomie organisationnelle ».

Un exemple significatif mérite d'être retenu. Sur la base de l'autonomie constitutive[55], la Région wallonne a adopté le 9 décembre 2010 un dispositif législatif limitant la possibilité pour les membres du Parlement wallon de cumuler leur mandat régional avec un mandat au sein d'un collège communal, telle la fonction de bourgmestre ou d'échevin dans une commune. Il y est prévu que « *pour les trois quarts des membres de chaque groupe politique, le mandat de membre du Parlement est incompatible avec un mandat au sein d'un collège communal* », le dernier quart regroupant ceux « *qui ont obtenu le plus haut taux de pénétration lors des élections régionales* ». Seuls ces derniers sont autorisés à cumuler. Par comparaison, rien de semblable n'existe en Région flamande. Et, en Région bruxelloise, trois propositions ont été déposées : une proposition de décumul intégral entre le mandat de membre du

---

mobilisation du droit et la protection des collectivités minoritaires, Presses de l'Université de Laval, 2013, pp. 55-70.

[53] Constitution, articles 118, § 2, alinéas 1 et 3, et 123, § 2, alinéas 1 et 3.

[54] Loi spéciale sur les institutions bruxelloises, art. 28, al. 4.

[55] Loi spéciale de réformes institutionnelles, art. 24*bis*, § 2, et 35, § 3

Parlement bruxellois et la fonction de bourgmestre ou d'échevin[56] ; une proposition de décumul partiel pour les communes comptant plus de 50.000 habitants[57]; une proposition de décumul partiel pour les trois quarts des membres de chaque groupe politique[58]. Seule la première proposition a été discutée, mais elle a été rejetée en séance plénière.

Par ailleurs, les régions ont parfois utilisé leur autonomie constitutive pour légiférer dans la même direction. Ainsi, sur la base de cette autonomie constitutive[59], la Région wallonne et la Région flamande ont décidé qu'un membre du Parlement régional élu en qualité de membre du Gouvernement régional cesse immédiatement de siéger et ne reprend ses fonctions de parlementaire que s'il démissionne de ses fonctions de ministre.

4. Une rationalisation par l'asymétrie

La complexité inhérente au dédoublement entre un niveau régional et un niveau communautaire a été partiellement rencontrée, par une réduction de la différence entre la Région flamande et la Communauté flamande. La loi spéciale de réformes institutionnelles prévoit que, moyennant quelques adaptations procédurales, les institutions de la Communauté flamande – un parlement et un gouvernement – règlent, non seulement les matières communautaires, mais aussi les matières régionales, celles qui sont de la responsabilité de la Région flamande[60]. Tout en conservant une personnalité juridique distincte, la Région flamande se trouve ainsi dépourvue d'institutions propres. En n'imposant pas le même rapprochement entre la Région wallonne et la Communauté française, la loi spéciale de réformes institutionnelles crée une asymétrie entre les institutions flamandes (le Nord) et les institutions francophones (le Sud). S'il n'en est pas ainsi au Sud du pays, c'est notamment parce que les francophones sont incapables de sortir du dilemme entre une logique régionale et une logique communautaire. Pour des raisons historiques, les francophones cherchent à intégrer les intérêts distincts des francophones de Wallonie (les Wallons) et des francophones de Bruxelles, englués dans un débat qui est intra-francophone.

Par exemple, un habitant de Gand ayant le projet de construire une nouvelle maison ou de créer un centre culturel doit se soumettre aux normes adoptées par le Parlement et le Gouvernement flamands, donc par les mêmes institutions. En revanche, un habitant de Namur doit respecter les règles adoptées par le Parlement et le Gouvernement wallons pour la construction de sa maison (l'urbanisme étant inclues dans les compétences de la Région

---

56 *Doc. parl.*, Parl. Rég. Brux.-Cap., 2016-2017, n° A-550/1.
57 *Doc. parl.*, Parl. Rég. Brux.-Cap., 2016-2017, n° A-530/1.
58 *Doc. parl.*, Parl. Rég. Brux.-Cap., 2016-2017, n° A-569/1.
59 Loi spéciale de réformes institutionnelles, art. 35, § 3, et 49, § 2.
60 Loi spéciale sur les institutions bruxelloises, art. 1er, § 1er, al. 2.

wallonne), tandis que la création du centre culturel relève des règles adoptées par le Parlement et le Gouvernement de la Communauté française (la culture étant une compétence de la Communauté française).

5. Des constats généraux

Les quatre figures asymétriques relevées ci-dessus permettent de dégager un certain nombre de constats plus transversaux.

Remarquons, avant toute chose, que ces asymétries ont toutes un fondement textuel. Lorsqu'elles sont prévues par la Constitution, elles sont par la force des choses « bétonnées », étant ainsi immunisées dans l'ordre interne. En revanche, formellement, les asymétries prévues par les lois de réformes institutionnelles ne bénéficient pas de la même immunisation, ces lois étant infraconstitutionnelles. Pourtant, dans la réalité, elles sont largement préservées. En effet, lorsque la constitutionnalité d'une asymétrie prévue par le législateur est contestée, par exemple au regard du principe constitutionnel d'égalité et de non-discrimination, la Cour constitutionnelle trouve généralement un moyen de la rattacher à la Constitution elle-même et elle précise alors qu'elle n'est pas compétente pour en connaître. Et lorsque l'asymétrie prévue par le législateur est querellée au regard d'une norme de droit européen, par exemple, l'article 3 du Protocole additionnel n° 1 à la Convention européenne des droits de l'homme (droit à des élections libres), la Cour la justifie en se fondant sur les particularités institutionnelles de l'Etat fédéral belge. En somme, les pulsions asymétriques du monde politique sont encouragées par une bienveillance complice des juges constitutionnels.

Les différentes formes d'asymétrie ne sont pas pour autant dénuées de justifications, ce qui nous amène à un autre constat : de toute évidence, elles obéissent à des préoccupations objectives. Il s'agit de faire coexister un régime général – un régime de droit commun – avec des régimes spécifiques, justifiés par la diversité des sociétés particulières qui cohabitent sur un même territoire. Des « sociétés distinctes », pour reprendre un néologisme politique que les québécois connaissent bien. Est-il besoin de préciser que la Constitution belge ne consacre pas un principe comparable au principe de l'indivisibilité de la République (France) ou au principe de l'unité indissoluble de la Nation (Espagne).

II. En ce qui concerne les collectivités décentralisées

L'organisation et le fonctionnement des provinces et des communes sont marquées, elles aussi, par des formes d'asymétrie, mais pour l'essentiel celles-ci leur sont imposées, l'autonomie locale étant sur ce plan très limitée. Les régions étant en principe compétentes pour régler les aspects les plus essentiels de la composition, l'organisation, la compétence et le fonctionnement des institutions provinciales et communales (voy. *supra*), on distingue les asymétries choisies par les régions (1) et celles qui leur sont imposées par ou en vertu de la Constitution (2).

1. Des asymétries choisies par les régions

La compétence des régions pour régler les institutions provinciales et communales engendre d'inéluctables disparités, existantes *de lege lata* ou envisagées *de lege ferenda*.

Par exemple, selon les régions, le bourgmestre n'est pas désigné selon les mêmes modalités. Dans les communes de la Région wallonne, le bourgmestre est élu par les électeurs de la commune. Plus précisément, est désigné de plein droit bourgmestre le candidat qui a obtenu le plus de voix de préférence sur la liste qui a obtenu le plus de voix parmi les partis politiques qui sont parties au pacte de majorité. En revanche, dans les communes bruxelloises et flamandes, c'est le Gouvernement régional bruxellois ou le Gouvernement flamand, selon le cas, qui nomme le candidat proposé par le parti qui a obtenu la majorité absolue au conseil communal ou celui proposé par la coalition de partis qui s'associent pour former une majorité, quel que soit le nombre de voix de préférence obtenu par le candidat ainsi présenté.

Autre exemple, en Région flamande, le programme du nouveau Gouvernement flamand, mis en place à la fin septembre 2019, prévoit la suppression de l'obligation de vote pour les élections provinciales et communales. Le projet crée un certain émoi dans la partie francophone du pays, car c'est là une brèche dans un pilier de la culture politique nationale, le vote étant obligatoire en Belgique depuis le XIXe siècle. Il n'en reste pas moins que c'est une conséquence naturelle du fédéralisme et que rien ne peut l'empêcher, dans la mesure où l'obligation de vote au niveau local n'a pas été constitutionnalisée.

Cela étant, l'autonomie des régions n'est pas absolue. Constitutionnellement, elle est limitée à trois égards au moins.

Une première limite est posée par l'article 162 de la Constitution, qui impose aux régions de respecter un certain nombre de principes. On y trouve notamment l'élection directe des conseils provinciaux ou communaux, la publicité des séances des conseils provinciaux et communaux, la publicité des budgets et des comptes, ou encore le contrôle de tutelle (respect de la légalité et de l'intérêt général). En revanche, comme nous l'avons déjà indiqué, le caractère obligatoire du vote n'en fait pas partie, alors qu'il est constitutionnalisé pour les élections fédérales.

Une deuxième limite résulte de l'article 8 de la Constitution. Jusqu'en 1998, ce dernier réservait aux seuls nationaux les droits de vote et d'éligibilité, toutes élections confondues. En 1998, il a été revu afin d'habiliter le législateur fédéral à accorder les droits de vote et d'éligibilité pour les élections communales, non seulement aux ressortissants des Etats membres de l'Union européenne – il s'agissait par-là de se conformer au Traité de Maastricht –, mais aussi aux étrangers non communautaires. A ceci près que, pour ces derniers, le législateur peut se limiter à ne leur accorder que le droit de vote, et non le droit d'éligibilité. Fort de ces deux habilitations, le législateur fédéral est intervenu à deux reprises, en 1999[61] puis en 2004[62]. De ceci, il résulte qu'en organisant les élections communales, les régions sont dans l'impossibilité de retirer aux étrangers les droits électoraux que la loi fédérale leur accorde ou, à l'inverse, de leur accorder des droits électoraux que la loi fédérale leur refuse (droit d'éligibilité des étrangers non communautaires aux élections communales ; droits de vote et d'éligibilité de tous les étrangers aux élections provinciales).

Une troisième limite découle du principe d'égalité et de non-discrimination, consacré par les articles 10 et 11 de la Constitution. Selon la jurisprudence de la Cour constitutionnelle, « *le principe d'égalité et de non-discrimination n'exclut pas qu'une différence de traitement soit établie entre des catégories de personnes, pour autant qu'elle repose sur un critère objectif et qu'elle soit raisonnablement justifiée. Ce principe s'oppose, par ailleurs, à ce que soient traitées de manière identique, sans qu'apparaisse une justification raisonnable, des catégories de personnes se trouvant dans des situations qui, au regard de la mesure critiquée, sont essentiellement différentes. L'existence d'une telle justification doit s'apprécier en tenant compte du but et des effets de la mesure critiquée ainsi que de la nature des principes en cause ; le principe d'égalité et de non-discrimination est violé lorsqu'il est établi qu'il n'existe pas de rapport raisonnable de proportionnalité entre les moyens employés et le but visé* »[63]. Compte tenu de cette jurisprudence, les régions peuvent-elles introduire des différenciations en réglant les institutions provinciales et communales ? En réalité, la rupture du principe d'égalité et de non-discrimination doit être envisagée à deux niveaux.

---

[61] Loi du 27 janvier 1999 modifiant la loi du 19 octobre 1921 organique des élections provinciales, la nouvelle loi communale et la loi électorale communale, et portant exécution de la directive du Conseil de l'Union européenne n° 94/80/CE du 19 décembre 1994, *Moniteur belge*, 30 janvier 1999.

[62] Loi du 19 mars 2004 visant à octroyer le droit de vote aux élections communales à des étrangers, *Moniteur belge*, 23 avril 2004.

[63] Not. C.C., arrêt n° 135/2020 du 15 octobre 2020, B.24.3.

a. Rupture d'égalité entre les (habitants de) communes ou (de) provinces relevant de régions différentes

Sur ce point, la réponse de la Cour constitutionnelle est catégorique. Dans un arrêt du 25 avril 1995, elle a jugé qu'« *une différence de traitement dans des matières où les (...) régions disposent de compétences propres est la conséquence possible de politiques distinctes permises par l'autonomie qui leur est accordée par la Constitution ou en vertu de celle-ci ; une telle différence ne peut en soi être jugée contraire aux articles 10 et 11 de la Constitution. Cette autonomie serait dépourvue de signification si le seul fait qu'il existe des différences de traitement entre les destinataires de règles s'appliquant à une même matière dans les diverses (...) régions était jugé contraire aux articles 10 et 11 de la Constitution* »[64]. Cette jurisprudence procède de l'idée que, dans les matières régionalisées, les citoyens sont inévitablement soumis à des règles différentes. Annoncé par deux précédents arrêts[65], l'arrêt du 25 avril 1995 sera confirmé dans plusieurs arrêts ultérieurs, en des termes identiques ou similaires[66], au point que la Cour en a fait une antienne[67]. Elle considère de manière constante que l'autonomie des entités fédérées l'empêche « *d'établir une comparaison pertinente, au regard du principe d'égalité et de non-discrimination, entre les destinataires de législations adoptées par des entités fédérées différentes* »[68].

Il n'est pas surprenant de trouver dans la jurisprudence constitutionnelle d'autres Etats fédéraux (Allemagne, Canada ou encore Suisse) la même solution que celle retenue par la Cour constitutionnelle belge, ainsi que dans la jurisprudence européenne, tant de la Cour européenne des droits de l'homme que de la Cour de justice de l'Union européenne[69].

---

[64] C.C., arrêt n° 35/95 du 25 avril 1995, B.12.2.

[65] C.C., arrêt n° 33/91 du 14 novembre 1991, 4.B.4.1 ; arrêt n° 78/92 du 17 décembre 1992, B.5.7.

[66] Pour un exemple récent, voy. C.C., arrêt n° 115/2018 du 20 septembre 2018, B.17.1.

[67] N. BONBLED et M. VERDUSSEN, « Les droits constitutionnels et le fédéralisme », in M. VERDUSSEN et N. BONBLED (dir.), *Les droits constitutionnels en Belgique – Les enseignements jurisprudentiels de la Cour constitutionnelle, du Conseil d'État et de la Cour de cassation*, Bruxelles, Bruylant, 2011, vol. 1er, p. 266.

[68] C.C., arrêt n° 91/2014 du 12 juin 2014, B.7.1.

[69] M. VERDUSSEN, « Fédéralisme et droits fondamentaux. Autonomie des entités fédérées et égalité des individus », in C. ROMAINVILLE et M. VERDUSSEN (dir.), *Les grands arrêts sur le partage des compétences dans l'Etat fédéral*, Bruxelles, Larcier, 2019, pp. 44-47.

b. Rupture d'égalité entre les communes ou les provinces relevant de la même région

Lorsqu'en légiférant, une région crée une différence de traitement entre des provinces ou des communes se situant sur son territoire, elle doit veiller à fonder cette différence de traitement sur « *une justification objective et raisonnable* », selon la formule usuelle que la Cour constitutionnelle tire des articles 10 et 11 de la Constitution, sièges du principe d'égalité et de non-discrimination (voy. *supra*). Précisons que, selon la Cour, ce principe s'applique, non seulement aux citoyens pris individuellement, mais « *aussi à des groupes composés de citoyens* »[70]. Il peut être mobilisé lorsque un groupe composé de citoyens est traité différemment de « *groupes configurés de manière identique par le droit positif* »[71]. Une ou des communes par rapport à d'autres communes, par exemple.

Par exemple[72], le 18 mai 2017, la Cour constitutionnelle a annulé un décret de la Région flamande du 3 juillet 2015 réorganisant la politique de subventionnement des communes, jugeant que le nouveau système de financement instaure une discrimination « *non justifiée par des besoins légitimes* » entre six communes de la Région flamande à forte majorité francophone et les autres communes flamandes[73]. Quelques années auparavant, c'est un décret de la Région wallonne réglant le subventionnement des communes wallonnes qui était contesté devant la Cour constitutionnelle, en ce qu'il opérait une distinction entre trois catégories de communes en fonction notamment de l'importance de leur population. Entre autres griefs dont était saisie la Cour, la commune de Namur s'est plainte d'un traitement discriminatoire, étant rangée dans la catégorie 2, alors que Charleroi et Liège étaient rangées dans la catégorie 1. La Cour a ici jugé que la distinction entre les trois catégories et les critères retenus étaient objectivement et raisonnablement justifiables[74].

Deux questions doivent ici être examinées.

---

[70] C.C., arrêt n° 13/91 du 28 mai 1991, 4.B.2.

[71] *Id.*

[72] Précisons qu'en Belgique, la Cour constitutionnelle peut être saisie de recours en annulation dirigés directement contre les lois (qu'elles soient fédérales ou fédérées), et ce par toute personne physique ou morale, de droit privé ou de droit public telles les provinces et les communes. Deux conditions de recevabilité doivent être réunies : le recours doit être introduit dans les six mois de la publication de la loi au *Moniteur belge* et le requérant doit justifier d'un intérêt à agir.

[73] C.C., arrêt n° 59/2017 du 18 mai 2017.

[74] C.C., arrêt n° 13/91 du 28 mai 1991.

Première question : lorsque la Cour constitutionnelle est saisie d'un recours ou d'une question préjudicielle ayant pour objet un éventuel traitement discriminatoire par une législation régionale de catégories de provinces ou de communes, peut-elle procéder, si elle le juge pertinent, à une comparaison entre cette législation et des législations régionales comparables ?

Dans plusieurs arrêts, elle s'y est refusée, alors même que parfois elle y a été expressément invitée par une des parties[75]. Ainsi, elle a jugé qu'« *une comparaison entre les normes émanant de législateurs régionaux différents ne serait pas juridiquement pertinente* »[76]. Or, dans le cadre du test de proportionnalité, la Cour devrait pouvoir s'autoriser une certaine sensibilité au fait que d'autres législateurs ont pu poursuivre un objectif identique ou analogue – il est impératif de s'en assurer – tout en soumettant des catégories identiques ou similaires de personnes à un traitement différent, mais non discriminatoire. Elle devrait d'autant s'engager dans cette voie qu'elle accepte de s'interroger sur l'existence d'une éventuelle mesure moins discriminatoire. Par-là, il ne s'agit pas de condamner une législation du seul fait qu'elle diverge des législations adoptées dans la même matière par les autres entités fédérées, mais parce qu'elle est jugée intrinsèquement discriminatoire. Dans le jugement de la Cour, le rapprochement avec d'autres législations n'interviendrait que comme un élément du contrôle de la proportionnalité de la norme. Qui plus est, c'est un élément parmi d'autres : le seul constat que les autres législations sont moins strictes ou sévères ne suffit évidemment pas à incriminer la norme mise en cause ou questionnée devant les juges constitutionnels.

La jurisprudence de la Cour de justice de l'Union européenne[77] emporte à cet égard des enseignements intéressants[78]. La Cour européenne des droits de l'homme s'autorise, elle aussi, des rapprochements entre les législations émanant des collectivités fédérées d'un même État, tels les Länder en Allemagne[79]. La pertinence de ces rapprochements ne doit pas occulter les effets pervers qu'ils sont de nature à provoquer s'il n'y est pas recouru avec suffisamment de circonspection. En effet, on peut voir « *une certaine hypocrisie* » dans le fait d'« *affirmer que le principe d'égalité et de non-discrimination s'accommode de la diversité fédérale* » et, dans le même

[75] Voy. not. C.C., arrêt 107/2009 du 9 juillet 2009, A.23.5.

[76] C.C., arrêt n° 14/93 du 18 février 1993, B.2.6. Voy. égal. C.C., arrêt n° 25/91 du 10 octobre 1991, B.4 ; arrêt n° 37/92 du 7 mai 1992, B.3.

[77] Voy. not. C.J.U.E., arrêt *Mario Vital Perez c. Ayuntamiento de Oviedo*, C-416/13, 13 novembre 2014.

[78] Voy. T. BOMBOIS, « La disparité normative des États fédéraux à l'épreuve du droit de l'Union européenne », in *Les visages de l'État – Liber amicorum Yves Lejeune*, Bruxelles, Bruylant, 2017, spéc. pp. 113-121.

[79] Voy. not. Cour eur. D.H., arrêt *Karl-Heinz Schmidt c. Allemagne*, 18 juillet 1994, § 28.

temps, de « *faire de cette diversité (...) un handicap dans toute entreprise de justification de mesures limitatives de droits et libertés* »[80].

Seconde question : le principe d'égalité et de non-discrimination peut-il aussi être mobilisé lorsqu'un groupe composé de citoyens, telle une commune, est traité différemment de groupes qui ne sont pas composés de manière identique (une personne morale de droit public d'un autre type ou même une personne morale de droit privé) ?

Cette question reçoit de la Cour constitutionnelle une réponse très pragmatique, fondée sur le test de comparabilité : si les catégories en cause sont comparables, la Cour accepte de mettre en œuvre un contrôle d'égalité. Dans un arrêt, elle a même admis que, dans l'espèce dont elle était saisie, « *l'Etat et les particuliers se trouvent dans des situations suffisamment proches pour que l'on puisse conclure à leur comparabilité* »[81].

2. Des asymétries imposées aux régions.

Si les régions sont compétentes pour régler la composition, l'organisation, la compétence et le fonctionnement des institutions provinciales et locales, cette compétence est assortie de quelques exceptions, certains aspects de la matière demeurant de compétence fédérale. Ces exceptions procèdent notamment du souci de préserver la « pacification communautaire » entre flamands et francophones[82]. Or, les règles imposées aux régions par les autorités fédérales peuvent revêtir un caractère asymétrique.

C'est ainsi que les régions se voient imposer par la législation fédérale sur l'emploi des langues en matière administrative[83] des asymétries relatives au régime linguistique applicable aux administrations, notamment communales. Cette législation prévoit, en fonction de la localisation des services administratifs locaux, des règles spécifiques sur la langue que doivent utiliser ces services administratifs, à la fois dans leurs rapports mutuels, mais aussi dans les contacts avec le public. Dans la Région bruxelloise, c'est le règne du bilinguisme. Ailleurs, c'est l'unilinguisme qui prévaut, mais pas de manière absolue. Par exemple, dans quelques communes de la Région flamande où les francophones sont majoritaires, la législation leur octroie certains droits que, dans le langage courant, on qualifie de « facilités linguistiques ». Ils peuvent,

---

[80] S. VAN DROOGHENBROECK, « Le fédéralisme sous la contrainte du droit des droits de l'homme ? », in E. VANDENBOSSCHE et S. VAN DROOGHENBROECK (eds), *Europese voorschriften en Staatshervorming – Contraintes européennes et réforme de l'État*, Bruges, die Keure/Bruxelles, La Charte, 2013, p. 323.

[81] C.C., arrêt n° 32/96 du 15 mai 1996, B.10.

[82] S. WEERTS, *La langue de l'Etat – Proposition d'un modèle de pluralisme linguistique à partir de l'étude comparée des droits belge et suisse*, Bruxelles, Bruylant, 2015, p. 466.

[83] Lois coordonnées sur l'emploi des langues en matière administrative du 18 juillet 1966.

par exemple, exiger que les documents communaux leurs soient notifiés en français. Il en découle que, sur le territoire d'une même région, peuvent coexister des communes soumises à des exigences linguistiques différentes. Toute modification sur ce point passe par une intervention du législateur fédéral et donc échappe aux compétences des régions.

Conclusion

Si la Belgique a survécu – jusqu'ici – à de profondes crises institutionnelles et à une forte dynamique centrifuge, impulsée par des revendications identitaires, voire par des pressions séparatistes, c'est notamment grâce à un art consommé du compromis et à une bonne dose de pragmatisme. Le résultat est là : un fédéralisme multidimensionnel, fondé sur un dédoublement entre des régions et des communautés qui se superposent les unes sur les autres, mais aussi, et peut-être surtout, sur d'importants dispositifs asymétriques. Ces dispositifs concernent les collectivités fédérées, mais ils touchent aussi les collectivités décentralisées.

Toute médaille a un revers. Ici, le revers réside dans la relative opacité pour les citoyennes et les citoyens de ce fédéralisme multidimensionnel et asymétrique. La Belgique est un Etat fédéral, mais aussi un Etat démocratique, avec ce que cela implique sur le plan de la transparence : le caractère démocratique d'une architecture institutionnelle, loin de dépendre uniquement de la légitimité des élus qui l'ont adoptée, est également tributaire de sa plus ou moins grande intelligibilité par les citoyens. Or, progressivement, dans le rapport entre unité et diversité, on a privilégié la seconde au détriment de la première, notamment en inoculant dans le système fédéral des doses massives d'asymétrie. Le système institutionnel n'en est que plus amphigourique. C'est préoccupant.

LE RÉGIONALISME DIFFÉRENCIÉ EN ITALIE

Patrizia VIPIANA
Professeur de Droit public à l'Université de Gênes

Seront traités successivement les points suivants : 1. Le principe de différenciation dans la Constitution italienne ; 2. Les différences entre les Régions avec autonomie spéciale et les Régions avec autonomie ordinaire ; 3. Les différences parmi les Régions avec autonomie spéciale ; 4. Les différences susceptibles d'être introduites parmi les Régions avec autonomie ordinaire ; 5. L'Italie en tant qu'État régional différencié.

1. Le principe de différenciation dans la Constitution italienne

La Constitution italienne, entrée en vigueur le 1er janvier 1948 et modifiée plusieurs fois, en particulier en 2001, a choisi la forme de l'État régional : en Italie, il y a vingt Régions, énumérées par l'article 131 Const., qui exercent la fonction législative (elles peuvent adopter des lois, sources de droit de niveau primaire) comme l'État et contrairement aux collectivités subrégionales, Provinces, Villes métropolitaines et Communes.

La Constitution, selon le texte originaire de 1948, n'a pas prévu expressément le principe de différenciation, mais permet son application dans le cadre du régionalisme parce qu'elle distingue deux types de Régions : celles (cinq) avec statuts spéciaux, dites aussi Régions avec autonomie spéciale, et celles (quinze) avec statuts ordinaires, dites aussi Régions avec autonomie ordinaire.

Le principe de différenciation a été introduit explicitement dans la Constitution par la loi constitutionnelle n° 3/2001, qui a modifié l'article 118 Const. : le premier alinéa de cet article établit que les compétences administratives sont attribuées aux Communes à l'exception des fonctions qui, afin d'en assurer l'exercice unitaire, sont conférées aux Provinces, aux Villes métropolitaines, aux Régions et à l'État, sur la base de trois principes nommés dans cette disposition, parmi lesquels celui de différenciation[84]. Toutefois il faut observer que cette disposition ne concerne pas seulement les Régions, mais aussi les collectivités subrégionales.

Le même principe a été introduit implicitement dans la Constitution, à l'égard exclusif des Régions, par la même loi constitutionnelle n° 3/2001, qui a modifié l'art. 116 Const. : le troisième alinéa de cet article prévoit que

---

[84] Les deux autres principes sont l'adéquation et la subsidiarité ; l'application de ces principes entraîne un accomplissement différencié des fonctions administratives.

formes ultérieures et conditions particulières d'autonomie peuvent être attribuées par la loi aux Régions avec statuts ordinaires.

On examinera ci-dessous, de façon synthétique, d'abord les différences entre les Régions avec autonomie spéciale et les Régions avec autonomie ordinaire (2), puis les différences parmi les Régions avec autonomie spéciale (3) et enfin les différences susceptibles d'être introduites parmi les Régions avec autonomie ordinaire (4).

2. Les différences entre les Régions avec autonomie spéciale et les Régions avec autonomie ordinaire

L'aspect le plus important de la différenciation dans le régionalisme italien est l'existence, prévue par la Constitution, de deux types de Régions : celles avec autonomie spéciale, désignées par l'art. 116 Const., et celles avec autonomie ordinaire. Il y a plusieurs différences entre ces deux types de Régions.

Une première différence est liée aux raisons de la spécialité, c'est-à-dire aux motifs pour lesquels les Régions avec autonomie spéciale ont été créées : d'une part, pour reconnaître la caractéristique insulaire de la Sicile et de la Sardaigne (dans ces deux Régions, des mouvements autonomistes avaient eu lieu déjà, à partir de 1944) ; d'autre part, pour protéger les minorités linguistiques existantes dans la Vallée d'Aoste, le Trentin-Haut Adige et le Frioul-Vénétie Julienne[85]. Au contraire, les Régions avec autonomie ordinaire n'ont pas été créées pour une raison particulière, mais pour compléter l'articulation régionale de l'État et garantir l'autonomie à toutes les Régions géographiques italiennes.

Une deuxième différence concerne l'année où les Régions ont été instituées : Sicile, Sardaigne, Vallée d'Aoste, Trentin-Haut Adige en 1948, et Frioul-Vénétie Julienne en 1963, tandis que les Régions avec statuts ordinaires ont été instituées seulement en 1970, donc avec un retard de vingt-deux ans sur leur prévision par la Constitution.

Mais les principales différences concernent la source de droit qui a réglementé les Régions et le caractère, homogène ou non, de la réglementation.

À l'égard du fondement juridique de leur organisation, les Régions avec autonomie spéciale sont entièrement organisées par leurs statuts spéciaux respectifs, qui ont été adoptés par des lois constitutionnelles (l. const. n° 2, 3, 4, 5/1948 et 1/1963), tandis que les Régions avec autonomie ordinaire sont organisées principalement par la Constitution de 1948 elle-même, aux

---

85 Sur les raisons de la spécialité voir par exemple A. D'ATENA, *Diritto regionale*, Giappichelli, 2010, p. 224 ss.

articles 117 et suivants[86], et seulement en quelques aspects par les statuts ordinaires, qui sont sources de droit de niveau primaire.

À l'égard de la nature, homogène ou non, de la réglementation, il faut souligner que l'encadrement juridique de chaque Région avec statut spécial est différent de celui des autres Régions avec statuts spéciaux (voir ci-dessous), tandis que l'organisation des Régions avec autonomie ordinaire est la même pour toutes les Régions de ce type.

Avant les lois de révision constitutionnelle de 1999 et 2001, la réglementation des Régions avec statuts spéciaux était plus avantageuse que celle des Régions avec statuts ordinaires, pas seulement à propos des organes régionaux, puisque dans les deux types de Régions les principaux organes étaient – et sont toujours – les mêmes (Conseil régional, Président de la Région et "Giunta" régionale), mais surtout à propos de deux importantes formes d'autonomie régionale : législative et financière.

L'autonomie législative des Régions avec statuts spéciaux était plus étendue puisqu'elles avaient trois formes de compétence législatives[87] : une compétence primaire (soumise à peu de limitations : voir la fin du paragraphe suivant), une compétence concurrente (soumise aux limitations de la compétence primaire et aussi au respect des principes fondamentaux établis pour chaque matière par la loi nationale) et une compétence intégrative (ayant pour finalité d'intégrer la réglementation législative nationale dans le territoire régional). Les Régions avec statuts ordinaires, elles, avaient seulement deux formes : la compétence concurrente et celle « d'application » ("attuativa", qui correspondait d'assez près à la compétence intégrative).

De même, l'autonomie financière des Régions avec statuts spéciaux était plus large parce qu'elles disposaient de considérables sources de richesse, parmi lesquelles des taxes ou impôts décidés par la Région, tandis que les Régions avec statuts ordinaires disposaient surtout de transferts de ressources par l'État.

Au contraire, après les lois constitutionnelles de 1999 et 2001, les Régions avec autonomie spéciale se retrouvent moins avantagées[88] que celles avec autonomie ordinaire. Elles ont continué à avoir leurs organes réglementés par les statuts spéciaux, tandis que la loi constitutionnelle n° 1/1999 a attribué aux Régions avec autonomie ordinaire la faculté d'organiser l'élection des organes régionaux (art. 122 Const. modifié) et de choisir la forme du gouvernement régional (art. 123 Const. modifié).

Les Régions avec statuts spéciaux ont continué à exercer leur ample autonomie législative et financière, mais la loi constitutionnelle n° 3/2001 a

[86] En particulier articles 117 (autonomie législative), 118 (autonomie administrative), 119 (autonomie financière), 121 et 122 (organes régionaux).

[87] Pour la précision, la Vallée d'Aoste n'a pas la compétence concurrente e la Sicile n'a pas la compétence intégrative.

[88] Voir A. D'ATENA, *Diritto regionale*, préc., p. 246.

étendu l'autonomie des Régions ordinaires : quant à l'autonomie législative, elle a augmenté les matières de compétence concurrente (art. 117, troisième alinéa, Const. modifié). La réforme de 2001 a supprimé la compétence d'application ("attuativa", qui était prévue par le 2e alinéa du texte originaire de l'article 117 pour donner application aux lois nationales). Elle a introduit, à la place, une compétence dite résiduelle (art. 117, quatrième alinéa, Const. modifié), selon laquelle la Région peut légiférer dans toutes les matières qui ne sont pas expressément réservées à la législation exclusive de l'État par l'art. 117, deuxième alinéa, Const. modifié. Cette compétence résiduelle est très importante puisque son exercice n'est pas soumis au respect des principes fondamentaux de la législation nationale (contrairement à la compétence concurrente). Quant à l'autonomie financière, la loi constitutionnelle n° 3/2001 a prévu pour les Régions avec statuts ordinaires une vaste autonomie concernant soit les ressources, soit les dépenses, et, à propos des premières, la faculté d'instituer des taxes et impôts spécifiquement régionaux.

Pour améliorer l'autonomie des Régions avec statuts spéciaux, d'un côté la loi constitutionnelle n° 2/2001 a attribué à telles Régions la compétence pour organiser l'élection des organes régionaux et choisir la forme du gouvernement régional ; de l'autre côté l'article 10 de la loi constitutionnelle n° 3/2001 a prévu que, jusqu'à la modification des statuts spéciaux, la loi constitutionnelle n° 3/2001 s'applique aussi aux Régions avec statuts spéciaux pour les dispositions prévoyant des formes d'autonomie plus larges que celles déjà attribuées aux mêmes Régions[89].

3. Les différences parmi les Régions avec autonomie spéciale

Le régionalisme italien est différencié parce qu'il y a une distinction entre les Régions avec autonomie spéciale et celles avec autonomie ordinaire. Mais aussi parce que, d'une part, il y a des différences parmi les Régions du premier type et d'autre part, il y a la possibilité d'introduire des différences parmi les Régions du second type.

Une différence concerne l'élaboration des statuts spéciaux : le statut sicilien, délibéré par la "Consulte" régionale (organe composé de représentants régionaux), était entré en vigueur sous forme de décret législatif du 15 mai 1946, n° 455 (donc avant l'élection de l'Assemblée constituante, élue le 2 juin 1946) et puis a été approuvé sans modifications comme loi constitutionnelle le 26 février 1948, n° 2. Le statut sarde, rédigé par la "Consulte" régionale en avril 1947, a été modifié et approuvé comme loi constitutionnelle le 26 février 1948, n° 3. Concernant le statut valdotain, le Conseil de la Vallée (prévu par le décret législatif du 7 septembre 1945,

---

[89] La disposition de l'art. 10 de la loi const. n° 3/2001 est appelée «clause de ajustement automatique» ou «clause de plus grand faveur»: R. BIN – G. FALCON, *Diritto regionale*, Il Mulino, 2012, p. 321.

n° 545) avait proposé un texte en mars 1947 à l'Assemblée constituante, mais la Commission de cette dernière a élaboré un autre texte, qui fut approuvé comme loi constitutionnelle le 26 février 1948, n° 4. Le statut du Trentin-Haut Adige avait été préparé par une Commission gouvernementale, puis a été examiné par la susdite Commission de l'Assemblée constituante qui a accueilli les requêtes du Parti autonomiste *Südtiroler Volkspartei* et l'a approuvé comme loi constitutionnelle 26 février 1948, n° 5 (depuis, un autre texte de statut a été approuvé par la loi constitutionnelle n° 1/1971). Le statut du Frioul-Vénétie Julienne a été adopté quinze ans plus tard, avec la loi constitutionnelle du 31 janvier 1963, n° 1, après la résolution du problème du territoire de Trieste[90].

Une autre différence parmi les Régions avec autonomie spéciale découle de la nature des Régions (voir précédemment, à propos des raisons de la spécialité) : la réglementation de la Sicile et de la Sardaigne considère la nature insulaire de ces Régions, mais n'est pas égale pour les deux ; celle de la Vallée d'Aoste, du Trentin-Haut Adige[91] et du Frioul-Vénétie Julienne s'occupe de la protection des minorités linguistiques qui y existent (respectivement française, allemande et slovène ; en Trentin-Haut Adige il y a aussi d'autres minorités, telle ladine), mais de façon partiellement différente. En effet, la Vallée d'Aoste applique un système de bilinguisme (dans la toponomastique, les écoles, etc.), le Trentin-Haut Adige applique aussi le séparatisme linguistique, attribuant beaucoup de facultés aux groupes linguistiques (voir ci-dessous).

Une différence supplémentaire consiste dans le fait que, contrairement aux quatre autres Régions avec autonomie spéciale, le Trentin-Haut Adige a une structure "composée" puisqu'il est formé de deux Provinces autonomes, de Trente et de Bolzano, explicitement prévues par l'art. 116, deuxième alinéa, Const., modifié par la loi constitutionnelle n° 3/2001. Ces Provinces ont leurs propres organes (Conseil provincial, Président de la Province, "Giunta" provinciale) et leurs propres compétences (en particulier, législative) semblable à ceux de la Région. Cette structure particulière a été appelée « autonomie dans l'autonomie »[92].

Toutefois les principales différences parmi les Régions avec statuts spéciaux concernent leur réglementation (chaque Région a une réglementation

---

[90] Pour les particularités de l'adoption des statuts spéciaux voir M. CARLI, *Diritto regionale. Le autonomie regionali, speciali e ordinarie*, Giappichelli, 2018, dans l'ordre pp. 209 ss., 185 ss., 233 ss., 253 ss. et 287-8.

[91] La considération des facteurs linguistiques, surtout pour ces deux Régions, est témoignée par le fait qu'elles sont appelées par leur noms italien et aussi français/allemand (Vallée d'Aoste/Südtirol) dans l'art. 116, premier alinéa, Const. comme modifié par la loi const. n°. 3/2001.

[92] La citation est tirée de M. CARLI, *Diritto regionale...*, op. cit. , p. 254.

spécifique établie par son statut), surtout concernant les organes et les compétences.

À l'égard des organes régionaux, les cinq Régions avec autonomie spéciale ont les mêmes organes fondamentaux : Conseil régional composé de membres appelés conseillers régionaux, Président de la Région et "Giunta" régionale, mais chaque Région a ses spécificités.

Surtout en Sicile, on trouve des particularités : d'abord l'organe collégial élu au suffrage populaire est appelé Assemblée régionale et ses membres sont appelés députés régionaux (comme les membres de la Chambre des députés nationale) ; en outre le Président de la Région a une compétence extérieure à la Sicile c'est-à-dire il peut participer, avec vote délibératif, aux réunions du Conseil de ministres national lorsqu'on y discute d'une affaire qui touche les attributions régionales ; également, il y a un organe appelé Conseil de justice administrative de la Région sicilienne, qui exerce les compétences exercées, au niveau national, par le Conseil d'Etat ; enfin le statut avait prévu un organe appelé Haute Cour pour la Région sicilienne, avec la compétence de contrôler la conformité des lois de la Sicile à la Constitution et au statut sicilien. Mais cette Cour a cessé d'agir lors de l'institution de la Cour constitutionnelle italienne[93].

Quelque particularité se trouvent aussi dans les autres quatre Régions avec autonomie spéciale, surtout en Trentin-Haut Adige : le Conseil régional est formé par les membres des deux Conseils provinciaux (de Trente et de Bolzano) ; pour la Province autonome de Bolzano est prévue une section paritaire du Tribunal Administratif Régional, formée de membres élus par le Conseil provincial qui doit garantir aux groupes linguistiques italien et allemand un égal nombre de juges ; le statut (art. 56) prévoit que sur un projet de loi considéré contraire au principe de parité des groupes linguistiques, si la requête de votation séparée pour groupes linguistiques n'est pas acceptée, la majorité d'un groupe linguistique dans le Conseil régional ou dans le Conseil provincial de Bolzano peut saisir la Cour constitutionnelle italienne[94].

À l'égard des compétences et notamment de la compétence législative, il faut souligner deux aspects qui concernent les matières où elle s'exerce et les limitations auxquelles est soumise.

Sous le premier point de vue, chaque Région avec autonomie spéciale trouve énumérées dans son statut les matières où elle peut légiférer[95]; ces matières sont parfois différentes selon les Régions ; ou bien sont attribuées à un type de compétence législative dans une Région et à un autre type dans les

---

[93] Pour ces particularités de la Sicile voir M. CARLI, *Diritto regionale*..., préc., pp. 212, 219, 220-1 et 222-3.

[94] Pour ces particularités du Trentin-Haut Adige voir M. CARLI, *Diritto regionale*..., préc., pp. 257, 221 et 265.

[95] Voir articles 14 et 17 statut Sicile; 3, 4 et 5 statut Sardaigne; 2 et 3 statut Vallée d'Aoste; 4, 5 et 6 statut Trentin-Haut Adige; 4, 5 et 6 statut Frioul-Vénétie Julienne.

autres : en particulier, la Sicile a une compétence législative très étendue, parce qu'elle a compétence primaire en des matières importantes comme, par exemple, l'industrie, qui est au contraire attribuée à la compétence concurrente en Sardaigne.

Sous l'autre point de vue, la réglementation des statuts spéciaux sur les limitations à la compétence primaire est différente selon les Régions avec autonomie spéciale : en Sicile, cette compétence doit respecter seulement les lois constitutionnelles et les réformes agraires et industrielles délibérées par l'Assemblée constituante. Par contre, dans les quatre autres Régions, la même compétence est soumise à plusieurs limitations : elle doit respecter la Constitution, les obligations internationales, les normes fondamentales des réformes économiques et sociales de la République, les principes généraux de l'ordre juridique de l'État, les intérêts nationaux[96].

En définitive, chaque Région avec statut spécial est organisée de façon plus ou moins différente des quatre autres Régions. La configuration des Régions avec autonomie spéciale concrétise donc de façon très significative le principe de différenciation.

4. Les différences susceptibles d'être introduites parmi les Régions avec autonomie ordinaire

S'agissant des Régions avec autonomie ordinaire, il faut souligner que jusqu'à aujourd'hui, le cadre juridique est le même pour toutes (articles 117 et suivants de la Constitution), mais que la loi constitutionnelle n° 3/2001 a prévu la possibilité d'introduire une différenciation entre elles. A cet égard on parle de « régionalisme différencié », ou mieux, « asymétrique »[97]. Et on considère que la révision constitutionnelle a préfiguré un troisième type de Région (outre les Régions avec autonomie ordinaire et celles avec autonomie spéciale) : les Régions avec autonomie ordinaire, mais renforcée[98].

L'art. 116, troisième alinéa, Const., modifié par la lois constitutionnelle n° 3/2001, prévoit la possibilité d'attribuer aux Régions avec statuts ordinaires[99]

---

[96] Mais la Cour constitutionnelle a établi qu'en Sicile aussi la compétence primaire doit respecter les limitations prévues pour cette compétence dans les autres Régions avec autonomie spéciale.

[97] Sur ce sujet, il y a très nombreux écrits, v. en particulier les essais publiés dans le volume *Regionalismo differenziato: un percorso difficile*, qui recueille les rélations à un congrès (Milan, 8 octobre 2019) et est disponible sur le site:
www.csfederalismo.it/images/attachments/atticonvegni/UniMi-CSF_RegionalismoDifferenziato_Dic2019.pdf

[98] Ainsi P. BILANCIA, «Regionalismo differenziato: opportunità e criticità», *Regionalismo differenziato*..., op. cit., p. 9.

[99] L'art. 116 dans les alinéas premier et deuxième, considère les Régions avec statuts spéciaux, dans le troisième prévoit d'autres formes d'autonomie pour les «autres Régions», c'est-à-dire celles avec statuts ordinaires.

des formes ultérieures et conditions particulières d'autonomie (surtout législative, mais aussi administrative) : il s'agit d'une possibilité – pas d'une obligation – qui pourra être utilisée par les Régions intéressées, c'est-à-dire par certaines Régions et non par d'autres[100], puisque l'art. 116 mentionné prévoit une initiative régionale[101] (cf. suite du paragraphe).

Cette « attribution » des formes ultérieures et conditions particulières d'autonomie peut avoir lieu dans nombreuses matières, qu'on peut rattacher à deux groupes :

-dans les vingt matières énumérées par le troisième alinéa de l'art. 117 Const. (matières de compétence concurrente), l'attribution devrait probablement signifier que la Région peut exercer une compétence législative résiduelle ;

-dans trois matières indiquées par le deuxième alinéa du même art. 117 (matières de compétence exclusive de l'État : c'est-à-dire l'organisation des juges de paix, les normes générales sur l'instruction, la protection de l'environnement, de l'écosystème et des biens culturels), l'attribution devrait probablement signifier que la Région peut y intervenir en exerçant une compétence de type concurrent[102].

Afin d'accomplir l'attribution de nouvelles formes d'autonomie, l'art. 116, troisième alinéa, Const. prévoit une procédure complexe. Celle-ci commence avec l'initiative de la Région intéressée à l'attribution de formes ultérieures et conditions particulières d'autonomie, mais la Région doit consulter les collectivités locales existantes dans son territoire (Provinces, Villes métropolitaines si existantes, Communes) : cette prévision pourrait être respectée en utilisant le Conseil des autonomies locales, prévu par l'art. 123, dernier alinéa, Const. comme organe nécessaire dans chaque Région pour favoriser le dialogue entre la Région et les collectivités locales.

L'attribution doit respecter les principes de l'art. 119 Const. concernant l'autonomie financière : l'extension des compétences en faveur d'une Région est possible seulement si elle en a les moyens financiers, puisque il y a une nécessaire corrélation entre compétences exercées et ressources disponibles : ainsi l'accomplissement du régionalisme différencié pour les Régions avec statuts ordinaires risque de conduire à une discrimination entre Régions "riches" et Régions "pauvres".

---

[100] L'art. 116, troisième alinéa, se réfère à d'« autres » Régions, non à « les autres» Régions: donc les conditions particulières d'autonomie ne doivent pas être étendues nécessairement à toutes les Régions.

[101] Cette initiative rappelle le principe dispositif applicable dans le régionalisme espagnol: sur ce principe, cf. R. BIN – G. FALCON, *Diritto regionale*, préc., p. 30.

[102] Sur ce déclassement de compétences susceptible d'être produit par l'application de l'art. 116, troisième alinéa, Const., cf. T. MARTINES - A. RUGGERI – C. SALAZAR, *Lineamenti di diritto regionale*, Giuffrè, 2005, p. 22.

L'attribution de formes ultérieures et conditions particulières d'autonomie doit être formalisée dans une entente entre l'État et la Région intéressée à l'attribution. Cette entente doit être traduite par une loi nationale (il s'agit d'une loi ordinaire, et non constitutionnelle), approuvée avec la majorité absolue, c'est-à-dire par la moitié plus un des députés ou sénateurs.

Près de vingt ans après la loi constitutionnelle de 2001, l'art. 116, troisième alinéa, Const. n'a pas encore reçu application. Mais la procédure prévue dans cette disposition a été commencée ces dernières années[103] dans trois Régions : Lombardie, Vénétie et Emilie-Romagne.

La Lombardie et la Vénétie ont choisi d'organiser des référendum consultatifs (22 octobre 2017 avec résultat favorable) sur l'attribution de formes particulières d'autonomie, tandis qu'en Emilie-Romagne l'Assemblée régionale a adopté le 3 octobre 2017 une résolution exprimant la volonté de commencer la procédure prévue par l'art. 116, troisième alinéa, Const.

Le 28 février 2018 le Gouvernement national italien a souscrit avec les trois Régions mentionnées des accords préliminaires concernant l'attribution de formes particulières d'autonomie dans les cinq matières suivantes : protection de l'environnement et de l'écosystème, protection de la santé, instruction, protection du travail, relations internationales et avec l'Union européenne (il s'agit des mêmes matières pour les trois Régions, donc ici le principe de différenciation n'est pas appliqué).

Ensuite, en juin 2019, ont été annoncées des esquisses d'ententes concernant les vingt-trois matières énumérées par l'art. 116, troisième alinéa, Const., s'agissant de la Lombardie et de la Vénétie, et seize de ces matières, à l'égard de l'Emilie-Romagne[104]. Mais à ce jour, aucune entente a été souscrite.

Si le processus d'attribution d'ultérieures formes d'autonomie pour la Lombardie, la Vénétie et l'Emilie-Romagne n'est pas encore conclu, pour les autres Régions avec statuts ordinaires il n'a pas même commencé, ou débute à peine. Dès 2018, Piémont, Ligurie, Toscane, Ombrie, Marches et Campanie ont transmis au Gouvernement leurs demandes de déclenchement de la faculté prévue par l'art. 116, troisième alinéa, Const. On peut donc prévoir que

---

[103]Voir le site : https://temi.camera.it/leg18/temi/tl18_lautonomia_differenziata_delle_regioni_a_statuto_ordinario.html actualisé au 10 mars 2020.

[104] Comme rapporte R. BIFULCO, «I limiti del regionalismo differenziato», *Rivista dell'Associazione italiana dei costituzionalisti* www.rivistaaic.it n. 4/2019, 263; à p. 266 l'auteur affirme que, en cas d'attribution à toutes les Régions avec statuts ordinaires d'ultérieure autonomie dans toutes les matières nommées par l'art. 117, troisième alinéa, Const., la compétence legislative concurrente prévue dans cette disposition serait implicitement supprimée.

l'application de cette disposition aura besoin de beaucoup de temps et ne sera pas facile[105].

5. L'Italie comme État régional différencié

Après avoir examiné de façon synthétique, dans le volume ici imparti, les principales différences entre les deux types de Régions, et à l'intérieur de chaque type, nous terminerons par quelques réflexions conclusives.

Tout d'abord, on peut noter que l'articulation régionale en Italie est assez complexe : au lieu de parler de régionalisme italien, il faut mieux parler de régionalismes, au pluriel.

En outre, il faut souligner que la différenciation entre – et parmi – les Régions est prévue par les règles de niveau supérieur : la réglementation des Régions avec autonomie spéciale et des Régions avec autonomie ordinaire est respectivement contenue dans les statuts spéciaux (source de droit de niveau constitutionnel) et dans la Constitution elle-même ; et la faculté de différencier les compétences des Régions du second type est prévue par la Constitution, même si cette faculté est exercée sur l'initiative des Régions intéressées.

En particulier, pour ce qui concerne le régionalisme différencié réalisé dans les Régions avec statuts spéciaux, on a vu dans le paragraphe 3 qu'il y a beaucoup de différences parmi elles : on pourrait dire que chaque Région est spéciale par rapport aux autres.

Au contraire, pour ce qui concerne le régionalisme différencié susceptible d'être réalisé pour les Régions avec statuts ordinaires, on a vu dans le paragraphe précédent que le processus d'application de l'art. 116, troisième alinéa, Const. est très lent et n'est pas entièrement conforme au principe de différenciation : les accords préliminaires entre l'État et les trois Régions qui ont exercé leur initiative en la matière (Lombardie, Vénétie, Emilie-Romagne) prévoient l'attribution de plus autonomie dans les mêmes matières, tandis qu'il aurait été possible d'attribuer d'ultérieures formes d'autonomie dans des matières différentes ; en effet l'attribution à chacune des quinze Régions avec statuts ordinaires de formes d'autonomie plus large dans des matières différentes aurait conduit à un niveau très élevé de différenciation.

Enfin, on peut prévoir que l'accomplissement du régionalisme différencié pour les Régions avec statuts ordinaires affaiblira la distinction (examinée dans le paragraphe 2) entre elles et les Régions avec statuts spéciaux : l'attribution à une Région avec statut ordinaire de très nombreuses formes particulières d'autonomie (selon l'art. 116, troisième alinéa, Const.) aura pour

---

[105] En particulier, sur les problèmes des limites juridiques et financières de la différenciation voir S. PAINO, «Il regionalismo differenziato tra principio unitario e principio autonomista: tre problemi», *Rivista telematica Federalismi* www.federalismi.it n. 5/2020, p. 108 ss.

effet de compliquer la distinction entre cette Région et une Région avec statut spécial.

En conclusion, comme démontré dans les paragraphes précédents, le régionalisme en Italie se révèle très différencié : on peut affirmer que le principe de différenciation est prévu et accompli de façon significative, même s'il y a encore des difficultés d'application et des potentialités inexploitées ; donc le régionalisme italien pourrait être utilisé comme un modèle pour autres États en train d'introduire ou de renforcer une articulation territoriale régionalisée avec un haut niveau de différenciation.

La compatibilité de la différenciation territoriale avec le principe constitutionnel d'égalité

Julien MARTIN

Professeur de droit public, Université de Bordeaux

La revendication de différenciation territoriale semble intuitivement consubstantielle à l'existence même de collectivités territoriales, et au mouvement de décentralisation. L'étude de ses liens avec l'égalité, en tant que l'origine constitutionnelle de cette dernière y ferait obstacle, est en réalité étroitement liée à l'actualité.

Selon le dictionnaire Larousse, la différenciation est l'action de différencier des êtres ou des choses ou le fait pour des choses ou des êtres de se différencier, ce qui ne nous aide que peu… En se tournant vers le verbe à la base de la définition précédente, on apprend que « différencier » est un verbe transitif consistant à faire apparaître la différence, et que « se différencier » est un verbe pronominal décrivant le fait d'acquérir ou avoir des différences, des caractères distinctifs. À la confluence de ces différentes significations, il semble donc que la différenciation consiste à déceler les différences existant entre deux éléments. Aucune de ces définitions ne fait apparaître l'éventualité que la différenciation soit elle-même à l'origine de la différence en résultant.

Cette dernière signification rapproche la différenciation du vocabulaire juridique, qui distingue la différence de situation, justifiant la différence de traitement, afin d'assurer le respect du principe d'égalité. Il y a alors successivement une première phase d'observation des différences, avant que l'observateur n'en tire des conséquences, en traitant différemment les deux personnes ou les deux situations différentes.

La différenciation est toutefois apparue récemment dans le vocabulaire de la réforme du droit des collectivités territoriales. Saisi du projet de loi constitutionnelle envisageant de modifier le texte de l'article 72, le Conseil d'Etat a ainsi rendu un avis explicitement relatif à « la différenciation des compétences des collectivités territoriales relevant d'une même catégorie et des règles relatives à l'exercice des compétences », le 7 décembre 2017[106].

La réponse a bien évidemment été influencée par la question posée, puisque le gouvernement utilise lui-même le terme, essentiellement sous forme infinitive, pour structurer ses questions en deux parties (I. - sur la possibilité de différencier les compétences/II. - sur la possibilité de différencier les règles applicables à l'exercice des compétences des collectivités territoriales), avant de recourir une seule fois au substantif (pour évoquer l'éventualité d'introduire une disposition constitutionnelle prévoyant que : « *la loi ou le règlement régissant l'exercice des compétences des collectivités peuvent faire l'objet d'adaptations tenant aux caractéristiques et contraintes particulières de collectivités d'une même catégorie* » ; ouvrant ainsi « *des possibilités de différenciation plus étendues que celles permises par le cadre constitutionnel en vigueur* »).

Pour le reste, on retrouve plusieurs autres mécanismes sous ce grand étendard qu'est la différenciation :

- les « *transferts* » de compétences d'une collectivité à une collectivité appartenant à une autre catégorie, par la voie d'accord, et les « transferts » (ou « attributions », en cas de révision constitutionnelle) par la loi à certaines collectivités de compétences dont ne disposent pas l'ensemble des collectivités de la même catégorie,

- et « *l'application de règles différentes* » à l'exercice des compétences sur le territoire de différentes collectivités territoriales (et la possibilité que les règles régissant l'exercice des compétences des collectivités puissent faire l'objet « d'adaptations » tenant aux caractéristiques et contraintes particulières de collectivités d'une même catégorie, en cas de révision constitutionnelle rendue nécessaire), en parlant d'ailleurs à ce même propos, quelques mots plus loin, de « *possibilités de différenciation plus étendues que celles permises par le cadre constitutionnel en vigueur* »,

- ou les « *dérogations* » (sous forme infinitive) aux dispositions législatives ou règlementaires qui régissent l'exercice de leurs compétences

[106] CE, 7 décembre 2017, *avis sur la différenciation des compétences des collectivités territoriales relevant d'une même catégorie et des règles relatives à l'exercice des compétences*, n°393651, JCP A 2018, comm. 2138, H. PAULIAT.

En droit des collectivités territoriales, la différenciation peut donc apparaître sous plusieurs formes : elle peut consister à adopter des règles nationales différentes entre les diverses collectivités territoriales, elle peut également permettre à ces mêmes collectivités d'adopter leurs propres règles, par définition, et au moins potentiellement alors, différentes. Dans les deux cas, ces différences de règles peuvent porter sur les institutions, ou sur les actions de ces collectivités. À ceci peut s'ajouter une incidente supplémentaire tirée de la faculté des différents acteurs de se différencier, reposant ainsi sur leur libre volonté, qu'elle résulte d'une manifestation de volonté unilatérale, ou d'un accord de volontés, entre collectivités, notamment.

Finalement, pas plus que le gouvernement, le Conseil d'Etat ne recoure au terme même de différenciation de manière abondante. Il ne le fait même qu'à une seule occasion, et, quasiment, dans un seul paragraphe. Il l'utilise ainsi à la fois pour décrire le cadre constitutionnel en vigueur (dans ce cadre, le principe d'égalité n'autorise la « différenciation des compétences ou de leur exercice » que pour des raisons d'intérêt général ou du fait de différences de situations[107]), et pour limiter les modifications de la Constitution envisagées (qui impliqueraient que les « différenciations des règles de compétences et de leur exercice » au sein d'une même catégorie de collectivités territoriales - communes, départements et régions - n'altèrent pas la pertinence de trois catégories de collectivités territoriales, et que « ces mêmes différenciations », par leur ampleur, ne remettent pas en cause la règle selon laquelle les possibilités de différenciation sont plus importantes pour les collectivités territoriales à statut particulier et les collectivités de l'article 73, que pour les collectivités territoriales de droit commun[108]). Quant au verbe « différencier », il n'est utilisé que pour reformuler les questions.

L'étude de la différenciation territoriale, et de son rapport avec l'égalité, apparaît donc contextuelle. Elle est le fruit d'un projet porté par le Président de la République, qui a été soumis aux différents acteurs concernés, en même temps qu'il prenait corps dans un projet de réforme constitutionnelle.

Un tel projet de loi avait ainsi été présenté le 9 mai 2018, avant d'être retiré le 29 août 2019, l'actualité dictant ses priorités et orientant

---

107 *Ibid.*, point 14.

108 *Ibid.*, point 15

l'action du gouvernement vers d'autres sujets. Si celui-ci avait été voté, l'article 72 de la Constitution aurait été modifié à deux endroits. À la fin de son deuxième alinéa, il aurait été précisé que : « *Dans les conditions prévues par la loi organique et sauf lorsque sont en cause les conditions essentielles d'exercice d'une liberté publique ou d'un droit constitutionnellement garanti, la loi peut prévoir que certaines collectivités territoriales exercent des compétences, en nombre limité, dont ne disposent pas l'ensemble des collectivités de la même catégorie.* ». Et son quatrième alinéa aurait disposé que : « *Dans les conditions prévues par la loi organique, et sauf lorsque sont en cause les conditions essentielles d'exercice d'une liberté publique ou d'un droit constitutionnellement garanti, les collectivités territoriales ou leurs groupements peuvent, lorsque, selon le cas, la loi ou le règlement l'a prévu, déroger, pour un objet limité, aux dispositions législatives ou réglementaires qui régissent l'exercice de leurs compétences, éventuellement après une expérimentation autorisée dans les mêmes conditions.* »[109]. L'égalité n'est pas citée. Mais il est évident que, dans l'esprit de ses promoteurs, la mise en œuvre d'une certaine différenciation ne serait pas possible sans une modification de la Constitution. En d'autres termes, il y a bien un problème de constitutionnalité de la mise en œuvre d'une certaine différenciation territoriale.

Une mission flash « Expérimentation et différenciation territoriale » a également été créée par le bureau de la Délégation aux collectivités territoriales et à la décentralisation dans la perspective de la révision constitutionnelle. Elle a rendu ses conclusions à la Délégation lors de sa réunion du mercredi 9 mai 2018. La différenciation territoriale y est considérée représenter un « *enjeu essentiel* » pour les collectivités territoriales. La prise en compte de la diversité des territoires et de leurs besoins, en permettant l'élaboration de politiques différenciées, ferait l'objet « *d'un large consensus parmi les élus des collectivités* ». Dans le même temps, la nécessité d'un encadrement est rappelée afin de ne pas porter « *une atteinte excessive au principe d'égalité* »[110]. Le lien est ainsi fait. À cet égard, mais la remarque nous éloigne un instant du sujet,

---

[109] Projet de loi constitutionnelle n° 911 *pour une démocratie plus représentative, responsable et efficace*, présenté au nom de M. Emmanuel MACRON, par M. Édouard PHILIPPE, et par Mme Nicole BELLOUBET. Enregistré à la Présidence de l'Assemblée nationale le 9 mai 2018, et retiré le 29 août 2019, article 15.

[110] J.-R. CAZENEUVE et A. VIALA, *Mission flash « Expérimentation et différenciation territoriale »*, p. 7.

l'égalité ne semble pas réellement être au cœur des préoccupations, pas plus qu'elle ne constitue le principal obstacle constitutionnel aux yeux des parlementaires. La mission flash remarque ainsi que les règles particulières à certains territoires sont fixées directement par le législateur, et qu'il n'existe pas de pouvoir d'adaptation des normes attribué aux collectivités elles-mêmes, qui serait, « *dans le cadre constitutionnel actuel, contraire aux articles 34 (compétence législative exclusive du Parlement) et 21 (pouvoir réglementaire du Premier ministre) de la Constitution* »[111].

En partant, une nouvelle fois, de l'avis du Conseil d'Etat, l'égalité n'est pourtant jamais très éloignée. Elle est même immédiatement évoquée dans la partie liminaire de l'avis consacrée au cadre juridique applicable à l'attribution et à l'exercice des compétences des collectivités territoriales et sur son évolution. L'égalité y apparaît immédiatement après le rappel de la lettre de l'article 72 de la Constitution, au titre de la jurisprudence constitutionnelle applicable à la matière : le Conseil constitutionnel énonce ainsi qu'il revient à la loi, en application de l'article 34 de la Constitution, de déterminer « ... les *principes fondamentaux... de la libre administration des collectivités territoriales, de leurs compétences et de leurs ressources...* », dans le respect des règles et principes issus de l'article 72 ainsi que, notamment, des principes d'égalité, d'indivisibilité de la République et de souveraineté nationale[112]. Puis la formulation du principe constitutionnel d'égalité, « *applicable aux collectivités territoriales* », est rappelé en ce qu'il « ... *ne s'oppose ni à ce que le législateur règle de façon différente des situations différentes, ni à ce qu'il déroge à l'égalité pour des raisons d'intérêt général pourvu que, dans l'un et l'autre cas, la différence de traitement qui en résulte soit en rapport avec l'objet de la loi qui l'établit...* »[113]. L'évocation du cadre juridique

---

[111] *Ibid.*, p. 14.

[112] Cons. Const., déc. n° 2001-454 DC du 17 janvier 2002, *Loi relative à la Corse*, Rec. Cons. const. p. 70, AJDA 2002, p. 100, note J.-E. SCHOETTL, AJDA 2002, p. 46, tribune J.-C. DOUENCE, D. 2003. Somm. 1124, obs. X. MAGNON, JCP 2003.I.115, chron. B. MATHIEU et M. VERPEAUX, LPA 2002, no 190, note M. VERPEAUX, RD publ. 2002. 635, chron. D. ROUSSEAU, et 885, note F. LUCHAIRE, RFDA 2002, p. 459, notes M. VERPEAUX, B. FAURE et A. VIALA.

[113] Cons. Const., décision n° 91-291 DC du 6 mai 1991 *sur la loi instituant une dotation de solidarité urbaine et un fonds de solidarité des communes de la région d'Ile-de-France*, Rec. Cons. const., p. 40, RD publ. 1992, p. 37, chron. D. ROUSSEAU, RFDC 1991. 497, comm. L. PHILIP, RDSS 1991. 639, note X. PRETOT.

applicable se clôt ainsi avec le constat que l'application de règles différentes à l'exercice des compétences de collectivités de la même catégorie est largement admise, sans qu'il soit pour autant porté atteinte au principe d'égalité[114].

Puis le Conseil d'Etat place l'égalité, entre autres choses, au frontispice de la résolution des questions qui lui sont posées. C'est ainsi que, réfléchissant à la possibilité de moduler les compétences de collectivités territoriales relevant d'une même catégorie et de transférer des compétences entre collectivités relevant de catégories différentes, il évoque les marges de manœuvre réelles du législateur dans le cadre constitutionnel en vigueur, mais contraintes par l'article 72 de la Constitution, et par le principe d'égalité, qui n'autorise la différenciation des compétences ou de leur exercice que pour des raisons d'intérêt général ou du fait de différences de situations[115]. De même, les modifications de la Constitution envisagées devraient s'inscrire dans la cohérence du titre XII de la Constitution afin de préserver la distinction établie entre le régime des communes, départements et régions, et le régime des collectivités territoriales à statut particulier et des collectivités d'outre-mer de l'article 73, car cette distinction permet la nécessaire prise en compte des caractéristiques et des contraintes particulières à certains territoires, dans le respect du principe d'égalité, de l'indivisibilité de la République et de la souveraineté nationale[116].

Il s'est, enfin, fondé sur l'égalité pour répondre aux questions qui lui étaient posées. Ainsi, « *dans les limites fixées par le principe constitutionnel d'égalité* », la loi peut prévoir directement que certaines collectivités, désignées par le législateur, exercent des compétences dont ne disposent pas l'ensemble des collectivités de la même catégorie, ou confier au pouvoir règlementaire la désignation de ces collectivités, à condition de présenter un caractère limité[117]. Quant à l'introduction d'une disposition constitutionnelle prévoyant que « *la loi peut attribuer des compétences différentes à des collectivités relevant d'une même catégorie* », elle ne dispenserait pas les règles différentes de compétences de continuer « *à devoir être justifiées, en vertu [...] du*

---

114 CE, 7 décembre 2017, *avis préc.*, point 12

115 *Ibid.*, point 14.

116 *Ibid.*, point 15.

117 *Ibid.*, point 19.

principe d'égalité, par des caractéristiques particulières »[118]. L'application de règles différentes à l'exercice des compétences de collectivités de droit commun de la même catégorie serait, enfin, « *admise largement sans que le respect du principe d'égalité en soit affecté* »[119]. Mais la disposition permettant aux communes, départements et régions de modifier, par accord, leurs propres compétences dans la seule limite de la liste des compétences fixées par la loi, sans aucune condition tenant à l'existence d'une situation particulière propre à justifier l'application de règles de compétences différentes de celles du statut des collectivités de leur catégorie, ou tenant à des raisons d'intérêt général « *méconnaîtrait [...], par sa généralité, le principe constitutionnel d'égalité* »[120].

L'égalité est ainsi évoquée à 15 reprises dans l'avis, montrant son caractère central, soit qu'elle permette l'application de règles différentes, soit qu'elle impose ou limite la justification de l'attribution de compétences différentes, soit qu'elle interdise les transferts de compétences sur la base d'un accord entre les collectivités.

À cet égard, le principe d'égalité peut sembler familier en droit des collectivités territoriales. Pourtant, il n'est pas non plus particulièrement abordé. Les principaux auteurs en la matière n'en traitent pas[121], ou alors sous la formulation de l'étude de l'uniformité du droit[122], ce qui est révélateur d'une certaine conception du principe d'égalité. Un seul auteur va se concentrer sur le principe d'égalité, en le reliant certes au principe de libre administration : pour elle, le Conseil constitutionnel fait prévaloir le principe d'égalité sur le principe de libre administration dans la mesure où il ne tolère pas que l'exercice d'une liberté publique puisse varier en fonction des décisions des pouvoirs locaux[123].

---

118 *Ibid.*, point 30.

119 *Ibid.*, point 32.

120 *Ibid.*, point 29.

121 J. FERSTENBERT, F. PRIET, P. QUILICHINI, *Droit des collectivités territoriales*, Dalloz, coll. Hypercours, 2e éd., 2016, L. JANICOT, M. VERPEAUX, *Droit des collectivités territoriales*, LGDJ, coll. Manuel, 1e éd..

122 B. FAURE, *Droit des collectivités territoriales*, Dalloz, coll. Précis, 5e éd., 2018, pp. 83 et s..

123 V. DONIER, *Droit des collectivités territoriales*, 3e édition, Dalloz, Mémentos, 2019, pp. 28-29, se fondant sur C. const., déc. n° 84- 185 DC, *loi modifiant et complétant la loi n° 83-663 du 22 juill. 1983 et portant dispositions diverses relatives aux rapports entre l'État et les*

La question est donc indéniablement d'actualité, et les liens entre la différenciation et le principe constitutionnel d'égalité méritent d'être étudiés. La première question réside ainsi dans la compatibilité directe, pure et simple, de la différenciation avec le principe d'égalité. Elle en recèle pourtant une seconde, plus indirecte, tant l'égalité structure également d'autres aspects fondamentaux tels que l'intégrité des catégories de collectivités territoriales et les droits et libertés des citoyens.

I - La compatibilité de principe de la différenciation avec le principe d'égalité

Dans sa préface à la thèse d'Anne-Sophie Gorge, consacrée au principe d'égalité entre les collectivités territoriales, Jean-Marie Pontier évoquait la « reconnaissance progressive, prudente, par petites touches » du principe d'égalité entre collectivités territoriales, menant inévitablement à la rencontre du Conseil constitutionnel[124]. Le juge apparaît ainsi comme « l'auteur » du principe d'égalité. Il n'en va pas différemment en matière de différenciation. Le point de départ de la réflexion est évidemment celui de la signification du principe d'égalité : implique-t-il une uniformité entre l'ensemble des collectivités territoriales appartenant à la même catégorie ? A défaut, il convient de vérifier que le texte et la jurisprudence constitutionnelle sont susceptibles d'accueillir la différenciation.

a. L'absence de dispositions constitutionnelles empêchant la différenciation

L'égalité n'est réellement un obstacle à la différenciation que si elle renvoie à l'uniformité des structures administratives sur le territoire. Or, si cette signification se rencontre parfois, elle est d'origine essentiellement législative. En sens inverse, quelques rares textes constitutionnels ont, dans l'histoire, contenu des éléments de différenciation territoriale. Il n'en reste pas moins que la Constitution du 4 octobre 1958 n'est pas univoque sur la question, ce qui justifie, sans doute, les projets de réforme du texte.

---

collectivités territoriales, Rec. p. 36 ou n° 96- 373 DC, *loi organique portant statut d'autonomie de la Polynésie française*, Rec. p. 43.

[124] J.-M. PONTIER, préface à A.-S. GORGE, *Le principe d'égalité entre les collectivités territoriales*, Dalloz, Bibliothèque parlementaire et constitutionnelle, 2010, p. XVII

L'interprétation du principe d'égalité au sens d'uniformité des structures administratives locales est uniquement le fait du législateur, essentiellement au 19e siècle. En sens inverse, certaines constitutions ont pu contenir, par le passé, des éléments favorables à la différenciation.

Quelques rares textes assimilent égalité et uniformité des structures administratives. Ils présentent toutefois tous comme caractéristiques d'être de rang législatif, et d'avoir été adoptés au 19e siècle, à une époque où les conceptions sur le sujet étaient différentes. Ils peuvent d'ailleurs être regroupés en deux temps, lors de la révolution, et autour de l'avènement de la troisième République.

L'uniformité des structures territoriales est tout d'abord affirmée en deux temps, avec la disparition des anciens privilèges, puis avec la mise en place de structures uniformes sur l'ensemble du territoire.

Avec l'article 10 des décrets des 4, 6, 7, 8 et 11 août 1789 (nommés aussi décret du 4 août - 21 septembre 1789, puis finalement décret du 4 août - 3 novembre 1789), il est solennellement proclamé qu' : « *Une constitution nationale et la liberté publique étant plus avantageuses aux provinces que les privilèges dont quelques-unes jouissaient, et dont le sacrifice est nécessaire à l'union intime de toutes les parties de l'empire, il est déclaré que tous les privilèges particuliers de provinces, principautés, pays, cantons, villes et communautés d'habitants, soit pécuniaires, soit de toute autre nature, soient abolis sans retour, et demeureront confondus dans le droit commun de tous les Français.* ». La fin des privilèges, et l'égalité sous-jacente la justifiant, marque ainsi le point de départ d'une vision révolutionnaire plutôt uniformisante de l'administration. Puis l'article 1er de la loi du 14 décembre 1789 *relative à l'organisation des communes du royaume de France*, abolit les « *municipalités actuellement subsistantes en chaque ville, bourg, paroisse ou communauté* ».

La loi du 22 décembre 1789 *relative à la constitution des assemblées primaires et des assemblées administratives*, a symétriquement instauré : « *une municipalité en chaque ville, bourg, paroisse ou communauté de campagne.* ». Sieyès et Thouret espéraient par ailleurs aboutir à la création de quatre-vingt départements formant autant que possible un carré de « 18 lieues de côté ». La liste des 83 départements est adoptée par les décrets des 26 février et 4 mars 1790 et répond à cette aspiration, sans y satisfaire complètement. La Constitution de 1793 (5 fructidor an III) détermine et nomme les départements. Elle en fixe les limites maxima (100 myriamètres carrés), que, dans cette mesure, une loi peut changer. On ne trouvera en revanche rien de tel pour les communes. À la suite de ces textes, l'instruction du 8 janvier 1790, énonce clairement qu'une « *administration uniforme doit (...) embrasser tous dans un régime commun* »[125].

Selon l'exposé des motifs de la loi des 24 et 29 juillet 1867, enfin, il n'est pas admis que « *les communes soient divisées en deux catégories, les grandes et les petites, les riches et les pauvres, ayant des règles, des droits et des devoirs différents. Ces distinctions seraient nécessairement arbitraires (...) en portant atteinte au principe d'égalité qui est si profondément entré dans nos mœurs et dans nos lois. Toutes les communes de l'empire, quelle que soit leur population et leur richesse, ont droit à une égale indépendance et à la même protection.* ». Les lois du 10 août 1871 et du 5 avril 1884 peuvent également être interprétées comme établissant l'uniformité administrative et le principe d'égalité entre collectivités territoriales[126].

Ces textes n'ont, toutefois, pas de portée constitutionnelle. Et rien, dans la Constitution du 4 octobre 1958 ne permet de penser que le principe d'égalité entre collectivités territoriales peut être interprété dans le sens de l'uniformité.

Au niveau constitutionnel, quelques rares expériences laissent croire, au contraire, que la différenciation a pu être envisagée à ce stade, avec une ampleur et une persistance relative.

La Constitution du 5 Fructidor an III a, quant à elle, mis en place les municipalités dites de canton sous le directoire. Les communes comprenant une population de moins de 5 000 habitants étaient regroupées dans ces municipalités de canton. Seules les communes de plus de 5 000 habitants disposaient de leur propre organe délibérant. Il existait également une organisation particulière pour les communes de plus de 100 000 habitants. La loi du 28 pluviôse an VIII a mis fin à cette expérience. Il ne faut toutefois pas se méprendre sur l'architecture ainsi mise en place : au sein de la même strate de population, les institutions étaient identiques. En effet, il devait bien y avoir un agent municipal et un adjoint « *dans chaque commune, dont la population est inférieure à cinq mille habitants* ». Et c'est la réunion des agents municipaux de chaque commune qui formait la municipalité de canton.

---

[125] DUVERGIER, Tome I, p. 79

[126] A.-S. GORGE, *préc.*, p. 356.

L'article 89 de la Constitution du 27 octobre 1946 dispose, enfin, que des lois organiques étendront les libertés départementales et municipales, pourront prévoir, pour certaines grandes villes, des règles de fonctionnement et des structures différentes de celles des petites communes et comporter des dispositions spéciales pour certains départements. Sous entendant l'égalité, il permet également d'adopter des règles différentes. Adoptée ultérieurement, la loi sur Paris, Lyon et Marseille sera votée sans le soutien d'une telle disposition dans la Constitution de la Ve République.

Le texte de la Constitution du 4 octobre 1958 n'est, lui, pas univoque sur la question.

L'article 1er assure l'égalité devant la loi de tous les citoyens sans distinction d'origine, de race ou de religion. Elle respecte toutes les croyances. Son organisation est décentralisée. L'égalité « de tous les citoyens » est donc proclamée, mais pas celle des collectivités territoriales. En inscrivant le caractère décentralisé de l'organisation territoriale de la République à l'article premier de la Constitution, le constituant a entendu conférer à la décentralisation le même rang constitutionnel que le principe d'égalité ou celui d'indivisibilité[127].

Quant aux différences, on peut les retrouver à l'article 73, avec le principe d'adaptation bénéficiant aux départements et régions d'outre-mer, et à l'article 72, depuis qu'il a été modifié par la loi constitutionnelle de 2003 afin d'y insérer les collectivités à statut spécial, mais nous reviendrons sur ces aspects.

La position du Conseil d'Etat dans son avis du 7 décembre 2017 semble laisser à voir une hésitation entre une lecture stricte de la Constitution, et, paradoxalement, l'appréciation portée sur une réforme constitutionnelle qui ne s'impose pas.

Le Conseil d'Etat commence par faire une différence entre les collectivités territoriales relevant de l'article 72, et celles à statut particulier de l'article 73. Les règles d'attribution des compétences et les règles d'exercice des compétences sont, « *en principe, les mêmes au sein de chaque catégorie de collectivités territoriales de droit commun,*

[127] P. CLEMENT, Rapport N° 376 fait au nom de la commission des lois constitutionnelles, de la législation et de l'administration générale de la république sur : - le projet de loi constitutionnelle (n° 369), adopté par le sénat, relatif à l'organisation décentralisée de la république, enregistré à la présidence de l'assemblée nationale le 13 novembre 2002, p. 25.

communes, départements, régions »[128]. A l'inverse des collectivités territoriales à statut particulier et des collectivités de l'article 73, la Constitution ne prévoit pas l'adaptation des lois et règlements pour prendre en compte des « *caractéristiques* » ou des « *contraintes particulières* » qui seraient propres à l'une ou à plusieurs collectivités relevant d'une des catégories de droit commun de l'article 72.

Mais dans le même temps, il affirme qu'il n'en résulte pas pour autant que les règles applicables aux compétences des collectivités territoriales doivent être identiques pour toutes les collectivités relevant de la même catégorie[129]. Il ajoute que dans le cadre constitutionnel en vigueur le législateur dispose « *de marges de manœuvre réelles, mais contraintes* », en ce sens que toute différence de traitement devrait être justifiée par une différence de situation[130].

Les réformes constitutionnelles envisagées ne sont ainsi pas appréciées de la même façon. Elles apparaissent respectivement utiles, sans être indispensables, ou incohérentes.

Au regard des éléments précédents, le Conseil d'Etat a estimé que la faculté ouverte à la loi d'autoriser certaines collectivités à exercer des compétences dont ne disposent pas l'ensemble des collectivités de la même catégorie pourrait, « *sans être indispensable* », trouver un fondement mieux assuré par une modification de la Constitution qui y ajouterait le principe de cette mesure[131].

En revanche, l'introduction d'une disposition constitutionnelle prévoyant que « *la loi peut attribuer des compétences différentes à des collectivités relevant d'une même catégorie* » introduirait une incohérence au sein du titre XII de la Constitution[132]. De même, une disposition constitutionnelle prévoyant que : « *la loi ou le règlement régissant l'exercice des compétences des collectivités peuvent faire l'objet d'adaptations tenant aux caractéristiques et contraintes particulières de collectivités d'une même catégorie* » serait « *dépourvue de portée utile* », et créerait une incohérence avec l'article 73[133].

La disposition prévoyant que : « *Sauf lorsque sont en cause les conditions essentielles d'exercice d'une liberté publique ou d'un droit*

---

[128] CE, 7 décembre 2017, *avis préc.*, point 7.
[129] *Ibid.*, point 7.
[130] *Ibid.*, point 14.
[131] *Ibid.*, point 23.
[132] *Ibid.*, point 30.
[133] *Ibid.*, point 33.

constitutionnellement garanti, les collectivités territoriales ou leurs groupements peuvent, lorsque, selon le cas, la loi ou le règlement l'a prévu, déroger, pour un objet limité, aux dispositions législatives ou règlementaires qui régissent l'exercice de leurs compétences » donnerait en revanche « *davantage de libertés et de responsabilités aux collectivités territoriales pour mener une action plus efficace, grâce à des marges de manœuvre accrues, pour innover et pour adapter les lois et règlements qui régissent l'exercice de leurs compétences aux réalités des territoires* »[134].

Le projet de loi constitutionnelle ainsi présenté le 9 mai 2018 en tiendra compte. Si celui-ci avait été voté, l'article 72 de la Constitution aurait été modifié à deux endroits. A la fin de son deuxième alinéa, il aurait été précisé que : « *Dans les conditions prévues par la loi organique et sauf lorsque sont en cause les conditions essentielles d'exercice d'une liberté publique ou d'un droit constitutionnellement garanti, la loi peut prévoir que certaines collectivités territoriales exercent des compétences, en nombre limité, dont ne disposent pas l'ensemble des collectivités de la même catégorie.* ». Et son quatrième alinéa aurait disposé que : « *Dans les conditions prévues par la loi organique, et sauf lorsque sont en cause les conditions essentielles d'exercice d'une liberté publique ou d'un droit constitutionnellement garanti, les collectivités territoriales ou leurs groupements peuvent, lorsque, selon le cas, la loi ou le règlement l'a prévu, déroger, pour un objet limité, aux dispositions législatives ou réglementaires qui régissent l'exercice de leurs compétences, éventuellement après une expérimentation autorisée dans les mêmes conditions.* »[135]. Au terme de cette réforme, provisoirement abandonnée, la Constitution aurait autorisé le législateur à différencier les compétences accordées aux collectivités appartenant à une même catégorie, autant qu'à leur permettre de déroger elle-même à l'ordre des compétences. Mais est-ce à dire que l'interprétation jurisprudentielle qui était faite du principe d'égalité ne le permettait pas ?

b. L'inscription textuelle de la jurisprudence admettant la différenciation

Poursuivant l'étude de cette question, on se rend compte que la jurisprudence constitutionnelle n'y est pas fondamentalement

[134] *Ibid.*, point 35.
[135] Projet de loi constitutionnelle précité, article 15.

défavorable, et semble renvoyer la question au législateur. À cet égard, la jurisprudence est essentiellement fondée sur le jugement de cas particuliers liés à la Corse, ou aux villes de Paris, Lyon ou Marseille. Dans ce cadre, s'il a pu apparaître un temps que le Conseil constitutionnel pouvait avoir une interprétation du principe d'égalité favorable à une certaine uniformité, il a rapidement été acquis qu'il en avait une interprétation plus souple.

L'évocation du « droit commun » applicable à une catégorie de collectivité territoriale avait pu faire laisser à penser qu'il devait exister une certaine uniformité au sein d'une catégorie de collectivité territoriale, mais ce principe a rapidement été battu en brèche.

Le Conseil constitutionnel a pu juger « *qu'en l'état actuel de la législation et jusqu'à l'intervention du texte destiné à fixer le régime général des élections aux conseils régionaux* » rien ne permet de soutenir que le régime applicable à la région de Corse sera dérogatoire au « *droit commun applicable à l'ensemble des régions* » dans sa décision du 25 février 1982, *Loi portant statut particulier de la région de Corse*[136]. Certains auteurs, dont Louis Favoreu, y voyaient donc une inconstitutionnalité potentielle s'il devait être dérogatoire[137].

Il semblerait pourtant que ce soit un simple constat, comme dans la décision sur la loi PLM du 28 décembre 1982, dans laquelle le Conseil relève qu'aucun principe ou règle de valeur constitutionnelle n'interdit au législateur d'instituer des divisions administratives au sein des communes ni d'instituer des organes élus autres que le conseil municipal et le maire. Dès lors, si les dispositions critiquées dérogeaient, pour les trois plus grandes villes de France, au droit commun de l'organisation communale, « *elles ne méconnaissent pas pour autant la Constitution* »[138].

Sur le sujet, les décisions du Conseil constitutionnel ne sont pas nombreuses, et l'on se fonde presque inévitablement sur celle du 17

---

[136] Cons. Const., déc n° 82-138 DC du 25 février 1982, *Loi portant statut particulier de la région de Corse*, cons. 11, Rec. Cons. const., p. 41, AJDA 1982. 303, note J. BOULOUIS, Rev. adm. 1982. 382, note R. ETIEN, RD publ. 1982. 1259, comm. FAVOREU, JCP 1983. 20099, note C. FRANCK.

[137] L. FAVOREU, « Le droit constitutionnel jurisprudentiel en 1981-1982 », p. 394.

[138] Cons. Const., déc. n° 82-149 DC du 28 décembre 1982, *Loi relative à l'organisation administrative de Paris, Marseille, Lyon et des établissements publics de coopération intercommunale*, cons. 6, Rec. Cons. const., p. 76, RD publ. 1983. 375, comm. L. FAVOREU, AJDA 1983. 115, chron. J. MOREAU.

janvier 2002, *Loi relative à la Corse*. C'est d'ailleurs très exactement ce qu'a fait le Conseil d'Etat dans son avis du 7 décembre 2017. Etaient en cause, en l'espèce, un certain nombre de transferts de compétence au bénéfice de la collectivité territoriale de Corse en matière de politique culturelle, d'urbanisme, d'attribution des aides directes et indirectes aux entreprises, de politique du tourisme, et d'environnement. Le Conseil Constitutionnel n'y verra pas d'obstacle constitutionnel en se fondant sur un certain nombre d'arguments oscillant entre deux registres : la compétence législative et les principes substantiels.

D'une part, les dispositions litigieuses qu'il avait alors à examiner ne transféraient que des compétences limitées, dans des matières ne relevant pas du domaine de la loi, à la collectivité territoriale de Corse, en en définissant précisément le champ d'application, les modalités d'exercice et les organes responsables. Ce dernier aspect permettait de sauvegarder la compétence du législateur, auquel il revient de déterminer les principes fondamentaux de la libre administration des collectivités locales, de leurs compétences et de leurs ressources sur le fondement de l'article 34 de la Constitution, et ce d'autant plus que ces compétences devront être mises en œuvre dans le respect des lois et règlements auxquels il n'est pas explicitement dérogé par la volonté du législateur.

D'autre part et surtout, ces compétences devront être mises en œuvre dans le respect des règles et principes de valeur constitutionnelle. Il est ainsi apparu qu'aucune des dispositions contestées ne peut être regardée comme portant atteinte à l'indivisibilité de la République, à l'intégrité du territoire ou à la souveraineté nationale. Elles ne touchent pas non plus aux principes fondamentaux de la libre administration des collectivités locales et, aucune ne méconnaît les compétences propres des communes et des départements ou n'établit de tutelle d'une collectivité territoriale sur une autre. Enfin et eu égard aux caractéristiques géographiques et économiques de la Corse, à son statut particulier au sein de la République et au fait qu'aucune des compétences ainsi attribuées n'intéresse les conditions essentielles de mise en œuvre des libertés publiques, les différences de traitement qui résulteraient de ces dispositions entre les personnes résidant en Corse et celles résidant dans le reste du territoire national ne seraient pas constitutives d'une atteinte au principe d'égalité[139].

[139] *Ibid.*, cons. 29.

Une partie du raisonnement est donc bien fondé sur l'égalité : le Conseil identifie une différence de situation (les « caractéristiques géographiques et économiques de la Corse »), qui justifierait les mesures prises en l'espèce. Il est d'ailleurs à noter à cet égard que ce n'est pas le principe d'égalité entre collectivités territoriales qui est en cause dans ce cas de figure, mais les différences de traitement qui résulteraient de ces dispositions « *entre les personnes résidant en Corse et celles résidant dans le reste du territoire national* » (et qui ne seraient pas constitutives d'une atteinte au principe d'égalité) ; c'est-à-dire qu'est en cause le principe d'égalité entre les citoyens, et non entre les collectivités territoriales.

L'existence de règles spéciales n'est pas, non plus, rendue impossible par les principes d'égalité ou d'indivisibilité. Tel est le cas des anciennes directives territoriales d'aménagement, dont la circonstance que leur champ d'application soit limité à certaines parties du territoire national répond à la prise en compte de situations différentes et ne saurait par suite méconnaître le principe d'égalité non plus que porter atteinte au principe d'indivisibilité de la République[140]. Le principe d'égalité ne fait pas non plus obstacle à ce que le législateur édicte, par l'octroi d'avantages fiscaux, des mesures d'incitation au développement et à l'aménagement de certaines parties du territoire national dans un but d'intérêt général : de telles mesures ne constituent pas en elles-mêmes une atteinte à la libre administration des collectivités locales[141]. En prévoyant, dans le cadre de la législation qu'il a édictée relative à l'aménagement et au développement du territoire ainsi que de la législation relative à la politique de la ville, la passation de conventions locales et régionales destinées à tenir compte de la spécificité des situations territoriales, le législateur a mis en place une procédure qui loin de méconnaître le principe d'égalité constitue un moyen d'en assurer la mise en œuvre : il pouvait donc confier au pouvoir réglementaire, sous le contrôle du juge administratif, le soin de déterminer, dans le respect de ces législations, les zones et opérations

---

[140] Cons. Const., déc. n° 94-358 DC du 26 janvier 1995, *Loi d'orientation pour l'aménagement et le développement du territoire*, cons. 5, D. 1997. 119, obs. J. TREMEAU, D. 1997, p. 124, obs. J. PINI, D. 1997, p. 125, obs. E. OLIVA, D. 1997, p. 139, obs. F. MELIN- SOUCRAMANIEN.

[141] *Ibid.*, cons. 34.

concernées en fonction des appréciations concrètes que requiert une telle détermination[142].

Il résulte de cet ensemble de décisions que la mise en place d'institutions, la reconnaissance de compétences, et l'édiction de règles, différentes de celles applicables à d'autres entités de la même catégorie de collectivités n'est pas contraire au principe d'égalité pour le Conseil constitutionnel, qui n'interprète pas ce terme, comme cela a pu être fait par le passé au sens d'uniformité. Pas plus hier qu'aujourd'hui, dans le texte même de la Constitution, l'égalité n'implique une stricte uniformité des règles entre les collectivités territoriales appartenant à la même catégorie. Il n'en va toutefois ainsi qu'à certaines conditions.

II Les conditions de la compatibilité de la différenciation avec le principe d'égalité

En tant que tel, le principe constitutionnel d'égalité n'est pas un obstacle à la mise en œuvre de la différenciation. Toutefois, les droits et libertés constitutionnellement garantis des citoyens ne peuvent varier sur le territoire. La préservation des catégories de collectivités territoriales, ou de la distinction entre collectivités métropolitaines et ultra-marines paraît plus difficile à garantir en revanche, marquant peut-être, là, une hésitation.

a. La prise en compte de l'égalité entre les citoyens comme condition de de l'égalité entre les collectivités

La Conseil d'Etat suit en tous points la position du Conseil constitutionnel sur le sujet, préfigurant ainsi la rédaction d'une éventuelle modification du texte constitutionnel.

Comme cela a déjà été évoqué, le Conseil d'Etat s'est fondé, dans son avis du 7 décembre 2017, sur la décision du Conseil constitutionnel du 17 janvier 2002 à deux reprises. Il rappelle tout d'abord que dans le respect, notamment, des principes d'égalité, d'indivisibilité de la République et de souveraineté nationale, il revient à la loi, en application de l'article 34 de la Constitution, de déterminer les principes fondamentaux de la libre administration des collectivités territoriales, de leurs compétences et de leurs ressources. Puis il redit que les dispositions particulières doivent être justifiées par les caractéristiques propres de la collectivité concernée : les « *caractéristiques*

[142] *Ibid.*, cons. 29

géographiques et économiques de la Corse... son statut particulier au sein de la République ».

Dans cette décision, et comme évoqué, le Conseil constitutionnel fait le lien par deux fois entre l'égalité et la sauvegarde des droits et libertés.

Face à une disposition qui permettait à la collectivité territoriale de Corse de demander à être habilitée par le législateur à fixer des règles adaptées aux spécificités de l'île par voie règlementaire, « *sauf lorsqu'est en cause l'exercice d'une liberté individuelle ou d'un droit fondamental* », le Conseil constitutionnel devait juger que les articles 21 et 72 de la Constitution permettent au législateur de confier à une catégorie de collectivités territoriales le soin de définir, dans la limite des compétences qui lui sont dévolues, certaines modalités d'application d'une loi, mais que le principe de libre administration des collectivités territoriales ne saurait conduire à ce que les conditions essentielles de mise en œuvre des libertés publiques et, par suite, l'ensemble des garanties que celles-ci comportent dépendent des décisions de collectivités territoriales et, ainsi, puissent ne pas être les mêmes sur l'ensemble du territoire de la République[143]. Puis il avait ajouté pour conclure que ces dispositions n'étaient contraires ni aux articles 21, 34 et 72 de la Constitution, ni au principe d'égalité devant la loi[144].

Plus avant, et à l'occasion de l'examen des nouvelles compétences transférées à la seule collectivité de Corse, le Conseil avait relevé que, eu égard à la différence de situation entre la Corse et les autres collectivités, et « *au fait qu'aucune des compétences ainsi attribuées n'intéresse les conditions essentielles de mise en œuvre des libertés publiques* », les différences de traitement qui résulteraient de ces dispositions entre les personnes résidant en Corse et celles résidant dans le reste du territoire national ne seraient pas constitutives d'une atteinte au principe d'égalité[145]. Il faisait alors clairement le lien entre la sauvegarde de libertés et l'absence d'atteinte au principe d'égalité. Toutefois, l'examen du caractère limité du transfert de compétences était au service d'un raisonnement tendant à assurer de la sauvegarde de la compétence du législateur, et non du principe d'égalité.

---

[143] Cons. Const., déc. n° 2001-454 DC du 17 janvier 2002, *Loi relative à la Corse, préc.*, cons. 12

[144] *Ibid.*, cons. 15.

[145] *Ibid.*, cons. 29

Le lien entre égalité et exercice des libertés est d'ailleurs établi depuis longtemps[146]. Le Conseil constitutionnel énonce en effet depuis le milieu des années 1980 que, si le principe de libre administration des collectivités territoriales a valeur constitutionnelle, il ne saurait conduire à ce que les conditions essentielles d'application d'une loi organisant l'exercice d'une liberté publique dépendent de décisions des collectivités territoriales et, ainsi, puissent ne pas être les mêmes sur l'ensemble du territoire[147]. L'attribution d'une compétence à une collectivité territoriale n'aboutit toutefois pas forcément à en examiner l'atteinte aux libertés. Il en a été ainsi de l'attribution par le département de la prestation spécifique dépendance[148], ou de l'allocation personnalisée d'autonomie[149], qui répondent toutes deux à une exigence de solidarité nationale. En effet, l'aide sociale n'affecte pas les conditions essentielles d'exercice des libertés publiques[150].

La proposition de modification de la Constitution soumise par le gouvernement au Conseil d'Etat prévoyait déjà que la loi ou le règlement pouvait déroger, pour un objet limité, aux dispositions législatives ou règlementaires qui régissent l'exercice de leurs compétences, « *sauf lorsque sont en cause les conditions essentielles d'exercice d'une liberté publique ou d'un droit constitutionnellement garanti* », le Conseil d'Etat n'y trouvera rien à redire, et la formule se retrouvera à l'identique dans le projet de loi constitutionnelle du 9 mai 2018, depuis retiré. L'équilibre de l'avis du Conseil d'Etat du 7 décembre 2017 s'avère quelque peu différent de cclui de la jurisprudcnce constitutionnelle.

---

146 A.-S. GORGE, *préc.*., pp. 33 ct s..

147 Cons. Const.,, déc. n° 84-185 DC du 18 janvier 1985, *Loi modifiant et complétant la loi n° 83-663 du 22 juillet 1983 et portant dispositions diverses relatives aux rapports entre l'Etat et les collectivités territoriales*, AIJC, 1985, n° I-1985, p. 416 et 421, note B. GENEVOIS, *RFDA*, 1985, p p. 624-634, note P. DELVOLVE, *RFDC* 1985, p. 600-603, note L. FAVOREU, *RDP* 1986, p. 395, § 82, 113, 143, 145, 183, 195, 200-203, 210, 229, 230, note L. FAVOREU.

148 Cons. const., déc. n° 96-387 dc du 21 janv. 1997 *relative à la prestation d'autonomie pour les personnes âgées dépendantes*, AJDA 1997, p. 165, note O. SCHRAMECK, D. 1999. 236, obs. F. MELIN-SOUCRAMANIEN, RDSS 1997. 681, note X. PRETOT.

149 Cons. const. 18 juill. 2001, no 2001-447 DC, *Allocation personnalisée d'autonomie, LPA* 2001, no 147, note J.-E. SCHOETTL, et *LPA* 2002, no 185, note F. SAUVAGEOT ; *JCP Adm*. 2002. I. 180, chron. B. MATHIEU et M. VERPEAUX ; *RD publ.* 2002. 635, chron. D. ROUSSEAU ; *RFDC* 2001. 750, chron. N. JACQUINOT.

150 J.-E. SCHOETTL, « La réforme du RMI devant le Conseil constitutionnel », *AJDA* 2004. 216

Interrogé en 2018 sur le point de savoir si la loi peut prévoir directement que certaines collectivités, désignées par le législateur, exercent des compétences dont ne disposent pas l'ensemble des collectivités de la même catégorie, ou confier au pouvoir règlementaire la désignation de ces collectivités, le Conseil d'Etat considère qu'un tel dispositif devrait toutefois présenter « *plusieurs garanties au regard du respect des exigences constitutionnelles découlant notamment du principe d'égalité et de la libre administration des collectivités territoriales* »[151]. La loi devrait identifier les compétences précises, et en nombre limité, qui, pour des raisons d'intérêt général ou de différence de situation, pourraient faire l'objet d'un transfert pour préserver le principe selon lequel les collectivités territoriales d'une même catégorie sont soumises à un même statut. Les modifications de compétences susceptibles de mettre en cause les conditions essentielles d'exercice d'une liberté publique ou d'un droit constitutionnellement garanti ne pourraient être autorisées. Le transfert de compétences envisagé devrait être de nature à permettre que les compétences en cause soient attribuées à l'échelon propre à permettre une mise en œuvre meilleure et plus efficace, au meilleur coût, conformément au principe de subsidiarité inscrit au deuxième alinéa de l'article 72 de la Constitution, pour justifier de raisons d'intérêt général ou d'une différence de situation, permettant de déroger aux règles de compétence. L'accord des collectivités entre lesquelles s'opérerait le transfert de compétences serait nécessaire, conformément au principe de la libre administration des collectivités territoriales, et parce qu'étant une condition de la réussite de l'opération et par là-même de la démonstration du caractère justifié du transfert de compétences au regard du principe de subsidiarité. Et les transferts de compétences ayant pour conséquence d'accroître les charges des collectivités territoriales ou de leurs groupements ouvriraient droit à une compensation financière dans les conditions fixées par la loi.

Certaines exigences sont clairement reliées à la libre administration. Outre le principe de subsidiarité, précédemment évoqué, on peut relever tout à la fois la nécessité de démontrer l'accord des collectivités entre lesquelles s'opérerait le transfert de compétences (« conformément au principe de la libre administration des collectivités territoriales », comme cela est explicitement rappelé), et la nécessité de compenser financièrement les transferts de compétences ayant pour conséquence

---

[151] CE, 7 décembre 2017, *avis préc.*, point 21.

d'accroître les charges des collectivités territoriales ou de leurs groupements. D'autres relèvent effectivement du principe d'égalité : les motifs d'intérêt général ou tirés d'une différence de situation pour identifier les compétences susceptibles de faire l'objet d'un transfert (« pour préserver le principe selon lequel les collectivités territoriales d'une même catégorie sont soumises à un même statut »), et la mise en œuvre du principe de subsidiarité dans le choix de la collectivité récipiendaire des compétences ainsi transférées (« pour justifier de raisons d'intérêt général ou d'une différence de situation, permettant de déroger aux règles de compétence »), même si ceci est aussi susceptible d'être relié au principe de libre administration.

Reste que, un troisième groupe se laisse aisément peu saisir : le Conseil d'Etat exige en effet que la loi identifie « *les compétences précises, et en nombre limité* », qui, pour des raisons d'intérêt général ou de différence de situation, pourraient faire l'objet d'un transfert « *pour préserver le principe selon lequel les collectivités territoriales d'une même catégorie sont soumises à un même statut* », ce qui semble à l'exact opposé de la différenciation. Et il interdit les modifications de compétences susceptibles « *de mettre en cause les conditions essentielles d'exercice d'une liberté publique ou d'un droit constitutionnellement garanti* ». Ce dernier aspect a déjà été relié à au principe d'égalité par le Conseil constitutionnel, comme cela a été exposé précédemment. Associées, ces deux conditions ne sont pas sans rappeler la jurisprudence relative au pouvoir règlementaire des autorités administratives indépendantes. En effet, la loi peut confier un pouvoir règlementaire à une autre autorité que le premier ministre : « *des mesures de portée limitée tant par leur champ d'application que par leur contenu* »[152], sous réserve pour le législateur « *d'assortir l'exercice de ces pouvoirs de mesures destinées à sauvegarder les droits et libertés constitutionnellement garantis* »[153]. Ainsi, le Conseil constitutionnel établit un lien entre l'exigence de limiter la portée de la reconnaissance d'un pouvoir règlementaire accordé à certaines autorités et la protection

[152] Cons. Const., 17 janvier 1989, *Loi modifiant la loi n° 86-1067 du 30 septembre 1986 relative à la liberté de communication*, cons. 15, Rec. p. 18, Pouvoirs, n o 50, 1989, p. 197, chron. P. AVRIL et J. GICQUEL, Rev. adm. 1989. 223, note J.-L. AUTIN, RD publ. 1989. 399, obs. L. FAVOREU, RFDA 1989, p. 215, note B. GENEVOIS.

[153] Cons. Const.,, n° 93-333 DC du 21 janvier 1994, *Loi modifiant la loi n° 86-1067 du 30 septembre 1986 relative à la liberté de communication*, Rec. p. 32, cons. 19, D. 1995, p. 301, obs. A. ROUX, *ibid.* 342, obs. F. MELIN- SOUCRAMANIEN, RFDA 1994. 1170, étude J. MORANGE.

des libertés, mais sans le relier à l'égalité, et pour protéger la compétence de principe des autorités constitutionnellement investies du pouvoir règlementaire. La présence de cette exigence de caractère limité interroge donc, et l'explication doit être recherchée dans le souci du Conseil d'Etat de préserver l'intégrité des catégories de collectivités territoriales.

b. La prise en compte de l'égalité entre les collectivités comme condition de la distinction entre les catégories de collectivités

L'égalité peut, enfin, constituer un frein à la différenciation non pas en elle-même, mais en tant qu'elle est la garantie de la distinction entre les différentes catégories de collectivités territoriales de droit commun, ou entre les collectivités de métropole et celles d'outre-mer.

Le Conseil d'Etat, comme le Conseil constitutionnel, accordent une certaine importance à l'uniformité du statut de chaque strate de collectivité territoriale métropolitaine.

Pour le Conseil d'Etat, le législateur dispose de marges de manœuvre « contraintes », car l'article 72 de la Constitution « implique » que les collectivités territoriales de droit commun - communes, départements, régions - aient un même statut et, par suite, disposent des mêmes compétences[154]. S'y ajoute le fait que la différenciation des règles de compétences et de leur exercice au sein d'une même catégorie de collectivités territoriales - communes, départements et régions – ne doit pas « altérer » la pertinence de trois catégories de collectivités territoriales disposant chacune d'un même statut et la pertinence de la distinction entre ces trois catégories de collectivités territoriales de droit commun[155]. Il s'agirait alors nécessairement de transférer des compétences entre collectivités territoriales de catégories différentes[156].

Le Conseil constitutionnel y semble lui-même également attentif. Constatant que la loi conférait à la collectivité territoriale de Corse des compétences plus étendues que celles confiées en règle générale aux régions en vertu de la loi du 2 mars 1982 et de la législation subséquente, et que la nouvelle collectivité territoriale se voyait dotée, en sus des compétences de la région de Corse, d'attributions qui lui sont transférées par l'État, le Conseil constitutionnel a jugé que la définition

---

[154] CE, 7 décembre 2017, *avis préc.*, point 14.
[155] *Ibid.*, point 15.
[156] *Ibid.*, point 30.

par le législateur des compétences de la collectivité territoriale de Corse n'a « *pas pour conséquence d'affecter de façon substantielle les attributions des deux départements de Corse* ». Partant, la définition des compétences de la collectivité territoriale de Corse ne portait pas atteinte aux dispositions de l'article 72 de la Constitution[157]. Il est alors ainsi possible de trouver un fondement au caractère limité des compétences ainsi transférées et évoqué ci-dessus.

Une telle approche révèle toutefois l'une des lacunes du droit public français, liée à l'absence de définition de chacun de ces trois niveaux de collectivités territoriales (commune, région, à l'exception, peut-être, du département). Il n'existe en effet aucun critère démographique, géographique, ou économique, pour définir ce qu'est une commune, même si cela a pu être le cas pour le département, ou, récemment, pour les régions. Partant, ces différents niveaux de collectivités ne se définissent que par l'uniformité des compétences attribuées à toutes les entités de l'une de ces catégories. Pour le reste, on identifie chaque commune, département, ou région, plus qu'on ne le définit. Or, la différence de situation peut- être telle, entre deux collectivités appartenant à la même catégorie, que le transfert de compétences en nombre important peut se justifier.

À plusieurs occasions, le Conseil d'Etat justifie également sa lecture de l'article 72 de la Constitution en la liant à celle de l'article 73.

Le Conseil d'Etat énonce que la distinction établie au titre XII entre le régime des communes, départements et régions, visées à l'article 72, et, d'autre part, le régime des collectivités territoriales à statut particulier et des départements et les régions d'outre-mer de l'article 73, permet, par des règles claires, la nécessaire prise en compte des caractéristiques et des contraintes particulières à certains territoires, dans le respect du principe d'égalité, de l'indivisibilité de la République et de la souveraineté nationale : c'est-à-dire que les différenciations des règles de compétences et de leur exercice au sein d'une même catégorie de collectivités territoriales - communes, départements et régions - par leur ampleur, ne doivent pas remettre en cause la règle selon laquelle les possibilités de différenciation sont « plus importantes » pour les

---

[157] Cons. const., 9 mai 1991, n° 91-290 DC, *Loi portant statut de la collectivité territoriale de Corse*, Rec. Cons. const. 1991, p. 50, *RDP* 1991, p. 943, note F. LUCHAIRE, RFD const. 1991, n° 6, p. 305, note L. FAVOREU, *Rev. adm.* 1991, n° 261, p. 233, note R. ETIEN, D. 1991, jurispr. p. 624, note Ch. DEBBASCH, *RFDA* 1991, p. 407, note B. GENEVOIS, RRJ 1992, p. 55, étude J.-P. PASTOREL1, cons. 34.

collectivités territoriales à statut particulier et les collectivités de l'article 73, que pour les collectivités territoriales de droit commun[158].

Il considère ensuite que certaines différences d'ordre statutaire, permettent à la loi de prévoir directement que certaines collectivités, désignées par le législateur, exercent des compétences dont ne disposent pas l'ensemble des collectivités de la même catégorie, sans altérer la distinction entre collectivités territoriales de droit commun et collectivités territoriales à statut particulier et de l'article 73, à condition de présenter un caractère limité[159].

Enfin, le Conseil d'Etat ajoute que l'introduction d'une disposition constitutionnelle prévoyant que « *la loi peut attribuer des compétences différentes à des collectivités relevant d'une même catégorie* » introduirait une « incohérence » au sein du titre XII de la Constitution. Le maintien des conditions relatives aux caractéristiques et contraintes particulières, en matière de compétences, pour les collectivités territoriales à statut particulier et les collectivités de l'article 73 n'aurait plus de justification, ni de sens[160]. C'est la raison, entre autres, pour laquelle le projet de loi constitutionnelle présenté le 9 mai 2018, prévoyait d'ajouter à la fin du deuxième alinéa l'article 72 de la Constitution que la loi peut prévoir que certaines collectivités territoriales exercent des compétences dont ne disposent pas l'ensemble des collectivités de la même catégorie : « *en nombre limité* ».

Une autre voie pouvait toutefois être empruntée. Le premier alinéa de l'article 73 dispose en effet que les lois et règlements sont applicables de plein droit dans les départements et les régions d'outre-mer, mais qu'ils peuvent faire l'objet d'adaptations tenant « *aux caractéristiques et contraintes particulières de ces collectivités* ». L'abrogation de cette disposition aurait également pu être envisagée. La suite de cet article, autorisant ces collectivités à fixer elles-mêmes les règles applicables sur leur territoire, pour tenir compte de leurs spécificités, aurait conservé son utilité.

Ainsi, autant la sauvegarde des droits et libertés marque une limite claire et ancienne à une éventuelle différenciation territoriale, autant le caractère limité des compétences transférées à certaines collectivités, en raison, notamment, de la nécessité de sauvegarder la distinction entre

---

[158] CE, 7 décembre 2017, *avis préc.*, point 15
[159] *Ibid.*, point 19
[160] *Ibid.*, point 30

les différentes catégories de collectivités territoriales révèle une difficulté ancienne du droit français et relative à l'absence de définition objective de chaque niveau de collectivité territoriale, voire la réserve du Conseil d'Etat, plus nette que celle du Conseil constitutionnel sur le sujet au regard de leurs composition et de leurs fonctions respectives, et la préférence accordée à une interprétation uniformisante du principe d'égalité qui ne va pas de soi à la simple lecture du texte de la Constitution.

Spécificités identitaires locales dans la reconnaissance d'un droit à la différenciation

Reine WAKOTE

Maître de conférences, Université de Lorraine (Laboratoire de l'IRENÉE)

Dans la Déclaration commune en faveur de la création de la Collectivité européenne d'Alsace (CEA) adoptée le 29 octobre 2018, les élus alsaciens y affirmaient que *« les Alsaciens ont fortement exprimé leur volonté d'incarner leur spécificité dans une institution nouvelle. Les parties signataires souhaitent donner corps à ce ''désir d'Alsace''... L'Alsace doit retrouver sa traduction institutionnelle pour endosser pleinement son rôle (...), compte tenu de l'existence d'une situation particulière et de motifs d'intérêt général »*[161]. Cette déclaration a trouvé sa concrétisation dans le décret du 27 février 2019 portant regroupement des deux départements du Haut-Rhin et du Bas-Rhin et la loi du 2 août 2019 déterminant les compétences de la CEA[162].

L'ambition des élus alsaciens, favorables à la concrétisation institutionnelle du « désir d'Alsace », prenait appui sur les engagements énoncés durant la campagne présidentielle par E. Macron de donner « *plus de souplesse aux collectivités pour décider de leur propre organisation* »[163].

La CEA incarne en réalité deux ambitions. D'une part le regroupement des deux départements du Haut-Rhin et du Bas-Rhin, afin de ressusciter

[161] Déclaration commune en faveur de la création de la Collectivité européenne d'Alsace adoptée le 29 octobre 2018, p.1 et 3, sur < http://www.departements.fr/wp-content/uploads/2018/11/conseil-departemental-bas-rhin-creation-alsace-declaration-commune.pdf > (au 15.07.20)

[162] Décret (n° 2019-142) du 27 février 2019 portant regroupement des départements du Bas-Rhin et du Haut-Rhin et loi (n° 2019-816) du 2 août 2019 relative aux compétences de la Collectivité européenne d'Alsace.

[163] Ces engagements étaient aussi rappelés dans l'exposé des motifs de la proposition de loi du 22 novembre 2017 (n°419), initiée, entre autres par l'élu alsacien Raphaël Schellenberger, et tendant à ce que les électeurs d'une région supprimée en 2015 puissent en obtenir le rétablissement par référendum, sur
< http://www.assemblee-nationale.fr/dyn/15/textes/l15b0419_proposition-loi# >.

l'ancienne région Alsace fusionnée, en 2015, avec les régions Lorraine et Champagne-Ardenne, dans la nouvelle région Grand Est. D'autre part l'attribution de compétences prenant appui sur les spécificités alsaciennes au titre d'une différenciation qu'une révision constitutionnelle était censée asseoir, permettant ainsi au législateur d'enrichir le socle de compétences de la CEA[164].

Or, les élus des deux départements du Haut-Rhin et du Bas-Rhin ont été suivis par d'autres, au niveau hexagonal, réclamant, au titre de leurs spécificités identitaires locales, un cadre institutionnel adapté. Au-delà de celles de la Moselle et de la Bretagne, la plus emblématique de ces revendications est certainement celle réclamant la création d'un département basque. Emblématique, car cette antienne a fait l'objet d'un « Mémoire au roi », en 1836, rédigé par la Chambre de commerce et d'Industrie de Bayonne Pays basque dans la suite de la création des départements[165] et figurait, en 1981, à la cinquante-quatrième position parmi les cent-dix propositions du candidat François Mitterrand[166] ! Cette revendication basque a trouvé une nouvelle assise avec le droit à la différenciation que Mme Jacqueline Gourault, ministre de la Cohésion des territoires et des Relations avec les collectivités territoriales, est venue promouvoir, à Ispoure, en octobre 2019.

De sorte que depuis la fusion des régions en 2015, les projets de réformes territoriales sont plus que jamais accompagnés de revendications visant à ce

---

[164] Déclaration commune, préc. p. 1.

[165] *Contribution de la CCI de Bayonne Pays basque au projet de création d'une collectivité territoriale pour le Pays basque*, présentée en Assemblée générale le 05 octobre 2012, p. 4, sur <https://www.bayonne.cci.fr/js/libs/tiny_mce/plugins/filemanager/files/CCI_Bayonne/Proposition_finale_de_la_CCI.pdf> (au 15.07.20) ; « Quatre décennies de conflits », in *Atlas 2001 des conflits – « Manière de voir »*, Le Monde diplomatique, janvier-février 2001, < https://www.monde-diplomatique.fr/mav/55/A/55638> (15.07.20)

[166] Voir, en 1984, la question écrite du sénateur Alfred Gerin au ministre de l'Intérieur et de la décentralisation sur l'actualité de la création du département basque, alors au programme du candidat socialiste en 1981, sur <http://www.senat.fr/comptes-rendus-seances/5eme/pdf/1985/05/q19850530_0977_1028.pdf > (au 15.07.20) ; voir aussi Pierre Etcheleku, « La création d'un département basque toujours revendiqué », Les Echos, 20 novembre 1995, sur < https://www.lesechos.fr/1995/11/la-creation-dun-departement-basque-toujours-revendiquee-871288 > (au 15.07.20). Pour une approche historique de cette revendication, Jean-Daniel Chaussier, « Identité nationale et identités locales – Le projet de création d'un département au Pays basque », Revue française de science politique, 1988, n°4, p.637-654.

que soient prises en considération et l'identité des populations et celle des territoires concernés.

En réalité ce renouveau de la question des spécificités identitaires locales amène à s'interroger sur les modalités de détermination du territoire adapté à l'action des collectivités territoriales. Jusqu'à présent, la question s'est posée avec une grande acuité relativement à la région, fondant ainsi un « discours régionaliste ». Elle est, depuis, transposée au département, laissant envisager un « discours départementaliste ». En effet, *« la Constitution de 1958 est muette sur le territoire des collectivités territoriales, à l'exception de l'outre-mer... L'article 72-1, qui concerne toutes les collectivités territoriales, [et] prévoit [seulement] que la modification des limites des collectivités territoriales peut également donner lieu à la consultation des électeurs dans les conditions prévues par la loi »*[167], sans évoquer expressément leur territoire. Le territoire n'est explicitement évoqué que pour les communes et son aménagement relève du domaine législatif[168].

Or, il est à relever, en matière de décentralisation, que les dernières réformes ont été l'occasion de revendications tendant à ce que les spécificités locales liées à l'identité des territoires et des populations soient intégrées. Cela fut le cas déjà avec la fusion des régions en 2015 et, désormais, c'est au niveau départemental que ces revendications s'expriment avec vigueur. En réalité régions et départements prétendent, au même titre que les communes, à l'intégration du fait sociologique et identitaire non seulement dans les modifications et les adaptations de leurs limites territoriales, mais aussi dans la détermination de leurs compétences respectives.

Dans la perspective des réformes projetées, se manifeste un renouveau des revendications liées aux spécificités locales identitaires **(I)**, de sorte qu'il faille s'interroger, au regard de la Constitution, sur le point de savoir si le principe de différenciation prôné par l'actuel exécutif doit s'articuler en un « droit de la différenciation » ou en un « droit à la différenciation » des compétences au niveau local **(II)**.

---

[167] Gérard Marcou, « Les trente ans de la région : et demain ? », in *Trente ans de décentralisation*, dossier spécial, AJDA, 2012, n° 14, p.746.

[168] Voir notamment, et déjà, les articles 5 et 6 de la loi du 5 avril 1884 et actuellement l'article L2112-1 CGCT.

I. Réforme territoriale et renouveau des revendications liées aux spécificités locales identitaires

Dans la période récente, la question des spécificités identitaires locales a été avancée au soutien de réformes territoriales et d'aménagement des compétences. Bien que les manifestations demeurent limitées sur le territoire hexagonal, l'attention est portée sur deux situations emblématiques et les solutions institutionnelles retenues pour chacune d'elles, à savoir la Collectivité européenne d'Alsace **(A)** et la Communauté d'agglomération du Pays basque **(B)**.

a. La Collectivité européenne d'Alsace

La Collectivité européenne d'Alsace (CEA) incarne le cas le plus saillant, dans la période récente, d'aménagement de compétences résultant de revendications liées aux spécificités locales et identitaires. Étonnamment, lorsque l'occasion leur avait été donnée, lors du référendum de 2013, les Alsaciens avaient alors majoritairement voté contre la fusion des deux départements du Haut-Rhin et du Bas-Rhin. La fusion des régions opérée en 2015 allait donner un nouveau souffle à leurs revendications, portées publiquement par les divers mouvements autonomistes. Le « désir d'Alsace » allait se cristalliser au sein de la nouvelle région Grand Est, incitant le gouvernement à le prendre en considération pour le concrétiser à travers la CEA[169].

Cette collectivité incarne ainsi la première prise en considération des spécificités d'un territoire métropolitain aboutissant à la fusion de deux collectivités. Les principales spécificités locales mises en exergue reposaient sur la reconnaissance de la langue alsacienne, la coopération transfrontalière et l'ancrage de l'ancienne région Alsace dans le sillon rhénan. Mais l'avis du Conseil d'État sollicité, en février 2019, sur le projet de regroupement permettait déjà de relever l'équilibre préservé dans l'aménagement des compétences de la future CEA[170].

---

[169] Pour un rappel historique, Robert Hertzog, « La Collectivité européenne d'Alsace dans la région Grand Est : entre diversification administrative et diversion politique », in Actes du colloque consacré à la Collectivité européenne d'Alsace, organisé le 18 septembre 2019 à l'Université de Lorraine (Nadine Dantonel-Cor et Reine Wakote dir.), BJCL, 2019, n°11, p.754.

[170] CE Ass. gén. Avis, 21 février 2019, Avis sur un projet de loi relatif aux compétences de la collectivité européenne d'Alsace, n°396789, p.2.

Concrètement, comme le souligne le professeur Michel Verpeaux, la loi instituant la CEA n'innove en rien au niveau des compétences, quant à ce que pouvaient déjà entreprendre les deux départements auxquels elle a succédé. Les compétences sollicitées qui auraient permis de conclure à des compétences spécifiques reconnues à la CEA ont été repoussées par le gouvernement, déjà lors des discussions avec les élus alsaciens, et définitivement écartées par l'Assemblée nationale lors de l'adoption du texte, malgré l'offensive du Sénat[171]. Ainsi, la compétence en matière de développement économique continue de relever de la compétence de la région Grand Est ; la reconnaissance au profit de la CEA de la compétence en matière d'enseignement du bilinguisme, traduction de la spécificité linguistique alsacienne, ne s'inscrit pas dans un cadre textuel novateur, mais au contraire, s'articule dans le cadre juridique préexistant défini par l'article L 312-10 du code de l'éducation. Sur ce dernier point, le Conseil d'État avait souligné, dans l'avis de 2017, l'absence de caractère normatif du nouvel article L. 3431-4 CGCT introduit par l'article 2 de la loi de 2019.

Néanmoins, deux compétences apparaissent novatrices dans l'aménagement textuel retenu au regard de la catégorie des départements dont continue de relever la CEA. D'une part, la possibilité pour elle d'établir un schéma alsacien de coopération transfrontalière. Toutefois, cette compétence demeure de portée limitée. Non seulement, la CEA doit associer tant l'État, la région Grand Est, l'Eurométropole de Strasbourg que les autres collectivités concernées[172]. Mais, par ailleurs, l'articulation des compétences entre les différents acteurs pour l'exercice de cette compétence ne sera pas des plus aisés, en pratique. En effet, la loi de 2019 impose un cadre de « cohérence » entre le document que la CEA sera amenée à établir et ceux traduisant la mise en œuvre de la compétence reconnue aussi aux autres acteurs dans ce domaine[173]. Au surplus, il y a lieu de s'interroger sur l'utilité et le caractère prescriptif de ce schéma alsacien de coopération transfrontalière, dès lors que la CEA n'assume qu'un rôle de chef de file sur son territoire ; la compétence transfrontalière demeurant de la compétence de la région Grand Est. D'autre part, la voirie routière et autoroutière pour lesquelles la loi de 2019 opère un transfert

---

[171] Michel Verpeaux, « La CEA et les autres ou la réorganisation des compétences en Alsace », in Actes de colloque, préc., p.750.

[172] Art. 2 de la loi (n° 2019-816) du 2 août 2019 relative aux compétences de la Collectivité européenne d'Alsace, venant modifier l'article L 3431-1 CGCT.

[173] Michel Verpeaux, « La CEA et les autres ou la réorganisation des compétences en Alsace », in Actes de colloque, préc. p.753.

partiel du domaine public national au domaine public de la CEA, avec possibilité pour elle d'instituer des contributions spécifiques. Cette compétence semble effectivement novatrice, au regard du cadre étriqué dans lequel a été esquissée la compétence en matière de coopération transfrontalière. Mais surtout, elle permet de répondre à une meilleure gestion du flux du transport routier auquel était confronté ce territoire depuis que l'Allemagne a soumis les poids-lourds à une taxe spécifique.

En réalité, le grand big-bang n'a pas eu lieu dans le nouvel aménagement des compétences au regard des spécificités locales et identitaires des deux départements désormais regroupés.

b. La Communauté d'agglomération du Pays basque (CAPB)

La revendication d'un département basque s'appuie aussi sur l'idée d'une identité forte. André Garreta, président de la chambre de commerce et d'industrie de Bayonne - Pays basque n'affirmait-il pas, à la presse, en 2013, relativement à l'instauration d'un département basque que « disposer d'une collectivité spécifique nous permettrait de mieux valoriser notre identité. »[174] ? Ou encore Sylviane Alaux, députée socialiste, qui soutenait la création d'un département basque au motif que *« nous avons une culture très forte et un besoin de reconnaissance symbolique. Cela passe par une institution »*[175].

Alors que le Conseil des élus du Pays basque s'était exprimé, en 2012, en faveur d'une collectivité territoriale à statut particulier, Manuel Valls alors ministre de l'Intérieur avait opposé une fin de non-recevoir, affirmant *« avec la plus grande netteté que ni un département basque ni une collectivité territoriale ne sont à l'ordre du jour du gouvernement »*[176]. Ce refus était très probablement nourri par les craintes d'une évolution vers un séparatisme.

Il n'en demeure pas moins, qu'à la fin de l'année 2015, le préfet des Pyrénées-Atlantiques, Pierre-André Durand allait proposer l'instauration d'un établissement public de coopération intercommunale englobant le Pays Basque avec ses 300 000 habitants et ses 158 communes. La « Communauté d'agglomération du Pays basque (CAPB) » ainsi instituée absorbait jusqu'à près de 95 syndicats intercommunaux

---

174 Michel Feltin-Palas, « Faut-il créer un département basque ? », L'Express, le 23.04.2013,https://www.lexpress.fr/region/faut-il-creer-un-departement-basque_1243237.html > (au 15.07.20)

175 Idem

176 E. N., « Manuel Valls redit son refus d'un ''département basque'' », La République des Pyrénées, le 31 mai 2013, sur https://www.larepubliquedespyrenees.fr/2013/05/31/manuel-valls-redit-son-refus-d-un-departement-basque,1134086.php > (au 15.07.20)

remplacés par des directions et « [répondait] aussi à la revendication ancienne du Pays basque d'avoir une reconnaissance territoriale »[177]. Avec sa population totale, la CAPB, instaurée[178] au 1er janvier 2017, incarnait le 2e bassin de population de la Nouvelle-Aquitaine.

Mais, en réalité, la formule retenue est bien en-deçà des vœux des élus basques. La CAPB s'inscrit dans un cadre préexistant réaménagé par la loi NOTRe et ne bénéficie pas d'un statut particulier. Communauté d'agglomération, elle dispose d'un conseil communautaire composé de 233 élus titulaires et de 140 suppléants pour les communes n'ayant qu'un délégué, tous désignés en fonction du poids de la population des communes membres. Enfin, ses compétences ne traduisent pas, intrinsèquement, les spécificités liées à l'identité basque mises en avant pour en revendiquer une reconnaissance institutionnelle ; les compétences s'articulent entre compétences obligatoires, facultatives et optionnelles telles que définies par la loi NOTRe.

Au regard des aménagements retenus pour la CEA et la CAPB, les promoteurs d'une Bretagne-Nouvelle et d'un « Eurodépartement mosellan », censés intégrer, sur le plan institutionnel, leurs spécificités locales et identitaires peuvent nourrir des craintes de déception.

Le projet d'une Bretagne-Nouvelle illustre aussi une revendication en vue d'une prise en considération des spécificités locales dans un cadre institutionnel. Les revendications bretonnes sont historiquement plus récentes que celles relevées au Pays basque et en Alsace. Elles ont pris naissance, après que le département de la Loire-Atlantique fut détaché de la région Bretagne, en 1956, lors de la création des régions administratives françaises.

Antérieurement, ce département constituait l'un des cinq départements formant, depuis 850, la région Bretagne alors que prévalait le duché de Bretagne. Située en Loire-Atlantique, la ville de Nantes, capitale abritant le château des ducs de Bretagne, s'est trouvée, par conséquent, détachée de la Bretagne, après la Seconde Guerre mondiale. Ce rattachement du département de la Loire-Atlantique à la

---

177 Pierre Etcheleku, « Le Pays basque pourrait devenir une communauté unique », Les Echos, le 8 oct. 2015, sur https://www.lesechos.fr/2015/10/le-pays-basque-pourrait-devenir-une-communaute-unique-255227 > (au 15.07.20)

178 Arrêté préfectoral du 14 mars 2016 portant projet de périmètre de la Communauté d'agglomération du Pays basque, Recueil des actes administratifs de la préfecture des Pyrénées-Atlantiques, Recueil n° 15 du 17 mars 2016, p.110, et l'arrêté préfectoral du 13 juillet 2016 portant création de la Communauté d'agglomération du Pays basque, Recueil des actes administratifs Spécial n°64-2016-012 du 13 juillet 2016, p.42.

région de Pays de la Loire a vu naître, dans les années soixante-dix, les premières revendications prônant la reconnaissance des spécificités bretonnes dans un cadre institutionnel unifié. Mais c'est essentiellement dans les années 2000 que les manifestations en ce sens vont se multiplier[179], bien que leur ampleur réelle fût discutée[180]. À ces revendications purement liées aux spécificités locales et identitaires sont venues se greffer celles relatives à l'octroi de compétences plus larges relatives au tourisme et, bien entendu, à l'enseignement de la langue bretonne.

S'agissant de l'« Eurodépartement de Moselle », les revendications s'articulent autour de compétences identiques à celles sollicitées par la CEA[181].

Mais, l'exemple de la CEA illustre que la reconnaissance des compétences sollicitées s'inscrit dans un cadre juridique ne garantissant pas leur mise en œuvre effective, dès lors que ces compétences sont de prime abord reconnues à la région. En réalité, il semble que les élus et les populations privilégiant une telle démarche demeurent habités par un « désir de » que les élus alsaciens ont traduit en « désir d'Alsace ». Il n'est donc pas étonnant que se pose la question de savoir ce en quoi le « désir d'Alsace » incarnerait une identité culturelle plus forte que les autres. La concrétisation par le gouvernement de ce désir d'Alsace dans un cadre institutionnel, même *a minima*, vient en réalité conforter les autres revendications en attente. Il conviendrait alors de préciser la portée du principe de différenciation auquel l'actuel gouvernement destinait la prochaine réforme de décentralisation. Car en réalité, le principe de différenciation se situe à l'intersection de deux phénomènes que l'on peut déduire des propos de François Grosdidier, sénateur de Moselle et maire de Metz : d'une part un besoin de reconnaissance, d'identité et de considération des spécificités locales qui montent des territoires et d'autre part une soif de liberté et de décentralisation[182].

---

179 Pour un rappel historique de ces manifestations et revendications, Anonyme, « Il y a quarante ans, les premières manifestations », Ouest-France, le 24.09.2014, sur < https://www.ouest-france.fr/pays-de-la-loire/nantes-44000/bretagne-reunifiee-il-y-quarante-ans-les-premieres-manifestations-2849282 > (au 15.07.20)

180 Karima Chariraa et Solenn Charron, « Dissonances bretonnes », L'express, le 23.03.2006, sur
< https://www.lexpress.fr/informations/dissonances-bretonnes_670298.html >
(au 15.07.20)

181 Patrick Weiten, « Collectivité européenne d'Alsace et différenciation : éléments de contexte sur l'avenir du département », in Actes de colloque, préc., p. 766.

182 François Grosdidier, « Étendre les compétences des départements en respectant un principe d'égalité », in Actes de colloque, préc., p.765.

Toutefois, si les élus Alsaciens semblent avoir eu gain de cause, au moins *a minima*, le gouvernement doit éviter, dans la concrétisation du principe de différenciation, la confusion entre un « droit de la différenciation » et un « droit à la différenciation ».

II. Concrétisation du principe de différenciation : entre un « droit de la différenciation » et un « droit à la différenciation »

En réalité, le principe de différenciation avancé par l'actuel gouvernement n'incarne pas une révolution majeure dans le débat sur la décentralisation. Comme le relevait le professeur Gérard Marcou, lors de la révision constitutionnelle de 2003, Jean-Pierre Raffarin, alors chef du gouvernement, se fondant sur le principe naturaliste qui avait prévalu à la fin du XIXe siècle, déjà *« invoquait ''le droit à la spécificité'', compris comme la possibilité de créer des ''statuts particuliers'' dans le cadre des régions ''naturelles''. [Dans cette perspective, pouvaient être envisagés] la réunification de la Haute et de la Basse-Normandie (que Maurras considérait d'ailleurs comme des régions « naturelles'' distinctes !), la création d'une région autonome de Savoie et de Haute-Savoie, la création d'un département Basque, le rattachement de la Loire-Atlantique à la Bretagne, ou encore la création d'une région catalane »*[183].

Selon les propos rapportés, les spécificités locales permettraient de fonder un « droit à la spécificité », ou pour intégrer le vocabulaire actuel, un « droit à la différenciation ».

D'un cadre juridique établissant un « droit de la différenciation territoriale », lequel permet au gouvernement de moduler et d'adapter les compétences des collectivités territoriales que sont le département et la région, la transition s'opèrerait vers un « droit à la différenciation ». Cette transition aboutirait alors à ce que les collectivités territoriales concernées puissent prétendre à ce que leurs spécificités identitaires locales incarnent l'un des critères d'aménagement de leurs compétences. Mais ce « droit à la différenciation » doit, au préalable, satisfaire les exigences constitutionnelles, desquelles, à ce jour, seul un « droit de la différenciation territoriale » peut être relevé **(A)**. Au-delà de telles conditions constitutionnelles, il conviendrait aussi de s'interroger sur les conditions propres à la reconnaissance d'un « droit à la différenciation » **(B)**.

---

183 Gérard Marcou, préc.

a. Le cadre constitutionnel d'un « droit de la différenciation territoriale »

En réalité, un droit de la différenciation dans l'aménagement des compétences des collectivités territoriales subsiste déjà dans la Constitution de 1958. Tout d'abord, en énonçant les catégories de collectivités territoriales, l'article 72 de la Constitution en distingue les collectivités à statut particulier. Celles-ci ne constituent qu'un sous-ensemble dans la diversité des statuts dérogatoires au sein desquels la distinction demeure malaisée[184]. Néanmoins, comme le propose le professeur Bertrand Faure, *« on peut poser qu'une collectivité territoriale dispose d'un statut particulier si les règles qui régissent son organisation et ses compétences dérogent de manière suffisamment importante au droit commun pour ne pas constituer de simples règles d'adaptation de ce droit commun »*[185]. Il y a lieu d'écarter, pour la démonstration, les statuts dérogatoires de l'outre-mer aménagés aux articles 73 et 74 de la Constitution, ainsi que le statut d'exception de la Nouvelle-Calédonie, objet du Titre XIII de la Constitution[186], traités par d'autres contributeurs à cet ouvrage, pour ne s'intéresser qu'aux statuts dérogatoires situés en métropole.

En Métropole, la Constitution établit un « droit de la différenciation » dans l'aménagement des compétences des collectivités territoriales. En ce sens, le cadre juridique privilégié permet de reconnaître des compétences particulières à des collectivités déterminées, eu égard aux exigences liées à leur administration, et ainsi, de dénier à d'autres lesdites compétences. Il en a résulté le statut spécifique reconnu aux villes de Paris, Lyon et Marseille, pour lesquelles le modèle communal de droit commun apparaît inadapté et a commandé leur découpage en arrondissements. Plus récemment, un statut dérogatoire a été élaboré pour la « Ville de Paris », collectivité à statut particulier regroupant, depuis la loi du 28 février 2017[187], désormais la commune et le département de Paris en une assemblée unique, le « Conseil de Paris ». D'autre part, le statut de collectivité à statut particulier prévu à l'article 72 al. 1 de la Constitution a permis l'instauration de la

---

[184] Bertrand Faure, *Droit des collectivités territoriales*, Dalloz, collect. Précis, Paris, 5ème éd., p.347 et s.

[185] *Idem.*

[186] Dans le cadre ultra-marin subsistent, en réalité, plusieurs statuts dérogatoires : d'une part le statut général des départements d'outre-mer aménagé à l'article 73 de la Constitution et celui des collectivités d'outre-mer régies par l'article 74 ; d'autre part les statuts particuliers de la Guyane et de la Martinique, notamment, en raison de ce qu'elles forment une collectivité unique ; et enfin le statut d'exception de la Nouvelle-Calédonie, Bertrand Faure, *ibidem*, pp.349-363.

[187] Loi n° 2017-257 du 28 février 2017 relative au statut de Paris et à l'aménagement métropolitain.

Métropole de Lyon à travers la loi du 27 janvier 2014 de modernisation de l'action publique territoriale et d'affirmation des métropoles (MAPTAM).

Le « droit de la différenciation » résultant de ces aménagements présente pour particularité d'être lié à la nécessaire intervention du législateur. Les collectivités concernées ne sont pas libres du choix des compétences qu'elles désirent exercer, bien que lesdites compétences puissent faire l'objet de négociations et de discussions préalables à la rédaction des projets ou des propositions de loi.

Or, il semble admis que le « droit de la différenciation » trouverait aussi à se déployer dans d'autres cas : d'une part à travers les structures de coopération entre collectivités territoriales que ce soit par voie conventionnelle, à travers les ententes ou par voie institutionnelle entre collectivité relevant d'une même catégorie en ayant recours à un établissement public ; d'autre part, s'agissant des départements, par voie de fusion-regroupement opérée par les pouvoirs législatif ou règlementaire conformément à l'article 3114-1 CGCT[188].

Il appert dès lors que les collectivités territoriales concernées sont tenues de solliciter auprès du gouvernement l'élaboration d'un cadre juridique portant aménagement de leurs compétences. Elles ne disposent alors d'aucun pouvoir de décision, d'aucune prérogative pour décider en la matière. Elles seraient ainsi amenées à « quémander »[189] auprès du gouvernement, son intervention restant nécessaire pour la mise en œuvre desdites compétences sollicitées. Dès lors, elles ne disposent pas d'un « droit à la différenciation » pour l'exercice de leurs compétences, mais sont invitées à exprimer leurs attentes dans le cadre d'un « droit de la différenciation », lequel laisse, *in fine*, toute latitude au gouvernement.

C'est pourquoi, en réalité, seul le cadre répondant à la coopération entre collectivités territoriales permettrait d'envisager un véritable « droit à la différenciation ». De plus une condition centrale doit être remplie : au-delà des compétences qu'elles désirent ou non exercer dans ce cadre coopératif, les collectivités territoriales concernées doivent disposer de la liberté de choisir le moment d'y recourir, sans aucune intervention préalable du gouvernement, dès lors que le législateur aura antérieurement fixé les principes et les blocs optionnels, comme en matière d'intercommunalité.

---

[188] Une analyse de ces différentes possibilités dans la perspective de l'instauration de la CEA avait été menée, Jean-Luc Marx, *Rapport au Premier ministre Mission Alsace Grand Est, établi par le préfet de la Région Grand Est, Préfet du Bas-Rhin,* juin 2018, sur <http://www.prefectures-regions.gouv.fr/grandest/Actualites/Reforme-territoriale-de-l-Etat/Rapport-au-Premier-ministre-Mission-Alsace-Grand-Est> (15.07.20), p. 56-70.
[189] Robert Hertzog, in Actes de colloque préc., p.757.

Cette coopération entre collectivités territoriale est soutenue par les divers mécanismes de délégation et de transfert de compétences ou encore de conventionnement, lesquels ont été renforcés dans la loi NOTRe.

Mais, cette lecture demeure critiquable en ce qu'elle ne permet pas d'articuler le « droit à la différenciation », tel qu'esquissé, et la prise en considération des spécificités identitaires locales qui seraient avancées par les collectivités territoriales. En effet, l'esquisse proposée suppose indiscutablement une relation entre deux collectivités territoriales distinctes. Or, les revendications de prise en considération des spécificités locales et identitaires s'accompagnent, de la part des collectivités concernées, d'un attachement à l'exercice de leurs compétences à titre individuel et autonome : le droit à la différenciation peut s'exercer dans le cadre coopératif, mais, pour l'essentiel, il doit pouvoir s'exercer en dehors de ce cadre.

C'est pourquoi, il demeure indispensable d'explorer les conditions d'un véritable « droit à la différenciation ».

b. Les conditions d'un éventuel « droit à la différenciation »

Au-delà des exigences constitutionnelles mises en œuvre par le législateur pour aménager ce qui s'apparente à un droit de la différenciation territoriale, le « discours régionaliste » ou « départementaliste » impose que soient aussi explorés les objectifs propres à un « droit à la différenciation ».

Deux principaux objectifs souvent avancés pour fonder un droit à la différenciation peuvent être ici analysés : d'une part une maîtrise des coûts financiers dans la réalisation des politiques publique locales et, d'autre part, une meilleure adaptation des compétences aux situations locales.

Concernant le « droit à la différenciation » comme outil pour parvenir à une maîtrise des coûts dans la concrétisation des politiques publiques locales, la réserve s'impose au regard du bilan critique dressé dans le rapport établi en septembre 2019 par la Cour des comptes[190] relativement à la fusion des régions. Cet objectif de réduction des coûts avancé lors des discussions du projet de loi n'a pas été atteint. Bien au contraire, la fusion a engendré des coûts plus élevés, notamment un surcoût de dépenses de fonctionnement, contrairement aux projections… Or, malgré

[190] Cour des comptes, *Les finances publiques locales 2019 - Fascicule 2, Rapport sur la situation financière et la gestion des collectivités territoriales et de leurs établissements publics*, sept. 2019, p.73 et s., sur https://www.ccomptes.fr/system/files/2019-09/20190924-rapport-Finances-publiques-locales-2019-fascicule2_0.pdf> (au 15.07.20)

l'embellie des finances locales, en 2019, constatée par la Cour des comptes[191], les collectivités territoriales ne détiennent toujours pas un pouvoir fiscal à la hauteur de leurs ambitions. Il n'est donc pas certain que la reconnaissance d'un « droit à la différenciation », lequel permettrait aux collectivités de déterminer les compétences et donc les politiques publiques qu'elles souhaitent concrétiser sur leurs territoires, aboutissent à de meilleurs résultats.

En deuxième lieu, la reconnaissance au profit des collectivités territoriales d'un « droit à la différenciation » permettant l'adaptation des compétences aux situations locales et notamment au contexte européen, ne saurait convaincre totalement.

L'« argument européen » avait déjà été mis en avant par le Président François Hollande[192] lors de la réforme portant fusion des régions qui visait à faire des régions françaises des régions à la taille de leurs homologues en Europe, en particulier en Allemagne. Il s'agit d'un argument fallacieux, tant les situations sont diverses au sein de l'Union européenne[193] et que certaines régions allemandes, notamment le Land et ville-état de Hambourg, sont dotées de superficies étroites n'obérant pas leur développement économique[194].

Néanmoins, l'argument européen a été de nouveau mis en avant lors des discussions relatives à la Collectivité européenne d'Alsace, jusqu'à être confirmé dans la qualification de cette nouvelle institution. Dans leur Déclaration commune, les élus alsaciens soutenaient un projet qui *« fera de l'Alsace le premier territoire transfrontalier intégré et européen grâce au développement de nouveaux modes de coopération transfrontalière, en lien avec l'Allemagne et la Suisse »*[195]. Or, dans son avis du 21 février 2019 relatif

---

[191] Cour des comptes, *Les finances publiques locales 2019 - Fascicule 1, Rapport sur la situation financière et la gestion des collectivités territoriales et de leurs établissements publics*, juin 2019, sur https://www.ccomptes.fr/system/files/2019-06/20190624-rapport-Finances-publiques-locales-2019-fascicule1-situation-financiere-2018.pdf> (au 15.07.20).

[192] La fusion des régions était censée en faire des régions de *« taille européenne et capables de bâtir des stratégies territoriales »*, François Hollande, Tribune : « Réformer les territoires pour réformer la France », le 2 juin 2014, sur < https://www.gouvernement.fr/la-reforme-territoriale > (au 15.07.20) ; ou encore leur permettre de *« de rivaliser avec les collectivités comparables en Europe et de réaliser des gains d'efficience »*, Compte-rendu du Conseil des ministres du 18 juin 2014, sur < https://www.gouvernement.fr/conseil-des-ministres/2014-06-18 > (au 15.07.20)

[193] Gérard Marcou, « Les trente ans de la région : et demain ? », préc.

[194] Karl-Peter Sommermann, « Quelle comparaison des régions françaises avec les Länder allemands ? », in *Les nouvelles compétences régionales – Quel(s) renforcement(s), quelle(s) orientation(s) ?* (Reine Wakote, dir.), L'Harmattan, 2017, p.169-171.

[195] Déclaration commune, préc., p.2.

au projet de création de la CEA, le Conseil d'État n'a pas relevé d'argument pertinent autorisant à faire le lien entre l'ancrage européen ou non et l'exercice des compétences. Il a cependant rappelé que *« le nom conféré à une collectivité territoriale de la République doit permettre de déterminer clairement la catégorie à laquelle elle appartient »*. Toutefois, eu égard à l'adjectif « européenne », il soulignait la double méprise que pouvait engendrer l'épithète « européenne », lequel pouvait laisser penser, d'une part, que la CEA incarnait une collectivité à statut particulier au sens de l'article 72 de la Constitution, contrairement à l'intention du gouvernement exprimée dans l'exposé des motifs. D'autre part, le Conseil du gouvernement précisait que si l'épithète employé ne correspondait à aucune catégorie ou régime particulier et, de ce fait, pouvait être revendiqué par toute collectivité, il évoquait à tort l'attribution d'un statut extraterritorial à la future collectivité....[196]. Ainsi, la qualification de la nature européenne d'une collectivité n'emporte aucun effet sur le plan juridique[197].

Il n'en demeure pas moins que la dimension européenne a aussi été revendiquée par le département de Moselle. Après que le conseil départemental de la Moselle eut adopté, le 9 mai 2019 - jour de la fête de l'Europe ! - une résolution afin d'accéder au statut d'« Eurodépartement de Moselle » bénéficiant de nouvelles compétences, à l'instar de la CEA, le président du conseil départemental a adressé un courrier en ce sens au Président de la République. Les observations du Conseil d'État n'ont été prises en considération qu'*a minima*, puisque l'épithète renvoyant à l'Europe a été maintenu pour former de néologisme d'« Eurodépartement ».

Par ailleurs, l'argument de l'ancrage laisserait supposer, de nos jours, que certaines collectivités territoriales et leurs populations évolueraient en dehors de tout lien avec l'Union européenne. Il est vrai cependant, en raison de ce qu'elle accueille le siège de nombreuses institutions européennes, la CEA présente des particularités sous cet aspect. Mais, même la CAPB, située à l'extrémité de l'Hexagone, n'hésite pas à affirmer son lien avec l'Union européenne, notamment à travers les fonds structurels européens. Son site internet arbore ainsi : « le Pays Basque un territoire européen, transfrontalier par essence »[198]. La CAPB souligne combien les fonds européens lui permettent de *« mettre en œuvre des projets concourant au*

---

[196] CE Ass. gén. Avis, 21 février 2019, Avis sur un projet de loi relatif aux compétences de la collectivité européenne d'Alsace, n°396789, p.2.

[197] Idem.

[198] Communauté d'Agglomération du Pays basque, site internet, sur <https://www.communaute-paysbasque.fr/la-communaute-pays-basque/les-competences/europe-et-cooperation-transfrontaliere> (au 20.07.20)

développement de son territoire ; d'accompagner les projets contribuant au développement territorial et portant une ambition communautaire ; de réaliser des actions transfrontalières, notamment dans le cadre du programme POCTEFA entre la France, l'Espagne et l'Andorre ; ou enfin pour développer des collaborations avec des territoires plus éloignés en Europe pour relever des défis communs »[199].

En réalité, le « droit à la différenciation » qui serait reconnu aux collectivités territoriales, dans le but d'adapter leurs compétences aux situations locales, ne peut pas être conforté par les spécificités identitaires ou locales. Concrètement, les situations locales décrivent fondamentalement les attentes et les besoins des populations concernées ; elles constituent un synonyme de l'intérêt général que doivent satisfaire l'ensemble des collectivités territoriales, voire des personnes publiques. Il n'est donc pas certain que les spécificités locales et identitaires soient irrémédiablement toujours orientées vers un tel objectif.

C'est pourquoi, la reconnaissance d'un « droit à la différenciation » permettant une meilleure prise en considération des situations locales doit se détacher quelque peu desdites spécificités identitaires locales et intégrer les éléments s'articulant autour de *« l'évolution des bassins d'emploi, des aires urbaines, des dynamiques résidentielles... »*[200], lesquels permettent de conforter un développement économique harmonieux des collectivités territoriales et de leurs territoires. Dans cette perspective, il peut être admis que tel bassin d'emploi ou telle aire urbaine présente des particularités qui viennent commander l'aménagement des compétences déterminées. Et à ce titre, permet à une collectivité territoriale de s'appuyer sur un « droit à la différenciation » pour exercer les compétences idoines. La compétence énumérée serait maintenue, mais elle serait alors assise sur des motifs pertinents. Il en résulterait alors un aménagement variable des compétences au sein de collectivités territoriales de même catégorie.

Toutefois, cette approche ne doit pas perdre de vue que le « droit à différenciation » qui prendrait ainsi forme devra impérativement respecter les exigences constitutionnelles maintes fois réitérées par le Conseil constitutionnel, à savoir le respect du principe d'égalité[201] entre collectivités de même catégorie, le

---

[199] Idem.

[200] Gérard Marcou, préc.

[201] CC 6 mai 1991, n° 91-291 DC, loi instituant une dotation de solidarité urbaine et un fonds de solidarité des communes de la région d'Ile-de-France ; CE Avis, Ass. gén. Sect. Intérieur, 7 décembre 2017, Avis sur la différenciation des compétences des collectivités territoriales relevant d'une même catégorie et des règles relatives à l'exercice de ces compétences, n° 393651.

respect du domaine de la loi, l'interdiction de la tutelle exercée par une collectivité sur une autre et corollaire de la libre administration reconnue à chacune d'elles à l'article 72 de la Constitution. À défaut, les revendications fondées sur les spécificités locales et identitaires ne seraient qu'une tentative pour redessiner les « frontières naturelles », alors même « qu'il n'y a jamais eu de frontières naturelles »[202] immuables qu'il conviendrait de mettre au jour, au même titre que le « peuple » qui y serait rattaché[203]. Le risque étant alors, à terme, une altération du principe d'indivisibilité de la République et de l'unité de l'État[204].

---

202 Idem.

203 Voir notamment le refus de reconnaître le « peuple corse », CC 9 mai 1991, n° 91-290 DC, loi portant statut de la collectivité territoriale de Corse.

204 Michel Verpeaux, « L'unité et la diversité dans la République », *NCC*, 2014, n° 42 ; CC 9 mai 1991, prec. ; CC 15 juin 1999, n° 99-412 DC, Charte européenne des langues régionales ou minoritaires, Rec. p. 71.

La représentation des territoires au Parlement : enjeux constitutionnels

Pauline TÜRK
Professeur de droit public, Université Côte d'Azur
Faculté de droit et science politique de Nice, CERDACFF

Le Parlement français assure la représentation de la nation unique et indivisible. Pour autant, il doit être représentatif de la diversité de la population et des territoires. Unité, égalité, représentativité, prise en compte de la diversité : différents principes constitutionnels doivent être conciliés, qui pèsent sur la composition des assemblées parlementaires et donc sur le mode d'élection de leurs membres.

On le sait, en France, l'Etat unitaire se compose de territoires unis dans une République indivisible, contrairement aux Etat fédéraux dans lesquels les entités fédérées bénéficient d'un droit à être représentées au parlement fédéral. La France est une République indivisible, qui assure l'égalité devant la loi de tous les citoyens (art. 1 Const.). Le Parlement français représente la nation, dans sa globalité, unique[205] et indivisible, comme l'est également le peuple français. La souveraineté nationale appartient au peuple qui l'exerce, notamment, par ses représentants (art. 3 Const.). Un principe clef du système constitutionnel est celui d'égalité. L'égalité de tous les citoyens est garantie devant le suffrage par les articles 1 et 3 de la Constitution et par l'article 6 de la Déclaration des droits de l'Homme et du Citoyen[206]. L'égalité entre les collectivités territoriales est garantie par l'article 72-2 de la Constitution. L'article 72-3 reconnaît également un droit à l'égalité pour les populations d'outre-mer. Tout mandat impératif est nul (art. 27 Const.).

---

205 L'unité figurait dans les Constitutions jusqu'au XXème siècle : Titre 2, article 1 de la Constitution de 1791 : « Le Royaume est un et indivisible » ; Article 1 de la Constitution de 1848 : « La République française est démocratique, une et indivisible ».

206 Catherine Castor, « L'égalité devant le suffrage », *RFDC*, 2012/2 (n° 90), p. 1 à 34 ; sur la jurisprudence constitutionnelle relative à la représentation égale du suffrage, voir Dominique Rousseau, *Droit du contentieux constitutionnel*, Montchrestien, Paris, 2006, p. 366-376 ; Bruno Genevois, « Egalité du suffrage », *Annuaire international de justice constitutionnelle*, 1986, p. 449;

Il découle de ces dispositions et de la tradition française du mandat représentatif et général[207] que les parlementaires ne représentent pas leurs électeurs ou leur territoire d'élection, mais bien la nation tout entière. Le Conseil constitutionnel l'a rappelé plusieurs fois : « chacun d'eux représente au Parlement la Nation tout entière et non la population de sa circonscription d'élection »[208].

Pour autant, le Parlement est aussi l'émanation d'un peuple, qui ne doit pas être désincarné et dont l'assise territoriale est nécessairement prise en compte. Les territoires sont pris en considération pour la désignation des représentants de la nation. C'est évidemment le cas au Sénat, qui a pour spécificité, proclamée par l'article 24 de la Constitution, d'assurer « la représentation des collectivités territoriales de la République », ce qui se traduit par un mode d'élection fondé sur les élus locaux, notamment les délégués communaux, dans un cadre départemental. A l'Assemblée nationale, les territoires sont pris en considération sous l'angle des exigences strictes qui pèsent sur le découpage des circonscriptions législatives.

Il y a, à ce sujet, un relatif paradoxe (concilier unité et diversité), qui s'accompagne de quelques ambiguïtés, entretenues par notre conception française des théories de la représentation et de la souveraineté, sur fond de remise en question de la représentativité des élus : les élus au Parlement représentent-ils vraiment la nation ? Représentent-ils plutôt (devraient-ils représenter) leurs électeurs, leur département, leur circonscription ?

L'aspiration à plus de proximité entre les lieux de vie et les lieux de décision n'est certes pas nouvelle. Mais la représentation des territoires dans les instances délibératives est devenue un sujet d'actualité sensible. On songe aux revendications des « gilets jaunes » en 2018, au sentiment d'abandon de la « France des ronds-points », au mouvement des « Bonnets rouges » en 2013, et à la remise en cause de politiques jugées inadaptées aux provinces enclavées. Dénonçant une fracture entre Paris et « les provinces », la France des territoires entend être prise en compte, mieux entendue au sein des instances nationales de décision.

On note, de façon générale, quelques signaux peu favorables aux territoires. Citons par exemple le projet de faire élire à la proportionnelle, sur des listes nationales, une partie des députés, sans attaches avec une

---

[207] Bernard Manin, *Principes du gouvernement représentatif*, Flammarion, 2012, 352 p. ; Raymond Carré de Malberg, *Contribution à la théorie générale de l'Etat*, 1920, rééd. Dalloz, 2003.

[208] Décision du Conseil Constitutionnel n° 99–410 DC, Loi organique relative à la Nouvelle-Calédonie ; Décision du Conseil Constitutionnel 2008–573 DC du 8 janvier 2009.

circonscription territoriale. On note aussi, en 2018, l'abandon du système de l'élection des députés européens dans les 8 circonscriptions régionales. Alors que certains proposaient de les faire élire dans le cadre des 13 régions nouvelles, afin de conserver la connexion aux territoires, la loi n° 2018-509 du 25 juin 2018 *relative à l'élection des représentants au Parlement européen* prévoit que « la République forme une circonscription unique »[209]. Au niveau local, on peut aussi mentionner la modification du périmètre historique des cantons (qui n'avait été que très peu modifié depuis 1801), par la loi du 17 mai 2013[210], qui a réduit le nombre des cantons, rapproché leur population au sein d'un même département, et favorisé la multiplication des conseillers départementaux urbains au détriment de la figure du conseiller général rural (moyenne nationale de 33 000 habitants par canton). De même, la généralisation de l'adhésion des communes à un établissement public de coopération intercommunale[211] peut aussi faire craindre un relatif éloignement des lieux de décision.

Surtout, les réformes débattues depuis 2018 (réduction du nombre des parlementaires, introduction d'une dose de proportionnelle aux élections législatives, reconnaissance de la Corse dans la Constitution, droit à la différenciation[212]) mettent en jeu la conciliation délicate entre l'exigence de prise en compte de la diversité et des particularismes des territoires, en métropole et outre-mer, et la tradition d'égalité, d'unité et d'indivisibilité de la République.

En particulier, la réduction du nombre des parlementaires envisagée en France, comme d'ailleurs en Italie[213], qui concernerait les sénateurs comme les députés, modifierait leur lien avec leur territoire d'élection et s'accompagnerait d'une évolution de leur mode de désignation (dose de proportionnelle). Inspirées par l'objectif d'un renouveau démocratique, ces

---

209 Denys Simon, *Europe* , 01/12/2018, 12, p.1 ; « Élections européennes : retour à la circonscription unique », *Le Point*, 14/02/2018.

210 Loi n° 2013-403 du 17 mai 2013 relative à l'élection des conseillers départementaux, des conseillers municipaux et des conseillers communautaires, et modifiant le calendrier électoral

211 La loi de janvier 2014 sur la modernisation de l'action publique et territoriale et l'affirmation des métropoles (Maptam) prévoit l'élection des conseillers des 22 métropoles au suffrage universel direct.

212 Projets de loi constitutionnelle, organique et ordinaire pour un renouveau de la vie démocratique du 28 août 2019.

213 La réduction de 945 à 600 parlementaires, soit près de 40%, a été votée en octobre 2019 par une large majorité du Parlement italien et a fait l'objet d'un référendum en septembre 2020. On comptait un député pour 95 873 habitants : le passage de 630 à 400 députés ramènera le taux à un député pour 151 000 habitants.

réformes mettent en jeu la composition des assemblées délibérantes et l'articulation entre représentation des populations (critère de la démographie) et représentation des territoires (critère de la géographie). D'autant que si l'on compte actuellement un parlementaire pour 684 km^2 et 72 465 habitants en France, il n'y en aurait plus qu'un pour 96 585 habitants et 912 km^2 en cas d'adoption de la réforme. A titre de comparaison, on comptait un parlementaire italien pour 63 915 habitants et 320 km^2 jusqu'à la réforme, en 2020, réduisant d'un tiers du nombre des membres du Parlement italien (qui ramène ce taux à un pour 100 667 habitants et 504 km^2) [214].

Le mode d'élection des sénateurs et des députés, élus de la nation, conserve une base territoriale, dans le cadre d'une combinaison entre le critère démographique, essentiel et prioritaire, et le critère géographique, qui résiste (I). Ces équilibres établis risquent d'être bouleversés en cas de réformes, telles que celles annoncées en 2018-2019, qui dans l'avenir pourraient toucher à la composition du Parlement (2).

I. La désignation des parlementaires français : un équilibre fragile entre critère démographique et base géographique

La désignation des élus nationaux doit être opérée sur des « bases essentiellement démographiques » : ce principe conditionne le respect de l'exigence constitutionnelle d'égalité devant le suffrage, ce qui résulte de la jurisprudence constitutionnelle établie depuis plusieurs décennies[215]. La prise en compte du critère géographique et la recherche d'un équilibre entre les collectivités territoriales s'imposent aussi comme un enjeu constitutionnel, exigeant une délicate conciliation, opérée par le législateur sous le contrôle du Conseil constitutionnel.

[214] Selon les calculs effectués par Jean-Philippe Derosier, blog « La Constitution décodée », Billet « L'Italie et son Parlement », Billet du 8 octobre 2019.

[215] Décision n° 85-196 DC du 8 août 1985, Loi sur l'évolution de la Nouvelle-Calédonie ; 85-197 DC du 23 août 1985, cons. 35 ; 86-208 DC du 2 juillet 1986, cons. 20 à 24 ; n° 86-218 DC du 18 novembre 1986 Loi relative à la délimitation des circonscriptions pour l'élection des députés §7 ; « Considérant qu'il résulte de ces dispositions que l'Assemblée nationale, désignée au suffrage universel direct, doit être élue sur des bases essentiellement démographiques ; que, si le législateur peut tenir compte d'impératifs d'intérêt général susceptibles d'atténuer la portée de cette règle fondamentale, il ne saurait le faire que dans une mesure limitée et en fonction d'impératifs précis ». Voir aussi, par exemple, décision n° 2003-475 DC du 24 juillet 2003 Loi portant réforme de l'élection des sénateurs.

a. La prise en compte des collectivités territoriales garantie pour la désignation des sénateurs

« La jurisprudence du Conseil en matière de découpage électoral est constante : depuis la décision n° 85-196 DC du 8 août 1985, *Loi sur l'évolution de la Nouvelle-Calédonie*, le Conseil juge que, pour être représentatif, un organe élu doit l'être sur des ''bases essentiellement démographiques'' »[216]. En vertu du principe d'égalité devant le suffrage, la population représentée par l'élu d'un territoire ne peut s'écarter de plus de 20 % de la population moyenne représentée par les autres élus de l'assemblée délibérante concernée[217]. Pour autant, le critère démographique n'exclut pas une prise en compte des territoires pour la composition des assemblées, et donc la désignation de leurs membres, ce qui correspond aux « impératifs d'intérêt général » qui peuvent justifier des dérogations, « dans une mesure limitée ».

S'agissant du Sénat, la prise en compte des territoires est d'emblée justifiée par l'article 24 de la Constitution selon lequel il « assure la représentation des collectivités territoriales de la République ».

Cette prise en compte est garantie par le mode d'élection des sénateurs : ils sont élus par un collège de plus de 160 000 délégués émanant des collectivités territoriales, dans les conditions fixées par l'article L280 du code électoral. Ce dernier, modifié par la loi n° 2013-702 du 2 août 2013, prévoit que « la composition du collège électoral appelé à élire les sénateurs assure, dans chaque département, la représentation des différentes catégories de

---

[216] Agnès Roblot-Troizier, « Les garanties constitutionnelles encadrant le découpage des circonscriptions électorales », *RFDA*, mai-juin 2009, n° 3, p. 580-583 ; Louis Favoreu ; Loïc Philip, « Découpage électoral. Droit constitutionnel institutionnel. Droit de suffrage et égalité de représentation. Vote de la loi et procédure administrative », Les grandes décisions du Conseil constitutionnel. Sirey, 1989, p. 683-707 ; Didier Girard, « Les ciseaux politiques sont presque libres… ou les faibles limites à l'art subtil du gerrymandering », Note sous Conseil d'Etat, SSR., 21 mai 2014, M. X., req. 376166, *Revue générale du droit on line*, 2014, n° 17205.

[217] Cons. Const. n° 2015-711 DC du 5 mars 2015 ; voir aussi, à propos de la répartition des sièges de conseillers territoriaux entre départements, censurée car trop favorable aux territoires ruraux, Cons. Const. n° 2010 618 DC du 9 décembre 2010, consid. 35 et s. : « Considérant qu'il résulte des articles 1er, 24 et 72 de la Constitution que l'organe délibérant d'un département ou d'une région de la République doit être élu sur des bases essentiellement démographiques selon une répartition des sièges et une délimitation des circonscriptions respectant au mieux l'égalité devant le suffrage ; que, s'il ne s'ensuit pas que la répartition des sièges doive être nécessairement proportionnelle à la population de chaque département ou région ni qu'il ne puisse être tenu compte d'autres impératifs d'intérêt général, ces considérations ne peuvent toutefois intervenir que dans une mesure limitée » ; et n° 2013-667 DC du 16 mai 2013.

collectivités territoriales et de la diversité des communes, en tenant compte de la population qui y réside ». Pour la composition du collège sénatorial, le critère géographique apparait ainsi au moins aussi important que le critère démographique. En 2010, la création des conseillers territoriaux et leur répartition sur le territoire avait donné l'occasion au Conseil constitutionnel de préciser sa jurisprudence, la portée de l'article 24 de la Constitution, et ses exigences quant à la composition du collège électoral sénatorial. Il avait en effet considéré qu'il résulte de cet article que le Sénat « doit être élu par un corps électoral qui est lui-même l'émanation de ces collectivités ; que, par suite, ce corps électoral doit être essentiellement composé de membres des assemblées délibérantes des collectivités territoriales » et que doit y être assurée la représentation de « toutes les catégories de collectivités territoriales », ce qui n'impose pas, cependant, de distinguer les élus de l'assemblée départementale et ceux de l'assemblée régionale au sein du collège électoral[218] .

Quant à la circonscription d'élection des sénateurs, il s'agit soit du département, soit de la collectivité d'outre-mer, mis à part le cas des sénateurs représentant les Français établis hors de France. La répartition des sièges entre départements, qui figure en annexe du code électoral[219], fait l'objet d'une attention particulière, à la recherche d'un équilibre entre le critère démographique et la nécessaire représentation des départements ou collectivités d'outre-mer les moins peuplés. La réforme du mode d'élection des sénateurs, par la loi n° 2003-697 du 30 juillet 2003, fut l'occasion de clarifier les conditions de cette conciliation des critères démographique et géographique. Le législateur avait décidé de privilégier une méthode de répartition par tranches, avantageuse pour les zones moins peuplées, et, dans le même sens, par exemple, de ne pas remettre en cause à la baisse la représentation des départements de la Creuse et de Paris, dont la population s'était réduite. Ces choix ont été contestés devant le Conseil constitutionnel, qui a considéré que « si l'application d'un système de répartition par tranches maintient certaines disparités démographiques », alors que « les dispositions combinées de l'article 6 de la Déclaration de 1789 et des articles 3 et 24 de la Constitution imposent au législateur de modifier la répartition par département des sièges de sénateurs pour tenir compte des évolutions de la population des collectivités territoriales dont le Sénat assure la représentation », les dérogations opérées par le législateur ne portent « pas au principe d'égalité

---

[218] Cons. Const. n° 2010 618 DC du 9 décembre 2010, Loi de réforme des collectivités territoriales.

[219] Article L279 du code électoral : « Les sièges des sénateurs représentant les départements sont répartis conformément au tableau n° 6 annexé au présent code. Le tableau figurant en annexe modifié par la loi n° 2003-697 du 30 juillet 2003 portant réforme de l'élection des sénateurs.

devant le suffrage une atteinte telle qu'elle entacherait d'inconstitutionnalité la loi déférée ». En effet, le Conseil considère « eu égard au rôle confié au Sénat par l'article 24 de la Constitution, que la nouvelle répartition des sièges résultant de l'article 1er de la loi déférée n'est pas contraire à la Constitution »[220].

La désignation des sénateurs prend donc en compte pleinement le critère territorial ou géographique, qui parait naturellement combiné, dans le cas de la Haute assemblée, avec le critère démographique. La balance des deux critères est moins naturelle à l'Assemblée nationale, dans la mesure où l'affirmation du critère territorial face à l'arithmétique démographique y est moins évidente.

b. Les enjeux territoriaux de la désignation des députés de la Nation

Les membres de l'Assemblée nationale sont, à ce jour, tous désignés dans le cadre de circonscriptions législatives, découpées sur des bases essentiellement démographiques, sous le contrôle d'une commission consultative de contrôle du redécoupage électoral prévue, depuis 2008, par l'article 25 de la Constitution[221]. Le Conseil constitutionnel n'admet d'atténuation à la stricte logique démographique qu'en cas de motifs impérieux d'intérêt général[222], au premier rang desquels se trouve la prise en compte des logiques territoriales.

En 2009 et 2010, le redécoupage des circonscriptions législatives a été l'occasion d'affiner la conciliation entre base démographique et prise en compte des territoires. Le législateur a pris en considération les limites préexistantes des collectivités territoriales, et donc le souci d'une représentation équilibrée des territoires dans leur histoire et leur diversité, qu'ils soient ruraux ou urbains, métropolitains ou ultra-marins, très ou très peu peuplés. La loi du 13 janvier 2009[223] est venue fixer les règles qui doivent

---

220 Décision n° 2003-475 DC du 24 juillet 2003, Loi portant réforme de l'élection des sénateurs, ; cf. Jean-Eric. Schoettl, « La réforme du Sénat devant le Conseil constitutionnel », *Les Petites Affiches*, 2003, p. 6-18.

221 Dominique Turpin, « La répartition des sièges de députés et le redécoupage des circonscriptions : nouvelle carte électorale et rappel des principes constitutionnels », *JCP ACT*, 07/06/2010, n° 23, p. 34.

222 Cons. const. n° 86-208 DC du 2 juill. 1986, *Loi relative à l'élection des députés et autorisant le gouvernement à délimiter par ordonnance les circonscriptions électorales ;* Pierre Avril, Jean Gicquel, *Note sous décision n° 86-208 DC, Pouvoirs,* mai 1987, n° 41, p. 204, Décision n° 2008-573 DC du 8 janvier 2009 (loi relative à la commission prévue à l'article 25 de la constitution et à l'élection des députés)

223 Loi n° 2009-39 du 13 janvier 2009 (relative à la commission prévue à l'article 25 de la Constitution et à l'élection des députés

présider au redécoupage tant attendu des circonscriptions. Elle rappelle les bases « essentiellement démographiques » qui doivent présider au découpage, mais aussi énumère des exigences favorables au respect des logiques territoriales : des écarts de population entre les circonscriptions peuvent être justifiés en cas d'impératif d'intérêt général, dans certaines limites (rejet de tout écart de plus de 20 % par rapport à la population moyenne des circonscriptions de la collectivité territoriale de référence[224]) ; la continuité territoriale des circonscriptions doit être préservée, ce qui implique qu'elles soient constituées d'un territoire continu sauf exception justifiée par des raisons géographiques ou démographiques ; les limites des petites communes (- de 5000 habitants) et des cantons (d'une population inférieure à 40 000 habitants) doivent être préservées, afin de leur éviter un écartèlement entre plusieurs circonscriptions, hors exceptions[225].

Quant au redécoupage lui-même, réalisé par voie d'ordonnance[226], il témoigne de l'attention portée aux enjeux territoriaux, notamment s'agissant du choix de recourir à la méthode dite « par tranche », qui permet d'atténuer la logique purement arithmétique en avantageant les départements à population faible, qui se retrouvent surreprésentés, au détriment des départements les plus peuplés[227]. Cette méthode a été préférée à une autre, dite « de Sainte-Lagüe », qui satisfait pourtant davantage l'égalité garantie par la Constitution au sens démographique, fondée sur une stricte logique arithmétique (nombre d'habitants). Le choix de cette méthode témoigne de la prise en compte, à côté de l'égalité démographique, des critères administratif ou géographique. Cette solution était d'ailleurs préconisée par la commission de contrôle du redécoupage électoral déjà mentionnée, dite commission Guéna, qui considérait, dans son avis rendu le 27 juin 2009, que « cette option était la meilleure synthèse entre une règle de calcul reposant sur des critères

[224] « En aucun cas la population d'une circonscription ne peut s'écarter de plus de 20 % de la population moyenne des circonscriptions du département, de la collectivité d'outre-mer régie par l'article 74 de la Constitution ou de la Nouvelle-Calédonie »

[225] Sont compris dans la même circonscription « toute commune dont la population est inférieure à 5 000 habitants ainsi que tout canton constitué par un territoire continu, dont la population est inférieure à 40 000 habitants et qui est extérieur aux circonscriptions des villes de Paris, Lyon et Marseille ».

[226] Ordonnance n° 2009-935 du 29 juillet 2009 portant répartition des sièges et délimitation des circonscriptions pour l'élection des députés, ratifiée par la loi n° 2010-165 du 23 février 2010.

[227] Bernard Maligner, « Le redécoupage électoral validé par le Conseil constitutionnel (Décision n° 2010-602 DC) », *AJDA*, 2010, n° 20, p. 1146-1152

exclusivement démographiques et une approche tenant également compte de la réalité historique, humaine et géographique »[228].

L'égalité n'est d'ailleurs pas que démographique : elle peut impliquer, aussi, de trouver, s'agissant du ratio entre le nombre d'électeurs et le nombre d'élus par zone, un point d'équilibre d'un point à l'autre du territoire, pour éviter tout phénomène de sur-représentation des zones urbaines ou de sous-représentation des zones rurales. Ainsi, lors du découpage, un traitement préférentiel a été assuré à certaines collectivités d'outre-mer (Saint-Pierre et Miquelon, Wallis et Futuna, Saint-Barthélémy et Saint-Martin), par atténuation de la logique arithmétique, au regard de leur spécificité. La commission Guéna avait considéré à ce sujet qu'« il apparait [...] conforme à la Constitution que Saint-Pierre-et-Miquelon, d'une part, Wallis et Futuna, d'autre part, disposent chacune d'un député, en raison de leur isolement géographique et en dépit de la faiblesse de leur population ». Elle avait ajouté qu'« il est également conforme aux principes du redécoupage que, en sens inverse, les îles de Saint-Martin et Saint-Barthélemy élisent un seul député ».

Le Conseil constitutionnel exerce un contrôle strict sur la conciliation ainsi opérée, réaffirmant les « bases essentiellement démographiques » du découpage, condition de l'égalité devant le suffrage[229]. Alors qu'en 1986, il avait validé la loi fixant un nombre minimum de deux députés par département afin d'« assurer un lien étroit entre l'élu d'une circonscription et les électeurs »[230], il se montre cette fois plus strict en considérant, en 2010, que le maintien d'un minimum de deux députés par département n'est plus justifié par un impératif d'intérêt général[231]. Ceci au vu d'un changement de circonstances résultant à la fois de l'augmentation de la population générale, et aussi de la perte de sièges attribuables, au profit des Français de l'étranger[232]. Certes, comme le souligne Bernard Maligner, « on ne saurait

---

[228] Commission consultative prévue à l'article 25 de la Constitution et créée par la loi organique n° 2009-39 du 13 janvier 2009, Obs. Bernard Maligner, « Le contrôle du Conseil constitutionnel sur le redécoupage électoral » (Décision du Conseil constitutionnel n° 2008-573 DC du 8 janvier 2009), *AJDA* 2009, p. 645 ; « Redécoupage électoral : le gouvernement est contraint de revoir sa copie », Patrick Roger, *Le Monde,* 26 juin 2009.

[229] Cons. const. n° 2010-602 DC du 18 février 2010, Loi ratifiant l'ordonnance n° 2009-935 du 29 juillet 2009 portant répartition des sièges et délimitation des circonscriptions pour l'élection des députés, cf. Anne Levade, « Une constitutionnalité en trompe-l'oeil ou l'impossible censure des découpages électoraux ? A propos de la décision du Conseil constitutionnel du 18 février 2010 », *La Semaine juridique. Ed gale*, 2010, n° 11, p. 522-524.

[230] Cons const. n° 86-208 DC du 2 juillet 1986 et n° 86-218 DC du 18 novembre 1986, op. cit.

[231] Motif de nature à justifier une dérogation à la règle d'après laquelle les députés doivent être élus sur des bases essentiellement démographiques.

[232] Décision n° 2010-602 DC op.cit..

donner plus de force à la règle des bases essentiellement démographiques du remodelage des circonscriptions, qui exclut désormais de ranger parmi les impératifs d'intérêt général qui permettent d'y déroger la règle de deux députés par département, considérée, parfois, mais à tort, comme relevant de la « tradition républicaine »[233]. Cependant, tout en rappelant qu'ils ne peuvent être tolérés que « dans une mesure limitée » et au regard d'« impératifs d'intérêt général », il valide le reste des aménagements au strict critère démographique : la règle du territoire continu des circonscriptions ; celle du respect des limites communales et cantonales ; la méthode de découpage choisie ; la création de circonscription peu peuplée outre-mer, y compris s'agissant de la circonscription attribuée à Saint-Barthélémy et Saint-Martin, ce qui n'allait pas de soi.

Sur ce dernier point, en effet, le Conseil considère qu'en application du critère démographique, rien n'oblige à attribuer une circonscription par collectivité régie par l'article 74 Const. dès lors que sa population est très faible, sauf s'il s'agit de prendre en compte son particulier éloignement d'un territoire ayant lui-même statut de département ou de collectivité d'outre-mer[234]. Or, précisément, ce qui peut se comprendre facilement pour Saint-Pierre et Miquelon, territoire isolé, se comprend moins aisément pour Saint-Barthélémy et Saint-Martin, qui bénéficient d'une proximité avec la Guadeloupe. Néanmoins, le Conseil constitutionnel considère, en 2010, que même si « la population de la circonscription regroupant le territoire des collectivités de Saint-Barthélemy et de Saint-Martin est effectivement faible », « le législateur a pu prendre en compte la situation géographique et statutaire particulière de ces collectivités » pour leur attribuer une circonscription[235].

On le constate, si le critère démographique reste essentiel et est appliqué plus strictement qu'au Sénat (l'Assemblée représentant la nation et la population dans son ensemble), il n'empêche pas, s'agissant des députés aussi,

---

[233] Bernard Maligner, «« Le contrôle du Conseil constitutionnel sur le redécoupage électoral », *AJDA* 2009, p.645, op. cité.

[234] Décision n° 2008-573 DC du 8 janvier 2009, § 24 : « Les députés élus dans les collectivités d'outre-mer régies par l'article 74 de la Constitution » doivent également être élus sur des bases essentiellement démographiques. D'une part, « aucun impératif d'intérêt général n'impose que toute collectivité d'outre-mer constitue au moins une circonscription électorale », d'autre part, « il ne peut en aller autrement, si la population de cette collectivité est très faible, qu'en raison de son particulier éloignement d'un département ou d'une collectivité d'outre-mer », voir aussi, Agnès Roblot-Troizier, *RFDA*, 2009, op. cit. ; V. Barbé, « Carte électorale. Le découpage électoral selon le Conseil constitutionnel », La Semaine juridique. Administrations et collectivités territoriales, 2009, n° 11-12, p. 52-58.

[235] Décision n° 2010-602 DC op. cit.

la prise en compte d'autres critères de répartition des électeurs et des sièges, notamment le critère géographique ou les particularités d'aires territoriales spécifiques.

Le mode de désignation des élus au Parlement correspond à la fois à l'unité de la nation et du peuple qu'il s'agit de représenter, et à la nécessité de prendre en compte l'ensemble des territoires de la République et leurs habitants, dans leur diversité. Les équilibres établis pourraient être bouleversés en cas de concrétisation des projets de réforme en cours de débat.

II. Vers une réforme de la composition des assemblées : quelles garanties pour la représentation des territoires au Parlement ?

Une réforme visant le nombre, la répartition, le mode d'élection des représentants élus au Parlement mettrait nécessairement en cause les équilibres établis et la balance entre les critères démographique et géographique. Il s'agit ici d'en mettre en évidence les principaux enjeux, à la lumière, particulièrement, des projets de loi, ordinaire, organique et constitutionnel portant « Renouveau de la vie démocratique ». Ils ont été présentés en mai 2018, puis ont été adaptés après la « crise des gilets jaunes » et le « Grand débat » organisé entre janvier et mars 2019 : trois nouveaux textes ont été présentés au conseil des ministres le 28 août 2019[236].

Parmi de nombreuses propositions de réforme, celle de réduire de 25 % le nombre de parlementaires (contre 30 % dans le projet de loi organique initialement présenté en 2018) [237] impliquerait la diminution de 577 à 433 du nombre de députés et de 348 à 261 pour les sénateurs.

Cela entrainerait nécessairement une redistribution entre les territoires (département, collectivité d'outre-mer, Nouvelle-Calédonie, Français établis hors de France) des sièges de députés et de sénateurs, et un redécoupage des circonscriptions législatives. Les enjeux territoriaux d'un telle réforme sont sérieux, au Sénat (1) comme à l'Assemblée (2).

---

[236] « Renouveau de la vie démocratique : projets de loi organique et ordinaire », *Dalloz Sirey*, 05/09/2019, n° 29, p. 1610.

[237] Article 1er visant à modifier les articles L.O. 119 et L.O. 274 du code électoral du projet de loi organique portant renouveau de la vie démocratique n° 2204 du 29 aout 2019.

a. « Conjuguer démocratie du nombre et démocratie des territoires »[238] : les enjeux d'une réforme de la composition du Sénat

Au Sénat, les préoccupations sont vives sur ces sujets, à raison de la vocation particulière de la Haute assemblée. Les débats sur la réforme du Sénat en 2003, sur la création du conseiller territorial en 2010, ou sur le redécoupage des cantons, par exemple, l'avaient déjà montré.

Plus récemment, dans un contexte de réformisme constitutionnel, en janvier 2018, un groupe de travail du Sénat, présidé par Gérard Larcher, a émis quarante propositions « pour une révision de la Constitution utile à la France »[239]. Le premier axe de travail était ainsi formulé : « assurer la représentation au Parlement de tous les territoires de la République, dans leur diversité ». Puisque le lien avec le territoire « est le socle de l'unité de la République, priver les départements les moins peuplés de représentants au Sénat ou à l'Assemblée nationale risque d'accentuer encore la fracture territoriale », alors que l'on doit « conjuguer au Parlement démocratie du nombre et démocratie des territoires, équilibre démographique et équilibres territoriaux ». Les objectifs sont, au Sénat, clairement affichés : conforter les collectivités territoriales, veiller à la représentation équitable de tous les territoires, leur garantir une autonomie financière effective.

Parmi les propositions concrètes de révision présentées figure la réaffirmation de l'attachement à la notion de territoire, qu'il s'agirait de consacrer plus clairement dans la Constitution[240], à l'article 1er, en affirmant que « la République garantit la représentation équitable des territoires dans leur diversité »[241]. Par ailleurs, au lieu de 20 % actuellement, le plafond d'écart de représentation par rapport à la population moyenne représentée par les élus de l'assemblée délibérante pourrait, selon le groupe de travail, être porté à 33 %. Ceci pour les élections municipales, départementales et régionales, mais aussi pour la constitution des conseils communautaires des établissements publics de coopération intercommunale à fiscalité propre, ce qui aurait des conséquences sur la composition du collège électoral sénatorial. Resterait, en outre, la possibilité de déroger à ce seuil pour des motifs d'intérêt général, « qui pourraient par exemple tenir à la nécessité de s'adapter aux spécificités locales ». Il s'agirait d'un nouvel assouplissement de la règle de l'égalité

---

[238] Rapport du groupe de travail du Sénat sur la révision constitutionnelle, Gérard Larcher, Président du Sénat et François Pillet, Sénateur, 24 janvier 2018.

[239] Idem.

[240] Proposition de loi constitutionnelle n° 58 (2014-2015) tendant à assurer la représentation équilibrée des territoires, présentée par MM. Gérard Larcher et Philippe Bas et adoptée par le Sénat le 3 février 2015.

[241] Voir Rapport, p. 36 et suivants.

démographique, aux fins d'une meilleure prise en compte des équilibres et des particularités territoriales. Enfin, il était également préconisé d'inscrire, à l'article 24 de la Constitution, le principe de l'élection d'au moins un député et un sénateur par département, par collectivité territoriale à statut particulier, et par collectivité d'outre-mer[242].

Or, après les annonces gouvernementales de mai 2018, la perspective d'une réduction du nombre de sénateurs, et ses conséquences en termes de représentativité, ont nourri de fortes inquiétudes[243]. Parmi les « lignes rouges » identifiées au Sénat, figurent le rapport entre le nombre de députés et le nombre de sénateurs[244], et le maintien d'un sénateur (et d'un député) par département. Ce dernier point semblait garanti par le projet de loi proposé, habilitant le gouvernement à répartir les sièges à pourvoir par département, par collectivité régie par les articles 73 et 74 de la Constitution, en Nouvelle Calédonie et au titre des Français de l'étranger.

Sauf à remettre en cause le cadre départemental pour l'élection des sénateurs, il y aurait davantage de départements peu peuplés surreprésentés au Sénat. En effet, selon les estimations, une réduction de 25 % des membres du Sénat (soit 261 sénateurs), conduirait à l'augmentation du nombre de départements ou de collectivités d'outre- mer n'élisant qu'un seul sénateur (passant de 7 à une quarantaine). Il a été observé que cela aurait des effets collatéraux : recul de la parité, personnalisation des élections, multiplication des candidatures dissidentes.. La proportion des scrutins majoritaires (appliqués dans les départements élisant peu de sénateurs) augmenterait au détriment de la part de scrutin proportionnel (réservé aux « gros départements », actuellement définis par référence au seuil de trois sénateurs élus et plus). Une soixantaine de départements et collectivités éliraient leurs sénateurs au scrutin majoritaire (contre 46 actuellement), la proportion des sénateurs élus au scrutin majoritaire augmentant en conséquence.

Sur ces sujets, en cas de réouverture des débats dans l'avenir, les inquiétudes du Sénat ne pourraient être ignorées. En effet, contrairement à d'autres aspects de la réforme, qui s'appliquent de la même façon dans les

---

242 Idem.

243 « Baisse du nombre de parlementaires : le Sénat fait de la résistance », Patrick Roger, *Le Monde,* 31 mai 2019 ; « Révision constitutionnelle : les « lignes rouges » de Larcher », Albert Zennou, *Le Figaro*, 18 mars 2018 ; « Réforme des institutions: des «lignes rouges» pour le Sénat retirées », *Le Figaro*, 31 mai 2019.

244 Principe garanti selon l'exposé des motif de l'article 1er du projet de loi organique n° 2204 du 29 août 2019 pour un renouveau de la vie démocratique : « Cette diminution préserve strictement le poids relatif des deux assemblées parlementaires, ce qui est important au regard de l'article 89 de la Constitution ».

deux assemblées et donc peuvent faire l'objet de la procédure du « dernier mot » de l'Assemblée nationale (sous réserve d'un vote à la majorité absolue de ses membres, s'agissant d'une loi organique), la réduction du nombre de sénateurs et la modification de leur régime électoral résultent d'une « loi organique relative au Sénat », au sens de l'article 46 de la Constitution, nécessitant donc l'accord du Sénat[245]. Un consensus devrait donc être trouvé, incluant le Sénat (sauf à tenter de passer par voie de référendum, ce qui pourrait poser d'autres difficultés, s'agissant d'une loi organique[246]..).

D'autant que si le calendrier électoral doit être refondu pour les deux assemblées, cela aurait pour le Sénat des conséquences particulières, compte tenu du renouvellement triennal par moitié, qui devrait être gelé pour que la réduction des effectifs soit applicable aux deux séries. Cela impliquerait un renouvellement intégral du Sénat, solution qui ne peut qu'être transitoire et exceptionnelle, dès lors que son renouvellement partiel est visé aux articles 25, 32 et 68-2 de la Constitution. Elle implique une modification, par la loi, de la durée des mandats, variable selon la série (prolongation ou réduction), dans les conditions constitutionnellement définies (modification justifiée par des considérations d'intérêt général, strictement nécessaire, exceptionnelle, transitoire et proportionnée, préservant ainsi une périodicité raisonnable et donc le droit de suffrage) sans que la différence de traitement entre sénateurs qui en résulte soit manifestement inappropriée par rapport aux objectifs de la loi[247].

Au-delà des débats conjoncturels, des textes précis présentés, et sauf changement de pied dans l'avenir, c'est donc le maintien du cadre départemental d'une part, et d'un minimum d'un sénateur par département d'autre part, qui sont envisagés, donc une atténuation du critère démographique au profit d'un traitement favorable des départements les moins peuplés. Pour prévenir les objections, une consécration constitutionnelle de ces principes pourrait être envisagée, même si certains considèrent que l'intangibilité du cadre départemental pour l'élection des sénateurs découle déjà de l'article 25 de la Constitution. En effet, dans la mesure où cette disposition relative à la commission indépendante de contrôle

---

[245] Voir les avis rendus en Assemblée générale du Conseil d'Etat du 17 mai 2018 n° 394741-394742 sur le projet de loi et de loi organique pour une démocratie plus représentative, responsable et efficace, et du 20 juin 2019 n° 397909 et 397910 sur le projet de loi organique et sur le projet de loi ordinaire pour un renouveau de la vie démocratique, § 8.

[246] Il s'agit ici de l'applicabilité de l'article 11 Const. aux lois organiques, pour lesquelles une procédure spécifique est prévue par la Constitution.

[247] Décision n°94-341 DC du 6 juillet 1994-loi relative à la date de renouvellement des conseillers municipaux ; Décision n°2001-444 DC du 9 mai 2001-loi organique modifiant la date d'expiration des pouvoirs de l'Assemblée nationale.

n'envisage le redécoupage des circonscriptions que pour les députés, il a pu en être déduit que, s'agissant des sénateurs, la circonscription départementale (hors le cas des collectivités outre-mer) doit être tenue pour immuable[248].

Les réformes envisagées dans l'avenir, au-delà du cas précis des projets présentés en 2018 et 2019, impliquent donc une délicate conciliation entre démocratie du nombre et démocratie des territoires, pour reprendre l'expression privilégiée par le groupe du travail du Sénat. Comme le remarque le Conseil d'Etat dans son avis rendu le 20 juin 2019, « bien que le Sénat assure la représentation des collectivités territoriales en application de l'article 24 de la Constitution, le Conseil constitutionnel exige qu'il soit, lui aussi, élu sur des bases essentiellement démographiques, même si cette exigence est moins élevée qu'elle ne l'est pour l'Assemblée nationale ». Ce qui revient à confirmer que, s'agissant du Sénat, le critère territorial rivalise significativement avec le critère démographique.

b. Enjeux de la réforme de la composition de l'Assemblée nationale

Concernant l'Assemblée, il a été proposé de réduire le nombre de députés à 433. Le ratio (actuellement un député pour 116 170 habitants) serait passé à un député pour 154 804 habitants. En termes de représentativité, la France n'est pourtant pas particulièrement avantagée. Par comparaison, un député italien représentait, jusque 2020, 95 873 habitants. L'exemple italien est particulièrement intéressant, compte-tenu des débats tout à fait comparables menés au-delà des Alpes relatifs à la représentativité des parlementaires, dans un contexte où le poids des régions et la prise en compte des territoires sont mis en balance avec le critère démographique. Finalement, la réforme des articles 56, 57 et 59 de la Constitution italienne tendant à supprimer un tiers des parlementaires a été approuvée par référendum, en septembre 2020, et le ratio est passé à un député italien pour 151 000 habitants[249].

En France, les effets d'une réduction du nombre de députés pourraient, en outre, être conjugués à ceux de l'introduction d'une dose de proportionnelle. 20 % des sièges de députés (soit 87 des 433 sièges restants, selon le projet modifié de 2019, contre 15 % selon le texte initial de 2018) pourraient, en effet, être attribués au scrutin de liste national à la proportionnelle, c'est-à-dire

---

[248] Voir analyse de J-E Schoettl cf. « Questions sur la modification du régime électoral parlementaire », *Petites Affiches*, n° 118, 13/06/2018, p. 9.

[249] « Wanted bis ! soutien recherché pour révision institutionnelle mal engagée. À propos des projets de lois organique et ordinaire pour une démocratie plus représentative, responsable et efficace », *JCP A*, 11/06/2018, n° 23, p. 3-5 ; « Italie: la réduction du nombre des parlementaires mise au vote le 7 octobre », *Le Figaro*, 1 octobre 2019 ; « En Italie, le M5S impose la réduction du nombre de parlementaires », Jérôme Gautheret, *Le Monde*, 9 octobre 2019.

sur des listes paritaires soumises au vote de l'ensemble du corps électoral. Les députés élus par les Français établis hors de France seraient élus au scrutin de liste, dans une circonscription unique. Ce dédoublement des modes d'élection de deux types de députés, élu au scrutin majoritaire ou proportionnel, conduirait à des disparités de traitement et de représentativité, sur le plan démographique et territorial. Les députés élus à la proportionnelle sur les listes nationales représenteraient, en moyenne, bien plus d'habitants (87 députés représentant chacun 770 000 habitants) que les députés élus localement en circonscription (346 députés représentant 193 000 habitants en moyenne).

Une fois réduit le nombre de parlementaires, et déduits les sièges répartis à la proportionnelle, il ne resterait, ainsi, que 346 sièges de députés (- 40 %) à attribuer au scrutin majoritaire dans le cadre des circonscriptions, lesquelles devraient d'abord être réparties entre départements ou collectivités d'outre-mer. Il faudrait ensuite, dans les départements ou collectivité élisant plus d'un député, redécouper ces 346 circonscriptions, dont la taille serait considérablement accrue.

Techniquement, le projet de loi ordinaire d'août 2019 habilitait le gouvernement, sous 8 mois à compter de sa publication, à procéder à ces démarches par voie d'ordonnances. Cette habilitation législative prévoyait de garantir, on l'a souligné, l'élection d'au moins un député et un sénateur par département, par collectivité régie par les articles 73 et 74 de la Constitution, en Nouvelle-Calédonie et au titre des Français établis hors de France[250], se conformant en cela, à ce qui pourrait bien, déjà, pour certains, constituer une exigence constitutionnelle[251].

Différentes options avaient été retenues comme base de discussion. Le cadre départemental de délimitation des circonscriptions devait être maintenu. Il était envisagé de respecter l'intégrité des cantons, à l'exception de ceux de plus de 60 000 habitants (7 % des cantons), ainsi que les limites communales dans les cantons dont le territoire n'est pas entièrement compris dans la même circonscription[252]. Divers aspects techniques devaient être précisés

[250] « Le nombre de députés ne peut être inférieur à un pour chacun d'eux ; pour l'application de cette règle les collectivités de Saint-Martin et de Saint-Barthélemy sont réputées former une même entité » Chapitre III, art. 6, point 2 du projet de loi pour un renouveau de la vie démocratique, n° 2205, déposé le jeudi 29 août 2019 ;

[251] Jean-Eric Schoettl considère ainsi que, comme cela résulte du « commentaire officiel » de la décision 2008-573 DC du 8 janvier 2009, en censurant la règle des deux députés au moins par département, le Conseil constitutionnel « n'a pas remis en cause le cadre départemental de l'élection des députés » et a « implicitement mais nécessairement admis, en l'état, que chaque département puisse avoir au moins un député », cf. « Questions sur la modification du régime électoral parlementaire », *Petites Affiches*, n° 118, 13/06/2018, p. 7.

[252] Chapitre III, art. 6, point 13 du projet de loi pour un renouveau de la vie démocratique, n° 2205 , déposé le jeudi 29 août 2019.

(« fourchette au niveau national », écarts démographiques et « tunnel départemental », sort des départements peu peuplés tels la Lozère, la Creuse, le Cantal, l'Ariège, mais aussi les collectivités d'outre-mer peu peuplées et parfois isolées[253]).

Ces propositions étaient, de toute façon, appelées à être vivement débattues, compte tenu des lourds enjeux politiques[254]. La continuité territoriale pourrait-elle effectivement prévaloir ? Les déséquilibres démographiques causés par la prise en compte des zones rurales peu peuplées seraient -ils acceptés ? Pourrait-on préserver le cadre départemental si cela revenait à donner une circonscription à un département très peu peuplé comme la Lozère (80 000 habitants) alors que d'autres départements hébergeront des "super-circonscriptions" de 250 000 habitants ? Les collectivités d'outre- mer pourraient- elles espérer garder l'ensemble de leurs circonscriptions actuelles et, sinon, lesquelles en sortiraient dépourvues ? Les Français de l'étranger seraient-ils les grands perdants de cette redistribution ?

Ces questions devront être débattues et tranchées si la réforme devait être relancée. En effet, la « fenêtre de tir » précise qui était ouverte au gouvernement dirigé par Edouard Philippe entre deux échéances électorales se trouve maintenant refermée. Le débat sur ces questions institutionnelles et électorales n'a pas pu être mené sereinement, et on peut douter qu'il puisse l'être pendant le temps restant à courir du quinquennat d'Emmanuel Macron, à raison des tensions autour de la réforme des retraites, des grèves et finalement de la pandémie de Covid 19, qui a aussi conduit à un changement de gouvernement, dirigé par Jean Castex depuis juillet 2020. La réforme entreprise en 2018-2019 est donc sans doute compromise.

Pour autant, le débat sur la représentativité des élus parlementaires n'est pas clos. Il pourrait être rouvert lorsque les circonstances le permettront, dans le cadre de rapports de force politiques qui se révèleraient favorables à une réforme. L'équilibre fragile résultant de la combinaison des « bases démographiques » et des logiques territoriales serait alors remis en cause, nécessitant de nouveaux arbitrages. Car si le respect du critère démographique est un impératif constitutionnel, en tant que condition de l'égalité devant le suffrage, la prise en compte des équilibres territoriaux apparait également comme une exigence constitutionnelle, il est vrai plus explicitement affirmée s'agissant du Sénat.

---

253 Voir pour des projections très précises reposant sur les dispositions prévues par les projets présentés en mai 2018, Jean-Eric Schoettl, *Petites Affiches*, 13 juin 2018, n° 137, p. 7 et s.

254 « Le redécoupage électoral affole les députés », *Le Figaro,* Marcelo Wesfreid, 2 juillet 2018 ; « Réduction du nombre de parlementaires : concrètement, comment ça se passe ? », *L'Express,* 28/08/2019.

La représentation territoriale dans le système parlementaire italien : du dessein de l'Assemblée constituante aux projets de réforme récents

Dario Elia TOSI
Professeur à l'Université de Turin, Département de Jurisprudence

Le thème de la représentation territoriale au niveau parlementaire représente l'un des sujets les plus complexes et les plus controversés de l'histoire républicaine italienne. Fortement attachée à la décision sur la forme d'État du système qui avait surgi des cendres de la monarchie et du fascisme, la question a également été liée par l'Assemblée constituante aux choix relatifs à la forme de gouvernement. En particulier, dès le début, le débat a insisté sur les formes de représentation que les communautés régionales, nouvellement établies, devraient avoir au sein de l'ordre institutionnel central. Dès le premier projet de Constitution, le lieu naturel pour répondre à ce besoin a été identifié dans le nouveau Sénat. Par conséquent, le thème de la représentation des territoires a toujours été étroitement lié à la définition des piliers fondamentaux du bicamérisme italien.

I. La représentation territoriale dans le débat de l'Assemblée constituante et dans la Charte constitutionnelle du 1947

La connexion entre la représentation territoriale et le système parlementaire ressort clairement du premier projet de texte élaboré par la Commission pour la Constitution (dite Commission des 75), qui avait été chargée d'élaborer un projet unitaire à soumettre à l'Assemblée. D'une part, le projet prévoyait l'attribution d'un nombre fixe de 5 sénateurs pour chaque Région, auquel on pouvait ajouter un nombre variable lié à la démographie des différentes communautés régionales[255]. Afin de concilier la représentation

[255] Selon l'article 55 du projet, tous les Régions auraient eu droit à un sénateur pour 200.000 habitants ou fraction supérieur à 100.000 habitants (texte repérable à https://www.nascitacostituzione.it/05appendici/01generali/02/index.htm?002.htm&2). Pour un examen du projet initial, voy. E. Rossi, *Il numero dei parlamentari in Italia, dallo Statuto albertino ad oggi*, in E. Rossi, (dir.), *Meno parlamentari, più democrazia?*, Pisa, Pisa University Press, 2020, pp. 23 s..

concrète des collectivités territoriales et la fonction de représentation nationale des assemblées parlementaires, le projet disposait qu'un tiers des sénateurs serait élu par les Conseils régionaux et deux tiers au suffrage universel direct par les électeurs âgés de plus de 25 ans. D'autre part, dans le but de créer un système de poids et de contrepoids, la Commission pour la Constitution avait proposé à nouveau la vision, héritée du Statut Albertin du 1848, du Sénat comme une institution qui, caractérisée par la *senioritas* de ses membres, pourrait jouer une fonction de compensation et de repondération des décisions de la Chambre des Députés. Ainsi, l'éligibilité pour la Chambre haute avait été limité à des personnalités professionnelles spécifiques et à des personnes ayant déjà accompli un certain *cursus honorum*[256]. Selon les mots utilisés par Mortati dans l'Assemblée constituante, une telle structure devait assurer une « *forme de représentation politique plus complète et plus intégrale* », en mettant pleinement en œuvre la régionalisation choisie avec la transition au nouveau système républicain[257]. Cependant, le modèle proposé par la Commission a été profondément modifié au sein de l'Assemblée. En particulier, le thème de la représentation des territoires au sein du Parlement a été affectée par le débat politique au sein de l'Assemblée sur la question du bicamérisme et, plus généralement, sur la forme de gouvernement.

Plus en général, pour une reconstruction du débat au sein de l'Assembée constituante, parmi les plusieurs, voy. C. Fusaro, *Bicameralism in Italy. 150 Years of Poor Design, Disappointing Performances, Aborted Reforms.* in www.carlofusaro.it, pp. 5 ss.; A. Barbera, *Nota per l'Audizione presso la Commissione affari costituzionali del Senato della Repubblica, in ordine al Disegno di legge costituzionale 1429---B – seduta del 3 agosto 2015*; S. Ceccanti, *Riforme costituzionali e composizione del Senato: il ritorno alla rappresentanza territoriale*, in *federalismi.it*, 8/2014, pp. 1 s.; S. Ceccanti – S. Curreri, *Il Senato che (non) è stato, è e sarà: un deciso miglioramento*, in *Le Istituzioni del Federalismo*, pp. 433 ss.; C. Pinelli, *Sull'elezione del Senato "a base regionale"*, in *Rivista AIC*, 1/2017, pp. 3 ss.; M. Calamo Specchia, *Il "taglio" dei parlamentari e il fine della* "quality over quantity"*: tanto rumore per nulla?*, in *Diritto Pubblico Europeo Rassegna online*, 1/2020, p. 4 s.; M. Belletti, *Miopia istituzionale nella strategia delle riforme costituzionali, o consapevole ricerca di una "marginalizzazione" della rappresentanza parlamentare?*, in *federalismi.it*, paper 15 aprile 2020, pp. 3 ss.; F. Clementi, *Sulla proposta costituzionale di riduzione del numero dei parlamentari: non sempre «less is more»*, in *Osservatorio sulle fonti*, 2/2019, pp. 4 ss.; M. Volpi, *La riduzione del numero dei parlamentari e il futuro della rappresentanza*, in *Costituzionalismo.it*, 1/2020, p. 261.

[256] Voy. l'article 56 du projet, qui conférait en particulier l'électorat passif à une série de catégories (décorés de guerre, professeurs d'universités, magistrats, présidents de la République, ministres, membres de la Chambre des députés, etc..).

[257] *Intervention tenue au cours de la séance du 18 septembre 1947, repérable à https://www.nascitacostituzione.it/05appendici/05p2generali/.*

Les affirmations de Mortati reprenaient par ailleurs la position qui avait été soutenue dans la relation introductive prononcée dans la Commission pour la Constitution sur le thème de autonomies locales *https://www.nascitacostituzione.it/05appendici/06p2/05p2t5/01/01/index.htm?002.htm&2*

Le début de la guerre froide et le dépassement progressif du sentiment d'unité antifasciste ont conduit à une exacerbation du débat. Ainsi, progressivement, les constituants ont trouvé un accord en faveur d'une structure institutionnelle caractérisée par un système de fragmentation du pouvoir. Celui-ci devait non seulement empêcher de nouvelles dérives autoritaires, mais aussi contenir la marge d'action des majorités gouvernementales formées après de l'entrée en vigueur de la Charte constitutionnelle.

Une fois réglée la question de la dimension monocamérale ou bicamérale du Parlement, la deuxième chambre étant apparue comme un instrument utile au sein du nouvel ordre institutionnel, le débat s'est focalisé sur la nature du bicamérisme. Grâce à un système de convergences à 'géométrie variable' sur des aspects particuliers, le projet initial de la Commission a donc été progressivement modifié, jusqu'au bouleversement de ses caractéristiques essentielles[258]. Dès le projet initial de seconde chambre prévue pour jouer un rôle plus limité dans l'organisation parlementaire générale, un accord entre les partis a été finalement atteint pour une égalité substantielle des fonctions entre les deux assemblées législatives. Les principales différences entre eux étaient la durée du mandat, établie à 6 ans pour le Sénat contre 5 ans pour la Chambre des Députés, et certaines règles relatives à leur composition.

Parmi les différents partis politiques, il y avait un consensus général sur la connotation territoriale de la Chambre haute. L'élection sur une « base régionale » du Sénat a donc été confirmée. Mais alors qu'à l'origine était prévue une composition mixte[259], permettant une expression concrète des dynamiques institutionnelles territoriales, c'est un mode d'élection au suffrage direct qui a été établi, selon une formule proportionnelle (à l'instar de ce qui avait été prévu pour la Chambre des Députés).

Enfin, la connotation territoriale de la haute assemblée a encore été réduite par la décision de calculer le nombre de sénateurs sur une base démographique : au-delà d'un nombre minimum de 6 représentants, chaque Région aurait droit à un sénateur pour deux cent mille habitants, ou fraction supérieure à cent mille.

Dans ce contexte, les marges de différenciation entre le Sénat et la Chambre des Députés ont été largement dépassées, en jetant ainsi les bases d'un modèle parfait de bicamérisme égalitaire. La seule garantie d'une représentation des territoires résidait donc dans la prévision de l'élection sur

---

[258] Sur ce thème, entre nombreux, voy. C. Pinelli, *Sull'elezione del Senato "a base regionale"*, cit., p. 4; S. Ceccanti – S. Curreri, *Il Senato che (non) è stato*, cit., pp. 435.

[259] Au début, on a proposé l'idée d'une élection indirecte de tous les sénateurs. L'agenda Perassi, en particulier, prévoyait que les sénateurs seraient élus en partie par les Conseils régionaux et en partie par des délégués élus au suffrage universel direct sur une base territoriale.

une « base régionale ». Néanmoins, la portée réelle d'une telle solution dépendait de la structure du système politique et des choix concrets que les institutions nouvellement créées allaient faire pour mettre en œuvre la Charte constitutionnelle.

II- Le contournement de la représentation territoriale dans l'évolution du système politique et dans les révisions constitutionnelles approuvées jusqu'à nos jours

Une fois terminée la phase constituante, dès la première période de la vie de la République, on a assisté à la consolidation progressive d'un bicamérisme parfait, sur un pied d'égalité. Dans un cadre caractérisé par un parlementarisme de type consociationnel et un système politique monopolisé par la force des grandes partis nationaux, plus que la représentation des différentes collectivités territoriales, c'était la garantie de la présence au Parlement des différentes 'âmes politiques' du Pays qui avait assumé un intérêt prépondérant. D'un autre point de vue, une fois consolidée la position italienne au sein du Pacte Atlantique, les forces politiques majoritaires ont manifesté avec une pression croissante la nécessité de garantir des mécanismes de stabilité de l'action du gouvernement. En ce contexte, dans la mise en œuvre des prévisions constitutionnelles, les acteur politiques ont tenté de surmonter ou contourner les instruments et les mécanismes de fragmentation du pouvoir élaborés par le Constituant.

Ainsi, d'une part, à la seule exception des Régions à statut spécial, le système des autonomies politiques territoriales, avec la création des institutions régionales et l'attribution de pouvoirs concrets à celles-ci, a été destiné à rester sur le papier jusqu'aux années 70, jusqu'à ce que le Pays soit affecté par une profonde mutation sociale et économique et une importante transformation des dynamiques entre les forces politiques principales. D'autre part, au niveau national, dans le but de minimiser les problèmes pour la stabilité du gouvernement liés à majorités différentes dans les institutions représentatives, il y a eu une pression pour surmonter les différences entre les deux chambres du Parlement.

Par conséquent, depuis la première législature, il y a eu une consolidation de l'usage d'ordonner la dissolution du Sénat à la fin du mandat de 5 ans de la Chambre des Députés. Cette mesure n'était pas liée à une crise politique du gouvernement ; elle visait plutôt à organiser des élections simultanées pour les assemblées parlementaires, dans le but de réduire le risque de majorités politiques différentes entre les deux.

La 'dissolution technique' du Sénat a été répétée jusqu'en 1963, jusqu'à ce que le caractère égal et parfait du bicamérisme italien soit consolidé et que le

Parlement décide d'intervenir dans le texte constitutionnel. La Loi constitutionnelle du 9 février 1963, n. 2, a ainsi modifié les articles 56, 57 et 60 de la Constitution. En premier lieu, la réforme a unifié la durée des deux Chambres à cinq ans. En deuxième lieu, le législateur constitutionnel a voulu intervenir sur le nombre de parlementaires, en dépassant la solution initiale qui, en liant la taille des assemblées à la dimension démographique du Pays et des Régions, ne donnait pas de certitude suffisante pour l'avenir, surtout au regard des évolutions démographiques en cours [260]. On a donc décidé d'inclure dans la Charte constitutionnelle une indication fixe du nombre de parlementaires.

Dans ce contexte, pour avoir un effet miroir dans la composition des deux assemblées, il a été décidé d'attribuer au Sénat un nombre de sénateurs électifs égal à la moitié des membres de la Chambre des Députés. Ainsi, le nombre des députés est établi à 630 députés[261], tandis que la composition de la Chambre haute est fixée à 315 membres électifs, auxquels s'ajouteraient les sénateurs à vie (anciens Présidents de la République et sénateurs nommés par le Chef de l'État pour de très hautes qualités sociales et scientifiques).

Après cette révision, les seules divergences qui subsistaient - et subsistent encore - entre les deux assemblées concernaient les conditions d'âge liées à l'électorat actif et passif et la référence susmentionnée à la 'base régionale' pour l'élection de la Chambre haute. En prévision de l'augmentation du nombre de ses membres, le législateur constitutionnel a également augmenté le nombre minimum de sénateurs pour chaque Région de 6 à 7[262].

Comme évoqué, d'une part, la présence d'une structure politique centrée sur les grands partis nationaux et, d'autre part, le caractère consociationnel du parlementarisme italien, corroboré par un système électoral proportionnel, ont conduit au fil du temps à une composition presque identique des deux Chambres et, pour autant que cela soit intéressant ici, à un contournement substantiel de tout lien territorial entre les représentants et les électeurs.

---

[260] Sur ce thème, voy. A. De Crescenzo, *Verso il referendum costituzionale sulla riduzione del numero dei parlamentari. Quando il fine (non sempre) giustifica i mezzi*, in *Diritto Pubblico Europeo Rassegna online*, 1/2020, p. 2, qui observe comme «*la riforma del 1963 mirava a soddisfare l'esigenza che i componenti delle Camere non aumentassero in ordine all'incremento della popolazione, «al fine di evitare l'ipertrofia delle assemblee» in un paese che negli anni sessanta del secolo scorso registrava un costante incremento demografico*».

[261] La fixation du nombre a été le résultat d'un débat prolongé. La solution finale répondait à la volonté de garantir, au cours du temps, un adéquat rapport entre représentants et représentés.

[262] Les seules exceptions à cette règle générale étaient la Vallée d'Aoste, qui continuait à avoir un seul sénateur, et la Région, récemment constituée, de Molise qui avait obtenu deux sièges sénatoriaux.

D'un point de vue matériel, la référence à la base régionale pour l'élection du Sénat n'a eu d'effet que dans la définition des circonscriptions électorales[263].

Les liens territoriaux ont été vidés de toute signification pratique avec la deuxième réforme constitutionnelle qui a modifié les dispositions sur la composition du Parlement italien. À la suite de l'approbation de la Loi constitutionnelle du 17 janvier 2000, n. 1, avec laquelle la référence au droit de vote des citoyens résidant à l'étranger a été incluse dans l'art. 48 de la Constitution, la Loi constitutionnelle du 23 janvier 2001, n. 1, a établi une circonscription étrangère pour la Chambre des députés et le Sénat. En particulier, en vertu de la nouvelle formulation des articles 56 et 57 de la Constitution, 12 des 630 députés et 6 des 315 sénateurs sont élus dans la circonscription étrangère.

Dans ce contexte, apparaît évidente l'incohérence entre l'objectif d'un Sénat partiellement élu par des citoyens résidant à l'étranger, dont le lien avec les collectivités territoriales du Pays est inévitablement estompé ou en tout cas faible, et la connotation 'régionale' de la Chambre haute. Il ne s'agit pas de remettre en question la compatibilité formelle de la nouvelle disposition de 2001 avec les règles générales sur la composition du Sénat. En effet, le législateur constitutionnel avait expressément intégré la formulation de l'article 57, prévoyant que « le Sénat de la République est élu sur une base régionale, à l'exception des sièges attribués à la circonscription étrangère ». Il s'agit plutôt de rendre compte de la perception générale des acteurs politiques, s'agissant de la nature du bicamérisme. La réforme n'a d'ailleurs pas fait l'objet d'une opposition particulière[264], ce qui montre que la perte de signification de la référence à la connotation territoriale du Sénat n'a pas posé de problèmes.

Selon l'opinion commune, la relation politique entre les parlementaires et les citoyens est fondée en réalité sur une représentation indistincte du corps électoral, dans laquelle les partis, par leur connotation idéologique, agissent comme seul trait d'union du système.

---

[263] C'est seulement en relation au Trentin-Haut-Adige qu'on peut observer l'attention du législateur à la garantie de représentation des différentes collectivités territoriales. Dans ce cas, cependant, la solution a été dictée par conséquent à le cadre complexe des minorités ethniques et linguistiques présentes sur le territoire et, surtout, par la pression internationale en faveur d'une protection adéquate des communautés non italianophones.

[264] La réforme constitutionnelle en question a été approuvée à la majorité absolue mais, comme pour les autres lois constitutionnelles adoptées avant 2001, il n'y a pas eu de convocation à un référendum de confirmation.

III- La marginalisation de la question territoriale dans les réformes électorales italiennes

La consolidation d'un modèle de bicamérisme non seulement égal et parfait, mais aussi substantiellement indistinct, est à la fois cause et effet des choix historiquement faits dans le domaine électoral[265]. Comme indiqué, dès le débat à l'Assemblée constituante, un consensus était mûri sur l'adoption de formules électorales similaires pour les deux chambres qui pourraient favoriser la formation d'une majorité politique identique au sein des deux chambres du Parlement. Ainsi, dans un cadre de parlementarisme consociationnel, jusqu'au début des années 90, le système électoral choisi pour les deux assemblées a été le système proportionnel pur.

Dans la crise du système politique (surtout liée au profond bouleversement de l'ordre géopolitique mondial), la pression pour une transformation en faveur du système majoritaire du régime représentatif s'est progressivement accrue. Devant l'inertie des partis présents au Parlement, c'est le corps électoral qui, par un référendum en 1993, a conduit à une modification du système électoral du Sénat en un sens majoritaire. En conséquence, conformément à la vision commune sur la nature égale et indistincte du bicamérisme, les forces politiques du Parlement ont approuvé une réforme générale du système électoral appliquant les décisions référendaires aux deux assemblées[266].

La même route a ensuite été suivie pour les réformes électorales de 2005 et 2017. En 2005 afin de consolider et de mettre en œuvre plus efficacement le virage vers un système parlementaire bipolaire et majoritaire, le Parlement a adopté une loi électorale proportionnelle avec une prime majoritaire pour la liste ou la coalition qui obtient le plus grand nombre de voix. En 2017, compte tenu des positions prises par la Cour constitutionnelle sur la légitimité des réformes électorales antérieurement approuvées par le Parlement, le législateur a opté pour un modèle mixte.

Comme dans la réforme de 1993, le système actuellement en vigueur prévoit qu'une partie des parlementaires est élue selon une formule de majorité à tour unique et qu'une autre l'est sur la base d'une répartition proportionnelle. Néanmoins, contrairement au passé, à cause du cadre

---

[265] Pour une reconstruction de l'évolution du système électoral depuis de l'Assemblée constituante jusqu'au passé le plus récent, voy. S. Ceccanti, *I sistemi elettorali nella storia della Repubblica: dalla Costituente alla legge Rosato*, in *federalismi.it*, 2017, n. 20, pp. 2 ss.

[266] Ainsi, les lois nn. 276 e 277 de 1993 avaient introduit un système majoritaire avec un correctif proportionnel, dont le 25% de sièges était conféré par la formule proportionnelle ; en revanche, le 75% était attribué selon la formule majoritaire.

essentiellement tripolaire issu des dernières consultations politiques, la composante proportionnelle assume dans le contexte actuel un poids prépondérant. Plus précisément, entre les 630 sièges de la Chambre des Députés, 232 sont attribués dans des circonscriptions uninominales, tandis que 386 sont attribués dans 63 circonscriptions plurinominales. Au Sénat, en revanche, 116 sièges sont attribués via circonscriptions uninominales, tandis que 193 sont attribués par 33 circonscriptions plurinominales au sein des circonscriptions régionales.

Conformément à l'approche adoptée dès les débats de l'Assemblée constituante en 1946, le législateur a proposé, tant en 2005 qu'en 2017, un système substantiellement unitaire pour les deux assemblées parlementaires. Se trouve ainsi confirmé la réticence à valoriser la connotation territoriale de la représentation au sein de la Chambre haute[267]. C'est confirmé clairement dans la procédure d'approbation de la loi électorale de 2005. Dans la version initialement approuvée par le Parlement, la loi prévoyait que, pour les deux chambres, la prime majoritaire soit attribuée à la liste ou à la coalition qui obtient le meilleur résultat au niveau national. Le Président de la République a cependant refusé de promulguer la loi et a renvoyé le texte au Parlement pour qu'il examine certaines corrections. Entre autres observations, le Chef de l'État a exprimé des doutes quant à la légitimité de l'attribution de la prime majoritaire au Sénat, en soulignant que, selon la disposition explicite de la Charte constitutionnelle, l'élection des sénateurs devrait avoir lieu sur une base régionale.

Loin de soutenir un système d'élection plus conforme à l'esprit de la référence territoriale figurant dans la Constitution, le Parlement a modifié la loi, en prévoyant seulement que la prime majoritaire du Sénat serait attribuée sur une base régionale. Ainsi, dans chaque Région, la liste ou coalition la plus votée recevrait 55 % des sièges sénatoriaux alloués à la circonscription régionale. De ce fait, une fois de plus, la référence à la base régionale faite par la Constituante n'a de conséquence que pour le découpage circonscriptionnel du territoire national.

Une autre preuve d'une vision commune des acteurs du système parlementaire italien fortement orientée vers un bicamérisme égal et indistinct se trouve dans la lecture donnée par la Cour constitutionnelle à l'occasion des arrêts sur la légitimité des lois électorales. Sollicité pour juger de la légitimité de la prime majoritaire prévue par la loi de 2005, dans l'arrêt n° 1 de 2014, le juge des lois observe en effet que les assemblées parlementaires sont « *au centre du système de démocratie représentative et de la forme de gouvernement parlementaire préfigurée par la Constitution... sièges exclusifs*

---

[267] Sur l'homogénéité de formules prévues dans la loi électoral actuelle, parmi les autres, voy. A. Vuolo, *L'insostenibile imperfezione del bicameralismo prefetto*, in *Diritto Pubblico Europeo Rassegna online*, 1/2020, pp. 3 ss.

de la « représentation politique nationale » (art. 67 Const.) », titulaires de « *fonctions fondamentales, dotées d'une « caractérisation typique et irremplaçable » (arrêt n° 106 de 2002)* », ce qui distingue ces organes « *par rapport aux autres assemblées représentatives des collectivités territoriales* »[268]. Par-là, elle conclut à l'illégalité des solutions qui, tout en poursuivant le but légitime de la stabilité du gouvernement, déterminent une compression excessive de la représentativité des assemblées parlementaires.

Cette approche se retrouve, bien qu'avec des accents différents, dans la dernière décision sur la loi de 2017 qui, compte tenu de la conclusion de la réforme globale de la Constitution proposée par le Gouvernement Renzi, avait été approuvée uniquement pour l'élection de la Chambre des Députés. Après le rejet de la réforme constitutionnelle par le référendum du 4 décembre 2016, la Cour, dans son arrêt n° 35 de 2017, a explicitement souligné les éléments essentiels du parlementarisme italien : « *dans la forme de gouvernement parlementaire conçue par la Constitution* - disent les juges - *la Chambre des Députés est l'un des deux sièges de la représentation politique nationale (art. 67 Const.), à côté du Sénat de la République. Sur un pied d'égalité avec ce dernier, la Chambre des Députés accorde la confiance au Gouvernement et est titulaire des fonctions politiques (art. 94 Const.) et législatives (art. 70 Const.)* ». Dans ce cadre, « *tout système électoral, même s'il doit favoriser la formation d'un gouvernement stable, ne peut avoir pour objectif premier que d'assurer la valeur constitutionnelle de la représentativité* »[269].

Enfin, en rappelant expressément le résultat du vote référendaire quant à la réforme constitutionnelle, la Cour observe comment cette consultation a confirmé « *un système constitutionnel fondé sur l'égalité de position et de fonctions des deux Chambres élues. Dans ce contexte, la Constitution, sans exiger du législateur qu'il introduise, pour les deux chambres du Parlement, des systèmes électoraux identiques, exige néanmoins que, pour ne pas compromettre le bon fonctionnement de la forme parlementaire de gouvernement, les systèmes adoptés, même s'ils sont différents, n'entravent pas, à l'issue des élections, la formation de majorités parlementaires homogènes* »[270].

Il est donc clair que la référence au territoire par rapport à la composition de l'une des deux assemblées doit être lue en cohérence avec le caractère égalitaire et indistinct du système bicaméral général. Il est donc précisé, à propos de la Chambre des Députés, mais également valable pour le Sénat, que la disposition relative à la répartition des sièges entre les circonscriptions n'est pas prédestinée à « *garantir la représentation des territoires considérés en*

---

[268] C. Const., arrêt n° 1 de2014, par. 3.1.

[269] C. Const., arrêt n°35 de 2017, par. 9.2.

[270] *Ivi*, par. 15.2 mentionné, parmi les autres, in P. Carrozza, *The Paradoxes of Constitutional Reform*, in *The Italian Law Journal*, 2017, special issue, p. 97.

eux-mêmes (arrêt n° 271 de 2010), mais... protège la nécessité distincte d'une répartition des sièges en proportion de la population des différentes parties du territoire national : la Chambre reste, en effet, le siège de la représentation politique nationale (art. 67 Const.), et la division en circonscriptions ne fait pas disparaître l'unité du corps électoral national, car les différentes circonscriptions en sont autant d'articulations dans les différentes parties du territoire »[271].

On trouve la une énième confirmation du caractère « *territory-blind* » du système parlementaire italien.

IV- Représentation territoriale et structure institutionnelle dans les projets de révision constitutionnelle actuellement en cours

La structure définie par la Constituante de 1946 quant à la composition du Parlement a été, plusieurs fois, remise en question. Au fil du temps, de nombreux projets de réforme institutionnelle se sont succédés[272]. En particulier, dès l'évolution dans le sens majoritaire du système politique, il y a eu plusieurs propositions visant à actualiser la structure du Parlement. Certains projets ont proposé des solutions, plus ou moins réelles et efficaces, pour la valorisation de la représentation territoriale. Cependant, surtout dans le cadre politique le plus récent, la réforme de la Constitution étant partie intégrante du programme politique du Gouvernement, la polarisation extrême du système politique a entravé tout effort pour l'approbation de réformes globales de la structure institutionnelle.

L'absence de conditions minimales pour un consensus transversal nécessaire à des réformes générales de la Constitution a conduit les partis politiques à changer leur approche, les conduisant à agir sur des aspects

[271] *Ivi*, par. 10.2.

[272] Pour une reconstruction de différents projets de réforme, entre les plusieurs, voy. E. Rossi, *Il numero dei parlamentari in Italia*, cit., pp. 26 ss.; C. Fusaro, *Bicameralism in Italy*, cit., pp. 7 ss.; G. Tarli Barbieri, *L'irrisolta problematicità del bicameralismo italiano tra intenti riformistici e lacune normative*, in M. Malvicini (dir.), *Parlamento e governo parlamentare in Italia. Verso un affresco contemporaneo*, in *federalismi.it*, 3/2019, pp. 62 ss.; F. Clementi, *Sulla proposta costituzionale di riduzione del numero dei parlamentari*, cit., pp.8 ss.; M. Volpi, *La riduzione del numero dei parlamentari e il futuro della rappresentanza*, cit., pp. 262 ss.; M. Plutino, *La (mera) riduzione dei parlamentari: una revisione che allontana il dato costituzionale da decenni di riflessioni scientifiche e tentativi riformatori*, in *Diritto Pubblico Europeo Rassegna online*, 1/2020, pp. 6 ss.

particuliers de l'ordre constitutionnel, sur lesquels les soutiens des différents partis pourraient plus aisément converger[273].

Cependant, dans un climat de délégitimation du système, le paysage parlementaire sorti des dernières élections de 2018 s'est révélé encore plus affaibli et fragmenté. Dans ce contexte, la construction d'un large consensus sur des propositions de révision constitutionnelle est apparue comme un travail difficile et vain.

Néanmoins, poussés par une vague croissante de populisme, dont les forces politiques semblent à la fois victimes et moteurs d'inspiration, cherchant l'augmentation de leur soutien chez 'le peuple des sondages', les partis de la coalition majoritaire formée au lendemain des élections ont décidé de poursuivre leurs propres propositions 'symbole', y compris sur le terrain de la réforme constitutionnelle[274].

Dans ce contexte, on peut évoquer l'approbation par le parlement de la réforme constitutionnelle qui prévoit la réduction du nombre de parlementaires, sur laquelle le corps électoral vient de se prononcer par référendum[275].

Comme cela a été mentionné, la réforme ne fait qu'apporter des modifications très spécifiques en ce qui concerne la composition des deux assemblées parlementaires. Pour la Chambre des Députés, le nombre total de membres est réduit de 630 à 400. En proportion, le nombre de députés représentant les italiens expatriés, élus dans la circonscription étrangère, est réduit de 12 à 8. En ce qui concerne la structure du Sénat, l'article 3 de la loi prévoit une réduction de 315 à 200 sénateurs élus. Le nombre de sénateurs élus dans la circonscription étrangère est réduit de 6 à 4. Le nombre minimum

---

273 Sur le débat et les problèmes liés au choix entre réformes ponctuelles et réformes organiques, parmi les autres, voy. E. Catelani, *Riforme costituzionale: procedere in modo organico o puntuale*, in *federalismi.it*, paper 15 aprile 2020; G Di Plinio, *Un "adeguamento" della costituzione formale alla costituzione materiale. Il 'taglio' del numero dei parlamentari in dieci mosse*, in *federalismi.it*, 7/2019, p. 3; A. Cardone, *Il "metodo" parlamentare delle riforme nella XVIII legislatura: questioni anche di merito? Quando di nuovo sotto il sole c'è meno di quanto sembra all'alba*, in *Osservatorio sulle fonti*, 2/2019, pp. 7 s.; M. Volpi, *La riduzione del numero dei parlamentari e il futuro della rappresentanza*, cit., pp. 254 ss. et contributions ici mentionnés.

274 À l'égard du contexte sous-jacent aux projets de réforme les plus récents, voy. F. Biondi, *Intervento*, in *Nomos*, 3/2019, p. 3; V. Pepe, *La "democrazia povera" e il referendum sulla riduzione dei parlamentari in Italia. Brevi note sulla violazione del principio di uguaglianza del voto*, in *federalismi.it*, paper 15 aprile 2020, p. 3; L. Castelli, *Taglio dei parlamentari e prospettive di (ulteriore) revisione costituzionale: qualche osservazione alla luce dell'indagine comparata*, in *federalismi.it*, paper 17 aprile 2020, p. 3.

275 Le référendum était initialement prévu pour le 29 mars 2020, mais la situation d'urgence provoquée par la propagation de l'épidémie de Covid-19 a conduit le Gouvernement à reporter la date du vote au 20-21 septembre 2020.

de sénateurs pour chaque Région passe de 7 à 3. Sur ce point, cependant, les modifications apportées au texte de la loi ont mis les Provinces autonomes de Trente et de Bolzano sur un pied d'égalité avec les Régions. Pour la communauté régionale du Trentin-Haut-Adige/Südtirol, le nombre de sénateurs est ensuite réduit de 7 à 6[276]. Par contre, pour le Molise et le Val d'Aoste il a été confirmé l'attribution respectivement de 2 et 1 sénateur.

Enfin, parallèlement à la réduction du nombre de parlementaires élus, la loi de révision limite le pouvoir de nomination des sénateurs à vie par le Chef de l'État. Selon la nouvelle formulation de l'article 59 de la Constitution, en effet, le nombre de sénateurs à vie nommés par le Président « ne peut en aucun cas dépasser cinq ».

L'intention des auteurs de la proposition était que le contenu de la réforme soit simple et clair, afin de faciliter la compréhension et le jugement éventuel par le corps électoral lors d'un hypothétique référendum.

En surface, du point de vue des conséquences sur l'ordre politique institutionnel, le texte apparaît comme substantiellement neutre. En effet, dans le rapport explicatif, il a été souligné que les principaux objectifs de la réforme visent à réduire les coûts de fonctionnement de la machine institutionnelle et, d'un point de vue différent, à renforcer le rôle du Parlement grâce à une plus grande efficacité de son fonctionnement[277].

Néanmoins, malgré la linéarité de la formulation et le caractère circonscrit des modifications, à l'origine l'intervention approuvée s'incorporait dans un projet plus vaste de réformes qui, bien qu'instruites individuellement, auraient dû conduire à une réforme globale du système.

Une fois de plus, plutôt qu'un accord transversal aux partis, la proposition faisait partie intégrante du programme du gouvernement. Parallèlement à la réduction du nombre de parlementaires, le contrat de gouvernement conclu par la soi-disant « coalition jaune-vert » (M5E-Lega) prévoyait la suppression de l'interdiction du mandat impératif et le renforcement des instruments de la démocratie directe, telles que les initiatives législatives populaires et le référendum[278]. On voit bien comment, en cas d'approbation, l'ensemble de

---

[276] Sur la spécificité de la représentation des autonomies spéciales, voy. M. Calamo Specchia, *Il "taglio" dei parlamentari e il fine della* "quality over quantity", cit., p. 14; p. G. Tarli Barbieri, *L'irrisolta problematicità del bicameralismo italiano*, cit., pp. 80 s.; F. Pacini, *Le conseguenze della riduzione del numero dei parlamentari sul sistema elettorale*, in E. Rossi, (dir.), *Meno parlamentari, più democrazia?*, cit., pp. 107 s.; C. Napoli, *Sulla ripartizione dei senatori tra le regioni e sulla circoscrizione estero*, ivi, pp. 160 s.

[277] Sur ce thème, entre nombreux, voy. F. Biondi Dal Monte, *La riduzione del numero dei parlamentari: contenuto, obiettivi e iter della riforma*, in E. Rossi, (cur.), *Meno parlamentari, più democrazia?*, cit., pp. 41 s.

[278] Sur ces derniers projets, voy. A. Cardone, *Il "metodo" parlamentare delle riforme nella XVIII legislatura*, pp. 2 ss.; L. Castelli, *Taglio dei parlamentari e prospettive di (ulteriore)*

ces propositions aurait eu un impact réel sur la structure de fond du système parlementaire, en bouleversant les rapports traditionnels entre représentants et mandataires et, en dernière analyse, en vidant l'institution parlementaire de son importance en tant que lieu de confrontation, de négociation, de décision et, en général, de recomposition unitaire des différentes « âmes » au sein de la communauté politique.

En tant que réforme partisane, les projets de révision étaient critiqués et attaqués par les oppositions. La modification du contexte politique qui a suivi, conduisant à un changement de gouvernement au cours de l'été 2019, a eu un impact sur les suites données à ces propositions[279].

Objectif politique fondamental du Mouvement 5 Etoiles, l'approbation du projet de loi sur la réduction du nombre de parlementaires a été incluse comme condition essentielle pour la formation d'une nouvelle coalition de gouvernement avec les partis de centre-gauche qui à l'origine étaient dans l'opposition. Dans le cadre d'un nouveau programme de gouvernement, cependant, la révision constitutionnelle à l'étude a fait partie d'un plan de réformes différent, qui, comme le précédent, est destiné à avoir un impact systémique[280].

D'une part, apparait clairement le déséquilibre que la réduction du nombre de parlementaires pourra avoir sur le poids des représentants des Régions impliqués dans le processus d'élection du Président de la République. En conséquence, sur la base des indications d'une grande partie de la doctrine, un projet de loi constitutionnelle a été présenté pour réduire de 3 à 2 les délégués envoyés par chaque Conseil régional pour cette élection[281].

---

revisione costituzionale, loc. cit.; S. Curreri, *Gli effetti della riduzione del numero dei parlamentari sull'organizzazione e sul funzionamento delle Camere*, in *federalismi.it*, paper 15 aprile 2020, pp. 2 s.; F. Biondi Dal Monte, *La riduzione del numero dei parlamentari*, cit., pp. 38 s.; C. Sbailò, *Tagliare il numero dei parlamentari? Si può a condizione di preservare la libertà di mandato. L'intima contraddittorietà della proposta di riforma giallo-verde*, in *Forum quaderni costituzionali*, 30 marzo 2019, pp. 3 ss.; M. Calamo Specchia, *Il "taglio" dei parlamentari e il fine della* "quality over quantity", cit., p. 1 s., ou est reporté le texte du contrat de gouvernement conclu en 2018.

279 Sur le parcours parlementaire des examens et des votations, parmi les autres, voy. F. Biondi Dal Monte, *La riduzione del numero dei parlamentari*, cit., pp. 45 ss.; M. Volpi, *La riduzione del numero dei parlamentari e il futuro della rappresentanza*, cit., pp. 256 s..

280 Ainsi, entre les autres, S. Curreri, *Gli effetti della riduzione del numero dei parlamentari sull'organizzazione e sul funzionamento delle Camere*, cit., pp. 19 ss.

281 Il s'agit du projet de loi A.C. 2238, présenté au 16 novembre 2019 et à l'étude de la Commission Affaires Constitutionnelles de la Chambre des Députés (https://www.camera.it/leg18/126?tab=&leg=18&idDocumento=2238&sede=&tipo). Sur les projets de lois constitutionnelles présentés au lendemain du virage de la coalition de gouvernement de 2019, voy. F. Biondi, *Intervento*, cit., pp. 6 ss; F. Clementi, *La riduzione*

D'autre part, compte tenu des effets de la réduction du nombre de parlementaires non seulement sur le fonctionnement des deux assemblées, mais aussi sur la formation de coalitions de majorité en leur sein, un projet de révision constitutionnelle a été présenté en vue d'éliminer les différences en ce qui concerne l'électorat actif et passif prévu pour la formation de la Chambre des Députés et du Sénat[282]. En ce qui concerne le thème de ce travail, cependant, apparaît encore plus importante la proposition supplémentaire visant à éliminer de la Charte constitutionnelle la référence à la « base régionale » dans l'élection du Sénat, en la remplaçant par la formulation plus générale de la « base circonscriptionale » [283].

Conformément à ces propositions, enfin, la majorité a lancé la proposition d'une réforme du système électoral qui supprime le quota majoritaire, en proposant un système proportionnel pur, avec vote de liste, pour les deux assemblées[284].

Les interventions proposées, brièvement rapportées ici, proviennent de la constatation de l'échec des tentatives de passage d'un système compromissoire et consociationnel à une démocratie majoritaire. Et peut-être, aussi de la perception des risques qu'un tel modèle pourrait générer au sein d'un système politique, dans lequel les différents acteurs ne voient pas les autres uniquement comme des parties adverses, mais des ennemis, et les critères opératoires ne sont pas ceux de la reconnaissance mutuelle et du débat contradictoire visant à proposer une alternance, mais ceux de la délégitimation de l'adversaire.

Contrairement aux perspectives qui sous-tendaient le programme initial de réformes constitutionnelles, on est passé d'un projet d'affaiblissement substantiel du rôle du Parlement à la proposition d'instruments visant à restaurer et à garantir les dynamiques propres du parlementarisme associatif propres à la première phase de l'expérience républicaine. Néanmoins, contrairement au passé, les partis semblent avoir perdu la force et la légitimité

---

del numero dei parlamentari: de jure condito *o* de jure condendo?, in *Diritto pubblico Europeo Rassegna online*, 1/2020, pp. 4 ss..

[282] Sur le thème, voy. N. Lupo, *Il "mezzo voto" ai cittadini più giovani: un'anomalia da superare quanto prima*, in *Osservatorio AIC*, 6/2019, pp. 71 ss.; L. Longhi, *Audizione del 12 novembre 2019 nell'ambito dell'esame dei disegni di legge nn. 1440 e conn. (estensione elettorato per il Senato)*, *ivi*, pp. 126 ss.. À cet égard, comme l'a souligné A. Vuolo, *L'insostenibile imperfezione del bicameralismo prefetto*, cit., p. 4, c'est intéressant observer que les différences entre les résultats électoraux, pendant la loi électorale et la composition parlementaire actuelles, sont d'environ un demi-point de pourcentage.

[283] A.C. 2238 cit., art. 1.

[284] Sur ce thème, entre nombreux, voir F. Pacini, *Le conseguenze della riduzione del numero dei parlamentari sul sistema elettorale*, pp. 110 s.; A. Piraino, *Crisi della democrazia, taglio dei parlamentari* e trasformazione *del sistema delle leggi elettorali*, in *federalismi.it*, paper 15 aprile 2020, pp. 13 ss..

qui leur avaient permis de 'gouverner' la vie parlementaire, en assurant une homogénéité substantielle dans les deux assemblées, malgré les différences dans leur composition. D'où l'idée fondamentale de surmonter les marges de différence minimales et résiduelles entre les deux institutions, afin de minimiser le risque d'une diversité de compositions, qui constituerait une impasse insurmontable dans la vie politique du Pays.

La première partie du projet des révisions, confirmée par la voie du référendum en septembre 2020, non seulement n'est pas neutre du point de vue de l'impact politique, mais pourra avoir des conséquences importantes sur le fonctionnement général du Parlement, ainsi que sur la relation entre la représentation politique et les collectivités territoriales[285].

Un premier problème général concerne les effets de la réduction des effectifs sur la représentativité des parlementaires. Comme l'a noté une partie de la doctrine, la question de la taille des assemblées parlementaires n'est pas une question purement numérique[286]. En dépit de l'interdiction du mandat impératif, les élus sont liés aux électeurs par une relation de responsabilité politique qui s'affaiblit inévitablement lorsque le rapport entre le nombre de représentants et le nombre de électeurs diminue. En substance, en augmentant le nombre d'électeurs représentés par un parlementaire, le lien politique entre celui-ci et sa circonscription s'amenuise [287] ; cela s'amplifie dans un climat général de méfiance envers la participation à la vie politique. Cette distanciation est accompagnée par une plus grande capacité d'influence des personnes qui, au sein des partis politiques, font le choix des candidats. À l'inverse, en cas de faiblesse des partis, l'effet final de l'affaiblissement du rapport électeurs-élus risque d'être la déresponsabilisation substantielle des représentants.

---

[285] Pour un examen approfondi des différents profils liés au projet de révision constitutionnelle en question, il apparaît extrêmement utile de lire les rapports des auditions parlementaires repérables sur le site de la Chambre des Députés https://www.camera.it/leg18/203?idLegislatura=18&idCommissione=&tipoElenco=indaginiConoscitiveCronologico&annoMese=&breve=c01_riduzione&calendario=false&soloSten=false.

[286] P. Carrozza, *È solo una questione di numeri? Le proposte di riforma degli artt. 56 e 57 Cost. per la riduzione del numero dei parlamentari*, in *Diritto Pubblico Comparato ed Europeo*, numero speciale, 2019, pp. 87 ss.; G. Passerelli, *La riduzione della grandezza dell'Assemblea parlamentare e la rappresentanza territoriale in Italia: il ruolo della circoscrizione elettorale*, in *federalismi.it*, paper 15 aprile 2020, pp. 5 s.; G. Azzariti, *La trappola: a proposito del referendum sulla riduzione del numero dei parlamentari*, in *Diritto Pubblico Europeo Rassegna online*, 1/2020, p. 3.

[287] Ainsi, parmi d autres, L. Longhi, *Il referendum sul "taglio delle poltrone": verso uno svuotamento dell'istituzione parlamentare?*, in *Diritto Pubblico Europeo Rassegna online*, 1/2020, p. 2.

Or, comme l'indiquent les dossiers préparés par les bureaux d'études des assemblées parlementaires, le rapport entre les représentants et les citoyens en Italie était jusque 2020 d'un député pour 96 000 habitants et d'un sénateur pour 188 000 habitants. Avec l'entrée en vigueur de la réduction du nombre de parlementaires, le ratio sera d'un député pour 151 000 habitants et d'un sénateur pour 302 000 habitants. Ainsi, à la suite de cette réforme, l'Italie devient le Pays européen ayant le plus faible ratio représentants/représentés. Ces données sont de première importance si l'on considère les particularités du système institutionnel italien, caractérisé plus que d'autres systèmes par l'attribution aux assemblées parlementaires d'un rôle de représentation du pluralisme politique interne.

Les considérations exposées ci-dessus sont d'autant plus importantes pour le Sénat, par rapport au système électoral actuel. En effet, selon certaines projections, en ce qui concerne l'élection dans les circonscriptions uninominales, dans certains cas, un siège sera attribué par rapport à une population moyenne d'environ un million d'habitants[288]. Plus généralement, la réduction du nombre de sénateurs aura un certain effet sélectif, ce qui élèvera le seuil électoral et rendra plus difficile, voire impossible, l'accès des représentants des minorités aux sièges sénatoriaux. Cela ne s'appliquera pas seulement aux forces politiques minoritaires, mais aussi aux représentants politiques des nombreuses minorités linguistiques et culturelles présentes dans le Pays[289].

En tout cas, la réduction du rapport entre les électeurs et les élus contribuera de manière significative à desserrer le lien entre les représentants et leur territoire de référence : l'augmentation de l'extension géographique des collèges déterminera très probablement une perte de contact avec les diverses identités territoriales. En outre, la nécessité de recueillir un consensus plus large du point de vue démographique aura également un effet sélectif sur les personnes potentiellement intéressées à se présenter aux élections, en faveur

[288] Selon les tableaux de calcul diffusés, la répartition par Région des collèges uninominaux verrait l'élection d'un sénateur pour 1.200.000/979.000 habitants en Friuli et Calabria; en revanche en Vallée d'Aoste et Molise il s'agirait d'un ratio d'un sénateur pour 126.000/313.000 habitants. Pour une table de synthèse, voy. L. Trucco, *Audizione senatoriale in merito ai D.D.L. n. 881 su "Legge elettorale: per una determinazione dei collegi indipendente dal numero dei parlamentari*, in *Consulta online*, 1/2019pp. 16 s..

[289] Ainsi, F. Clementi, *Sulla proposta costituzionale di riduzione del numero dei parlamentari: non sempre «less is more»*, cit., p. 23.; V. Fogliame, *Sistema partitico, «formante legislativo» e Corte costituzionale: qualche osservazione sulla riduzione del numero dei parlamentari*, in *Diritto Pubblico Europeo Rassegna online*, 1/2020, p. 3

des candidats indiqués et soutenus par les partis ou de ceux qui seront capables de soutenir une campagne électorale éprouvante dans le plan financier[290].

Un deuxième problème concerne la structure interne et les modalités de fonctionnement des assemblées parlementaires. La diminution des représentants entrainera la réduction des effectifs des groupes et des Commissions parlementaires. Cela rendra certainement le travail de ces organes plus lourd, avec des conséquences imaginables sur l'efficacité globale des travaux des assemblées parlementaires. Face à de tels problèmes, on a souligné l'opportunité de réviser les règlements parlementaires. Néanmoins, aucune proposition opérationnelle n'a encore été présentée sur ce point. Comme il a été déjà mentionné, le changement de majorité politique, qui a eu lieu au cours de l'été 2019, a conduit à une réévaluation des propositions de réforme. D'une part, le Mouvement 5 Etoiles a posé comme condition à la définition d'un nouveau programme gouvernemental l'approbation du projet de révision contenant la réduction du nombre de parlementaires. Les nouveaux alliés de la coalition ont alors modifié leur position, initialement opposée au projet, mais ont demandé que ce projet soit accompagné d'autres interventions précises, susceptibles de corriger les problèmes créés par la réforme.

Mais sur ce point, il faut d'abord noter que rien n'est sûr. Si, d'une part, la réduction du nombre de députés a été approuvée par référendum (20 et 21 septembre 2020[291]), d'autre part, les autres propositions sont encore à un stade préliminaire. Aujourd'hui, s'il est vrai que les partis majoritaires ont exprimé un accord interne, force est de constater que le cadre politique devient de plus en plus instable. Ainsi, on peut envisager la possibilité que, dans l'avenir, le processus de nouvelles propositions soit définitivement bloqué ou emprunte des chemins très différents de ceux envisagés à l'origine[292].

En tout cas, aujourd'hui aucun projet n'a été présenté pour initier une modification des règlements parlementaires ; également, les propositions de modification de la composition du Sénat et de modification de la loi électorale ne visent pas à donner un nouvel élan aux canaux de connexion entre les représentants et les électeurs. En ce qui concerne la question plus spécifique de la valorisation de la représentation territoriale, il suffit de noter que la seule mesure prévue est la possibilité, contenue dans le projet de loi électorale et

290 Sur ce thème, P. Carrozza, *È solo una questione di numeri?*, cit., p. 98; A. Piraino, *Crisi della democrazia, taglio dei parlamentari e* trasformazione *del sistema delle leggi elettorali*, cit., p. 11; F. Biondi, *Intervento*, cit., p. 4.

291 L'amendement constitutionnel, approuvé à une large majorité de près de 70 % des votants, fait passer le nombre de députés de 630 à 400, et celui de sénateurs de 315 à 200.

292 Sur ce risque, voy. L. Gori, *Sull'organizzazione del Parlamento e sui regolamenti parlamentari*, cit., pp.140 ss.; S. Curreri, *Gli effetti della riduzione del numero dei parlamentari sull'organizzazione e sul funzionamento delle Camere*, cit., pp. 20 s.

pas encore mieux définie, que les forces d'expression des minorités, qui ne seraient pas capables de dépasser le seuil électoral au niveau national, mais auraient une présence significative dans certaines zones territoriales, puissent encore avoir des représentants au Parlement afin de bénéficier d'un 'droit de tribune'.

V- Brèves remarques conclusives

L'étude ici menée montre comment, dans l'histoire républicaine italienne, le thème de la représentation territoriale dans l'encadrement institutionnel central a été largement détourné. Malgré le choix innovant de l'Assemblée constituante de procéder à la création d'un système d'autonomies politiques territoriales, il a été possible d'assister, au niveau national, à la consolidation d'une représentation politique indistincte. Dans un système politique historiquement consociationnel et caractérisé par une forte présence des partis politiques, ceux-ci ont joué le rôle pivot du système entier. La structure centripète du système politique a ensuite alimenté le renforcement d'un modèle de bicamérisme égal et parfait, dans lequel les traces originales de différenciation entre les deux assemblées nationales ont été progressivement effacées par des réformes spécifiques ou, en tout cas, ont été contournées.

Comme cela a été mentionné, il y a eu de nombreuses tentatives de réforme du système au fil du temps. Surtout depuis la fin des années 90, les projets développés ont toujours insisté sur l'opportunité de corriger le modèle de bicamérisme hérité du passé. Dans ce contexte, au moins formellement, le Sénat était régulièrement identifié comme le point de référence pour renforcer la relation avec les territoires. Le fait que les propositions présentées n'aient jamais eu de résultat positif est certainement une indication de l'esprit du système, fortement ancré à un modèle de parlementarisme consociationnel, qui n'est pas propice à un bicamérisme différencié et, pour le moins, à une représentation adéquate des territoires.

La proposition de révision constitutionnelle portant réduction du nombre de parlementaires en est une preuve supplémentaire. Compte tenu du climat de délégitimation rampante de l'ordre institutionnel, cette réforme a donc été approuvée par référendum en septembre 2020. En conséquence, la relation entre les représentants et les territoires est encore amoindrie.

Un autre élément confirme qu'il y a un manque de sensibilité envers l'adéquate garantie des besoins et demandes des territoires.

Depuis l'approbation de la Loi constitutionnelle du 18 octobre 2001, n. 3, contenant la réforme du titre V de la Constitution sur le système des autonomies politiques territoriales, il est prévu la possibilité que les Règlements de la Chambre et du Sénat prévoient la « participation des représentants des régions, des provinces autonomes et des collectivités locales à la Commission parlementaire pour les questions régionales » (art. 11 Loi const. n. 3/2001)[293]. L'objectif concret de la participation des représentants des autonomies territoriales à l'organe bicaméral était précisément de permettre une représentation directe, au niveau parlementaire, des besoins des différents territoires. La Commission, ainsi intégrée, devrait en effet donner des avis sur les projets de loi concernant les questions de compétence régionale. Un tel avis aurait une force réelle, puisque dans le cas où les autres Commissions estimeraient de ne devoir s'y conformer, l'Assemblée serait contrainte d'approuver le texte de loi à la majorité absolue.

Sur le papier, cette disposition avait une nature provisoire, ne pouvant être appliquée que jusqu'à la réforme constitutionnelle du Parlement. Cependant, comme on l'a constaté, près de vingt ans après son entrée en vigueur, aucune réforme organique des assemblées parlementaires n'a encore été approuvée. La circonstance la plus frappante est toutefois le fait que, malgré les multiples déclarations politiques programmatiques et projets de réforme visant à renforcer la représentation des territoires, au cours de ces années, les Règlements parlementaires n'ont pas encore réglementé la manière dont les représentants locaux peuvent participer à la Commission pour les questions régionales. Par conséquent, sous cet angle également, la représentation politique des territoires est restée « sur le papier », sans être traduite concrètement.

Cette situation pourrait également s'appliquer aux suites de la réduction du nombre de parlementaires. La réforme n'affecte pas la structure parlementaire, mais modifie simplement la taille des deux organes. Toutefois, dans le contexte actuel, il apparaît tout à fait improbable que les parlementaires décident de mettre en œuvre une telle forme de valorisation des territoires, en valorisant les représentants des collectivités locales

Dans ce contexte, plus de soixante-dix ans après l'approbation de la Constitution, on peut conclure qu'en Italie le thème de la représentation territoriale est toujours une question non résolue. On peut craindre qu'il s'agisse d'une question insoluble.

---

293 Sur ce thème, M. Plutino, *La (mera) riduzione dei parlamentari*, cit., pp. 10 ss.

LA CORSE ET LA CONSTITUTION DE LA $V^{ÈME}$ RÉPUBLIQUE. SOIXANTE ANS D'ÉVOLUTION STATUTAIRE[294]

Wanda MASTOR

Professeur de droit public, Université de Toulouse 1 Capitole, IRDEIC-Centre d'Excellence Jean Monnet

Ils étaient instituteurs et poètes. En 1914, à Marignana, Saveriu Paoli et Ghjacumusantu Versini publient une revue dont le numéro restera unique, *A Cispra*[295]. Les fondateurs y proclament que « la Corse n'est pas un département français : c'est une Nation vaincue qui va renaître ! ». Le choix de cette ouverture n'épouse pas une ambition provocatrice. Mais les derniers débats relatifs à l'insertion de la Corse dans la Constitution ont été traités de manière parfois ambigüe par certains médias désarçonnés. Comprendre les revendications rend nécessaire une approche globale, non de la « question » corse, mais de son histoire qui a toujours servi d'étendard justificateur aux mouvements puis partis dits nationalistes. Mouvements dont l'action est inséparable de l'évolution statutaire dont il est question dans cette étude.

Les revendications qui ont été au cœur des dernières négociations entre les élus Corses et le pouvoir central ne sont pas nées sous la Vème République. L'histoire de l'évolution statutaire de la Corse est indissociable de celle, singulière, des mouvements nationalistes, qui ont fait de ladite évolution l'un des arguments phares de leurs revendications. Au sein de cette histoire, les dates, les écrits, les figures, les événements violents ou démocratiques se succèdent sans jamais se départir de l'histoire englobante de cette île, principal pilier de la rhétorique partisane. Car singulière, l'histoire de la Corse l'est, assurément, et ne cesse de fasciner quiconque entend s'y intéresser. Faire son récit dépasse le cadre de la présente étude et les compétences de son auteur[296].

---

294 Cet article a déjà fait l'objet d'une publication in Philippe Blacher, *La Constitution de la Ve République, 60 ans d'application (1958-2018)*, LGDJ, Lextenso, 2018, pp. 49-65. L'auteur remercie chaleureusement le directeur de l'ouvrage et l'éditeur pour l'autorisation de la reproduction.

295 *A Cispra, Antologia annuale*, marzu 1914, réédité par Alain Piazzola, 2009, 158 pages.

296 Sur l'histoire de la Corse, voir, de manière non exhaustive (et sans ici citer les nombreux ouvrages sur Pasquale Paoli), Jean-Louis Andreani, *Comprendre la Corse*, Collection Folio Actuel, Gallimard, 2010, 368 p. ; Christian Mondoloni, *Corse, renaissance d'une nation*,

Mais le sujet de droit constitutionnel ici traité ne peut s'appréhender abstraction faite de ces considérations historiques et politiques.

Il est un fait que les grandes dates juridiques des multiples statuts de la Corse sont inextricablement liées à celles des revendications locales, lesquelles n'omettent jamais de s'appuyer sur l'argument historique. Depuis l'invasion des Shardanes entre 1500 et 1300 avant notre ère, en passant par celles, toujours sanglantes, des romains - qui en font la deuxième province romaine en 231 avant J.-C. -, des Vandales au Vème siècle, des autorités byzantines, pontificales, lombardes, des Sarrasins, chassés ensuite par Pise et Gênes en 1014, la Corse a subi de nombreuses agressions territoriales. La France ne finira par obtenir la cession de l'île par une Gênes économiquement affaiblie que le 15 mai 1768, par le traité de Versailles signé entre le Comte de Choiseul et Agostino Paolo Domenico Sorba. Mais les révoltes avaient commencé plus de trente ans auparavant. La figure de Pasquale Paoli éclipse toutes les autres[297] ; pourtant, celles des résistants à l'oppresseur Génois étaient aussi celles de son père, Giacintu Paoli, de Luigi Giafferi ou Andrea Ceccaldi pour ne citer qu'eux. Tout comme le règlement de la Consulta d'Orezza du 30 janvier 1735 (matériellement, une Constitution) a précédé la Constitution paoliste, plus connue, de 1755, et la victoire de Borgu du 5 octobre 1768 la défaite de Ponte Novu du 9 mai 1769.

A l'aube de la Vème République, les revendications identitaires étaient surtout le fait des intellectuels, à l'image des poètes fondant la revue *A Cispra* dont l'évocation ouvre cette étude. De même le « bulletin régionaliste de l'île de Corse », *A Muvra*, est-il emblématique de cette volonté de reconquête de

---

Albiana, 2013, 440 p. ; Pierre Lepidi, *Héros de la révolution de Corse (1729-1769),* Albiana, 2008, 137 p. ; Emmanuel Bernabéu-Casanova, *Le Nationalisme corse : genèse, succès et échec,* L'Harmattan, 2003, 268 p. ; Roger Caratini, *La Corse, un peuple, une histoire*, Archipel, 2009, 389 p. ; Jean-Marie Arrighi et Olivier Jehasse, *Histoire de la Corse et des Corses*, Librairie académique Perrin, 2008, 549 p. ; Dorothy Carrington, *La Corse*, Arthaud, 2008, 354 p. ; Antoine-Laurent Serpentini (sous la direction de), *Dictionnaire historique de la Corse*, éditions Albiana, 2006, 1032 p. ; Jean-Paul Brighelli, *La Corse. Ile de beauté, terre de liberté*, Gallimard, collection Découvertes, 2004, 128 p. ; Pierre Antonetti, *Histoire de la Corse*, Robert Laffont, 1999, 500 p., Thierry Dominici, « Le nationalisme dans la Corse contemporaine », *Pôle sud*, 2004, n°20, pp. 97-112.

297 Le nombre des ouvrages relatifs à Pasquale Paoli, en France et à l'étranger, sont innombrables. Nous renvoyons néanmoins notamment à Antoine-Marie Graziani, *Pascal Paoli, père de la patrie corse*, Tallandier, 2017, 416 p., Michel Vergé-Franceschi, *Pasquale Paoli, un Corse des Lumières*, Fayard, 2005, 637 p., Jean-Dominique Poli et Jean-Guy Talamoni (sous la direction de), *Pascal Paoli, la révolution corse et Napoléon Bonaparte*, éditions Alain Piazzola, 2017, 514 p. Et, pour une version romancée, André Mastor, *Rebelles*, Albiana, 2006, 198 p.

l'identité dans l'entre-deux-guerres, et d'un militantisme intellectuel[298]. Peut-être plus que toute autre, la question de la langue vernaculaire est éminemment politique et c'est elle qui, avec le recours à l'histoire colonisatrice, posera les bases des argumentations partisanes[299]. Lesquelles connaîtront un âge d'or, mais aussi de sang dans les années soixante-dix, avant de s'épanouir dans les urnes dès le début des années 2000. Depuis les élections territoriales de décembre 2017, les revendications ne sont plus exprimées que par une minorité agissante ; elles le sont par une majorité votante. Il s'agit d'un fait démocratique que personne ne saurait contester.

La question de la Corse ne peut s'envisager juridiquement qu'en gardant en mémoire cette richesse historique et complexité politique. Pour les avoir vécues, les Corses ne dénient pas ces années de violence, comme certains ne les renient pas. Mais le rappel médiatique de ces événements, tout en éclipsant la face lumineuse de l'île, jouent comme une arme à la défaveur des négociations avec le pouvoir central. Les dernières, préludes à l'hypothèse de l'insertion de la Corse dans la Constitution, n'ont pas échappé à ce climat de méfiance, voire de défiance.

Les élections territoriales de décembre 2017 ont porté à la nouvelle assemblée de Corse une majorité incontestable. Arrivée largement en tête dès le premier tour avec 45,36 % des voix, la liste d'union nationaliste *Pè a Corsica* a ensuite remporté le second tour avec 56, 5 % des voix. Dans son discours d'investiture à la présidence de l'Assemblée de Corse, Jean-Guy Talamoni a rappelé que « dimanche, en votant pour les nationalistes, le peuple corse a dit que la Corse n'était pas un morceau d'un autre pays, mais une nation, avec sa langue, sa culture, sa tradition politique, sa manière d'être au monde »[300]. De son côté, le président de l'exécutif Gilles Simeoni a plusieurs fois rappelé la nécessité de la révision constitutionnelle : « La Constitution doit être modifiée pour prendre en compte la spécificité de la Corse, de ses

---

[298] Alain Venturini, « L'autonomisme corse dans l'entre-deux-guerres : *A Muvra* », *Histoire par l'image* [en ligne], consulté le 09 Mai 2018. URL : http://www.histoire-image.org/fr/etudes/autonomisme-corse-entre-deux-guerres-muvra

[299] Voir les actes et vidéo en ligne à paraître du colloque « Langues régionales et construction de l'Etat », direction scientifique Amane Gogorza et Wanda Mastor, Université de Toulouse Capitole, les 7 et 8 juin 2018. Les travaux sur la langue corse, menés par des historiens, linguistes, socio-linguistes sont nombreux. Pour une approche didactique et globale, nous renvoyons notamment à Alain Di Meglio, Jean-Marie Comiti et Claude Cortier, « Evolutions des théories linguistiques et détermination des choix normatifs de la Corse », *Bulletin suisse de linguistique appliquée*, n°83, 2006. Et, sur la question de la co-officialité, aux travaux du socio-linguiste Romain Colonna, dont *Cuufficialità, 50 argumenti in giru à a ricunniscenza di u corsu*, éditions Albiana, 2015, 120 p.

[300] https://www.corse.fr/assembleecorse/Installation-de-l-Assemblee-de-Corse-discours-d-investiture-du-President-Jean-Guy-Talamoni_a132.html

attentes et de ses besoins (…). L'inscription de la Corse dans la Constitution est la condition *sine qua non* de l'ouverture d'un espace juridique qui nous permettra de mettre en œuvre des politiques (...) indispensables à la prise en compte des intérêts de la Corse »[301]. Après la visite de Jacqueline Gourault le 5 janvier 2018, ministre auprès du ministre de l'Intérieur en charge des questions corses, tous les médias se sont faits écho de sa volonté d'établir un dialogue avec les nouveaux élus.

Au moment où nous écrivons, le 9 mai 2018, le gouvernement vient de présenter le projet de loi constitutionnelle à l'Assemblée nationale. Comme le Premier ministre l'avait annoncé le 4 avril précédent, un article spécifique à la Corse devait être inséré. Point d'orgue de l'évolution statutaire pour les uns, chef-d'œuvre de coquille vide pour les autres, l'insertion de la Corse dans la Constitution n'est, quoi qu'il en soit, sans doute pas la fin du processus amorcé dès les années soixante. [*Note de la rédaction : le projet de loi constitutionnelle n° 2203 pour un renouveau de la vie démocratique, présenté ensuite, le 29 août 2019, prévoyait aussi l'aménagement d'un statut spécifique pour la Corse].*

Si la révision constitutionnelle doit un jour aboutir, le projet de loi constitutionnelle tel que nous le découvrons aujourd'hui aura sans doute évolué au gré des discussions et amendements. Au gré de ce qui fait aussi le cœur de notre Vème République, car ce sont bien les représentants de la Nation qui votent la loi. Toutes les lois, même s'ils n'en maîtrisent pas totalement la procédure. Le texte sera-t-il adopté, et au terme de quelle procédure ? La réponse appartient au Président de la République dont nous connaissons les points de divergence avec le Sénat, indispensable à l'adoption de la réforme. Nos réflexions ici développées sont donc pour partie relatives à une question qui, pour le moment, n'est qu'hypothétique.

Au niveau constitutionnel, la Corse possède, aujourd'hui, un statut équivalent à celui de la métropole de Lyon. Le décalage existant entre l'évolution législative de cette collectivité devenue unique au premier janvier 2018 et l'absence de consécration constitutionnelle de sa spécificité n'est pas que décriée par les insulaires et leurs représentants. Elle constitue une incohérence institutionnelle qui met en danger l'équilibre du texte constitutionnel. Trop souvent, la Corse est présentée au mieux comme « une question », au pire comme « un problème » ; or le problème réside bien plutôt dans la complexité de la rédaction du titre XII de la Constitution.

L'inscription de la Corse dans la Constitution permettrait de rendre cette dernière plus claire en l'épurant de ses ambiguïtés et incohérences.

---

[301] Interview télévisée du 13 décembre 2017, « L'invité de Bourdin direct », http://rmc.bfmtv.com/mediaplayer/audio/rmc-1312-l-invite-de-bourdin-direct-gilles-simeoni-402666.html

Incohérences pointées par François Hollande lui-même, alors Président de la République qui s'exprimait en ces termes devant l'assemblée de Corse le 2 mars 2017 : « Vous avez souhaité une évolution constitutionnelle. De nombreux Corses appellent de leurs vœux cette révision qui consisterait à inscrire la collectivité de Corse au nom de son statut particulier, à l'article 72 de la Constitution. Cette revendication n'est pas nouvelle, mais moi je vais vous livrer là encore mon sentiment. D'abord je partage cette vision, à force de tordre par la loi le statut particulier, sans aller jusqu'au bout de la démarche, le risque est celui de l'incohérence »[302]. Et le président d'avouer, pour la regretter, son impuissance à engager un processus de révision constitutionnelle faute d'une majorité qualifiée nécessaire. Processus envisagé par le candidat Emmanuel Macron lors de son discours à Furiani du 7 avril 2017 : « Mais cette collectivité sera d'abord ce que les Corses choisiront d'en faire. Par la suite, est-ce qu'il faudra aller plus loin, modifier le cadre législatif et réglementaire, réviser la Constitution pour permettre de nouvelles adaptations ? Cette question, d'ailleurs, n'est pas spécifique à la Corse, elle concerne nombre d'autres territoires de la République. S'agissant de la Corse, beaucoup d'arguments juridiques et politiques ont été portés au débat, par le rapport du regretté Guy Carcassonne et dernièrement par celui de Pierre Chaubon, que je salue. Je sais que ce dernier rapport a été adopté à une immense majorité par l'assemblée de Corse. C'est pourquoi je n'éluderai pas la question. Sur ce sujet, comme sur tous les autres, je suis ouvert au dialogue »[303].

Promesses de campagne qui, conjuguées aux négociations avec les élus Corses, devrait trouver un prolongement normatif. L'article 16 du projet de loi *constitutionnelle pour une démocratie plus représentative, responsable et efficace* proposait d'introduire un nouvel article 72-5 « afin de reconnaître la spécificité de la seule île du territoire européen de la France aux dimensions d'une région, (...) dans le respect du principe d'indivisibilité de la République » selon les mots de l'exposé des motifs. [*Note de la rédaction : l'article 11 du projet de loi constitutionnelle du 29 août 2019 prévoyait aussi l'insertion dans la Constitution d'un article 72-5 reconnaissant la Corse en tant que collectivité à statut particulier au sens de l'article 72 al. 1, et permettant à la collectivité de Corse, sous conditions, d'adapter les lois et règlements « aux spécificités de son insularité ainsi qu'à ses caractéristiques géographiques, économiques ou sociales »].*

L'histoire du statut de la Corse sous la Vème République a souvent été présentée à travers quatre actes, correspondant aux Statut Defferre, statut Joxe, Processus de Matignon et loi NOTRe. Elle peut désormais être présentée de manière binaire, et ce, quelle que soit l'issue de l'article 72-5 proposé par les projets de loi constitutionnelle. Deux grands actes dont le second pourrait se

[302] http://discours.vie-publique.fr/notices/177000567.html
[303] https://en-marche.fr/articles/discours/meeting-macron-furiani-discours

jouer au Parlement. Ce sont des années d'évolution législative (I) qui ont permis l'hypothèse d'une consécration constitutionnelle (II). Si le débat a pu se hisser au plus haut niveau qu'il soit, c'est parce que les moments juridique et politique étaient incontestablement venus.

I- L'évolution statutaire législative de la Corse sous la Vème République

La chronologie des évolutions statutaires de la Corse est la preuve indéniable d'une trajectoire ascendante. Aucun texte n'est venu marquer une rupture dans ladite évolution, et ce, quelles que soient les postures jacobines ou girondines des présidents de la République successifs[304]. La région de Corse bénéficie d'un statut particulier depuis la loi n° 82-214 du 2 mars 1982. Depuis lors, elle cessera d'être considérée comme une collectivité classique, jouissant d'un statut *distinct* de celui des autres régions (remplacée ensuite par la loi n° 91-428 du 13 mai 1991 portant statut de la collectivité territoriale de Corse, puis par la loi n° 2002-92 du 22 janvier 2002 relative à la Corse). Le Conseil constitutionnel s'est prononcé sur la conformité à la Constitution de ces trois lois. Même si, dans les décisions n° 91-290 DC du 9 mai 1991 et n° 2001-454 DC du 17 janvier 2002, il a déclaré certaines dispositions contraires à la Constitution -contrairement à la première, n° 82-138 DC du 25 février 1982-, le Conseil a finalement mis en avant deux idées principales : le fait que la Corse était une collectivité territoriale spécifique, et qu'elle était partie intégrante de la République.

a. La reconnaissance constante de la spécificité de la Corse

Dernière pierre posée à l'édifice de cet arsenal législatif, la loi n° 2015-991 du 7 août 2015 portant nouvelle organisation territoriale de la République (NOTRe) prévoit, dans son article 30, (codifié à l'article L. 4421-1 du Code des collectivités territoriales) la création d'une collectivité unique. Le 21 février 2017, l'Assemblée Nationale a voté les ordonnances portant création de la collectivité de Corse en remplacement de la collectivité territoriale de Corse et des conseils départementaux de Corse-du-Sud et de Haute-Corse, ordonnances ratifiées le 7 mars par la loi n° 2017-289.

Statut Defferre, statut Joxe, Processus de Matignon et loi NOTRe : une première analyse de cet ensemble de lois permet de mettre en évidence le fait que la spécificité n'est pas, loin sans faut, une revendication nouvelle. Il met également de nouveau en exergue le fait que la Corse bénéficie d'un régime si spécifique qu'il n'est pas satisfaisant de la rattacher au seul article 72 de la Constitution. Les exigences de clarté et de cohérence du texte suprême rendaient logiques l'insertion d'un nouvel article qui lui serait spécifique.

---

[304] Nous nous permettons de renvoyer notre étude à paraître en septembre 2018 dans le numéro n° 166 de la revue Pouvoirs, *La Ve République. Nouveaux regards*, « Les Présidents de la Vème République : Jacobins ou Girondins ? ».

Comme l'a rappelé l'ancien président de la République François Hollande, lors de son discours devant l'assemblée de Corse le 2 mars 2017 précité : « Il est vrai que la Corse est un territoire qui ne ressemble à aucun autre, par son histoire liée aux turbulences du monde méditerranéen (...), par sa langue, par sa culture, par l'affirmation de la fierté de votre terre, comme vous aimez à le dire. Il est vrai que la Corse s'est forgée une identité à nulle autre pareille au sein de la République »[305]. Cette spécificité s'observe à plusieurs niveaux, institutionnel et matériel.

La loi de 1982 était déjà présentée comme créant une organisation tenant compte des spécificités de la Corse, découlant de sa géographie et son histoire. Selon les termes de l'exposé général du Rapport n° 49 (2001-2002) de Paul Girod, déposé le 30 octobre 2001 au Sénat, « La Corse tire incontestablement de la géographie et de son histoire une singularité, reconnue de longue date, et qui justifie que certaines dispositions spécifiques lui soient appliquées »[306].

C'est dans cet esprit que fut créée l'assemblée de Corse, élue au suffrage universel direct, dont le fonctionnement a évolué avec la loi du 13 mai 1991 (qui érige la Corse en collectivité à statut particulier) et celle du 22 janvier 2002. Est créé un conseil exécutif, dirigé par un président issu de l'Assemblée, responsable devant elle et doté de la motion de défiance constructive.

S'ajoute à cette spécificité institutionnelle une seconde relative aux compétences. La loi n° 82-659 du 30 juillet 1982 reconnaît à la Corse des compétences étendues dans les domaines de l'éducation et de la formation, la communication, la culture, l'environnement, l'aménagement du territoire et de l'urbanisme, l'agriculture, le logement, les transports, l'emploi et l'énergie. La loi n° 91-428 du 13 janvier 1991 transfère de nouvelles compétences à la Corse en matière d'éducation, d'audiovisuel, d'action culturelle et d'environnement. La loi n° 2002-92 du 22 janvier 2002 a été présentée comme allant bien plus loin sur le chemin du transfert des compétences en dotant la Corse d'un pouvoir réglementaire. Cette affirmation, que l'on retrouve encore dans certains commentaires, est non seulement inexacte, mais fausse. La récente création de la collectivité unique est une étape institutionnelle importante, mais sans conséquences normatives.

b. L'absence de pouvoirs réels correspondants

Le Conseil constitutionnel avait lui-même précisé que les nouvelles dispositions ne transféraient à la collectivité territoriale de Corse aucune

---

305 Précité.

306 https://www.senat.fr/rap/l01-049/l01-0491.html (en gras dans le texte).

matière relevant du domaine règlementaire ou du domaine de la loi. Il en découle clairement que, comme l'a relevé le rapport dirigé par Guy Carcassonne présenté à l'Assemblée de Corse en 2013[307], « cette faculté de proposition n'emporte donc reconnaissance pour l'Assemblée de Corse ni d'un pouvoir normatif, ni davantage d'un droit d'initiative, ni même d'un pouvoir d'injonction au Premier ministre de répondre aux propositions d'évolutions dont il est saisi ». Non seulement la Corse ne dispose-t-elle pas de pouvoir normatif, mais encore ne peut-elle exiger du Premier ministre une réponse à ses initiatives. Cette absence d'exigence fut même l'un des arguments qui a permis à la loi de passer l'examen de constitutionnalité : « Considérant toutefois que la Constitution attribue au Gouvernement, d'une part, et au Parlement, d'autre part, des compétences qui leur sont propres ; que le législateur ne saurait, sans excéder la limite de ses pouvoirs, enjoindre au Premier ministre de donner une réponse dans un délai déterminé à une proposition de modification de la législation ou de la réglementation, émanant de l'organe délibérant d'une collectivité territoriale » (Décision n° 2001-454 DC du 17 janvier 2002, considérant 50).

A l'époque des discussions de la loi, il avait même été envisagé que l'Assemblée de Corse puisse adapter les lois nationales, ce qui aurait nécessité une révision de la Constitution. Elle n'obtint même pas celui de déroger à un règlement national, le Conseil constitutionnel ayant censuré cette faculté pour cause de contrariété à la Constitution.

Il résulte de cet ensemble de textes normatifs que la spécificité de la Corse s'est traduite par un statut dont l'unicité fait d'elle un *modèle.* La reconnaissance desdites spécificités, auxquelles fait explicitement référence l'alinéa 3 de l'article 72-5 envisagé par l'actuel projet de loi constitutionnelle (« Les lois et règlements peuvent comporter des règles adaptées aux spécificités liées à son insularité ainsi qu'à ses caractéristiques géographiques, économiques ou sociales »), n'est donc pas nouvelle. Depuis 2002, l'ancienne collectivité territoriale de Corse peut « demander à être habilitée par le législateur à fixer des règles adaptées aux spécificités de l'île ». Le Conseil constitutionnel a d'ailleurs, dans sa décision n° 82-138 DC du 25 février 1982, validé en quelque sorte la possibilité d'existence d'un modèle au sein de la République. Il a estimé que la Constitution n'excluait nullement la création de catégories de collectivités territoriales qui ne comprendraient qu'une unité (« La disposition de la Constitution aux termes de laquelle "toute autre

---

[307] Rapport rédigé avec trois autres professeurs de droit constitutionnel : Julie Benetti, David Capitant et nous-même. Les principales propositions dudit rapport avaient été ensuite intégrées dans un texte adopté par L'Assemblée de Corse le 27 septembre 2013 à 46 voix sur 51.

collectivité est créée par la loi" n'exclut nullement la création de catégories de collectivités territoriales qui ne comprendraient qu'une unité »).

En d'autres termes, l'indivisibilité de la République ne s'oppose pas à la création d'un « modèle » en son sein. Et la jurisprudence « statut de la Corse » du Conseil constitutionnel[308] a été en large partie frappée d'obsolescence par les réformes constitutionnelles du 20 juillet 1998 et du 28 mars 2003.

L'hypothèse d'un statut constitutionnel de la Corse, non seulement ne constitue pas une rupture, mais ne fait que prolonger l'évolution institutionnelle amorcée en 1982. Laquelle mettait déjà l'accent sur la nécessité de tenir compte des spécificités de la Corse. L'article L 4422-16 du Code général des collectivités territoriales, tel que modifié par la loi du 22 janvier 2002 précitée, reconnait cette spécificité sans lui attribuer les conséquences normatives[309].

L'analyse textuelle permettait déjà de mettre en évidence la réalité de ce nouveau « pouvoir » qui n'en est en réalité pas un. Cette simple faculté de suggestion a été confirmée par la pratique, comme l'a souligné en 2013 le

---

[308] Décision 91-190 DC du 9 mai 1991.

[309] « I. – De sa propre initiative ou à la demande du conseil exécutif, ou à celle du Premier ministre, l'Assemblée de Corse peut présenter des propositions tendant à modifier ou à adapter des dispositions réglementaires en vigueur ou en cours d'élaboration concernant les compétences, l'organisation et le fonctionnement de l'ensemble des collectivités territoriales de Corse, ainsi que toutes dispositions réglementaires concernant le développement économique, social et culturel de la Corse.

Les propositions adoptées par l'Assemblée de Corse en application de l'alinéa précédent sont adressées au Président du conseil exécutif qui les transmet au Premier ministre et au représentant de l'Etat dans la collectivité territoriale de Corse.

II. – Le pouvoir réglementaire de la collectivité territoriale de Corse s'exerce dans le cadre des compétences qui lui sont dévolues par la loi.

Sans préjudice des dispositions qui précèdent, dans le respect de l'article 21 de la Constitution, et pour la mise en œuvre des compétences qui lui sont dévolues en vertu de la partie Législative du présent code, la collectivité territoriale de Corse peut demander à être habilitée par le législateur à fixer des règles adaptées aux spécificités de l'île, sauf lorsqu'est en cause l'exercice d'une liberté individuelle ou d'un droit fondamental.

(…)

III. – De sa propre initiative ou à la demande du conseil exécutif, ou à celle du Premier ministre, l'Assemblée de Corse peut présenter des propositions tendant à modifier ou à adapter des dispositions législatives en vigueur ou en cours d'élaboration concernant les compétences, l'organisation et le fonctionnement de l'ensemble des collectivités territoriales de Corse, ainsi que toutes dispositions législatives concernant le développement économique, social et culturel de la Corse.

(…) ».

rapport dirigé par Guy Carcassonne précité : « Les compétences normatives spécifiques de l'Assemblée de Corse ne sont, à l'analyse, que faiblement dérogatoires au droit commun et s'avèrent, en pratique, d'une efficacité limitée ». Quant à la compétence réglementaire d'adaptation, elle est doublement limitée, et par le texte lui-même et par une réserve d'interprétation du Conseil constitutionnel. Elle ne peut s'exercer « lorsqu'est en cause l'exercice d'une liberté individuelle ou d'un droit fondamental », et ne saurait avoir « ni pour objet ni pour effet de mettre en cause le pouvoir réglementaire d'exécution des lois que l'article 21 de la Constitution attribue au Premier ministre » (décision n° 2001-454 DC du 17 janvier 2002, considérant n° 13).

L'objectif affiché de l'association de l'Assemblée de Corse à l'édiction des règles la concernant était donc essentiellement symbolique. Et dans les faits, elle fut cantonnée au monde d'un principe de courtoisie. Ou plutôt de discourtoisie. Le bilan dressé par la Commission des Compétences Législatives et Réglementaires de ladite Assemblée dans son rapport de décembre 2012 est malheureusement édifiant et confirme les craintes de seule portée symbolique que faisait naître la lecture du nouveau dispositif. Non seulement ce pouvoir de proposition n'était pas contraignant, mais encore le Premier ministre ne se donnait pas souvent -pour ne pas dire, pratiquement jamais- la peine d'y répondre, quand lesdites propositions n'étaient tout simplement pas rejetées.

L'ensemble du dispositif législatif fait donc apparaître une contradiction entre, d'une part, la volonté d'affirmer la spécificité de l'île et, d'autre part, de ne pas lui offrir les outils normatifs découlant logiquement de ladite spécificité. Il s'agit là d'une incohérence que seule une révision constitutionnelle pourrait rectifier, et que nous avons relevée dans un rapport rédigé à la demande du président de l'Assemblée de Corse, Jean-Guy Talamoni, en vue des négociations programmées avec le pouvoir central[310].

Du moment qu'une autorité normative, quelle qu'elle soit, reconnait les spécificités, particularités d'un territoire, elle doit dans le même temps en assumer les conséquences juridiques. Il ne s'agit pas là d'une simple équation intellectuelle, mais d'une obligation de cohérence juridique. A quoi sert, concrètement, de permettre à une collectivité de faire des suggestions au pouvoir central ? Est-il besoin de voter une loi pour spécialement lui attribuer ce droit ? Assurément non. Une fois la loi épurée de ce que le Conseil constitutionnel a estimé contraire à la Constitution, il ne restait plus qu'une sorte de jolies intentions destinées à sceller un pacte d'entente courtoise. Seule

---

[310] « Pour un statut constitutionnel de la Corse », disponible sur le site de l'Assemblée de Corse : https://www.corse.fr/assembleecorse/Pour-un-statut-constitutionnel-de-la-Corse-consultez-le-rapport-Mastor_a248.html

une révision constitutionnelle permettrait de résoudre cette contradiction entre la reconnaissance de la spécificité d'un territoire et l'absence de moyens normatifs correspondants. Nous avions, pour notre part, plaidé pour l'autonomie législative qui aurait pu s'insérer dans un nouvel article 74-2 dans le rapport précité. L'hypothèse finalement retenue, comme l'ont vite laissé entrevoir les négociations avec le pouvoir central, est celle d'un simple pouvoir d'adaptation des lois nationales.

II-Vers une consécration constitutionnelle du statut de la Corse ?

La Corse est un territoire juridiquement inclassable qui ne s'identifie que par rapport à son « rattachement » à l'article 72 de la Constitution. En vertu de l'alinéa premier de ce dernier, « Les collectivités territoriales de la République sont les communes, les départements, les régions, les collectivités à statut particulier et les collectivités d'outre-mer régies par l'article 74. Toute autre collectivité territoriale est créée par la loi, le cas échéant en lieu et place d'une ou de plusieurs collectivités mentionnées au présent alinéa ». Tandis que l'île de Clipperton a les honneurs de la gravure dans le marbre constitutionnel, la Corse n'est évoquée qu'indirectement à travers une tautologie : elle est une collectivité à statut particulier.

Il était impensable que la Corse en reste à un statut hybride et silencieux. Outre l'incongruité de l'absence de référence explicite, cette dernière révèle toute l'ambiguïté de son statut. Car si ce territoire relève bien de l'article 72, ses compétences (qui devraient en principe découler de son statut) sont une sorte d'agglomérat atypique qui « puise » des éléments aux catégories des articles 73, voire 74. Un territoire doté d'une organisation spécifique, d'un régime électoral propre, de la possibilité d'extension des compétences, de ressources fiscales indirectes dérogatoires, d'un droit à la consultation sur les projets de textes législatifs et réglementaires, du pouvoir de proposition d'adaptation des lois et règlements, d'un pouvoir réglementaire sur habilitation doit-il encore être qualifié de territoire à « statut particulier » ? Assurément, non, ce territoire est « la Corse », tout comme la Nouvelle-Calédonie ne porte pas d'autre nom. À ce titre, elle méritait *a minima* de bénéficier des autres particularismes accordés aux terres d'outre-mer.

Après l'élection, au niveau national, du candidat faisant du « pacte girondin » l'un des mots forts de ses discours, et au niveau local, d'une majorité d'autonomistes, il n'était plus possible d'éluder la question de l'inscription de la Corse dans la Constitution. Les larges dérogations accordées aux territoires ultramarins ne justifiaient plus que l'on continue de mettre ce territoire métropolitain, pourtant qualifié par le législateur de « spécifique », à l'écart de dérogations au moins analogues. Alimenté par des propos erronés ou qui démontrent la méconnaissance de certaines réalités, le débat sur l'avenir institutionnel de l'île ne pouvait se faire dans un climat serein que s'il se recentrait sur les arguments juridiques. Car la Constitution est la norme suprême et c'est à elle qu'il appartient de poser les règles fondamentales de l'organisation de la République. Laquelle, officiellement « décentralisée » depuis 2003, ne peut laisser subsister des doutes ou ambiguïtés sur le statut de certains de ses territoires. Le rapport commandé par le président de l'Assemblée de Corse ne proposait nullement la *sortie* de la Corse de la République française, mais un statut lui permettant d'encadrer son *insertion* en tenant compte de ses *spécificités*.

Le moment de la révision constitutionnelle est opportun à plus d'un titre. N'en déplaise à certains qui se disent « effarés » par une éventuelle inscription de la Corse dans la Constitution[311], celle-ci ne saurait être comparée à une collectivité « ordinaire ». Le moment est venu de construire une architecture particulière pour ce territoire qui aurait des incidences normatives, lesquelles viendraient en toute logique compléter la particularité institutionnelle existante. C'est une question de moment juridique et politique. Cette entreprise de réforme est facilitée par l'existant juridique, l'ensemble des statuts législatifs, comme démontré plus haut, ayant progressivement reconnu toujours plus la spécificité de l'île. Dans un souci de cohérence réformatrice, il convient donc de constitutionnaliser l'existant en inscrivant la Corse dans la Constitution. Mais le projet ne saurait se contenter d'une retouche qui pourrait n'être que symbolique. Faire entrer la spécificité de la Corse dans la Constitution, qui dispose déjà d'une armature institutionnelle inédite, signifie constitutionnaliser, dans le même temps, les pouvoirs qui, logiquement, découlent de ladite spécificité. En l'état actuel du droit, l'assemblée de Corse ne jouit pas d'un réel pouvoir normatif. Une réforme cohérente exigeait que l'inscription de la Corse dans la Constitution s'accompagne de l'octroi des pouvoirs correspondants. C'est sur ce point que nous estimons que la solution qui sera peut-être retenue par le pouvoir constituant est insuffisante.

a. L'opportunité de la révision constitutionnelle

L'hypothèse de l'autonomie a été rapidement rejetée par les interlocuteurs des élus majoritaires Corses. Contrairement à ce qui a pu être dit et écrit, celle-ci n'est pas uniquement d'ordre politique. La question de l'autonomie d'un territoire au sein d'une République est aussi hautement constitutionnelle, et peut se plaider scientifiquement. Juridiquement, accorder une autonomie à certaines régions (et ce, quels que soient son degré et ses modalités) implique nécessairement une révision de la Constitution. Car évoquer l'autonomie

[311] Les propos sont de l'ancien ministre Jean-Pierre Chevènement. Commentaire publié sur son blog le 3 octobre 2013, http://www.chevenement.fr/Pourquoi-ne-pas-inscrire-le-Territoire-de-Belfort-dans-la-Constitution_a1511.html

place le débat au-dessus de la simple compétence d'une loi ordinaire. C'est le placer dans les mains du pouvoir constituant dérivé.

Deux éléments sont nécessaires pour envisager une telle réforme : 1°) l'accord majoritaire de la collectivité concernée et 2°) le consentement du pouvoir central. Pendant longtemps, il était possible d'avancer, dans le débat relatif à l'évolution institutionnelle de la Corse, que le premier élément, préalable indispensable, n'existait pas. Historiquement, les revendications sont toujours initialement minoritaires, et exprimées parfois dans un climat violent. Mais depuis les élections de décembre 2017, cet argument est devenu irrecevable. La réforme constitutionnelle pouvait donc être envisagée puisque le premier élément indispensable à ladite réforme, celui de l'accord majoritaire de la collectivité concernée, était réel. Ne restait plus que celui du consentement du pouvoir central.

Le rejet d'un statut toujours plus dérogatoire pour la Corse est bien souvent le fruit d'une méconnaissance de ce qu'est, en substance, cette terre que les médias mettent trop souvent en avant pour sa face obscure en éclipsant les autres. Surtout, cette méconnaissance est une entrave au rayonnement de la France qui, loin de s'épuiser dans son caractère indivisible qu'une autonomie n'aurait pas remise en cause, s'enrichit de ses composantes. Le Constituant a lui-même choisi, en 2003, de préciser dès l'ouverture de notre texte suprême que l'organisation de notre République était « décentralisée ». La décentralisation n'est pas qu'une modalité d'aménagement d'un Etat unitaire. Elle est la condition minimale de son maintien démocratique. Car elle seule permet de répondre aux aspirations des populations, « qui, d'une part, s'estiment non sans raison mieux informées et mieux qualifiées que quiconque pour administrer leurs provinces ou leurs régions et décider de leur avenir et, d'autre part, entendent garder leur originalité et leurs traits propres »[312]. L'évolution de la conception de l'indivisibilité de la République française et les exemples étrangers permettaient de mieux saisir l'opportunité juridique d'une réforme sur l'autonomie de la Corse.

Il faut commencer par rappeler que la République française n'est plus « une et indivisible ». La formulation avait été introduite par la Convention, qui proclame le 22 septembre 1792 « l'An I de la République » et, trois jours plus tard, qui précise qu'elle est « une et indivisible ». Les Constitutions du XXe siècle ont abandonné la référence à l'unité. Le principe de l'indivisibilité ne saurait être interprété de manière absolue et faire obstacle à la décentralisation : il « implique l'indivisibilité du pouvoir et du droit, mais pas

---

312 Ferdinand Mélin-Soucramanien et Pierre Pactet, *Droit constitutionnel*, Sirey, 2018, 36ème édition, p. 43.

nécessairement du territoire (…) »[313]. La décentralisation, devenue « non seulement un fait acquis, mais encore un droit acquis »[314] n'a pas connu une évolution notable qu'en France ; elle correspond à un mouvement européen que met bien en évidence la Charte européenne de l'autonomie entrée en vigueur le 1er septembre 1988. Mais au sein de ce mouvement général en faveur des autonomies locales, la France a toujours montré de grandes résistances, à l'image des vingt années séparant l'ouverture à la signature des Etats membres du conseil de l'Europe de la Charte précitée et sa ratification par la France[315].

Dans l'histoire de la décentralisation, la révision constitutionnelle du 28 mars 2003 occupe une place privilégiée. Lors de la campagne présidentielle de 2002, Jacques Chirac avait déclaré : « La centralisation est devenue aujourd'hui un handicap pour la France »[316]. Il faut accepter tous les contours, conséquences de l'affirmation solennelle introduite en 2003 dans l'article 1er de la Constitution (« (…) Son organisation est décentralisée ») qui ne peut avoir que des applications « particulières » sur certaines parties de notre territoire. Le titre XII de la Constitution relatif aux collectivités territoriales fut sensiblement modifié[317].

Du point de vue des revendications des territoires, les modifications successives de la Constitution de la République française sont allées progressivement dans la voie de la reconnaissance des spécificités de l'outre-mer : toujours plus de dispositions dérogatoires, de reconnaissances, même symboliques, « d'intérêts particuliers », d'« adaptations nécessaires » pour ne citer qu'elles. La destruction du mythe de l'uniformité a juridiquement débuté en 1998. Auparavant, il était fermement établi que seul l'Etat central détenait le pouvoir normatif initial et que, par conséquent, il ne saurait exister d'autres lois que celle de l'Etat. Il est bien évidemment possible d'insister sur le fait que la Nouvelle-Calédonie n'est qu'une « exception ». Ce qu'elle est,

---

313 Michel Verpeaux, *Les collectivités territoriales en France*, Dalloz, édition Connaissance du droit, 4ème édition, 2011, p. 53.

314 Guy Carcassonne et Marc Guillaume (introduite et commentée par), *La Constitution*, Points, collection Essais, 14ème édition, 2017, p. 362.

315 La Charte a en effet été ouverte à la signature des Etats membres du Conseil de l'Europe le 15 octobre 1985. La France ne l'a ratifiée que par la loi n°2006-823 du 10 juillet 2006.

316 Discours de Rouen du 10 avril 2002.

317 La région fait son entrée dans le texte suprême, les collectivités territoriales à statut particulier sont expressément citées (article 72 alinéa 1), la possibilité de désigner des collectivités « chefs de file » est ouverte (article 72 alinéa 5), le principe de subsidiarité est affirmé (article 72 alinéa 2), l'expérimentation est permise (article 72 alinéa 4), le pouvoir réglementaire des collectivités est affirmé (article 72 alinéa 3), de même que le principe de l'autonomie financière (article 72-2). Par ailleurs, font également leur entrée dans l'article 72-1 le droit de pétition et le référendum local décisionnel.

assurément. Mais il est également tout aussi pertinent de prendre cet exemple pour argumenter en faveur d'un infléchissement du principe de l'indivisibilité. La révision constitutionnelle du 20 juillet 1998, complétée par la loi organique du 19 mars 1999, bousculait déjà, avant celle de 2003, considérablement la vision centralisatrice héritée de l'histoire. Il n'est dès lors plus possible d'affirmer haut et fort que le pouvoir, au sein de la République française, ne se divise pas. Tout comme il n'est pas scientifiquement acceptable de répondre par l'argument de l'exception. L'exemple de la Nouvelle Calédonie prouve que l'indivisibilité, depuis 1998, est autre. Pour le dire en d'autres termes, « avec ce précédent néo-calédonien, le modèle de l'Etat unitaire français a connu une sérieuse entorse »[318]. Même si le second exemple Polynésien est moins radical (les « lois du pays » polynésiennes étant juridiquement non des lois, mais des actes administratifs), il n'en demeure pas moins qu'elles participent à l'évolution générale de la reconnaissance d'un pouvoir politique aux mains de certains territoires au sein de la République pourtant « indivisible ».

La seconde entorse portée à ce sacro-saint principe de l'indivisibilité est également venue du pouvoir constituant dérivé. Elle concerne cette fois le pouvoir réglementaire des collectivités territoriales. Ces dernières ne le possèdent que par habilitation de l'article 72 de la Constitution ; en d'autres termes, il n'est pas autonome. Le Conseil constitutionnel a d'ailleurs souvent rappelé que seul le Premier ministre, en vertu de l'article 21 de la Constitution, disposait du pouvoir réglementaire à titre principal et que, par voie de conséquence, les collectivités ne pouvaient agir que dans un cadre d'attribution. Mais la loi constitutionnelle de 2003 met à mal cette interprétation absolue, en autorisant les collectivités territoriales à déroger aux lois et règlements nationaux (article 74-1).

On pourrait argumenter dans un sens restrictif, en mettant l'accent sur l'aspect dérogatoire et limité (l'objet et la durée étant limités et l'expérimentation ne pouvant concerner une liberté publique ou un droit constitutionnellement garanti). Mais dans le même temps, il est tout à fait possible d'insister, non sur l'encadrement de ce droit, mais sur la seule possibilité de cette expérimentation. Celle-ci détruit le dogme de l'uniformité législative, et le projet de loi constitutionnelle actuellement en discussion va dans le même sens. Si la Constitution permet désormais que la loi ne soit pas identique sur l'intégralité du territoire, c'est bien qu'elle épouse une autre vision du principe d'indivisibilité. Vision qui est par ailleurs conforme à la tendance décentralisatrice des plus grandes démocraties européennes, et qui trouve un prolongement dans la différenciation envisagée par l'actuel projet de loi constitutionnelle.

---

[318] Michel Verpeaux, *Les collectivités territoriales en France*, *op. cit.*, p. 54.

Le droit comparé nous enseigne que dans les Etats unitaires, les territoires sont de plus en plus animés par des revendications autonomistes[319]. Si, au sein des Etats fédéraux, de telles revendications peuvent être qualifiées de séparatistes ou dissociatives, elles sont davantage orientées vers une autonomie interne au sein des Etats unitaires Il est tout à fait possible, comme le prouve l'étude du droit comparé, qu'un Etat unitaire soit composé de régions dont toutes ou certaines bénéficient d'un statut d'autonomie.

De manière générale, cette autonomie interne signifie :

1°) Du point de vue institutionnel, la présence d'une assemblée spécifique et la présence d'un conseil exécutif ;

2°) Du point de vue normatif, un transfert de compétences et de ressources propres, l'Etat central conservant la compétence dans les domaines dits « régaliens » tels que la justice, la défense et la politique extérieure.

La collectivité de Corse, pour tous ces points, entre dans le « portrait type » des régions européennes bénéficiant d'une autonomie au sein de l'Etat unitaire. Il ne lui manque qu'une dernière chose, dont jouissent la grande majorité des îles méditerranéennes : le pouvoir de voter des lois dans certaines matières. En Espagne, Italie ou Portugal, cette autonomie est garantie par la Constitution et n'entre nullement en contradiction avec le caractère unitaire de l'Etat.

b. La réforme envisagée : un nouvel article 72-5 de la Constitution

Ladite réforme était l'une des promesses de campagne d'Emmanuel Macron alors candidat. Lequel a, dès un discours de campagne prononcé à Furiani le 7 avril 2017, commencé par préciser sa vision de l'indivisibilité de la République en ces termes : « La place de la Corse est dans la République parce que la République est suffisamment forte pour accueillir des particularités en son sein. C'est ma conviction profonde. Parce que la République, elle est indivisible et en même temps plurielle, n'en déplaise à certains »[320]. Juste avant d'évoquer, comme rappelé plus haut, le rapport Carcassonne et l'hypothèse d'une révision de la Constitution.

Le candidat devenu président évoque sa volonté de changement de paradigme lors de son discours au Sénat lors de la Conférence des territoires

---

[319] Pour les arguments de droit comparé, nous renvoyons à notre rapport précité *Pour un statut constitutionnel de la Corse.* Les pays permettant la comparaison la plus pertinente sont l'Espagne, l'Italie et le Portugal. Le Royaume-Uni également, mais dans une mesure différente. Le pays étant doté d'une Constitution matérielle mais non formelle, il est moins évident d'établir des comparaisons entre les régions du Royaume-Uni et de ce qui aurait pu être le nouveau contenu du titre de la Constitution française relatif aux collectivités territoriales. En revanche, la comparaison avec les Etats régionaux du sud de l'Europe est non seulement possible mais particulièrement pertinente.

[320] Discours précité.

du 18 juillet 2017 : « Le défi qui est le nôtre n'est pas d'aujourd'hui, mais il est chaque jour un peu plus fort, c'est de conjuguer l'unité de la République qui nous a faits, cette mondialisation qui parfois bouscule des grands équilibres et dans laquelle nous avons à avancer, et la diversité de ces territoires qui est constitutif de nos identités, de notre identité profonde »[321]. « C'est pourquoi », précise-t-il ensuite, « il doit consentir à un changement de paradigme complet. Mais au-delà de ce rôle de l'Etat, je crois profondément que dans la très grande majorité des cas, les territoires en réalité savent mieux l'organisation qui est la plus pertinente pour eux. Il faut donc construire ce pacte girondin, que j'évoquais il y a quelques semaines, qui, sans briser l'unité nationale, redonnera aux territoires les moyens d'agir dans une responsabilité partagée »[322].

Pacte girondin dont Emmanuel Macron reprendra l'idée devant le Parlement réuni en Congrès le 3 novembre 2017 : « Ce que nous ferons pour les institutions de la République, je souhaite le faire aussi pour nos territoires. Ne redoutons pas de nouer avec les territoires des accords de confiance. Nous savons tous combien notre France est diverse, combien est importante l'intimité des décideurs publics avec le terrain de leur action. La centralisation jacobine traduit trop souvent la peur élémentaire de perdre une part de son pouvoir. Conjurons-là. Osons expérimenter, déconcentrer, c'est indispensable pour les territoires ruraux comme pour les quartiers difficiles ; osons conclure avec nos territoires et nos élus de vrais pactes girondins fondés sur la confiance et sur la responsabilité »[323].

A l'occasion du 100e Congrès des maires de France, venant de citer l'exemple de la Corse, et juste avant de rappeler son engagement à réviser la Constitution et notamment son article 72, le président déclare : « Cette énergie que je veux rendre aux territoires implique aussi que nous acceptions de rompre avec une forme d'uniformité de traitement. L'égalité républicaine est un de nos grands principes, mais elle ne doit pas se traduire en une uniformité de la norme parce que les territoires ne sont pas plongés dans les mêmes situations. Nous avons donc besoin d'adapter aujourd'hui les normes, les capacités normatives pour répondre aux défis de nos territoires »[324].

---

321 http://www.elysee.fr/declarations/article/discours-d-emmanuel-macron-au-senat-lors-de-la-conference-des-territoires/

322 *Ibid.*

323 Discours du Président de la République devant le parlement réuni en Congrès du 3 novembre 2017, http://www.elysee.fr/declarations/article/discours-du-president-de-la-republique-devant-le-parlement-reuni-en-congres/

324 Discours du Président de la République au 100ème Congrès des maires de France du 24 novembre 2017, http://www.elysee.fr/declarations/article/discours-du-president-de-la-republique-emmanuel-macron-au-100-congres-des-maires-de-france/

Afin de mieux redéfinir les compétences des territoires, le Président de la République a également mis en avant la nécessité de l'adaptabilité locale des normes, estimant qu'il fallait « conférer aux collectivités une capacité inédite de différenciation, une faculté d'adaptation des règles aux territoires. Plutôt que de réfléchir à comment traiter tout le pays de la même façon, ayons une approche pragmatique et différenciée »[325]. Engagement rappelé par le Premier ministre Edouard Philippe le 14 décembre 2017 à Cahors lors de la conférence nationale des territoires[326].

Il a souvent été avancé, à tort, que la collectivité de Corse bénéficiait déjà de ce droit d'adaptation des règlements. Ce qui aurait été, au vu de sa spécificité sans cesse rappelée par les parlements successifs eux-mêmes, une sorte de minimum vital. Or il n'en est rien : la disposition du projet de loi de 2002 qui créait un tel droit d'adaptation a été censurée par le Conseil constitutionnel (décision n° 2001-454 DC du 17 janvier 2002).

Entre un Etat régional accordant l'autonomie à toutes ses régions et un Etat unitaire trop centralisateur, la Corse aurait pu servir de modèle pour une *voie alternative*, à l'image des archipels du Portugal. Celle dans laquelle une collectivité à statut particulier pourrait jouir du droit d'adapter les règlements et les lois nationales, et d'adopter des textes de forme législative dans des domaines délimités par la Constitution. Et de présenter ainsi la République française sous un jour moins rigide, moins centralisateur, respectueuse de l'attachement des citoyens à leurs territoires. Respect qui n'entrerait pas en conflit avec le principe de l'égalité. Au sein d'une République décentralisée, égalité ne doit pas rimer avec uniformité : « Où l'égalité prohibe le privilège, utilement, l'uniformité interdit l'originalité, inutilement »[327]. En un mot, et

---

325 *Ibid.*

326 Très rapidement, certains parlementaires vont tirer profit de ces déclarations en déposant une proposition de loi « *visant à mettre en œuvre une différenciation des normes applicables sur les territoires* ». Selon les mots de l'exposé des motifs, cette loi permettrait notamment aux collectivités territoriales « *dans l'exercice de leurs compétences, de décider d'écarter la norme réglementaire pour arrêter elles-mêmes des mesures nécessaires à la mise en application de la loi* ». La rédaction est ensuite prudente, insistant sur le fait que les collectivités ne pourraient pas « *s'affranchir de l'application de la loi* », mais « *uniquement adapter les conditions pratiques afin que les objectifs fixés par le législateur puissent être mis en œuvre* ». Proposition de loi n°468 enregistré à la présidence de l'Assemblée nationale le 6 décembre 2017, http://www.assemblee-nationale.fr/15/propositions/pion0468.asp

327 Guy Carcassonne et Marc Guillaume (introduite et commentée par), *La Constitution*, *op. cit*, p. 363. Voir, dans le même sens, l'audition de Géraldine Chavrier au Sénat le 16 avril 2013 : « Nous avons en France une compréhension excessive de la portée du principe d'égalité. Je suis bien évidemment pour le respect du principe d'égalité mais je suis contre le détournement de ce principe pour éviter toute avancée qualitative de la décentralisation. (...) Quand on affirme que l'on administre mieux de près, on affirme que la compétence doit tenir

pour l'emprunter au Président de la République lui-même, la Corse aurait pu être la première illustration d'un nouveau « pacte girondin ». Et la réforme n'aurait pas été révolutionnaire puisqu'empruntant la voie déjà tracée par l'outre-mer. Mais ce n'est pas la voie qu'a choisi d'emprunter le gouvernement.

Plusieurs hypothèses étaient pourtant envisageables. De l'importance accordée aux pouvoirs de la nouvelle collectivité découlait la « place » accordée dans la Constitution. Le Président de la République a, dans son discours précité de Bastia du 7 février dernier, émis l'hypothèse d'une insertion dans l'article 72. Hypothèse qui, toujours selon lui, permettrait « la reconnaissance d'un droit à la différenciation qui permettra à la collectivité de Corse d'être habilitée à adapter les lois et règlements (...) et à obtenir le transfert de nouvelles compétences ».

Dans un esprit de consensus, et tout en continuant de plaider pour l'autonomie, certains élus Corses ont envisagé l'insertion dans un article 72-5, pendant que d'autres maintenaient la position selon laquelle seul un nouvel article 74-2 pourrait offrir à la Corse son autonomie. Mais de manière somme toute attendue, c'est la simple logique de l'adaptation qui -sans doute-l'emportera.

Le Premier ministre a donc commencé par rappeler que les promesses de l'insertion de la Corse dans la Constitution allaient être tenues, mais en ajoutant immédiatement deux précisions. Tout d'abord, ce « pouvoir » accordé à la collectivité de Corse ne sera qu'un pouvoir d'adapter les lois de la République aux contraintes liées à l'insularité (d'autres commentateurs pourraient bien sûr présenter ledit pouvoir comme une hypothèse haute). Ensuite, l'ajout de la phrase « mais sous le contrôle du Parlement » utilisé prouve que l'intention du pouvoir central n'est pas d'offrir à la collectivité un pouvoir d'adaptation « direct » en quelque sorte. A l'image de ce qu'il se passe déjà pour la plupart des départements et régions d'outre-mer, la collectivité devra sans doute demander une autorisation au parlement, ce qui risque de conduire aux mêmes effets que ceux regrettés par certains parlementaires ultramarins. Le pouvoir d'adaptation de la plupart des DOM/ROM n'est pas effectif et donc inefficace, le bilan de l'article 73 étant quantitativement et qualitativement très limité.

---

compte du contexte local. Cela signifie que l'uniformité est un obstacle à la qualité de la gestion publique et que le principe d'égalité ne peut recevoir une lecture purement formelle », Sénat, 16 avril 2013, Comptes rendus de la délégation aux collectivités territoriales, https://www.senat.fr/compte-rendu-commissions/20130415/colter.html

Le Conseil d'Etat, dans son avis du 3 mai 2019 sur le projet de loi constitutionnelle, a estimé tout d'abord, à propos de l'insertion d'un nouvel article relatif à la Corse, « que l'emplacement choisi pour ces dispositions au sein du titre XII de la Constitution est approprié à leur contenu ». Ce qui confirme, logiquement, ce que nous avions relevé dans notre rapport remis au président de l'Assemblée de Corse précité : l'autonomie ne pouvait s'envisager dans que « l'environnement » de l'article 74. Il a ensuite précisé « que cette disposition, d'une portée comparable à celle prévue au premier alinéa de l'article 73, offre au législateur et au pouvoir réglementaire des possibilités de différenciation plus étendues que celles permises dans le cadre constitutionnel en vigueur, y compris en matière fiscale ». De même l'exposé des motifs du projet de loi constitutionnelle fait-il explicitement à cette question fiscale, en allant jusqu'à évoquer le maintien des exonérations en matière de droits de mutation à titre gratuit[328].

Espérons que ce « contrôle du Parlement » auquel fait rapidement allusion le Premier ministre ne conduira pas à la création d'un nouveau fléau bureaucratique. De manière plus générale, l'évolution statutaire de la Corse sous la Vème République confirme que c'est bien à travers le prisme jacobin que s'est toujours racontée notre histoire républicaine. C'était déjà à propos de l'île que l'ancien Premier ministre Michel Rocard s'était écrié, dans une Tribune au *Monde* le 31 août 2000, « Jacobins, ne tuez pas la paix ! ». Le contenu de l'actuel projet de loi constitutionnelle illustre selon nous la persistance de cette opposition séculaire entre Jacobins et Girondins, autrefois idéologique et partisane, devenue culturelle. Malgré quelques retours somme toute mineurs et ponctuels, aucun Président de la Vème République n'a renversé le mouvement décentralisateur initié par le premier d'entre eux, tout comme aucun n'a réussi, jusqu'à ce jour, à imposer la révolution girondine[329]. La route est encore longue entre le pacte et la révolution, comme l'est celle de la révision en cours. Et la question de la Corse ne sera finalement peut-être pas celle qui cristallisera le plus de tensions entre les grands Pouvoirs de la République.

---

[328] « Cet alinéa permettra au législateur de créer des taxes locales propres à la Corse sans qu'il soit besoin de créer les mêmes sur le continent. Pour justifier ces créations, il ne sera pas nécessaire que les spécificités prises en compte soient absentes de chaque région continentale. Il sera ainsi possible de créer en Corse des impositions visant à tenir compte des coûts spécifiques engendrés par l'activité touristique saisonnière. Il sera aussi possible d'adapter les dispositions fiscales nationales. Le législateur pourra ainsi, dans la mesure évidemment où il estimera que c'est utile et justifié, adapter la fiscalité nationale, par exemple en confirmant les exonérations en matière de droits de mutation à titre gratuit ».

[329] Comme nous avons essayé de le démontrer dans notre article précité à paraître, « Les Présidents de la Vème République : Jacobins ou Girondins ? ».

ADDENDUM :

Article 16 du projet de loi constitutionnelle n° 911 du 9 mai 2018 *pour une démocratie plus représentative, responsable et efficace* :

Après l'article 72-4 de la Constitution, il est inséré un article 72-5 ainsi rédigé :
« Art. 72-5. – La Corse est une collectivité à statut particulier au sens du premier alinéa de l'article 72.

« Les lois et règlements peuvent comporter des règles adaptées aux spécificités liées à son insularité ainsi qu'à ses caractéristiques géographiques, économiques ou sociales.

« Sauf lorsque sont en cause les conditions essentielles d'exercice d'une liberté publique ou d'un droit constitutionnellement garanti, ces adaptations peuvent être décidées par la collectivité de Corse dans les matières où s'exercent ses compétences et si elle y a été habilitée, selon le cas, par la loi ou le règlement. Ces adaptations sont décidées dans les conditions prévues par la loi organique. »

Article 11 du projet de loi constitutionnelle n°2203 du 29 août 2019 *pour un renouveau de la vie démocratique* :

Après l'article 72-4 de la Constitution, il est inséré un article 72-5 ainsi rédigé :

« Art. 72-5. – La Corse est une collectivité à statut particulier au sens du premier alinéa de l'article 72.

« Les lois et règlements peuvent comporter des règles adaptées aux spécificités liées à son insularité ainsi qu'à ses caractéristiques géographiques, économiques ou sociales.

« Sauf lorsque sont en cause les conditions essentielles d'exercice d'une liberté publique ou d'un droit constitutionnellement garanti, ces adaptations peuvent être décidées par la collectivité de Corse dans les matières où s'exercent ses compétences et si elle y a été habilitée, selon le cas, par la loi ou le règlement. Ces adaptations sont décidées dans les conditions prévues par la loi organique. »

EGALITÉ ET DIFFÉRENCIATION : LA RÉVISION DE LA LOI STATUTAIRE DE LA POLYNÉSIE FRANÇAISE ISSUE DE LA LOI N°2019-706 DU 5 JUILLET 2019

Alain MOYRAND et Antonino TROIANIELLO,
Maîtres de conférences en droit public à l'Université de la Polynésie française

Après la révision constitutionnelle du 28 juillet 2003 de l'article 74 de la Constitution qui a transformé les anciens territoires d'outre-mer français en collectivité d'outre-mer, la Polynésie française est devenue une *« collectivité d'outre-mer dotée de l'autonomie*[330] *»* en vertu de la loi organique statutaire n°2004-192 du 12 février 2004. Depuis lors, ce statut a été révisé en 2007[331] puis en 2011[332], l'objectif principal de ces révisions étant de mettre un terme à l'instabilité gouvernementale en modifiant, pour l'essentiel, le régime électoral de l'Assemblée de la Polynésie française.

La récente révision statutaire qui a abouti au vote de la loi organique statutaire du 5 juillet 2019[333] faisait l'objet d'une demande récurrente de la part des élus polynésiens depuis plusieurs années. Les autorités polynésiennes souhaitaient en effet ardemment que la République française octroie à leur collectivité d'outre-mer une *« dotation de reconnaissance de la nation en faveur du développement de la Polynésie française »* et ce, afin de maintenir de façon pérenne le niveau des flux financiers résultant de l'activité du Centre d'Expérimentation du Pacifique (CEP).

---

330 Alain Moyrand et Antonino Troianiello, « Commentaire de l'article 74 de la Constitution », sous la direction de Gérard Conac, François Luchaire et Xavier Prêtot, *Dictionnaire de la Constitution*, 3° édition, Economica 2008, p. 1777-1809.

331 Loi organique n° 2007-223 du 21 février 2007 *portant dispositions statutaires et institutionnelles relatives à l'outre-mer* et loi organique n° 2007-1719 *tendant à renforcer la stabilité des institutions et la transparence de la vie politique en Polynésie française.*

332 Loi organique n° 2011-333 du 29 mars 2011 *relative au fonctionnement des institutions de la Polynésie française.*

333 Loi organique n° 2019-706 du 5 juillet 2019 *portant modification du statut de la Polynésie française*, JORF du 6 juillet 2019.

Plus précisément, en raison du processus d'indépendance de l'Algérie, l'État a fait le choix de transférer ses activités d'expérimentations en matière nucléaire à des fins civiles et militaires, en Polynésie française. Ainsi, l'État a implanté dès 1963 un Centre d'Expérimentation du Pacifique (CEP) sur les trois atolls, Moruroa et Fangataufa pour les expérimentations nucléaires, et Hao comme base arrière du CEP. Ainsi, la Polynésie française est devenue le théâtre des essais nucléaires français pendant une période de 30 années, permettant ainsi à la Nation de se doter des moyens d'une défense lui assurant son indépendance.

Il s'en est suivi une transformation profonde et quasi-irréversible du mode de vie traditionnel de la société polynésienne dans son ensemble. Les flux financiers massifs qui ont accompagné cette politique nucléaire, loin de favoriser une émancipation économique et politique, ont créé une société de consommation occidentalisée fortement dépendante à l'égard de l'extérieur. Or, cette séquence de l'histoire locale pèse toujours sur cette société et plus particulièrement, sur la structure de l'économie polynésienne actuelle.

Malgré ces bouleversements sociétaux importants, l'État n'a pas maintenu, après l'arrêt des essais nucléaires en 1995, le niveau de transferts financiers tel qu'il résultait lors de l'activité du CEP. C'est pour cette raison que les polynésiens ont souhaité que soit inscrit au niveau statutaire cette dotation de reconnaissance de la nation en faveur du développement de la Polynésie française visant à rétablir le montant des flux financiers à son niveau d'origine qui était de 90 552 000 euros (soit 10 805 727 923 francs CFP).

Mais cette demande de modification statutaire n'a été que très partiellement satisfaite, ainsi d'ailleurs que deux autres modifications importantes pour les élus polynésiens. C'est ce que nous exposerons dans une première partie. Nous aborderons ensuite les modifications relatives au fonctionnement des institutions de la collectivité d'outre-mer dans une seconde partie, puis, dans une troisième partie, celles relatives à l'exercice des compétences par les institutions propres de la Polynésie française. En revanche, ne seront pas commentées dans la présente étude les modifications mineures du statut qui se bornent à préciser ou à améliorer des dispositions déjà existantes telles que, par exemple, la nouvelle dénomination du conseil économique, social et culturel, qualifié désormais de conseil économique, social, culturel *et environnemental*, la possibilité pour les autorités administratives indépendantes de ne plus être restreintes au seul secteur économique ou encore la simplification du cadre dans lequel l'État et la Polynésie française sont susceptibles de conclure des conventions régissant les concours financiers et technique de l'État.

Cette révision de la loi statutaire issue de la loi du 5 juillet 2019 et ses enjeux sont étudiés à la lumière du cadre constitutionnel, et notamment de la jurisprudence constitutionnelle relative au statut de la Polynésie.

I – L'échec des demandes de modifications statutaires sollicitées par les élus polynésiens

a. Le rejet de la réforme de la dotation de reconnaissance de la Nation

À l'origine, lors des premières discussions statutaires menées entre les autorités de l'État et celles de la Polynésie, ces dernières souhaitaient ardemment que la République s'engage à reconnaître la contribution particulière de la Polynésie à la sécurité et à la défense de la Nation, et qu'en conséquence, la République affirme sa solidarité en instituant une dotation spécifique destinée au renforcement de son autonomie économique, d'un montant garanti en référence au niveau des flux financiers qui résultaient des activités du centre d'expérimentation du Pacifique.

Dans les faits, l'État s'est contenté de préciser dans la loi organique statutaire (art. 6-1) que *« la république reconnaît la mise à contribution de la Polynésie française pour la construction de la capacité de dissuasion nucléaire et la défense de la nation »* et que, ce faisant, *« l'État accompagne la reconversion économique et structurelle de la Polynésie française consécutivement à la cessation des essais nucléaires »*.

Les dispositions financières relatives à l'accompagnement par l'État de la reconversion de l'économie polynésienne sont ainsi absentes de la loi statutaire, ne devant figurer que dans la loi simple qui accompagne la loi organique statutaire[334], dans son article premier, et sans que les montants ni leur destination ne soient précisés :

« A compter de l'exercice 2020, il est institué, par prélèvement sur les recettes de l'État, une dotation globale d'autonomie au bénéfice de la Polynésie française, destinée à couvrir les charges liées, pour cette collectivité d'outre-mer, aux déséquilibres d'ordre économique provoqués par l'arrêt des activités du centre d'expérimentation du Pacifique.

Cette dotation est libre d'emploi.

Son montant est fixé par la loi de finances ».

S'agissant de dispositions à caractère organique celles-ci auraient pu être censurées par le Conseil constitutionnel en raison du fait qu'elles sont dépourvues de portée normative (voir Cons. Const. n° 2016-741 DC du 8 décembre 2016 et Cons. Const. n° 2016-745 DC du 26 janvier 2017), ainsi que l'avait indiqué le Conseil d'État dans son avis sur le projet de loi organique en date du jeudi 29 novembre 2018. Ce dernier, d'ailleurs, précisait dans ce même avis qu'il *« ne retient pas ces dispositions dans le projet de loi*

---

[334] Loi n° 2019-707 du 5 juillet 2019 *portant diverses dispositions institutionnelles en Polynésie française*, JORF du 6 juillet 2019.

organique » et il conseillait au Gouvernement… *« de rappeler ces principes dans l'exposé des motifs du projet »*. Cependant, le juge constitutionnel s'est contenté de déclasser ces dispositions organiques en dispositions à valeur de loi ordinaire (Cons. const. n° 2019-783 DC du 27 juin 2019).

Ce déclassement n'est guère critiquable. En effet, ces dispositions symboliques n'entrent dans aucune des catégories de la loi organique statutaire (définition des institutions, de leurs compétences, de leur régime électoral et du régime législatif). En réalité, pour qu'il en aille autrement, il eut fallu au préalable que soit modifié l'article 74 de la Constitution afin que soit conférée à ces dispositions une base constitutionnelle.

Ensuite, en ce qui concerne les dispositions financières figurant dans la loi ordinaire, elles ont été censurées par le Conseil constitutionnel au motif qu'elles ne comprenaient pas d'indications suffisantes sur les critères de détermination des charges qui pesaient sur la Polynésie française et partant, qu'elles méconnaissaient l'article 6 de la loi organique n° 2001–692 du 1er août 2001 relative aux lois de finances (Cons. const. n° 2019-783 DC du 27 juin 2019).

Au final, aucune garantie conséquente n'a été conférée aux élus polynésiens quant à la reconversion de leur économie : l'État s'est juste contenté de préciser à l'article 6-2 de la loi organique qu'il informerait chaque année l'assemblée de la Polynésie française des actions mises en œuvre au titre de l'article 6-1…

b. Le refus de prendre des mesures pour rendre intelligible le droit national applicable en Polynésie française

La Polynésie française est soumise au régime de spécialité législative. Il en résulte qu'en dehors des textes applicables de plein droit, les lois et règlements pris par l'État ne sont applicables dans cette collectivité d'outre-mer que si la norme contient une mention spéciale d'application.

Lorsque la Polynésie française était encore un territoire d'outre-mer, les textes contenant une mention spéciale d'application devaient faire l'objet d'une promulgation locale par le Haut-commissaire de la République et être publiés à titre d'information dans le Journal Officiel de la Polynésie française. Cette extension outre-mer des textes obligeait le Haut-commissaire à déterminer quels articles au sein des lois et règlements étaient applicables. Ces formalités permettaient aux administrés d'être informés sur les normes juridiques applicables en Polynésie française.

Depuis que la Polynésie s'est transformée en collectivité d'outre-mer, ces dernières formalités ont été supprimées. Il n'y a plus de promulgation locale ni de publication locale des normes de l'État applicables en Polynésie française. Or, les dispositifs d'extension sont rédigés de telle façon que pour les initiés - et donc *a fortiori* pour les administrés - il est parfois quasi-impossible de comprendre quels articles des lois et règlements sont applicables, l'exercice relevant d'une véritable prouesse intellectuelle. Aussi, l'extension en Polynésie française des textes législatifs et réglementaires de l'État méconnaît trop souvent l'objectif de valeur constitutionnelle d'intelligibilité et d'accessibilité du droit.

Au surplus, les textes n'étant pas « consolidés », le citoyen est contraint de procéder à de longues et hasardeuses recherches sur le site de *Légifrance* pour tenter d'élucider l'état du droit en vigueur. Conscient de cette difficulté, l'État a consenti, à la suite de multiples demandes émanant des élus communaux, à ce que le Code Général des Collectivités Territoriales applicable en Polynésie française soit proposé dans une version consolidée par les services du Haut-commissaire et à titre d'information, lors de chaque modification ou extension d'articles (v. art. 12 de l'ord. n° 2007-1434 du 5 octobre 2007 et art. 9 du décr. n° 2008-1020 du 22 sept. 2008). C'est ce même principe, mais applicable à toutes les lois et règlements nationaux étendus outre-mer, que la Polynésie souhaitait voir consacrer. Cette demande n'était pas nouvelle. En effet, chacune des révisions statutaires a systématiquement fait l'objet d'une demande instante des élus polynésiens de bien vouloir consacrer le principe suivant :

« L'État assure, dans le cadre des missions du service public de la diffusion du droit par Internet, la publication à titre d'information des dispositions législatives et règlementaires ressortissant au domaine de ses compétences, telles qu'elles sont applicables en Polynésie française, y compris dans leur version consolidée ».

Mais une nouvelle fois, l'État s'est refusé à consacrer ce principe, alors qu'il sait pertinemment que le principe *« nul n'est censé ignoré la loi »* ne peut raisonnablement être respecté en Polynésie française du fait que la loi est illisible, inaccessible et inintelligible. Il convient de noter qu'à titre de repli, les sénateurs avaient réussi à faire voter dans la loi ordinaire qui accompagne la loi organique statutaire un article ainsi rédigé :

« le gouvernement remet au Parlement, aux plus tard 12 mois après la promulgation de la présente loi, un rapport présentant les moyens juridiques et matériels à mettre en œuvre pour garantir l'intelligibilité et l'accessibilité du droit national applicable en Polynésie française.

Ce rapport est transmis au président de la Polynésie française et au président de l'Assemblée de la Polynésie française ».

Mais cet article a été supprimé lors de l'examen de cette loi à l'Assemblée nationale.

C-La compétence en trompe-l'œil de la Polynésie française en matière de terres rares

Sur le fondement de l'article 47 de la loi organique statutaire, il est précisé que la collectivité d'outre-mer réglemente et exerce *« le droit d'exploration et le droit d'exploitation des ressources naturelles biologiques et non biologiques des eaux intérieures (...), du sol, du sous-sol et des eaux sur-jacentes de la mer territoriale »*.

Or, des élus à l'Assemblée de la Polynésie française s'interrogent depuis une dizaine d'années pour savoir si la Polynésie française est compétente en matière de *« terres rares »* dans l'hypothèse où celles-ci viendraient à être découvertes dans cette collectivité. La réponse du gouvernement de la Polynésie française était que la collectivité d'outre-mer était compétente, en vertu d'une part de l'article 13 de la loi organique statutaire disposant que la Polynésie française détient une compétence de principe dans toutes les matières qui n'ont pas été dévolues à l'État, et d'autre part que l'article 14 qui définit les compétences d'attribution de l'État n'a pas prévu que celui-ci serait compétent pour les terres rares.

Toutefois, pour mettre un terme aux doutes exprimés par certains élus indépendantistes et, plus largement, rassurer l'ensemble des élus polynésiens, la Polynésie française a fait ajouter à l'article 47 de la loi organique statutaire la mention expresse que la collectivité d'outre-mer est bien compétente pour réglementer et exercer *« les droits de conservation et de gestion, le droit d'exploration et le droit d'exploitation des ressources naturelles biologiques et non biologiques, notamment les éléments des terres rares »*.

Il est important de souligner que cet ajout ne modifie pas l'état du droit. En effet, sur le fondement de l'article 14 de la loi organique statutaire, l'État demeure compétent pour les *« matières premières stratégiques telles qu'elles sont définies pour l'ensemble du territoire de la République, à l'exception des hydrocarbures liquides et gazeux »*. Par ailleurs, en vertu de l'article 27 de la loi organique statutaire, « *La Polynésie française exerce ses compétences dans le respect des sujétions imposées par la défense nationale* ». Or, dans son avis précité du 29 novembre 2018 le Conseil d'État a fait observer :

« que si, notamment pour des motifs relevant de la défense nationale, certaines terres rares devaient être classées comme « matières premières stratégiques » au sens de l'article 14 de la même loi organique, l'État serait compétent pour réglementer leur exploration et leur exploitation ».

De même, le Conseil constitutionnel, dans sa décision précitée du 27 juin 2019, a aussi émis la même réserve. De telles observations, ne sont d'évidence pas de nature à clarifier l'état du droit qu'il eut certainement été préférable de ne pas modifier.

II – Les modifications relatives au fonctionnement des institutions de la Polynésie française

a. Le régime électoral de l'assemblée de la Polynésie française

Lors de la dernière révision statutaire opérée par la loi organique n° 2011-918 du 1er août 2011, le droit applicable aux élections à l'assemblée de la Polynésie française a été modifié par les parlementaires, mais de manière incomplète. En effet, si cette loi organique *relative au fonctionnement des institutions de la Polynésie française* a, pour les élections des représentants à l'Assemblée, introduit une « prime majoritaire » et transformé les six circonscriptions en une circonscription unique divisée en huit sections, elle n'a pas adapté l'ensemble des règles électorales à cette nouvelle situation.

Tel est le cas de l'article 107 consacré aux élections partielles. Le texte renvoie à l'article 105, sans la moindre disposition d'adaptation ; or, l'article 105 ne comporte que des dispositions relatives à l'élection de l'intégralité des cinquante-sept membres de l'Assemblée de la Polynésie française, et ne peut donc pas s'appliquer dans l'hypothèse où seraient à pourvoir un nombre inférieur de sièges. Ni les modalités de répartition des sièges entre les sections, ni la « prime majoritaire », ni la répartition des sièges restants à la représentation proportionnelle ne sont en effet adaptables à une élection qui porterait sur moins de cinquante-sept sièges.

La rédaction de la loi organique conduisait donc à une interprétation inusitée par laquelle il suffirait que 3 sièges sur 57 soient vacants pour qu'un renouvellement intégral de l'assemblée de la Polynésie française soit nécessaire ! C'est d'ailleurs le mécanisme retenu pour trois autres collectivités d'outre-mer, avec un dispositif législatif quasiment identique. En effet, les articles LO 498 pour Saint-Barthélemy, LO 525 pour Saint-Martin et LO 553 pour Saint-Pierre-et-Miquelon du Code Général des Collectivités Territoriales, dans leur rédaction issue de la loi organique n° 2007-223 du 21 février 2007, précisent :

« Lorsque la vacance porte sur trois [ou quatre, s'agissant de Saint-Pierre-et-Miquelon] *sièges ou plus, l'élection a lieu dans les conditions prévues au présent chapitre pour le renouvellement intégral du conseil territorial ».*

Cependant, si ce mécanisme est envisageable pour des assemblées délibérantes composées de 19 ou 23 membres, tel n'est plus le cas si l'effectif légal de l'assemblée est de 57 sièges.

Ainsi, comme le relève le Conseil d'État dans son avis précité, il est nécessaire *« de prévenir le risque qu'une minorité de représentants (3 sur 57) ne puisse, par une démission opportune, disposer de facto d'une forme de droit de dissolution ».*

C'est pourquoi, l'article 107 a été modifié ainsi :

« II.- Lorsqu'un siège de représentant à l'Assemblée de la Polynésie française devient vacant pour quelque cause que ce soit, il est pourvu par le candidat venant immédiatement après le dernier élu sur la section de la liste dont le membre sortant est issu.

Lorsque l'application de cette règle ne permet plus de combler une vacance, le siège demeure vacant jusqu'au prochain renouvellement de l'Assemblée de la Polynésie française.

Toutefois, si le tiers des sièges de l'Assemblée de la Polynésie française vient à être vacant pour quelque cause que ce soit, il est procédé au renouvellement intégral de l'Assemblée de la Polynésie française dans les trois mois qui suivent la dernière vacance ».

b- Les relations entre la Polynésie française et les communes polynésiennes

Depuis 2004, l'article 43-II de la loi organique statutaire ouvre la possibilité de nouer des partenariats entre la collectivité d'outre-mer et les communes. En effet, ces dernières ont la possibilité de mener des actions dans les quatre matières suivantes : aides et interventions économiques, aide sociale, urbanisme, et enfin culture et patrimoine local, dès lors que la Polynésie française a précisé par des lois du pays et d'autres réglementations les conditions d'intervention de ces communes.

Or, malgré les demandes communales répétées, la Polynésie française n'a jamais précisé le cadre d'intervention. Ceci s'explique par le fait que la Polynésie française doit transférer dans le même temps aux communes les moyens nécessaires à l'exercice des compétences dans lesquelles elles sont autorisées à « intervenir » alors même qu'il ne s'agit pas de délégation de compétences (ni même d'ailleurs d'un transfert de compétences[335]). De plus, il ne s'agit pas de simples « contributions » ou « concours » (cf. art 55 de la loi organique statutaire) ou encore de « participations » à l'exercice de ces compétences, mais bien d'une couverture « complète » des frais engagées par les communes. La seule réserve à formuler relative à ce transfert financier est que, dans le cas d'un transfert faisant l'objet de versements périodiques, alors, les montants versés peuvent être fixés au préalable et ainsi, ne plus évoluer dans le temps[336].

[335] Voir à ce sujet l'étude de Laetitia Janicot, « Les délégations de compétences entre personnes publiques », *DA*, février 2019, p. 14-20.

[336] Cons. const. n° 2003-474 DC du 17 juillet 2003, cons. n° 17 et 18, Rec. p. 389, et Cons. const. n° 2003-487 DC du 18 décembre 2003, cons. n° 9 à 16, Rec. p. 473. Voir aussi : Jean-Paul Pastorel, « Paradoxes sur les communes dans les collectivités d'outre-mer et en Nouvelle-Calédonie », *RDP* 2011, p. 615-616.

Aussi l'article 43-II a-t-il été modifié. D'une part, la Polynésie n'a plus l'obligation de mettre à disposition des communes les moyens nécessaires à leur intervention, la participation financière de la Polynésie française étant désormais facultative, et d'autre part, la couverture des dépenses peut être totale ou partielle. Enfin, le champ des matières où les communes peuvent intervenir a été étendues à quatre autres domaines :

> « *5° Jeunesse et sport ;*
>
> *6° Protection et mise en valeur de l'environnement et soutien aux actions de maîtrise de l'énergie ;*
>
> *7° Politique du logement et du cadre de vie ;*
>
> *8° Politique de la ville.* »

c. Le régime contentieux de la loi du pays

Parmi les prérogatives réservées aux collectivités d'outre-mer dotées de l'autonomie, figure la possibilité pour celles-ci d'adopter des normes (loi du pays) qui, intervenant dans le domaine matériellement législatif, sont soumises à un contrôle juridictionnel spécifique confié au seul Conseil d'État. Sans doute, la loi du pays n'est pas un acte de valeur législative, mais elle n'est pas non plus un simple acte administratif. Son régime juridique et contentieux lui confère, au-delà des effets symboliques, un pouvoir normatif quasi-législatif. En effet, la loi du pays a gagné d'une part en *« sécurité »* - elle est moins exposée au contentieux que les autres catégories d'actes administratifs[337] -, et d'autre part en pouvoir discrétionnaire - elle détient les mêmes facultés d'aménagement des matières relevant de ses compétences que celles dont dispose la loi parlementaire à l'égard des siennes[338].

Au titre du contrôle juridictionnel spécifique, les lois du pays sont soumises au contrôle du Conseil d'État, en principe avant qu'elles ne soient promulguées[339]. Pour ce faire, ce dernier dispose d'un délai de trois mois pour

---

337 Les lois du pays sont soumises à des normes de références spécifiques : la Constitution, les lois organiques, les engagements internationaux et les principes généraux du droit qui : *« recoupent peu ou prou (et ce n'est évidemment pas un hasard) celle des normes de références du contrôle exercé par le juge administratif sur les ordonnances de l'article 38 de la Constitution »,* (Julien Boucher et Béatrice Bourgeois-Machureau, « Deux ans de contentieux des « lois du pays » de la Polynésie française devant le Conseil d'État », *AJDA* 2007, p. 2370).

338 Rémi Keller, « Le recours juridictionnel spécifique contre la « loi du pays » de Polynésie française : un contentieux original et complexe à l'image du statut de la collectivité », *RFDA* 2010, p. 949-957 ; Alain Moyrand, « Les lois du pays en Polynésie française : bilan d'un quinquennat », *RDP*, n° 6-2009, p. 1577-1597.

339 En revanche, les lois du pays fiscales sont promulguées dès leur adoption. Le contrôle juridictionnel spécifique a donc lieu après que la promulgation de la loi du pays a été

statuer. Dans cette hypothèse, si la Haute Assemblée constate qu'une partie ou la totalité de la loi du pays est contraire au bloc de légalité spécifique auquel sont soumises ces normes, elle précise alors que ces dispositions ne peuvent être promulguées. Si pendant près d'une dizaine d'années, ce contrôle n'a pas posé de problème, tel ne fut pas le cas par la suite. En effet, le Conseil d'État statuait dans un délai d'un an à un an et demi. Or, tant que le Conseil d'État n'a pas statué, la loi du pays ne peut être promulguée et donc entrer en vigueur, ce qui a parfois occasionné de sérieuses difficultés dans le fonctionnement de l'administration polynésienne. Aussi était-il nécessaire de modifier ce contrôle juridictionnel spécifique.

Il a été décidé, par voie d'amendement, que dans l'hypothèse où, passé le délai de trois mois, le Conseil d'État n'a toujours pas statué sur le recours contentieux dont il est saisi contre la loi du pays, le président de la Polynésie française aurait la faculté de promulguer celle-ci. Le Conseil d'État restant toujours saisi du recours, dans l'hypothèse où il constaterait qu'une partie ou la totalité de la loi du pays est contraire à la légalité, il procéderait à l'annulation de ces dispositions.

En outre, il est désormais prévu que le Conseil d'État se prononce *« sur l'ensemble des moyens de la requête qu'il estime susceptibles de fonder l'annulation, en l'état du dossier »,* alors qu'en principe, dans le contentieux administratif, le juge administratif, sur la base de la technique de *« l'économie de moyens »*[340], se contente de ne soulever que le moyen dirimant pour fonder une annulation. La modification retenue a pour objet de l'obliger de statuer sur tous les moyens d'annulation. Cette obligation de statuer permettra à la Polynésie française de prendre en compte toutes les illégalités de ses textes. Cette proposition est inspirée des dispositions de l'article L 600-4-1 du code de l'urbanisme.

III - Les modifications relatives à l'exercice des compétences

a. Les syndicats mixtes

---

effectuée et dans ce cas, bien évidemment, le Conseil d'État, dans l'hypothèse où la loi du pays est entachée d'illégalité, procède à son annulation.

[340] Le juge administratif saisi d'un recours pour excès de pouvoir à l'appui duquel plusieurs moyens sont soulevés peut se borner, afin de justifier l'annulation de la décision attaquée, à faire apparaître le bien-fondé d'un seul d'entre eux. Surtout, lorsque plusieurs moyens sont fondés, le juge est libre de retenir le motif d'annulation de son choix. Ces procédés permettent ainsi aux juges de gagner du temps en s'abstenant de répondre de manière exhaustive à l'argumentation du requérant et de retenir le motif d'illégalité qui lui paraît le plus commode, lui évitant, le cas échéant, de répondre un moyen susceptible de l'entraîner sur des terrains plus périlleux.

Depuis que le Code Général des Collectivités Territoriales a été étendu en Polynésie française en 2007, avec les adaptations nécessaires (ord. n° 2007-1434 du 5 octobre 2007), il était loisible à la collectivité d'outre-mer et aux communes de se regrouper au sein d'un syndicat mixte ouvert (voir art. L 2224-13 et art L 5721-3). Pour autant, cette possibilité était entachée d'illégalité. En effet, si l'exercice des compétences des communes de la Polynésie française est déterminé par des lois ordinaires (Cons. Const. n° 2004-490 DC du 12 février 2004, cons. n° 60), tel n'est pas le cas lorsqu'il s'agit des compétences de la Polynésie française : l'article 74 alinéa 4 de la Constitution précise que les compétences des collectivités d'outre-mer sont déterminées par leur statut et celui-ci est défini par une loi organique.

Aussi, pour habiliter la Polynésie française à exercer certaines de ses compétences (gestion de services publics) avec des communes, seule une loi organique peut l'y autoriser. D'ailleurs, on observe que les relations qui peuvent s'établir entre cette collectivité d'outre-mer et les communes (et leurs groupements) sont déterminées par les dispositions des articles 43 à 45 et 48 à 56 de la loi organique statutaire.

Or, en 2013, le président de la Polynésie française reprochait aux deux syndicats mixtes polynésiens existants de n'être soumis qu'au seul contrôle de légalité et contrôle budgétaire des communes prévu par le Code Général des Collectivités Territoriales. Pour lui, non seulement les syndicats mixtes devraient être prévus par la loi organique, comme c'est le cas en Nouvelle-Calédonie[341], mais aussi le contrôle de légalité de leurs actes devrait être celui applicable aux actes pris par la Polynésie française.

Le président de la Polynésie française a dans un premier temps, sur le fondement de l'article 175 de la loi organique statutaire, saisi pour avis le tribunal administratif de la Polynésie française sur la possibilité pour la collectivité d'outre-mer de se grouper avec des communes sous forme de syndicat mixte ouvert aux fins d'exploiter des services publics présentant un intérêt pour chacune des collectivités territoriales en cause. Dans sa réponse, le tribunal administratif avait conclu, par une argumentation tout-à-fait critiquable[342], qu'il n'y avait pas lieu de recourir à une loi organique pour créer

[341] Cf. art. 53 de la loi organique n° 99-209 du 19 mars 1999 *relative à la Nouvelle-Calédonie* dans sa rédaction issue de la loi organique n° 2009-969 du 3 août 2009

[342] Le juge administratif de première instance s'est fondé d'une part, sur le principe de subsidiarité, alors pourtant qu'il s'agit d'un principe *« largement virtuel »* (André Roux, *La décentralisation. Droit des collectivités territoriales,* LGDJ, coll. Systèmes, 2016, p. 141) ou *« aléatoire »* (Assem Sayede Hussein, « La décentralisation du pouvoir normatif en France métropolitaine », *BJCL* n° 12/16, p. 811) et d'autre part, sur le fait qu'il s'agissait d'une compétence exclusivement communale. Or, comme en Nouvelle-Calédonie la Polynésie est compétente en matière d'environnement et elle exerçait bien aussi l'une de ses compétences. Quoi qu'il en soit, il suffisait au tribunal de constater qu'en Nouvelle-Calédonie les syndicats

un syndicat mixte ouvert entre la collectivité d'outre-mer et les communes de Polynésie française (TA Polynésie française 2 avril 2014 avis n° 05–2013).

Le président de la Polynésie française a dans un second temps saisi le Conseil constitutionnel en vue d'obtenir le déclassement des dispositions législatives contenues dans le Code Général des Collectivités Territoriales. Si le juge constitutionnel saisi dans le cadre de la procédure dite de « déclassement outre-mer » a rejeté ce recours (Cons. Const. n° 2014-2 LOM du 26 juin 2014), il n'en a pas moins souligné que la constitution de tels syndicats mixtes relevait de la loi organique. C'est pourquoi, il était nécessaire de donner une base législative correcte aux syndicats mixtes polynésiens et soumettre ces syndicats au contrôle de légalité, au contrôle budgétaire et au jugement des comptes dans les conditions fixées par la loi organique pour les établissements publics de la Polynésie française : c'est ce qui a été réalisé par l'article 55-1 de la loi organique du 5 juillet 2019.

b. Les sociétés publiques locales

La loi n° 2010-559 du 28 mai 2010 pour le développement des sociétés publiques locales a créé une nouvelle forme de société : la société publique locale permettant notamment la réalisation de contrats *in house*. Désormais, les communes et leurs groupements (cf. art. 1531-1 CGCT) peuvent créer des « sociétés publiques locales » dont ils détiennent la totalité du capital (créées sous forme de sociétés anonymes). Ce dispositif a été étendu aux communes de la Polynésie française par la loi n° 2016-1658 du 5 décembre 2016.

La Polynésie française souhaitait, elle aussi, bénéficier de cette possibilité de pouvoir créer de telles sociétés dont elle détiendrait, à elle seule ou avec ses établissements publics, la totalité du capital, avec la possibilité toutefois que les communes de la Polynésie française et leurs groupements puissent également participer à leur capital. La question s'est dès lors posée de savoir s'il fallait recourir ou non à une loi organique pour que ce type de société puisse être constitué. En effet, on aurait pu penser qu'il n'était pas nécessaire que le législateur organique intervienne puisque depuis la loi organique du 12 février 2004, la Polynésie française est compétente en matière de droit commercial et de droit des sociétés. Un doute subsistait sur la possibilité pour la Polynésie française d'instituer par une loi du pays ce type de société publique locale, et ce, d'autant plus, que l'article 30 de la loi organique statutaire dispose : *« la Polynésie française et ses établissements publics peuvent participer au capital des sociétés privées gérant un service public ou d'intérêt général ; ils peuvent aussi, pour des motifs d'intérêt général, participer au capital de sociétés commerciales »* ?

---

mixtes doivent être définis par la loi organique (cf. note précédente) et que le Conseil constitutionnel obligatoirement saisi de telles dispositions ne les avaient pas déclassées…

Toutefois, interrogé sur cette question par le président de la Polynésie française, le tribunal administratif de la Polynésie française dans un avis n° 4-2017 du 13 mars 2018, a répondu par la négative pour la raison suivante : si l'article 30 de la loi organique statutaire ne limite pas expressément le taux de participation de la Polynésie française au capital des sociétés commerciales, il faut néanmoins relever que *« dès lors qu'une société commerciale comporte plusieurs associés, la participation en cause ne peut aller jusqu'à représenter l'intégralité du capital ».*

Cette analyse fut confirmée par le Conseil d'État, dans son avis précité du 29 novembre 2018, qui a estimé que le législateur organique était bien compétent pour autoriser la Polynésie française à créer des sociétés publiques locales, car il s'agit *« d'une compétence nouvelle »* et il s'est permis d'ajouter que sa jurisprudence du 14 novembre 2018, *syndicat mixte pour l'aménagement et le développement des Combrailles et autres* (n° 405628 et 405690), fortement critiquée (voir notamment *DA* mars 2019 *« Sociétés publiques locales : « petits meurtres entre amis » au Palais Royal »,* note Westphal et Yann Wels, p. 35-39) était bien évidemment applicable au cas des sociétés publiques locales crées par la Polynésie française.

* *

*

Cette dernière révision statutaire a certes apporté un certain nombre de modifications attendues et appréciables, compatibles avec le cadre dessiné par l'article 74 de la Constitution, sous le contrôle du juge constitutionnel. Mais il faut aussi et surtout relever que les demandes non retenues et pourtant pertinentes et fondées feront sans nul doute l'objet de questions renouvelées de la part des élus polynésiens.

Les singularités du droit calédonien, chemin vers l'émancipation ?

Jean-Jacques URVOAS
Maître de conférences HDR en droit public à l'Université de Brest

Depuis la signature de l'Accord de Nouméa, le 5 mai 1998, par les trois partenaires (l'Etat, le pôle favorable au maintien de la Nouvelle-Calédonie dans la République autour du RPCR et les partis politiques indépendantistes regroupés au sein du FLNKS), la Nouvelle-Calédonie ne cesse de surprendre en se construisant un destin particulier. Elle y est d'ailleurs encouragée puisque les deux articles de la Constitution relatifs à ce territoire sont regroupés dans un titre XIII, ressuscité en 1998[343], explicitement intitulé « *dispositions transitoires* ».

Depuis plus de vingt ans, de nombreux travaux aussi érudits les uns que les autres ont accompagné cette évolution en explorant les futurs liens entre la France et cet archipel. Pour n'évoquer que les plus récents, Jean Courtial et Ferdinand Mélin-Soucramanien ont remis en 2014 au Premier ministre un rapport[344] balayant, avec clarté et rigueur, le champ des possibles évolutions institutionnelles. Puis en 2016, une « *mission d'écoute et de conseil* »[345] conduite par Jean-François Merle, Alain Christnacht, Yves Dassonville, Régis Fraisse, François Garde et Benoît Loubrière a poursuivi ce chantier en approfondissant trois thèmes : le transfert des compétences régaliennes, la transformation de la citoyenneté en nationalité et le statut international de pleine responsabilité.

Ces réflexions sont indispensables, car, en théorie, tous les scenarii sont envisageables, depuis l'indépendance jusqu'à la consécration du *statu quo*. En parallèle, suivant ainsi les dispositions de l'article 26 de la loi organique du

---

[343] Le titre XIII était initialement dédié à la Communauté française qui devait se substituer à l'Union française de la IVème République. Il fut abrogé en 1995.

[344] *Réflexions sur l'avenir institutionnel de la Nouvelle-Calédonie*, Paris, La Documentation Française, 2014.

[345] *Mission d'écoute et de conseil sur l'avenir institutionnel de la Nouvelle-Calédonie,* Paris, octobre 2016.

19 mars 1999, des transferts irréversibles de compétences non régaliennes ont été progressivement organisé par l'Etat au profit des collectivités calédoniennes. Ainsi par exemple furent concernés l'enseignement du second degré dans le public et dans le privé, la santé scolaire, l'enseignement primaire privé, ou encore la sécurité en matière de circulation aérienne intérieure et de circulation maritime dans les eaux territoriales. Des établissements publics de l'État tels que l'office des postes et communications ou l'institut de formation des personnels administratifs relèvent aussi dorénavant de la compétence locale.

Celle-ci se distribue entre différentes institutions singulières comme un « *Congrès* » délibérant qui dispose dans une douzaine de matières du pouvoir législatif et un exécutif collégial dénommé « *gouvernement de la Nouvelle-Calédonie* » composé de cinq à onze membres, élu au scrutin proportionnel par le Congrès et responsable devant lui.

L'ensemble de ces mutations uniques en leur genre ont revisité utilement la traditionnelle tension entre notre aspiration à l'indispensable unité de la République, souvent empreinte d'idéal, et la légitime reconnaissance des identités et les besoins propres de chacun. Il n'est d'ailleurs pas interdit de se demander si, à l'instar de Monsieur Jourdain avec la prose, la France ne fait pas du fédéralisme sans le savoir. Même si, dans le cas d'espèce, celui-ci se limite à une seule entité fédérée[346] et qu'il est conçu comme une étape transitoire d'un processus aboutissant à l'émancipation de la Nouvelle-Calédonie et non comme un mode permanent d'une organisation étatique.

Une étape supplémentaire a été franchie le 4 novembre 2018 par le déroulement d'un référendum sur le territoire. L'article 5 de l'Accord de Nouméa prévoyait en effet qu'une consultation d'autodétermination devait être proposée au plus tard en 2018 aux « *populations intéressées* », portant sur « *l'accès à un statut international de pleine responsabilité et l'organisation de la citoyenneté en nationalité* ». Par 78 734 voix sur 138 933 suffrages exprimés pour 174 165 électeurs inscrits, c'est-à-dire à 56,67 %, les calédoniens ont répondu par la négative à la question posée « *Voulez-vous que la Nouvelle-Calédonie accède à la pleine souveraineté et devienne indépendante ?* ».

---

346 Valérie Goesel-Le Bihan, « La Nouvelle-Calédonie et l'accord de Nouméa, un processus inédit de décolonisation », *Annuaire français du droit international*, volume 44, 1998, p. 45.

Le libellé de cette question avait fait l'objet de longues confrontations entre les différents responsables politiques. Certains, comme le sénateur Pierre Frogier, avaient plaidé pour éviter un « *référendum-couperet* », d'autres tentèrent de ressusciter la formule « *d'indépendance-association* » chère à Edgar Pisani afin d'éviter l'alternative radicale[347] – pour ou contre l'indépendance –, mais les exigences constitutionnelles et conventionnelles imposaient une question sans ambiguïté et compréhensible. « *En d'autres termes, [cela impliquait] nécessairement un effort de de simplification, un effort de simplification extrême même et une formulation binaire* », comme l'avait reconnu par anticipation le Premier ministre Edouard Philippe lors d'un déplacement à Nouméa en décembre 2017.

Le faible écart entre les votes positifs et les votes négatifs a surpris. En effet, les observateurs les plus avertis des subtilités de la vie politique locale étaient loin de prévoir que seuls 18 000 suffrages sépareraient les deux camps. Ainsi le « *oui* » est parvenu à rassembler 60 199 voix, bien au-delà des 43 628 suffrages totalisés par les listes indépendantistes aux élections provinciales de 2014 ou des 15 000 voix portées sur leurs deux candidats au 1er tour des législatives de juin 2017. De surcroit, la lecture des résultats apparait sans ambiguïté puisque la correspondance est quasi-parfaite entre ce vote et la part de la population d'origine kanak selon les statistiques du recensement effectué en 2014 par l'Institut de la Statistique et des Etudes Economiques de Nouvelle-Calédonie (ISEE-NC)[348]. Cette corrélation est cependant sans conséquence puisque le résultat de la consultation emporte l'avenir de tout le territoire, l'Accord de Nouméa précisant explicitement qu'il n'était pas possible qu'une partie de la Nouvelle-Calédonie puisse accéder seule à la pleine souveraineté au motif que les résultats y auraient été différents du résultat global.

Cette situation n'a pas épuisé le processus lancé il y a plus de vingt ans. En effet, en cas de réponse négative, les signataires avaient accepté que deux

---

347 Philippe Bas, Commission des Lois, Sénat, rapport n°287 (2017-2018), 7 février 2018, p. 11.

348 Si la loi de janvier 1978 interdit les statistiques ethniques, des dérogations sont possibles, à condition de respecter certains critères (consentement, anonymisation, justification de « *l'intérêt public* », etc.). Ainsi en Nouvelle-Calédonie, tous les recensements effectués depuis la Seconde Guerre mondiale font état de la « *communauté d'appartenance* » des résidents de l'archipel. Et depuis 2009, la formulation de la question permet un choix multiple parmi les huit communautés proposées : européenne, indonésienne, kanak, tahitienne, vietnamienne, wallisienne, futunienne.

autres scrutins portant sur la « *même question* » puissent se tenir dans les quatre années suivantes, et ce n'est que si leur résultat demeurait identique qu'il reviendrait alors aux partenaires politiques de se réunir *« pour examiner la situation ainsi créée »*.

Cette succession de votations référendaires est sans équivalent en France et même dans le monde. Certes en France, en 1946, il y eut deux référendums (le 19 avril puis le 13 octobre) pour rechercher l'approbation d'une nouvelle Constitution. Mais la question et le texte proposé étaient différents dans chaque scrutin. Et en Irlande, quand il y eut deux votes en 2008 puis en 2009 pour la ratification d'un nouveau traité européen, là encore, la question avait significativement changé d'un référendum au suivant[349].

Tel ne sera pas le cas en Océanie. A l'issue des débats du Comité des signataires organisé à Paris le 10 octobre 2019, Edouard Philippe a annoncé que la seconde consultation se déroulerait le 6 septembre 2020 et que la question serait naturellement identique. L'archipel va donc continuer à s'interroger sur les formes juridiques que pourrait prendre son avenir, comparant inlassablement les mérites supposés de l'accès pur et simple à la pleine souveraineté aux inconvénients probables de l'autonomie pérennisée, en passant par l'hypothèse hésitante d'une pleine souveraineté avec partenariat et l'autonomie étendue.

Parce qu'en d'autres lieux[350], nous avons déjà exploré la perspective d'un « *Etat associé* », territoire conceptuel mal défini, aux contours imprécis se situant aux confins de l'association et de la fédération[351], notre propos ne visera pas une nouvelle fois à tenter de convaincre que la pensée juridique française, trop volontiers dogmatique, gagnerait à appréhender positivement cette notion issue d'une tradition pragmatique beaucoup plus coutumière au droit anglo-saxon. Nul doute pourtant que si chaque camp pouvait faire un nouveau pas vers l'autre – que l'indépendance s'accompagne de l'association et la non-indépendance de la fédération – le beau rêve calédonien du *« destin commun »* serait alors vraiment à porter de mains.

A cette fin, convaincu qu'un regard extérieur peut parfois contribuer au dépassement de certains clivages présentés sur le plan local comme

349 Ferdinand Mélin-Soucramanien, « Nouvelle-Calédonie : à la recherche du consensus perdu », *Outremer 360°*, 10 décembre 2018.

350 *« Etat associé ou fédéré, des pistes pour l'avenir institutionnel de la Nouvelle Calédonie ? », La semaine juridique*, 4 septembre 2017, n°36.

351 Sur ce sujet lire Léa Havard, *L'Etat associé*, Presses Universitaires d'Aix-Marseille, 2018.

irréductibles, alors qu'ils ne le sont pas nécessairement, c'est à la description empirique des spécificités juridiques calédoniennes que l'on s'attachera, à l'abri des grands schémas théoriques préétablis et des constructions idéologiques dominantes.

Dans ce territoire lointain, lié depuis 177 ans à la France[352] et où l'histoire continue à s'écrire, le droit s'est en effet révélé très élastique, devenant bien plus un « *art des limites* » guidant moins qu'il ne fixe des bornes. Et si cette souplesse a pu produire de tels effets, c'est bien en raison de son souffle fédéral. D'ailleurs l'inspirateur du processus, Michel Rocard l'avait parfaitement assumé comme il l'expliqua lors d'un célèbre colloque organisé à Montpellier en 1997 : « *il s'agit là d'une disposition d'esprit fédératif bien que je n'ai pas fait apparaitre ce mot dans le statut pour ne pas risquer un inutile conflit symbolique* »[353].

Ce bon sens destiné à répondre au mieux aux exigences de la réalité calédonienne fut particulièrement fécond. Des dérogations sans précédent ont succédé aux innovations spectaculaires, l'ensemble étant continuellement approuvé à une quasi-unanimité lors des votes réguliers du Parlement et perpétuellement justifié par le but poursuivi : maintenir la paix sociale localement et parvenir à une décolonisation résultant d'une « *solution négociée* » pour reprendre l'approche de Lionel Jospin.

Première originalité : la Nouvelle Calédonie décide de son avenir. Si la France est administrativement un Etat unitaire, l'archipel n'en figure pas moins sur une courte liste dressée par l'ONU des « *pays à décoloniser* » aux côtés de Gibraltar, des îles Vierges britanniques et américaines ou du Sahara Occidental. Saisi par les chefs de gouvernement des Etats membres du « *Forum du Pacifique Sud*[354] », c'est au cours de la 48e session de son Assemblée générale tenue le 2 décembre 1986 que les Nations Unies estimèrent par la résolution 41/41 que, puisque « *les populations ne s'y administrent pas complètement elles-mêmes* », ce territoire était donc « *non*

---

352 Le premier protectorat date de 1844, la « *prise de possession* » du territoire et de « *ses dépendances* » par le contre-amiral Auguste Febvrier-Despointes fut décidée le 24 septembre 1853 et un décret impérial du 14 janvier 1860 dota la Nouvelle-Calédonie d'un régime juridique particulier.

353 Michel Rocard, in « *L'avenir statutaire de la Nouvelle-Calédonie* » Jean-Yves Faberon (Dir.), La Documentation Française, 1997.

354 Australie, Cook, Fidji, Kiribati, Marshall, Nauru, Niue, Nouvelle-Zélande, Palaos, Papouasie-Nouvelle-Guinée, Samoa occidentale, Salome, Tonga, Tuvalu, Vanuatu.

autonome » au sens du chapitre XI de sa Charte. Et en conséquence, il était indispensable de rappeler le droit inaliénable du « *peuple de Nouvelle-Calédonie* » à l'autodétermination et à l'indépendance.

Même si la France contesta cette inscription en estimant que la question calédonienne relevait de la seule souveraineté française en vertu de l'article 31 de la Charte, cette décision a conduit le Comité spécial des Nations Unies sur la décolonisation (organe subsidiaire de l'Assemblée générale dit « *Comité des 24* ») à évaluer régulièrement la situation.

Ce dernier s'est montré particulièrement attentif à l'Accord de Nouméa qui plaçait justement la décolonisation en son cœur. « *La colonisation a porté atteinte à la dignité du peuple kanak qu'elle a privé de son identité* » reconnaissait les signataires avant de définir la décolonisation non par son contenu, mais par son objectif « *le moyen de refonder un lien social durable entre les communautés qui vivent aujourd'hui en Nouvelle-Calédonie* ». Aussi en accord avec toutes les forces politiques locales, ce sont bien les voies d'une transition « *inédite* »[355] progressive, pacifique et démocratique de la Nouvelle-Calédonie vers l'émancipation qui se sont ouvertes. La République, en reconnaissant, par le vote du Parlement, la spécificité de l'identité kanak à travers l'instauration d'un statut civil coutumier dans le prolongement de l'article 75 de la Constitution, a consacré l'existence et les droits de ce peuple en arrêtant un cadre institutionnel original. Nous sommes bien loin de la décision n° 91-290 DC du 29 mai 1991 où le Conseil constitutionnel prétendait que la « *Constitution (...) ne connait que le peuple français, composé de tous les citoyens français sans distinction d'origine, de race ou de religion* »…

Cette originalité se double d'une seconde : la Nouvelle-Calédonie est la seule collectivité à avoir provoqué une révision de la Constitution le 20 juillet 1998. Ce territoire n'est pas plus une collectivité d'outre-mer qu'un département ultra-marin comme la Réunion ou la Guadeloupe. Son statut est différent, comme le mentionne le titre XIII de la Constitution et ses articles 76 et 77. Ce dernier autorise notamment le législateur organique à adopter des dispositions statutaires dérogeant à des principes à valeur constitutionnelle « *pour assurer l'évolution de la Nouvelle-Calédonie dans le respect des orientations définies* » par l'Accord « *et selon les modalités nécessaires à sa*

[355] Valérie Goesel-Le Bihan, *Ibid*, p. 49.

mise en œuvre »[356]. Partant, l'environnement constitutionnel du territoire est ainsi borné par la Constitution de 1958, texte de principe structuré autour de l'unité nationale et l'Accord de Nouméa qui reconnait une spécificité locale reposant par essence sur une logique dérogatoire au droit commun.

L'archipel échappe donc au statut général des collectivités locales défini par le titre XII de la Constitution et se définit comme une collectivité « *sui generis* » ou encore une « *collectivité d'outre-mer à statut particulier* » puisque la révision constitutionnelle de 2003 l'a intégré à la liste figurant dans l'article 72-3. Cette réalité est unique dans la République française.

La troisième originalité relève du registre électoral et porte sur l'exercice du droit de vote. Dans tous les autres territoires français, il n'existe qu'une seule liste électorale unique, publique, permanente et révisable annuellement, car il n'y a qu'un seul corps électoral. Tel n'est pas le cas de la Nouvelle-Calédonie où trois listes électorales coexistent depuis l'adoption de la loi organique du 19 mars 1999.

La première dite « *générale* » (LEG) est conforme au droit commun. Elle est utilisée pour les référendums et les élections présidentielles, municipales, législatives ou européennes. La seconde dite « *liste électorale spéciale provinciale* » (LESP) définit les contours de la « *citoyenneté calédonienne* » (cf. infra). Elle ne sert que pour les élections qui renouvellent le Congrès de Nouvelle-Calédonie et les conseils des trois provinces de l'archipel. Enfin, la dernière liste électorale est à usage unique de la consultation sur l'accession à la pleine souveraineté (LESC[357]) et doit rassembler « *les populations intéressées* » à l'avenir du territoire au sens de l'Accord de Nouméa et de l'article 77 de la Constitution.

Cette diversité résulte d'une interrogation qui opposa durement les formations politiques locales[358] : quel était le corps électoral qui allait pouvoir décider de l'indépendance ou du « *maintien dans la France* » ?

Parce qu'« *un corps électoral spécifique* » constituait l'une « *pierres angulaires* » de l'Accord de Nouméa selon les mots du Président de la

---

[356] Conseil constitutionnel, n°99-410 DC, 15 mars 1999, Loi organique relative à la Nouvelle-Calédonie, cons. 4.
[357] Loi électorale spéciale à la consultation sur l'accession à la pleine souveraineté de la Nouvelle Calédonie.
[358] Voir par exemple Simon Loueckhotte, *Ma vérité*, L'Harmattan, 2017, pp. 49 et suiv.

Province Nord Paul Néaoutyine[359], les indépendantistes souhaitaient que seuls les électeurs vivants sur territoire en 1998 puissent être concernés. Ils plaidaient ainsi pour une dissociation entre l'électorat de droit commun et l'électorat concerné par le référendum afin d'éviter les conséquences éventuelles des évolutions démographiques. Ils rappelaient, à l'appui de leur thèse, que la Nouvelle-Calédonie avait été, avec l'Algérie, la seule colonie de peuplement de l'empire colonial français. Et que, dans les années 1970, l'une des ambitions du gouvernement français avait été de noyer la revendication d'indépendance en rendant les Kanak minoritaires dans leur pays. Le Premier ministre Pierre Messmer n'avait d'ailleurs pas hésité à écrire le 18 juillet 1972 à Xavier Deniau, son ministre des DOM-TOM que « *La présence française en Calédonie ne peut être menacée, sauf guerre mondiale, que par une revendication nationaliste des populations autochtones appuyées par quelques alliés éventuels dans d'autres communautés ethniques venant du Pacifique. À court et moyen terme, l'immigration massive de citoyens français métropolitains ou originaires des départements d'outre-mer (Réunion) devrait permettre d'éviter ce danger en maintenant et en améliorant le rapport numérique des communautés* ». En revendiquant un gel du corps électoral, le FLNKS espérait donc accroitre sa capacité à remporter la consultation.

Même si une restriction du corps électoral est une donnée assez classique dans les processus de décolonisation, une telle approche ne pouvait que heurter les non indépendantistes partisans d'une stricte application du droit commun et revendiquant l'égalité comme l'universalité du suffrage.

Après d'âpres et longues négociations, les partenaires finirent par se mettre d'accord sur une rédaction idoine à la veille de son examen par l'Assemblée nationale en décembre 1998 qui fut reprise dans l'article 218 de la loi organique. Ainsi le corps électoral référendaire allait être plus restreint que le corps électoral de droit commun, mais sensiblement plus large que le corps électoral provincial. Y figuraient ceux qui pouvaient voter au moment de l'Accord de Matignon et leurs descendants, les Kanak bénéficiant du « *statut coutumier* », et quelques nouveaux arrivants justifiant de liens très étroits avec la Nouvelle-Calédonie.

Depuis cette date, les tractations ont continué et le 5 août 2015, une nouvelle loi organique fut adoptée permettant, à rebours du principe traditionnel selon lequel l'inscription sur une liste électorale relève d'une

---

[359] Paul Néaoutyine, *L'indépendance au président, Identité Kanak et destin commun*, Editions Syllepse, 2006, p. 66.

démarche volontaire du citoyen, l'inscription d'office sur la LESC de nouvelles catégories d'électeurs. L'ensemble des difficultés n'étaient pas pour autant résolues, puisque, d'après les études statistiques conduites sous la responsabilité du Haut-Commissaire de la République, il apparaissait que près de 11 000 personnes relevant du corps électoral référendaire ne figuraient pas sur la LEG bien qu'elles remplissaient les conditions de droit commun fixées à cet effet par le droit électoral. Aussi, une dernière loi organique fut promulguée le 19 avril 2018 après qu'un nouvel accord politique unanime soit intervenu lors du XVIe Comité des signataires de l'Accord de Nouméa, réuni à Matignon le 2 novembre 2017.

Si les contorsions furent nombreuses, elles n'en furent pas moins jugées acceptables par la Cour Européenne des droits de l'homme dans un arrêt du 11 janvier 2005[360], et validées par le Conseil d'Etat qui précisa qu' « *[il] résulte des textes et de la jurisprudence constitutionnelle [...] que l'accord de Nouméa ne fait pas obstacle à ce que le législateur organique détermine, en vue de l'inscription d'office d'électeurs appelés à prendre part à la consultation sur l'accession à la pleine souveraineté de la Nouvelle-Calédonie, des cas dans lesquels les intéressés sont présumés y détenir le centre de leurs intérêts matériels et moraux au sens de cet accord, dès lors que le critère qu'il retient est en rapport direct avec cette condition*[361] ». Pourtant, concrètement, 35 000 électeurs environ inscrits sur la liste électorale générale (qui compte 201 105 électeurs) ne pouvaient toujours pas participer au scrutin.

Il est cependant tout aussi certain que l'égalité de traitement qui fut reconnue entre les différents électeurs quel que soit le statut civil dont ils relevaient (de droit commun ou de droit coutumier) fut pour beaucoup dans la réussite de l'organisation du référendum du 4 novembre 2018. Ainsi non seulement le résultat ne fit l'objet d'aucune contestation, mais la sincérité du scrutin fut saluée par tous, y compris par les observateurs mandatés par l'ONU.

Quatrième originalité, le droit applicable en Nouvelle-Calédonie peut être significativement différent de celui du reste du pays. Cette réalité découle

[360] CourEDH, arrêt n°66289/01 du 11 janvier 2005, Bruno Py c/ France.

[361] Avis du Conseil d'État n° 393830 portant sur un projet de loi organique relatif à l'organisation de la consultation sur l'accession à la pleine souveraineté de la Nouvelle-Calédonie, 30 novembre 2017.

d'une volonté politique partagée par les partenaires de l'Accord de Nouméa. Ainsi à chaque étape, comme l'y invitait ce texte aussi habile qu'admirable, le droit s'est mis au diapason des faits, par une lecture assurément constructive de ses ressources. Et la plupart des lois organiques votées depuis 1998 pour en assurer l'application furent la traduction juridique de paris ambitieux, courageux et inédits. Tout dans l'histoire récente de la Nouvelle-Calédonie donne raison à Jean Giraudoux qui faisait dire au prince Hector dans « La guerre de Troie n'aura pas lieu » que « *le droit est la plus belle école de l'imagination* ».

Par exemple, de manière classique, la souveraineté, pouvoir suprême de l'Etat, ne peut pas être divisée. Pourtant la Nouvelle-Calédonie profite d'une « *souveraineté partagée* » avec la France et le « *gouvernement* » calédonien dispose d'une compétence internationale lui permettant de négocier et de signer des accords avec des états du Pacifique dans ses domaines de compétences. Le Conseil constitutionnel n'y a cependant trouvé rien à redire estimant qu'il était possible de déroger à certains principes constitutionnels sous réserve de le justifier par des fondements de même nature. Désormais, la Nouvelle-Calédonie est ainsi associée à l'exercice de la compétence régalienne des relations étrangères en étant membre à part entière d'organisations internationales comme le Forum des îles du Pacifique, ou membre associé de l'UNESCO et de l'Organisation internationale de la Francophonie.

De même, l'organisation administrative de l'archipel relève plus d'une analyse constitutionnelle c'est-à-dire d'un Etat, que d'une étude classique d'une collectivité territoriale. Comme cela a déjà été indiqué, il existe un gouvernement exécutif, un congrès législatif et « *le Conseil Constitutionnel [qui siège à Paris) veille à la répartition des compétences entre la République et la Nouvelle-Calédonie [...] à la manière d'une cour fédérale* » selon Jean et Jean-Eric Gicquel[362]. Guy Carcassonne a même pu écrire, en parlant de l'article 77 de la Constitution, qu'« *il n'est pas exagéré d'observer qu'il s'agit moins de dispositions particulières que d'une autre Constitution, celle de la Nouvelle-Calédonie, que le texte de 1958, bien accueillant, abrite désormais [...] à la façon des poupées russes* »[363].

[362] Jean Gicquel, Jean-Eric Gicquel, *Droit constitutionnel et institutions politiques*, LGDJ, 33ème éd, 2019, p. 878.
[363] Guy Carcassonne, *La Constitution*, Seuil, 11ème ed, 2013, p. 373.

Depuis 1999, le Congrès du territoire adopte donc des « *lois du pays* », rompant avec le principe fondamental posé en 1789, de « la loi expression de la volonté générale ». Bien que ces textes soient en fait des actes administratifs, leur contrôle échappe au juge administratif pour échoir au Conseil constitutionnel. Le Congrès est ainsi, aux côtés de l'Assemblée nationale et du Sénat, la 3e assemblée législative de notre pays. Et dans les domaines reconnus par la loi organique de 1999 et qui recoupent les attributions législatives classiques définies par l'article 34 de la Constitution, il a adopté, depuis octobre 1999, plus de 200 lois de pays.

A celles-ci s'ajoutent des délibérations du Congrès qui se rapprochent des actes habituels des collectivités territoriales, bien qu'elles puissent intervenir dans des domaines relevant normalement du législateur national. Lorsque leur objet est général, ces délibérations peuvent, soit être des mesures d'application de lois du pays, soit des textes s'apparentant aux règlements autonomes que le gouvernement de la République édicte, conformément à l'article 37 de la Constitution. Cette échelle normative particulière est enfin complétée par les actes individuels pris par le gouvernement de la Nouvelle-Calédonie, par les autorités du Congrès pour leur propre organisation, ces dernières pouvant également établir des actes de nature réglementaire pour arrêter leurs modalités de fonctionnement.

C'est donc bien à une « *hiérarchisation des normes parallèle à celle applicable partout ailleurs en France* »[364] que l'on aboutit.

Il faut encore préciser que l'archipel, libre de sa fiscalité depuis 1976, bénéficie d'une autonomie de près de 70 % par rapport aux compétences qui peuvent être exercées ailleurs par les pouvoirs publics. La Nouvelle-Calédonie est en effet autonome sur bien des domaines : droit du travail, droit civil, droit des assurances, enseignement primaire et secondaire…

Sans omettre le fait que le droit applicable intègre l'ordre normatif coutumier kanak[365]. Un « *état civil coutumier* » est ainsi reconnu aux Kanak qui recouvre le droit de la famille, le droit des personnes, le droit des contrats, le droit des terres et de tout ce qui se trouve sur les terres ; en somme tout ce que recouvre, dans le système juridique de droit commun, le droit civil. De plus, les litiges concernant ces personnes sont réglés en cas de conflit, par une

[364] Dominique Bussereau et René Dosière, Rapport d'information pour la commission des Lois, Assemblée nationale, n°3222, 9 juillet 2001.
[365] Sur les 175 000 électeurs inscrits pour le référendum, 80 000 relevaient de ce statut.

juridiction particulière au sein du tribunal civil de première instance, et à la cour d'appel où siègent des assesseurs coutumiers.

Enfin et surtout il existe une « *citoyenneté calédonienne* » alors que même dans un état fédéral, la citoyenneté est exclusive de l'Etat achevé. Naturellement, cet état de fait est notoirement contraire à ce qui vaut pour le reste de la République. D'autant que cette citoyenneté ouvre des droits et notamment un accès préférentiel à l'emploi, lesquels font encore la singularité du système normatif calédonien.

L'élaboration de cette citoyenneté fut le fruit de la combinaison opportune d'un réel consensus politique et d'une large indifférence populaire[366] qui répondait à une ambition : remplacer la coexistence d'ethnies et d'histoires diverses, et même opposées, par un sentiment d'appartenance à « *une communauté de destin choisie* ». Cette citoyenneté calédonienne devait alors être l'instrument juridique et politique permettant la réalisation de ce « *destin commun* ». Mais paradoxalement cette citoyenneté se caractérise principalement par des restrictions puisqu'elle prive des citoyens français non-citoyens de la Nouvelle-Calédonie de droits qu'ils tiennent de leur citoyenneté française[367]. Autrement dit, aujourd'hui, tous les citoyens français résidants dans l'archipel ne sont pas des « *citoyens calédoniens* »... Il s'agit là évidemment d'une disjonction particulièrement atypique dans le paysage juridique français qu'autorise une malléabilité assez rare de la norme constitutionnelle. Mais elle est nécessairement appelée à évoluer puisque les conditions d'accès à cette citoyenneté calédonienne, qui continuent de faire débat dans l'archipel, sont par définition transitoires et devront être redéfinies dans le cadre de la sortie de l'Accord de Nouméa.

La Nouvelle-Calédonie est donc à bien des égards le produit d'une alchimie novatrice dans notre système institutionnel. Certains ont pu y voir, pour le regretter, une *« nouvelle mésaventure du positivisme »*[368], voire une « *absurdité juridique* »[369]. D'autres préfèrent saluer ce « *réalisme*

---

366 René Dosière, « L'accord de Nouméa au Parlement », in Jean-Marc Regnault et Viviane Fayaut, *La Nouvelle-Calédonie. Vingt années de concorde, 1998-2008*, SFHOM, 2008, p.159.

367 Léa Havard, « La réalisation de la citoyenneté calédonienne », *RDP* 2013, n°5, p. 1179.

368 Anne-Marie Le Pourhiet, « Nouvelle-Calédonie : la nouvelle mésaventure du positivisme », *RDP* 1999, n°4, p. 1005.

369 Olivier Beaud, « Fédéralisme et souveraineté. Notes pour une théorie constitutionnelle », *RDP*, 1998, n° 1, p. 85.

visionnaire » [370] qui a permis le passage de la revendication d'un droit autochtone à l'autodétermination à la fin des années 70 à l'exercice d'un droit calédonien à l'autodétermination.

Cette souplesse ne surprend pourtant pas les Calédoniens habitués à vivre dans l'immense Océanie, entourés de plusieurs pays membres du Commonwealth pratiquants la Common Law. Cet environnement ne doit pourtant pas générer d'illusions. Les spécificités calédoniennes ne doivent rien au modèle de Westminster. Elles sont transitoires et rien n'est irréversible.

Certes, l'Accord de Nouméa exclut expressément, dans son article 5, tout processus de recentralisation par la métropole[371] et l'article 77 de la Constitution rappelle le caractère définitif des transferts. Certains ont cru pouvoir en déduire une « *irréversibilité constitutionnelle* » selon le concept forgé par le professeur Mathias Chauchat[372]. Mais si ce raisonnement est séduisant, ses fondements sont purement politiques et absolument pas juridiques puisqu'ils reposent sur des définitions erronées des termes pour déboucher sur une erreur dans l'interprétation de la hiérarchie des normes.

Quelques simples rappels démontrent, à l'inverse, que demain tout peut advenir. En effet, il suffit de relire les propos de Catherine Tasca, alors présidente de la commission des Lois de l'Assemblée nationale, lors de l'examen du projet de loi constitutionnelle le 9 juin 1998 pour comprendre que la seule irréversibilité qui vaille est procédurale[373]. Aucune disposition n'existe qui engloberait dans cette irréversibilité le statut du territoire. De fait, l'adoption de lois organiques successives modifiant la composition du corps électoral illustre bien que rien n'est vraiment définitif quand, malgré les difficultés, les profondes divergences et les rivalités inhérentes à la vie démocratique, les responsables politiques calédoniens savent trouver les consensus ou les compromis nécessaires sur les sujets essentiels.

Ce que le Constituant a fait, le Constituant peut pareillement le défaire. Nul doute donc que la Nouvelle-Calédonie devra continuer à se réinventer pour mieux s'émanciper.

---

370 Dominique Bussereau et René Dosière, *Ibid*, p. 71.

371 *« Tant que les consultations n'auront pas abouti à la nouvelle organisation politique proposée, l'organisation politique mise en place par l'accord de 1998 restera en vigueur, à son dernier stade d'évolution, sans possibilité de retour en arrière, cette « irréversibilité » étant constitutionnellement garantie. »*

372 Mathias Chauchat, *Les institutions de la Nouvelle-Calédonie : Institutions politiques et administratives*, chapitre 13, CDP Nouvelle-Calédonie, Nouméa, 2011.

373 http://www.assemblee-nationale.fr/11/cr-cloi/98-99/c9798062.asp

PARTIE 2 - LIBRE ADMINISTRATION DES COLLECTIVITÉS : LE PRINCIPE ET SON EFFECTIVITÉ

UN CADRE CONSTITUTIONNEL DÉPASSÉ ?

SEMPER ABEST. LA PRÉTENDUE CLAUSE GÉNÉRALE DE COMPÉTENCE DES COLLECTIVITÉS TERRITORIALES

Olivier GOHIN
Professeur à l'Université Panthéon-Assas - Faculté de droit de Paris II

La clause générale de compétence est longtemps restée une notion indiscutée du droit français des collectivités territoriales sans que nul ne puisse en déterminer ni l'origine ni la normativité. Elle devait s'imposer avec la force de l'évidence, celle que traduit le titre célèbre du long article que le jeune professeur Jean-Marie Pontier lui a consacré, en 1984, à la *Revue du droit public*[374], juste après la réforme du droit de la décentration réalisée, dans le cadre renouvelé de la loi institutionnelle du 2 mars 1982 modifiée par la loi du 22 juillet de la même année, par la première loi substantielle de nouveaux transferts de compétences[375] : celle du 7 janvier 1983, complétée - c'est un fait exprès - par celle du 22 juillet de la même année. Ce serait là un invariant du « *système traditionnel* » qui est « *généralement accepté* », et ce « *de manière à peu près unanime* » et même « *sans conteste* »[376] : en résumé, selon cet estimé collègue, au début de sa brillante carrière universitaire, « *nous pouvons dire qu'après 1983, comme avant, la clause générale de compétence demeure le système retenu pour déterminer les compétences des collectivités locales* »[377]. Or, ce débat sur la « *clause de compétence générale* » a été récemment relancé à l'occasion des lois de réforme de la décentralisation

[374] Jean-Marie Pontier, « Semper manet. Sur une clause générale de compétence », *RDP* 1984, p. 1443-1472.
[375] Jérôme Chapuisat, « La répartition des compétences - Commentaire de la loi n° 83-8 du 7 janv. 1983 relative à la répartition des compétences entre les communes, les départements, les régions et l'État », *AJDA* 1983, p. 81-91.
[376] *Ibid.*, p. 1445, 1446, 1451 et 1462, dans l'ordre des citations.
[377] *Ibid.*, p. 1445.

territoriale, entre 2010 et 2015. Et, il ne semble toujours pas clos, loin de là, pour ce qui concerne les communes[378].

De la clause générale de compétence, il faut bien donner une définition dont on observera qu'elle n'est ni simple, *« en* raison de son *imprécision* »[379] , ni immédiate puisque son « *maintien* » est affirmé, avant même sa « *signification* »[380]. Et, il faut bien dire que sa définition est tout sauf claire dès lors que cette clause[381] est présentée, tout à la fois et au fil des pages, comme « *un critère général de répartition* »[382] ou comme une compétence de principe non explicitée pour autant que les lois spécifiques de décentralisation seraient, pour les catégories de collectivités territoriales, « *une explicitation de la clause générale de compétence* »[383] ou encore comme « *une généralité de compétence au profit de la collectivité* »[384]. Dès lors, la clause générale de compétence ne signifie, en définitive, qu'une « *aptitude à agir* » ou « *à intervenir »* de ces collectivités territoriales, à titre complémentaire[385].

Par suite, dans le droit des collectivités territoriales, on est immanquablement renvoyé à deux notions importantes qui se conjuguent :

- d'une part, à la vocation générale de l'État ou des collectivités territoriales de la République, confondue avec la notion d'affaires nationales ou locales.

---

378 Voir, à ce sujet, Jacques Ferstenbert, François Priet et Paule Quilichini, *Droit des collectivités territoriales*, 2ème éd., coll. Hypercours, Paris, Dalloz, 2016, n° 920 et 921, p. 530-532 et p. 664 ou Michel Verpeaux et Laetitia Janicot, *Droit des collectivités territoriales*, 4ème éd., coll. Major, Paris, PUF, 2017, p. 350-355.

379 *Ibid.*, p. 1446.

380 Telles sont successivement les deux parties de l'article, selon le sommaire en p. 1443.

381 Le titre de l'article dit, de façon moins assurée, « *une* », et non pas la clause générale de compétence.

382 Jean-Marie Pontier, *op. cit.*, p. 1444.

383 *Ibid.*, p. 1456 à 1458. Le cas échéant, ces législations spécifiques qui peuvent recourir à la théorie des blocs de compétence, peuvent s'appliquer à une seule collectivité, en particulier.

384 *Ibid.*, p. 1463.

385 *Ibid.*, p. 1458 (« *agir* ») ou p. 1456, 1459 et 1460 (« *intervenir* ») ; égal., en conclusion de l'article : « *La clause générale de compétence consacre l'initiative possible de la collectivité au-delà d'une liste possible de compétences* ». Elle « *signifie donc faire plus que ce l'État lui donne à faire* », c'est-à-dire que les collectivités territoriales « *peuvent utiliser toutes les potentialités que leur laissent les lois* » (Jean-Marie Pontier, *op. cit.* p. 1472). On notera que, pour l'auteur, la prétendue clause générale de compétence vaut, en droit français, pour toutes les collectivités « *publiques* », y compris et d'abord pour l'État dans mesure où « *la clause générale de compétence* (…) *ne peut être appréciée, analysée que par rapport à l'État* » (p. 1449).

Précisément, cette notion d'« *affaires locales* » à laquelle le professeur Jérôme Chapuisat a consacré sa remarquable thèse de doctorat[386], quoique non publiée, est celle explicitée, pour les communes, depuis l'article 61 de la loi municipale du 5 avril 1884, par cette prescription inchangée en droit positif, dans les termes de l'article L.2121-29, alinéa 1er du code général des collectivités territoriales : « *Le conseil municipal règle par ses délibérations les affaires de la commune* » ;

- d'autre part, à la libre administration des collectivités territoriales, comprise comme la capacité où les collectivités territoriales de la République seraient de définir librement le champ de leurs interventions, au-delà des compétences que telle ou telle législation spécifique leur attribue. Ne lit-on pas, d'ailleurs, sur le site Internet du Sénat, l'assemblée qui assure, au sein du Parlement, la représentation des collectivités territoriales de la République (Const., art. 24, al. 4), que « *l'attribution d'une clause générale de compétence aux communes (...) qui représente une extension significative des attributions des communes* » (...), « *exprime le principe, aujourd'hui constitutionnel, de la libre administration des collectivités locales* »[387] ?

Une telle démonstration n'emporte pas la conviction, aussi minoritaire ou marginale que soit encore la doctrine ici développée ou plutôt reprise, car on ne croit pas avoir jamais dit ou écrit le contraire[388] : non pas que, depuis la réforme de la décentralisation en 1982-83, non sans contradiction, la clause générale de compétence n'ait « *plus sa place dans l'ordonnancement de la décentralisation* » parce qu'elle a été « *supprimée* » ou qu'elle « *n'existe plus* »[389]. La vérité, c'est que cette clause générale de compétence – expression étrange - n'a jamais existé en droit français. La question n'est donc pas de savoir si elle subsiste ou non, à telle ou telle occasion de la réforme fréquente du droit des collectivités territoriales, avant ou après ce qui est souvent présenté, avec emphase et abus, comme l'acte I de la décentralisation, en 1982. En effet, même en droit qui est matière logique, ne continue à être que ce qui est déjà. Or, s'il faut vraiment le dire en latin, *non semper manet quia semper abest* : le maintien de la clause générale de compétence est, de tout temps, interdit par son absence.

---

[386] *La notion d'affaires locales en droit administratif français*, thèse dactyl., Université de Paris II, 1972.

[387] Sur le site Internet du Sénat, suivre Accueil > Événements > Dossiers d'histoire > La loi municipale de 1884 - Les grands principes de la loi municipale de 1884.

[388] Olivier Gohin et Jean-Gabriel Sorbara, *Institutions administratives*, 8ème éd., coll. Manuels, Paris, LGDJ, 2019, n° 182, p. 91 et 92 et n° 190-193, p. 94-96.

[389] Jean-Marie Pontier, *op. cit.*, p. 1446, 1449 et 1454, dans l'ordre des citations.

Cela, le Conseil constitutionnel a fini par le dire pour droit. Le point de départ, c'est la loi départementale du 10 août 1871 dont l'article 48, alinéa 5 disposait que le conseil général délibère « *sur tous les objets d'intérêt départemental dont il est saisi, soit par une proposition du préfet* », alors exécutif de la collectivité territoriale, « *soit sur l'initiative d'un de ses membres* », formulation embarrassée qui renvoyait, cependant, à la notion d'affaires départementales jusqu'à ce que la loi du 2 mars 1982 le dise explicitement, en transposant la prescription précitée, en ce sens, du droit des communes : « *Le conseil général règle par ses délibérations les affaires du département* » (art. 23). C'est ce dispositif qui est exactement repris dans le code général des collectivités territoriales, dans la première version de l'article L. 3211-1, alinéa 1er résultant de la codification initiale issue, à droit constant, de la loi du 21 février 1996.

Or, de la vocation générale des départements affirmée depuis le début de la IIIe République et fondée sur la notion implicite, de 1871 à 1982, puis explicite, depuis 1982, d'affaires départementales, dans le cadre contemporain de la libre administration de cette catégorie de collectivités territoriales, il a été déduit, à tort, l'existence d'une clause générale de compétence au profit des départements, collectivités territoriales de la République. Le législateur aurait soudain entendu supprimer cette prétendue clause au bénéfice de la mise en place de blocs de compétence départementaux, en 2010, avant de la rétablir, en 2014, puis de la supprimer à nouveau, en 2015. En réalité, pour s'en tenir, ici, à cette catégorie constitutionnelle de collectivités territoriales de la République, la partie législative du code général des collectivités territoriales n'aura fait que réitérer, par trois fois, ce que la loi du 2 mars 1982 avait déjà expressément et précisément énoncé : la vocation générale des départements, inscrite dans le cadre des compétences que le législateur leur attribue,

- que, selon une solution dépassée, cette attribution ne soit pas explicitée, comme avant la loi de réforme des collectivités territoriales (RCT) de 2010 ou, sur ce point, pendant un peu plus d'an et demi seulement, de la loi sur la modernisation de l'action publique territoriale et d'affirmation des métropoles (MAPTAM) de 2014[390] à la loi portant Nouvelle organisation territoriale de la République (NOTRe) de 2015 ;

---

[390] Même dispositif modif. par la loi MAPTAM du 27 févr. 2014, art. 1er : « *Le conseil départemental règle par ses délibérations les affaires du département* ». Ce dispositif est inclus dans un chapitre intitulé à tort : « Le rétablissement de la clause de compétence générale ».

- ou qu'au contraire, cette attribution de compétences soit explicitée, comme de la loi RCT de 2010[391] à la loi MAPTAM de 2014 ou depuis la loi NOTRe de 2015 : « *Le conseil départemental règle par ses délibérations les affaires du département dans les domaines de compétence que la loi lui attribue* »[392].

On soulignera que le chemin suivi est exactement le même, en passant par les mêmes portes, en ce qui concerne le traitement des affaires régionales. L'alinéa 1er de l'article L. 4221-1 du code général des collectivités territoriales complète aussi sa rédaction initiale, issue de l'article 59, alinéa 2 de la loi du 2 mars 1983, rétablie entre 2014 et 2015 : « *Le conseil régional règle par ses délibérations les affaires de la région* » par l'additif suivant, retenu entre 2010 et 2014[393] et de droit positif depuis 2015 : « *dans les domaines de compétences que la loi lui attribue* ».

Or, par le motif que la loi de réforme des collectivités territoriales de 2010 supprimerait la prétendue clause dite « *de compétence générale* » en prescrivant, dans son article 73-I-1° et -II, que c'est « *dans les domaines de compétence que la loi lui attribue* » que les affaires départementales ou régionales avaient à être délibérées, le Conseil constitutionnel aura eu à retenir ou non la méconnaissance de deux normes de référence, la première hypothétique et la seconde certaine :

- est hypothétique le principe fondamental reconnu par les lois de la République, au cas particulier par la loi départementale du 10 août 1871, dans son article 48 précité, en tant qu'il garantirait cette compétence générale[394] ;

- est certain le principe de libre administration des collectivités territoriales, énoncé à l'article 72, alinéa 3 de la Constitution[395].

Pour s'en tenir au premier point, seul ici en débat, la réponse du Conseil constitutionnel, dans sa décision du 9 décembre 2010, est des plus nettes :

---

391 CGCT, art. L. 3211-1, al. 1er modif. par la loi RCT du 16 déc. 2010, art. 73-I-1° : « *Le conseil général règle pas ses délibérations les affaires du département dans les domaines de compétence que la loi lui attribue* ».

392 Même dispositif modifié par la loi NOTRe du 7 août 2015, art. 94. Selon l'exposé des motifs de la loi, « *à la clause de compétence générale qui permettait jusqu'à présent, aux régions et aux départements d'intervenir en dehors de leurs missions principales, parfois de manière concurrente, souvent de façon redondante, se substitueront des compétences précises confiées par la loi à un niveau de collectivité* ».

393 Mais, dispositif applicable pour les régions, comme pour les départements, à compter du 1er janvier 2015 et donc inappliqué.

394 Sont traités, au regard de cette norme hypothétique et sont donc écartés les griefs relatifs à la constitutionnalité des art. L. 3211-1-1° et L. 4221-1 CGCT.

395 Sont traités, au regard de cette norme certaine, mais sont écartés les griefs relatifs à la constitutionnalité des art. L. 3211-1-2° et L. 4433-1 CGCT.

« *Considérant que l'article 48 de la loi du 10 août 1871 susvisée précisait que le conseil général délibère* 'sur tous les objets d'intérêt départemental dont il est saisi, soit par une proposition du préfet, soit sur l'initiative d'un de ses membres' *; que ces dispositions n'ont eu ni pour objet ni pour effet de créer une* 'clause générale' *rendant le département compétent pour traiter de toute affaire ayant un lien avec son territoire ; que, par suite, elle ne saurait avoir donné naissance à un principe fondamental reconnu par les lois de la République garantissant une telle compétence* »[396]. Autrement dit, de clause générale de compétence, il n'y a pas et il n'y a jamais eu. Il s'agit là d'une hypothèse sans fondement constitutionnel aucun, mais aussi sans origine légale du tout.

Or, ceci qui est vrai pour les départements, l'est aussi pour toute autre catégorie constitutionnelle de collectivités territoriales ou toute collectivité territoriale au sein de cette catégorie, voire pour toute collectivité territoriale spécifique, hors catégorie, quel que soit son statut, dès lors que l'assemblée délibérante traite de toute affaire ayant un lien avec le territoire de la ou des collectivités territoriales concernées. Cela vaut de façon implicite, mais certaine, en aval, pour les régions, collectivités territoriales de la République, dont le droit est décalqué, toutes choses égales par ailleurs, sur celui des départements[397].

Mais, cela vaut-il aussi pour les communes, collectivités territoriales de la République ? On a pu soutenir que non pour la raison que, hors du champ de l'article 73 de la loi du 16 décembre 2010, le Conseil constitutionnel n'en a pas traité et que le dispositif précité de l'article L. 2121-29, alinéa 1er est demeuré intangible depuis 1884 : « *Le conseil municipal règle par ses délibérations les affaires de la commune* », sans aucune mention relative à la délibération des affaires de la commune *« dans les domaines de compétence que la loi lui attribue ».* Mais, il faut observer qu'au fond, c'est bien, pourtant, le droit des communes qui a été aligné, en 1884, sur le droit des départements de 1871, selon une rédaction qui, pour les communes, était plus largement comprise, jusqu'à ce que, tardivement, en 1982, cette rédaction différente fût retenue pour les départements. Il n'y aurait, néanmoins, aucune logique à ce qu'une même

---

[396] CC, 9 déc. 2010, *Réforme des collectivités territoriales,* déc. n° 2010-618 DC, *Rec.* 367, consid. 54 ; A*JDA* 2011, n° 2, p. 99-106, note Verpeaux et n° 3, p. 129 et s., note Marcou ; *JCP A* 2011, n° 2, p. 16-22, note M.-C. Rouault et n° 14, p. 40-43, note Douence ; *RFDA* 2011. 240, note Faure ; *RFDC* 2012 ; n° 89, p. 83-103, note S. Lamouroux ; *Politeia* 2015, n° 27, n° 493-511, note Jozefowicz ; *add*e, Jean-Marie Pontier, « Requiem pour une clause générale de compétence », *JCP A*, 10 janv. 2011, n° 2, p. 47-55.

[397] Comp. l'analogie entre les modifications opérées, à l'art. 73-I-1° et 2° de la loi RCT du 16 déc. 2010, aux art. L. 3211-1, al. 1er et 2 CGCT et celles opérées, à l'art. 73-II et -III de la même loi, aux art. L. 4221-1 et 4433-1 du même code général.

prétendue clause générale de compétence ait disparu, en 2010 provisoirement et en 2015 définitivement,

- pour les départements et les régions, conformément à l'alignement du schéma des régions sur celui des départements, en 1982 pour la Corse, en 1983 pour l'outre-mer et en 1986 pour la France continentale ;

- mais non pour les communes, malgré l'alignement du schéma des départements sur celui des communes, en 1982. Il y avait là une incohérence juridique que le Conseil constitutionnel a résorbée depuis que, dans sa décision QPC du 16 septembre 2016, il considère qu' « *il est loisible au législateur d'énumérer limitativement* » « *les attributions effectives* » des collectivités territoriales et que « *le troisième alinéa de la Constitution n'implique pas par lui-même que les collectivités territoriales doivent pouvoir intervenir dans des domaines pour lesquels aucune autre personne publique ne dispose d'une compétence attribuée par la loi* » (consid. 4 et 5) : de façon implicite, mais nécessaire, la clause générale de compétence n'est pas non plus pertinente dans le droit des communes[398].

La clause générale de compétence n'existe pas, sans avoir à concéder qu'elle n'existerait plus, voilà la proposition soutenue ici, dans ce droit des collectivités territoriales qui est de compétences entre institutions administratives et en leur sein, puisque la décentralisation territoriale se définit comme le transfert de compétences de l'État à l'extérieur de celui-ci, au profit de collectivités autonomes qu'il établit, ce mouvement étant réversible par recentralisation, c'est-à-dire par retour de la compétence transférée à l'État, ou ajustable par redécentralisation, c'est-à-dire par déplacement de la compétence transférée d'une collectivité territoriale vers une autre ou vers un établissement public territorial.

Or, une telle circulation de compétences exclusives ou partagées à l'intérieur de l'État décentralisé exclut toute prétendue clause générale de compétence des collectivités territoriales[399]. Son absence résulte de la souveraineté de l'État **(I)** sans porter atteinte à l'autonomie des collectivités **(II)**.

---

[398] CC, 16 sept. 2016, *Assemblée des départements de France*, déc. n° 2016-565 QPC, consid. 5 ; *AJDA* 2016, n° 43, p. 2438-2444, note Faure ; *Constitutions* 2016, n° 4, p. 6767-686, note Duranthon ; *Dr. adm.* 2016, n° 12, p. 1-2, note Plessix ; *JCP* 2016, n° 43-44, p. 1971-1975, note Verpeaux ; *LPA*, 21 mars 2017, n° 57, p. 13-14, note Bourdon.

[399] Ci-après, clause générale.

I. L'absence de clause générale résulte de la souveraineté de l'état

Au début du droit était l'État et la théorie du droit enseigne que le droit positif commence avec la Constitution de l'État qui prime sur toute autre norme de l'ordonnancement juridique. C'est l'État souverain qui est maître des compétences des collectivités territoriales (**1**) et c'est donc lui qui, par sa décentralisation, attribue leurs compétences (**2**).

1. L'État souverain est maître des compétences des collectivités territoriales

C'est l'État qui institue d'autres personnes morales de droit public que lui-même, tout particulièrement des collectivités territoriales, en tant que catégorie ou en dehors de toute catégorie, au titre d'un statut propre qui peut être particulier, comme la collectivité de Corse ou la ville de Paris[400], ou autonome, comme la Polynésie française[401], ou encore spécifique, comme la collectivité européenne d'Alsace[402]. Mais, il est connu que la décentralisation territoriale peut aussi passer par des établissements publics, telles que les régions, de la loi du 5 juillet 1972 jusqu'à la première élection du conseil régional au suffrage universel direct, ou tels que les établissements publics de coopération intercommunale, à fiscalité propre ou non[403]. Il y a là, dans cette construction de l'État, une manifestation de la souveraineté qui le caractérise en propre, sans qu'il y ait lieu, en France, de différencier ces termes qui sont devenus synonymes et donc équivalents : la souveraineté de l'État, c'est la souveraineté nationale exercée par le peuple souverain (Const., art. 3, al. 1er).

Du reste, sur le fondement de l'article 34 de la Constitution qui confie à la loi le soin de déterminer « *les principes fondamentaux (...) de la libre administration des collectivités territoriales, de leurs compétences et de leurs ressources* », le Conseil constitutionnel considère que « *relèvent par suite du domaine de la loi la détermination des transferts de compétences entre l'État et les collectivités territoriales, de même que la répartition entre plusieurs*

---

400 Loi NOTRe de 2015, art. 30 et CGCT, art. L. 4421-1, applicable depuis le 1er janv. 2018 ; loi du 28 févr. 2017 relative au statut de Paris et à l'aménagement urbain et CGCT, art. L. 2512-1, applicable depuis le 1er janv. 2019.

401 Loi org. du 27 févr. 2004 modif., pour la dernière fois en date par la loi org. du 5 juil. 2019.

402 Loi du 2 août 2019 relative aux compétences de la collectivité européenne d'Alsace, selon un dispositif applicable au 1er janv. 2021 ; voir Olivier Gohin, « La collectivité européenne d'Alsace », *RFDA* 2020, n°1, p.8-14.

403 Sur la convergence entre collectivités territoriales et établissements publics territoriaux, André de Laubadère, « Vicissitudes d'une distinction classique : établissement public et collectivité territoriale. À propos des groupements de collectivités territoriales », *in Mélanges Paul Couzinet*, Toulouse, Université des sciences sociales, 1974, p. 411-447.

catégories de collectivités territoriales de leurs attributions respectives »[404]. C'est donc bien par une norme unilatérale de l'État : la loi - ou, le cas échéant, la loi organique ou même la Constitution - que telle ou telle catégorie de collectivités territoriales ou que telle ou telle collectivité territoriale, hors catégorie, est instituée par l'État (Const., art. 72, al. 1er), et soumise au contrôle de l'État exercée par son représentant (*ibid.*, al 6), agent déconcentré de l'État dans la collectivité concernée, devant la juridiction administrative compétente pour connaître des autorités ou des actes de la collectivité décentralisée, pour autant que la compétence juridictionnelle ne soit pas exceptionnellement attribuée, sur ces autorités, à la juridiction pénale ou, sur ces actes, à la juridiction constitutionnelle ou financière.

De cette souveraineté incompressible de compétences qui relève de l'État et de lui seul, alors qu'il conserve à lui les compétences de souveraineté, sauf exception de droit constitutionnel ou bien de droit international ou de l'Union européenne, constitutionnellement surmontée, il résulte, de façon implicite, mais nécessaire, qu'il n'y a pas et qu'il ne peut pas y avoir une garantie de compétence générale au profit de telle ou telle catégorie de collectivités territoriales ou de telle ou telle collectivité territoriale, hors catégorie, qui lui permettrait de venir déterminer sa propre compétence. C'est que la décentralisation territoriale est une modalité d'organisation administrative d'un État unitaire, à la fois mono-constitutionnel et mono-législatif. Que l'organisation de la République soit décentralisée n'implique pas, en effet, sa divisibilité par le fédéralisme même si, d'une part, les statuts territoriaux ne sont pas uniformes par leur diversification de forme et de fond, d'ailleurs de plus en plus poussée[405], et si, d'autre part, le territoire national n'est pas intangible par l'autodétermination de la ou des populations de telle collectivité en faveur de l'indépendance, si, du moins, elle est admise, en ce cas, par les pouvoirs publics de l'État[406].

[404] CC, 9 mai 1991, *Statut de la collectivité territoriale de Corse*, déc. n° 91-290 DC, *Rec.* 50, cons. 31.

[405] Voir Olivier Gohin (dir.), *L'Acte III de la décentralisation*, coll. Colloques, Paris, Éd. Panthéon-Assas, 2019, 186 p.

[406] En ce sens, le référendum du 4 nov. 2018 au suffrage restreint, en Nouvelle-Calédonie. La nouvelle autodétermination des populations calédoniennes, programmée le 6 sept. 2020, a eu lieu le 4 octobre 2020. Une troisième et dernière consultation est possible en 2022.

2. L'État décentralisé attribue des compétences aux collectivités territoriales

La Constitution est et demeure la norme suprême du droit positif, quelle que soit la revendication, à la fois provocante pour la souveraineté nationale et insolente pour le peuple français, des juridictions internationales et européennes : la Cour de Strasbourg, comme la Cour de Luxembourg, sur un supposé fondement constitutionnel (Préambule de 1946, al. 15 ; Const., art. 88-1). Elle est pleine de ces dispositions en faveur de l'attribution de compétences aux collectivités territoriales et, du reste, de leurs groupements aussi, quand bien même ils sont en forme d'établissements publics territoriaux. Contrairement à la Constitution de 1946 qui constitutionnalise, pour la première fois et de façon tardive, la décentralisation territoriale en France, la Constitution de 1958 est prolixe à cet égard : en droit positif, le titre XII, intitulé « *Des collectivités territoriales* », mentionne pas moins de dix-sept fois le terme de « *compétence (s)* », au singulier ou au pluriel :

- huit fois au titre du droit général, aux quatre articles 72 à 72-2 et 75-1, comme, par exemple, à l'alinéa 4 de l'article 72 sur le droit d'expérimentation des collectivités territoriales ou de leurs groupements qui peuvent déroger « *aux dispositions législatives ou réglementaires qui régissent l'exercice de leurs compétences* » ;

. neuf fois au titre du droit d'outre-mer, aux six articles 72-3 à 75, comme, par exemple, à l'alinéa 4 de l'article 74 qui prévoit que le statut de chaque collectivité d'outre-mer, défini par une loi organique, fixe « *les compétences de cette collectivité* », étant précisé que, sous réserve des compétences déjà acquises, le transfert de compétences de l'État ne peut pas porter sur les treize compétences de souveraineté telles qu'énumérées à l'alinéa 4 de l'article 73 et précisées et complétées, le cas échéant, par la loi organique, notablement « *la politique étrangère, la défense, la sécurité et l'ordre publics* », parmi d'autres.

Encore faut-il prendre en compte le régime transitoire de la Nouvelle-Calédonie, basé sur l'Accord de Nouméa du 5 mai 1998, publicisé et constitutionnalisé depuis la loi constitutionnelle du 20 juillet 1998, complétée par la loi constitutionnelle n° 2007-237 du 23 février 2007. L'article 77 de la Constitution prévoit que la loi organique statutaire, celle du 19 mars 1999 modifiée, détermine « *les compétences de l'État qui seront transférées, de façon définitive, aux institutions de la Nouvelle-Calédonie* » ce caractère définitif n'étant assuré qu'à droit constitutionnel constant. Et, on ajoutera que si, de façon aberrante, l'Accord de Nouméa mentionne, par affichage politique, la soi-disante « *souveraineté partagée* » entre l'État et la collectivité, il précise aussitôt, de façon raisonnable, qu'en droit, « *le partage des compétences entre l'État et la Nouvelle-Calédonie signifiera la souveraineté partagée* »[407].

II. L'absence de clause générale ne porte pas atteinte à l'autonomie des collectivités

Le discours juridique est, lui aussi, subliminal et on comprend bien que la prétendue clause générale dont le droit public ne sait pas exactement rendre compte[408], faute d'en connaître l'origine, la force ou le contenu, est une vague expression qui vise à sauvegarder l'autonomie des collectivités territoriales, consubstantielle à la démocratie locale. Mais, hors clause générale, puisque son existence est ici niée, il est d'autres expressions à retenir, juridiquement identifiables et mesurables, qui ont le même objet ou le même effet dans le cadre des compétences attribuées : la notion d'affaires locales ou d'intérêt public local (**1**) ou le principe de leur libre administration (**2**).

1. La notion d'affaires locales ou d'intérêt public local et les compétences attribuées

Pour donner de la consistance à la clause générale, on l'a rapprochée de la notion d'affaires locales, en correspondance avec la vocation générale des collectivités territoriales. Il est vrai que, dans son article précité, le professeur Jean-Marie Pontier insiste sur la relation biunivoque entre clause générale et affaires locales, au-delà des compétences légalement attribuées : sur le fondement de l'article 48 de la loi de 1871, « *les auteurs ont généralement considéré, par extrapolation, que les départements disposaient également d'une compétence générale fondée sur l'idée d'affaires départementales* »[409].

Il en résulte un discours méta-juridique – et donc, en réalité, politique – qui vient affirmer, en suivant les méandres du droit positif,

- que la clause générale se déduirait avec constance, pour les seules communes, de cette rédaction constante de la loi depuis 1884 : « *le conseil municipal règle par ses délibérations les affaires de la commune* »[410], formulation qui renvoie, en réalité, aux affaires communales, sans explicitation de l'attribution légale de compétences. Or, le Conseil

---

[407] Préambule de l'accord, point 5.

[408] En ce sens, René Chapus pour qui une clause générale de compétence *« n'a guère de signification juridique* », *in Droit administratif général*, t. 1, 15ème éd., coll. Domat – droit public, Paris, Montchrestien, 2001, n° 416, p. 295.

[409] Jean-Marie Pontier, *op. cit.*, p. 1542.

[410] CGCT, art. L. 2121-29, al. 1er, préc.

constitutionnel a démenti, en 2016, dans sa décision n° 2016-565 QPC précitée, la thèse d'une sorte de compétence générale résiduelle, niant ainsi la capacité de toute collectivité territoriale, y compris d'une commune, à décider elle-même d'intervenir dans telle ou telle compétence dite « *orpheline* », car non attribuée par la loi - et donc par l'État - à une autre personne publique, c'est-à-dire dans une compétence non décentralisée ou autrement décentralisée[411] ;

- que la clause générale aurait été rétablie quand, pour les départements, comme pour les régions, on est revenu à cette formule : « *Le conseil départemental règle par ses délibérations les affaires du département* »[412], formulation qui renvoyait aux affaires départementales, sans explicitation de l'attribution légale de compétences, avant la loi RCT de 2010[413], ou transitoirement, entre la loi MAPTAM de 2014 et la loi NOTRe de 2015 ;

- que la clause générale aurait disparu lorsque, pour les régions, comme pour les départements, il a été précisé que « *le conseil régional règle par ses délibérations les affaires de la région dans les domaines de compétence que la loi lui attribue* »[414], formulation redevenue, comme de la loi RCT de 2010 à la loi MAPTAM de 2014, de droit positif par la loi NOTRe de 2015 qui renvoie aux affaires régionales, avec explicitation de l'attribution légale de compétences.

Cette liaison entre vocation générale des collectivités territoriales et attribution de compétences explicitées par la rédaction de la loi ou déduites de la loi par l'interprétation du juge correspond à la thèse – celle précitée du professeur Jérôme Chapuisat - qui nie que les affaires locales le soient par nature, car c'est la norme d'État : la loi, en principe –, mais, le cas échéant, la loi organique, voire la Constitution – qui attribue, au titre des affaires locales, telle ou telle compétence à telle ou telle catégorie de collectivités territoriales ou à telle ou telle collectivité territoriale, hors catégorie.

---

411 CC, 16 sept. 2016, *Assemblée des départements de France*, préc., consid. 5

412 *Ibid.*, art. L. 3211-1, al. 1er modif. préc. dans sa rédaction de la loi MAPTAM de 2014.

413 Toutefois, pour les départements d'outre-mer, il est bien précisé, de façon constante, depuis la loi relative aux compétences des régions d'outre-mer du 2 août 1984 et donc bien avant la loi RCT de 2010 ou entre la loi MAPTAM de 2014 et la loi NOTRe de 2015, qu'ils « *exercent les compétences que les lois, dans leurs dispositions non contraires* (…), *attribuent à l'ensemble des départements* » (CGCT, art. L 3441-1). Il en est de même pour les régions d'outre-mer (CGCT, art. 4431-1, al. 2).

414 *Ibid.*, art. 4221-1, al. 1er modif. dans sa rédaction de la loi RCT de 2010 et de la loi NOTRe de 2015.

Du reste, on a pu tenter d'opérer par blocs, sans caractère prescriptif, mais avec esprit de système : la partie législative du code général des collectivités territoriales, issue, sur ce point, des lois du 7 janvier 1983 et du 4 février 1995[415], vise, en effet à former des blocs de compétence, en correspondance précisément avec cette notion d'affaires locales, dans lesquels la compétence des communes, des départements ou des régions résulte de législations spécifiques, le cas échéant intégrées dans le code général : en droit positif,

- dans les communes, les matières du champ de la décentralisation sont celles du livre du code général des collectivités territorial relatif à l'administration et aux services communaux : police, services communaux, biens et interventions en matière économique et sociale[416] ;

---

415 Loi du 7 janv. 1983 relative à la répartition des compétences entre les communes, les départements, les régions et l'État, art. 3 et CGCT, art. L. 1111-4 ; loi du 4 févr. 1995 d'orientation pour l'aménagement et le développement du territoire, art. 65-I, al. 2. La critique de la répartition par blocs des compétences entre catégories de collectivités territoriales, celle de l'étude du rapport annuel du Conseil d'État de 1993 sous l'intitulé « *Décentralisation et ordre juridique* » ou celle du rapport du comité Balladur préc. de 2007 (Comité pour la réforme des collectivités locales, *Il est temps de décider*, Paris, Fayard et La Documentation française, 2009 : tableau n° 8 sur la répartition actuelle, telle que constatée, des compétences entre les collectivités locales et l'État, p. 54 et 55), n'a pas conduit, pourtant, à renoncer à cette approche, consolidée, bien au contraire : la révision opérée par la loi const. du 28 mars 2003 est en ce sens, à travers le principe de subsidiarité de l'art. 72, al. 2 Const. Cent pages plus tard, le même rapport Balladur n'a rien réglé (voir le tableau n° 16 sur la répartition nouvelle, telle que proposée, des compétences entre les collectivités locales et l'État, p. 154-155).

Mais, pour surmonter le décision CC, 26 janv. 1995, *Aménagement et développement du territoire*, déc. n° 94-358 DC, *Rec.*183, consid. 57, la même révision de 2003 consacre une autre voie qui prend en compte le caractère peu étanche des blocs de compétences : il s'agit de l'hypothèse présentée, de façon maladroite et juridiquement à tort (CC, 24 juil. 2008, déc. n° 2008-567 DC préc., consid. 33) comme une exception à l'interdiction de la tutelle d'une collectivité territoriale, prévue dès la loi du 7 janv. 1983 préc., art. 2, codifiée à l'art. L. 1111-3 CGCT et reprise par l'art. 72, al. 5 - 1ère phr. Const. Cette exception est celle de la collectivité ou groupement chef de file, selon le dispositif mentionné, pour toute collectivité ou tout groupement, à l'art. 72, al. 5 - 2ème phr. Const. et précisé par la loi du 13 août 2004 : par ex., selon l'art. L. 5210-4, al. 1er CGCT, issu de l'art. 151 de cette loi, « *lorsqu'il y est expressément autorisé par ses statuts, un établissement public de coopération intercommunale à fiscalité propre peut demander à exercer, au nom et pour le compte du département ou de la région, tout ou partie des compétences dévolues à l'une ou l'autre de ces collectivités* ». À ces deux titres : blocs de compétence et chef de filât, voir la loi MAPTAM de 2014, al. 1er à 3.

416 CGCT, art. L. 2211-1 à 2255-1. Cette compétence ou incompétence du délibératif au regard des compétences décentralisées, vaut pour l'exécutif : par ex., excède les compétences du maire en application des articles L. 2122-21 et suivants du code général des collectivités territoriales, la signature d'une charte d'amitié entre la ville d'Arnouville (Val d'Oise) et la

- dans les départements, le conseil départemental est compétent

. « *pour mettre en œuvre toute aide ou action relative à la prévention ou à la prise en charge des situations de fragilité, au développement social, à l'accueil des jeunes enfants et à l'autonomie des personnes* » :

. « *pour faciliter l'accès aux droits et aux services des publics dont il a la charge* » ;

. « *pour promouvoir les solidarités et la cohésion territoriale sur le territoire départemental, dans le respect de l'intégrité, de l'autonomie et des attributions des régions et des communes* »[417].

- dans les régions, le conseil régional a compétence « *pour promouvoir le développement économique, social, sanitaire, culturel et scientifique de la région, le soutien à l'accès au logement et à l'amélioration de l'habitat, le soutien à la politique de la ville et à la rénovation urbaine et le soutien aux politiques d'éducation et l'aménagement et l'égalité de ses territoires, ainsi que pour assurer la préservation de son identité et la promotion des langues régionales, dans le respect de l'intégrité, de l'autonomie et des attributions des départements et des communes* »[418].

Encore faut-il préciser qu'en dehors des compétences légalement déterminées, par blocs ou non[419], il faut ajouter celles qui font l'objet d'une délégation ou d'un transfert sans repasser par l'État : un contrat de partenariat peut être passé directement, sur la base d'une convention, entre telle collectivité et tel groupement pour une délégation de compétences qui n'est pas un transfert[420], hypothèse non pas décidée, mais permise par l'État dès lors que c'est bien sur la base d'une loi en amont que cette redécentralisation est alors opérée : par exemple, depuis la loi MAPTAM de 2014, le conseil régional peut, à son initiative ou saisi d'une demande en ce sens du conseil d'une métropole, transférer à celle-ci, dans les limites de son territoire, la

---

ville de Chekher (Haut-Karabagh) « *regardée comme portant sur une affaire relevant de la politique internationale de la France et de son intervention dans un conflit de portée internationale qui relève de la compétence exclusive de l'État* » (TA Cergy-Pontoise, 29 mai 2019, *Préfet du Val d'Oise*, req. n° 1902445).

[417] CGCT, art. L. 3211-1, al. 2 et 3.

[418] *Ibid.*, art. L. 4221-1, al. 2 pour les régions de métropole et L. 4433-1, al. 2 pour les régions d'outre-mer.

[419] Par ex., loi n° 2017-1838 du 30 déc. 2017 relative à l'exercice des compétences des collectivités territoriales dans le domaine de la gestion des milieux aquatiques et de la prévention des inondations.

[420] CC, 24 juil. 2008, *Contrats de partenariat*, déc . n° 2008-567 DC, *Rec.* 341, consid. 33 ; à ce sujet, Maylis Douence (dir.), *L'exercice des compétences locales entre rationalisation et créativité*, coll. Droit des collectivités territoriales, Paris, L'Harmattan, 2018.

compétence en matière de construction, de reconstruction, d'aménagement, d'entretien et de fonctionnement des lycées ou les compétences en matière de développement économique, en tout ou en partie[421].

Cette liaison entre vocation générale et compétence transférée est explicitée à l'alinéa 2 de l'article 72 de la Constitution sur le principe de subsidiarité : « *les collectivités ont vocation à prendre les décisions pour l'ensemble des compétences qui peuvent être mises en œuvre à leur échelon* ». C'est à cette disposition, d'ailleurs, que le Conseil constitutionnel se réfère expressément lorsque, dans sa décision du 9 décembre 2010, il écarte la clause générale de compétences pour les départements et les régions. Cependant, il ne fait pas appel à la vocation générale, mais à l'intérêt public local. Le considérant 55 de sa décision est ainsi rédigé : « *Considérant, en second lieu, que les dispositions critiquées permettent au conseil général ou au conseil régional, par délibération spécialement motivée, de se saisir respectivement de tout objet d'intérêt départemental ou régional pour lequel la loi n'a donné compétence à aucune autre personne publique ; (...) que n'est pas (...) méconnu le deuxième alinéa de l'article 72 de la Constitution qui dispose que ces dernières* 'ont vocation à prendre les décisions pour l'ensemble des compétences qui peuvent le mieux être mises en œuvre à leur échelon' ».

C'est que la vocation générale n'est pas suffisante pour rendre compte de tout le droit de la décentralisation, parce qu'il faut tenir compte, au-delà des collectivités territoriales à vocation générale, des établissements publics territoriaux dont la vocation est spécialisée et faire ainsi appel à une notion plus large : celle d'intérêt public local[422]. Dès lors, à titre complémentaire pour toute collectivité territoriale à vocation générale, y compris la région, et à titre exclusif pour tout établissement public territorial à vocation spécialisée[423], est ainsi protégée, dans le cadre d'une compétence explicite par la loi ou explicitée par le juge, située dans un bloc de compétence ou non,

[421] CGCT, art. L. 4221-1-1, issue de la loi MAPTAM de 2014, art. 47 ; de même, la loi n° 2018-702 du 3 août 2018 relative à la mise en œuvre du transfert des compétences eau et assainissement aux communautés de communes.

[422] Quand bien même il serait à fiscalité propre, avec des élus au suffrage universel. Dans une thèse de 2006 qui retient encore cette règle ou principe - la normativité en est guère discutée et éclaircie - il est souligné que « *la clause générale de compétence repose sur* 'les affaires propres de la collectivité' *et les contours sont ceux de l'intérêt public au niveau local* » *in* Benjamin Meunier, *Les règles relatives aux transferts de compétences entre collectivités publiques*, thèse dactyl., Université de Clermont I, 2006, p. 53.

[423] À ce sujet, Jacques Ferstenbert, « Suppression de la clause générale de compétence : une réforme pour rien ? », *La Gazette des communes*, 23 janv. 2017, p. 56-58.

- d'une part, en externe, la compétence de la collectivité ou du groupement, par rapport à l'État ou aux autres collectivités ou groupements ;

- d'autre part, en interne, la compétence du délibératif de la collectivité ou du groupement par rapport à son exécutif.

Comme l'affaire locale pour une collectivité[424], l'intérêt public, soit pour une collectivité[425], soit pour un groupement, permet donc au juge administratif d'opérer le contrôle de légalité interne sur la délibération litigieuse : par exemple, c'est bien à « *l'intérêt communautaire* »[426] qu'il est fait appel lorsque le droit de la décentralisation territoriale emprunte la forme d'une communauté de communes pour retenir la régularité de la délibération de cet établissement public de coopération intercommunale[427].

Cette inclusion de la notion d'affaires locales dans celle d'intérêt public local ne saurait surprendre : il faut rappeler, en effet, que le droit des départements décentralisés a, d'abord, retenu la compétence du conseil général pour délibérer *« sur tous les objets d'intérêt départemental »*, avant l'alignement de ce droit sur celui des communes décentralisées, en 1982, par une sorte de municipalisation des départements. De plus, au bénéfice de la réforme des collectivités territoriales opérée par l'article 73 abrogé de loi RCT de 2010, le droit des départements, mais aussi des régions de métropole et d'outre-mer ne prévoyait-il pas la délibération sur les affaires du département ou de la région, mais aussi sur tout objet d'intérêt départemental ou régional[428] ?

---

[424] CE, 19 oct. 1966, *Albet, Rec.* 549 ; Sect., 28 juil. 1995, *Commune de Villeneuve d'Ascq, Rec.* 324 ; *AJDA* 1995. 894.

[425] CE Ass., 25 oct. 1957, *Commune de Bondy, Rec.* 552 ; 11 juin 1997, *Département de l'Oise, Rec.* 236 ; *RFDA* 1997, p. 948, concl. Touvet ; 25 avr. 1994, *Président du conseil général du Territoire de Belfort, Rec.* 190 ; *AJDA* 1994, p. 545, concl. Kessler ; 29 juin 2001, *Commune de Mons-en-Baroeul, Rec. 298 ; AJDA* 2002. 42, note Jégouzo. L'intérêt général pour une collectivité territoriale est donc synonyme de la vocation générale.

[426] CGCT, art., Sur l'intérêt communautaire, voir la loi relative au renforcement et à la simplification de la coopération intercommunale du 12 juil. 1999 et son commentaire par Hervé Groud, *AJDA* 2000. 967 et la loi relative aux libertés et responsabilités locales, du 13 août 2004, art. 164 et son commentaire par Nicolas Portier, *AJDA* 2005, p. 140.

[427] CE, 26 oct. 2001, *Commune de Berchères-Saint-Germain*, req. n° 234 332.

[428] En ce sens, CGCT, les al. 1ers des art. 3211-1, 4221-1 et 4433-1 CGCT sur les affaires locales et les al. 2 des mêmes articles du même code général sur l'intérêt public local, dans leur rédaction issue de la loi RCT de 2010.

Ainsi, en l'absence de clause générale, il est suffisant, au fond, que les notions d'affaires locales et/ou celle d'intérêt public local soient préservées en faveur d'« *attributions effectives* »[429], mais aussi, le cas échéant, limitatives[430], pleinement exercées par la collectivité et/ou le groupement, du moins par son assemblée délibérante, pour que le juge administratif, par l'exercice de son pouvoir d'interprétation, soit en mesure de décider, dans le cadre de son contrôle de légalité, si une délibération prise dans le cadre d'une compétence textuellement attribuée, ressortit ou non à la compétence d'une collectivité et/ou d'un groupement[431], sauf à ce que cet exercice soit régulièrement délégué, dans les conditions de la loi, à une collectivité ou groupement chef de file ou bien transféré par la loi, directement ou indirectement, à une collectivité ou à un groupement.

2. La libre administration des collectivités territoriales et les compétences attribuées

L'association, hors compétence générale, entre affaires locales et compétences transférées est aussi celle que le code général des collectivités territoriales retient dans son article L. 1111-2 dont l'alinéa 1er, en droit positif, est ainsi rédigé : « *Les communes, les départements et les régions règlent par leurs délibérations les affaires de leur compétence* » Et, là encore, c'est au juge, si besoin, qu'il appartient d'expliciter la compétence transférée : « *Considérant qu'en vertu des dispositions de l'article L. 1111-2 du code général des collectivités territoriales, les régions concourent, dans l'exercice de leurs compétences, à la protection de l'environnement* » dit le Conseil d'État dans son arrêt du 27 mai 2009, *Commune de Bourgoin-Jallieu* (req. 304 401).

---

[429] CC, 8 août 1985, *Évolution de la Nouvelle-Calédonie I*, déc. n° 85-196 DC, *Rec.* 63, consid. 10 ou 9 mai 1991, *Statut de la collectivité territoriale de Corse*, préc., consid. 32 alors même qu'avec la création de la collectivité territoriale de Corse, substituée à la région de Corse, les compétences des deux départements corses étaient devenues moindres que celles des départements de la France continentale, mais sans affecter « *de façon substantielle* » leurs attributions (consid. 34) ou encore CC, 18 juil. 2001, *Prise en charge de la perte d'autonomie des personnes âgées*, déc. n° 2001-447 DC, *Rec.* 89, consid. 6.

[430] CC, 16 sept. 2016, *Assemblée des départements de France*, préc., consid. 4 et 6.

[431] Par ex., illégalité d'une subvention destinée à l'achat d'ambulances et de médicaments pour l'Espagne républicaine : CE, 16 juil. 1941, *Syndicat de défense des contribuables de Goussainville, Rec.* 132 ; égal., CE, 23 oct. 1989, *Commune de Pierrefitte-sur-Seine, Rec.* 209 : décision relative à l'immixtion d'une commune dans le conflit politique opposant les États-Unis et le Nicaragua au profit de la population de cet État d'Amérique centrale, espèce que le rapport Balladur préc. renvoie, hors motivation et par mimétisme, à « *la clause de compétence attribuée aux collectivités locales* » (p. 62).

Du reste, le dispositif se poursuit en ces termes qui renvoient aussi à la théorie des blocs de compétence : les communes, les départements et les régions « *concourent avec l'État à l'administration et à l'aménagement du territoire, au développement économique, social, sanitaire, culturel et scientifique, à la promotion de la santé, à la lutte contre les discriminations, à la promotion de l'égalité entre les femmes et les hommes ainsi qu'à la protection de l'environnement, à la lutte contre l'effet de serre par la maîtrise et l'utilisation rationnelle de l'énergie, et à l'amélioration du cadre de vie* » (CGCT, art. L. 1111-2, al. 2 - 1ère phr.). Toutefois, dans un droit qui, en apparence du moins, mais avec constance en tout cas, cherche, depuis près de cinquante ans, à répartir les compétences décentralisées entre catégories de collectivités territoriales[432], et donc à rationaliser une organisation de la République passablement complexe et incontestablement dispendieuse, on ne saurait dire que soit des plus opérationnelles une telle énumération vague, globale et incomplète de compétences transférées qui, sans précision ni exhaustivité, se recoupent entre collectivités publiques.

Or, ce dispositif de l'article L. 1111-2 s'inscrit dans le chapitre consacré précisément, au début de la partie législative du code général, au principe de libre administration qui renvoie à l'exercice des compétences propres, attribuées à chaque catégorie de collectivités territoriales ou à chaque collectivité territoriale, hors catégorie[433]. L'alinéa 3 de l'article 72 de la Constitution est rédigé en ce sens puisque que c'est bien dans les conditions de la loi (Const., art. 72, al. 3) – le cas échéant de la loi organique, voire de la Constitution - et sous le contrôle de l'État (*ibid*., al. 6), et pas autrement, que chaque collectivité territoriale développe son autonomie constitutionnellement affirmée[434] et juridictionnellement garantie[435], qui peut aller jusqu'à l'exercice d'un pouvoir règlementaire « *pour l'exercice de leurs compétences* », celles légalement transférées. Dès lors, dans sa décision précitée du 9 décembre 2010, le Conseil constitutionnel, observant que « *les dispositions critiquées* » permettent « *au conseil général ou au conseil régional, par délibération spécialement motivée, de se saisir respectivement de tout objet d'intérêt départemental ou régional pour lequel la loi n'a donné compétence à aucune autre personne publique* » et donc *a contrario* leur a

---

432 Par ex., hors Parlement, les rapports Guichard en 1976 ou Peyrefitte en 1979 et, après la réforme Defferre de 1982-83, les rapports Mauroy en 2000 ou Balladur préc. en 2009.

433 Sur la liaison entre libre administration et compétences propres, Laetitia Janicot, « Réflexions sur la notion de compétences propres appliquée aux collectivités territoriales en droit français », *AJDA* 2004.1574.

434 Const., art. 72, al. 2, devenu al. 3 depuis la révision opérée par la loi const. du 28 mars 2003.

435 CC, 23 mai 1979, *Modes d'élection en Nouvelle-Calédonie*, déc. 79-104 DC, Rec. 27, consid. 9.

donné compétence, considère que « *doit être écarté le grief tiré de ce que les dispositions critiquées seraient contraires au principe de libre administration des collectivités territoriale* » (consid. 55).

Et, ce qui vaut pour les départements et les régions vaut aussi logiquement pour les communes, comme le Conseil constitutionnel l'a précisé dans sa décision QPC précitée du 16 septembre 2016. On le rappelle volontiers, car cela importe au plus haut point : le principe de libre administration des collectivités territoriales *« n'implique pas, par lui-même, que les collectivités territoriales doivent pouvoir intervenir dans les domaines »* hors compétences attribuées par la loi à une autre personne publique (consid. 5). Dans ce monde de compétences explicitées, l'absence de compétence au profit d'une catégorie de collectivités territoriales, dans le silence de la loi, ne provoque donc pas la compétence d'une autre catégorie.

Autrement dit, comme toujours, il n'y a *a contrario* aucune place pour la clause générale, hors la loi et hors tout contrôle, qui conduirait à une sorte d'autogouvernement local, constitutionnellement prohibé et donc politiquement inconnu en France. Car, on serait bien loin, en ce cas, du schéma d'organisation décentralisée d'un État unitaire au sein d'une République indivisible quand bien même cette décentralisation territoriale serait celle d'outre-mers spécialisés, hors droit de l'Union européenne, dotés de statuts d'autonomie renforcée ne laissant à l'État, sur place, qu'une compétence d'exception[436].

En conclusion, à la question posée dans l'intitulé de cette table ronde ; « *Un cadre constitutionnel dépassé ?* », on répondra que le principe de libre administration des collectivités territoriales de la République est effectif dans un cadre constitutionnel à jour. Tout se tient dans le champ de la décentralisation de ces collectivités : vocation générale, affaires locales, libre administration ou démocratie locale, mais sous la Constitution. Car, c'est bien de Constitution qu'en définitive, il s'agit : la clause générale de compétence étant notoirement inconstitutionnelle, à supposer qu'elle soit normative, elle

[436] À ce sujet, Olivier Gohin, "Polynésie française et Nouvelle-Calédonie, un modèle différencié de règlement des conflits de compétences ? " *in* Gilles Guglielmi (dir.), *De l'autonomie au séparatisme – Compétences, financements et citoyennetés dans les collectivités locales*, Paris, Berger-Levraut, 2017, p. 93-114. La compétence de la Nouvelle-Calédonie est aussi d'exception. Mais, toutes les compétences décentralisées sont bien déterminées par la Constitution et par la loi organique, y compris, *a contrario*, la compétence de principe de la Polynésie française ou des provinces de Nouvelle-Calédonie.

n'a jamais eu et elle n'a donc pas sa place dans le droit français des collectivités territoriales.

On s'étonnera, plutôt, qu'une partie de la doctrine universitaire se soit lancée si volontiers et si durablement à la recherche d'une cause perdue, même si la classe politique s'est volontiers engouffrée dans la brèche ainsi ouverte jusqu'à la palinodie législative de cette prétendue clause générale, d'une utilité pourtant discutée de longue date et avec constance : celle qui, d'abord, ne serait plus (2010), qui, ensuite, serait à nouveau (2014), qui, enfin, ne serait plus encore (2015), en tout cas pour les départements ou les régions. Or, cette discussion excessivement abondante et tardivement critique sur la clause générale, même avant 2010[437], est hors de propos, y compris pour les communes : elle perd de vue l'État, au centre du droit public, et ses exigences, en tant qu'il est unitaire en France, et la nature de la décentralisation, toute d'administration territoriale, subordonnée à la Constitution, encadrée par la loi et contrôlée par le juge. Approcher le droit public local suppose d'avoir cette vision de l'État. Cela évite de discourir ensuite de rien, pour rien.

---

[437] Le débat sur cette question abordée par Yves Madiot, « Les techniques de correction de la répartition des compétences entre collectivités territoriales », *RFDA* 1996, p. 966 a été amplement relancé par la révision, en 2003, de l'art. 72 Const. : Francis-Paul Bénoit, « L'évolution des affaires locales De la décentralisation des autorités à la décentralisation des compétences », *in Mélanges Jean-Claude Douence*, Paris, Dalloz, 2006, p. 23 et s. ; Jacques Caillosse, « Repenser les responsabilités locales », *Les Cahiers de l'Institut de la décentralisation*, n° 8, 2006 ; *adde*, sur cette étude, Laurence Lemouzy, *« Le rapport Caillosse sur la clause générale de compétence »*, *JCP A* 2006, p. 927-929 ; Jean-Marie Pontier, « Nouvelles observations sur la clause générale de compétence », *in Mélanges Jean-Claude Douence*, Paris, Dalloz, 2006, p. 365-394 ; Jean-Paul Pastorel, « Collectivités territoriales et clause générale de compétence », *RDP* 2007, p. 51 et s. ; Gilles Le Chatelier, « Le débat sur la clause générale de compétence est-il vraiment utile ? », *AJDA* 2009, p. 186.

FAUT-IL INSCRIRE L'EXPRESSION « LIBERTÉS LOCALES » DANS LA CONSTITUTION ?

Jean-François BRISSON

Professeur à l'Université de Bordeaux, Vice-Président de l'AFDCL

Le sujet que l'on se propose de traiter a quelque chose d'incongru, presque de régressif. Il n'a ni la prétention ni vocation à répondre aux interrogations soulevées dans son propos introductif par le Président Verpeaux. La contribution suivante refuse en quelque sorte l'obstacle. N'osant se placer sur le plan des concepts et des notions admises en droit constitutionnel, elle s'en tient à l'analyse d'une simple expression dont on pressent qu'elle aura du mal à se hisser au rang de catégorie juridique.

Pour le dire autrement, cette communication a tout l'air d'une digression un peu oiseuse, un peu vaine… Evoquer les « libertés locales » plutôt que la « libre administration des collectivités locales », plutôt que les « affaires locales » ou plutôt encore que la « clause générale » qui sont des concepts juridiques, c'est une façon de jouer sur les mots… mais le droit n'est-il pas d'abord affaire de mots ?

Si l'on s'intéresse aujourd'hui à l'expression « libertés locales », c'est parce que la formule, attachée à notre histoire constitutionnelle, et surtout à la littérature politique et administrative du XIXe siècle, connait dans le débat politique contemporain un regain d'intérêt certain. Utilisée sans précautions, elle figure parmi les éléments de langage du moment, de ceux qu'affectionnent tant les communicants et professionnels du marketing politique, nourrissant ici une forme d'emphase dans l'analyse des relations entre l'Etat et les collectivités locales.

Trois types de considérations, tirées de l'actualité politique et parlementaire récente, méritent que l'on revienne sur l'usage qui est fait de l'expression de « libertés locales » pour éventuellement envisager son inscription dans le texte constitutionnel.

Plusieurs initiatives politiques -c'est la première considération- se réfèrent expressément aux « libertés locales ». On retiendra d'abord la tenue, à la suite de l'appel de Marseille lancé le 25 septembre 2018, d'« Assises des libertés locales » sous l'impulsion de la plupart des associations d'élus. Puis, le dépôt au Sénat, à la suite de ces mêmes Assises, d'une proposition de loi constitutionnelle visant au « renforcement des libertés locales » enregistrée le 1er octobre 2019. Enfin, la loi « *engagement et proximité* », promulguée le 27 décembre 2019, dont nombre des têtes de chapitre utilisent directement à l'expression « libertés locales »[438].

Parallèlement -c'est la deuxième considération- la réécriture de l'article 1er de la Constitution paraît être au cœur des préoccupations de nos gouvernants, avec d'ailleurs, une certaine inconstance. Il s'est ainsi agit, dans un premier temps, de débarrasser la Constitution de toute référence à la notion de race (projet de 2018 à la suite d'un amendement parlementaire) ; puis dans un second temps de faire référence à la préservation de l'environnement et de la diversité biologique (projet de 2019). Dans ces conditions, on se prend à imaginer que l'examen du projet de loi constitutionnelle envisagé par le gouvernement comme préalable à la différenciation territoriale permette un toilettage plus profond de l'article 1er pour y inclure, par exemple, une référence à « la protection due aux libertés locales ».

On sait en effet que la réforme constitutionnelle du 18 mars 2003 - c'est la troisième considération - celle qui a introduit une référence à la décentralisation à l'article 1er - « La République.... son organisation est décentralisée »- n'a jamais vraiment été comprise et admise par une partie de la doctrine. Les auteurs en dénoncent le caractère historiquement dépassé en raison d'un renvoi trop marqué aux catégories du droit administratif, préférant plaider, à l'image des constitutions d'Etats voisins ou de la Charte européenne de l'autonomie locale, pour le recours à des notions propres tirées du droit constitutionnel et mieux en mesure de dresser, à l'égard de la loi, une limite générale aux tentations et tentatives re-centralisatrices des gouvernements successifs.

La critique est sans doute exagérée. En 2003, l'objectif du pouvoir constituant était de contrebalancer, dans le texte de l'article 1er, les principes d'indivisibilité et d'égalité. A ce titre, l'article 1 er annonçait une refonte profonde de l'article 72 qui s'articule sur un faisceau de principes nouveaux et manifestement d'ordre constitutionnel. Et l'on sait aussi que c'est pour se prémunir contre toute dérive fédéraliste ou régionaliste que le constituant de 2003 a opté pour la formule actuelle ; en conséquence de quoi les transferts de compétences décidés par la loi du 13 août 2004 ont profité, pour l'essentiel, aux départements malgré les annonces initialement régionalistes du Premier ministre de l'époque.

Il n'en reste pas moins, et le bilan décevant de la réforme constitutionnelle de 2003 peut y trouver, sinon un début d'explication, du moins une forme de présage, que par son contenu par trop générique et au final la pauvreté de sa signification juridique, le recours au concept de « décentralisation » dans la

[438] A l'inverse, le projet de loi constitutionnelle de 2019 (Renouveau de la vie démocratique) n'y fait pas référence : ni dans son corps ni dans l'exposé des motifs : il cherche à rendre les acteurs publics plus responsable et vise à ce titre, c'est nous qui soulignons, « une nouvelle forme de décentralisation : celle des normes après celle de compétences »

Constitution ne renseigne pas sur la nature de l'autonomie locale. Ainsi, en droit, la République française était-elle décentralisée avant comme après la loi du 2 mars 1982. Aussi, ne peut-on s'étonner que le renvoi à « l'organisation décentralisée de la République » ne soit venu traduire aucune rupture franche avec la conception traditionnelle des rapports que l'Etat central entretient, en France, avec les collectivités territoriales, rapports qui relèvent, à bien y regarder, d'une logique de co-administration plus que de décentralisation.

Ainsi, devant l'inefficacité relative de la rédaction actuelle de l'article 1er, la question à laquelle on propose de répondre est de savoir si, juridiquement, l'expression « libertés locales » mérite mieux que le sort qui lui est aujourd'hui réservé dans le discours et si, en droit, elle peut accéder au rang de catégorie juridique susceptible de figurer dans le texte de la Constitution numérotée au même titre que les « libertés publiques » ou encore « la liberté individuelle » ?

L'intérêt d'une telle entreprise ne va pas de soi. Pareille proposition ne revient-elle pas à reproduire les travers de la réforme de 2003 ? Faute d'être en mesure de définir la nature exacte des rapports entre l'Etat et les collectivités territoriales, le risque n'est-il pas d'inscrire à nouveau dans la Constitution un concept vague et imprécis dénué de contenu juridique ?

Pour conjurer ce risque, il nous faudra tenter de distinguer le mot de la chose juridique qu'il est susceptible de désigner.

Ainsi suivant les enseignements de l'Abbé de l'Attaignant, poète et esprit libre du XVIIe siècle, auteur de célèbres vers, nous évoquerons le mot en laissant espérer aux lecteurs la chose

I. Le mot

L'usage de l'expression « libertés locales » dans la littérature juridique et politique contemporaine n'est jamais neutre : il est chargé d'histoire. Au XIXe siècle, le mot est d'usage courant, notamment chez les auteurs libéraux, en particulier sous la Monarchie de Juillet et le Second Empire : il vient à l'appui de la contestation des régimes autoritaires et fonde la critique des excès de la centralisation administrative, les deux allant de pair pour la doctrine libérale. Depuis, l'expression accompagne les grandes étapes de la décentralisation. Son emploi est une manière de marquer la continuité historique du projet décentralisateur.

1. Un usage répandu

« Libertés locales », voilà bien un terme des plus imprécis, une facilité de langage dira-t-on, venue du fond des âges et que l'on croyait abandonnée et dont on peine à imaginer même, en raison de son imprécision, qu'il puisse venir concrétiser ou fonder une étape supplémentaire de la décentralisation. Et pourtant le mot revient de manière périodique dans le discours politique, y compris dans les textes juridiques. Mieux ! Son emploi rythme l'adoption des grandes réformes de la décentralisation en France, dont il permet d'accentuer la solennité du moment.

Il faut d'abord citer la loi du 2 mars 1982 qui place l'acte fondateur de la nouvelle décentralisation sous les auspices « *des droits et libertés locales* ». Auparavant la Constitution de 1946, rétablissant l'ordre constitutionnel républicain, y faisait également référence : non pas à titre principal, ni en particulier à l'article 87 où l'on trouve déjà l'ébauche du principe de libre administration, mais dans son article 89 pour préciser que des lois organiques (jamais adoptées) étendront par des dispositions spécifiques les « libertés départementales et municipales » au profit de certaines collectivités, notamment les grandes villes qui se verront doter d'un régime distinct.

Bien sûr, on nous objectera que la réforme constitutionnelle de 2003 n'y fait aucune allusion directe. Toutefois sa mise en œuvre est accompagnée par un ministre délégué aux Libertés locales –Patrick Devedjian dans les gouvernement Raffarin 1 et 2 - et elle va déboucher sur une loi portant sur les « libertés et responsabilités locales », elle-même préparée dans le cadre d'« Assises des libertés locales » ayant donné lieu notamment en régions à de larges consultations. Là encore, l'emploi de l'expression permet de souligner l'impulsion réformatrice et les perspectives prétendument offertes par le nouveau cadre constitutionnel.

Et c'est encore aujourd'hui non tant pour souligner la nécessité d'une nouvelle révision de la Constitution que pour stigmatiser la gravité des menées et dérives re-centralistes du pouvoir en place que la majorité sénatoriale invoque à son tour l'expression de « libertés locales » qu'elle entend renforcer.

2. La force suggestive

La fortune de l'expression « libertés locales » s'explique par sa force suggestive. Le mot renvoie à une vision romantique de la décentralisation, presque sentimentale, comme en témoigne l'ouvrage de François Burdeau « Liberté, libertés locales chéries » qui retrace la montée en puissance du projet décentralisateur tout au long du XIXe siècle[439].

La seule évocation des libertés locales suggère, en effet, que la réforme défendue plonge ses racines dans le mouvement politique engagé dès le XIXe siècle par les auteurs libéraux pour contrer les excès du gouvernement autoritaire. Elle tente de nous persuader que, sous d'autres formes, c'est le même combat qui, enjambant les siècles, continue. L'expression peut en effet se réclamer d'illustres promoteurs. Tocqueville, d'abord qui, dans « De la démocratie en Amérique », fait l'éloge et la promotion du *self-government* par opposition à la situation de la France ; sous cette réserve que Tocqueville

---

[439] François Burdeau, *Liberté, libertés locales chéries*, éd. Cujas, 1984.

député n'a jamais appuyé en France le moindre projet de décentralisation, comme si, dans son esprit, la centralisation était finalement plus conforme aux mœurs des français. Plus tard, ce sont Odilon Barrot[440] ou encore Ferdinand Bechard qui, au nom des libertés locales, feront le procès de la centralisation administrative[441]. Et c'est au XIXe siècle, de manière générale, tout le camp libéral qui rappelle, à coup de publications, qu'avant la contre-révolution administrative perpétrée par le Consulat et consolidée sous l'Empire, l'administration locale des premières années de la Révolution était fondée sur le principe de l'élection des agents municipaux et départementaux. Et ces auteurs libéraux de dénoncer, unanimes, le scandale des libertés locales perdues auxquelles les citoyens seraient d'autant plus attachés qu'elles trouveraient leurs origines dans les franchises communales admises dès la période médiévale.

Pour comprendre la place des libertés locales dans le débat politique de l'époque, il faut se rappeler que l'élection des maires et des conseils est la grande affaire du XIXe siècle. Depuis les lois de l'an VIII, les maires sont nommés ainsi que les conseils selon la taille de la collectivité. On assiste d'ailleurs, tout au long au XIXe siècle, à une sorte de va et vient législatif en fonction des régimes et des majorités politiques pour décider en dessous de quels seuils démographiques les conseils seront élus. Nombre de projets sur l'élection des maires sont ainsi également instruits : avant d'être généralement enterrés, comme sous la IIe République. C'est que l'instabilité politique, et le climat révolutionnaire qu'elle entretient, ne portent pas à affaiblir le pouvoir central.

La mémoire de ce débat historique n'est pas perdue : aujourd'hui encore, se placer derrière la bannière des « libertés locales » c'est faire passer les tenants de l'Etat unitaire du mauvais côté de la barrière, du côté des ennemis de la liberté.

Attachée à l'élection des assemblées locales, l'expression « libertés locales » renvoie ainsi à une conception surannée et minimale de la décentralisation. Surannée parce que minimale : car plongeant ses racines dans une époque où les libertés locales sont surtout vues comme un prolongement des libertés individuelles. La décentralisation y est ainsi vue d'abord comme un moyen de tempérer le césarisme politique dont la centralisation administrative accentuerait les excès ; mais elle est surtout perçue comme l'élément d'un projet politique plus global où les libertés locales ont pour fonction de préparer le terrain à l'avènement de la Démocratie politique en

---

[440] Odilon Barrot, *De la centralisation et de ses effets*, éd. Dumineray, 1861.

[441] Ferdinand Béchard, *Autonomie et césarisme : introduction au droit municipal moderne* ; éd. Durand et Pédone-Lauriel, 1869 ; *Essai sur la centralisation administrative*, 2 tomes, 1836.

France en habituant, à l'échelle locale, les esprits et le peuple à la conduite démocratique des affaires publiques.

Que reste-t-il de ces débats cent cinquante ans plus tard ?

D'une certaine manière, l'expression « libertés locales », centrale dans la pensée des auteurs libéraux au XIXe siècle, a accompli son œuvre. L'avènement de la démocratie libérale et du régime républicain ont conduit à l'adoption définitive, notamment avec les lois de 1871 sur le département et de 1884 sur l'organisation municipale, de l'élection des conseils locaux au suffrage universel direct et de l'élection du maire parmi les conseillers. Ces conseils acquérant, par ailleurs, une liberté d'organisation (calendrier des réunions, maîtrise de l'ordre du jour) garantie par la loi. Le principe de l'élection figure désormais à l'article 72 de la Constitution comme il figurait auparavant à l'article 84 de la Constitution de 1946 sous la forme d'une expression plus complète : celle du principe de libre administration des collectivités territoriales

En d'autres termes, la formule est cliniquement morte par épuisement de ses effets. Le prisme libéral ne suffit pas à régler les rapports entre l'Etat et les collectivités : l'organisation d'un Etat décentralisé suppose même au niveau constitutionnel toute une ingénierie juridique dont tend à rendre compte l'actuel article 72 de la Constitution (subsidiarité, pouvoir réglementaire, autonomie financière...).

Pourtant la formule perdure. Car cette approche philosophique de la décentralisation, appréhendée sous l'angle de la liberté, a laissé des traces. Elle explique qu'à l'image des libertés, la décentralisation, qui est fondamentalement une question d'organisation administrative, relève de la Loi et du non du Règlement (C. art. 34.) Et aussi que la libre administration soit vue comme une liberté fondamentale au sens de la question prioritaire de constitutionalité[442] et du référé-liberté[443] quitte à recevoir dans ces cas une protection juridictionnelle des plus limitées[444].

La formule est morte, mais certains la font revivre. On l'a dit : élus locaux et parlementaires n'y ont sans doute jamais eu autant recours que ces derniers mois. C'est que la vision romantique d'un passé chargé d'histoire et d'un combat finalement victorieux à laquelle l'expression renvoie permet une mise en scène des rapports entre l'Etat et les collectivités locales. Chaque flux ou

442 Pour des cas de censure de la loi sur le fondement du principe de libre administration, voir Cons. Const. 8 juillet 2011 Département des Landes, n°2011-146 QPC ; 14 juin 2013, Communauté de communes Mont d'Or Azergues, n°2013-323 ; 25 avril 2014 Commune de Thonon les Bains, 2014-391 QPC.

443 CE, 18 janvier 2001 Commune de Venelles, Rec. p. 18, conclusions L. Touvet

444 Bertrand Faure, *Droit des collectivités territoriales*, 5°éd., 2018, n°46 et n°48.

reflux de la décentralisation donnant lieu, devant une opinion publique prise à témoin, à une dramatisation de leurs relations réciproques.

En 1982, le mot vient accentuer le sentiment de rupture alors même qu'il existait une décentralisation avant « les lois de décentralisation » de 1982. En 2004, le mot vient souligner les promesses annoncées par la constitutionnalisation du droit des collectivités territoriales. Le mot est même empreint d'une gravité nouvelle puisqu'il est associé à l'idée de responsabilité : les libertés locales sont des droits dont l'exercice engage et dont les collectivités devront rendre compte.

Cette dramatisation se retrouve encore dans le contexte d'aujourd'hui. Mais elle joue à front renversé : non pour justifier d'une étape nouvelle de la décentralisation, mais pour dénoncer la situation faite aux collectivités locales et marquée par une forme de recentralisation du système local par le biais notamment des finances publiques dont l'Etat a gardé la maîtrise.

Forte de son histoire, la formule cherche à rendre insupportable aux esprits libéraux toute forme de contrôle étatique présentée alors nécessairement comme la marque d'un centralisme excessif. Et c'est à dessein, toute au combat politique qu'elle mène contre la Présidence Macron, que la présente majorité sénatoriale emploie le mot pour défendre une réforme constitutionnelle visant à desserrer l'étreinte étatique et accabler la gestion par le gouvernement actuel des questions locales.

L'ennui, si l'on peut dire, c'est que l'usage le plus contemporain du terme, tel que l'on le trouve employé lors des Assises des libertés locales initiées par l'appel de Marseille, repose sur une incompréhension de sa signification profonde. C'est à une perversion du sens attaché à l'expression de libertés locales que l'on assiste. Le site internet de la Région Bourgogne-Franche Comté, qui rend compte de la première étape des Assises des libertés locales, s'étant tenue à Dijon le 13 novembre 2018, illustre l'ampleur du contre-sens en titrant « les élus montent au créneau pour défendre *leurs* libertés locales ». La confusion est totale : à supposer que les libertés locales existent en tant que concept juridique, leurs titulaires ne sauraient être les élus, mais les citoyens qu'ils sont chargés de représenter. La décentralisation dans la République n'est pas le retour aux féodalités locales de l'Ancien Régime.

Il nous faut donc délaisser le mot, dont l'usage ne nous apprend rien, pour s'intéresser à la chose.

II. La chose

Autant le dire de suite, la signification juridique de l'expression « libertés locales » ne se laisse pas facilement découvrir. Il est possible d'en donner une définition approchée. Dire ainsi ce que ne sont pas les libertés locales. Elles ne sauraient ainsi être assimilées aux compétences des collectivités territoriales. Tenter ensuite d'évoquer ce que pourrait recouvrir l'expression « libertés locales » dès lors qu'elle se rapproche du concept de citoyenneté locale.

1. Ce que ne recouvre pas l'expression « libertés locales » : les compétences locales

Notre première inclinaison, suivant le courant dominant, sera d'admettre que les libertés locales ont pour titulaires les collectivités territoriales

L'expression désigne alors une liberté d'être, une liberté d'exister séparément de l'Etat. Ce qui est classiquement garantie par l'attribution aux collectivités territoriales d'une personnalité morale distincte de celle de l'Etat avec ce que cela entraîne en termes d'autonomie d'organisation et de gestion marquée par l'institution d'organes propres. Pris en ce sens, le concept de « libertés locales » n'apporte aucune plus-value à la définition traditionnelle de la décentralisation. Pour être une fiction juridique, l'attribution de la personnalité morale, qui est le critère de la décentralisation, entraîne en droit public comme en droit privé, la reconnaissance de certains droits : tels que le droit d'agir en justice[445] et les garanties qui en découlent[446], la liberté contractuelle[447] ou le droit de propriété[448] comme n'ont pas manqué de l'admettre, par des affirmations de principe concordantes, les jurisprudences du Conseil d'Etat et du Conseil constitutionnel.

Mais l'exercice de ces droits s'agissant des collectivités territoriales est des plus limités au point qu'une partie de la doctrine en vient à douter de leur réalité. Les collectivités territoriales ne sont pas ainsi fondées à invoquer l'article 6 §. 1 de la CEDH dans leurs litiges avec l'Etat, qu'il s'agisse de leurs relations financières [449] ou de la mise en œuvre de prérogatives de puissance publique dont relève la gestion du domaine public[450]. Leur droit de propriété cohabite avec la théorie des mutations domaniales désormais codifiée au CGCT et tolère même des cessions gratuites au profit de l'Etat et des établissements publics nationaux dès lors que n'est pas remise en cause la

---

[445] Cons. Const., n°2013-350 QPC, 25 oct. 2013, Commune du Pré-Saint Germain, Rec. p. 1010 ;

[446] Par ex., CE, sec. 2 juil. 2009 Ville de Brest (droit à un délai raisonnable de jugement) ; CE 23 oct. 2013 Département du Var, req. n° 351610, (Principe du contradictoire).

[447] Cons. Const. n°2006-543 DC, 30 nov. 2006 Loi relative au secteur de l'énergie, Rec. p. 122.

[448] Cons. Const., n°94-346 DC 21 juil. 1994, Droits réels sir le domaine public, Rec. p. 96

[449] CE, sect. 29 janvier 2003 Commune de Champagne sur Seine, Rec. p.17

[450] CE, Avis 26 juillet 2005, EDCE 2006, p. 193

continuité du service public auquel les biens en cause restent attachés[451]. Quant à la liberté contractuelle, dominée par les notions de compétence et d'intérêt général, elle s'exerce dans un réseau de contraintes toujours plus serrées[452] sans commune mesure avec l'idée d'autonomie de volonté[453].

Il ne s'agit pas ici de reprendre la question de savoir si les collectivités territoriales peuvent être titulaires de droits fondamentaux opposables à l'Etat. L'émergence d'une certaine forme de personnalisme dans nombre de solutions admises en droit des collectivités territoriales est incontestable. Mais, comme l'observe Bertrand Faure, cette évolution ne peut totalement aboutir : la prédominance des questions touchant à l'intérêt général dans les affaires locales fait que ces droits et libertés sont largement inadaptables, que leur reconnaissance, théorique, fragmentaire et incomplète, a, par voie de conséquence, une efficacité limitée[454]. D'ailleurs, si la jurisprudence manque de cohérence, la doctrine est elle-même divisée et nuancée allant jusqu'à distinguer les notions de droits et de libertés pour rejeter l'idée de droits appliquée aux collectivités et admettre celle de libertés[455].

En fait, la controverse est assez vaine. La raison principale tient à ce que les collectivités territoriales sont de l'ordre du pouvoir. Objets de droit administratif, avant même d'être sujets de droits, elles détiennent en ce sens des prérogatives de puissance publique qu'elles exercent dans l'intérêt général afin d'exécuter les missions que la loi de l'Etat central leur confie[456]. Et devant le juge administratif, c'est du respect du principe de légalité et non d'hypothétiques droits subjectifs que dépend le succès d'éventuels contentieux contre l'Etat[457].

C'est le paradoxe du statut des collectivités territoriales. L'affermissement de leur statut juridique transforme ce qui était originellement une question de liberté en une question de compétence. La liberté disparaît sous la théorie des compétences. Pour le dire autrement, ce qui relevait historiquement du droit des habitants à s'auto-administrer tend à se concrétiser, une fois l'idée de décentralisation admise, dans les compétences que la loi attribue aux organes élus des collectivités territoriales. La clause générale de compétences, elle-

---

451 Cons. Const., n° 2009-594 DC, 3 décembre 2009, loi relative à l'organisation er la régulation des transport ferroviaires à propos du transfert à la RATP des biens du STIF, Cahiers du CC, n°28

452 Jean-François. Brisson, « Décentralisation et contractualisation », *AJDA,* 2019, p. 2435.

453 Sophie Nicinski, « Le dogme de l'autonomie de la volonté générale dans les contrats administratifs », *Mélanges Guibal*, 2006, p. 45.

454 Bertrand Faure, *Droit des collectivités territoriales*, Dalloz, 2018, 5e édition, n°40.

455 Roland Drago, « Droits fondamentaux et personnes publiques », *AJDA*, 1998.

456 En ce sens, CEDH 3 fév. 2004 Gouvernement communauté autonome Pays Basque c/ Espagne, n°29134/03.

457 Bertrand Faure, Les litiges contentieux entre l'Etat et les collectivités territoriales, *Droit administratif,* 2017, n°8, p.19.

même, n'a pas de fondement en dehors de la loi[458] y compris s'agissant de la Commune. L'idée que la vocation générale des autorités municipales à gérer les affaires de la Commune préexisterait à l'intervention du législateur a été soutenue. La thèse repose sur une sorte de droit naturel des communes à s'auto-administrer, droit fondé sur leur nature corporative, elle-même provenant des communautés paroissiales et des villes franches de l'Ancien régime auxquelles la Commune succède. Cette approche historique ne saurait valoir protection contre la décision contraire du législateur. L'institution communale contemporaine tire son fondement historique de la loi du 14 et 22 décembre 1789 reprise et prolongée par la loi du 5 avril 1884. Même érigée au rang de catégorie constitutionnelle par l'article 72, la Commune voit la nature de ses compétences dépendre, comme les autres échelons administratifs, des choix du législateur qui pourrait décider de ne lui confier que des compétences d'attribution[459].

Dans ces conditions, il est sans doute plus simple d'admettre que les notions de droits ou libertés appliquées aux collectivités territoriales entretiennent la confusion plus qu'autre chose, que les collectivités territoriales ne disposent ni de droits, ni de libertés, mais de compétences ; que le mouvement de personnalisation des garanties qu'elles sont susceptibles d'opposer à l'Etat, s'il est de nature au contentieux à rééquilibrer leurs rapports avec l'Etat, n'en change pas la nature profonde. Car, fondamentalement, les collectivités territoriales, composantes de la République française, sont au nombre des pouvoirs publics. Ce dont atteste, depuis 1982, la nature des attributions que la loi leur confie et qui les amènent le plus souvent à co-agir dans le cadre de politiques publiques largement déterminées par l'Etat.

Le choix d'une organisation décentralisée confère ainsi au mieux aux collectivités territoriales la liberté d'exister séparément de l'Etat et, par voie de conséquence au contentieux, un droit opposable à l'Etat en tant que certains éléments du statut juridique des collectivités territoriales tirés du principe de libre administration sont garantis par la loi et la Constitution. Les collectivités territoriales trouveront ainsi à faire valoir ce droit tant devant le juge administratif que le juge constitutionnel. L'exercice de la question prioritaire de constitutionnalité, si elle donne un accès plus facile à la justice constitutionnelle, n'a pas permis de renouveler le statut juridique des collectivités territoriales dès lors que le juge constitutionnel n'a pas profité de

[458] Cons. Const., n° 2016-565 QPC, 16 septembre 2016 Assemblée des départements de France.

[459] Ainsi s'explique la proposition de l'Association des maires de France (avril 2018) visant à la suite de la loi NOTRe à constitutionnaliser la clause de compétence générale des communes pour éviter une évolution analogue à celles des départements et régions (https://www.amf.asso.fr).

cette nouvelle voie de droit pour rehausser l'effectivité du principe de libre administration et n'y voir autre chose qu'un titre de compétence attribué au législateur pour organiser la gestion des affaires locales[460].

L'examen de la proposition de loi constitutionnelle déposée au Sénat et visant au « renforcement des libertés locales » finira de nous convaincre de la confusion qui domine le débat entre droits, libertés et compétences des collectivités locales. Le texte insiste en effet sur l'exercice par les autorités locales du pouvoir réglementaire, sur les possibilités de différenciation normative ou encore sur les attributions de police des maires. On admettra sans trop de difficulté que la proposition recèle d'une conception biaisée de la liberté, qu'en particulier, le développement de la vidéo protection n'a pas grand-chose à voir avec la protection des libertés. Il suffit de se référer aux avis de la CNIL pour rétablir le sens des mots et vérifier que les collectivités sont davantage du côté de la sécurité que de la liberté[461]. A ce titre, on se rappellera que Benjamin Constant, qui voyait dans les libertés locales un prolongement de la liberté individuelle, combattait l'idée que les autorités locales règlent à la place de l'Etat les questions d'ordre public[462].

Dès lors, si l'expression libertés locales n'est au mieux qu'une variation du concept « décentralisation » incapable de se détacher de l'exercice de compétences, c'est sans doute parce que les promoteurs actuels de la formule se méprennent quand ils prétendent faire des collectivités territoriales les titulaires des libertés locales.

2. Ce que pourrait recouvrir l'expression « libertés locales » : la citoyenneté locale

Et si, finalement, les titulaires des libertés locales n'étaient autres que les administrés, citoyens-électeurs ?

La Charte européenne de l'autonomie locale ne fait-elle pas du droit des citoyens de participer à la gestion des affaires publiques un des principes communs à l'ensemble des Etats du Conseil de l'Europe ? Rappelant même dans son Préambule que c'est au niveau local que ce droit peut être exercé le plus directement.

Une telle interprétation serait conforme, on l'a vu, à notre histoire constitutionnelle : c'est en ce sens, déjà, que les auteurs du XIXe concevaient la notion de libertés locales en insistant sur le droit des habitants des

---

460 Maylis Douence, « Le principe de la libre administration et la QPC », cet ouvrage et P. de Montalivet, « QPC et droit des collectivités territoriale », *AJDA*, 2016, p. 586.

461 CNIL avis 21 mars 2018, concernant la mise en œuvre expérimentale de l'application « REPORTY » par la ville de Nice.

462 Benjamin Constant, « Principes de politique applicables à tous les gouvernements représentatifs… (1815) », in *Ecrits politiques*, Gallimard, 1997, p. 426.

communes et départements à élire leurs représentants aux assemblées locales, selon un principe posé par les lois révolutionnaires portant organisation administrative du Royaume et sur lequel la Constitution de l'an VIII suivant les textes de la Convention était revenue. Au demeurant, cette approche peut se réclamer d'auteurs plus contemporains comme Carré de Malberg [463] qui expliquait, ainsi, que la décentralisation communale était assimilable à l'idée de liberté en ce qu'elle constituait l'instrument d'auto-administration des communautés d'habitants.

L'expression « libertés locales » vise donc au mieux l'exercice de droits politiques, en particulier du droit de suffrage et d'éligibilité aux assemblées locales.

Elle ne saurait d'abord correspondre à autre chose. En particulier, la Constitution exclut un quelconque exercice local des libertés individuelles. D'abord, parce que la jurisprudence interdit toute possibilité de différenciation territoriale dès lors qu'est en jeu l'exercice des droits et libertés fondamentaux. Ainsi le juge constitutionnel a-t-il censuré, au nom du principe d'égalité, des lois qui, en 1985 (Conseil constitutionnel, n°84-185 DC du 18 janvier 1985) et 1994 (Conseil constitutionnel, n°93-329 DC du 13 janvier 1994), faisaient dépendre l'exercice de la liberté d'enseignement de financements laissés à la discrétion des élus locaux[464], rappelant que le principe de libre administration « *ne saurait conduire à ce que les conditions essentielles d'application d'une loi organisant l'exercice d'une liberté publique dépendent de décisions des collectivités territoriales et, ainsi, puissent ne pas être les mêmes sur l'ensemble du territoire* ». Tant qu'au régime de l'expérimentation normative organisé à l'article 72 de la Constitution, on sait qu'il prohibe les régimes dérogatoires portant sur l'exercice des droits fondamentaux (CGCT, LO. 1113-1 à LO.1113-7). De même que l'article L.1111-8-1 du Code général des collectivités territoriales prévoit que l'Etat ne saurait déléguer des compétences étatiques qui « *affectent les garanties essentielles d'exercice d'une liberté publique ou d'un droit constitutionnel garanti* ». Ensuite, parce que s'il peut exister des atteintes localisées aux libertés, elles font l'objet d'un contrôle, certes exercé localement par les tribunaux administratifs interdépartementaux, mais unifié au niveau national par la jurisprudence du Conseil d'Etat.

Les administrés étant les titulaires des libertés locales, alors autant dire tout de suite que notre communication n'avait pas sa raison d'être. Le contenu auquel renvoie l'expression « libertés locales » a en effet déjà acquis rang de principe constitutionnel avec l'inscription à l'article 72 du principe de libre

---

[463] Raymond Carré de Malberg, *Contribution à une théorie générale de l'Etat*, Sirey, tome 1, 1920, n°65).

[464] Voir notamment François Luchaire, « L'abrogation de la loi Falloux devant le juge constitutionnel », *RDP*, 1994, n° 3, p. 609.

administration des collectivités. La rédaction de l'article 72 de la Constitution a l'avantage d'être plus précise que l'expression « libertés locales » : elle implique ainsi à la fois la garantie d'un régime représentatif et délibératif, au détriment toutefois des procédés de démocratie semi-directe [465].

Assurément, la notion de « libertés locales » pourrait trouver là, dans les possibilités offertes aux citoyens de participer directement à la direction des affaires locales, un intérêt particulier de nature à compléter le principe de libre administration. La demande d'une démocratie augmentée est aujourd'hui une préoccupation générale. L'acuité des débats autour du référendum d'initiative citoyenne le démontre[466]. Mais on relèvera que, à l'égard des affaires locales, de nombreux textes existent déjà en ce sens, et que la Constitution révisée en 2003 fait une large place à ces procédés de démocratie locale directe[467] sans que la pratique, liée à la manière dont la loi les organise, et pour l'essentiel laissée à l'appréciation des exécutifs locaux, ne s'en trouve améliorée. Il n'est pas sûr que l'inscription des libertés locales dans la Constitution sans autre précision soit de nature à la régénérer ni qu'elle permette de fonder l'extension du champ du référendum aux décisions des EPCI[468].

Si l'on admet que les libertés locales ont pour titulaires les administrés, alors il faut se résoudre à ce que l'expression garde une portée nécessairement déceptive, un air de déjà-vu.

Sans doute, il eut été possible d'avancer que l'articulation des pouvoirs entre les organes élus et consultations populaires n'épuisent pas l'ensemble des questions que soulève aujourd'hui la démocratie locale. La référence aux « libertés locales » dans la Constitution permettrait alors d'envisager une déclinaison locale et plus large des droits de suffrage et d'éligibilité afin de combler quelques trous noirs du droit électoral local. Sur ce fondement, le législateur pourrait échapper aux rigueurs du droit constitutionnel des élections nationales et autoriser à ce titre le droit de vote des étrangers aux élections locales[469]. A l'identique, le rappel des droits politiques attachés à l'idée de décentralisation viendrait prendre acte du paradoxe attaché à la généralisation, avec l'intercommunalité, d'une administration locale au

---

465 Bertrand Faure, *Droit des collectivités territoriales*, Dalloz, 2018, n°31.

466 Voir en ce sens, Ass. Nat., Proposition de loi constitutionnelle (n° 1558) visant à instaurer la possibilité de référendums d'initiative citoyenne, 11 février 2019. Egalement Terra Nova, Rapport sur le référendum d'initiative citoyenne délibératif, (http://tnova.fr/system/contents/files/000/001/701/original/Terra-Nova_RIC-deliberatif_190219.pdf?1550507661)

467 Michel Verpeaux, « Référendum local, consultations locales et Constitution », *AJDA*, 2003, p. 540.

468 Patrick Mozol, « L'élargissement du référendum local aux projets de décision des EPCI à fiscalité propre : une réforme envisageable ? », *RJJ, Droit prospectif*, 2016, p.277.

469 Hervé Andrès, *Le droit de vote des étrangers : état des lieux et fondements théoriques*, thèse de doctorat, Université Paris VII, 2007.

second degré et obliger à l'élection au suffrage universel direct des conseils intercommunaux et métropolitains[470]. Mais de telles interprétations, assez peu dans l'air du temps, ne sont que de pures spéculations qui tendraient de surcroît à faire dire à l'expression « liberté locales » plus qu'en attendent ses promoteurs.

*

* *

Une conclusion s'impose.

L'expression « libertés locales » n'a pas sa place en droit. Soit qu'elle a été pour l'essentiel reprise au travers du principe de libre administration. Soit qu'elle se rapporte à certaines insuffisances du droit des collectivités territoriales, mais que, par son manque de précision, et malgré sa force suggestive, elle est impuissante à combler. A tout prendre, le concept d'autonomie locale tiré de la Charte adoptée par le Conseil de l'Europe du 15 octobre 1985 est en situation de rendre de bien meilleurs services[471]. Mais ce sera l'objet d'une autre communication pour un autre congrès de l'AFDCL…

Ainsi, notre conclusion perçait déjà sous les vers empruntés à l'Abbé de l'Attaignant :

> « Que pour le jour où le mot viendra seul sans la chose
> Il faut se réserver le mot pour se consoler de la chose »

---

[470] L'article 54 de la loi du 27 janvier 2015 qui prévoyait l'adoption d'un texte en vue d'organiser l'élection au suffrage universel direct des conseillers métropolitains a été abrogé par la loi du 27 décembre 2019 « Engagement et proximité » ; Dodji Akpatcha, « L'échec de la réforme du mode de scrutin des métropoles », *AJDA*, 2020. p 33

[471] Franck Durand, « Le 30e anniversaire de la Charte européenne de l'autonomie locale », *AJDA* 2016, p. 2313.

LE PRINCIPE DE LIBRE ADMINISTRATION ET LA QPC

Maylis DOUENCE

Maître de conférences en droit public, Université de Pau et des Pays de l'Adour, Pau Droit Public

L'article 72 de la Constitution, après avoir énuméré les collectivités territoriales de la République (communes, départements, etc.) énoncent que celles-ci *« s'administrent librement par des conseils élus »*, reprenant ainsi une formule déjà inscrite à l'article 87 de la Constitution de 1946 : *« Les collectivités territoriales s'administrent librement par des conseils élus au suffrage universel »*.

Le Constituant, à l'article 72, n'emploie donc pas le terme de « principe », mais utilise un verbe conjugué. La formule employée à l'article 34, pour délimiter le domaine de la loi, est un peu différente (*« La loi détermine les principes fondamentaux : - de la libre administration des collectivités territoriales, de leurs compétences et de leurs ressources »)* et n'est pas constitué par un verbe conjugué, mais emploie bien l'expression « libre administration des collectivités territoriales ». Toutefois, il n'est toujours pas question d'un « principe » constitutionnel de libre administration.

Il a donc fallu l'intervention du Conseil constitutionnel pour voir dans ces deux formulations différentes retenues par le Constituant l'expression d'un « principe » constitutionnel de libre administration des collectivités territoriales. Il apparaît ainsi, d'emblée que le juge constitutionnel a joué un rôle essentiel dans l'émergence et la protection de cette liberté reconnue aux collectivités territoriales. La nouvelle voie de recours constitutionnel que constitue la QPC depuis le 1er avril 2010, grâce à la révision constitutionnelle du 23 juillet 2008, offre donc l'occasion de ré examiner ce rôle du Conseil constitutionnel, et de s'interroger sur le point de savoir si la procédure de QPC a une influence sur le principe de libre administration.

Avant de chercher à répondre, il convient d'abord de revenir sur la consécration de la libre administration en tant que principe constitutionnel et sur la teneur que lui a donnée la jurisprudence constitutionnelle jusqu'à 2010.

1. La genèse du principe de libre administration

Avant d'aller plus avant, il paraît utile, pour établir le rôle essentiel du Conseil constitutionnel en matière de libre administration, de revenir sur la genèse de la reconnaissance du principe de libre administration, sur sa mutation d'une règle de compétence du législateur, énoncée à l'article 34 de la Constitution, en un principe constitutionnel de fond et, partant, en une garantie constitutionnelle de la liberté d'action des collectivités territoriales de la République, opposable au législateur.

La période 1959 – 1979 : le Conseil constitutionnel régulateur de l'activité des pouvoirs publics

Pendant vingt ans, le Conseil constitutionnel ne va voir dans le principe de libre administration des collectivités territoriales proclamé à l'article 72 de la Constitution qu'une règle de répartition des compétences entre loi et règlement. Le Conseil constitutionnel n'emploie ainsi jamais l'expression de "principe" de libre administration. Il ne vise que les "principes fondamentaux" de la libre administration au sens de l'article 34.

Cette attitude du Conseil constitutionnel est évidente dans l'ensemble de sa jurisprudence des deux premières décennies de la Ve République (1959 - 1979). Se considérant seulement comme un régulateur de l'activité des pouvoirs publics jusqu'à la décision Liberté d'association du 16 juillet 1971, le Conseil se contente en conséquence de veiller au respect de la répartition des compétences en matière de collectivités locales comme dans les autres domaines. Ainsi, sa jurisprudence est principalement constituée de décisions de délégalisations[472]. Jusqu'en 1979, le Conseil ne rend pas une seule décision de conformité visant le principe de libre administration. Selon des comptes dressés par M. Autexier en 1981, en matière de collectivités locales *« les saisines dans le cadre de l'article 61 sont beaucoup plus rares : de 1959 à 1977, une seule saisine semble avoir été provoquée en ce domaine, contre 16 recensés au titre de l'article 37, alinéa 2 »*[473].

La décision n° 75-84 L du 19 novembre 1975

Le changement s'amorce avec la décision du 19 novembre 1975[474]. Il s'agit toujours d'une décision rendue sur le fondement de l'article 37 alinéa 2, c'est-à-dire d'une demande de délégalisation faite par le gouvernement, et

[472] Voir les Tables trentenaires (1959 - 1988) du Conseil constitutionnel, leur contenu quant aux collectivités locales est éloquent.

[473] Christian Autexier, « L'ancrage constitutionnel des collectivités de la République », *RDP* 1981, p. 581. Cf. p. 599. Christian Autexier ne donne aucune référence quant à cette décision de conformité. Il s'agit peut-être de la décision n° 63-21 DC, 12 mars 1963, Loi portant réforme de l'enregistrement, du timbre et de la fiscalité immobilière, Rec. p. 23 mars 1963 dans laquelle le Conseil se prononce sur une loi réformant l'enregistrement, le timbre et la fiscalité immobilière.

[474] Cons. const., 19 nov. 1975, n° 75-84 L, *Rec.* p. 35 ; *Cah. C.F.P.C.*, n° 1, sept. 1977, p. 105 ; *RDP* 1976, p. 229, chron. Louis Favoreu.

cependant elle opère un certain glissement par rapport aux décisions précédentes. Dans cette décision, les prémices d'une évolution de la jurisprudence constitutionnelle sont perceptibles à différents niveaux.

Tout d'abord, celle-ci est particulièrement longue, détaillée et argumentée, ce qui est rarement le cas des décisions de délégalisations. Toutefois, il est vrai que le Premier ministre, sollicité en ce sens par la Commission de codification, saisissait le Conseil de la nature juridique de plus de douze dispositions issues de six textes législatifs différents.

Ensuite, la décision est extrêmement favorable à la compétence du législateur. Commentant à l'époque cette décision avec d'autres décisions allant également dans le sens d'une compétence accrue de la loi en matière de collectivités locales, Louis Favoreu relève que le Conseil ignore volontairement la distinction entre les domaines dans lesquels la loi pose les règles et ceux dans lesquels elle détermine seulement les principes fondamentaux, ce qui est le cas en matière de libre administration et aurait dû conduire, selon l'opinion doctrinale dominante à l'époque, à une compétence moins étendue du Parlement. Et surtout, il note que, ce faisant, *« le Conseil constitutionnel interdit au pouvoir réglementaire toute décision importante en ce domaine de l'administration locale, et qu'ainsi il contribue à mettre <u>les libertés et l'autonomie communales</u> à l'abri de toute tentative de <u>réduction des libertés</u> par le pouvoir central »*[475].

Enfin, dans plusieurs considérants, le Conseil ne se contente plus de citer l'article 34 pour viser les principes fondamentaux de la libre administration, il juge également, par exemple, que les dispositions qui imposent la communication annuelle du budget du syndicat de communes aux conseils municipaux des communes intéressées *« constituent <u>des garanties fondamentales</u> de la libre administration et des ressources des collectivités locales »*[476], et relèvent donc pour cette raison du domaine de la loi.

En somme, ce qui est perceptible dans cette décision, c'est que le Conseil ne considère déjà plus la libre administration comme une simple règle de compétence, mais qu'il y attache déjà l'idée de garantie des libertés locales. Il va déjà au-delà de sa jurisprudence antérieure en la matière.

La décision n° 79-104 DC du 23 mai 1979 Territoire de Nouvelle Calédonie

La décision qui va véritablement signer la mutation du principe de libre administration en un principe constitutionnel de fond est rendue quatre ans plus tard par le Conseil constitutionnel, saisi en application de l'article 61, alinéa 2, de la Constitution. C'est la décision du 23 mai 1979 relative à la loi

---

[475] Art. préc., *Cah. C.F.P.C.*, p. 107. C'est nous qui soulignons.
[476] Décision préc., consid. n°2, Rec. p. 37. C'est nous qui soulignons.

sur la Nouvelle Calédonie, qui modifiait le régime électoral de l'Assemblée territoriale et du Conseil de Gouvernement de ce territoire d'outre-mer[477].

Dans cette décision relativement brève, le Conseil se prononce de manière laconique sur les dispositions législatives qui visaient à réduire la durée du mandat des élus locaux de Nouvelle Calédonie, pour mettre en œuvre le nouveau régime électoral. Le Conseil commence d'abord par qualifier ces dispositions, en énonçant *« qu'elles s'analysent, en définitive, comme une mesure d'abréviation du mandat de l'Assemblée territoriale et du Conseil de Gouvernement »*[478]. Venait donc ensuite le nœud du problème : le législateur pouvait-il librement limiter la durée du mandat des élus du territoire ? Le Conseil est ainsi contraint de se prononcer au fond, puisqu'il ne s'agit plus ici de départager les compétences de deux organes, et doit nécessairement déterminer les normes de référence de son contrôle. C'est à ce travail qu'il procède par un raisonnement en plusieurs étapes. Il constate d'abord que, la durée du mandat étant fixée par la loi, elle ne peut être modifiée que par la loi, et, ensuite, que le législateur n'a fait que tirer les conséquences de l'entrée en vigueur immédiate du nouveau régime électoral. Par conséquent, *« le législateur n'a (...) fait qu'user des pouvoirs qui lui appartiennent de fixer les conditions de mise en œuvre des règles qu'il édicte ; (...) dès lors, il n'a méconnu ni le principe de séparation des pouvoirs, ni les dispositions constitutionnelles qui le mettent en œuvre ou qui consacrent la libre administration des collectivités territoriales »*[479].

Dans cette décision, le Conseil opère un contrôle au fond d'une loi en matière de collectivités locales, ce qui, en soi, est déjà une innovation, et il impose au législateur de se conformer aux dispositions constitutionnelles qui consacrent la libre administration des collectivités territoriales. Cependant, en 1979, beaucoup de commentateurs ont hésité à y voir la consécration d'un "principe" de libre administration au profit des collectivités locales : le Conseil n'emploie pas le terme de "principe", mais une formule contournée, sinon ambiguë, et ne vise aucun fondement textuel, si ce n'est la Constitution dans son ensemble, au début de la décision. Cette constatation a ainsi fait écrire à C. Autexier que le Conseil constitutionnel, dans cette décision de 1979, avait "inventé" le principe constitutionnel de libre administration des collectivités territoriales. (Le terme "inventer" *« est en effet porteur de deux significations juridiques. Au sens originaire, l'inventeur est celui qui découvre une chose préexistante, mais cachée (...) Le sens de création* ex nihilo *n'est qu'un sens second, dérivé. Cette dualité de sens permet en l'espèce d'utiliser*

---

[477] Cons. const., ,23 mai 1979, n° 79-104 DC, *Loi relative au territoire de Nouvelle Calédonie*, *Rec.* p. 27 ; *RDP* 1979, p. 1694, chron. Louis Favoreu ; GDCC, 2ème éd., 1979, n° 34.

[478] Décision préc., consid. n° 9, *Rec.* p. 29.

[479] Décision préc., consid. n° 9.

le verbe inventer afin d'éviter de préjuger du caractère de l'invention réalisée par le Conseil constitutionnel »)[480]. Ce questionnement est symptomatique de l'incompréhension d'une grande partie de la doctrine face à l'attitude du Conseil constitutionnel, durant le début des années quatre-vingt. De la même façon, M. Favoreu relève dans son commentaire paru précisément en 1979 dans la 2e édition des *"Grandes décisions du Conseil constitutionnel"* que le raisonnement du Conseil *« n'est pas d'une grande clarté »*[481], et il s'interroge également sur la valeur de principe constitutionnel de la libre administration des collectivités locales.

Les décisions de 1982 (n° 81-134 DC du 5 janvier 1982, n° 82-137 DC du 25 février 1982, Droits et libertés des communes, départements et régions, n° 82-138 DC du 25 février 1982, Statut particulier de la Corse)

Il faut attendre les nouvelles décisions du Conseil, rendues à l'occasion des grandes lois de décentralisation de 1982, pour que la conviction s'installe qu'il existe bien un principe constitutionnel de libre administration fondé sur l'article 72 de la Constitution. La 3e édition des *"Grandes décisions"*, parue en 1984, est ainsi très éclairante, puisque le commentaire de la décision de 1979 ne comporte plus désormais que cinq ou six lignes sur le principe de libre administration (contre une page entière de questionnement dans l'édition précédente) : *« la décision du 23 mai 1979 consacre la valeur constitutionnelle du principe de libre administration des collectivités territoriales (ou locales) en combinant apparemment l'article 72 de la Constitution et l'article 34. Depuis, le Conseil constitutionnel a réaffirmé de manière éclatante le caractère constitutionnel du principe de libre administration dans ses décisions du 25 février 1982 »*[482]. En réalité, c'est dès janvier 1982 que le Conseil abandonne la formulation évasive de 1979. Dans la décision du 5 janvier 1982[483], il se prononce sur la conformité à la Constitution d'une loi autorisant le Gouvernement à prendre des mesures d'ordre social par ordonnance, et notamment à instaurer un système de financement par les collectivités de la cessation anticipée d'activité de leurs agents. Pour confirmer la constitutionnalité de cette disposition, le Conseil affirme que *« si, en vertu de l'article 72 de la Constitution, les collectivités territoriales de la République s'administrent librement par des conseils élus, elles le font "dans*

---

[480] Christian Autexier, « L'ancrage constitutionnel des collectivités de la République », art. préc., cf. p. 603.

[481] *Les grandes décisions du Conseil constitutionnel*, Louis Favoreu et Loïc Philip, 2e éd., Sirey, 1979, p. 469.

[482] *Les grandes décisions du Conseil constitutionnel*, Louis Favoreu et Loïc Philip, 3e éd., Sirey, 1984, p. 431.

[483] Cons. const., 5 janv. 1982, n° 81-134 DC, *Loi autorisant le Gouvernement par application de l'article 38 de la Constitution à prendre des mesures d'ordre social, Rec.* p. 5.

des conditions prévues par la loi" ; qu'aux termes de l'article 34 de la Constitution "la loi détermine les principes fondamentaux de la libre administration des collectivités locales, de leurs compétences et de leurs ressources" ; que la loi peut donc instituer un système de péréquation entre ces collectivités et que la disposition contestée, limitant d'ailleurs cette péréquation à certaines charges (...), ne méconnaît pas l'article 72 de la Constitution, non plus qu'aucune règle ou principe de valeur constitutionnelle »[484]. Le Conseil forge ainsi la formulation qu'il conservera par la suite (si, en vertu de l'article 72, les collectivités territoriales s'administrent librement, elles le font dans les conditions... etc.), et indique clairement que le fondement du principe appliqué est bien l'article 72 de la Constitution, combiné ici avec l'article 34.

L'affirmation progressive du principe de libre administration en tant que principe constitutionnel de fond est définitivement achevée avec les deux décisions du 25 février 1982[485]. Dans la première, relative à la loi générale sur les communes, départements et régions, le Conseil débute la délimitation du principe en indiquant qu'*« il résulte de l'article 72 de la Constitution que, si la loi peut fixer les conditions de la libre administration des collectivités territoriales, c'est sous réserve qu'elle respecte les prérogatives de l'Etat énoncées à l'alinéa 3 de cet article »*[486]. Et dans la deuxième, relative à la loi sur la Corse, le Conseil précise, d'une part, que l'article 72 est relatif à l'ensemble des collectivités de la République, ce qui inclut en conséquence les collectivités d'outre-mer et fait ainsi de la libre administration un principe général, bénéficiant à toutes les collectivités territoriales. Et, d'autre part, il ne traite plus seulement de respect de l'article 72, mais d'atteinte, ou non, à la libre administration des collectivités locales. Le principe de libre administration des collectivités locales est désormais bien ancré dans la jurisprudence constitutionnelle comme un principe de valeur constitutionnelle permettant de contrôler l'action du législateur et d'encadrer ses décisions en matière de collectivités territoriales.

2. La teneur du principe de libre administration à l'aube de l'instauration de la QPC

Pour apprécier avec exactitude si l'avènement de la QPC en 2010 a conduit à une évolution du principe de libre administration ainsi consacré en tant que principe constitutionnel de fond, il est nécessaire d'exposer la teneur de ce

[484] Décision préc., consid. n° 12.

[485] Cons. const., 25 fév. 1982, n° 82-137 DC, *Droits et libertés des communes, départements et régions, Rec.* p. 38.

Cons. const., 25 fév. 1982, n° 82-138 DC, *Statut particulier de la Corse, Rec.* p. 41.

[486] Décision préc., n° 82-137 DC, consid. n° 4, *Rec.* p. 39.

principe, les contours, le contenu que la jurisprudence constitutionnelle lui a accordé.

Le couple mise en œuvre/mise en cause

Le Conseil constitutionnel a construit progressivement sa jurisprudence sur le principe de libre administration des collectivités locales à partir de 1979, mais surtout à partir de 1982, grâce à la "nouvelle décentralisation" – rétrospectivement dénommée Acte I – c'est-à-dire une réforme en profondeur du droit des collectivités territoriales, par voie législative. Dès les premières décisions de 1982, il s'emploie ainsi à déterminer un "minimum" et un "maximum" de libre administration, pourrait-on dire. Puisqu'aucune liberté n'est absolue, la libre administration, comme toute liberté, doit être conciliée avec d'autres principes à valeur constitutionnelle, et notamment avec les exigences explicitement posées par l'article 72 quant aux prérogatives de l'Etat. Il s'agit donc ici d'établir le développement maximal que peut atteindre la libre administration, la frontière au-delà de laquelle le législateur ne peut pas aller pour sa mise en œuvre. D'autre part, la libre administration étant désormais une garantie pour les collectivités locales, elle a aussi un seuil minimal, c'est-à-dire un seuil en deçà duquel le législateur ne peut pas aller dans sa mise en cause. C'est dans ce "minimum incompressible" que se trouve ce qui doit toujours être garanti aux collectivités locales. Le principe de libre administration fonde, pour le Conseil constitutionnel, un contrôle de la loi de type mise en œuvre/mise en cause. Le législateur est compétent pour « mettre en œuvre » la libre administration des collectivités territoriales, mais ne peut leur imposer d'obligations lourdes au point de la « mettre en cause »[487].

Un conseil élu, des attributions effectives, une autonomie financière

Le Conseil constitutionnel sur la base de ce contrôle délimite le contenu de libre administration, en tant que garantie pour les collectivités. Sur le fondement de l'article 72 de la Constitution, il définit les éléments auxquels le législateur ne peut pas porter atteinte en tout état de cause, c'est-à-dire le minimum requis de libre administration.

Le premier de ces éléments est directement issu du texte même de l'article 72 : c'est l'élection de l'organe délibérant. Le Conseil a appliqué aux élections locales les principes constitutionnels relatifs au suffrage, en tant que principes communs à toute élection politique : l'article 3 de la Constitution qui pose que le suffrage est toujours universel, égal et secret et l'article 6 de la Déclaration des droits de l'homme en vertu duquel *« tous les citoyens étant égaux (...) sont*

---

[487] Sur l'origine du couple mise en œuvre/mise en cause et la notion de seuil, v. George Vedel, « Le ''droit au logement'' et le principe de libre administration des collectivités locales », *Pouvoirs locaux – Les cahiers de la décentralisation* 1990, n°7, pp. 85-89, n°8, pp. 16-18.

également admissibles à toutes dignités, places et emplois publics ». Le Conseil a donc considéré que les élections locales ont la nature d'un suffrage politique, et qu'il ne peut pas y avoir de division des électeurs ou des éligibles en catégories (d'où la prohibition -à l'époque- des quotas par sexe sur les listes électorales municipales)[488]. Il a ensuite confirmé que l'élection de l'organe délibérant d'une collectivité territoriale ne peut procéder que du suffrage universel[489]. Et enfin, il a imposé que les élections locales se fassent sur *« des bases essentiellement démographiques »*, résultant d'un recensement récent, les considérations d'intérêt général permettant d'y déroger ne devant intervenir que dans une mesure limitée, pour respecter l'article 3 de la Constitution[490], et selon une répartition des sièges et une délimitation des circonscriptions respectant au mieux l'égalité devant le suffrage[491].

Selon un raisonnement plus large, la nécessaire garantie de l'exercice de la libre administration par un conseil élu, l'a conduit à juger que le dispositif imaginé par le législateur de 2013 pour l'élection des conseillers départementaux en ce qu'il pouvait avoir pour effet de laisser plusieurs sièges vacants pendant toute la durée du mandat, en l'absence d'élections partielles, « pourrait conduire à ce que le fonctionnement normal du conseil départemental soit affecté dans des conditions remettant en cause l'exercice de la libre administration des collectivités territoriales et le principe selon lequel elles s'administrent librement par des conseils élus »[492].

Les deux éléments suivants dont le Conseil constitutionnel impose le respect au législateur résultent de la combinaison des articles 72 et 34. Le Conseil reconnaît qu'il appartient au législateur de fixer les conditions de la libre administration des collectivités territoriales, mais qu'il ne doit pas, d'une

---

488 Cons. const., 18 nov. 1982, n° 82-146 DC, *Loi relative à l'élection des conseillers municipaux - Quotas par sexe, Rec.* p. 66.

489 Cons. const., 9 avril 1992, n° 92-308 DC, *Traité sur l'Union européenne - Maastricht I, Rec.* p. 55 ; *GDCC* n° 45, et les réf. citées.

490 Cons. const., 8 août 1985, n° 85-196 DC, *Evolution de la Nouvelle-Calédonie, Rec.* p. 63 ; *GDCC* n° 38, et les réf. citées.

Cons. const., 7 juil. 1987, n° 87-227 DC, *Loi modifiant l'organisation administrative et le régime électoral de Marseille, Rec.* p. 41.

Cons. const., 5 mars 2015, n° 2015-711 DC, *Loi autorisant l'accord local de répartition des sièges de conseiller communautaire, JO* 10 mars p. 4361.

491 Cons. const., 15 janv. 2015, n° 2014-709 DC, *Loi relative à la délimitation des régions, aux élections régionales et départementales et modifiant le calendrier électoral, JO* 17 janv. p. 783.

492 Cons. const., 16 mai 2013, n° 2013-667 DC, *Loi relative à l'élection des conseillers départementaux, des conseillers municipaux et des conseillers communautaires, et modifiant le calendrier électoral, Rec.* p. 695, cons. 21.

part, restreindre leurs ressources au point d'entraver leur libre administration[493] et, d'autre part, les priver d'attributions effectives[494].

Quant au minimum requis de ressources, le Conseil avait retenu que la loi ne devait avoir pour effet ni de diminuer les ressources globales des collectivités ni de restreindre la part des recettes fiscales dans ces ressources au point d'entraver leur libre administration[495]. Cette jurisprudence autorisait le législateur à compenser une baisse des recettes fiscales locales par une dotation de l'Etat jusqu'à un certain seuil qui était alors indéterminé car jamais atteint. Le constituant, par la loi constitutionnelle du 28 mars 2003[496], a fait le choix de consacrer ce principe au titre de l'autonomie financière des collectivités dans un nouvel article, 72-2, de la Constitution. Et la loi organique a fixé le seuil des ressources propres, en tant que part déterminante de l'ensemble des ressources de la collectivité au seuil établi en 2003 pour chaque catégorie de collectivité[497]. La révision constitutionnelle de 2003 a, en outre, permis de poser les principes de « libre disposition des ressources » (art. 72-2, al. 1er), de la capacité des collectivités à recevoir le produit des impositions de toutes natures et à en fixer l'assiette et le taux (art. 72-2, al. 2), de la compensation intégrale des transfert, création ou extension de compétences (art. 72-2, al. 4) et de la péréquation entre collectivités (art. 72-2, al. 5). Il en résulte qu'aujourd'hui les principes qui déterminent les contours de l'autonomie financière des collectivités sont consacrés de manière autonome par la Constitution. Toutefois, le Conseil constitutionnel continue à lier libre administration et autonomie financière, au besoin en combinant les articles, pour estimer que « les règles fixées par la loi sur le fondement du dernier alinéa de l'article 72-2 de la Constitution ne doivent pas restreindre les ressources des collectivités territoriales au point de dénaturer le principe de libre administration de ces collectivités, tel qu'il est défini par l'article 72 de la Constitution »[498]. Il a ainsi été amené à juger, relativement aux lois de

---

493 Pour la première décision posant cette exigence, voir Cons. const., 25 juil. 1990, n° 90-277 DC, *Loi relative à la révision générale des évaluations des immeubles retenus pour la détermination des bases des impôts directs locaux, Rec.* p. 70.

494 Cons. const., 25 juil. 1990, n° 90-277 DC, *Loi relative à la révision générale des évaluations des immeubles retenus pour la détermination des bases des impôts directs locaux,* préc.

495 Voir not. le contrôle de la loi supprimant la "vignette" pour les véhicules des particuliers, Cons. const., 28 déc. 2000, n° 2000-442 DC, *Loi de finances pour 2001, Rec.* p. 211 ; ou, pour la suppression de la part régionale de la taxe d'habitation, Cons. const., 12 juil. 2000, n° 2000-432 DC, *Loi de finances rectificatives pour 2000, Rec.* p. 104.

496 Loi constit. n° 2003-276 du 28 mars 2003 relative à l'organisation décentralisée de la République, *JO* 29 mars 2003, p. 5568.

497 Loi organique n° 2004-758 du 29 juillet 2004 prise en application de l'article 72-2 de la Constitution relative à l'autonomie financière des collectivités territoriales, *JO* 30 juil. 2004 p. 13561. Aujourd'hui codifiée au CGCT, art. LO 1114-1 s.

498 Cons. const., n°2013-685 DC, 29 déc. 2013, *Loi de finances pour 2014, JO* 30 déc.

finances des dernières années, que les réductions successives de la dotation globale de fonctionnement n'étaient « pas d'une ampleur telle » qu'elles entraveraient la libre administration des collectivités territoriales[499]. Encore une fois tout est affaire de seuil, ou plutôt de plancher….

Quant au minimum de compétences, le Conseil constitutionnel lie cette exigence à celle de l'élection de l'organe délibérant : pour s'administrer librement, les collectivités locales doivent disposer d'un conseil élu *« doté d'attributions effectives »*[500]. La libre administration ne serait peut-être pas entravée par l'instauration d'un organe exécutif sans attributions effectives… La question est cependant de savoir ce qu'il convient d'entendre par attributions "effectives". Là aussi, comme en matière de ressources, le Conseil semble poser un *seuil* de constitutionnalité. Mais ce seuil est-il quantitatif (il faut une certaine "quantité", un certain nombre de compétences pour qu'elles soient effectives), ou qualitatif (dans certaines conditions, même doté d'un nombre important d'attributions, le conseil élu ne serait pas en mesure de les exercer librement) ? Il est légitime de considérer que le Conseil constitutionnel veille au maintien de compétences en nombre suffisant et dans des conditions où leur exercice est réellement libre, qu'il s'emploie à faire respecter au législateur un seuil quantitatif et qualitatif. Cependant, la jurisprudence n'apporte guère de confirmation ou d'infirmation. Dans deux décisions, le Conseil a rejeté le grief tendant à faire censurer une loi pour atteinte aux compétences effectives d'une collectivité locale. Dans la décision relative au statut de la Corse[501], après avoir rappelé que l'article 72 impose que toute collectivité dispose d'une assemblée délibérante élue dotée d'attributions effectives, le Conseil répond, en l'espèce, que *« la définition par le législateur des compétences de la collectivité territoriale de Corse n'a pas pour conséquence d'affecter de façon substantielle les attributions des deux départements de Corse »*, et en conséquence, *« la définition des compétences de la collectivité territoriale ne porte pas atteinte aux dispositions de l'article 72 de la Constitution »* [502]. Ici, l'emploi du terme "substantiel" peut laisser penser que le Conseil ne s'attache pas seulement à garantir un minimum quantitatif de compétences aux deux départements de Corse. En effet, le recours à la notion de "substance", relativement aux compétences, peut être

---

[499] Cons. const., 29 déc. 2016, n°2016-744 DC, *Loi de finances pour 2017*, *JO* 30 déc. ; Cons. const., 29 déc. 2015, n°2015-725 DC, *Loi de finances pour 2016*, *JO* 30 déc. ; Cons. const., 29 déc. 2014, n°2014-707 DC, *Loi de finances pour 2015*, *JO* 30 déc.

[500] Cons. const., 8 août 1985, n°85-196 DC, *Evolution de la Nouvelle-Calédonie,* préc. Cons. const., 19 janv. 1988, n°87-241 DC, *Statut du territoire de la Nouvelle-Calédonie*, *Rec.* p. 31 ; *AIJC*, 1988, p. 415, chron. Bruno Genevois ; *RDP* 1989, p. 399, chron. Louis Favoreu.

[501] Cons. const., 9 mai 1991, n°91-290 DC, *Statut de la collectivité territoriale de Corse*, *Rec.* p. 50 ; *GDCC* n°44, et les réf. citées.

[502] Décision préc., consid. n°30 à 34.

interprété comme l'exigence de qualités intrinsèques à ces attributions. Cependant, les auteurs de la saisine estimaient, pour leur part, que la loi aboutissait *« à enlever un nombre substantiel d'attributions »*[503] aux départements. Et le Conseil reconnaît par ailleurs que la nouvelle collectivité territoriale de Corse reçoit par la loi des compétences plus étendues que celles des régions, grâce à un transfert par l'Etat de compétences *« en sus »*[504]. L'approche quantitative est donc bien présente et même dominante ici.

D'autres décisions permettent de démontrer que le Conseil peut privilégier une démarche qualitative garantissant aux collectivités des attributions effectives au sens de l'assurance d'un exercice effectif de leurs compétences. C'est ce qui résulte de l'analyse de la décision se penchant sur la loi qui instaurait pour les conseils régionaux un mécanisme de vote bloqué ou de vote d'ensemble du budget régional[505]. La loi prévoyait ainsi que le président du conseil régional peut décider de soumettre, pour adoption, le projet de budget à un vote d'ensemble. Les sénateurs auteurs de la saisine soutenaient que cette procédure était contraire à la libre administration puisqu'elle priverait l'assemblée délibérante de son pouvoir de modifier les recettes et crédits inscrits au budget. Ils invoquent donc bien une atteinte à l'exercice d'une compétence. La collectivité n'est pas privée de sa compétence de vote du budget, mais les conditions de son exercice sont modifiées, voire altérées. Sont-elles modifiées au point d'empêcher un usage effectif de cette attribution ? Le Conseil répond par la négative à cette question en jugeant que *« dès lors que le conseil régional est libre de rejeter le texte qui lui est soumis »*, le législateur n'a pas privé l'organe délibérant de la région d'attributions effectives. Par conséquent, selon cette position du Conseil, l'encadrement législatif peut aller assez loin, et même jusqu'à n'offrir qu'une seule alternative à l'assemblée (voter ou rejeter le budget en l'espèce), sans porter atteinte aux attributions effectives de la collectivité. Mais, cependant, cela montre que le contrôle exercé par le Conseil constitutionnel porte aussi bien sur le nombre d'attributions détenues par la collectivité en vertu de la loi, que sur la possibilité d'un usage réellement effectif de celles-ci assuré par le législateur.

Le Conseil constitutionnel, pour garantir la libre administration des collectivités territoriales, impose donc au législateur de garantir le caractère élu (au suffrage universel et sur des bases essentiellement démographiques) de l'assemblée délibérante, de respecter l'autonomie financière des collectivités et de leur confier des attributions effectives en considération aussi bien de leur nombre que de leurs modalités d'exercice.

---

503 Cf. décision préc., consid. n°30.

504 Cf. décision préc., consid. n°33.

505 Cons. const., 14 janv. 1999, n°98-407 DC, *Loi relative au mode d'élection et au fonctionnement des conseils régionaux*, *Rec.* p. 21.

3. L'espoir suscité par la QPC en faveur de la libre administration des collectivités

En offrant aux justiciables une voie de droit inédite en France, par laquelle ils peuvent faire contrôler *a posteriori* la constitutionnalité d'une loi, la QPC a suscité de grands espoirs en matière de protection des droits et libertés constitutionnels. La multiplication des voies de droit ne peut qu'être favorable pour les particuliers, et l'ensemble des personnes privées, bien évidemment, mais également pour les collectivités territoriales. En effet, au titre du contrôle *a priori* de la constitutionnalité des lois, sur le fondement de l'article 61, les collectivités territoriales ne bénéficient pas d'un traitement différent de celui des personnes privées. Pas plus que ces dernières, elles ne peuvent saisir le Conseil constitutionnel par voie d'action d'une loi non encore promulguée. Elles doivent s'en remettre au bon vouloir de soixante députés ou sénateurs, du Président de l'Assemblée Nationale ou du Sénat, du Premier ministre ou du Président de la République. Comme le souligne Guillaume Drago, *« la QPC est en quelque sorte le prolongement de batailles au Parlement dans lesquelles les parlementaires, défenseurs des intérêts des collectivités territoriales, n'ont pas réussi à faire valoir leur point de vue »*[506]. Pour autant, d'ailleurs, que les parlementaires se positionnent comme défenseurs des intérêts des collectivités lorsqu'ils siègent dans l'hémicycle…

L'espoir est d'autant plus vif pour les collectivités que le contrôle *a priori* sur le fondement de l'article 61 de la Constitution a donné jusque-là des résultats très limités du point de vue de la protection de la libre administration contre le législateur. On dénombre seulement quatre décisions de censure pour atteinte au principe de libre administration[507]. Quantitativement, le bilan du contrôle *a priori* est donc maigre au regard des 781 décisions rendues depuis 1959 par le Conseil constitutionnel sur le fondement de l'article 61 de la

[506] Guillaume Drago, « Question prioritaire de constitutionnalité et droit des collectivités territoriales : premier bilan », *JCP A* 14 juin 2011, étude, n° 2211.

[507] Cons. const., 20 janvier 1984, n° 83-168 DC, *Loi portant dispositions statutaires relatives à la fonction publique territoriale*, cons. 10, *Rec.* p. 38.

Cons. const., 20 janvier 1993, n° 92-316 DC, *Loi relative à la prévention de la corruption et à la transparence de la vie économique et des procédures publiques dite Loi Sapin*, cons. 41 et 43, *Rec.* p. 14.

Cons. const., 14 janvier 1999, n° 98-407 DC, *Loi relative au mode d'élection des conseillers régionaux et des conseillers à l'Assemblée de Corse et au fonctionnement des conseils régionaux*, cons. 26, *Rec.* p. 21

Cons. const., 16 mai 2013, n° 2013-667 DC, *Loi relative à l'élection des conseillers départementaux, des conseillers municipaux et des conseillers communautaires, et modifiant le calendrier électoral*, cons. 21, *Rec.* p. 695.

Constitution et des 366 déclarations de non-conformité totale ou partielle prononcées (soit près de 47 % des décisions)[508].

En 2010, l'entrée en vigueur de la QPC a donc suscité l'espoir pour les collectivités territoriales d'une relance, et d'un renouveau, de la jurisprudence du Conseil constitutionnel relative au principe de libre administration. Si cet espoir justifié s'est concrétisé (I), il a néanmoins été déçu (II).

I. Un espoir concrétisé : le principe de libre administration est une liberté invocable en QPC par les collectivités territoriales

L'étape première et incontournable pour que la QPC puisse avoir une incidence quelconque, un ''impact'' sur le principe de libre administration, était de reconnaître que les collectivités territoriales peuvent soulever une QPC (A) en invoquant une atteinte à la libre administration (B).

1. Les collectivités territoriales, des justiciables ordinaires au regard de la QPC

Justiciables ordinaires au regard de l'article 61 de la Constitution, les collectivités territoriales le sont aussi au regard de l'article 61-1. Par conséquent, là où ce statut leur ferme l'accès au prétoire constitutionnel *avant* la promulgation de la loi, il le leur ouvre *a posteriori*. Le Conseil constitutionnel l'a très vite reconnu (1) et a apporté un certain nombre de précisions (2).

a. La QPC, une voie de droit ouverte à toutes les collectivités territoriales

L'article 61-1 de la Constitution est rédigé en des termes tels que c'est « *à l'occasion d'une instance en cours devant une juridiction* » que le Conseil constitutionnel peut être saisi de la question de constitutionnalité sur renvoi du Conseil d'État ou de la Cour de cassation.

C'est bien ainsi que cette nouvelle voie de droit a été conçue : un contrôle *a posteriori* de la constitutionnalité d'une loi exercé, par voie d'exception ou, plutôt, de manière incidente, par le renvoi d'une question préjudicielle ''prioritaire'' au Conseil constitutionnel.

La seule exigence est donc d'être partie à une instance devant une juridiction ordinaire, quelle qu'elle soit, pour pouvoir soulever une QPC. Or, les collectivités territoriales, depuis que la personnalité morale leur a été reconnue, sont justement des justiciables ''ordinaires''. Elles peuvent agir en justice comme toute personne physique majeure et capable, ou toute personne

[508] Les bilans statistiques de la jurisprudence constitutionnelle sont disponibles sur le site du Conseil : https://www.conseil-constitutionnel.fr/bilan-statistique [consultée le 08/11/2019]

morale par la voix d'un organe dûment habilité, devant les juridictions administratives comme judiciaires, selon la nature du contentieux en cause.

Cette voie d'accès au juge constitutionnel est donc ouverte à toutes les personnes publiques locales dès lors qu'elles ont la personnalité morale et peuvent donc agir en justice : les collectivités de droit commun, les collectivités à statut particulier, les établissements publics spécialisés, les établissements publics de coopération intercommunale et, de manière générale, tous les groupements de collectivités ayant la personnalité morale. La jurisprudence QPC du Conseil constitutionnel en témoigne, par la variété des justiciables concernés : communes, principalement, mais aussi départements, collectivités d'outre-mer…

Ainsi, les deux premières QPC accueillies par le Conseil constitutionnel en matière de libre administration étaient soulevées par des communes : la commune de Dunkerque (2010-12 QPC, 2 juillet 2010) et la commune de Besançon (2010-29/37 QPC, 22 septembre 2010).

Les trois décisions marquantes du 30 juin 2011 étaient, elles, relatives à des questions soulevées par des départements sur le concours de l'État au financement de la prestation de compensation du handicap (2011-144 QPC, *Départements de l'Hérault et des Côtes-d'Armor*), du RMI et du RSA (2011-142/145 QPC, *Départements de la Seine-Saint-Denis et autres*), de l'allocation personnalisée d'autonomie (2011-143 QPC, *Départements de la Seine-Saint-Denis et autres*) ou l'affaire à rebondissements des subventions accordées aux communes par le Département des Landes pour la gestion de leurs services d'eau (2011-146 QPC, 8 juillet 2011).

Enfin, les collectivités de Saint-Martin (2016-549 QPC, 1er juillet 2016) et Saint-Barthélemy (2014-386 QPC, 28 mars 2014) ont respectivement soulevé une QPC sur la dotation globale de fonctionnement allouée par l'État alors que la collectivité territoriale de Guyane a soulevé une QPC relative à la rémunération des ministres du culte dans le régime dérogatoire guyanais (2017-633 QPC, 2 juin 2017).

Toute la variété des collectivités territoriales, à l'exception peut-être des régions, a donc déjà saisi l'occasion de soulever une QPC. Se trouvent également, parmi les justiciables ayant soulevé une QPC, des groupements de collectivités (Intercommunalités essentiellement, souvent des communautés de communes), mais aussi des associations d'élus (Assemblée des départements de France, Association des maires de Guyane).

b. La QPC, une voie de droit réservée aux seules collectivités territoriales en matière de libre administration

Tel qu'énoncé par la Constitution, dans son article 72 alinéa 3, le principe de libre administration n'est proclamé qu'au seul bénéfice des collectivités territoriales de la République énumérées au 1er alinéa de l'article 72. Par conséquent, si toutes les personnes publiques locales peuvent soulever une QPC en invoquant une atteinte à un droit ou une liberté garantis par la Constitution, seules les collectivités territoriales peuvent invoquer une atteinte au principe de libre administration. En témoigne la jurisprudence du Conseil constitutionnel relativement à la situation des intercommunalités et des collectivités de Nouvelle Calédonie.

En matière de coopération intercommunale, ce qui peut être invoqué, c'est l'atteinte à la libre administration des communes membres. Le Conseil constitutionnel énonce ainsi que *« les règles relatives à l'intégration des communes dans un EPCI affectent la libre administration de celles-ci »* (2013-303 QPC, 26 avril 2013, *Cne de Puyravault* : intégration d'une commune dans un EPCI à FP, procédure de passer outre du préfet). Ce n'est donc pas l'établissement public de coopération qui bénéficie de la protection de la libre administration, mais les collectivités territoriales, les communes, qui le composent.

Concernant les collectivités de Nouvelle Calédonie, le Conseil constitutionnel a clairement énoncé que *« les institutions de la Nouvelle-Calédonie sont régies par les dispositions du titre XIII de la Constitution ; qu'il s'ensuit que l'article 72 ne leur est pas applicable de plein droit »*. Cependant, *« aux termes de l'article 3 de la loi organique du 19 mars 1999 prise en application de l'article 77 de la Constitution : « Les provinces et les communes de la Nouvelle-Calédonie sont des collectivités territoriales de la République. Elles s'administrent librement par des assemblées élues au suffrage universel direct, [...] »*. Le Conseil en déduit que *« le législateur organique a, ainsi qu'il lui était loisible de le faire, étendu aux institutions de la Nouvelle-Calédonie des dispositions du titre XII applicables à l'ensemble des autres collectivités territoriales de la République »*. Par voie de conséquence, et à cette condition, le principe de libre administration leur est donc applicable (2014-392 QPC, 25 avril 2014, *Province Sud de Nouvelle-Calédonie*).

Au fond, l'ensemble de ces solutions reposent sur la reconnaissance de la libre administration comme liberté garantie par la Constitution.

2. La libre administration, une liberté garantie par la Constitution

Ces décisions QPC relatives aux collectivités territoriales ont été rendues possibles par la qualification de la libre administration en tant que liberté garantie par la Constitution, soit seule, soit en combinaison avec d'autres droits ou libertés.

a. La libre administration, une liberté constitutionnellement garantie

La toute première décision QPC relative à une collectivité territoriale (2010-12 QPC, 2 juillet 2010, *Cne de Dunkerque*) visait une disposition du

Code général des collectivités territoriales (art. L. 2113-2) issue de la loi du 13 août 2004, qui prévoit une consultation des électeurs en cas de fusion de communes. Le moyen principal développé par la commune était *« qu'en prévoyant un référendum pour toutes les fusions de communes, les dispositions précitées sont contraires à la dernière phrase du troisième alinéa de l'article 72-1 de la Constitution qui autorise uniquement une consultation des électeurs en matière de modification des limites des collectivités territoriales ».*

Le Conseil constitutionnel répond que l'article 72-1 de la Constitution, qui prévoit la possibilité de consulter les électeurs sur la modification des limites des collectivités territoriales, n'institue pas un droit ou une liberté qui puisse être invoqué à l'appui d'une QPC sur le fondement de l'article 61-1 de la Constitution et que *« la décision de procéder à la fusion de communes ne constitue pas un acte portant atteinte à la libre administration des collectivités territoriales ».*

Il résulte certes très clairement de ce raisonnement que les dispositions de l'article 72-1 ne posent pas un droit ou une liberté garantie par la Constitution. Par contre, en énonçant que la fusion de communes ne constitue pas un acte portant atteinte à la libre administration des collectivités, le Conseil constitutionnel reconnaît en creux, *a contrario*, que la libre administration est une liberté invocable en QPC, une liberté garantie par la Constitution. Cette décision n'en restait pas moins sinon énigmatique du moins peu affirmative !

La deuxième décision QPC relative à une collectivité territoriale (2010-29/37 QPC, 22 sept. 2010, *Cne de Besançon et autre,*) conduit à nouveau à écarter du champ d'application de la QPC une disposition constitutionnelle relative aux collectivités : l'art. 72-2 de la Constitution qui pose que *« La loi prévoit des dispositifs de péréquation destinés à favoriser l'égalité entre les collectivités territoriales ».* Pour le Conseil constitutionnel, *« sa méconnaissance ne peut, en elle-même, être invoquée à l'appui d'une question prioritaire de constitutionnalité sur le fondement de l'article 61-1 de la Constitution ».* Par contre, les dispositions qui ont transféré l'instruction des cartes nationales d'identité et passeports aux communes ont entraîné pour elles un accroissement de charges, mais dans un but d'intérêt général, de telle sorte *« qu'elles n'ont pas eu pour effet de dénaturer la libre administration de ces collectivités ».*

A compter de cette décision, il est donc définitivement et clairement acquis que la libre administration est une liberté invocable en QPC c'est-à-dire une liberté garantie par la Constitution.

Cette solution n'a pas surpris. En effet, elle est dans la ligne de la jurisprudence antérieure du Conseil constitutionnel et du Conseil d'État, protégeant la libre administration. Pour le Conseil d'État, la libre administration est une liberté fondamentale au titre de la procédure de référé-liberté de l'art. L. 521-2 du Code de justice administrative[509]. Il aurait donc été difficile pour le Conseil constitutionnel de statuer différemment au titre de l'article 61-1, même si, on le voit, il effectue un tri rigoureux et sévère parmi les dispositions constitutionnelles invocables au titre de la QPC.

Il n'en demeure pas moins qu'il est une constante dans la jurisprudence QPC du Conseil constitutionnel : très fréquemment, il combine la libre administration avec d'autres droits et libertés constitutionnels en faveur des collectivités territoriales.

2° La libre administration, une liberté combinée avec d'autres droits et libertés constitutionnels

Ce sont principalement les articles 72 al. 3 et 72-2 que combine le Conseil constitutionnel, à savoir le principe de libre administration et l'autonomie financière (compensation intégrale des transferts de charge essentiellement). L'ensemble des décisions relatives aux QPC soulevées par les départements sur les concours de l'État au financement des aides sociales (RMI/RSA, PCH, APA...) le démontre clairement, par exemple à propos du RMI : *« Ces dispositions, qui ont pour objet d'accroître les ressources des départements pour faire face aux dépenses qui sont mises à leur charge, ne méconnaissent pas le quatrième alinéa de l'article 72-2 de la Constitution ; qu'elles n'ont pas eu pour effet, non plus, malgré l'évolution de ces dépenses, d'entraver la libre administration des départements »* (2011-142/145 QPC, 30 juin 2011, *Départements de la Seine-Saint-Denis et autres,* point 19). Ou encore relativement à la compensation de l'APA, après avoir écarté le grief d'atteinte à l'article 72-2, le Conseil constitutionnel énonce, sur le grief tiré de la violation de l'article 72 de la constitution, *« qu'il appartient au pouvoir réglementaire de fixer ce pourcentage à un niveau qui permette, compte tenu de l'ensemble des ressources des départements, que la libre administration des collectivités territoriales ne soit pas entravée ».*

La décision la plus probante sur ce lien entre libre administration et autonomie financière est celle relative au Fonds national de péréquation des droits de mutation à titre onéreux perçus par les départements (2012-255/265 QPC, 29 juin 2012, *Départements de la Seine-Saint-Denis et du Var).* Le Conseil constitutionnel y énonce en effet, au point 7, que *« les règles fixées par la loi sur le fondement du dernier alinéa de l'article 72-2 de la Constitution ne doivent pas restreindre les ressources des collectivités territoriales au point de dénaturer le principe de libre administration de ces collectivités, tel qu'il est défini par l'article 72 de la Constitution ».*

---

[509] Cons. d'Etat, Sect., 18 janv. 2001, *Cne de Venelles c/ M. Morbelli, Rec.* p. 18, concl. L. Touvet, *RFD adm.* 2001, p. 378.

Bien que consacrée par une disposition constitutionnelle distincte depuis 2003, l'autonomie financière continue à être considérée par le Conseil constitutionnel comme une composante essentielle de la libre administration.

L'ensemble de ces premières solutions retenues par le Conseil constitutionnel à propos de la libre administration des collectivités territoriales a concrétisé l'espoir que celles-ci ont pu mettre dans la procédure de QPC. Toutefois, cet espoir a plutôt été déçu jusqu'à présent.

II – Un espoir déçu : le principe de libre administration n'est pas renforcé par la jurisprudence QPC

L'accueil par le Conseil constitutionnel des QPC soulevées par les collectivités territoriales pour atteinte à la libre administration a éveillé l'espoir d'une meilleure protection de leur libre administration à l'encontre du législateur. Toutefois, le développement de cette nouvelle jurisprudence a tourné court : quantitativement, le bilan est maigre (A), substantiellement, il est limité (B).

A – Le bilan quantitativement faible de la jurisprudence QPC relative au principe de libre administration

a. Un bilan statistique faible

Les tables analytiques du Conseil constitutionnel, combinées à une recherche sur le site Legifrance, permettent de faire ressortir quelques éléments statistiques, probants et révélateurs (voir les tableaux en annexe - les chiffres sont arrêtés à début novembre 2019).

Le Conseil constitutionnel a été saisi de 42 QPC invoquant, entre autres, une atteinte à la libre administration des collectivités territoriales sur un total de 722 QPC. Cela représente un peu moins de 6 % des QPC.

Dans ce contexte, c'est-à-dire sur ces 42 décisions en QPC, le Conseil constitutionnel n'a prononcé que 7 censures soit un taux de **16,7 %** de déclaration de non-conformité, d'atteinte à la Constitution. Pour porter une appréciation, même simplement statistique, ce chiffre doit être rapporté aux statistiques totales des décisions rendues en QPC. Le Conseil constitutionnel a prononcé 364 décisions de non-conformité en QPC sur 722 décisions rendues sur le fondement de l'article 61-1 de la Constitution soit un taux de **49,6 %** de décisions de non-conformité totale ou partielle.

Autrement dit, le Conseil constitutionnel a constaté autant d'atteintes inconstitutionnelles à la libre administration en 9 ans de pratique de la QPC qu'en 20 ans de décisions sur le fondement de l'article 61, avant l'instauration de la QPC. C'est, de ce point de vue là un assez beau palmarès ! Cependant, alors qu'il constate presqu'une fois sur deux une atteinte à la Constitution par la loi sur le fondement de l'article 61-1 (49,6 %) de manière générale, concernant la libre administration des collectivités ce chiffre tombe à 1 sur 6.... C'est bien peu !

b. La difficulté d'en tirer des enseignements incontestables

Pour parvenir à une analyse statistique complète et fiable, il manque un certain nombre de données de comparaison qui permettraient de répondre aux questions suivantes :

- Dans quelle proportion, les collectivités exercent-elles des recours ? Si leurs QPC ne représentent que moins de 6 % du total, c'est peut-être que leurs recours et leurs actions ne représentent que 6 % du total des actions en justice ?

- Combien y a-t-il de décisions de non renvoi par les juridictions suprêmes (Conseil d'État et Cour de cassation) ? Sont-elles en proportion plus importante pour les QPC fondées sur une atteinte à la libre administration ? Peut-être sont-ce ces juridictions qui, par leur rôle de filtre, ont une perception sévère ou restrictive de la libre administration des collectivités territoriales. A première vue, il semble qu'il y ait environ 80 décisions de non renvoi sur la période considérée qui concernent des personnes publiques locales, soit presque deux fois plus que de décisions rendues en QPC en matière de libre administration (42). La moitié des demandes de QPC fondées sur une atteinte à la libre administration seront donc « filtrées » par les hautes juridictions. Il faudrait donc également étudier les raisonnements qui les conduisent à refuser de transmettre la QPC.

- Enfin, il n'est pas possible d'écarter totalement l'idée que le législateur pourrait être particulièrement vertueux quand il traite des collectivités territoriales et particulièrement respectueux de leur libre administration.

Malgré ces questionnements, reste donc de l'analyse statistique qu'il n'y a eu qu'un très petit nombre de censures pour atteinte à la libre administration. Mais l'analyse statistique n'est pas tout. Ces rares décisions pourraient avoir notablement enrichi le principe de libre administration. Or, tel n'est pas le cas, et le bilan est également limité au plan substantiel.

B – Le bilan substantiellement limité de la jurisprudence QPC relative au principe de libre administration

a. La teneur limitée des rares censures en QPC pour atteinte à la libre administration

Faibles en quantité, les 7 décisions de non-conformité pourraient être denses en contenu et avoir fait progresser les contours et la teneur de la liberté garantie aux collectivités territoriales. Il a donc paru utile de les étudier une à une pour en faire ressortir les éléments saillants et apprécier leur apport au principe de libre administration, mais aussi d'y adjoindre l'examen des décisions de conformité. En effet, celles-ci démontrent aussi la conception que le Conseil constitutionnel se fait de la libre administration. De l'étude de cet ensemble de décisions, visant le principe de libre administration pour constater une atteinte ou pas, trois observations peuvent être retirées.

Première observation, l'atteinte à la libre administration ne fonde la décision de non-conformité que dans 4 décisions sur les 7 censures. Alors même qu'une atteinte à la libre administration était invoquée, les trois autres décisions de non-conformité concernent d'autres droits ou libertés garantis par la Constitution et dont bénéficient les collectivités territoriales : le principe d'égalité et le droit au recours consacré par l'art. 16 de la Déclaration de 1789[510].

- Dans la décision 2010-107 QPC, du 17 mars 2011, *Syndicat mixte chargé de la gestion du contrat urbain de cohésion sociale de l'agglomération de Papeete,* relative au contrôle de légalité des actes des communes en Polynésie française, le Conseil constitutionnel censure la loi au regard des conditions d'exercice des compétences imposées aux communes. Il juge ainsi que « *par la généralité des pouvoirs de contrôle [...] conférés au représentant de l'État sur les actes du maire quelles que soient leur nature et leur portée, ces dispositions privent de garanties suffisantes l'exercice de la libre administration des communes de la Polynésie française* ».

---

[510] Décisions de non-conformité pour atteinte à un autre droit ou liberté que la libre administration :
Atteinte au principe d'égalité : 2013-323 QPC, 14 juin 2013, *Communauté de Cnes Monts d'Or Azergues* [Répartition de la DCRTP et du FNGIR des communes et établissements publics de coopération intercommunale à fiscalité propre lors de la modification du périmètre des établissements].
Atteinte au droit à un recours effectif / Art. 16 DDH : 2013-350 QPC, 25 oct. 2013, *Cne du Pré-Saint-Gervais* [Mise en œuvre de l'action publique en cas d'injure ou de diffamation publique envers un corps constitué]
Atteinte au principe d'égalité entre collectivités : 2016-547 QPC, 24 juin 2016, *Ville de Paris* [Dérogations temporaires au repos dominical des salariés des commerces de détail à Paris].

- Dans la décision 2011-146 QPC, du 8 juillet 2011, *Département des Landes,* relative aux aides publiques en matière d'eau potable ou d'assainissement, le Conseil censure une atteinte à la liberté du département de moduler les subventions qu'il verse aux communes pour leurs services d'eau et d'assainissement. Le seuil « minimal » de libre administration est atteint sans que ce soit justifié par un motif d'intérêt général : *« le législateur a entendu interdire aux collectivités territoriales, et notamment aux départements, de moduler les aides allouées aux communes [...] en fonction du mode de gestion du service en cause ; que cette interdiction de moduler les subventions, selon le mode de gestion du service d'eau potable et d'assainissement, restreint la libre administration des départements au point de méconnaître les articles 72 et 72-2 de la Constitution ».*

- Dans la décision 2014-391 QPC, du 25 avril 2014, *Commune de Thonon-les-Bains et autre,* concernant le rattachement d'office d'une commune à une intercommunalité à fiscalité propre, le Conseil censure les conditions de ce rattachement effectué sans consultation. Il censure le fait que les élus sont privés de la possibilité d'exprimer leur choix : *« si la décision de rattachement est soumise à l'avis de l'organe délibérant de l'EP auquel le rattachement est envisagé ainsi qu'à celui de la CDCI, qui est composée d'élus locaux représentant notamment les communes et les EPCI, seul un avis négatif de l'organe délibérant de l'EP impose de suivre la proposition émise à la majorité qualifiée par la CDCI ; que les dispositions contestées ne prévoient aucune consultation des conseils municipaux des communes intéressées par ce rattachement et, en particulier, du conseil municipal de la commune dont le rattachement est envisagé ; que, par suite, ces dispositions portent à la libre administration des communes une atteinte manifestement disproportionnée ».*

- Enfin, dans la décision 2016-588 QPC, du 21 octobre 2016, *Communauté de communes des sources du lac d'Annecy et autre*, qui concerne le choix, pour les communes nouvelles, de l'établissement public de coopération intercommunale à fiscalité propre (EPCI à FP) de rattachement, le Conseil constitutionnel réprouve l'absence de consultation des conseils des collectivités concernées et en déduit une atteinte excessive, manifestement disproportionnée, à la libre administration. Après avoir rappelé que « *les dispositions contestées autorisent le préfet à imposer à la commune nouvelle, lors de sa création, son rattachement à un EPCI à FP autre que celui en faveur duquel elle s'est prononcée* », le Conseil constitutionnel les confronte au principe de libre administration et énonce que « *Ces règles affectent la libre administration des communes concernées* », mais que *« en autorisant le préfet à imposer à la commune nouvelle un autre rattachement que celui qu'elle souhaite, le législateur a entendu éviter que son choix puisse porter atteinte à la cohérence ou à la pertinence des périmètres intercommunaux existants. Il a ainsi poursuivi un but d'intérêt général »*[511]. De ce point de vue-là, l'atteinte est donc justifiée. Reste à savoir si elle est proportionnée au but poursuivi. Et c'est sur ce point qu'intervient la censeure. Le Conseil juge en effet que *« En revanche, alors que le rattachement à un EPCI à FP a nécessairement des conséquences pour la commune nouvelle, pour les communes membres des établissements publics concernés et pour ces établissements publics eux-mêmes, les dispositions contestées ne prévoient ni la consultation de l'organe délibérant de l'EPCI à FP auquel le rattachement est envisagé, ni celle des organes délibérants des EPCI à FP dont la commune nouvelle est susceptible de se retirer. Elles ne prévoient pas, non plus, la consultation des conseils municipaux des communes membres de ces établissements publics. Par ailleurs, en cas de désaccord avec le projet de rattachement, ni ces établissements publics, ni ces communes ne peuvent, contrairement à la commune nouvelle, provoquer la saisine de la CDCI. Dès lors, compte tenu des conséquences qui résultent du rattachement de la commune nouvelle à un EPCI à FP, les dispositions contestées portent à la libre administration des communes une atteinte manifestement disproportionnée »*[512]. Le Conseil déclare donc la non-conformité à la Constitution de ces dispositions.

La deuxième observation découle de l'analyse de ces quatre décisions de non-conformité : celles-ci ne devraient pas être appelées à avoir une grande postérité. En effet, elles concernent toutes des situations « historiques », transitoires ou singulières. Deux de ces décisions concernent le rattachement d'office d'une commune à un EPCI à FP. Aujourd'hui, le mouvement engagé depuis 2010 d'achèvement de la carte intercommunale et de rattachement de toutes les communes isolées est achevé. Les réformes actuelles visent plutôt à en corriger les effets négatifs (Loi Engagement et proximité du 27 décembre 2019, par exemple). Cette jurisprudence fixe donc des solutions qui n'auront plus guère à s'appliquer… Une décision, ensuite, concerne le contrôle du représentant de l'État que les actes des communes de Polynésie. Ce régime de contrôle administratif était une survivance historique, quasi archaïque, su système antérieur à 1982. Une fois censuré, il disparaît définitivement et avec lui la dernière survivance du système ancien. Enfin, la décision Département des Landes a trait à une affaire hors norme dans laquelle le législateur a voulu contrecarrer un choix politique d'un département et, surtout, une décision du Conseil d'État qui n'y avait vu ni tutelle entre collectivités (département/communes) ni atteinte au principe de libre administration (par l'éventuelle entrave au libre choix du mode de gestion de leurs services publics par les communes). Cette affaire inédite devrait rester un cas tout à fait isolé. Il est donc difficile de tirer des enseignements généraux de ces quatre décisions de censures, tant elles sont particulières.

---

[511] Décision préc., point 8.

[512] Décision préc. point 9.

Par contre, et c'est **la troisième observation**, ces décisions relatives à la libre administration des collectivités dans leur ensemble, c'est-à-dire aussi bien les décisions de non-conformité que les décisions de conformité, dessinent une conception de plus en plus stricte du principe de la part du Conseil constitutionnel. Cela se mesure à trois points de vue : la détermination des compétences des collectivités, les modalités de la coopération intercommunale et la question de l'autonomie financière et plus particulièrement des compensations financières des transferts de compétence.

- Quant aux compétences des collectivités d'abord. La décision sur la QPC posée par l'Assemblée des Départements de France a été multi-commentée, aussi est-il inutile d'y revenir en détail loi (2016-565 QPC, 16 sept. 2016, *Assemblée des départements de France*). On relèvera simplement qu'en se prononçant sur la suppression de la fameuse « clause de compétence générale », le Conseil constitutionnel semble bien revenir à une vision très « quantitative » des compétences. Il se satisfait de *« l'étendue des attributions dévolues aux départements »* pour estimer qu'ils ne sont pas privés d'attributions effectives par la loi. Ce faisant, il perd de vue - à notre sens - ce que doit être une collectivité territoriale, à savoir une personne publique apte à prendre en charge les besoins de sa population, les affaires locales donc.

- Quant à la coopération intercommunale, ensuite. Le point de vue du Conseil constitutionnel sur l'achèvement forcé de la carte intercommunale voulu par le législateur rejoint la vision restrictive quant aux compétences. En effet, selon le juge constitutionnel, ni le principe de libre administration, ni l'interdiction de la tutelle entre collectivités ne font obstacle à ce que le législateur organise les conditions de l'exercice en commun des compétences des communes dans le cadre de groupements (2013-315 QPC, 26 avril 2013, *Commune de Couvrot* ; 2013-303 QPC, 26 avril 2013, *Commune de Puyravault ;* 2013-304 QPC, 26 avril 2013, *Commune de Maing*). Pourtant, le rattachement à un EPCI à fiscalité propre impose aux communes le transfert de leurs compétences puisque, a minima, l'EPCI est doté de compétences obligatoires en vertu de la loi. On s'attendrait donc à un contrôle plus strict et plus rigoureux de la part du Conseil constitutionnel. La question se pose encore une fois relativement à la notion d'attributions effectives, même en raisonnant en termes de « quantité » : dès lors qu'elles sont intégrées à un EPCI à fiscalité propre, les communes ont-elles encore des attributions effectives ? Or, l'essentiel du contrôle, illustré par ailleurs par les deux décisions de non-conformité, a seulement visé à garantir la consultation des organes délibérants des communes et EPCI concernés. Comme le relève Laetitia Janicot, la libre administration tend à devenir une liberté surtout procédurale[513]. Le Conseil s'en tient ainsi à des garanties de procédure dans

---

[513] Laetitia Janicot, « Question prioritaire de constitutionnalité et autonomie locale des collectivités métropolitaines. Le cas de la France », Colloque « Autonomie locale et QPC »,

son contrôle de l'intercommunalité forcée (et non fondée sur la libre volonté des communes…), sans considération pour l'atteinte aux compétences et au pouvoir de décision qui en découle.

- Quant à l'autonomie financière des collectivités et à la question plus précise des compensations financières, les départements ont été les principaux pourvoyeurs de QPC sur ce terrain. Ils se sont pleinement saisis de l'opportunité représentée par la QPC pour tenter de protéger leur autonomie financière, principalement contre les transferts de charges par l'État et leurs compensations estimées insuffisantes. Cependant, aucune de leurs QPC n'a abouti à une censure. Le Conseil a dans ce domaine une vision extrêmement sévère qui s'en tient à la lecture la plus restrictive des dispositions constitutionnelles et la plus conciliante des dispositions législatives contrôlées. Ainsi, dès lors que la Constitution (art. 72-2 ici) pose *que « Tout transfert de compétences entre l'État et les collectivités territoriales s'accompagne de l'attribution de ressources équivalentes »,* le Conseil en déduit que seuls les transferts de compétences, et seuls les transferts de l'Etat vers les collectivités, doivent être intégralement compensés. La garantie ne vaut donc pas pour les créations ou extensions de compétences ni pour les transferts de compétences d'une collectivité à une autre, même décidés par la loi. Pour les hypothèses d'extension ou création, la Constitution prévoit seulement qu'elles s'accompagnent *« de ressources déterminées par la loi »*, ce qui n'implique en rien une compensation intégrale de l'augmentation de dépenses qu'elles induisent. A cette lecture véritablement à la lettre de la Constitution, s'ajoute une appréciation concrète très dure du Conseil constitutionnel pour déterminer si la loi a véritablement procédé à un transfert ou seulement à une création ou extension de compétences. Ainsi, concernant l'extension de la PMI à tous les mineurs en danger, il juge que ce n'est pas une nouvelle prestation sociale, mais une aide sociale de droit commun relevant déjà des attributions départementales depuis la loi du 22 juillet 1983. Il n'y a donc ni transfert ni création ni extension de compétences. Le législateur, qui n'a ainsi pas méconnu le quatrième alinéa de l'article 72-2 de la Constitution, *« n'a pas davantage porté atteinte au principe de libre administration des collectivités territoriales »* (2010-56 QPC, 18 oct. 2010, *Département du Val-de-Marne*). Le même raisonnement prévaut relativement aux dispositions qui ont *« modifié les conditions d'exercice des missions des services de protection maternelle et infantile et d'aide sociale à l'enfance »* : le département détient cette attribution depuis 1983, il n'y a donc ni transfert, ni création, ni extension (2010-109 QPC, 25 mars 2011, *Département des Côtes d'Armor).* On relèvera que le Conseil choisit ses mots avec soin : « modifier » n'est pas « créer » évidemment, mais pas « étendre » non plus….

---

31 janv. 2019, Centre de Droit public comparé, Univ. Panthéon Assas - Paris II, *Revue générale du droit (www.revuegeneraledudroit.eu), Études et documents.*

Les décisions postérieures apportent encore quelques précisions supplémentaires qui, toutes, vont dans le sens de la sévérité. Se prononçant sur les dispositions relatives au financement par les départements de la prestation de compensation du handicap, le Conseil précise que l'obligation constitutionnelle pour la loi d'accompagner les créations ou extensions de compétences de *« ressources déterminées »* vaut si, et seulement si, il s'agit de compétences obligatoires, d'abord, et, ensuite, n'emporte que la seule obligation de fixer un certain niveau de ressources, sans obligation de les maintenir dans la durée. Le Conseil complète son raisonnement d'une réserve pour le moins surprenante : une fois écartée l'atteinte à l'article 72-2, il s'en remet non pas au législateur, mais au pouvoir réglementaire pour *« fixer ce pourcentage à un niveau qui permette, compte tenu de l'ensemble des ressources des départements, que le principe de la libre administration des collectivités territoriales ne soit pas dénaturé »* (2011-144 QPC, 30 juin 2011, *Départements de l'Hérault et des Côtes-d'Armor*). Pour préciser encore les contours de l'obligation de fixer un certain niveau de ressources, le Conseil ajoute deux éléments dans les deux autres décisions du même jour : l'État n'a à maintenir que les ressources que lui-même consacrait à la compétence avant son transfert (à propos du RMI et du RSA : 2011-142/145 QPC, 30 juin 2011, *Départements de la Seine-Saint-Denis et autres)* et il n'a pas à *« affecter une ressource particulière »* au financement d'un transfert, d'une création ou d'une extension de compétences, ni à *« maintenir dans le temps une telle affectation »* (2011-143 QPC, 30 juin 2011, *Départements de la Seine-Saint-Denis et de l'Hérault*).

Ces trois décisions du mois de juin 2011 achèvent de convaincre que l'autonomie financière, telle qu'elle résulte de l'article 72-2 de la Constitution, n'est qu'une *« protection illusoire »*[514] à laquelle le Conseil ajoute systématiquement, pour faire bonne mesure, l'absence de dénaturation du principe de libre administration.

En somme, il ressort clairement de l'analyse des décisions rendues en QPC par le Conseil constitutionnel en matière de libre administration des collectivités que la jurisprudence constitutionnelle n'est pas allée dans le sens d'une expansion du principe. Le fait d'y voir une liberté constitutionnellement garantie n'y change rien : les collectivités n'y ont pas gagné en protection. Limité dans sa substance, le principe ne bénéficie pas, non plus, d'un degré approfondi de contrôle de la part du juge constitutionnel.

2° La limitation du contrôle du juge constitutionnel sur les atteintes à la libre administration : la préservation du pouvoir d'appréciation du législateur

[514] Laetitia Janicot, « Question prioritaire de constitutionnalité et autonomie locale des collectivités métropolitaines. Le cas de la France », préc.

La question qui se pose ici est de savoir comment le Conseil constitutionnel raisonne pour établir s'il y a ou non une atteinte à la libre administration justifiant de rendre une décision de non-conformité à la Constitution.

Premier mode de raisonnement, la disposition contrôlée prive-t-elle ou non de *« garanties suffisantes »* la libre administration ? Il s'agit là de la formule la plus fréquemment employée dans la jurisprudence constitutionnelle, dans sa version négative le plus souvent : la loi n'a pas méconnu l'article 72, elle n'a porté *aucune* atteinte à la libre administration… etc. Dans les décisions récentes, le Conseil est parfois plus précis en indiquant, par exemple, que *« la disposition n'a pas pour effet de porter atteinte aux compétences »* ou *« de réduire les ressources propres »*, et que par conséquent *« le grief tiré de la méconnaissance du principe de libre administration doit être écarté »*[515]. Si le raisonnement est plus explicite, il n'est en rien nouveau.

Deuxième mode de raisonnement, le Conseil reconnaît que la disposition législative contrôlée *« affecte la libre administration »*. Il s'interroge alors pour savoir si le législateur reste dans les bornes autorisées. Sur ce plan, le Conseil a systématisé son raisonnement de manière très claire : « *si le législateur peut, sur le fondement des articles 34 et 72 de la Constitution, assujettir les collectivités territoriales ou leurs groupements à des obligations, ou les soumettre à des interdictions, c'est à la condition, notamment, que les unes et les autres répondent à des fins d'intérêt général »*[516]. Cette formule apparue seulement en 2000[517], reprise une fois en 2006[518] dans le contentieux *a priori* (DC) et aujourd'hui beaucoup plus fréquente dans les décisions en QPC[519]. Elle impose au Conseil de vérifier à quel degré la libre administration est atteinte : est-ce au point de « l'entraver » ou de « la dénaturer » ?

La suite logique du raisonnement est donc de vérifier, d'abord, que les obligations ainsi mises à la charge d'une collectivité (ou d'un groupement) sont *« définies avec précision quant à leur objet et à leur portée »*[520], ensuite, que le législateur poursuit effectivement un but d'intérêt général[521] et, enfin, que l'atteinte à la libre administration ne revêt pas un caractère disproportionné au regard de l'objectif poursuivi. Ce raisonnement est celui qui est suivi notamment dans la série de décisions QPC d'avril 2013 relatives

---

515 V. par ex. Cons. const. 11 avril 2013, n° 2013-666 DC, *Rec.* p. 535 ; 19 avril 2013, n° 2013-305/306/307 QPC, *Rec.* p. 588.

516 V. par ex. – pour un cas de censure - Cons. const. 8 juillet 2011, n° 2011-146 QPC : *Rec.* p. 341.

517 Cons. const. 7 déc. 2000, n° 2000-436 DC, *Loi SRU.*

518 Cons. const. 30 nov. 2006, n° 2006-543 DC, *Loi secteur de l'énergie.*

519 Au moins 9 occurrences depuis la décision préc. 2011-146 QPC.

520 V. par ex. Cons. const. 13 juil. 2018, n° 2018-727 QPC, *Commune de Ploudiry.*

521 Par ex. garantir une certaine parité entre le régime indemnitaire applicable aux agents de l'État et celui applicable aux agents des collectivités territoriales, n° 2018-727 QPC, préc.

à l'évolution des intercommunalités à fiscalité propre : intégration et retrait de commune, fusion d'EPCI[522]. C'est ce contrôle de « proportionnalité » qui va finalement conduire le Conseil à une censure totale de la procédure de rattachement d'office d'une commune à un EPCI à fiscalité propre, en 2014. Même si le législateur a entendu favoriser un objectif d'intérêt général, qui est l'achèvement et la rationalisation de la carte de l'intercommunalité, en l'absence – notamment – de consultation du conseil municipal intéressé, le Conseil juge que ces dispositions portent à la libre administration des communes *« une atteinte manifestement disproportionnée »*[523].

Au regard de ce mode de raisonnement, il apparaît que le Conseil constitutionnel est toujours dans une logique de seuil. Cela n'est pas nouveau. Ce qui semble l'être, par contre, c'est ce contrôle de la proportionnalité de l'atteinte et du caractère manifeste ou non de l'atteinte. Dès lors que le Conseil constitutionnel ne prononce la non-conformité de la loi qu'en cas d'atteinte « manifeste », c'est qu'il préserve le pouvoir (discrétionnaire) d'appréciation du législateur. Il s'en tient donc à un contrôle restreint, peu protecteur de la liberté pourtant garantie aux collectivités. Si ce contrôle restreint n'est pas l'apanage des atteintes à a libre administration et se rencontre dans la jurisprudence constitutionnelle pour d'autres droits et libertés, il témoigne malgré tout de la moindre importance accordée à cette liberté. Comme le relève Valérie Goesel-Le Bihan, *« certains droits et libertés, dont la place est assurément première dans la hiérarchie des droits, font l'objet d'un contrôle de proportionnalité dont la caractéristique est de n'être jamais réduit au manifeste »*. D'ailleurs, elle précise que dans ces hypothèses, *« toute limitation apportée par le Parlement doit être justifiée par la mise en œuvre d'un principe, d'un objectif ou d'un autre droit de valeur constitutionnelle. Le motif de droit exigé est donc également propre à cette catégorie, un simple intérêt général n'étant pas suffisant »* [524]. Tel n'est pas le cas de la libre administration. Outre les exigences constitutionnelles explicitement énoncées à l'article 72 (contrôle de l'État…), tout objectif d'intérêt général, librement déterminé par le législateur, peut justifier une atteinte à la libre administration, dès lors qu'elle n'est pas manifestement disproportionnée[525]. Le Conseil constitutionnel vérifie simplement que le législateur poursuit bien un but d'intérêt général et que l'atteinte à la libre administration qui en découle n'est pas manifestement disproportionnée au regard de ce but. C'est en cela que le

---

[522] Cons. const. 26 avr. 2013, n° 303/304/309/315 QPC.

[523] Cons. const. 25 avr. 2014, n° 2014-391 QPC, *Cne de Thonon-les-Bains et autre*, préc.

[524] V. Valérie Goesel-Le Bihan, « Le contrôle de proportionnalité exercé par le Conseil constitutionnel », *Cahiers du Conseil constitutionnel* n° 22, Dossier : Le réalisme en droit constitutionnel, juin 2007.

[525] Sur l'ensemble de la question, v. Jean-Baptiste Duclercq, *Les mutations du contrôle de proportionnalité dans la jurisprudence du Conseil constitutionnel*, LGDJ, Coll. Thèses, Bibliothèque constitutionnelle et de science politique, 2015.

Conseil exerce un contrôle restreint : il ne se prononce pas sur la nature de l'intérêt général poursuivi, sur son importance ou sa pertinence... Il s'en remet au législateur pour savoir ce qui est « bon » et autorise à porter atteinte à la libre administration.

Ainsi, pour le Conseil constitutionnel, la libre administration constitue davantage une règle de compétence du législateur, justifiant son pouvoir discrétionnaire pour fixer les principes fondamentaux des compétences et des ressources des collectivités, qu'une garantie substantielle d'une liberté fondamentale.

La procédure de QPC n'a pas fondamentalement modifié ce point de vue du Conseil constitutionnel même si la reconnaissance de la libre administration comme une liberté constitutionnelle garantie aux collectivités avait suscité bien des espoirs.

Pour conclure, on peut s'interroger : à force de fermer les yeux sur ces atteintes qui, prises une à une, ne sont pas « manifestement » disproportionnées, mais n'en constituent pas moins des atteintes avérées à la libre administration des collectivités territoriales, n'y a-t-il pas un risque, à un moment donné, de franchir sans s'en apercevoir le seuil en-deçà duquel toutes ces atteintes cumulées auront fini par définitivement vider de toute substance le principe de libre administration, au point que les collectivités ne se distingueront plus des établissements publics ? Par la voie privilégiée de la QPC, conçue pour être un rempart des libertés, le Conseil constitutionnel ne doit-il pas garder la hauteur de vue permettant d'éviter d'arriver un jour à cette issue fatale ?

Voir Annexes :

Annexe n° 1 : Tableau des décisions QPC relatives au principe de libre administration (art. 72 Const.)

Annexe n° 2 : Analyse statistique de la jurisprudence constitutionnelle en matière de libre administration

La Constitution de 1958
et la sécurité publique locale

Doyen Xavier LATOUR,

Professeur de droit public, Université Côte d'Azur (CERDACFF), Secrétaire général de l'Association française de droit de la sécurité et de la défense

République indivisible dont « *l'organisation est décentralisée* » (article 1er de la Constitution), la France a compris depuis longtemps que la sécurité publique intéresse une pluralité d'intervenants, au premier rang desquels les communes. Au sens de l'article L 111-1 du code de la sécurité intérieure (CSI), l'État « *a le devoir d'assurer la sécurité* ». Cela implique la défense des institutions et des intérêts nationaux, du respect des lois, le maintien de la paix et de l'ordre publics, ainsi que la protection des personnes et des biens. Pour y parvenir, l'État « *associe à la politique de sécurité* » les collectivités territoriales[526].

Les liens entre l'État et les communes sont aussi anciens qu'étroits sur cette thématique. Traditionnellement[527], les maires ont été dotés de pouvoirs de police judiciaire (en tant qu'agent de l'État), et de police administrative (au titre de la décentralisation). Ils garantissent l'ordre public (article L 2212-2 du code général des collectivités territoriales – CGCT-), en concourant « *à l'exercice des missions de sécurité publique et de prévention de la délinquance* » (article L 132-1 CSI)[528]. La population se tourne facilement vers eux pour obtenir des réponses à l'insécurité réelle ou supposée, en raison de leur proximité avec le terrain et de leur élection.

En plus de créer une police municipale, les maires utilisent les leviers d'une approche transversale[529] (urbanisme, traitement social). Particulièrement

526 N. Dantonel-Cor (dir.), *Les politiques publiques locales de sécurité intérieure,* L'Harmattan, 2015, 307 p.

527 Voir en particulier la loi municipale du 14 décembre 1789 et la loi du 5 avril 1884 relative à l'organisation communale.

528 Sur la sécurité comme composante de l'ordre public, J.-M. Pontier, « Police et sécurité » in *Les politiques publiques locales de sécurité intérieure,* préc. p. 29.

529 J.-J. Gleizal, « L'Etat, les collectivités locales et la sécurité : concepts et politiques », *Cahiers de la sécurité intérieure* n° 16, 1994, p. 13 ; J.-C. Froment, « Le maire et la sécurité », *RFAP* 1999, n° 91, p. 455 ; G. Chavrier, « Le rôle du maire dans la lutte contre la

depuis les années 1980, ils agissent dans une logique bien établie de partenariats[530] et de coproduction de la sécurité, en œuvrant en étroite collaboration avec des acteurs aussi diversifiés que la police, la gendarmerie, la justice, les travailleurs sociaux, l'éducation nationale, la sécurité privée…

Dans ce contexte, l'État recherche la meilleure façon de concilier une conception centralisatrice et une autre plus décentralisatrice dans un domaine qui touche à l'exercice de la souveraineté[531].

L'article 12 de la Déclaration des droits de l'Homme consacre d'ailleurs la prééminence d'une « *force publique* ». Si l'État autorise l'existence de polices municipales, la force publique comprend, surtout, la police et la gendarmerie nationales, bras armés du pouvoir exécutif sur le fondement de l'article 20 de la Constitution.

La combinaison des prérogatives des autorités et des moyens nationaux préserve l'unité de l'État et l'égalité des administrés. Non seulement le droit législatif à la sécurité (article L 111-1 CSI) et l'objectif de valeur constitutionnelle de sauvegarde de l'ordre public[532] sont appréhendés de la même manière sur tout le territoire, mais encore l'exercice des libertés publiques ne souffre d'aucun risque de divergences.

Les communes s'administrent librement dans le cadre du droit fixé par l'État, et sous le contrôle de ses représentants (article 72 de la Constitution). Matière régalienne et préoccupation essentielle pour la société, la sécurité publique s'inscrit dans la logique d'une sécurité globale qui ne remet pas en cause les principes fondamentaux. Ils expliquent, par exemple, le régime de la police étatisée (article L 2214-1 CGCT). Malgré une sécurité locale ou un ordre public local, les autorités communales agissent dans un cadre déterminé, d'abord, par la Constitution (y compris les textes fondamentaux auxquels elle renvoie), puis par la loi. Si la loi n° 2007-297 du 5 mars 2007 relative à la prévention de la délinquance[533] a renforcé le rôle des communes, l'État n'a pas abandonné ses principes.

En travaillant aux côtés de l'État, les communes ne se contentent pas de gérer la sécurité publique locale. Elles participent à une politique nationale. Le domaine concerné oblige à s'interroger sur des thèmes bien connus de la

---

délinquance », *BJCL* 2006, p. 2 ; T. Le Goff, *Les maires nouveaux patrons de la sécurité ?*, PUR, 2008, 162 p. ; F. Dieu et X. Latour, « La sécurité de proximité, un remède à la ségrégation urbaine ? », in *Ségrégation territoriale en France,* Mare et Martin 2017, p. 75.

[530] J. Millet, *Autorités de police et sécurité locale,* Mare et Martin, 2012, 459 p.

[531] DC 29 août 2002, n° 2002-461 ; DC 20 novembre 2003, n° 2003-484 sur le transport de personnes retenues.

[532] Cons. Const. 27 juillet 1982, n° 82-141 DC ; N. Jacquinot *Ordre public et constitution,* thèse Aix-Marseille III, 433 p.

[533] X. Latour, « La loi relative à la prévention de la délinquance et le maire », *BJCL* avril 2007, p. 218.

décentralisation, mais qui prennent, en l'espèce, un relief particulier en raison de la dimension régalienne du sujet. Alors que les communes sont des partenaires privilégiés de l'État, dans quelle mesure la Constitution explique-t-elle la place des communes dans l'architecture de sécurité ? En d'autres termes, comment la libre administration fonctionne-t-elle quand l'État entend continuer de s'imposer, tout en ne pouvant pas se passer des communes, principalement de leurs polices municipales ?

L'analyse de la Constitution fait émerger deux axes de réponse. D'une part, la norme suprême garantit la prééminence de l'État (I). D'autre part, elle protège les droits et libertés (II), dans un domaine où ceux-ci peuvent être aisément remis en cause.

I. La Constitution, garantie de la prééminence de l'État

La prééminence de l'État est double. Sur le fondement de la Constitution, elle concerne aussi bien la police municipale (A), que celle des moyens publics sur des moyens privés parfois employés par les communes (B).

A. La prééminence en matière de police municipale

La police municipale renvoie à deux aspects différents, bien que complémentaires : les pouvoirs de police détenus par le maire pour assurer l'ordre public (article L 2212-2 CGCT), et l'ensemble des agents d'une police placée sous son autorité au sens du Livre 5 du CSI.

Détenteur de prérogatives de police essentiellement administrative, le maire n'en demeure pas moins une autorité chargée des intérêts locaux dans le respect du principe de légalité.

Le Premier ministre exécute les lois en disposant seul d'un pouvoir réglementaire général[534] (articles 21 et 37 de la Constitution). Surtout, dans le prolongement de l'arrêt *Labonne*[535], le Conseil constitutionnel a relevé que l'article 34 de la Constitution « *ne prive pas le chef du gouvernement des attributions de police générale qu'il exerce en vertu de ses pouvoirs propres et en dehors de toute habilitation législative* »[536]. Comme le note le professeur Picard, l'ordre public fait office de « norme implicite d'habilitation »[537]. De la sorte, l'exécutif est seul responsable de l'ordre public national. Cette prééminence évite une diversification des réglementations pour imposer

---

[534] CE 4 juin 1975, *Bouvet de la Maisonneuve,* Leb. p. 330.

[535] CE 8 août 1919.

[536] DC 20 juillet 2000, n° 2000-434. Dans le même sens : CE Sect. 22 décembre 1978, *Union des chambres syndicales d'affichage et de publicité extérieure,* Leb. p. 530 ; T.-M. David-Pêcheul, « La contribution de la jurisprudence constitutionnelle à la théorie de la police administrative », *RFDA* 1998, p. 362.

[537] E. Picard, *La notion de police administrative,* LGDJ, 1984, Tome 2, p. 559.

l'uniformité de la norme, sous réserve de circonstances locales[538]. En pratique néanmoins, le Premier ministre emploie peu son pouvoir réglementaire autonome au point d'être subsidiaire par rapport à celui du maire. De plus, l'exécutif tend à privilégier les polices spéciales nationales. Pour autant, l'exécutif exerce pleinement ses compétences en matière de définition de la politique de sécurité publique, notamment en rédigeant le plan national de prévention de délinquance. Parallèlement, il agit de conserve avec le pouvoir législatif.

Le représentant de l'État dans le département détient, quant à lui, un pouvoir propre de police générale dont il use fréquemment. Il est, également, chargé « *d'animer et de coordonner l'ensemble du dispositif de sécurité intérieure* », à l'exception de la police judiciaire (article L 122-1 CSI). À cette fin, il « *dirige l'action des services de la police nationale et des unités de la gendarmerie nationale en matière d'ordre public et de police administrative* », et se contente « *d'associer le maire à la définition des actions de lutte contre l'insécurité* », tout en l'informant des résultats obtenus (article L 132-10 CSI).

La prééminence sur les communes se manifeste, par ailleurs, par le contrôle que l'État exerce sur elles, et par une tendance à la recentralisation de certaines compétences qui tranche avec les transferts réguliers de compétences.

La libre administration est indissociable des prérogatives du préfet[539]. Or celui-ci dispose de plusieurs moyens pour s'immiscer dans l'action des collectivités locales. La substitution d'action (article L 2215-1 CGCT) en témoigne. De même, le préfet (avec le procureur de la République) délivre les agréments des policiers municipaux recrutés par le maire (article L 511-2 CSI), qu'il peut aussi suspendre ou retirer.

Pour sa part, le procureur de la République contrôle les actes de police judiciaire pris par les autorités communales[540].

La recentralisation se manifeste, quant à elle, de différentes façons. Dans ces hypothèses, le maire ne perd pas ses prérogatives. Toutefois, l'État se réserve la possibilité d'intervenir dans des domaines particuliers, éventuellement pour pallier les réticences d'un élu à agir (pour des raisons

---

[538] C.-A. Dubreuil, « Ordre public et collectivités territoriales » in *L'ordre public* (dir. C.-A. Dubreuil), Ed. Cujas, 2013, p. 217.

[539] X. Latour, P. Mbongo, *Préfets, procureurs et maires, l'autorité publique au début du XXIè siècle,* PUAM, 2011, 154 p.

[540] Ainsi, la Cour de cassation rappelle qu'en la matière, le maire « *ne saurait s'arroger le pouvoir de filtrer la transmission à l'OPJ territorialement compétent des PV de contravention établis, en leur qualité d'agent de police judiciaire adjoint, par des agents de police municipale placés sous son autorité et d'annuler ou classer sans suite certains de ces PV, sauf à s'attribuer un pouvoir d'opportunité des poursuites que seul le procureur de la République détient* », Cass. crim., 21 mars 2018, n° 17-81.011.

politiques par exemple), pour lui éviter de s'exposer, ou parce que les enjeux en cause dépassent la dimension locale. De la sorte, il limite les risques de politiques locales divergentes.

Tandis que le maire peut décider d'imposer un couvre-feu aux mineurs au titre de la police administrative générale, le préfet en a aussi le droit (articles L 132-8 et 132-9 CSI), avant tout pour les protéger.

En étant indissociable de la lutte contre le terrorisme, la fermeture des lieux de culte (article L 227-1 et s. CSI) justifie l'intervention de l'État. Or, comme le rappelait le Conseil d'État dans son avis sur la loi n° 2017-1510, du 30 octobre 2017, le maire est habilité à prendre une telle décision (§ 8). Outre la dimension nationale du sujet, la valeur ajoutée de l'intervention du préfet réside dans la possibilité de fermeture prolongée, en application d'une procédure compatible avec la liberté de culte.

Autre illustration, une police spéciale des rassemblements festifs à caractère musical[541] autorise le préfet à agir à la place du maire pour les manifestations de plus de 500 personnes (articles L 221-5 à 8 CSI). Le représentant de l'État a, en outre, la possibilité de réquisitionner notamment les moyens de la commune pour faire face aux conséquences du rassemblement (article L 2215-1, 4° CGCT).

La réflexion relative aux futurs contours du continuum de sécurité dans le prolongement du rapport des députés Thourot et Fauvergue[542], publié en septembre 2018, confirme la volonté de l'État de s'affirmer davantage. Plutôt que de privilégier des partenariats calqués sur les découpages administratifs traditionnels qui justifient l'existence des conseils locaux de prévention de la délinquance présidés par les maires, ils défendent une autre approche. Ils raisonnent à partir de la notion de bassins de vie dans lesquels serait créé un conseil local unique présidé par un représentant de l'État.

Alors que la loi encadre théoriquement bien l'activité des polices municipales, leur hétérogénéité pousse à s'interroger sur la marge de manœuvre accordée par l'État aux communes. Au nom de la libre administration, certains maires tentent de profiter de toutes les opportunités pour accroître leur capacité de construire une politique locale de sécurité.

Puisque l'État les laisse agir sans imposer un cadre plus contraignant et uniforme, des communes optent pour des polices municipales interventionnistes, voire répressives, proches dans leur organisation de la police nationale. En judiciarisant leurs activités, les maires placent encore davantage les policiers municipaux sous le contrôle des autorités étatiques,

---

541 D. Bordier, « Rave-parties, free-parties, tecknivals, cauchemar du maire », *AJDA* 2010, p. 185.
542 A. Thourot et J.-M Fauvergue, *D'un continuum de sécurité vers une sécurité globale*, septembre 2018.

officiers de police judiciaire et procureurs. Ils accentuent une tendance législative qui consiste à faire constater de plus en plus d'infractions par les policiers municipaux, bien au-delà des compétences du maire.

À l'inverse, d'autres élus privilégient une police de proximité, moins perméable à l'influence de l'administration déconcentrée de l'État.

Ce faisant, l'État prend le risque de favoriser le développement des inégalités sur le territoire dont les premières victimes sont les administrés[543]. « Les conditions essentielles dans lesquelles l'ordre public est garanti sur le territoire »[544] sont-elles encore totalement respectées ? À la vérité, le *statu quo* se comprend. L'affirmation d'un modèle uniforme de polices municipales serait difficilement acceptable au regard de l'article 72 de la Constitution qui ne permet pas d'imposer au maire les conditions d'emploi de ses policiers. De surcroît, politiquement, un cantonnement des polices municipales a des missions de proximité ne semble plus réaliste compte tenu de la demande sociétale de sécurité. Inversement, l'accroissement de leurs prérogatives judiciaires soit les rapprocherait trop de la police nationale soit, selon la place accordée au maire, les ferait basculer vers des polices territoriales dans une logique décentralisatrice très poussée.

La prééminence intéresse, également, les relations entre les moyens publics et les moyens privés mobilisés pour garantir la sécurité publique dans les communes.

---

[543] X. Latour, « Les polices municipales et la coproduction de sécurité », *Annuaires du droit de la sécurité et de la défense 2019,* Mare et Martin, 2019, p. 111-121.
[544] DC 22 août 2002, n° 2002-460.

B. La prééminence des moyens publics sur les moyens privés

Pour renforcer les forces publiques de sécurité, les communes recourent ponctuellement ou durablement à des sociétés privées de sécurité. Dans des cas particuliers, les administrés sont aussi incités à agir directement. Ces procédés doivent être appréciés au regard de l'article 12 de la Déclaration des droits de l'Homme et du Citoyen[545].

L'un des aspects du continuum a trait à la délimitation de la sphère de compétences des entreprises de sécurité privée.

La pression sécuritaire et la pression budgétaire nécessitent de redéfinir le « cœur de métier » des forces publiques. La thématique des tâches indues renvoie à celle de la délégation ou non au secteur privé.

L'article 12 a permis de limiter les compétences de la sécurité privée quand le législateur a tenté d'opérer des transferts ponctuels. Dans sa décision du 10 mars 2011 (DC 2011-625), le Conseil constitutionnel a censuré plusieurs dispositions de la LOPPSI, notamment celles de l'article 18. Il prévoyait la délégation du visionnage des voies publiques à un opérateur privé dans les centres de supervision urbains.

De plus, la prééminence des forces publiques a été réaffirmée à l'occasion d'une QPC (n° 2017-695 QPC du 29 mars 2018) relative à certaines dispositions de la loi n° 2017-1510, du 30 octobre 2017. Cependant, le dispositif des périmètres de protection laisse entrevoir une marge de manœuvre plus grande. Pour le Conseil, l'article L 226-1 CSI relatif aux périmètres de sécurité confère aux agents de la force publique la possibilité de se faire assister, pour la mise en œuvre des palpations de sécurité et des inspections et fouilles de bagages, par des agents privés. Ils procèdent alors en aidant les officiers de police judiciaire (policiers nationaux ou gendarmes) sous l'autorité desquels ils sont placés. Il reste, en pratique, à s'assurer que cette autorité (qui implique un contrôle effectif) est bien exercée.

Par conséquent, le Conseil constitutionnel ne se montre pas fermé à une participation accrue de la sécurité privée à certaines missions, aux côtés des forces publiques, y compris de la police municipale. Des activités combinées entre les différents acteurs sont une éventualité pour dégager des effectifs de policiers et de gendarmes.

Les moyens privés prennent aussi la forme d'une participation d'administrés à des activités en lien avec la sécurité publique.

Sous cet angle, l'État est encore plus vigilant. L'affaire de la « garde

---

545 O. Gohin, « La Constitution ultime obstacle à la privatisation de la sécurité ? », *Cahiers de la sécurité et de la justice* mars 2012, p. 18.

biterroise »[546] prouve qu'il s'oppose aux velléités de certains maires d'agir en dehors de lui, en constituant ce qui pourrait s'apparenter à des milices. Saisi par le préfet de département, le juge administratif a fait droit à ses arguments.

D'une part, il rappelle longuement que dans une compétence régalienne, le préfet anime et coordonne le dispositif de sécurité intérieure et qu'il a autorité sur les forces de police et de gendarmerie. D'autre part, conformément à L 511-2 CSI, « *les fonctions de police municipale ne peuvent être exercées que par des fonctionnaires territoriaux* ».

Il poursuit en considérant qu'en dépit des pouvoirs de police administrative traditionnellement détenus par le maire, « il ne tient d'aucune disposition législative ou réglementaire (…) la compétence pour créer, de sa propre initiative et pour une durée non déterminée, un service opérationnel en vue de confier à des particuliers » des missions de sécurité. Seuls des dispositifs de participation citoyenne validés par les représentants de l'État sont autorisés.

Ainsi, les juges s'inscrivent dans la continuité de la jurisprudence sur l'interdiction de la délégation des pouvoirs de police. Que le juge soit constitutionnel (DC 2011-625 du 10 mars 2011) ou administratif (CE, Ass., 17 juin 1932, *Ville de Castelnaudary)*, il affirme le monopole de principe de la puissance publique en matière de sécurité.

L'existence d'une sécurité globale n'est guère contestable. L'État et les communes travaillent ensemble. Ce partenariat n'implique pas l'égalité. Au contraire, la Constitution garantit la prééminence de l'État que la loi et les règlements mettent en application. Elle sert, par ailleurs, à garantir les droits et libertés en matière de police municipale.

II. La Constitution, garantie des droits et libertés

Puisque la sécurité est aussi locale, le maire la concilie avec les droits et libertés des administrés. Lorsqu'il use de ses prérogatives de police municipale (A), il prend le risque de violer des droits protégés par la norme suprême. De plus, le fonctionnement des polices municipales renvoie directement à la Constitution (B).

A. Face à l'exercice des prérogatives de police municipale

Les arrêtés de police du maire motivés par la volonté de préserver l'ordre public dans son acception sécuritaire heurtent nécessairement des libertés et droits. Des activités sont encadrées pour des motifs d'intérêt général. Les maires relaient ainsi l'affirmation législative selon laquelle la sécurité est la première des libertés. Ils font même preuve d'un activisme certain. La

---

546 TA de Montpellier, 5 juillet 2016, n° 1506696 ; X. Latour, « La garde biterroise stoppée par le juge administratif », *JCP A* 2016, 2250.

thématique leur permet d'imposer leur autorité aux yeux de la population, en apparaissant comme des acteurs centraux de la lutte contre l'insécurité.

Ils compensent de la sorte, une diminution ou une dilution de leurs compétences dans d'autres domaines, principalement sous l'effet de l'intercommunalité. À cette fin, ils interviennent sur des sujets qui relèvent des incivilités aussi génératrices d'un sentiment d'insécurité que d'une insécurité réelle.

Toutefois, les décisions des maires doivent respecter le principe selon lequel la liberté est la règle et l'interdiction l'exception.

Afin de s'en assurer, le juge administratif pratique un contrôle de proportionnalité. Depuis l'arrêt Benjamin[547], il contraint l'élu local à concilier « l'exercice de son pouvoir de police avec la liberté »[548] (en l'espèce de réunion).

Selon le Conseil constitutionnel, la proportionnalité s'impose dans le cas de mesures de police administratives qui sont susceptibles d'affecter des libertés constitutionnellement garanties[549].

De plus, à la suite du Conseil constitutionnel[550], le juge administratif applique, plus ou moins explicitement, une grille d'analyse des atteintes aux libertés à partir d'un triple test de proportionnalité[551] (adaptation, nécessité, proportionnalité). Depuis 2008, le Conseil constitutionnel évalue de la sorte les lois qui entravent les libertés essentielles.

La Constitution protège plusieurs de ces libertés. Les arrêtés municipaux réglementent, notamment, la circulation des mineurs, la prostitution, ou encore la mendicité. Dans tous ces cas, le maire et, éventuellement, le juge administratif doivent confronter l'ingérence aux exigences de l'ordre public.

Les obligations de couvre-feu imposées à des mineurs[552] limitent la liberté d'aller et de venir. Son importance explique la rigueur du contrôle exercé par le juge. Il vérifie, particulièrement, en quoi les mineurs seraient exposés à des actes de délinquance ou auteurs, en plus d'apprécier l'application dans l'espace et le temps. Parallèlement, la légalité de l'exécution forcée de tels arrêtés a été posée.

---

547 CE 19 mai 1933, Leb. 551, GAJA.

548 J. Petit, « Le contrôle juridictionnel des mesures de police par le juge administratif », in *La police administrative* (dir. C. Vautrot-Schwarz), PUF, 2014, p. 214.

549 DC 10 mars 2011, n° 2011-625, cons. 53 ; DC 5 octobre 2012, QPC n° 2012-279, cons. 15.

550 DC 21 février 2008, n° 2008-562.

551 C. Rouhlac, « La mutation du contrôle des mesures de police - Réflexions sur l'appropriation du triple test de proportionnalité par le juge administratif », *RFDA* 2018, p. 343.

552 Par exemple, CE 6 juin 2018, n° 410774, *JCP A* 2018, 2303, note P. Türk.

À juste titre, le juge[553] a retenu l'urgence pour autoriser la reconduite des mineurs à leur domicile. Comme le remarquait Romieu, « il est de l'essence même du rôle de l'administration d'agir immédiatement et d'employer la force publique sans délai ni procédure, lorsque l'intérêt immédiat de la conservation publique l'exige »[554].

La lutte contre une mendicité parfois agressive et souvent mal perçue (présence de chiens, abus d'alcool) contrarie, elle aussi, la liberté d'aller et de venir. En revanche, pour le moment, le principe à valeur constitutionnelle de fraternité[555] ne justifie pas l'existence d'une liberté fondamentale de mendier. Seule la liberté d'aider autrui est admise[556]. Dès lors, la limitation de la mendicité s'apprécie au regard d'une jurisprudence bien établie, qui prend en compte la conciliation entre les risques d'atteinte à l'ordre public et la liberté de circuler.

En matière de lutte contre la prostitution (à l'origine de heurts, d'invectives, et de dépôts d'ordures), le débat intéresse aussi la liberté d'entreprendre. Comme l'a admis le Conseil constitutionnel à propos de la pénalisation des clients des prostitués par la loi n° 2016-444 du 13 avril 2016, « *il est loisible au législateur d'apporter à la liberté d'entreprendre et à la liberté contractuelle, qui découlent de l'article 4 de la Déclaration de 1789, des limitations liées à des exigences constitutionnelles ou justifiées par l'intérêt général, à la condition qu'il n'en résulte pas d'atteintes disproportionnées au regard de l'objectif poursuivi* »[557]. Dans une logique comparable, le maire peut donc limiter la prostitution dans sa ville, à condition que l'interdiction soit justifiée et proportionnée, même s'il s'agit d'une activité licite.

Si dans de nombreux cas, l'intervention des édiles intéresse l'ordre public matériel, l'ordre public immatériel[558] les concerne également. Il joue parfois en faveur du maire, parfois non. Au nom de la dignité, l'élu encadrera une activité, comme à Morsang-sur-Orge[559].

Sous un autre angle, la défense de la dignité incite l'État à intervenir là où les maires auraient pu agir, mais cette fois pour limiter l'exercice d'une liberté. L'affaire Dieudonné, en 2014, illustre cette façon de procéder. Alors que les risques d'atteinte à la sécurité publique n'étaient pas flagrants (pas d'affrontements entre opposants ou supporteurs de l'intéressé, moyens de police

---

[553] CE ord. 9 juillet 2001, *Préfet du Loiret,* Leb. 337 ; CE ord. 27 juillet 2001, *Ville d'Etampes ;* P.-L. Frier, « Couvre-feu pour les enfants ? », *RFDA* 1998, p. 383.
[554] Concl. sur TC 2 décembre 1902, *Sté Imm. Saint-Just,* Rec. 713, GAJA.
[555] DC 6 juillet 2018, QPC n° 2018-717/718.
[556] TA Besançon ord. 28 août 2018, n° 1801454.
[557] DC 1er février 2019, QPC n° 2018-761 QPC.
[558] DC 7 octobre 2010, n° 2010 613, loi sur la dissimulation du visage dans l'espace public ; M.-O. Peyroux-Sissoko, *L'ordre public immatériel en droit public français*, LGDJ, 2018, 618 p.
[559] CE Ass. 27 octobre 1995, Rec. 372, GAJA.

suffisants pour assurer le bon déroulement de sa prestation), le ministre de l'Intérieur a demandé aux préfets d'aider les maires à utiliser leurs pouvoirs de police, ou de se substituer à eux. Dans sa circulaire (INTK1400238C), il invoquait la lutte contre le racisme et l'antisémitisme. Dans son ordonnance du 9 janvier 2014, le Conseil d'État a, quant à lui, relevé les « graves atteintes au respect des valeurs et principes, notamment de dignité de la personne humaine, consacrés par la Déclaration des droits de l'homme et du citoyen et par la tradition républicaine »[560]. La formule était osée, car elle ouvrait la voie à une extension sans doute excessive des mesures de police, bien au-delà de la seule dignité. Elle n'a pas été reprise par la suite.

Dans une autre hypothèse, le juge n'a pas retenu « l'ordre républicain »[561]. À propos de l'interdiction du burkini sur certaines plages françaises durant l'été 2016, le juge administratif a préféré faire une lecture assez stricte des risques d'atteinte à l'ordre public confronté à plusieurs libertés fondamentales.

Tandis que de nombreuses communes prenaient des arrêtés d'interdiction, dans un premier temps, le tribunal administratif de Nice n'a pas souhaité suspendre la décision prise par le maire de Villeuneuve-Loubet. Il considérait que, dans un contexte d'attaques terroristes répétées, y compris à Nice, le port d'un vêtement loin de susciter l'unanimité pouvait engendrer des heurts, alors que les forces de police étaient mobilisées pour prévenir une menace autrement plus grave[562].

Quelques jours plus tard, le Conseil d'État[563] a rendu une ordonnance radicalement contraire. Les risques d'atteinte à l'ordre public ne seraient pas prouvés, tandis que « l'émotion et les inquiétudes résultant des attentats terroristes, et notamment de celui commis à Nice le 14 juillet dernier, ne sauraient suffire à justifier légalement la mesure d'interdiction contestée ». Dans le prolongement de sa jurisprudence traditionnelle sur les mesures de police, il suspend l'arrêté municipal. À aucun moment ni le maire ni le Conseil d'État n'ont soulevé la question de l'ordre public immatériel. Il aurait éventuellement permis de dépasser, comme dans l'affaire Dieudonné, les incertitudes relatives aux atteintes à l'ordre public matériel dans certaines communes. Dans un contexte très différent, le Conseil d'État s'en est tenu à une conception plus rigoureuse de la prévention que le tribunal administratif de Nice confronté à des libertés

---

560 CE ord. 9 janvier 2014, *ministre de l'Intérieur c/ Soc. les productions de la Plume et Dieudonné M'Bala M'Bala,* Rec. 1.
561 B. Bonnet, « L'ordre public en France : de l'ordre matériel et extérieur à l'ordre public immatériel. Tentative de définition d'une notion insaisissable » in *L'ordre public,* préc., p. 136.
562 TA Nice, ord. 22 août 2016, *Ligue des droits de l'homme et a.,* n° 1603508 et 1603523.
563 CE, ord. 26 août 2016, *Ligue des droits de l'homme et a.*, n° 402742 et 402777, *RTDH* 2017, n° 110, p. 407, note S. Wattier ; *AJDA* 2017, p. 2122, note P. Gervier ; *RFDA* 2017, p. 1227, note P. Bon.

fondamentales. Contrairement à d'autres cas, les risques de heurts n'étaient pas prouvés[564]. Pour le juge niçois, le contexte suffisait à les rendre possibles ; pour le Conseil d'État, une caractérisation plus précise s'imposait.

En plus de justifier l'encadrement des prérogatives de police municipale, la Constitution explique les choix opérés en matière de fonctionnement des polices municipales.

B. Dans le fonctionnement des polices municipales

Très logiquement, les policiers municipaux « *s'acquittent de leurs missions dans le respect de la Déclaration des droits de l'homme et du citoyen, de la Constitution, des conventions internationales et des lois* », conformément à l'article R 515-3 CSI qui fait écho à l'article R 434-3 du même code, applicable aux policiers nationaux et à la gendarmerie. La loyauté envers les institutions républicaines guide leur comportement (article R 515-7 CSI).

L'article 515-7 CSI reprend, aussi, l'obligation constitutionnelle de neutralité des agents, elle-même prolongement du principe d'égalité[565].

Si les policiers ont des obligations, ils disposent également de droits, parmi lesquels la liberté d'expression, même si elle est encadrée (article R 515-15 CSI).

Par ailleurs, le Conseil constitutionnel a validé, sous conditions, des dispositions législatives ou en a censuré d'autres, alors qu'elles auraient accru les compétences des policiers municipaux.

Le Conseil constitutionnel[566] a stoppé les velléités du législateur de conférer aux policiers municipaux le droit de contrôler l'identité, et d'accroître les prérogatives de police judiciaire des directeurs de police municipale. En matière de liberté individuelle, seule l'autorité judiciaire doit être compétente et non les autorités locales.

D'une part, il découle de l'article 66 de la Constitution que la police judiciaire « doit être placée sous la direction et le contrôle de l'autorité judiciaire ». Tel n'était pas le cas dans la LOPPSI qui ne mettait pas les agents locaux « à la disposition des officiers de police judiciaire » (cons. 50 et 60).

D'autre part, et pour la même raison, les directeurs de police municipale n'ont pas reçu la qualité d'agent de police judiciaire (cons. 77 et 78), même si le maire est officier de police judiciaire. Cette qualité ne suffit pas, car seul un contrôle direct présente une garantie adaptée.

---

[564] TA de Bastia, juge des référés, 6 septembre 2016, n° 1600975, *Association Ligue des droits de l'homme* ; CAA Marseille, 3 juillet 2017, n° 17MA01337.

[565] DC 18 septembre 1986, n° 89-217 cons. 15.

[566] DC 10 mars 2011, n° 2011-625.

Ainsi, la Constitution n'a pas permis de rapprocher les forces nationales des forces locales. Les secondes ne renforcent les premières que jusqu'à un certain point.

Le respect de la vie privée impliqué par l'article 2 de la Déclaration des droits de l'Homme a d'abord conduit le Conseil constitutionnel[567] à empêcher la transmission d'images de vidéoprotection captées dans des lieux privés (les halls d'immeuble) aux forces de sécurité, dont la police municipale. À l'appui de leur saisine, les sénateurs relevaient que ces images concernaient des faits « allant au-delà de ses compétences propres ». Le Conseil leur donne raison, mais en retenant seulement l'absence de garanties suffisantes prévues par le législateur. De la sorte, il évite de se prononcer sur le fond, tant sur la vie privée que sur le rôle des policiers municipaux.

Plus tard, la LOPPSI 2011-267, du 14 mars 2011, a repris l'idée, mais en prévoyant les contreparties pour protéger les libertés. Le Conseil n'a, cette fois, pas censuré l'article L 126-1-1 du code de la construction et de l'habitation, alors que les policiers municipaux sont destinataires des images.

En revanche, les policiers municipaux bénéficient d'un droit élargi de procéder à des palpations ou à des inspections visuelles des bagages. À deux reprises, le Conseil n'a relevé aucune contrariété à des principes ou règles constitutionnelles. Déjà en 2003[568], il avait surtout examiné la constitutionnalité de ces prérogatives accordées à des agents privés dans le cadre de la sécurisation de certaines manifestations sportives. La même préoccupation se retrouve dans sa décision QPC du 29 mars 2018 (2018-695) relative aux contrôles effectués à l'entrée des périmètres de protection. Sans s'attarder vraiment sur le cas des policiers municipaux, il valide leur participation au dispositif. La supervision par un officier de police judiciaire a, pour cela, été déterminante.

En définitive, la combinaison entre les pouvoirs de police du maire et les policiers municipaux s'inscrit pleinement dans la logique de la force publique exposée dans l'article 12 de la Déclaration des droits de l'Homme. Puisque les forces publiques ne se limitent pas aux agents de l'État, la sécurité publique locale a toute sa raison d'être, particulièrement dans un État décentralisé. La libre administration d'un côté, et les impératifs d'une sécurité globale de l'autre justifient l'implication des communes. Pourtant, la Constitution impose, à juste titre, des restrictions à l'action des élus locaux. Rien ne laisse présager une remise en cause de ce cadre, sauf à vouloir changer la forme de l'État.

---

[567] DC 25 février 2010, n° 2010-604.
[568] DC 13 mars 2003, n° 2003-467.

AUTONOMIE LOCALE ET ENJEUX DE LA MISE EN ŒUVRE DU DROIT À L'EXPÉRIMENTATION

Virginie DONIER

Professeure de droit public, Université de Toulon, CERC, Présidente du conseil scientifique du Groupement de recherche sur l'administration locale en Europe (GRALE)

S'intéresser à l'expérimentation revient à porter le regard sur la méthode employée pour décider ou réformer, car si l'expérimentation est une aide à la décision, elle n'est pas une notion juridique. Ce n'est que dans sa mise en œuvre qu'elle fait appel au droit dans la mesure où l'expérimentation est une méthode qui « se concrétise par une série d'actes juridiques »[569]. Cette méthode est d'ailleurs fréquemment utilisée même si elle se heurte *a priori* à « la culture juridique française empreinte d'égalité »[570]. L'expérimentation peut recouvrir différentes facettes, tout en poursuivant un objectif commun, à savoir mettre à l'épreuve temporairement un dispositif afin d'en mesurer les effets. Car il s'avère que l'expérimentation ne suppose pas forcément l'adaptation d'une norme. Certaines expérimentations sont donc menées en dehors du champ des articles 37-1 et 72 de la Constitution puisqu'elles peuvent être non normatives. Tel est le cas, par exemple, d'une commune qui expérimenterait la gratuité des transports publics. Par ailleurs, l'expérimentation peut concerner le principe même d'une réforme ou ne porter que sur ses modalités de mise en œuvre.

Il existe donc plusieurs formes d'expérimentation, mais aussi plusieurs fondements : l'article 37-1 de la Constitution et l'article 72 alinéa 4 depuis la révision constitutionnelle du 28 mars 2003. L'article 37-1 autorise la loi ou le

---

569 B. Faure, « Expérimentation », in *Dictionnaire encyclopédique de la décentralisation*, dir. N. Kada, R. Pasquier, C. Courtecuisse, V. Aubelle, Berger Levrault, 2017, p 529.

570 Voir en ce sens le rapport rendu par le Conseil d'Etat en octobre 2019, « Les expérimentations : comment innover dans la conduite des politiques publiques ? », 150 pages.

règlement à comporter, pour un objet et une durée limités, des dispositions à caractère expérimental. Dans ce cadre, il s'agit de permettre à l'Etat de tester ses propres réformes, ce qui peut très bien impliquer les collectivités territoriales, car l'article 37-1 peut servir à l'expérimentation de nouveaux transferts de compétences[571]. On s'aperçoit ainsi que l'expérimentation est utilisée pour mettre en œuvre la politique décentralisée, ce type d'expérimentation peut d'ailleurs aboutir à des compétences différenciées selon les collectivités qui se sont portées candidates. Cela tend à démontrer la relation étroite entre expérimentation et différenciation, mais c'est essentiellement sur les expérimentations menées sur le fondement de l'article 72 alinéa 4 que se concentrera cette contribution.

Cette disposition s'inscrit dans un cadre constitutionnel conçu de façon étriquée : elle autorise en effet les collectivités territoriales à déroger, à titre expérimental et pour un objet et une durée limités, aux dispositions législatives ou règlementaires qui régissent l'exercice de leurs compétences. Cette possibilité doit toutefois être autorisée par la loi ou le règlement et sa mise en œuvre est exclue lorsque peuvent être en cause les conditions essentielles d'exercice d'une liberté publique ou d'un droit constitutionnellement garanti[572]. Selon certains auteurs, cet article a ouvert, non pas un droit, mais une possibilité d'expérimentation que la loi organique de mise en œuvre aurait immédiatement refermée[573]. En réalité, il nous semble que les conditions définies par le constituant étaient déjà relativement restrictives, notamment en raison de la maîtrise par l'Etat de l'expérimentation. Mais il n'en demeure pas moins que la loi organique du 1er juillet 2003 a contribué à resserrer encore un peu plus ce corset constitutionnel[574]. Ce texte reconnaît au législateur ou au pouvoir règlementaire national une grande marge d'appréciation pour déterminer les critères en vertu desquels une collectivité peut se porter candidate à une expérimentation[575]. A cela, s'ajoute la lourdeur de la procédure : une fois que l'expérimentation a été actée, il faut encore que la délibération de la collectivité volontaire soit transmise au représentant de l'Etat qui adressera ses observations au ministre chargé des Collectivités territoriales. Puis, le gouvernement fixera par décret la liste des collectivités

---

[571] Tel est le cas par exemple de l'expérimentation « territoire zéro chômeurs » comme le souligne le rapport précité du Conseil d'Etat, p 30.

[572] Pour une analyse de cette disposition, voir F. Crouzatier-Durand, « L'expérimentation locale », *RFDA* 2004, p 21.

[573] Voir les propos d'Estelle Bromberger-Rivot dans le rapport de la mission flash de l'Assemblée nationale sur la réforme des institutions, « Expérimentation et différenciation territoriale » et « Autonomie financière des collectivités territoriales », rapport n° 912, mai 2018, p 21.

[574] Loi n° 2003-704, JO 2 août 2003, texte n°1.

[575] Article LO 1113-2 CGCT.

autorisées à participer, et ce n'est qu'ensuite que les collectivités participant à l'expérimentation pourront prendre des actes dérogeant aux dispositions nationales. Il convient toutefois de préciser que ces actes devront être transmis au représentant de l'Etat et publiés au Journal officiel.

Cette lourdeur explique probablement, au moins en partie, le très faible succès de la procédure d'expérimentation fondée sur l'article 72 alinéa 4. Ainsi que l'ont relevé le rapport de mission flash de l'Assemblée nationale de mai 2018 et le rapport du Conseil d'Etat rendu au mois d'octobre 2019, en 15 ans de pratique, seules 4 expérimentations ont été menées sur le fondement de l'article 72 de la Constitution. Cela inclut le Revenu de solidarité active, dont la généralisation a été décidée avant le terme de l'expérimentation[576]. Il y a eu également la mise en œuvre d'une tarification sociale de l'eau décidée par la loi du 15 avril 2013, mais réellement appliquée deux années plus tard par le décret du 14 avril 2015[577]. A cela s'ajoute l'expérimentation des modalités de répartition de la taxe d'apprentissage et celle de l'accès à l'apprentissage jusqu'à 30 ans en application de la loi du 8 août 2016[578].

Mais au-delà des lourdeurs qui entourent l'expérimentation, on peut aussi s'interroger sur la volonté de s'emparer réellement de cette nouvelle façon de concevoir la construction des politiques publiques. Il s'avère en effet que l'expérimentation suppose du temps, or il existe parfois une forme de pression, tant de la part des administrés que des élus locaux, pour que les décisions soient prises rapidement. Le temps du politique et le temps de l'expérimentation s'accordent mal. De plus, ainsi que le soulignent les auteurs du rapport du Conseil d'Etat rendu au mois d'octobre 2019, l'expérimentation a un coût financier et administratif, car elle est synonyme d'un surcroît de travail pour les services des collectivités[579]. Pourtant, l'expérimentation n'est pas dénuée d'avantages, car elle permet de remédier à certaines incertitudes avant l'adoption d'une réforme, tout en garantissant un certain pragmatisme.

Ces atouts incitent le Conseil d'Etat, tout comme la Délégation aux collectivités territoriales et à la décentralisation de l'Assemblée nationale, à

---

576 L'expérimentation avait été autorisée par la loi n° 2007-1223 du 21 août 2007 en faveur du travail, de l'emploi et du pouvoir d'achat, JO 22 août 2007, texte n°1.

577 Loi n° 2013-312 visant à préparer la transition vers un système énergétique sobre et portant diverses dispositions sur la tarification de l'eau et sur les éoliennes, JO 16 avril 2013, texte n°1 ; décret n° 2015-416, JO 16 avril 2015, texte n° 4. L'expérimentation a été prolongée jusqu'en 2021 alors qu'elle devait initialement prendre fin en 2018.

578 Loi n° 2016-1088 relative au travail, à la modernisation du dialogue social et à la sécurisation des parcours professionnels, JO 9 août 2016, texte n° 3.

579 L. Dutheillet de Lamothe et T. Janicot, « Les expérimentations : comment innover dans la conduite des politiques publiques », *AJDA* 2019, p 2028.

proposer des pistes pour relancer l'expérimentation, notamment au profit des collectivités territoriales[580]. Cela permettrait de répondre à deux objectifs : l'expérimentation est un enjeu pour la reconnaissance de nouvelles possibilités de différenciation, mais c'est aussi un enjeu pour la mise en œuvre de dispositions constitutionnelles existantes, à l'instar du principe de subsidiarité ou du pouvoir règlementaire local. Pour présenter les choses d'une autre façon, on peut considérer que rénover les règles applicables à l'expérimentation peut favoriser la mise en œuvre de réformes à venir (I), mais cela peut aussi donner corps à certains principes issus de réformes passées qui sont, pour l'instant, restés dans l'ombre du droit positif (II).

I- L'expérimentation, un enjeu pour une meilleure reconnaissance de la différenciation

Avant d'envisager plus précisément la question des interactions entre expérimentation et différenciation (B), il est important de revenir sur la possible conciliation entre l'expérimentation et le principe d'égalité (A).

A. L'expérimentation confrontée au principe d'égalité

Classiquement, cette notion et ce principe sont présentés comme étant antagonistes. L'expérimentation serait donc une entorse au principe d'égalité, cette entorse n'étant tolérée qu'en raison de sa durée limitée et de l'objectif d'intérêt général qu'elle poursuit[581].

Mais la question qui mérite d'être posée est de savoir si l'opposition entre le principe d'égalité et la logique de l'expérimentation est si forte qu'il y paraît ; l'expérimentation est-elle réellement une entorse à l'égalité ? On pourrait être enclin à conclure rapidement par l'affirmative. Ainsi que l'a relevé le Conseil d'Etat dans son rapport rendu au mois d'octobre 2019, le développement d'un droit expérimental s'est heurté à la tradition juridique française empreinte d'égalité, de centralisation et de légicentrisme. Pourtant, le principe d'égalité ne s'oppose pas aux différences de traitement, y compris au sein d'une même catégorie de collectivités territoriales. La construction intercommunale a ainsi impliqué l'exercice de compétences différenciées par les communes selon la catégorie d'EPCI à laquelle elles appartiennent, sans que cela ne soulève de difficultés au regard du principe d'égalité. De plus, il existe des textes spécifiques à certains territoires, qu'il s'agisse des territoires ultra-marins ou des territoires caractérisés par une situation géographique

---

[580] A l'heure où ces lignes sont écrites, un projet de loi organique a été déposé afin de simplifier les conditions de mise en œuvre de l'expérimentation : voir en ce sens le projet de loi organique n°680 du 29 juillet 2020 relatif à la simplification des expérimentations mises en œuvre du le fondement du 4ème alinéa de l'article 72 de la Constitution.

[581] B. Faure, « Expérimentation », *op.cit.*

particulière, ou qu'il s'agisse de zones de montagne ou de zones littorales. A l'instar d'Olivier Jouanjan, cela incite à relativiser la traditionnelle opposition entre l'égalité par la généralité et l'égalité par la différence. « Si l'on pose que l'égalité a pour contenu normatif d'obliger à justifier une différence de traitement, cette formule normative même intègre la différence »[582].

L'expérimentation implique des différenciations, mais celles-ci sont encadrées et justifiées. Le Conseil constitutionnel veille d'ailleurs à ce que le principe d'égalité soit respecté dans le cadre de la mesure expérimentée, ce qui signifie que son respect s'impose à l'intérieur même du périmètre retenu pour l'expérimentation[583]. Par ailleurs, le juge (administratif ou constitutionnel) doit veiller au maintien d'une certaine proportionnalité entre la différence pratiquée et le but poursuivi. Il est toutefois un domaine dans lequel la question peut paraître plus épineuse, cela concerne l'hypothèse où l'expérimentation confie un pouvoir d'adaptation de la norme (législative ou règlementaire) aux collectivités territoriales, ce qui est le cas des expérimentations menées sur le fondement de l'article 72 alinéa 4 de la Constitution. Dès lors, l'expérimentation heurte l'unité du pouvoir normatif qui découle probablement davantage, s'agissant du pouvoir normatif législatif, du principe d'indivisibilité que du principe d'égalité, même si les deux principes ne sont pas sans lien[584]. Mais on peut considérer que ce n'est pas tant l'égalité que l'unité du pouvoir normatif qui constituerait un obstacle à l'expérimentation, obstacle qui a d'ailleurs justifié l'introduction de l'expérimentation au profit des collectivités territoriales par la voie de la révision constitutionnelle[585].

Le projet de loi constitutionnelle pour un renouveau de la vie démocratique du prévoit quant à lui de donner aux collectivités territoriales une plus grande latitude en la matière[586]. En effet, selon l'article 10, « dans les conditions prévue par la loi organique, et sauf lorsque sont en cause les conditions essentielles d'exercice d'une liberté publique ou d'un droit constitutionnellement garanti, les collectivités territoriales ou leurs

[582] O. Jouanjan, « Conclusions », in *Actualité politique et juridique de l'égalité*, dir. P. Charlot et C. Courvoisier, 2003, Editions universitaires de Dijon, p 253.
[583] Voir en ce sens la décision du Conseil constitutionnel du 21 janvier 2016, n°2015-727DC, loi de modernisation de notre système de santé, JO 27 janvier 2016.
[584] Sur cette question, voir T. Grundler, « La République française, une et indivisible », *RDP* 2007, p 445.
[585] Tel est le sens de la décision du Conseil constitutionnel n° 2001-454DC du 17 janvier 2002 relative à la Corse, JO 23 janvier 2002, p 1536 ; note M. Verpeaux, *RFDA* 2002, p 459 ; D. Chagnollaud, « Le Conseil constitutionnel et la Corse. La question du « pouvoir législatif délégué » : un arbre qui cache la forêt », *Pouvoirs locaux* 2002, p 123.
[586] Projet n° 2203 enregistré à la Présidence de l'Assemblée nationale le 29 août 2019.

groupements peuvent, selon le cas lorsque la loi ou le règlement l'a prévu, déroger pour un objet limité aux dispositions législatives qui régissent l'exercice de leurs compétences, éventuellement après une expérimentation autorisée dans les mêmes conditions ». De plus, l'expérimentation n'aurait plus comme seule conclusion possible une généralisation de la mesure ou son abandon, elle pourrait donc précéder une différenciation. Le Conseil d'Etat considère qu'une telle évolution serait de nature à renforcer la démocratie locale et à permettre aux collectivités d'exercer leurs compétences avec plus d'efficacité[587]. Il a d'ailleurs ouvert la voie à une application différenciée de l'expérimentation dans une décision du 6 novembre 2019[588]. Sans prétendre que l'on assiste aujourd'hui à une nouvelle conception de l'égalité, il nous semble toutefois que la lecture de ce principe est renouvelée afin de mettre davantage en lumière ses deux facettes, l'unité bien entendu, mais aussi les différences de traitement justifiées.

Après tout, l'énoncé du principe d'égalité ne fait que définir une méthode pour admettre les différences de traitement, lesquelles doivent être fondées sur une différence de situation objective ou sur une nécessité d'intérêt général en rapport avec l'objet de la loi ou du règlement concerné. Mais la mise en œuvre de cette méthode laisse une marge d'appréciation et on peut se demander s'il n'y a pas, aujourd'hui, une lecture du principe d'égalité qui est davantage orientée vers l'admission de différences de traitement. Il n'est pas nouveau de dire que le principe d'égalité admet la différence, mais il est en revanche intéressant de constater que la méfiance à l'égard de la différenciation tend aujourd'hui à s'estomper ; la différence semble même être parée de vertus, car elle permettrait aux collectivités territoriales d'exercer leurs compétences avec une plus grande efficacité selon le Conseil d'Etat[589]. Cela explique probablement le regain d'intérêt pour l'expérimentation, sans pour autant que cela ne constitue une atteinte au caractère unitaire de l'Etat.

Comme l'indique Jacques Caillosse, « le fait que l'Etat soit en charge de penser *le Territoire* ne saurait signifier que *les territoires* sont eux aussi « sa chose ». Autant reconnaître que ceux-ci existent malgré l'Etat. Ils ne peuvent certes le faire que dans des limites qu'ils sont incapables de déterminer seuls. Mais ce fait-là n'est en rien contradictoire avec la réalité sociopolitique que constituent les territoires d'un Etat unitaire »[590]. La différenciation peut ainsi être analysée comme une plus grande reconnaissance des territoires, mais elle passe sans doute par une réforme de l'expérimentation, car il existe un lien

---

587 Voir en ce sens l'avis n° 397908 rendu par le Conseil d'Etat le 20 juin 2019 sur le projet de loi constitutionnelle précité.
588 CE, 6 novembre 2019, Syndicat national CGCT OFPRA, *AJDA* 2019, p 2268.
589 Avis précité du 20 juin 2019.
590 J. Caillosse, *L'Etat du droit administratif*, LGDJ, 2015, p 195.

ténu entre les deux, le projet de loi constitutionnelle en est d'ailleurs une parfaite illustration.

B- Une faculté de différenciation inspirée de l'expérimentation

L'extrait de l'article 10 précité du projet de loi constitutionnelle témoigne particulièrement de la relation pouvant exister entre expérimentation et différenciation normative, la première étant conçue comme un instrument de mise en œuvre de la seconde. L'intérêt de l'expérimentation est ainsi de mesurer l'impact de l'adaptation envisagée avant de la conforter ou de l'abandonner. L'expérimentation telle que nous la concevons actuellement permet certes une différenciation normative temporaire, mais la réforme constitutionnelle vise à faire en sorte que l'expérimentation puisse aboutir à une différenciation pérenne. Par ailleurs, le droit à l'adaptation pourra lui-même connaître, dans sa mise en œuvre, une différenciation puisqu'au terme de l'expérimentation, il devrait être possible de n'appliquer la mesure qu'aux collectivités dans lesquelles les résultats ont été probants, et de l'abandonner pour les autres. En remettant en cause le système binaire fondé soit sur la généralisation de la mesure expérimentale, soit sur son abandon, la réforme pourrait ainsi créer une différenciation à deux égards : au niveau des normes applicables, et au niveau des collectivités bénéficiant du droit à l'adaptation normative.

Cette rupture avec le système binaire a déjà été amorcée par le Conseil d'Etat dans sa décision du 6 novembre 2019 étant toutefois précisé qu'il s'agissait, dans cette espèce, d'une expérimentation menée sur le fondement de l'article 37-1 de la Constitution[591]. Dans cette affaire, était en cause la mise en œuvre d'une expérimentation de certaines modalités de traitement des demandes d'asile en Guyane, expérimentation justifiée par l'existence d'une situation particulière propre à ce territoire. A l'origine de l'expérimentation, se trouvait donc une différence de situation, ce qui donne l'occasion au Conseil d'Etat de rappeler que le respect du principe d'égalité s'impose entre l'échantillon territorial retenu pour l'expérimentation et les autres territoires[592]. Dès lors, au terme de l'expérimentation, il peut être logique de pérenniser les normes applicables pendant l'expérimentation au seul échantillon concerné, puisque l'existence d'une différence de situation peut le justifier. La portée de la solution reste donc circonscrite aux hypothèses dans

---

[591] CE, 6 novembre 2019, Syndicat national CGCT OFPRA, *op. cit.*

[592] Selon les termes du Conseil d'Etat, « La différence de traitement instituée à titre expérimental doit être en rapport avec l'objet de l'expérimentation et ne pas être manifestement disproportionnée avec cette différence de situation ».

lesquelles une expérimentation est instituée en vue d'adapter le droit à une différence de situation préexistante.

Mais il convient probablement d'aller au-delà, ainsi que le préconise le Conseil d'Etat dans son rapport de 2019 sur l'expérimentation, en lien avec l'avis du 7 décembre 2017 portant sur la différenciation des compétences des collectivités territoriales relevant d'une même catégorie[593]. Le principe d'égalité ne s'oppose pas à l'établissement de différenciations normatives dès lors qu'elles sont justifiées. Par conséquent, si une différence de situation objective justifie que l'expérimentation ne soit généralisée que dans certains territoires, et s'il n'y a pas de disproportion manifeste entre la différence de situation et la différence normative, rien ne s'oppose à ce que l'expérimentation fasse l'objet d'une pérennisation sélective. L'expérimentation peut donc précéder la confirmation d'une différenciation, elle peut constituer un vecteur pour mieux faire accepter la différenciation.

Cela explique sans doute les mesures de simplification préconisées par le Conseil d'Etat pour rendre l'expérimentation plus attractive[594]. Afin d'alléger la procédure, le rapport du Conseil d'Etat propose de revenir sur l'exigence d'un décret en Conseil d'Etat pour déterminer la liste des collectivités autorisées à participer à l'expérimentation, de ne plus soumettre l'entrée en vigueur des normes locales expérimentales à une publication au Journal officiel, et de les subordonner au contrôle de légalité de droit commun[595]. La simplification de la procédure devrait ainsi rendre l'expérimentation plus attractive, ce qui pourrait servir la mise en œuvre de la différenciation.

Par ailleurs, un autre élément témoigne du lien entre ces deux notions puisque les conditions de mise en œuvre de la différenciation ont été calquées sur celle de l'expérimentation dans le projet de loi constitutionnelle : la possibilité de recourir à la différenciation normative devrait être précisée par une loi organique, son application serait exclue dès lors qu'une liberté publique ou un droit constitutionnellement garanti est concerné, la mise en œuvre d'une adaptation normative resterait, tout comme l'expérimentation, maîtrisée par l'Etat, et enfin, l'objet de la différenciation devrait être limité. La rédaction de l'article 10 du projet de loi constitutionnelle s'inspire donc de l'article 72 alinéa 4, qu'il a vocation à remplacer. Il restera toutefois à faire

---

[593] Avis n° 393651 ; H. Pauliat, « Différenciation territoriale : les limites posées par le Conseil d'Etat », *JCP A*, 30 avril 2018, n°17, p 25.

[594]Cet objectif de simplification a été repris par le projet de loi organique précité du 29 juillet 2020.

[595] En vertu de l'article L0 1113-4 CGCT actuellement en vigueur, le préfet peut assortir un recours contre un acte local expérimental d'une demande de suspension, cet acte cesse alors de produire ses effets jusqu'à ce que le juge administratif statue. Le préfet a ainsi la possibilité de suspendre le caractère exécutoire d'un acte.

preuve de prudence et à ne pas rendre plus complexe le droit applicable aux collectivités territoriales. S'il s'avère que la différenciation, avec ou sans expérimentation, permettrait de répondre aux aspirations des élus locaux, il convient de veiller à ce qu'elle ne nuise pas à l'intelligibilité du droit des collectivités territoriales.

Mais au-delà des enjeux que présente l'expérimentation en termes de différenciation, il s'avère qu'elle peut aussi permettre de donner corps à certains principes déjà reconnus, mais qui souffrent jusqu'ici d'une portée toute relative.

II- L'expérimentation, un enjeu pour donner corps à certains principes existants

Si la révision constitutionnelle du 28 mars 2003 a consacré le principe de subsidiarité, tout du moins implicitement, et le pouvoir règlementaire local, cette évolution a été peu suivie d'effets. Le principe de subsidiarité a été faiblement mobilisé et le pouvoir règlementaire local s'est vu accorder une place qui demeure très modeste. L'un des enjeux du renouveau de l'expérimentation pourrait être de donner plus de substance à ces deux dispositions qui favorisent le développement de l'autonomie locale et la démocratie locale. Sans être à l'origine d'une réelle nouveauté, la réforme de l'expérimentation pourrait ainsi constituer un préalable pour accorder une place plus importante au principe de subsidiarité d'une part (A) et au pouvoir règlementaire local d'autre part (B).

A. Le renouveau du principe de subsidiarité grâce à l'expérimentation

La complexité du droit de la décentralisation est souvent dénoncée. A cet égard, le rapport de la mission de l'Assemblée nationale sur la réforme des institutions relève que la construction des politiques publiques souffre de certaines lacunes parmi lesquelles figure l'absence ou l'insuffisance de l'évaluation de l'impact des normes sur les collectivités territoriales[596]. L'enchevêtrement des normes peut ainsi nuire à l'intelligibilité de la règle de droit et à son efficacité, y compris en ce qui concerne les collectivités territoriales[597]. Le rapport souligne donc la nécessité de mieux prendre en compte l'impact des normes sur les collectivités territoriales dans le souci de garantir l'efficacité des politiques publiques. Et pour cela, il préconise de recourir à l'évaluation préalable qui pourrait supposer que chaque étude d'impact consacre des développements aux conséquences de la loi sur les collectivités territoriales. Mais il nous semble que l'expérimentation pourrait

---

596 Rapport de la mission flash sur la réforme des institutions, *op. cit.* p 17.

597 J. Chevallier, « La rationalisation de la production juridique », in *L'Etat propulsif. Contribution à l'étude des instruments d'action de l'Etat*, Publisud, 1991, p 9.

aussi être un outil de rationalisation de la production normative dans la mesure où toute expérimentation permet de tester une réforme et doit faire l'objet d'une évaluation. L'expérimentation permettrait donc une meilleure adaptation aux réalités locales, c'est d'ailleurs ce qui a motivé l'Etat à reconnaître à certains préfets la possibilité de déroger, à titre expérimental, à certaines dispositions règlementaires dans plusieurs domaines d'intervention[598].

Cette volonté d'adaptation poursuit un objectif d'efficacité qui est également particulièrement présent au sein même du principe de subsidiarité. Cela laisse à penser que la méthode expérimentale peut être un outil de mise en œuvre de ce principe dont l'objet est de déterminer le niveau local adéquat pour gérer une compétence dans un souci de rationalisation et d'efficacité[599]. Or, pour opérer cette détermination, le recours à la méthode expérimentale peut être pertinent. Si l'on a eu l'occasion de souligner que l'expérimentation comportait un risque en termes de complexité du droit[600], il s'avère qu'elle peut aussi être un instrument concourant à l'efficacité des politiques publiques, objectif qu'elle partage avec le principe de subsidiarité.

C'est ce qui a conduit le Conseil d'Etat à proposer, dans l'hypothèse où la rédaction de l'article 72 de la Constitution serait modifiée conformément au projet de loi constitutionnelle, de recourir à de nouvelles possibilités d'expérimentation. Il s'agirait concrètement d'organiser des appels à projets pour permettre aux collectivités territoriales de proposer de nouvelles répartitions des compétences entre elles[601].

La modification de l'article 72 proposée par le projet de loi constitutionnelle du 29 août 2019 ne vise pas seulement à reconnaître la différenciation normative, elle envisage également d'autoriser une répartition hétérogène des compétences au sein d'une même catégorie de collectivités territoriales. Certaines communes, départements ou régions, y compris d'outre-mer, pourraient ainsi se voir attribuer des compétences, en nombre limité, dont ne disposeraient pas l'ensemble des collectivités de la même catégorie, par transferts de compétences entre collectivités territoriales de

---

598 Décret n° 2017-1845 du 29 décembre 2017, JO 31 décembre 2017, texte n°33 ; la légalité de ce texte a été confirmée par le Conseil d'Etat dans sa décision du 17 juin 2019, n° 421871, Les amis de la terre, *JCP A*, 24 juin 2019, p1. L'expérimentation a finalement été généralisée par le décret n° 2020-412 du 8 avril 2020 relatif au droit de dérogation reconnu au préfet, JO 9 avril 2020.

599 M. Travers, « Les enjeux de l'asymétrie normative au niveau local », *JCP A* n°49, 9 décembre 2019, 2347.

600 Voir supra.

601 Voir en ce sens le rapport « Les expérimentations : comment innover dans la conduite des politiques publiques ? », *op. cit.* p 79.

catégories différentes. Dans son avis du 20 juin 2019, le Conseil d'Etat a considéré que cela donnerait corps au principe de subsidiarité. Là encore, l'objectif poursuivi est celui de l'efficacité de la répartition des compétences, mais encore faut-il définir les domaines dans lesquels cette répartition hétérogène serait pertinente. Pour ce faire, et pour favoriser les initiatives locales, le Conseil d'Etat propose la mise en place d'appels à projets afin d'expérimenter de nouveaux transferts de compétences entre les collectivités territoriales.

Expérimentation, subsidiarité, différenciation sont par conséquent intimement liées. C'est ainsi en prenant appui sur le principe de subsidiarité que le Conseil d'Etat a justifié, dans son avis du 7 décembre 2017, mais aussi dans celui du 20 juin 2019, la reconnaissance de nouvelles hypothèses de différenciation[602]. La différenciation est en effet le moyen de conférer une place renouvelée au principe de subsidiarité, étant précisé que toute différenciation peut être précédée d'une expérimentation. Tels sont les termes d'une même équation dont le résultat escompté porte sur l'accroissement de l'efficacité de la répartition des compétences. Cela démontre un peu plus combien le droit des collectivités territoriales peut être façonné par certains impératifs d'efficacité et de rationalisation des politiques publiques[603].

B. L'expérimentation, une voie pour accroître la place du pouvoir règlementaire local

Outre la mise en œuvre du principe de subsidiarité, l'expérimentation peut aussi contribuer à donner plus de consistance aux dispositions constitutionnelles relatives au pouvoir règlementaire local. Ce pouvoir a toujours souffert d'une conception restrictive, conception qui s'est exprimée en droit positif, mais aussi dans le discours doctrinal. Dès l'acte I de la décentralisation, Louis Favoreu rappelait en effet que la libre administration ne pouvait signifier libre règlementation[604]. L'espace réservé au pouvoir règlementaire local ne peut par ailleurs se concevoir que dans le cadre laissé libre par le pouvoir règlementaire national, le premier ne pouvant concurrencer le second[605]. La fameuse décision rendue par le Conseil d'Etat le 29 juin 2001, commune de Mons-en Barœul, en témoigne, dans la mesure où elle indique que la clause générale de compétence, et donc le pouvoir règlementaire local, peuvent trouver à s'épanouir dans le champ laissé vacant

---

602 F. Priet, « Principe d'égalité et différenciation territoriale », in *Constitution et collectivités territoriales*, dir. J.M. Pontier et D. Guignard, Lexis-Nexis, 2019, p 61.

603 Sur cette question, voir *RGPP et réforme des collectivités territoriales*, dir. J.C. Némery, L'Harmattan collection Grale, 2012, 270 p.

604 L. Favoreu, « Décentralisation et Constitution », *RDP* 1982, p 1250.

605 B. Faure, « Règlements locaux et règlements nationaux », *Les nouveaux cahiers du Conseil constitutionnel,* 2014, n°42, p 43.

par la norme nationale[606]. Mais en dehors de ce champ, et sauf en cas d'autorisation donnée par le législateur, le pouvoir règlementaire local n'est pas autorisé à intervenir, ainsi que l'a rappelé le Conseil d'Etat dans son avis du 15 novembre 2012[607].

L'introduction de l'expérimentation au sein de la Constitution avait pu faire naître quelques espoirs puisque cette pratique autorise les collectivités territoriales participant à l'expérience à déroger à certaines dispositions législatives et règlementaires pendant la durée de l'expérimentation. Mais en réalité, l'expérimentation reste maîtrisée par l'Etat, la reconnaissance d'un pouvoir règlementaire local plus étendu au cours de la phase de test ne peut être lue comme un partage du pouvoir règlementaire initial[608]. Toutefois, en dépit de ces faibles avancées, on peut tout de même considérer, en retenant une lecture optimiste, que l'introduction de l'expérimentation, associée à la reconnaissance constitutionnelle du pouvoir règlementaire local par l'article 72 alinéa 3, ont permis de démontrer que l'existence de ce pouvoir pouvait se concilier avec le caractère unitaire de l'Etat, même si cette conciliation comporte de nombreuses limites à l'adresse des collectivités territoriales. Mais dans la mesure où peu d'expérimentations ont été conçues sur le fondement de l'article 72 alinéa 4 de la Constitution, la portée de l'évolution est demeurée limitée.

Néanmoins, la volonté de rénover ce mode de construction et de gestion des politiques publiques, qui s'exprime actuellement, incite à penser que le pouvoir règlementaire local pourrait se voir accorder une place plus importante à l'avenir. C'est notamment ce qui découle de certaines propositions émises par le Conseil d'Etat qui préconise , pour les expérimentations rendues pérennes (pour l'ensemble des collectivités d'une même catégorie ou pour certaines d'entre elles uniquement), que la collectivité puisse disposer de plus de marge de manœuvre et de responsabilité[609]. Pour cela, le Conseil estime qu'il faut agir sur la rédaction de la norme nationale qui est parfois trop détaillée, ce qui laisse une part insuffisante au pouvoir règlementaire local. Il considère ainsi que l'expérimentation de mesures dérogeant à une loi devrait être l'occasion de réexaminer les dispositions législatives relatives à la compétence concernées

---

[606] CE, Ass., 29 juin 2001, Commune de Mons-en-Baroeul, rec. p 298.

[607] CE, section de l'intérieur, avis n° 387095 ; B. Faure, « Le Conseil d'Etat et le pouvoir règlementaire des collectivités territoriales. L'heure de vérité ? », *AJDA* 2013, p 2240.

[608] La doctrine a eu l'occasion de le souligner à plusieurs reprises ; pour une étude récente, voir X. Barella, « Les variations du pouvoir normatif local », in *Constitution et collectivités territoriales*, *op. cit.* p 89.

[609] Voir en ce sens le rapport précité, « Les expérimentations, comment innover dans la conduite des politiques publiques ? », p 76.

afin, peut-être, de desserrer l'étau qui contraint les collectivités. Il est à cet égard intéressant de remarquer que la légistique peut venir au secours du pouvoir règlementaire local, car en agissant sur le degré de précision dans la rédaction de la loi, il est possible de donner aux collectivités plus d'espace afin de promouvoir les initiatives locales. Le Conseil d'Etat considère que dans certaines matières, la loi pourrait se contenter de fixer des objectifs, ce qui laisserait au pouvoir règlementaire des possibilités plus étendues.

Par ailleurs, dans le dessein de favoriser les initiatives locales en matière d'expérimentation et de laisser plus d'espace au pouvoir règlementaire local, le rapport du Conseil d'Etat propose de permettre aux collectivités territoriales de susciter des expérimentations ayant pour objet de déroger à des dispositions législatives ou règlementaires régissant l'exercice de leurs compétences. Très concrètement, il s'agirait de créer un guichet permettant aux collectivités de proposer des projets d'expérimentation normative, projets qui seraient examinés par le Ministre compétent afin de leur donner une concrétisation si cela semble opportun[610].

Cela tend à démontrer que le renouveau de l'expérimentation pourrait donner plus d'éclat au pouvoir règlementaire local, ce qui nous incite à penser qu'elle fait figure de conducteur permettant d'illuminer d'autres principes ou notions, qu'il s'agisse de la subsidiarité ou du pouvoir règlementaire local. Il y a donc beaucoup à attendre d'une rénovation de l'expérimentation, même s'il convient de ne pas nier les inconvénients qui accompagnent cette méthode en termes de temps, de coût, de surcroît de travail pour les services administratifs, mais aussi de complexité. Il faut ainsi rester vigilant s'agissant du recours à l'expérimentation même si cette technique de construction des politiques publiques semble être dans l'air du temps.

610 La mise en œuvre de cette proposition pourrait passer par l'extension du dispositif France expérimentation mis en place dans le cadre de la transformation de l'action publique.

DÉMOCRATIE LOCALE ET DROIT À LA PARTICIPATION : LES COLLECTIVITÉS TERRITORIALES FACE À L'ARTICLE 7 DE LA CHARTE DE L'ENVIRONNEMENT

Anne RAINAUD,
Maître de conférences en droit public, HDR,
Université Côte d'Azur, CERDACFF

Selon l'article 7 de la Charte de l'environnement, « Toute personne a le droit, dans les conditions et les limites définies par la loi, d'accéder aux informations relatives à l'environnement détenues par les autorités publiques et de participer à l'élaboration des décisions publiques ayant une incidence sur l'environnement ».

- 1. La charte de l'environnement traduit au niveau juridique le plus élevé un nouvel esprit de la décision publique, dès lors que celle-ci à un impact sur l'environnement. Cet état d'esprit a commencé, au moins en droit administratif, avec l'enquête publique, et tout spécialement avec la loi du 12 juillet 1983 relative à la démocratisation des enquêtes publiques et à la protection de l'environnement. Pour les environnementalistes, la participation du public s'était illustrée déjà avec force grâce aux études d'impact dont le public peut prendre connaissance et pour lesquelles les personnes publiques compétentes doivent permettre une participation du public.

- 2. Il nous semble patent que c'est le droit de l'environnement qui apporte ce vent de réformes et amène l'État à se moderniser, car il « innerve » tout notre droit (J.M. Sauvé, 22 février 2016, discours devant Cour suprême Algérienne)[611]. L'ancien vice-président du Conseil d'État ne manque pas de réaffirmer cette idée à plusieurs reprises, indiquant que ce droit de l'environnement rayonne ou se diffuse dans notre droit.

---

611 https://www.conseil-État.fr/actualites/discours-et-interventions/le-cadre-de-vie-et-le-droit-de-l-environnement

2.1. C'est en effet grâce au droit international de l'environnement que le droit de participation apparaît dans les ordres juridiques nationaux. Les sources supra nationales sont nombreuses et connues : conférences de Stockholm (1972), Rio (1992), Conventions internationales dont la fameuse convention d'Aarhus (1998), convention régionales, le droit dérivé, sans compter qu'il figure parmi les principes du droit international de l'environnement (Ch. Alexandre Kiss[612]).

2.2. Au plan interne, avant même l'inscription dans la charte de l'environnement, en 2005, au niveau constitutionnel, de ce principe de participation qui va de concert avec le principe d'information, ce sont divers textes de loi, tous relatifs à l'environnement, qui vont rapprocher le public de la décision administrative.

Citons les :

2.2.1. La loi sur la protection de la nature de 1976 qui est certes focalisée sur la publicité à donner à l'étude d'impact (et donc uniquement centrée sur le principe d'information), mais qui va, dans l'immédiat, faire rentrer les préoccupations de protection de l'environnement dans certaines branches du droit public, lesquelles vont toucher de près d'une part le territoire des collectivités, mais aussi, d'autre part, les compétences des collectivités décentralisées. L'article 2 al. 1er de ce texte dispose en effet que « les travaux et projets d'aménagements qui sont entrepris par une collectivité publique ou qui nécessitent une autorisation ou une décision d'approbation ainsi que les documents d'urbanisme doivent respecter les préoccupations d'environnement ». Plus tard, respecter les « préoccupations d'environnement » permettra de respecter les principes du droit de l'environnement dont fait partie le principe de participation comme cela a été notamment précisé par le Conseil d'État (commune d'Annecy, 3 octobre 2008) et le Conseil constitutionnel dès 2011 (Cons. const., déc. n° 2011-183/184 QPC du 14 oct. 2011, Assoc. FNE).

2.2.2. Sans insister davantage sur le rôle joué par le droit de l'environnement dans la promotion de ce principe d'information, nous soulignerons seulement que les textes de loi adoptés favorisant ce principe sont explicitement rattachés à l'environnement :

- la loi du 12 juillet 1983 relative à la démocratisation des enquêtes publiques et à la protection de l'environnement,

- la loi du 2 février 1995 relative au renforcement de la protection de l'environnement (qui pose les principes du droit de l'environnement au niveau

---

[612] Ch. A. Kiss, *Droit international de l'environnement*, Etudes internationales, Pedone, 424 p.

législatif, postérieurement à la Conférence de Rio dont le principe de participation),

- L'article 132 de la loi relative à la démocratie de proximité du 27 février 2002 qui modifie l'article L. 110-1 du code de l'environnement, pour ajouter au seul droit reconnu de chacun d'avoir accès aux informations relatives à l'environnement, le complément indispensable d'être associé au processus d'élaboration des projets ayant une incidence importante sur l'environnement ou l'aménagement du territoire.

2.3. La loi constitutionnelle de 2005 qui introduit la Charte de l'environnement aux côtés de la Déclaration des Droits de l'Homme et du Citoyen de 1789 et du Préambule de la Constitution de 1946 va permettre d'assurer, au plus haut niveau normatif, le respect de principes déjà existants. Cette révision constitutionnelle de 2005 sera d'autant plus porteuse qu'elle se renforce grâce à celle de 2008 sur la modernisation des institutions de la Vème République, qui introduit en droit français la QPC et permet au justiciable de pouvoir invoquer les principes de la Charte dans le contentieux.

3. Grâce au droit de l'environnement dont les principes se distillent dans le droit public notamment, il est possible d'établir un certain nombre de constats sur le plan juridique.

- Tout d'abord les administrés ne sont plus seulement des gouvernés. Comme son nom l'indique, le principe de participation a conduit à une démocratie participative. Une exigence démocratique anime la prise de décision publique, exigence qui est « conçue comme un correctif de la démocratie représentative »[613]. L'objet est d'associer des représentants de la société civile (mais pas uniquement), avec un degré d'influence variable, « aux processus décisionnels »[614].

C'est là que le principe constitutionnel de la libre administration des collectivités territoriales trouve une certaine limite avec le principe de participation. En effet, la décision ou la délibération publique ne sera plus seulement justifiée en droit et en opportunité par un choix de politique publique, mais elle devra aussi être motivée par la prise en compte de considérations sociale et environnementale. Pour reprendre les termes de Pierre Rosanvallon cités par Agathe Van Lang, « on peut dire qu'il s'agit d'une démocratie interactive qui oblige en permanence le pouvoir à s'expliquer, à rendre des comptes et à informer ». Le « mystère de l'obéissance

613 A. Van LANG, « Le principe de participation : un succès inattendu », *Les nouveaux cahiers du Conseil constitutionnel*, n°43, Avril 2014, https://www.conseil-constitutionnel.fr/nouveaux-cahiers-du-conseil-constitutionnel/le-principe-de-participation-un-succes-inattendu

614 Ibid.

civile » (B. de Jouvenel) et l'acceptation du pouvoir passe ainsi par la participation aux instances décisionnaires qu'il s'agisse du reste de l'échelon local ou de l'échelon national.

- Ensuite, l'administration des collectivités territoriales n'est plus aussi libre que par le passé, avec le nécessaire respect du principe de participation, dans la mesure où, d'une part, c'est le plus souvent le législateur qui le leur impose notamment par l'organisation de procédures contraignantes, et où, d'autre part, la démocratie participative implique la « confrontation permanente des opinions »[615] pour que les décisions soient acceptées.

Cette situation conduit à une complexité ou une lourdeur renforcée dans l'administration des collectivités territoriales, en conséquence de laquelle apparaît une certaine lenteur. Si les collectivités sont certes encore libres d'administrer leur territoire, et de faire des choix, l'administration de celui-ci est devenue complexe.

- Enfin, la libre administration des collectivités est soumise à une double contrainte. Une pression verticale classique, par le haut d'abord (celle de l'État), en raison de la hiérarchie des normes, normes juridiques dont il est l'auteur en matière de démocratie participative ou auxquelles il adhère par une vision moniste du droit.

Une pression verticale par la base populaire, mais qui peut être très hétérogène : une minorité active, notamment une ou des associations, des citoyens français ou européens qui exigent grâce à leur droit constitutionnel de participer et n'hésitent pas en cas d'insatisfaction, au mieux à saisir le juge, au pire à créer *in situ* une Zone A Défendre (ZAD).

Les collectivités territoriales sont ainsi prises en tenaille entre l'État (qui impose de faire), voire l'État voisin ou les collectivités frontalières, et les administrés qui ne sont pas toujours animés par un état d'esprit pacifiste dans leur conception de la participation. En effet, le devoir de chacun de contribuer à la protection de l'environnement, affirmé à l'article 2 de la Charte, amène certains à employer tous les moyen, s y compris l'occupation du territoire, pour justifier le but.

- En fin de compte, l'obligation de tenir compte de toutes les opinions, en amont d'un processus de décision pour un projet ayant une incidence sur l'environnement, d'analyser celles-ci dans un temps raisonnable et de justifier le choix retenu en fonction des remarques exprimées, relève désormais selon la formule du Conseil d'État, de « l'Administration délibérative « (Conseil d'État, Rapport public 2011, « Consulter autrement, participer effectivement », p. 95-96). « L'Administration est délibérative dès lors qu'en préalable elle fait sienne l'idée que les autorités publiques, quel que soit le

615 Théorie exprimée par Jürgen Habermas à la fin des années 1980 et citée par A. Van LANG dans l'article indiqué en note 3 ci-dessus.

niveau territorial de leur ressort, ne peuvent plus faire face seules aux enjeux complexes qui relèvent de leurs attributions et qu'elles doivent trouver des solutions en concertation avec les citoyens et les parties prenantes pour préparer des décisions mieux comprises et acceptées ». Cette vision d'avant-garde de l'administration nous paraît remarquable.

Sur le fondement de cette approche réalisée par le Conseil d'État, le principe de participation nous semble jouer dans une double perspective par rapport aux collectivités territoriales. D'un côté, il restreint la libre administration des collectivités territoriales par une forme de recomposition des modalités de la décision publique. D'un autre, il permet aux collectivités territoriales non seulement de pouvoir animer et mettre en œuvre le principe de participation en servant de relais indispensable à l'État, mais, surtout, de tirer à leur profit cette obligation qui devrait conduire à une nouvelle gouvernance du territoire. Celle-ci devrait permettre aux collectivités de pouvoir interférer plus certainement sur les décisions qui affectent leur territoire alors que leur incompétence de principe en matière de police administrative spéciale les empêche d'intervenir. Les exemples de l'implantation des éoliennes ou de l'épandage des pesticides sont révélateurs de ce que toutes les personnes, dont les personnes publiques et plus particulièrement les collectivités territoriales, ne participent pas toujours à l'élaboration des décisions publiques ayant une incidence sur leur environnement.

Par référence à l'un des questionnements de fond abordé dans ce colloque sur « Constitution et droit des collectivités territoriales »[616], on peut affirmer que le cadre constitutionnel n'est pas dépassé puisque, depuis la Charte de l'environnement, il s'est transformé et a intégré des droits et devoirs d'actualité qui tendent à une certaine universalité. Par contre, il perturbe quelque peu la libre administration des collectivités territoriales qui doit cohabiter avec un droit de participation du public (I). Mais pour autant, les collectivités territoriales pourront user habilement de ce principe qui renforcera paradoxalement la libre administration de leur territoire (II).

616 Thème de la deuxième table ronde : « Libre administration des collectivités : le principe et son effectivité, un cadre constitutionnel dépassé ? ».

I. La libre administration des collectivités territoriales perturbée par le principe de participation du public

Deux idées maîtresses nous semblent s'imposer. D'une part, la démocratie représentative doit composer avec la démocratie environnementale, d'autre part, la démocratie représentative se trouve aux prises avec la démocratie semi directe, que l'article 72-1 met en exergue dans notre Constitution.

A. démocratie représentative et démocratie environnementale

Les élus locaux, depuis l'application effective de la charte de l'environnement, sont conduits à administrer autrement. Ils doivent composer avec ces droits relativement nouveaux que sont le droit d'information et celui de participation. « Ces droits sont des droits de citoyenneté », selon la formule du professeur Gilles Dumont[617], en ce sens que « leur exercice, à l'instar de la citoyenneté que l'on pourrait qualifier de politique, relève d'une démarche de légitimation de l'action publique » (Jean-Marc Sauvé, « La démocratie environnementale aujourd'hui »)[618].

Le Conseil d'État a engagé une série de réflexions sur la démocratie environnementale. Il affirme, par la voix de son vice-président, que « la démocratie environnementale repose essentiellement sur l'affirmation de(s) deux droits nouveaux (...) qui figurent tous deux à l'article 7 de la Charte de l'environnement. (…). Elle traduit l'émergence d'une nouvelle forme de citoyenneté, dont l'objet (...) [est] la participation de chacun à la détermination de la chose publique ».

Malgré l'enthousiasme que traduit cette analyse, il faut nuancer celui-ci dans la mesure où la démocratie environnementale a nécessairement un périmètre limité à l'environnement, plus exactement aux décisions ayant une incidence sur l'environnement. Mais ce champ d'action, bien que théoriquement circonscrit (a), est activement investi par les titulaires du droit de participation (b).

a. Le champ limité de la démocratie environnementale de l'article 7 de la Charte

Le domaine ouvert à l'information et à la participation est réduit aux questions environnementales et de plus, à celles qui ont une incidence certaine et significative sur l'environnement. Cependant le domaine ne sera pas autant

---

617 G. Dumont, *La citoyenneté administrative*, thèse de doctorat, Université de Paris II Panthéon-Assas, 2002 , p. 213.

618Intervention de Jean-Marc Sauvé lors du premier colloque du nouveau cycle de conférences du Conseil d'État : « La démocratie environnementale », cycle 2011-2012 : https://www.conseil-État.fr/actualites/discours-et-interventions/la-democratie-environnementale-aujourd-hui#6

limité que cela. Comme l'indiquait le vice-président Sauvé, « avec l'industrialisation des économies et l'urbanisation des modes de vie, un corpus de règles environnementales s'est progressivement constitué » et ce, de manière de plus en plus contraignante et en touchant des domaines de compétences attribués explicitement aux collectivités territoriales.

1. Le champ d'application de la démocratie environnementale est historiquement limité.

Deux raisons au moins motivent cette affirmation.

- D'une part, l'ouverture de la décision administrative au public se cantonne initialement à l'accès à l'information (1.1).

- D'autre part, seuls les projets d'importance se trouvent astreints à cette transparence (1.2).

1.1. L'ouverture de la décision administrative au public est cantonnée initialement à l'accès à l'information.

Cette affirmation est confirmée par les textes sur l'étude d'impact. L'article 2 alinéa 2 de la loi sur la protection de la nature mentionne que « les études préalables à la réalisation d'aménagements ou d'ouvrages qui, par l'importance de leurs dimensions ou leurs incidences sur le milieu naturel, peuvent porter atteinte à ce dernier, doivent comporter une étude d'impact permettant d'en apprécier les conséquences ». C'est par décret que s'ouvre la liste des aménagements et ouvrages concernés, qu'est fixé le contenu de l'étude et qu'est exigée la justification des moyens pour éviter, réduire et compenser les impacts.

Le champ est limité, mais le législateur est volontaire dans la mise en œuvre de ce droit à l'information sur les conséquences environnementales d'un projet, car en l'absence d'étude d'impact (non seulement formellement, mais aussi matériellement), « la juridiction saisie fait droit à la demande de sursis à exécution de la décision attaquée dès que cette absence est constatée par une procédure d'urgence ». Ce principe est toujours vrai malgré les refontes législatives opérées depuis 1976. L'accès facilité à la justice est justifié par l'absence d'information, laquelle est une condition de la légalité de l'acte adopté.

Cependant, les évolutions législatives vont permettre progressivement d'enrichir ce droit.

Tout d'abord par la loi du 12 juillet 1983 relative à la démocratisation des enquêtes publiques et à la protection de l'environnement. En effet, l'enquête publique a « pour objet d'informer le public et de recueillir ses appréciations, suggestions et contre-propositions, postérieurement à l'étude d'impact lorsque celle-ci est requise, afin de permettre à l'autorité compétente de disposer de tous les éléments nécessaires à son information » (article 2). L'information n'est plus passive et le droit à l'information permet d'influencer l'autorité décisionnaire afin qu'elle puisse prendre une décision éclairée, notamment par les conclusions du commissaire ou de la commission d'enquête.

Puis, l'avancée décisive se fait en 2002, grâce à la publication par décret du 12 septembre 2002 de la Convention d'Aarhus du 25 juin 1998 sur l'accès à l'information, la participation du public au processus décisionnel et l'accès à la justice en matière d'environnement. Ainsi, la démocratie environnementale s'enrichit du principe de participation, qui est dissocié du seul principe d'information.

Enfin, la loi du 27 décembre 2012 relative à la mise en œuvre du principe de participation du public défini à l'article 7 de la Charte de l'environnement, mettra clairement en exergue *la dualité du principe : elle modifie l'article L 120-1 du code de l'environnement qui disposera d'alinéas différents* pour distinguer le droit à l'information (4°) et le droit de participer par la formulation d'observations qui sont prises en considération par l'autorité compétente (5°).

1.2. La seconde limite de la démocratie environnementale tient à ce que le principe de participation ne s'applique qu'aux décisions ayant une certaine incidence (voire une incidence certaine) sur l'environnement.

Lier la présence du public à l'ampleur de l'incidence environnementale est vrai dès la loi de 1976 sur la nature et son décret l'application de 1977. Celui-ci énumère en annexe les cas pratiques soumis à cette obligation (le terrain de camping de plus de 200 places, le lotissement de plus de 3000 m2 de SHON en l'absence de POS, les ouvrages destinés à l'épuration des eaux des collectivités locales dimensionnés pour une population supérieure à 10. 000 habitants, les réseaux d'assainissement, d'évacuation des eaux pluviales et de distribution d'eau etc).

De même, avec la loi de 1983 sur l'enquête publique, le législateur s'intéresse cette fois à la sensibilité du milieu. Ce n'est plus uniquement l'importance en soi du projet, tel que son coût ou son cubage de l'occupation de l'espace qui commande l'enquête, mais les caractéristiques environnementales de l'espace choisi, en l'occurrence sa nature, sa consistance ou le caractère des zones concernées par son implantation.

Les autorités décisionnaires doivent donc procéder à une balance d'intérêts en appréciant l'utilité et l'impact d'un projet en fonction, notamment, des particularités du milieu naturel. C'est au demeurant la démarche que suit le juge administratif lorsqu'il est saisi de recours contre la déclaration d'utilité publique d'un projet. La jurisprudence administrative est révélatrice de cette démarche systématique. En même temps, on ne peut oublier que les grands projets pouvant impacter l'environnement sont en général des projets onéreux. L'information permet au citoyen de prendre connaissance de la dépense publique et on retrouve là, grâce aux mécanismes participatifs, pour les collectivités, le moyen d'obtenir le consentement à l'impôt, local notamment.

L'exigence de projets ayant une incidence significative reste un élément constant, confirmé par une question prioritaire de constitutionnalité. Le Conseil constitutionnel a en effet précisé « qu'en prévoyant que ne doivent être regardées comme « ayant une incidence sur l'environnement » que les décisions qui ont une incidence « directe et significative » sur l'environnement, le législateur a fixé au principe de participation du public des limites qui ne méconnaissent pas les exigences de l'article 7 de la Charte de l'environnement (2012-282 QPC, 23 novembre 2012, cons. 16, Journal officiel du 24 novembre 2012, page 18543, texte n° 90, Rec. p. 596).

Cependant, depuis la loi du 27 décembre 2012 relative à la mise en œuvre du principe de participation du public défini à l'article 7 de la Charte de l'environnement, le législateur ne mentionne que le terme d'« incidence », sans qualificatif, contrairement au texte antérieur du 12 juillet 2010 qui faisait référence aux « projets ayant une incidence importante sur l'environnement ou l'aménagement du territoire ». Pour autant, la jurisprudence est constante.

En l'état du droit positif, l'exigence d'un impact significatif est maintenue en pratique. Ainsi en est-il du décret n° 2017-626 du 25 avril 2017 relatif aux procédures destinées à assurer l'information et la participation du public à l'élaboration de certaines décisions susceptibles d'avoir une incidence sur l'environnement et modifiant diverses dispositions relatives à l'évaluation environnementale de certains projets, plans et programmes, qui énumère les divers cas soumis aux dispositions sur la participation. C'est l'article R. 121-2 dans le prolongement de R. 121-1 du Code de l'environnement qui liste les projets entrant dans les catégories d'opérations mentionnées le texte.

Cet article énumère des projets d'aménagement ou d'équipement d'intérêt national de l'État ou des collectivités territoriales qui ont une incidence certaine sur l'environnement : 1° a) Créations d'autoroutes, de routes express ou de routes à 2 x 2 voies à chaussées séparées c) Création de lignes ferroviaires ; d) Création de voies navigables, ou mise à grand gabarit de canaux existants ;

2° Création ou extension d'infrastructures de pistes d'aérodromes ; 3° Création ou extension d'infrastructures portuaires ; 4° Création de lignes électriques ; 5° Création de gazoducs ; 6° Création d'oléoducs ; 7° Création d'une installation nucléaire de base ; 8° Création de barrages hydroélectriques ou de barrages-réservoirs ; 9° Transfert d'eau de bassin fluvial (hors voies navigables) ; 10° Équipements culturels, sportifs, scientifiques, touristiques ; 11° Équipements industriels.

Le champ d'application du principe de participation reste donc en théorie limité, et dès lors, les collectivités territoriales ne sont qu'assez peu impactées bien que le cas numéro 10 précité laisse une certaine latitude à celles-ci.

Cependant, il faut nuancer cette affirmation. En effet, l'élargissement de la démocratie environnementale et l'impact sur les collectivités territoriales va se produire par le biais du droit de l'urbanisme et du droit de l'Union européenne.

2. L'élargissement du champ d'application du principe de participation

Le développement des contraintes environnementales va se greffer largement sur le droit de l'urbanisme qui, historiquement, est la terre d'accueil privilégiée de la protection de l'environnement.

Ce domaine était visé dès la loi de 1976 sur la protection de la nature. « Les travaux et projets d'aménagement qui sont entrepris par une collectivité publique ou qui nécessitent une autorisation ou une décision d'approbation ainsi que les documents d'urbanisme, doivent respecter les préoccupations d'environnement ». Les ouvrages ou aménagements importants nécessiteront donc une étude d'impact ou encore une enquête publique dont on sait que les conclusions défavorables du commissaire enquêteur permettront en cas de recours l'octroi d'un sursis à l'exécution.

Avec la décentralisation de l'urbanisme, les collectivités territoriales sont nécessairement touchées par des contraintes environnementales grandissantes qui s'imposent, grâce à la charte, au niveau le plus élevé de la hiérarchie des normes. Les diverses évolutions législatives poussées par la jurisprudence du Conseil constitutionnel renforcent cette tendance en prévoyant que sont visés les projets de « décisions publiques » en général et non plus seulement les seules décisions réglementaires de l'État et de ses établissements publics envisagées alors par l'article L 120-1. (Cons. const., déc. n° 2012-282 QPC du 23 novembre 2012, Assoc. FNE et a., consid. 17.). La rédaction de l'article L 120-1 du code de l'environnement évoluera alors vers un élargissement de la participation[619].

La démocratie environnementale a donc investi le champ du droit de l'urbanisme pour lequel les collectivités territoriales disposent d'une certaine

---

619 Article L120-1 modifié par l'ordonnance n°2013-714 du 5 août 2013 puis l'ordonnance n° 2016-1060 du 3 août 2016 puis par la loi n° 2018-670 du 30 juillet 2018 relative à la protection du secret des affaires.

libre administration pour faire des choix d'aménagement, de la planification de l'espace. C'est en effet à l'occasion de l'exercice de la compétence d'urbanisme par celles-ci qu'a été développé le rapport de compatibilité afin que la hiérarchie des normes ne soit pas trop contraignante.

A l'heure actuelle, les schémas de cohérence territoriale (SCoT) et les plans locaux d'urbanisme (PLU) doivent ainsi faire l'objet d'une évaluation environnementale, laquelle « sert à éclairer tout à la fois le porteur de projet et l'administration sur les suites à donner au projet au regard des enjeux environnementaux et ceux relatifs à la santé humaine du territoire concerné, ainsi qu'à informer et garantir la participation du public ».

Lorsqu'elles administrent un territoire, les collectivités doivent assurer ces évaluations et participation du public et surtout justifier les choix retenus par rapport aux résultats de la participation. Nous en sommes bien à la « reddition des comptes »[620] qui implique de motiver sérieusement. Comme l'indiquait J. Bétaille, « il ne s'agit alors pas d'une motivation classique, mais plutôt d'expliquer spécifiquement en quoi et pour quelles raisons les opinions exprimées dans le cadre de la participation ont été suivies ou non »[621].

L'article L. 120-1 du code de l'environnement, tel que modifié par la loi du 30 juillet 2018 relative à la protection du secret des affaires, indique explicitement que « la participation confère le droit pour le public : 4° D'être informé de la manière dont il a été tenu compte de ses observations et propositions dans la décision d'autorisation ou d'approbation ».

Si l'urbanisme avait été le seul secteur voué à se soumettre aux contraintes du droit de l'environnement, on aurait pu croire que la démocratie environnementale ne touchait qu'un secteur bien délimité. Mais par le biais du droit de l'Union européenne, ce sont aussi les plans, programmes et projets ayant une incidence sur l'environnement qui doivent respecter le principe de participation du public à l'élaboration de ceux-ci. L'extension du principe de participation va ainsi être réalisée sous la poussée de la directive européenne relative à l'évaluation stratégique environnementale (Directive 2001/42/CE du Parlement européen et du Conseil, du 27 juin 2001, relative à l'évaluation des incidences de certains plans et programmes sur l'environnement).

Or, la planification du cadre de vie n'a cessé de se développer dans les domaines de l'agriculture, de la sylviculture, de la pêche, de l'énergie, de l'industrie, des transports, de la gestion des déchets, de la gestion de l'eau, des télécommunications, du tourisme ou de l'aménagement du territoire. Ils

620 P. ROSANVALLON, cité par A. Van LANG, « Le principe de participation : un succès inattendu », *Les nouveaux cahiers du Conseil constitutionnel*, n°43, Avril 2014, https://www.conseil-constitutionnel.fr/nouveaux-cahiers-du-conseil-constitutionnel/le-principe-de-participation-un-succes-inattendu

621 Cf. A. Van LANG, op. cit.

relèvent pour leur élaboration de la compétence ou de l'État ou des collectivités territoriales, ou leurs groupements et les établissements publics en dépendant (article L122-4 issu de la loi n° 2018-1021 du 23 novembre 2018 portant évolution du logement, de l'aménagement et du numérique).

Alors que la question s'est posée en doctrine (cf. le numéro spécial de la Revue Juridique de l'Environnement[622]), le texte précité semble indiquer que les collectivités territoriales ont une compétence environnementale. Au demeurant, en vertu de la loi et de la Constitution, elles nous paraissent tenues par un devoir de protéger l'environnement et le préserver (article 2 de la charte). Le Code de l'environnement indique également à son article L. 110-2, al. 2 et 3 que « les personnes publiques et privées doivent, dans toutes leurs activités, se conformer aux mêmes exigences » en matière de protection de l'environnement. Le terme de personne publique concerne nécessairement les collectivités publiques.

On se rend compte alors que le champ de la démocratie environnementale, historiquement limité, s'est considérablement élargi et pèse inéluctablement sur les collectivités territoriales. Ce constat est d'autant plus vrai que le champ ouvert à la participation du public a été activement investi par les titulaires du droit de participation.

b. Le champ de la démocratie environnementale activement investi par les titulaires du droit de participation

Les titulaires du droit de participation s'emparent vigoureusement de cette prérogative, parfois au grand dam des collectivités territoriales. En effet, parmi les titulaires du droit de participation, les associations sont à compter parmi les redoutables partenaires de l'administration. Leur capacité à se saisir de l'information, à suggérer des alternatives et enfin à saisir les juridictions est une réalité avec laquelle doivent composer les collectivités territoriales pour mener un projet à terme.

Leur capacité à se saisir de l'information et à saisir les juridictions est dans une certaine mesure un véritable succès de l'État[623] qu'il cherche à endiguer sur le plan contentieux.

622Voir notamment, Philippe Billet et Michel Durousseau, « Principes constitutionnels et principes généraux d'attribution des compétences entre l'État et les collectivités territoriales dans le domaine de l'environnement », pp. 17-24, in *Revue Juridique de l'Environnement,* numéro spécial, 2013 -*La clarification des compétences des collectivités territoriales en matière d'environnement.*

623 Depuis 1976, les pouvoirs publics «ont favorisé spécialement les associations de défense de l'environnement en essayant de leur fournir de l'information sur les grands problèmes d'environnement«. Et « dès la création du ministère de l'Environnement, il est prévu que celui-ci " informe l'opinion afin d'associer la population à l'action gouvernementale " (art. 3, al. 3, décr. 71-94, 2 févr. 1971).

Certes, les associations sont les minorités actives et savantes qui ont développé des compétences pour être capables de traiter l'information auxquelles elles ont accès. Et si l'information et la participation représentent un droit individuel, il est patent que ce droit se renforce lorsqu'il est exercé à titre collectif. Les remarques émises par une association ont plus de poids auprès de la collectivité territoriale qui y accordera nécessairement une attention plus soutenue que pour de simples individus isolés, notamment parce que les collectivités savent que certaines associations (France Nature Environnement, Sepanzo, les Amis de la Terre etc) sont aguerries pour faire un recours pour excès de pouvoir contre un aménagement ou les dispositions d'un plan qu'elles estiment porter atteinte à l'environnement.

L'évolution des règles contentieuses montre bien, du reste, la volonté de limiter les recours en matière d'urbanisme tant contre les associations *ad hoc* que les particuliers dont l'intérêt pour agir et même la qualité pour agir se sont énormément réduits. Il est certain que le droit de recours a été facilité par les procédures participatives, si bien que le couple « participation-juridiction » est vu par les collectivités territoriales et leurs aménageurs comme un obstacle, une entrave à l'action administrative.

La démocratie environnementale qui use de l'arme juridique est ainsi un contrepoids à la libre administration des collectivités qui est retardée, voire empêchée dans la mise en œuvre des choix de politique publique. Dans certains cas, seule une raison impérative d'intérêt public majeur peut être invoquée par la collectivité pour valider son aménagement (CE décembre 2018, Sepanzo pour une déviation routière non qualifiée comme telle en l'espèce).

Le phénomène est certes encore plus marqué lorsque des collectifs conçoivent la participation au-delà des moyens de droit et passent par l'occupation sans droit ni titre du territoire. On fait ici référence aux « zadistes » contre des « center parcs » en Isère par exemple à Roybon au regard de l'actualité.

Si la solution passe alors par une évacuation grâce à l'intervention de la force publique, on ne peut nier l'impact de ces actions sur le pouvoir, local comme national. Le cas de Notre Dame des Landes en est un exemple assez probant ou encore celui du barrage de Sivens.

La volonté de participer et, pour certains, l'espoir de codécider, est un élément de l'actualité politique qui s'est traduit juridiquement. Désormais, la démocratie représentative, au-delà de la démocratie environnementale, doit composer avec les droits constitutionnels développés en matière de démocratie semi directe. Mais comme il s'agit nécessairement de questions relevant de sa compétence, la collectivité territoriale peut combiner habilement démocratie représentative et démocratie semi directe.

B. La démocratie représentative combinée avec la démocratie semi directe.

La Constitution offre aux collectivités et aux citoyens, depuis la loi constitutionnelle n°2003-276 du 28 mars 2003, la possibilité d'user de techniques de démocratie semi directe pour une question relevant de sa compétence.

Ainsi, l'article 72-1 de la constitution prévoit-il que « (...) les électeurs de chaque collectivité territoriale peuvent, par l'exercice du droit de pétition, demander l'inscription à l'ordre du jour de l'assemblée délibérante de cette collectivité d'une question relevant de sa compétence ».

De même, « les projets de délibération ou d'acte relevant de la compétence d'une collectivité territoriale peuvent, à son initiative, être soumis, par la voie du référendum, à la décision des électeurs de cette collectivité ». A chaque fois, c'est nécessairement pour une question relevant de la compétence de la collectivité.

Or, si l'urbanisme est bien une compétence des collectivités, l'environnement en est vraisemblablement une actuellement par effet de conséquence, malgré des hésitations tenant à l'imprécision de l'habilitation législative qui avait pu être faite. Les auteurs qui s'étaient déjà interrogés sur ce point répondaient par la positive en prenant pour preuve le fait que le préfet n'avait pas contesté le référendum de Ville-en-Woëvre (Meuse) sur un projet de stockage de déchets radioactifs ni un projet d'implantation d'éoliennes à Malons et Elze. L'environnement apparaît donc bien comme une « affaire locale » même si il est aussi une « affaire partagée » (cf. Billet et Durousseau précités)[624]. Pour preuve, le législateur a créé des compétences au profit ou à la charge des collectivités, notamment en 2014 avec la loi de modernisation de l'action publique territoriale et l'affirmation des métropoles (MAPTAM). Celle-ci leur donne par exemple une nouvelle compétence relative à la gestion des milieux aquatiques et de prévention des inondations (GEMAPI).

La compétence des métropoles est très explicite de ce point de vue et selon l'article L 5217-1 du code général des collectivités territoriales, « une métropole a pour mission au sein de l'espace de solidarité créé, d'élaborer et conduire avec les collectivités associées, un projet d'aménagement et de développement économique, **écologique**, éducatif, culturel et social de leur territoire afin d'en améliorer la compétitivité et la cohésion ».

624Philippe Billet et Michel Durousseau, « Principes constitutionnels et principes généraux d'attribution des compétences entre l'État et les collectivités territoriales dans le domaine de l'environnement », pp. 17-24, in *Revue Juridique de l'Environnement*, numéro spécial, 2013. *La clarification des compétences des collectivités territoriales en matière d'environnement.*

Il est important de souligner que la combinaison de la démocratie représentative et de la démocratie semi directe prend appui dans un contexte relativement revendicatif en matière environnementale.

Cette liaison est explicitement établie dans le projet constitutionnel « pour un renouveau de la vie démocratique » du 9 mai 2018 qui a pour objectif de « revitaliser la démocratie à partir des principes de participation et de proximité et de mieux répondre aux impératifs fortement ressentis de protection de l'environnement et de respect de la biodiversité » (cf. avis du Conseil d'État du 3 mai 2018)[625]. Le champ du référendum serait élargi aux « réformes relatives aux questions de société », et une nouvelle institution apparaîtrait, le Conseil de la participation citoyenne.

Ce lien a été également établi avec l'application de l'article 106 de la loi « Macron » du 6 août 2015 pour la croissance, l'activité et l'égalité des chances économiques[626] qui a permis d'organiser une consultation locale au sujet de l'aéroport de Notre Dame des Landes (NDDL).

Certes, le « référendum » en la matière n'était pas décisionnel. Mais force est de constater que le territoire concerné s'est prononcé favorablement à la réalisation de l'aéroport NDDL et que le gouvernement a décidé d'abandonner celui-ci.

Il nous paraît peut-être dangereux pour la démocratie d'utiliser des instruments d'expression démocratique pour leur enlever leur effet utile. Le sentiment de frustration peut être grand.

Aussi, le référendum est-il plus adapté à l'échelle strictement locale, sur une initiative locale, dans la mesure où il peut être décisoire (dès que la moitié au moins des électeurs inscrits a pris part au scrutin et qu'il réunit la majorité des suffrages exprimés) et où il permet aux représentants élus des collectivités territoriales de susciter la démocratie environnementale, c'est à dire non plus de la subir, mais de s'appuyer sur elle.

De la sorte, le principe de participation mené par les collectivités territoriales n'est plus un frein à la libre administration de leurs collectivités, mais, au contraire, un moyen d'asseoir plus confortablement leur légitimité et de renforcer leur action. C'est là le paradoxe que l'on peut relever par rapport à notre présupposé de départ selon lequel le principe de participation constituait un certain frein à la libre administration des collectivités territoriales. Ce paradoxe qui sera l'objet de notre seconde partie, est de

---

625https://www.legifrance.gouv.fr/Droit-francais/Les-avis-du-Conseil-d-État-rendus-sur-les-projets-de-loi/2019/Projet-de-loi-constitutionnelle-pour-un-renouveau-de-la-vie-democratique-JUSX1915618L-28-08-2019

626 Cette loi fait suite au rapport issu des travaux de la commission sur la modernisation du dialogue environnemental (15 mai 2015).

montrer que le principe de participation sert les intérêts des collectivités elles-mêmes, notamment en ce qu'il valorise le rôle des collectivités territoriales.

II. Le principe de participation valorise le rôle des collectivités territoriales

Les arguments qui corroborent cette affirmation peuvent être présentés dans une double perspective.

D'une part, le principe de participation tel que rédigé dans la charte de l'environnement peut être invoqué par les collectivités territoriales elles-mêmes. Le principe de participation est reconnu à toute personne sans restriction et sont donc fondées à invoquer ce droit toutes les personnes publiques, les collectivités territoriales en l'occurrence, par rapport aux décisions ayant une incidence sur l'environnement et a fortiori sur leur environnement.

Le principe de participation leur permet de pouvoir être associées à des décisions pour lesquelles elles ne sont normalement pas compétentes et qui concernent cependant leur territoire. La libre administration retrouve alors une certaine réalité qui est parfois mise à mal par la répartition des compétences.

La valorisation des collectivités territoriales passe également par le fait qu'elles sont le maillon nécessaire et efficace de la participation du public. Elles sont les animatrices de premier plan de l'article 7 de la Charte.

A. Les collectivités territoriales, maillon nécessaire à la mise en œuvre du principe de participation

Cette mise en œuvre résulte certes d'une obligation légale, mais c'est aussi une liberté de faire quant aux moyens pour atteindre le but imposé.

a. Les collectivités, relais obligé du principe de participation

La loi impose les cas et les modalités de la participation à destination des collectivités compétentes.

1. Illustrations parmi les cas obligatoires :

Dans le domaine de l'urbanisme, la loi impose aux collectivités territoriales de procéder à l'information et la participation pour une série de plans et programmes susceptibles d'avoir une incidence sur l'environnement tels que ceux énumérés à l'article L.104-1du code de l'urbanisme, à savoir : « 1° Les directives territoriales d'aménagement et de développement durables ; 2° Le schéma directeur de la région d'Île-de-France ; 3° Les schémas de cohérence territoriale ; 4° Les prescriptions particulières de massif prévues à l'article L.

122-26 ; 5° Les schémas d'aménagement régionaux des régions d'outre-mer prévus à l'article L. 4433-7 du code général des collectivités territoriales ; 6° Le plan d'aménagement et de développement durable de Corse prévu à l'article L. 4424-9 du code général des collectivités territoriales ».

Il en va de même pour les plans locaux d'urbanisme et les cartes communales « susceptibles d'avoir des effets notables sur l'environnement, compte tenu notamment de la superficie du territoire auquel ils s'appliquent, de la nature et de l'importance des travaux et aménagements qu'ils autorisent et de la sensibilité du milieu dans lequel ceux-ci doivent être réalisés » (article L. 104-2). C'est également vrai pour les schémas d'aménagement de plage (article L.121-28).

2. En synthèse, dans ces divers cas, les collectivités sont tenues par un *modus operandi*, à savoir :

- de procéder à une mise à disposition du projet sous diverses formes ;

- d'expliquer par une note de présentation le projet en précisant le contexte et les objectifs poursuivis ;

- d'informer le public des modalités de consultation retenues et des délais dont il dispose pour formuler ses observations ;

- de respecter un délai entre la clôture de la consultation et l'adoption définitive du projet.

Ce laps de temps est indispensable pour permettre la prise en considération des observations déposées par le public et la rédaction d'une synthèse de ces observations ;

- de publier, par l'autorité décisionnaire, la synthèse des observations au plus tard à la date de la décision. C'est là l'expression de l'idée de restitution ;

- enfin elles sont tenues d'associer d'autres personnes publiques dont les collectivités intéressées.

Les collectivités sont bien les actrices et les animatrices du principe de participation auxquelles la loi les astreint.

Cependant, bien que la participation soit obligatoire, la collectivité peut disposer de liberté quant aux moyens pour parvenir au but recherché.

b. Un volant de liberté au profit des collectivités territoriales pour fixer les moyens de la participation

Une certaine liberté de faire est reconnue aux collectivités et, dès lors, le législateur a pu ici préserver quelque peu la libre administration des collectivités territoriales.

On pense ainsi à la concertation préalable prévue par le code de l'urbanisme, pour laquelle l'organe délibérant fixe les modalités de la concertation. Cette même liberté se retrouve dans le domaine environnemental. Elle s'illustre par exemple lors de l'élaboration du Plan Climat Air Énergie Territorial (PCAET). Un éclairage peut être posé sur le cas de la Métropole Nice Côte d'Azur qui a procédé à l'élaboration de son nouveau plan en 2018 en respectant le principe de l'article 7 de la charte. Le discours tenu est clairement participatif et incitatif, il « surfe » sur la dématérialisation par une page web « www.masolutionpourleclimat.org » et envisage des récompenses (un trophée climat) pour les propositions d'actions originales ou de projets locaux qui auront récolté le plus de votes du public[627]!

Dans cette perspective, le principe de participation, tel que mis en œuvre, permet aux élus de la démocratie représentative de favoriser la démocratie locale et la démocratie environnementale.

Enfin et surtout, la libre administration des collectivités territoriales est préservée par le pouvoir d'initiative dont elles disposent dans le domaine de la participation et de la protection de l'environnement.

B. La libre administration des collectivités territoriales préservée par un pouvoir d'initiative dans le domaine de la participation et de la protection de l'environnement

Deux justifications étayent le propos : la capacité de saisir la Commission nationale du débat public et la faculté d'émettre des vœux sur tous les objets d'intérêt local.

a. Le pouvoir de déclencher la mise en œuvre du principe de participation en décidant de saisir la Commission nationale du débat public

Les collectivités peuvent déclencher la mise en œuvre du principe de participation en décidant de saisir la Commission nationale du débat public quand celle-ci n'est pas automatiquement mobilisée.

La Commission nationale du débat public peut être saisie, quand elle ne l'est pas automatiquement, à l'initiative d'un conseil régional, un conseil départemental, un conseil municipal ou un établissement public de coopération intercommunale ayant une compétence en matière d'aménagement de l'espace, territorialement intéressés pour les projets d'aménagement ou d'équipement dont le coût prévisionnel est d'un montant inférieur au seuil fixé pour une saisine obligatoire de la Commission et qui répondent à des critères techniques ou excèdent des seuils fixés par décret en

627 http://www.nicecotedazur.org/uploads/media_items/rapport-de-développement-durable-nca-vdn-2018.original.pdf

Conseil d'État pour chaque nature de projet (article L. 121-8 Code environnement).

Les communes ont également la faculté d'émettre « des vœux sur tous les objets d'intérêt local », ce qui permet d'enclencher un processus de participation.

b. La faculté tirée de L. 2121-29 du CGCT : « Le conseil municipal émet des vœux sur tous les objets d'intérêt local »

Certes, la collectivité concernée est seulement municipale, mais le nombre des communes en France permet de compenser la restriction quant aux personnes publiques habilitées par la loi.

Pour illustrer la mise en œuvre de l'article précité du CGCT, on peut se référer au vœu d'un Conseil municipal de s'opposer à la culture d'OGM sur son territoire. Le tribunal administratif de Nîmes (TA, 5 décembre 2008, Préfet du Vaucluse, req. n° 0802882) avait considéré que « la question relative à la culture des OGM, du fait de son impact éventuel sur la santé publique et l'environnement, intéresse la commune de Le Thor a vocation essentiellement agricole ; qu'ainsi la délibération du conseil municipal n'a pas porté sur un objet étranger à l'intérêt public local au sens des dispositions de l'article L. 2121-19 du CGCT ; que par suite, le conseil municipal de Le Thor a pu, sans excéder sa compétence, émettre le vœu litigieux »[628].

Le tribunal administratif rejettera la demande de suspension de la délibération du Conseil municipal pour incompétence de celui-ci en matière de police spéciale et reconnaît la faculté d'émettre un vœu sur les OGM au regard de la qualité agricole de cette collectivité. Pour le tribunal, le conseil s'est « borné à rendre publique une position de principe sur la culture des OGM, sans édicter d'interdiction de ce type de culture dans la commune ». Il ne méconnaît ainsi pas les textes confiant au seul ministre de l'Agriculture un pouvoir de police spéciale en la matière.

Ce vœu est la manifestation d'une libre expression des collectivités territoriales. Il révèle une volonté patente d'interférer sur les choix nationaux qui impactent le territoire local. Il reflète la volonté d'une nouvelle gouvernance des collectivités territoriales sur les décisions qui ont une incidence sur leur espace.

Le principe constitutionnel de participation peut ainsi être brandi par les collectivités territoriales pour pallier les limites que leur impose la répartition de compétences imposée par le législateur et qui constituent un frein à leur libre administration. Actuellement, alors que l'état de la science a parfaitement

---

[628] https://www.banquedesterritoires.fr/sites/default/files/ra/Le%20jugement%20du%20tribunal%20administratif%20de%20Nîmes%20prononcé%20le%205%20décembre%202008.pdf

mis en évidence toutes les interactions complexes, mais inéluctables qui existent dans le domaine de l'écologie, l'alinéa 3 de l'article L. 101-1 du code de l'urbanisme prend tout son sens. En effet, celui-ci dispose qu'« en vue de la réalisation des objectifs définis à l'article L. 101-2 (dont la protection de l'environnement, la lutte contre les risques naturels, les changements climatiques...), [les collectivités publiques] harmonisent leurs prévisions et leurs décisions d'utilisation de l'espace dans le respect réciproque de leur autonomie ». La protection de l'environnement, qui est un devoir selon la charte de l'environnement (article 2), devrait permettre une nouvelle gouvernance que le Conseil d'État mettait en exergue dans son rapport de 2011[629], laquelle passe par une mise en œuvre originale du principe de participation.

Conclusion : Une nouvelle gouvernance par une mise en œuvre originale du principe de participation

Le principe de participation est à la source d'une nouvelle manière d'administrer le territoire, d'une nouvelle gouvernance qui permet aux collectivités territoriales de pouvoir peser sur les décisions qui les impactent dans le domaine de l'environnement et de la santé des citoyens.

Dans ce registre, il est indispensable de nous référer encore aux propositions faites par le Conseil d'État dans son rapport public de 2011[630] (p. 95-96) « Consulter autrement, participer effectivement », et celui de 2012 sur la démocratie environnementale. La démocratie délibérative y est présentée comme une troisième voie, entre démocratie représentative et démocratie participative (cf. Agathe Van Lang[631]).

Une des propositions remarquables déjà signalée en introduction touchait à l'idée d'administration délibérative, impliquant « que les autorités publiques, quel que soit le niveau territorial de leur ressort, ne peuvent plus faire face seules aux enjeux complexes qui relèvent de leurs attributions et qu'elles doivent trouver des solutions en concertation avec les citoyens et les parties prenantes pour préparer des décisions mieux comprises et acceptées ».

Sur cette base, il serait possible de mettre un frein aux règles trop rigides du concours de police administrative qui disqualifient systématiquement l'échelon local dès que les collectivités territoriales sont confrontées à des

---

629https://www.conseil-État.fr/ressources/etudes-publications/rapports-etudes/etudes-annuelles/rapport-public-2011-consulter-autrement-participer-effectivement

630 Ibid.

631 A. Van LANG, « Le principe de participation : un succès inattendu », *Les nouveaux cahiers du Conseil constitutionnel,* n°43, Avril 2014, https://www.conseil-constitutionnel.fr/nouveaux-cahiers-du-conseil-constitutionnel/le-principe-de-participation-un-succes-inattendu.

mesures de police administrative spéciales. On pense ainsi à la question des substances dangereuses, par exemple les pesticides pour traiter un point d'actualité, qui ont une incidence sur l'environnement et tout particulièrement à l'échelle de la commune. L'absence de démocratie délibérative conduit à créer un collectif des maires anti-pesticides qui constitue une fronde efficace.

Le tribunal administratif de Cergy-Pontoise a rejeté le 8 novembre 2019 la demande de suspension déposée par le préfet des Hauts-de-Seine concernant les arrêtés anti-pesticides pris par les maires de Sceaux et de Gennevilliers concernant les espaces fréquentés par les élèves dans les établissements scolaires, les enfants dans les crèches, les haltes-garderies et les centres de loisirs, ainsi que les aires de jeux destinées aux enfants dans les parcs, jardins et espaces verts ouverts au public. Le juge administratif a estimé que : « [Les maires ont] pu à bon droit considérer que les habitants de [leur commune] étaient exposés à un danger grave, justifiant qu'[ils prescrivent] les mesures contestées ». Et de poursuivre : « les produits phytopharmaceutiques constituent un danger grave pour les populations exposées et que [le ministère de l'agriculture] n'a pas pris de mesures suffisantes en vue de la protection de la santé publique ».

Cette décision, qui sera sûrement repoussée par le Conseil d'État s'il est saisi, a certes une dimension symbolique, alors que l'arrêté du maire de Langouët qui avait interdit l'épandage des pesticides à moins de 150 mètres a été de son côté suspendu par le tribunal administratif de Rennes le 27 août 2019. En défendant leurs arrêtés devant la justice administrative, on peut considérer que les maires exercent une des modalités du principe de participation (d'après la convention d'Aarhus). La fronde des maires, qui témoigne d'une libre administration de leur territoire, a conduit l'État à repenser la proposition d'arrêté gouvernemental établissant une zone tampon de 5 à 10 mètres autour des habitations lors de l'épandage des pesticides. Il y a par ailleurs été invité indirectement par le Conseil d'État, qui a annulé partiellement l'arrêté réglementant l'utilisation des pesticides, lequel ne prévoyait aucune mesure pour protéger l'ensemble des riverains des zones agricoles (CE 26 juin 2019, n° 415426, 415 431)[632].

Mais plutôt que de passer par l'étape du conflit, la démocratie délibérative devrait permettre la participation des élus à des polices dont la mise en œuvre sur leur territoire leur échappe. Dans ce sens s'inscrit une proposition de loi visant à accroître l'information et les prérogatives du maire et des élus municipaux sur l'installation d'éoliennes (déposée au Sénat le 24 juillet 2019)... pour mieux les intégrer dans le processus d'implantation des parcs éoliens. Cette proposition est significative de l'évolution à venir. La décision

632 https://www.conseil-etat.fr/ressources/decisions-contentieuses/dernieres-decisions-importantes/conseil-d-etat-26-juin-2019-reglementation-des-pesticides

nationale ou supra locale doit pouvoir se « combiner avec » l'intérêt local et non s'imposer à lui.

Pour autant, le principe de participation, tel que décliné à travers une démocratie délibérative, ne doit pas faire perdre de vue que sa mise en œuvre doit s'inscrire dans un État de droit. C'est à l'État de finaliser juridiquement cette nouvelle administration dont la protection de l'environnement, telle que traduite par la charte de l'environnement, aura été le catalyseur.

L'ÉLECTION DES CONSEILLERS MÉTROPOLITAINS AU SUFFRAGE DIRECT : UN PARCOURS SEMÉ D'EMBÛCHES

Bertrand GASIGLIA
Maître de conférence associé, Université Côte d'Azur
Faculté de droit et science politique, CERDACFF

En mars 2020, les élections municipales et communautaires - avant leur interruption par la loi n° 2020-290 du 23 mars 2020 - se sont déroulé dans un cadre juridique assez similaire à celui de mars 2014[633], notamment en matière de mode de scrutin. Cette stabilité était loin d'être acquise puisque, suite à l'adoption de la loi MAPTAM en 2014, le mode d'élection des conseillers métropolitains aurait dû être profondément modifié. Or, les contraintes constitutionnelles et l'absence de volontarisme politique n'ont pas permis l'application d'un dispositif pourtant inscrit dans la loi et qui aurait dû amener à modifier en profondeur les règles applicables à l'élection des conseillers métropolitains[634].

I- Un cadre constitutionnel contraint

Dans un premier temps, nous aborderons les différents principes constitutionnels ou objectifs à valeur constitutionnelle qui sont à prendre en compte en matière électorale.

A- L'égalité devant le suffrage

Le premier de ces principes, et sans aucun doute le plus prégnant, est celui de l'égalité devant le suffrage.

Ce principe figure ainsi, dès l'édition de 1986, dans *Les grandes décisions du Conseil constitutionnel*[635]. Pour Richard Ghevontian[636] « d'une manière

---

633 R. Rambaud, « Elections municipales 2020. Panorama », *AJDA*, 2020, p.25.

634 Nous ne traiterons dans cet article que les métropoles de droit commun, laissant de côté la situation du Grande Paris et de la Métropole de Lyon.

635 L. Favoreu, et L. Philip, « Évolution de la Nouvelle-Calédonie, découpage électoral, nouvelle délibération. Conseil constitutionnel et Président de la République. Nature de la loi et du contrôle de constitutionnalité. Égalité du suffrage et découpage électoral. Contrôle minimum et erreur manifeste », *Les grandes décisions du Conseil constitutionnel. Sirey*, 1986, p. 676-698.

636 R. Ghevontian, « La sincérité du scrutin, *Cahiers du Conseil constitutionnel*, janvier 2013.

générale, le principe d'égalité joue un rôle majeur dans la conception démocratique de l'État de droit, comme l'atteste la place que le Conseil constitutionnel lui accorde dans sa jurisprudence ». Pour Catherine Castor[637], l'égalité devant le suffrage est même « indissociable de la question de la représentation et de celle de la démocratie », prenant appui sur l'article 6 de la Déclaration des Droits de l'Homme et du Citoyen de 1789 pour lequel « [La loi] doit être la même pour tous, soit qu'elle protège, soit qu'elle punisse. Tous les citoyens, égaux, sont également admissibles à toutes dignités, places et emplois publics, selon leur capacité et sans autre distinction que celle de leurs vertus et de leurs talent » et l'article 3 alinéa 3 de la Constitution de 1958 stipule que « le suffrage (…) est toujours universel, égal et secret ». Le Conseil constitutionnel applique une jurisprudence constante à l'examen de la constitutionnalité des lois électorales. Celles-ci doivent en effet respecter le principe d'égalité devant le suffrage, et si des exceptions sont acceptées, ce n'est que dans « dans une mesure limitée » et pour « tenir compte d'impératifs d'intérêt général susceptibles d'atténuer la portée de cette règle fondamentale ».

Pour la première fois, c'est au regard de la « règle de l'égalité du suffrage » que le Conseil constitutionnel juge, dans la décision n° 78-101 DC du 17 janvier *1979 Loi portant modification des dispositions du titre 1er du livre V du code du travail relatives aux conseils de prud'hommes* que l'introduction dans le code du travail d'un système de vote plural au bénéfice des employeurs occupant plus de cinquante salariés **est** contraire à la Constitution. Ce qui n'est alors qu'une « règle » devient un « principe » lorsqu'il est étendu aux élections politiques par la décision n° 85-196 DC du 8 août 1985 *Loi sur l'évolution de la Nouvelle-Calédonie* et confirmé par la décision n° 85-197 DC du 23 août 1985. Pour le Conseil, en effet, « le congrès [de Nouvelle-Calédonie], dont le rôle comme organe délibérant d'un territoire d'outre-mer ne se limite pas à la simple administration de ce territoire doit, pour être représentatif du territoire et de ses habitants dans le respect de l'article 3 de la Constitution, être élu sur des bases essentiellement démographiques » sous peine de ne pas respecter le principe d'égalité devant le suffrage.

Dans ses décisions successives concernant les découpages des circonscriptions législatives, le Conseil constitutionnel attache une attention toute particulière au respect du principe d'égalité devant le suffrage, n'hésitant pas à censurer ou à émettre des réserves interprétatives.

Il en ainsi dans la décision n° 86-208 DC du 2 juillet 1986 *Loi relative à l'élection des députés et autorisant le Gouvernement à délimiter par ordonnance les circonscriptions électorales.* Le Conseil, dans un considérant 21, souligne en effet, reprenant la philosophie de sa décision concernant le

---

[637] C. Castor, « L'égalité devant le suffrage », *Revue française de droit constitutionnel* 2012/2.

congrès de Nouvelle-Calédonie « (…) que l'Assemblée nationale, désignée au suffrage universel direct, doit être élue sur des bases essentiellement démographiques ; que, si le législateur peut tenir compte d'impératifs d'intérêt général susceptibles d'atténuer la portée de cette règle fondamentale, il ne saurait le faire que dans une mesure limitée ». Un peu plus loin, dans la même décision, il considère que « si, en elles-mêmes, les exceptions apportées au principe de l'égalité de suffrage ne procèdent pas, pour chacune d'elles, d'une erreur manifeste d'appréciation, elles pourraient par leur cumul aboutir à créer des situations où ce principe serait méconnu ».

Dans les décisions n° 2008-573 DC du 8 janvier 2009 *Loi relative à la commission prévue à l'article 25 de la Constitution et à l'élection des députés* et n° 2010-602 DC du 18 février 2010 *Loi ratifiant l'ordonnance n° 2009-935 du 29 juillet 2009*[638] *portant répartition des sièges et délimitation des circonscriptions pour l'élection des députés*, les membres du Conseil font preuve de la même vigilance soulignant, de nouveau, le caractère constitutionnel du principe d'égalité devant le suffrage[639].

Il en est de même pour le mode d'élection retenu pour l'élection des sénateurs, puisque, dans sa décision n° 2000-431 DC du 6 juillet 2000 *Loi relative à l'élection des sénateurs,* le Conseil jugeait comme non conforme une disposition renforçant le poids des délégués des grandes villes, car ne respectant pas « le principe d'égalité devant le suffrage résultant de l'article 6 de la Déclaration de 1789 et de l'article 3 de la Constitution »[640]. Et dans la décision n° 2003-475 DC du 24 juillet 2003 *Loi portant réforme de l'élection des sénateurs*, le Conseil jugeait que certes, « en conservant aux départements de la Creuse et de Paris leur représentation antérieure, le législateur a apporté une dérogation au mode de calcul qu'il avait lui-même retenu, mais que pour regrettable qu'elle soit, cette dérogation, (…) ne porte pas au principe

[638] § 23. « Considérant que, quel que puisse être le caractère discutable des motifs d'intérêt général invoqués pour justifier la délimitation de plusieurs circonscriptions, notamment dans les départements de la Moselle et du Tarn, il n'apparaît pas, compte tenu, d'une part, du progrès réalisé par la délimitation résultant de l'ordonnance du 29 juillet 2009 susvisée et, d'autre part, de la variété et de la complexité des situations locales pouvant donner lieu à des solutions différentes dans le respect de la même règle démographique, que cette délimitation méconnaisse manifestement le principe d'égalité devant le suffrage ».

[639] « 21. Considérant qu'il résulte de ces dispositions que l'Assemblée nationale, désignée au suffrage universel direct, doit être élue sur des bases essentiellement démographiques selon une répartition des sièges de députés et une délimitation des circonscriptions législatives respectant au mieux l'égalité devant le suffrage ; que, si le législateur peut tenir compte d'impératifs d'intérêt général susceptibles d'atténuer la portée de cette règle fondamentale, il ne saurait le faire que dans une mesure limitée »

[640] Considérant 5.

d'égalité devant le suffrage une atteinte telle qu'elle entacherait d'inconstitutionnalité la loi déférée »[641].

Le même principe est régulièrement mis en avant dans plusieurs autres décisions du Conseil constitutionnel consacrées aux collectivités locales. On se reportera ainsi aux décisions n° 87-227 DC du 7 juillet 1987 *Loi modifiant l'organisation administrative et le régime électoral de la ville de Marseille*, n° 2000-438 DC du 10 janvier 2001 *Loi organique destinée à améliorer l'équité des élections à l'assemblée de la Polynésie française*, n° 2010-618 DC du 9 décembre 2010 *Loi de réforme des collectivités territoriales*, n° 2011-634 DC du 21 juillet 2011 *Loi fixant le nombre des conseillers territoriaux de chaque département et de chaque région*, n° 2013-667 DC du 16 mai 2013, et *Loi relative à l'élection des conseillers départementaux, des conseillers municipaux et des conseillers communautaires, et modifiant le calendrier électoral*.

Le juge constitutionnel a également très tôt étendu ce principe, par la décision n° 94-358 DC du 26 janvier 1995 *Loi d'orientation pour l'aménagement et le développement du territoire*, aux établissements publics de coopération intercommunale. En effet, dans son considérant 48, il juge « que dès lors que des établissements publics de coopération entre les collectivités locales exercent en lieu et place de ces dernières des compétences qui leur auraient été sinon dévolues, leurs organes délibérants doivent être élus sur des bases essentiellement démographiques ; que s'il s'ensuit que la répartition des sièges doit respecter un principe général de proportionnalité par rapport à la population de chaque collectivité locale participante, il peut être toutefois tenu compte dans une mesure limitée d'autres considérations d'intérêt général et notamment de la possibilité qui serait laissée à chacune de ces collectivités de disposer d'au moins un représentant au sein du conseil concerné ». Et ce afin de respecter les principes constitutionnels découlant de la combinaison du premier alinéa de l'article 72 de la Constitution selon lequel « les collectivités territoriales de la République sont les communes, les départements, les territoires d'outre-mer. Toute autre collectivité territoriale est créée par la loi », du deuxième alinéa du même article qui dispose que ces collectivités « s'administrent librement par des conseils élus et dans les conditions prévues par la loi », et du troisième alinéa de l'article 3 de la Constitution évoqué précédemment.

Dans sa décision n° 2015-717 DC du 6 août 2015 *Loi portant nouvelle organisation territoriale de la République*, le juge a censuré la répartition par arrondissement des sièges de conseiller métropolitain de Paris, jugeant que le rapport du nombre des conseillers métropolitains à la population dans les

---

[641] Considérant 7.

arrondissements du centre de Paris s'écarte de la moyenne constatée, dans une mesure qui est « manifestement disproportionnée » et qui méconnait ainsi le principe constitutionnel d'égalité devant le suffrage. La décision n°2014-405 QPC du 20 juin 2014 *Commune de Salbris*, nous intéresse tout particulièrement, car elle s'applique directement aux conditions de répartition des sièges entre les différentes communes membres d'un EPCI[642]. Dans le cas d'espèce, un litige était né au sein de la communauté de communes de la Sologne des Rivières (Loir-et-Cher). Une disposition inscrite au deuxième alinéa du paragraphe I de l'article L.5211-6-1 du code général des collectivités territoriales permettait de fixer librement[643], à la majorité qualifiée, la répartition des sièges au sein des organes délibérants des communautés de communes et des communautés d'agglomération. Si un critère de répartition exclusivement démographique était appliqué, la commune de Salbris aurait dû obtenir 13 sièges sur 27 puisqu'elle réunissait 46,9 % de la population totale de la communauté de communes. Toutefois le conseil communautaire et les conseils municipaux concernés avaient adopté, à la majorité qualifiée, une répartition des sièges n'attribuant à la commune de Salbris que 7 sièges. Les conseils municipaux de chacune des communes composant la CCSR avaient approuvé cet accord, à l'exception notable de celui de Salbris. Cette dernière avait formé un recours pour excès de pouvoir à l'encontre de l'arrêté pris par le préfet, et soulevé à cette occasion une QPC.

Dans le considérant 6 de sa décision, le Conseil constitutionnel a jugé que les disposions permettant de déroger au principe général de proportionnalité par rapport à la population de chaque commune membre de l'EPCI l'étaient dans « une mesure manifestement disproportionnée » et méconnaissaient ainsi le principe d'égalité devant le suffrage. Il convenait donc de déclarer contraire à la Constitution le deuxième alinéa du paragraphe I de l'article L. 5211 6 1 du code général des collectivités territoriales.

B- L'intelligibilité et l'accessibilité de la loi

Le législateur, en matière de règles électorales, doit aussi se conformer à l'objectif de valeur constitutionnelle d'intelligibilité et d'accessibilité de la loi. C'est par la décision n° 99-421 DC du 16 décembre 1999 *Loi portant habilitation du Gouvernement à procéder, par ordonnances, à l'adoption de*

642 Th. Leroy et P. Levavasseur, « Application du principe d'égalité devant le suffrage au sein des EPCI », *Revue française de droit constitutionnel*, janvier-mars 2015, n° 101, p.186-194.

643 Cette disposition résultait d'un amendement adopté par le Sénat lors de l'examen de la loi du 16 décembre 2010 permettant aux communes, à la majorité qualifiée, de fixer librement la répartition des sièges au sein des organes délibérants des communautés de communes et des communautés d'agglomération. L'argumentation faisait également référence à la menace pesant sur les petites communes, en cas d'application de règles démographiques trop contraignantes, qui dilueraient leur poids dans l'organe délibérant de l'EPCI.

la partie législative de certains codes que le Conseil a dégagé cet objectif[644]. La décision la plus élaborée est la n° 2004-503 DC du 12 août 2004 *Loi relative aux libertés et responsabilités locales* : « l'objectif de valeur constitutionnelle d'intelligibilité et d'accessibilité de la loi, qui découle des articles 4, 5, 6 et 16 de la Déclaration des droits de l'homme et du citoyen de 1789, [impose] d'adopter des dispositions suffisamment précises et des formules non équivoques afin de prémunir les sujets de droit contre une interprétation contraire à la Constitution ou contre le risque d'arbitraire, sans reporter sur des autorités administratives ou juridictionnelles le soin de fixer des règles dont la détermination n'a été confiée par la Constitution qu'à la loi ».

En matière électorale plus spécifiquement c'est lors de l'examen de la *loi relative à l'élection des conseillers régionaux et des représentants au Parlement européen ainsi qu'à l'aide publique aux partis politiques*[645] que la question a été abordée. Pour contourner le grief soulevé par les requérants selon lequel le mode d'élection des conseillers régionaux[646] ne répondrait pas à l'objectif de valeur constitutionnelle d'intelligibilité de la loi, le Conseil constitutionnel a assorti sa décision n° 2003-468 DC du 3 avril 2003 d'une série de réserves d'interprétation.

Le Conseil, après avoir relevé pourtant la complexité de la loi, n'avait pas censuré les articles déférés dès lors que « la complexité que revêt ce mode de scrutin, s'agissant en particulier de la répartition des sièges entre sections départementales, trouve son origine dans la conciliation que le législateur a voulu opérer entre la représentation proportionnelle dans le cadre d'un vote régional, la constitution d'une majorité politique au sein du conseil régional et la restauration d'un lien entre conseillers régionaux et départements ; [...] cette complexité répond à des objectifs que le législateur a pu regarder comme d'intérêt général ». Cette décision ouvre ainsi la porte à la possibilité de mettre en place des modes de scrutin complexes et inédits sous la Cinquième République.

D'autres griefs peuvent être soulevés, mais de manière plus accessoire, lors de contentieux concernant les modes de scrutin.

C- Le pluralisme des courants de pensées et d'opinion

Le premier d'entre eux concerne l'objectif à valeur constitutionnelle du pluralisme des courants de pensées et d'opinion. C'est à l'occasion de

---

644 W. Baranès et M.-A. Frison-Roche, « Le principe constitutionnel de l'accessibilité et de l'intelligibilité de la loi », *Recueil Dalloz*, 2000, p. 361-368.

645 J-E. Schoettl, « Les nouveaux modes de scrutins régionaux et européens devant le Conseil constitutionnel », *Les Petites Affiches*, 2003, n° s.n., p. 8-22.

646 Articles L338 à L338-1 du code électoral.

l'examen de textes législatifs concernant la concentration des médias que le Conseil a consacré pour la première fois le « pluralisme des courants d'expression socioculturels » dans sa décision n° 86-217 DC du 18 septembre 1986 *Loi relative à la liberté de communication.*

Mais très vite, il est apparu au juge constitutionnel que les « courants » dont le pluralisme doit être sauvegardé en vertu de l'article 11 de la Déclaration de 1789 ne sauraient se réduire aux « courants d'expression socio culturels » et ce pluralisme a été étendu par la décision n° 89-271 DC du 11 janvier 1990 *Loi relative à la limitation des dépenses électorales et à la clarification du financement des activités politiques* aux « pensées et opinions ». Ce pluralisme constitue même pour le juge le « fondement de la démocratie ».

Dans ses décisions n° 2004-490 du 12 février 2004 *Loi organique portant statut d'autonomie de la Polynésie française* et n° 2007-559 DC du 6 décembre 2007 *Loi organique tendant à renforcer la stabilité des institutions et la transparence de la vie politique en Polynésie française*[647], le Conseil opère également un lien entre le principe du pluralisme des courants d'idées et d'opinions et celui d'égalité évoqué précédemment. Il juge ainsi qu'une règle électorale « qui affecterait l'égalité entre électeurs ou candidats dans une mesure disproportionnée, méconnaîtrait le principe du pluralisme des courants d'idées et d'opinions, lequel est un fondement de la démocratie ».

La révision constitutionnelle du 23 juillet 2008 a intégré cet acquis jurisprudentiel dans la Constitution, en ajoutant un alinéa à l'article 4 qui prévoit désormais que « la loi garantit les expressions pluralistes des opinions et la participation équitable des partis et groupements politiques à la vie démocratique de la Nation ».

C'est au regard de cet article, mais aussi de l'article 3 de la Constitution et de l'article 6 de la Déclaration de 1789 que, dans sa décision n°2017-651 QPC du 31 mai 2017 *Association En Marche !*, le Conseil a jugé comme non conformes à la Constitution les dispositions applicables en matière de mise à disposition de temps d'antennes sur les chaines du service public de radiodiffusion et de télévision pour la campagne officielle des élections législatives[648].

D- La non-tutelle d'une collectivité sur une autre

Enfin, la dernière référence constitutionnelle que doit respecter un mode de scrutin, et tout particulièrement dans le cas des collectivités locales, trouve

---

647 M. Verpeaux, « Tout cela pour ça ou les malheurs du gouvernement français en Polynésie française... A propos de la loi organique du 7 décembre 2007 », *La Semaine juridique. Édition générale*, 2008, n° 14, p. 15-20.

648 T. Bardet et de Q. Kersauson, « Le pluralisme à l'épreuve de la nouvelle offre politique », *Droit administratif*, août-septembre 2017, n° 8-9, p. 84-86.

sa source dans l'article 72-5 de Constitution[649] tel qu'il résulte de la loi constitutionnelle n° 2003-276 du 28 mars 2003. Ce principe a trouvé à s'appliquer dans la décision n° 2010-618 DC du 9 décembre 2010 *Loi de réforme des collectivités territoriales*[650]. Pour les requérants en effet, l'instauration du conseiller territorial, siégeant en même temps dans les conseils généraux et régionaux, aurait eu pour effet d'instaurer une tutelle de la région sur les départements, en particulier dans les régions alors composées de seulement deux départements[651]. Le Conseil avait écarté cette argumentation tout en relevant que « les dispositions critiquées ne confient pas à la région le pouvoir de substituer ses décisions à celles du département ou de s'opposer à ces dernières, ni celui de contrôler l'exercice de ses compétences ».

C'est ce principe constitutionnel de non-tutelle d'une collectivité sur une autre qui a été soulevé par le Conseil dans la décision n°2014-405 QPC du 20 juin 2014 *Commune de Salbris*, évoquée précédemment, pour juger conforme la possibilité laissée à chacune des collectivités membres d'un EPCI de disposer d'au moins un représentant au sein de l'organe délibérant. Principe qui, nous le verrons, est mis en avant de manière systématique dans la recherche d'un nouveau mode de scrutin pour les élections des conseillers métropolitains.

C'est dans ce cadre constitutionnel, solidement établi et contraint, que se dessine aussi la complexe réforme du mode d'élection des conseillers métropolitains et sa non mise en œuvre, en toute discrétion. En effet cette disposition, pourtant inscrite dans la loi pendant plusieurs années, reste inappliquée.

II- L'application de ce cadre contraint au mode d'élection des conseillers métropolitains

Avec la montée en puissance des intercommunalités et le transfert de compétences de plus en plus importantes, la question de la démocratie au sein

---

649 « Aucune collectivité territoriale ne peut exercer une tutelle sur une autre ».

650 G. Marcou, « La réforme territoriale. Analyse du nouveau projet de réforme des collectivités territoriales », J-C. Nemery, *Quelle nouvelle réforme pour les collectivités territoriales françaises ?* L'Harmattan, 2010, p. 21-79 et E. Plénet, « La réforme des collectivités territoriales : quand la Constitution s'en mêle » *Droit et société*, 2012, 81(2), p. p.8-12.

651 Alsace, Haute-Normandie et Nord-Pas-de-Calais.

des structures intercommunales commence à se poser dans les années 2000[652]. Il apparait très vite que - du fait de mode de désignations des élus siégeant au sein des EPCI par les seuls membres du conseil municipal - ces structures souffrent d'un déficit de légitimité démocratique.

A- Le fléchage des conseillers communautaires : première réponse à la critique

Pour tenter de répondre à ces critiques, et malgré l'hostilité répétée du Sénat, le principe de l'élection au suffrage universel direct des conseillers communautaires est inscrit pour la première fois dans la loi du 16 décembre 2010 *Réforme des collectivités territoriales*[653]. Ce dispositif législatif suivait en cela la préconisation n°7 inscrite dans le rapport « Il est temps de décider » remis au président de la République par le Comité de réforme des collectivités locales (comité « Balladur ») le 5 mars 2009[654].

Mais il faut attendre la loi du 17 mai 2013 *relative à l'élection des conseillers départementaux, des conseillers municipaux, des conseillers communautaires et modifiant le calendrier électoral*[655] pour que les modalités pratiques soient définies. On notera au passage que les changements de majorité présidentielle et législative du printemps 2012 n'ont pas eu d'incidence sur cette disposition électorale, alors que plusieurs dispositions de la loi de 2010 ont connu bien des modifications, comme la suppression du conseiller territorial tant décrié.

Ainsi, aux élections de mars 2014, c'est selon un système de fléchage, dans les communes de plus de 1.000 habitants, que sont élus les conseillers communautaires. Néanmoins le mode d'élection ne permet pas de séparer les deux votes, entre l'élection municipale et l'élection communautaire. L'électeur est lié et ne peut effectuer deux votes différents, comme le montre la lecture des articles du code électoral définissant les modalités d'élection des conseillers communautaires[656]. En effet, comme le souligne Romain Rambaud : « il existe un lien indissociable entre le mandat de conseiller municipal et celui de conseiller communautaire »[657]. Ce lien est fortement

---

652 Voir entre autres les articles de F. Bachelet, « Démocratie locale et coopération intercommunale », *Annuaire des collectivités locales*, 2001, p. 9-24 J. Caillosse, P. Le Lidec, R. Le Saout, « Le procès en légitimité démocratique des EPCI », *Pouvoirs locaux*, n°48, 1/2001, p. 91-96, N. Bué, F. Desage et L. Matejko, « L'intercommunalité sans le citoyen » dans Le Saout (R.), *Les effets de l'intercommunalité*, Presses universitaires de Rennes, 2004, p. 39-58.

653 Article 8 modifiant l'article L. 5211-6 du CGCT.

654 M. Verpeaux, Le rapport Balladur sur la réforme des collectivités locales, des raisons et des solutions », *RFDA*, 2009, p.407.

655 Chapitre II du code électoral : Election des conseillers communautaires.

656 Articles L273-6 à L273-10 du code électoral.

657 R. Rambaud, *Droit des élections et des référendums politiques*, LGDJ, 2019, p. 268.

voulu par les tenants de la place prépondérante de la commune dans l'organisation administrative française et sera évoqué tout au long des discussions au Parlement sur les reformes des modes de scrutin des conseillers communautaires.

Mais signe d'évolution ces dispositions sont désormais inscrites non plus dans le CGCT, mais dans le code électoral (Titre V du livre 1er), ce qui démontre qu'il ne s'agit plus d'une question relevant de l'organisation des collectivités, mais bien d'un enjeu qui relève bien du suffrage universel.

La question de la légitimité démocratique des conseillers communautaires n'a pas été tranchée et elle se pose avec d'autant plus d'acuité que la création des Métropoles instaure de nouvelles formes d'EPCI disposant de compétences fortes sur des territoires bien souvent plus vastes que les autres formes d'intercommunalités[658].

Dans sa déclaration, en conclusion des Etats généraux de la démocratie territoriale tenus au Sénat le 5 octobre 2012, le président de la République François Hollande revenait sur le mode d'élection des conseillers communautaires en affirmant que « Là encore, ma préférence va à un système de fléchage qui permettra aux citoyens de savoir, au moment du vote, quels seront les élus qui siègeront au Conseil communautaire sans avoir besoin d'un scrutin distinct de l'élection municipale ». On ne constate, à la tête de l'exécutif, aucune volonté politique de revenir sur les fondements du mode de scrutin qui devait entrer en vigueur aux élections municipales du mars 2014.

B- Un nouveau mode de scrutin ?

Pourtant, le gouvernement, dans le cadre de l'examen par l'Assemblée nationale en séance publique le 18 juillet 2013 du projet de loi *Modernisation de l'action publique territoriale et d'affirmation des métropoles* (MAPTAM), introduit par amendement - après l'avoir refusé en commission des lois aux députés socialistes[659] - un article initialement 35 AA[660] (qui deviendra l'article 54 dans la rédaction finale) visant à permettre, en mars 2020, l'élection des conseillers métropolitains au suffrage universel direct. Cet amendement fait alors l'objet de très vifs débats au sein de l'hémicycle[661] avant d'être adopté grâce aux suffrages des élus socialistes et écologistes.

---

[658] Y. Luchaire, *Réformes territoriales : des métropoles aux grandes régions*, Economica, 2016, 122 p.

[659] Amendement déposé par la députée socialiste de la 2ème circonscription d'Ille-et-Vilaine, Nathalie Appéré devenue en 2014 maire de Rennes.

[660] « Le conseil métropolitain est composé d'un collège de conseillers métropolitains élus au suffrage universel direct et d'un collège de représentants des communes. Le nombre de conseillers métropolitains élus au suffrage universel direct est au minimum équivalent au nombre de représentants des communes dans les conditions prévues par le code électoral. »

[661] Les députés de droite accusant à la fois l'impréparation du texte en cause et la volonté du gouvernement de vouloir satisfaire une partie de sa majorité.

Mais cet article a été profondément modifié au cours de la discussion parlementaire. Comme on pouvait s'y attendre, les sénateurs votent pour sa suppression, estimant, en commission des lois par la voix du rapporteur René Vandierendonck[662], que cette disposition est « contraire au principe constitutionnel de libre administration des communes ». Lors de l'examen en séance publique la ministre Marylise Lebranchu fait un pas en retrait par rapport à l'examen par l'Assemblée nationale : « Si nous voulons aboutir en 2020 au meilleur mode de scrutin possible, cela requiert un travail considérable. Laissons passer le scrutin de 2014. À ce jour, nous ne sommes pas prêts, mais nous y parviendrons. Je me suis engagée, au nom du Gouvernement, tant devant le Sénat que devant l'Assemblée nationale, à procéder à une révision du mode de scrutin avant 2017, date qui suscitait de l'inquiétude chez certains. »

En deuxième lecture à l'Assemblée nationale, une nouvelle rédaction est adoptée[663]. D'abord en commission des lois, afin de « garantir un débat démocratique sur les projets métropolitains, il est proposé de prévoir l'élection directe par les citoyens d'une partie des élus de la métropole à l'échelle de cette dernière »[664]. La rédaction est à nouveau modifiée en séance publique, sur proposition de députés Verts et avec l'accord du gouvernement. En effet, les conseillers métropolitains élus dans le cadre des communes ne sont plus obligatoirement majoritaires et les règles électorales devront être fixées avant le 1er janvier 2017.

Un accord est, *in-fine*, obtenu en commission mixte paritaire. Le texte de loi promulgué prévoit, dans son article 54[665], que le renouvellement général

---

[662] Lors de l'examen en séance publique il déclarera : « Ce qui est certain, en tout cas, c'est que la commission est radicalement opposée à tous ces systèmes hybrides et bâtards, à la constitutionnalité incertaine, qui entretiennent le doute, voire qui laissent accroire que l'on délégitime les élus représentant les communes.

[663] « À compter du renouvellement général des conseils municipaux suivant la mise en place des métropoles en application des articles L. 5217-1, L. 5218-1 et L. 5219-1 du code général des collectivités territoriales dans leur rédaction issue de la présente loi, le conseil de la métropole est composé : « 1° d'un collège de conseillers métropolitains élus dans le cadre des communes, en application des articles L. 273-6 à L. 273-12 du code électoral dans leur rédaction issue de la loi n° 2013-403 du 17 mai 2013 relative à l'élection des conseillers départementaux, des conseillers municipaux et des conseillers communautaires et modifiant le calendrier électoral, disposant de la majorité des sièges ; 2° d'un collège de conseillers métropolitains élus dans le cadre d'une ou plusieurs circonscriptions correspondant au territoire de la métropole »

[664] Exposé des motifs.

[665] « Le renouvellement général des conseils des métropoles créées par les articles L. 5217-1, L. 5218-1 et L. 5219-1 du code général des collectivités territoriales dans leur rédaction résultant de la présente loi, à l'occasion du renouvellement général des conseils municipaux suivant leur mise en place, est effectué au suffrage universel direct suivant des modalités particulières fixées par la loi avant le 1er janvier 2019. Au vu du rapport sur le déroulement

des conseils des métropoles serait effectué au suffrage universel direct suivant des modalités particulières fixées par la loi avant le 1er janvier 2017 et précédé d'un rapport présenté par le Gouvernement au Parlement avant le 30 juin 2015[666]. Ce rapport devait détailler les solutions envisageables, les avantages, les inconvénients et les conséquences de l'élection d'une partie des membres du conseil des métropoles dans une ou plusieurs circonscriptions métropolitaines.

Mais devant les difficultés rencontrées, l'article 78 de la loi n°2017-257 du 28 février 2017 *relative au statut de Paris et à l'aménagement métropolitain* repoussait le vote de la loi électorale au 1er janvier 2019[667]. Sans plus de succès…

Entre-temps, lors de l'examen du projet de loi portant nouvelle organisation territoriale de la République (NOTRe) en 2015, les députés avaient introduit l'extension des dispositions de l'article 54 de la loi MAPTAM à l'ensemble des conseillers communautaires (communautés de communes, communautés d'agglomération et communautés urbaines). Devant la forte opposition du Sénat, cette disposition a été supprimée en commission mixte paritaire, devant le souhait de la majorité d'afficher un consensus le plus large possible avec le Sénat.

C- Un bien mystérieux rapport

Le rapport visé à l'article 48 n'a été finalement rendu qu'en janvier 2017, avec 18 mois de retard sur le calendrier initial. Ce document est un bien étrange objet : 21 pages non signées, sans en-tête… Il constitue un exercice d'autocensure *a priori*, assez remarquable puisqu'après avoir étudié trois modes de scrutins différents, le rapporteur (ou les rapporteurs) conclut, à chaque fois, à leur caractère supposément inconstitutionnel. Les trois hypothèses envisagées ainsi que leur critique peuvent être résumées de la façon suivante.

Dans **l'hypothèse n°1**, la désignation des conseillers métropolitains se ferait dans deux collèges distincts, mais siégeant dans une même assemblée. Le premier collège serait composé d'un membre du conseil municipal de chaque commune, désigné selon les mêmes modalités que lors élections de 2014, et le second collège comprendrait des conseillers métropolitains élus au

---

de l'élection au suffrage universel direct des conseillers communautaires de 2014 déposé par le Gouvernement en application de l'article 48 de la présente loi, le Gouvernement présente au Parlement avant le 30 juin 2015 un rapport détaillant les solutions envisageables, les avantages, les inconvénients et les conséquences de l'élection d'une partie des membres du conseil des métropoles dans une ou plusieurs circonscriptions métropolitaines. »

[666] Article 48.

[667] Amendement introduit en commission des lois à l'Assemblée nationale n'ayant pas l'objet de débat.

scrutin proportionnel de liste à deux tours dans le cadre d'une circonscription métropolitaine unique ou de plusieurs circonscriptions supra-communales.

Contrairement aux exigences de la jurisprudence constitutionnelle, le premier collège ne serait pas composé sur des bases « essentiellement démographiques », les petites communes bénéficiant du même nombre de sièges que la commune-centre. En outre, la constitution du second collège reviendrait à dissocier les élections municipales et les élections métropolitaines, ce qui s'écarterait des principes de la coopération intercommunale. Difficilement compréhensible pour les électeurs, ce mode de scrutin conduirait à élire des conseillers métropolitains sur des bases représentatives de nature différente, ce qui ne semble pas opportun pour le bon fonctionnement des métropoles.

L'hypothèse 2 visait, elle, à élire une assemblée métropolitaine dans des circonscriptions communales distinctes. Contrairement à l'exemple lyonnais, chaque commune constituerait une circonscription électorale et élirait au moins un conseiller métropolitain, voire plus en fonction de sa population. Dans les communes disposant de moins de trois sièges au conseil de la métropole, les conseillers métropolitains seraient élus au scrutin majoritaire direct ; dans les communes de plus grande taille, ils seraient désignés au scrutin proportionnel de liste, une prime majoritaire étant accordée à la liste arrivée en tête dans chaque commune. Cette hypothèse aurait aussi pour conséquence de « séparer » les élections municipales et métropolitaines.

Enfin dans **la troisième hypothèse** (variante de la deuxième hypothèse) l'élection se tiendrait dans une circonscription unique dotée de sections électorales, à l'image du mode de scrutin retenu pour les élections régionales. L'électeur voterait pour une liste de candidats constituée à l'échelle de la métropole ; chaque liste aurait l'obligation de présenter un nombre de candidats équivalent au nombre de sièges à pourvoir dans chaque section communale. Ce mode de scrutin pourrait se heurter à l'objectif à valeur constitutionnelle d'intelligibilité de la loi même si, comme nous l'avons vu précédemment dans la décision concernant le mode de scrutin des élections régionales, le Conseil a déjà jugé conforme un dispositif similaire.

Mais surtout ce mode de scrutin aurait pu amener des biais de représentation non négligeables, comme l'a démontré le Gouvernement : « à titre d'exemple, dans les sections communales ne comportant qu'un seul siège, un candidat issu d'une liste A - arrivée en tête au niveau de la métropole - pourrait être élu dans sa section communale, en application de la prime majoritaire, alors que dans cette même commune, la liste B est arrivée en tête. Dans les communes disposant de peu de représentants (un par exemple), il n'est pas à exclure que le conseiller métropolitain élu selon ce mode de scrutin ne soit pas le maire, mais un conseiller de l'opposition, voire une personne extérieure au conseil municipal ». En outre, il serait plus difficile de constituer des listes de candidats pour l'élection des conseillers métropolitains, ces listes devant comporter des candidats dans toutes les communes de la métropole. À titre d'exemple, cette exigence s'avérerait problématique pour la métropole européenne de Lille (90 communes, dont la moins peuplée compte 225 habitants) ou la métropole Rouen Normandie (71 communes, dont la moins peuplée compte 393 habitants).

Pour le rapporteur, il n'est pas exclu que le Conseil constitutionnel censure ce mode de scrutin pour non-respect de l'objectif constitutionnel de pluralisme des courants de pensées et d'opinion.

La solution aurait pu être aussi de reproduire le modèle de la Métropole lyonnaise érigée au rang de collectivité à statut particulier. Mais le rapport du gouvernement se refuse à retenir cette hypothèse, bien que le gouvernement et certains présidents de métropoles y étaient favorables. Ce rapport préconise donc le *statu-quo* en soulignant que le fléchage tel qu'il a été instauré constitue une solution finalement satisfaisante.

D- Le rôle déterminant du Sénat

S'appuyant notamment sur ce rapport, le Sénat, hostile depuis toujours au recours au suffrage universel direct pour l'élection des membres des EPCI, a adopté le *5 avril 2018,* en première lecture, à l'occasion d'un ordre du jour réservé au groupe RDSE, la proposition de loi n°276 réduite à un seul article portant abrogation de l'article 54 de la loi n°2014-58 du 27 janvier 2014[668]. Dans l'exposé des motifs, outre la reprise des critiques émise dans le rapport précité, il était évoqué que « la perspective d'une élection des conseillers métropolitains au suffrage universel direct, dans le cadre d'un régime électoral autonome, est perçue au sein des communes concernées avec une très forte inquiétude », le Sénat retrouvant là sa position permanente de « défenseur des communes ». Le rapport présenté devant la commission des lois concluait lui : « [au maintien du] mode d'élection actuel des conseillers métropolitains, plus intelligible pour les citoyens et qui écarte le double risque d'assimiler les métropoles intercommunales à des collectivités territoriales (ce qui aggraverait la superposition des structures territoriales) et d'affaiblir les communes, cellules de base de la démocratie locale ».

Lors de l'examen de ce texte en séance publique la ministre de la Cohésion des territoires et des Relations avec les collectivités territoriales, Jacqueline Gourault, relevait le « caractère symbolique » de cet article tout en notant que « avec ce présent texte, un travail utile a été accompli pour la clarté des prochaines élections municipales » ouvrant ainsi la porte à la non-application de l'article 54.

---

[668] Une autre proposition de loi identique était déposée le 19 mars 2018 par Sophie Joissains.

Dans un souci de cohérence, le gouvernement aurait pu faire examiner et adopter cette proposition de loi par l'Assemblée nationale et ainsi ne pas laisser en suspension une disposition législative non applicable car non aboutie. Mais c'eut été donné le sentiment de répondre à une injonction des sénateurs.

Il faut se référer à deux questions écrites de parlementaires posées le 28 septembre 2017 par le sénateur centriste Hervé Maurey (QE n°01330) et le 27 mars 2018 par la député socialiste Christine Pires Beaune (QE n°6774). Le ministre de l'Intérieur Gérard Collomb, dans ses réponses les 23 août et 11 septembre 2018, reprend les conclusions du rapport de janvier 2017 et conclut « (...) à l'impossibilité de créer, pour les métropoles, un mode de scrutin qui devrait concilier plusieurs impératifs ».

Profitant de l'examen de la loi *Engagement dans la vie locale et à la proximité de l'action publique*[669] à partir de l'automne 2019, le Sénat, avec la bienveillance du gouvernement, a introduit un article 6 permettant l'abrogation de l'article 54 de la loi MAPTAM. Lors de l'examen de son amendement en séance publique, le sénateur Jean-Pierre Grand qualifiait cet article d'« irritant ».

Une disposition irritante, certes, mais qui incarne la difficulté d'adopter un nouveau mode d'élection prenant en compte l'indispensable respect des règles énoncées par le Conseil constitutionnel. En définitive, on peut se demander si, en s'abritant derrière d'éventuelles censures du juge, les gouvernements successifs n'ont pas plutôt cherché à dissimuler un manque de volontarisme politique, né de l'absence de consensus minimum sur un sujet aussi sensible que celui du recours au suffrage universel à l'échelle des métropoles.

[669] Loi n° 2019-1461 du 27 décembre 2019 relative à l'engagement dans la vie locale et à la proximité de l'action publique.

L'ILLUSION
DE L'AUTONOMIE FINANCIÈRE LOCALE

Renaud BOURGET,
Professeur de droit public, Université de Nice Côte d'Azur,
CERDACFF

Les universités et les collectivités territoriales semblent partager une même réalité, ainsi qu'un destin similaire : lorsque même les premières doivent accéder à l'autonomie au nom de principes gestionnaires néolibéraux, forcément les secondes ne peuvent s'en passer, au nom des mêmes principes, dont on verra plus tard qu'ils sont venus, lentement mais sûrement, soumettre les collectivités elles aussi, sur le plan financier, à ce que Jerry Z. Muller nomme *la tyrannie des métriques*[670] ou, pour reprendre la formule tout aussi lumineuse d'Alain Supiot, *la gouvernance par les nombres*[671]. Si la loi relative aux libertés et responsabilités des universités (dite loi LRU ou loi Pécresse) du 10 août 2007 a reconnu l'autonomie de ces dernières afin de « libérer leurs énergies, renforcer leur réactivité et leur donner plus de légitimité face à leurs partenaires »[672], sans réellement se soucier de leurs finances en déficit[673], la loi organique n° 2004-758 du 29 juillet 2004, prise en application de l'article 72-2 de la Constitution, relative à l'autonomie financière des collectivités territoriales, avait semblé faire de même à l'égard de celles-ci.

---

[670] Jerry Z. MULLER, *The Tyranny of Metrics*, Princeton University Press, Princeton y Oxford, 2018, traduction française par P. HERSANT, *La tyrannie des métriques*, éditions markus haller, Genève, 2020.

[671] Alain SUPIOT, *la Gouvernance par les nombres (Cours au Collège de France, 2012-2014)*, Fayard, Paris, 2015.

[672] Selon les formules figurant sur le site internet du Ministère de l'enseignement supérieur, de la recherche et de l'innovation, « autonomie des universités », 1ère publication le 24.05.2007 – Mise à jour le 14.05.2012, [https://www.enseignementsup-recherche.gouv.fr/cid55933/comprendre-l-autonomie-des-universites.html].

[673] Jean-Claude MARTINEZ, « Critique de la déraison pure. L'autonomie financière territoriale : un paradigme fumigène », in J.-C. MARTINEZ (dir.), *L'autonomie financière territoriale (Un paradigme planétaire revisité)*, l'Harmattan, Paris, 2014, p. 22.

Le législateur organique aurait ainsi accordé le paradigme autonomiste dans un cadre financier également contraint. D'abord par les règles de discipline budgétaire du Traité de Maastricht de 1992, du Pacte de stabilité et de croissance de 1997, puis du Traité sur la stabilité la coordination et la gouvernance de 2012 – règles traduites depuis la révision constitutionnelle du 23 juillet 2008 dans les lois de programmation des finances publiques (LPFP) poursuivant « l'objectif d'équilibre des comptes des administrations publiques » désormais inscrit à l'article 34 de la Constitution. Ensuite par un transfert croissant de compétences étatiques vers les collectivités locales avec des compensations financières insuffisantes prenant la forme de dotations dont « l'Etat s'efforce de restreindre le montant »[674]. De telle sorte que l'observation réalisée par Pierre Jourde au sujet des universités – « la pénurie généralisée, que l'Etat a refilé aux universités sous le masque de l'"autonomie" » a pour effet « que bien des universités sont aujourd'hui à la fois autonomes et en faillite »[675] – n'est pas loin de caractériser, sans exagération aucune, la situation des collectivités territoriales françaises.

Depuis la révision opérée par la loi constitutionnelle du 28 mars 2008, l'article 1er de la Constitution dispose désormais que l'organisation de la France est décentralisée. Auparavant, le texte constitutionnel ne prévoyait que la « libre administration » des collectivités territoriales, principe « qui à y regarder de manière rétrospective, peut sembler bien vide sans décentralisation »[676]. S'il convient d'être mesuré et prudent à l'égard de ce principe organisationnel, c'est parce que son inscription dans la Constitution est assez récent et qu'il vient ainsi s'inscrire à rebours du traditionnel modèle français d'Etat centralisé et centralisateur. Ainsi que l'écrivait Hauriou dans la préface intitulée « La centralisation française » à son *Précis de droit administratif*, « sans être un admirateur passionné de notre centralisation, il est bien permis de constater qu'elle est le résultat d'une évolution qui remonte très haut dans notre histoire »[677]. De son point de vue, si la « forte centralisation » de la France constitue « l'une de ses chances », c'est parce qu'elle s'avère être la pièce essentielle « de la défense de la paix sociale ». En effet, poursuivait-il, « seul un Etat fortement centralisé paraît capable de lutter

---

674 Mathieu CONAN et Raymond MUZELLEC, *Finances locales*, 7e éd., col. les mémentos, Dalloz, Paris, 2018, p. 12.

675 Pierre JOURDE, *Géographie intérieure*, Grasset, Paris, 2015, p. 229. Voir aussi du même auteur l'ouvrage qu'il a dirigé avec les contributions, entre autres, de Grégoire BIGOT, Olivier BEAUD et Olivier JOUANJAN : *Université : la grande illusion*, L'esprit des péninsules, paris, 2007.

676 Xavier CABANNES, « Constitution et finances publiques. 60 ans de Ve République », in *Bulletin juridique des Collectivités Locales (BJCL)*, n°4/18, avril 2018, p. 258.

677 Maurice HAURIOU, *Précis de droit administratif et de droit public*, 9e éd., Sirey, Paris, 1919, p. VIII.

avec succès contre les puissances intérieures qui, nées de la liberté, se dressent l'une après l'autre pour l'étouffer »[678]. Si « avec la centralisation, le jardin administratif était tracé à la française et rigoureusement aligné au cordeau »[679], force est de constater que, avec la décentralisation des années 1980, l'unité financière de la République a été brisée, avec les 50.000 budgets annuels des collectivités locales[680].

Le processus de décentralisation, et la conséquente autonomie financière locale, a véritablement commencé avec la loi n° 82-213 du 2 mars 1982 relative aux droits et libertés des communes, des départements et des régions, s'inscrivant dans les pas de la loi n° 80-10 du 10 janvier 1980 portant aménagement de la fiscalité directe locale qui permet aux collectivités territoriales de voter, dans un cadre contraint, les taux des quatre taxes directes locales – taxe d'habitation, taxe professionnelle, taxe sur le foncier bâti et taxe sur le foncier non bâti –, alors qu'elles ne pouvaient auparavant voter qu'un produit fiscal dont la charge était répartie entre les différents impôts par les services de l'Etat. Depuis lors, et sur près de quarante ans, l'on assiste à « une fièvre législative et une "bougeotte" normative permanente pour toujours plus d'autonomie financière et fiscale »[681]. Adoptées à partir de 1982, les « lois Defferre » – du nom du ministre de l'Intérieur et de la Décentralisation de l'époque – correspondent à la volonté politique du Président Mitterrand de réaliser une profonde décentralisation de l'Etat. Ces lois constituent ce que l'on appellera par la suite l'« acte I de la décentralisation »[682] qui a donné naissance à un nouveau cadre normatif se traduisant par au moins quatre évolutions majeures. En premier lieu, la tutelle exercée par le seul préfet disparaît. L'État contrôle les actes des collectivités locales *a posteriori*, non plus *a priori*, et ce par l'intermédiaire du préfet, des tribunaux administratifs et des chambres régionales des comptes. Ainsi, en matière de contrôle des budgets locaux, l'on assiste à l'apparition d'une compétence exercée en *tandem* avec l'action combinée du préfet et de la chambre régionale des comptes. En deuxième lieu, elle transfère la fonction exécutive départementale et régionale aux présidents de conseil général et régional, et

---

[678] Maurice HAURIOU, *Précis de droit administratif et de droit public*, 10ème éd., Sirey, Paris, 1921, p. V et VI.
[679] *Ibidem.*
[680] Jean-Claude MARTINEZ et Pierre DI MALTA, *Droit budgétaire*, 3e éd., Litec, Paris, 1999, p. XI et XII.
[681] Jean-Claude MARTINEZ, « Critique de la déraison pure. L'autonomie financière territoriale », *op. cit.*, p. 30.
[682] Entre mars 1982 et juillet 1983, trois lois sont promulguées en ce sens : la loi du 2 mars 1982 relative aux droits et libertés des communes, des départements et des régions ; la loi du 7 janvier 1983 relative à la répartition des compétences entre les communes, les départements, les régions et l'État ; la loi du 22 juillet 1983 qui complète la loi du 7 janvier 1983.

transforme les régions en collectivités territoriales de plein exercice. En troisième lieu, l'État transfère des blocs de compétences au bénéfice des communes, des départements et des régions. Enfin, les aides financières accordées aux collectivités locales par l'État sont globalisées sous la forme de dotations globales de fonctionnement, d'équipement, et de décentralisation.

Le processus d'approfondissement de l'autonomie financière locale s'est poursuivi avec la réforme de la décentralisation présentée par le Premier ministre, Jean-Pierre Raffarin, et communément nommée « acte II de la décentralisation ». Adopté le 11 décembre 2002 par le Parlement, le projet de loi constitutionnelle relatif à l'organisation décentralisée de la République est adopté le 17 mars 2003 par le Parlement réuni en Congrès. Promulguée le 28 mars 2003, cette loi précise le principe de libre administration énoncé à l'article 72 de la Constitution en consacrant l'autonomie financière des collectivités territoriales, tant pour les recettes que pour les dépenses, et en élevant la péréquation en objectif à valeur constitutionnelle. Ce faisant, le nouveau cadre financier proposé par l'article 72-2 de la Constitution est censé marquer un tournant dans l'histoire du système de financement des collectivités territoriales et dans les relations financières entre l'État et les collectivités.

A partir de l'acte II de la décentralisation, l'autonomie en matière de dépenses est illustrée par deux dispositions : d'une part, « les collectivités territoriales bénéficient de ressources dont elles peuvent disposer librement dans les conditions fixées par la loi » (alinéa 1er de l'article 72-2), et, d'autre part, « tout transfert de compétences entre l'Etat et les collectivités territoriales s'accompagne de l'attribution de ressources équivalentes à celles qui étaient consacrées à leur exercice. Toute création ou extension de compétences ayant pour conséquence d'augmenter les dépenses des collectivités territoriales est accompagnée de ressources déterminées par la loi » (alinéa 4e de l'article 72-2). S'agissant des recettes, la Constitution prévoit que dorénavant les collectivités « peuvent recevoir tout ou partie du produit des impositions de toutes natures. La loi peut les autoriser à en fixer l'assiette et le taux dans les limites qu'elle détermine (alinéa 2e de l'article 72-2). De plus, « les recettes fiscales et les autres ressources propres des collectivités territoriales représentent, pour chaque catégorie de collectivités, une part déterminante de l'ensemble de leurs ressources », une loi organique devant fixer les conditions dans lesquelles cette règle est mise en œuvre (alinéa 3e de l'article 72-2). Il convient de noter qu'en indiquant que les collectivités peuvent « recevoir tout ou partie du produit des impositions de toute nature », la réforme constitutionnelle a ouvert la voie à des partages d'impôts entre l'État et les collectivités territoriales. En prévoyant que les collectivités peuvent, dans les limites déterminées par la loi, non seulement voter les taux des impôts qu'elles perçoivent ainsi que l'avait déjà prévu la loi n° 80-10 du 10 janvier 1980 portant aménagement de la fiscalité directe locale, mais également en fixer l'assiette, l'article 72-2 serait venue étendre le pouvoir des assemblées locales en matière fiscale. Enfin, pour corriger les inégalités entre collectivités résultant en particulier de l'inégale répartition territoriale des assiettes fiscales, mais aussi de l'inégale répartition des charges entre collectivités, l'article 72-2 dispose *in fine* que « la loi prévoit des dispositifs de péréquation destinés à favoriser l'égalité entre les collectivités territoriales » (alinéa 5e de l'article 72-2).

Conformément à la prévision figurant à l'article 72-2 de la Constitution, la loi organique n°2004-758 du 29 juillet 2004 est venue définir les ressources propres des collectivités locales et fixer un plancher en deçà duquel le taux d'autonomie financière des collectivités locales ne peut pas descendre. Les ressources propres sont celles dont les collectivités conservent, au moins partiellement, la maîtrise, par opposition à celles qui ne dépendent que de la volonté de l'État. Les recettes fiscales et autres ressources propres sont les impositions de toutes natures visées par le deuxième alinéa de l'article 72-2 de la Constitution, les redevances pour services rendus, les produits du domaine, les participations d'urbanisme, les produits financiers, les dons et legs. En revanche, ne sont pas considérés comme des ressources propres les dotations ou subventions de l'État, les ressources déléguées par l'État, les ressources liées à une compétence expérimentale, et les emprunts. Comme le prévoit l'article 4 de ladite loi organique, pour chaque catégorie de collectivités, la part des ressources propres ne peut être inférieure au niveau constaté au titre de l'année 2003, ce qui, concrètement, renvoie aux ratios suivants : 60,8 % pour les communes et leurs établissements de coopération intercommunale à fiscalité propre ; 58,6 % pour les départements ; 41,7 % pour les régions. Certes, les dotations versées par l'Etat ne rentrant pas dans la catégorie des ressources propres, les ratios d'autonomie seront respectés dès lors que la part des secondes reste déterminante vis-à-vis des premières en maintenant les rapports figés en 2003. Néanmoins, ce mécanisme a pour effet que les ratios d'autonomie financière des collectivités locales n'ont cessé de s'améliorer alors que la situation financière des collectivités locales s'est dégradée[683]. La raison de cet effet paradoxal est simple : les ratios d'autonomie financière ne peuvent que s'améliorer dès lors que la part des dotations de l'Etat baisse. Or, depuis 2012, l'on assiste à la baisse des concours financiers

683 Les co-rapporteurs Christophe JERRETIE et Charles de COURSON de la Mission flash sur la réforme des institutions (*Expérimentation et différenciation territoriale - Autonomie financière des collectivités territoriales*, rapport n°912, XVe législature, Délégation aux collectivités territoriales et à la décentralisation, Assemblée Nationale, Paris, 2018, p. 66) observent ainsi qu'« entre 2003 et 2015, ce ratio a progressé régulièrement, passant de 60, 8% à 68,6% pour le bloc communal, de 58,6% à 70,9% pour les départements et de 41,7% à 62,5% pour les régions ».

de l'Etat en général, et de la dotation globale de fonctionnement (DGF) en particulier, dans le cadre de la contribution des collectivités locales à l'effort de réduction des déficits publics ; baisse que le Conseil constitutionnel a toujours refusé de censurer, n'y voyant pas une atteinte « d'une ampleur telle qu'elle entraverait la libre administration des collectivités territoriales » (décision n°214-707 DC du 29 décembre 2014, considérant n°23). L'illusion est ici tellement parfaite qu'un regard avisé ne pourra s'empêcher de penser qu'elle est conforme à l'objectif initialement recherché, mais inavoué.

Récemment, les rapporteurs de la mal nommée[684] « Mission flash sur l'autonomie financière des collectivités territoriales » – créée par la délégation de l'Assemblée Nationale aux collectivités territoriales et à la décentralisation dans la perspective de la révision constitutionnelle souhaitée par le Président Macron – ont souligné « la désillusion des acteurs locaux par rapport aux espoirs suscités par la révision constitutionnelle de 2003 »[685]. A la question de savoir si les collectivités territoriales françaises jouissent, ou non, aujourd'hui, de l'autonomie financière, c'est-à-dire d'une véritable autonomie financière, les deux rapporteurs ont répondu ainsi : « Si l'on se fie seulement à la lettre de l'article 72-2 de la Constitution, issu de la loi constitutionnelle du 28 mars 2003 relative à l'organisation décentralisée de la République, et à celle du Code général des collectivités territoriales (CGCT) qui comporte un chapitre ainsi intitulé, oui, sans doute possible. Si l'on écoute les élus locaux et la perception qu'ils ont de l'autonomie financière des collectivités dont ils assument la responsabilité, on peut concevoir les plus grands doutes sur l'existence réelle d'une autonomie financière des collectivités territoriales »[686].

D'ailleurs, les entorses portées par le législateur au principe d'autonomie financière sont nombreuses : suppression de la taxe professionnelle alors qu'elle était l'un des principaux impôts locaux ; refus de la compensation intégrale des transferts imposés par l'Etat en matière de solidarité sociale (RMI et RSA) ; baisse des concours financiers de l'Etat à partir de 2012, et notamment de la dotation globale de fonctionnement ; dégrèvement pour 80 % de ses assujettis de la taxe d'habitation ; ou encore l'ambigu processus de contractualisation de la maîtrise de la dépense publique locale imposée aux 322 collectivités territoriales les plus importantes. Si l'autonomie financière des collectivités territoriales avait été reconnue par le Conseil constitutionnel

[684] Au sujet de la loi n°94-665 du 4 août 1994 relative à l'emploi de la langue française, on lira avec intérêt l'essai de Régis DEBRAY, *Civilisation. Comment nous sommes devenus américains*, Gallimard, Paris, 2017, notamment p. 73 et p. 87 à 99.
[685] Christophe JERRETIE et Charles de COURSON (co-rapporteurs), *Mission flash sur la réforme des institutions*, *op. cit.*, p. 62.
[686] *Ibid.*, p. 55.

(DC n°90-277 du 25 juillet 1990 et DC n°90-274 du 29 mai 1990) avant que le constituant et le législateur organique ne viennent expressément la consacrer en 2003 et 2004, force est de reconnaître qu'aucune de ces entorses aux conséquences financières importantes n'a été de nature à susciter de la part du Conseil constitutionnel, lorsqu'il a eu à se prononcer, une décision fondée « sur le non-respect du principe d'autonomie financière permettant de stopper un processus qui à chaque fois, *a priori,* était susceptible de porter atteinte au dit principe entendu au sens large »[687].

Si une perspective ou plutôt une mode « académique » a pu vivre son temps et a permis à des travaux universitaires et parlementaires de prospérer à partir de la consécration constitutionnelle, voilà déjà dix-sept ans, de l'autonomie financière et du principe constitutionnel de libre administration qui la sous-tend, il semble bien que l'on ne soit en présence que d'un simple phénomène nominaliste, de telle sorte que l'autonomie financière n'a finalement d'existence réelle que dans l'intitulé de la loi organique du 29 juillet 2004, puisqu'au demeurant l'article 72-2 de la Constitution n'y fait nullement référence. Dès lors, il n'est pas surprenant que la notion d'autonomie financière locale soit désormais renvoyée à ce qu'elle est : au mieux un « oxymore juridique »[688] ou « une vieille lune »[689], au pire « une fable et légende »[690] ou un « paradigme fumigène »[691]. En fin de compte, l'acte II de la décentralisation est venu offrir à l'ordre juridique local, pour reprendre la formule de l'italien Puviani, une nouvelle « illusion financière » [692]. Aussi, la révélation sommaire de la face cachée de l'onction constitutionnelle qu'aurait reçue, de l'avis général à l'époque, l'autonomie financière locale doit-elle conduire le commentateur à réviser l'approche de la matière en soulignant le caractère illusoire de sa mise en œuvre pratique.

Afin de caractériser l'illusion de l'autonomie financière locale, nous envisagerons d'abord l'absence d'un réel pouvoir de décision des collectivités territoriales concernant leurs ressources (I), ainsi que l'absence d'un réel pouvoir budgétaire quant à leurs dépenses (II), puis nous examinerons l'hypothèse que l'illusion de l'autonomie financière locale est peut-être à rechercher dans la crainte de la démultiplication des risques de dérives

---

687 Mathieu CONAN et Raymond MUZELLEC, *Finances locales*, *op. cit.* p. 2 et 3.

688 Jean-François MONTEILS, « L'autonomie financière des collectivités territoriales : un oxymore juridique », in *BJCL*, n°4/18, avril 2018, p. 261.

689 Xavier CABANNES, « L'autonomie financière des collectivités locales après les récentes lois financières. Une adolescence difficile ou déjà une vieille lune ? », in *AJDA*, 2018, p. 720.

690 Matthieu ROUVEYRE, « L'autonomie financière des collectivités territoriales : entre fable et légende », in *BJCL*, n°4/18, avril 2018, p. 265.

691 Jean-Claude MARTINEZ, « Critique de la déraison pure. L'autonomie financière territoriale », *op. cit.*, p. 26.

692 Amilcare PUVIANI, *Teoria della illusione finanziaria*, Remo Sandron-Editor, Milan-Palerme-Naples, 1903.

financières que la réelle mise en œuvre de son principe supposerait, comme la liberté pleine et entière dont les collectivités jouissent pour la souscription d'emprunt et les rapports des chambres régionales des comptes tendent à le démontrer (III).

I- L'illusion du pouvoir fiscal des collectivités locales concernant leurs ressources

Selon l'article 72 de la Constitution, les collectivités territoriales « s'administrent librement par des conseils élus ». Bien évidemment, la libre administration, « principe constitutionnel tout de même évanescent, n'a de sens et de portée réelle que si les collectivités territoriales disposent, au-delà des affaires dites locales, de réelles compétences attribuées par la loi, au risque de voir ce principe n'être qu'une coquille vide ou presque. En outre, les collectivités territoriales ne peuvent s'administrer librement et donc exercer leurs compétences que si elles ont les moyens financiers » pour ce faire [693]. Les ressources des collectivités territoriales peuvent avoir des origines et des formes variées : dotations, subventions, impositions de toutes natures (impôts et taxes) de l'article 34 de la Constitution, redevances, et emprunts. Toutefois, à bien y regarder, tant en France métropolitaine qu'ultra-marine[694] (où l'on pourrait alors trouver la manifestation du fédéralisme fiscal caractérisant *a priori* des systèmes qui existent, par exemple, en Espagne, en Argentine ou au Brésil), l'addition des compétences fiscales locales - qui semble apparemment

---

[693] Xavier CABANNES, « Libre administration des collectivités territoriales et pouvoir fiscal local », in *Revue Française de Finances Publiques (RFFP)*, septembre 2015, n°131, 2015, p. 7.

[694] L'on pense ici, entre autres, à la loi organique n°2007-223 du 21 février 2007 portant dispositions statutaires et institutionnelles relatives à l'outre-mer qui a doté Saint-Barthélemy et Saint-Martin d'une compétence fiscale distincte. Voir à ce sujet Renaud BOURGET, « La taxe sur les infrastructures électriques et de télécommunications aériennes a-t-elle été instituée régulièrement par la Collectivité de Saint-Barthélemy ? (CE, n°358701, 16 octobre 2013) », in *BJCL*, n°12/13, décembre 2013, p. 839 à 843 ; Renaud BOURGET, « Le conseil territorial de Saint Martin peut-il instituer une retenue à la source ? (CE, n°388299, 30 novembre 2015) », in *BJCL*, n°2/16, février 2016, p. 126 à 130 ; Renaud Bourget, « Le conseil territorial de Saint Martin peut-il adopter une mesure tendant à la démonétisation du versement du RSA ? (CE, n° n°399584, 8 février 2017) », in *BJCL*, n°4/17, juin 2017, p. 213 à 216 ; et Renaud BOURGET, « L'aide financière de l'Etat français aux collectivités territoriales de Saint-Barthélemy et de Saint-Martin à la suite du passage de l'Ouragan Irma », in L. AYRAULT, J. BENETTI et M. CONAN (dir.), *Les premières lois financières de la présidence Macron*, IRJS Editions, Paris, 2019, p. 397 à 412 S'agissant de la Nouvelle-Calédonie, voir Renaud BOURGET, « A propos de deux spécificités juridiques polynésiennes : les notions de "Loi du pays" et de motion constructive de renvoi budgétaire », in *RFFP*, novembre 2012, n°120, p. 149 à 164.

conduire « aux marges de la souveraineté » fiscale[695]- ne parvient jamais à franchir le pas du « démembrement de la souveraineté fiscale des Etats »[696]. Tant et si bien qu'en France, malgré la proclamation nominale de l'autonomie financière des collectivités locales, leurs compétences ne s'exercent que dans les encadrements et limitations qu'a prévues le législateur. A l'absence d'un réel pouvoir fiscal (A), s'ajoute également l'absence d'une réelle sanctuarisation des ressources des collectivités territoriales (B).

A. L'absence d'un réel pouvoir fiscal des collectivités territoriales

Les réformes résultant des actes I et II de la décentralisation, ainsi que les dispositions de la loi n° 80-10 du 10 janvier 1980 portant aménagement de la fiscalité directe locale, ont eu pour effet de présenter, notamment dans l'esprit des élus locaux et de certains commentateurs, l'existence d'une fiscalité locale et son niveau comme les critères *a priori* du degré d'autonomie des collectivités territoriales, et partant, de la réalité de leur liberté à s'administrer. Pourtant, les collectivités locales n'ont pas à proprement parler de pouvoir fiscal, sauf à considérer que celui-ci est résiduel. En effet, par le jeu de l'article 34 de la Constitution mettant en œuvre le principe de réserve de loi ou de compétence normative exclusive du législateur en matière d'impositions de toutes natures[697], le pouvoir fiscal des collectivités locales se limite à la mise en œuvre des impôts locaux autorisés par la loi et à la fixation de leur taux dans des limites strictement encadrées (loi du 10 janvier 1980). Aussi, le principe de libre administration des collectivités locales implique-t-il seulement, en matière fiscale, la reconnaissance au profit de ces dernières d'un pouvoir résiduel leur permettant de préciser, en certains points, la législation relative aux impôts locaux, c'est-à-dire aux impositions perçues par l'Etat au profit des collectivités locales. Ce pouvoir fiscal résiduel permet aux collectivités territoriales de voter, dans des limites strictement encadrées par la loi, le tarif ou le taux des impositions locales (1) et d'en moduler le régime notamment par l'octroi aux contribuables locaux d'abattements ou d'exonérations facultatives (2).

---

695 Jacques BLANC, « De la compétence au pouvoir fiscal : vers un modèle latin d'autonomie ? », in François TERRE (dir.), *L'impôt, Archives de Philosophie du droit*, t. 46, Dalloz, Paris, 2002, p. 33.

696 Jean-Claude MARTINEZ, « Critique de la déraison pure. L'autonomie financière territoriale », *op. cit.*, p. 43.

697 Sur la distinction doctrinale des principes de légalité et de réserve de loi en matière fiscale, voir Renaud BOURGET, *La science juridique et le droit financier et fiscal. Etude historique et comparative du développement de la science juridique fiscale (fin XIXe et XXe siècles)*, préf. de E. SIMÓN ACOSTA, Dalloz, Paris, 2012, n°1166, p. 940.

a. Le pouvoir fiscal résiduel des collectivités territoriales concernant le vote du taux des impôts locaux

L'acquisition par les collectivités locales de leur pouvoir fiscal résiduel a été tardive puisque c'est la loi n°80-10 du 10 janvier 1980 qui a permis aux collectivités territoriales de voter les taux des quatre impositions directes locales[698], alors qu'elles ne pouvaient auparavant voter qu'un produit fiscal dont la charge était répartie entre les différents impôts par les services de l'Etat[699]. Aussi, l'article 2 de la loi de 1980 est-il venu prévoir qu'à partir de 1981 « les conseils généraux, les conseils municipaux et les instances délibérantes des organismes de coopération intercommunale dotés d'une fiscalité propre votent chaque année les taux des taxes foncières, de la taxe d'habitation et de la taxe professionnelle ». Toutefois, le législateur limite immédiatement le pouvoir reconnu en encadrant strictement toute variation de taux[700]. A cet égard, la réforme de 2003 n'a introduit aucun changement fondamental. Tout au plus est-elle venue confirmer la compétence fiscale résiduelle que les collectivités locales exercent depuis 1981, en gravant au deuxième alinéa de l'article 72-2 la Constitution que celles-ci « peuvent recevoir tout ou partie du produit des impositions de toutes natures. La loi peut les autoriser à en fixer l'assiette et le taux dans les limites qu'elle détermine ». Si les mécanismes législatifs encadrant la possibilité pour les collectivités de voter le taux des impositions locales sont variés, il en existe aujourd'hui principalement deux.

En premier lieu, la liberté de fixer le taux ou le tarif d'une imposition locale peut être encadrée par une limitation opérée par un seuil inférieur et un seuil supérieur. Tel est le cadre prévu par l'article L2333-30 du CGTC pour la taxe de séjour dont le tarif ne pourra franchir, pour chaque nature et pour chaque

---

698 Ces quatre impositions sont plus connues, en raison de leur longévité, sous le nom de « quatre vieilles » : taxe d'habitation, taxe professionnelle, taxe foncière sur les propriétés bâties et taxe foncière sur les propriétés non-bâties.

699 Daniel HOEFFEL, *Projet de loi organique relatif à l'autonomie financière des collectivités territoriales*, rapport n°324, commission des Lois constitutionnelles, de législation, du suffrage universel, du Règlement et d'administration générale, Sénat, 2004, Paris, p. 10.

700 L'article 2 de la loi n° 80-10 du 10 janvier 1980 précise que les conseils des collectivités locales ne peuvent que « soit faire varier dans une même proportion les taux des quatre taxes appliqués l'année précédente ; soit faire varier librement entre eux les taux des quatre taxes, sous la réserve que celui de la taxe professionnelle ne peut excéder celui de l'année précédente corrigé de la variation du taux moyen des trois autres taxes pondéré par l'importance relative des bases de ces taxes pour l'année d'imposition. Toutefois, pour les départements et les communes, lorsque le taux de la taxe professionnelle ainsi déterminé est inférieur à la moyenne constatée pour cette taxe l'année précédente dans l'ensemble des collectivités de même nature, il peut faire l'objet d'une majoration au plus égale à 5 p. 100 de cette moyenne sans pouvoir la dépasser ».

catégorie d'hébergement, par personne et par nuitée, un « tarif plancher » et un « tarif plafond ». Par exemple, s'agissant d'un terrain de camping, le tarif de la taxe de séjour par nuitée et par personne a pour seuil inférieur 0,20 € et pour seuil supérieur 0,60 €. S'il s'agit d'un palace, les seuils de référence sont alors de 0,70 € et 4 €. Concrètement, les conseils municipaux peuvent librement moduler les tarifs à l'intérieur des seuils établis par la loi sans jamais aller au-delà ou en-deçà. Au passage, notons que la taxe de séjour[701] illustre la possibilité qu'a une collectivité locale de percevoir ou non certaines impositions créées par le législateur qui en a aussi fixé le régime juridique. Ainsi qu'il en va également, par exemple, de la taxe locale sur la publicité extérieure (article L2333-6 du CGTC) et de la taxe d'enlèvement des déchets ménagers (article 1520 du Code général des impôts), la perception de la taxe de séjour est facultative. Si l'organe délibérant de la collectivité a, en l'espèce, un choix budgétaire et politique à effectuer, il n'a en revanche aucun pouvoir de création de l'imposition. Tout au plus peut-il « librement décider de recourir à l'option fiscale que [lui] a laissée le législateur »[702].

En second lieu, le législateur peut décider d'établir un mécanisme de liaison et de plafonnement de taux comme il l'a fait s'agissant de la taxe d'habitation, de la taxe foncière sur les propriétés non-bâties, de la taxe foncière sur les propriétés non-bâties, ou encore de la cotisation foncière des entreprises[703]. En ce sens, l'article 1636 B *septies* du Code général des impôts (CGI) prévoit que « les taux des taxes foncières et de la taxe d'habitation votés par une commune ne peuvent excéder deux fois et demie le taux moyen constaté l'année précédente pour la même taxe dans l'ensemble des communes du département ou deux fois et demie le taux moyen constaté au niveau national s'il est plus élevé », tandis que « le taux de la cotisation

---

[701] Créée par une loi de 1910, la taxe de séjour est instituée à l'initiative des communes réalisant des dépenses favorisant l'accueil des touristes. D'abord prévue pour être instituée par les seules stations classées de tourisme, elle concerne aujourd'hui les communes de montagne, les communes littorales, les communes réalisant des actions de promotion touristique et, enfin les communes réalisant des actions de protection et de gestion de leurs espaces naturels. Certains auteurs voient dans cette taxe, imitée de la « *Kür Taxe* » allemande, les prémices de la prise en compte de l'environnement par la fiscalité. Voir en ce sens, Jean-Luc ALBERT, « La dimension environnementale dans l'histoire fiscale française », in *RFFP*, avril 2011, n°114, p. 14 et 15.

[702] Xavier CABANNES, « Libre administration des collectivités territoriales et pouvoir fiscal local », *op. cit.*, p. 11.

[703] La cotisation foncière des entreprises (CFE) est l'une des deux composantes de la contribution économique territoriale (CET) avec la cotisation sur la valeur ajoutée des entreprises (CVAE). Depuis 2010, la CET remplace la taxe professionnelle sur les équipements et biens mobiliers. Contrairement à cette dernière, dont elle reprend l'essentiel des règles, la CFE est basée uniquement sur les biens soumis à la taxe foncière. Cette taxe est due dans chaque commune où l'entreprise dispose de locaux et de terrains.

foncière des entreprises voté par une commune ne peut excéder deux fois le taux moyen de cette taxe constaté l'année précédente au niveau national pour l'ensemble des communes ». De même, le taux de la taxe foncière sur les propriétés bâties voté par un département « ne peut excéder deux fois et demie le taux moyen constaté l'année précédente au niveau national pour l'ensemble des départements ». Par ailleurs, les collectivités territoriales peuvent avoir la possibilité de moduler le régime de certaines impositions dès lors que le législateur a retenu cette faculté.

b. Le pouvoir fiscal résiduel des collectivités territoriales concernant la modulation du régime des impôts locaux

Concrètement, les collectivités locales peuvent, lorsque la possibilité en a été prévue par la loi, soit minorer la base d'imposition – comme c'est le cas en matière de taxe d'habitation –, soit accorder des exonérations – comme c'est le cas en matière de taxe foncière ou de cotisation foncière des entreprises. Concernant d'abord la possibilité que leur laisse le législateur de majorer l'abattement obligatoire pour charges de famille, les conseils municipaux peuvent prendre trois catégories de décisions (article 1411 du CGI). A l'abattement obligatoire pour charges de famille (fixé, pour les personnes à charge à titre exclusif ou principal à 10 % de la valeur locative moyenne des habitations de la commune pour chacune des deux premières personnes à charge et à 15 % pour chacune des suivantes), ils peuvent décider de majorer ces taux d'un ou plusieurs points sans excéder 10 points. L'abattement général facultatif à la base, que les conseils municipaux peuvent instituer, est égal à un certain pourcentage, ce pourcentage pouvant varier de 1 % à 15 % de la valeur locative moyenne des habitations de la commune. Ensuite, les conseils municipaux peuvent instituer un abattement spécial facultatif, à la base égal à un pourcentage de la valeur locative moyenne des habitations de la commune, exprimé en nombre entier, ne pouvant excéder 15 % de la valeur locative moyenne pour les contribuables de condition modeste qui occupent un logement dont la valeur locative ne dépasse pas un certain plafond. Enfin, les conseils municipaux peuvent instituer un abattement de 10 % de la valeur locative moyenne des habitations de la commune en faveur des personnes handicapées ou des contribuables occupant leur logement avec celles-ci.

La seconde technique par laquelle les collectivités peuvent agir sur le champ d'application des impositions locales est celle des exonérations. Les communes ou les établissements publics de coopération intercommunale dotés d'une fiscalité propre peuvent ainsi décider d'exonérer de la cotisation foncière des entreprises, en totalité ou en partie, certaines catégories de contribuables[704]. A l'inverse, et même si cela est plus rare, certaines exonérations prévues par le législateur s'appliquent « sauf délibération contraire de la commune ou de l'établissement public de coopération intercommunale doté d'une fiscalité propre ». Tel est le cas de l'exonération de cotisation foncière des entreprises établie au bénéfice de certains loueurs de locaux meublés (article 1459 du CGI).

De même, l'article 1383-0 B du CGI permet aux collectivités territoriales de décider d'exonérer pendant trois ans de la taxe foncière sur les propriétés bâties (à concurrence d'un taux compris entre 50 % et 100 %) les logements achevés avant le 1er janvier 1989 qui ont fait l'objet, par le propriétaire, de dépenses d'équipement supportées pour la contribution à la transition énergétique de leur habitation principale (lorsque le montant total des dépenses payées au cours de l'année qui précède la première année d'application de l'exonération est supérieur à 10 000 € par logement ou lorsque le montant total des dépenses payées au cours des trois années qui précèdent l'année d'application de l'exonération est supérieur à 15 000 € par logement). Sont ici visées toutes les dépenses ouvrant droit au crédit d'impôt sur le revenu au titre des dépenses pour la contribution à la transition énergétique de l'article 200 *quater* du CGI[705]. Enfin, l'article 1383-0 B bis du CGI réserve la possibilité aux collectivités territoriales d'exonérer de la taxe foncière sur les propriétés bâties à concurrence de 50 % ou de 100 % les constructions de logements neufs achevées à compter du 1er janvier 2009 dont le niveau élevé de performance énergétique globale est supérieur à celui qu'impose la législation en vigueur.

Toutefois, il faut bien comprendre que la mise en œuvre par la collectivité locale de ces mesures facultatives d'abattement supplémentaire en matière de taxe d'habitation ou d'exonération totale ou partielle de cotisation foncière des entreprises ou de taxe foncière relève d'un *choix* politique qui suppose aussi un *coût* politique. En effet, si les abattements ou les exonérations d'impositions locales sont de plein droit, l'Etat compense alors la perte que

[704] Sont notamment visés les caisses de crédit municipal (art. 1464 du CGI) ; les théâtres et autres spectacles (art. 1464 A) ; les médecins, auxiliaires médicaux et vétérinaires (art. 1464 D) ; les sociétés coopératives agricoles (art. 1464 E) ; les entreprises les établissements exerçant une activité commerciale ou artisanale dans une zone de revitalisation des centres villes (art. 1464 F) ; les établissements réalisant une activité de vente de livres neufs au détail labélisés « librairie indépendante » (art. 1464 I) ou encore, parce que la liste est longue, ayant pour activité principale la vente au détail de phonogrammes (art. 1464 M).

[705] Il s'agit, entre autres, des dépenses engagées pour la pose de matériaux d'isolation thermique des parois vitrées ; de matériaux d'isolation thermique des parois opaques ; d'équipements de chauffage ou de fourniture d'eau chaude sanitaire fonctionnant au bois ou autres biomasses, ou à l'énergie solaire thermique ; ou encore de pompes à chaleur.

subissent les communes par le biais d'une dotation financière[706]. Cela est bien normal, puisque cette perte de recettes fiscales pour les collectivités résulte en réalité d'un choix non pas opéré par les collectivités locales, mais par législateur. En revanche, le caractère facultatif des dispositifs d'abattement ou d'exonération permet à l'Etat d'éviter sa compensation financière – puisque c'est alors le choix de la collectivité locale –, ce qui n'encourage pas vraiment les collectivités à recourir à ce dispositif d'exonération[707]. Pointant l'illusion financière que suppose également la mise en œuvre de l'éco-fiscalité[708], Xavier Cabannes a ainsi pu observer que « si de telles dispositions vont bien évidemment dans le sens du développement de l'utilisation des énergies renouvelables, le fait que ces exonérations ne soient pas compensées financièrement par l'État peut freiner quelque peu l'ardeur de certaines collectivités à y recourir »[709]. Comme nous le voyons, l'exercice par la collectivité locale de son pouvoir fiscal, aussi résiduel soit-il, lui en coûtera en termes de recettes fiscales.

c. L'absence d'une réelle sanctuarisation des ressources des collectivités territoriales

L'illusion de l'autonomie financière locale ne tient pas qu'à l'existence d'un pouvoir fiscal résiduel des collectivités territoriales qui n'ont pas plus le pouvoir de créer l'impôt local que de le percevoir. Encore que l'on pourrait objecter que la République française connait bien des collectivités locales dotées en son sein de l'« autonomie fiscale », voire de la « souveraineté fiscale »[710]. L'on pense ici à ces collectivités d'outre-mer de l'article 74 de la Constitution, dotées d'un statut fixé par la loi organique, que sont la Polynésie française, Saint-Barthélemy, Saint-Martin, Saint-Pierre-et-Miquelon et Wallis-et-Futuna – auxquelles l'on peut ajouter la Nouvelle-Calédonie[711] – qui

---

[706] Voir, par ex., l'article L. 2335-3 du CGTC

[707] Renaud BOURGET, « Le energie rinnovabili e la finanza locale: la esperienza francese », in Giuseppe Franco Ferrari (dir.), *Energie rinnovabili e finanza locale (Una mappa internazionale)*, Carocci editore, Rome, 2014, p. 116.

[708] Renaud BOURGET, « Propos sur quelques promoteurs de la fiscalité sur l'énergie », in *Revue Européenne et Internationale de Droit Fiscal*, Bruylant, n°2016/3, p. 293.

[709] Xavier CABANNES, « Les énergies renouvelables et la fiscalité locale », in *AJCT*, 14 septembre 2010, p. 23.

[710] Cour des comptes, *Rapport public annuel 2012*, t. I, Paris, 2012, p. 112 : « La souveraineté fiscale de la Nouvelle-Calédonie et de la Polynésie française leur a permis de financer leur développement, tout en incitant les acteurs économiques à investir, dans le cadre de réglementations spécifiques ». Toutefois, Marc DEBENE (« Autonomie financière, autonomie fiscale et Autonomie de la Polynésie française », in *RFFP*, n°146, mai 2019, p. 188) considère que le terme de « souveraineté fiscale » aurait été imprudemment retenu par la Cour des comptes pour caractériser la situation en la matière de la Polynésie française.

[711] Depuis l'accord de Nouméa de mai 1998 et la révision constitutionnelle de juillet 1998, la Nouvelle-Calédonie est soumise à un statut *sui generis* et évolutif.

disposent *a priori* d'une véritable « autonomie fiscale en ce sens qu'elles ont la capacité juridique de définir et d'appliquer elles-mêmes la législation fiscale de leur choix, à la place de la législation fiscale applicable ailleurs en France »[712]. Par exemple, la Polynésie française dispose aujourd'hui d'un système fiscal autonome, c'est-à-dire d'« un ordre fiscal régi par des règles particulières regroupées dans un Code des impôts propre » constituant « ainsi un territoire fiscal indépendant du territoire fiscal de la République (ce qui permet à l'administration fiscale de préciser qu'en ce domaine, la Polynésie française est assimilable à un État étranger) nécessitant la conclusion d'une convention fiscale à l'instar de celle que la France négocie avec les autres États »[713]. L'assemblée de Polynésie française a ainsi le pouvoir de créer, par une « loi du pays »[714], des impôts et des taxes, d'en déterminer les règles de calcul et de perception, afin de doter le budget du pays des recettes nécessaires.

Naturellement, la Cour des comptes souligne que cette autonomie fiscale ultra-marine est « large » : « Elle s'étend de la création d'impôts (élaboration de la législation en matière d'assiette et de taux) aux modalités d'administration (contrôle, contentieux et recouvrement). Elle n'est, en principe, limitée que par des règles de droit qui, par leur objet spécial, sont applicables sur tout le territoire de la République et par les principes généraux du droit »[715]. C'était toutefois sans compter avec l'interprétation constructive – et restrictive – du Conseil d'Etat, qui a jugé (n°358701 et 359137, *Société Electricité de France et Société Orange*, 16 octobre 2013) qu'une collectivité d'outre-mer ne pourrait instituer un impôt spécifique qui ne se rattacherait ni

[712] Xavier CABANNES, « Libre administration des collectivités territoriales et pouvoir fiscal local », *op. cit.*, p. 16 et 17.
[713] Marc DEBENE, « Autonomie financière, autonomie fiscale et Autonomie de la Polynésie française », *op. cit.*, p. 189.
[714] Renaud BOURGET, « A propos de deux spécificités juridiques polynésiennes : les notions de "Loi du pays" et de motion constructive de renvoi budgétaire », *op. cit.*, p. 149 et s.
[715] Cour des comptes, *L'autonomie fiscale en outre-mer*, rapport public thématique, 2013, Paris, p. 17. A noter que l'exercice en outre-mer de la compétence fiscale est ancien. Le rapport précité indique que « selon les dispositions de l'article 34 de la loi du 13 avril 1900, la Nouvelle-Calédonie et la Polynésie française ont été autorisées à percevoir des recettes propres pour financer les dépenses nécessaires à leur administration. Wallis-et-Futuna a disposé de l'intégralité du pouvoir fiscal depuis l'origine du protectorat, en 1887, et pour Saint-Pierre-et-Miquelon, l'attribution de cette compétence date d'une période bien antérieure à son accession au statut de territoire d'outre-mer (TOM) en 1946. Saint-Barthélemy et Saint-Martin, anciens ports francs devenus communes du département de la Guadeloupe en 1946, n'ont, en revanche recouvré leur autonomie fiscale que depuis 2007, en devenant des collectivités d'outre-mer régies par l'article 74 de la Constitution ».

par son assiette, ni par sa finalité à l'une de ses compétences matérielles[716]. De même, si certains avaient pu penser que la Polynésie française s'était vue reconnaître par la loi organique « la compétence fiscale à titre exclusif », le Conseil constitutionnel et le Conseil d'Etat ont en décidé autrement[717].

L'autonomie fiscale des collectivités d'outre-mer peut ainsi parfois s'avérer ne pas être aussi large que le laisserait penser leur statut organique. Les collectivités territoriales de droit commun sont bien loin de bénéficier, nous l'avons compris, de l'autonomie fiscale ultra-marine. Ce d'autant moins qu'en dépit de la formule consacrée au troisième alinéa de l'article 72-2 la Constitution selon laquelle « les recettes fiscales et les autres ressources propres des collectivités territoriales représentent, pour chaque catégorie de collectivités, une part déterminante de l'ensemble de leurs ressources », celles-ci ne sont pas sanctuarisées, ou alors leur sanctuarisation n'est qu'une « légende »[718]. A vrai dire, les collectivités locales subissent à la fois les difficultés liées au démantèlement progressif de la fiscalité locale (1), ainsi que l'absence de la compensation intégrale des compétences que l'Etat leur a transférées, notamment en matière d'allocations individuelles de solidarité (2).

---

[716] Renaud BOURGET, « La taxe sur les infrastructures électriques et de télécommunication aériennes a-t-elle été instituée régulièrement par la collectivité de Saint-Barthélemy », *op. cit.*, p. 839 à 843. Ainsi, si l'article LO 6214-3 I du CGCT a opéré le transfert de compétence en matière d'énergie, il ne l'a pas fait pour la matière des télécommunications dont la compétence continue donc à être exercée à titre exclusif par l'Etat. Il fallait dès lors en déduire que si la Collectivité est compétente pour instituer une taxe portant sur les infrastructures électriques, elle ne l'est pas pour établir une taxe assise sur les infrastructures de télécommunications. En d'autres termes, la taxe litigieuse empiète sur la compétence de l'Etat en cela seulement qu'elle porte sur le réseau de télécommunications. Toutefois, le Conseil d'Etat s'est finalement prononcé en faveur de la compétence de la collectivité territoriale à instituer une taxe sur les réseaux aériens de télécommunications et d'électricité en prenant en compte non pas l'assiette, mais l'objet environnemental – à savoir l'enfouissement des lignes téléphoniques et des câbles électriques – qu'il avait cru bon d'attribuer à cette imposition, l'article LO 6214-3 du CGCT ayant donné compétence à Saint-Barthélemy tant en matière fiscale qu'environnementale.

[717] Ainsi que le relève Marc DEBENE (« Autonomie financière, autonomie fiscale et Autonomie de la Polynésie française », *op. cit.*, p. 191), « s'interrogeant sur la taxe d'aéroport créée par l'État pour financer les interventions justifiées par la sécurité qui relève de ses attributions, le Conseil d'État (n° 293542, 12 janvier 2007) puis le Conseil constitutionnel (décision 2007-1 LOM du 3 mai 2007) ont admis cette possibilité en se référant à la mission d'intérêt général qui incombe à l'État en vertu de ses compétences ».

[718] Matthieu ROUVEYRE, « L'autonomie financière des collectivités territoriales : entre fable et légende », *op. cit.*, p. 265 et 267.

d. Le démantèlement progressif de la fiscalité locale

Si l'article 72-2 de la Constitution, consacrant ainsi l'une des avancées de la loi n°80-10 du 10 janvier 1980, prévoit que la loi peut autoriser les collectivités à fixer l'assiette et le taux des impositions de toutes natures dont elles perçoivent tout ou partie du produit « dans les limites qu'elle détermine », cette précision *in fine* signifie aussi que ce que « la loi a fait, elle peut le défaire », de telle sorte que « loin de venir consacrer un pouvoir fiscal local, cette disposition, par la place centrale accordée à la loi dont [tout] part, en nie l'existence. En effet, si la Constitution donne au législateur la possibilité d'accorder en la matière une marge de manœuvre, un pouvoir de décision, aux collectivités, elle lui donne aussi, *a contrario*, la possibilité de ne leur en accorder aucune et de leur retirer les compétences dont elles disposeraient »[719]. Le législateur ne s'en est d'ailleurs pas privé depuis 1980, et bien plus encore à partir de la fin des années 1990[720]. Tant et si bien que si la part des recettes fiscales provenant des impositions dont les collectivités territoriales votent les taux représentait, jusqu'en 1998, 54 % du montant de leurs recettes totales hors emprunt, cette proportion a notablement décru depuis lors, nous allons le voir, avec la disparition de pans entiers de la fiscalité locale[721].

Parmi de nombreux exemples illustrant le démantèlement du pouvoir fiscal résiduel des collectivités locales, celui de la loi de finances pour 2010 qui a remplacé la taxe professionnelle (TP) principalement par la contribution économique territoriale (CET) -composée de la cotisation foncière des

---

[719] Xavier CABANNES, « Libre administration des collectivités territoriales et pouvoir fiscal local », *op. cit.*, p. 15.

[720] Le rapport sénatorial sur le *projet de loi organique relatif à l'autonomie financière des collectivités territoriales* (Daniel HOEFFEL, *op. cit.*, p. 14) constate qu'après la suppression, par la loi de finances pour 1993, des parts départementale et régionale de la taxe foncière sur les propriétés non bâties, furent en effet successivement décidées : « la suppression de la taxe additionnelle régionale aux droits de mutation à titre onéreux, soit plus de 10 % des recettes fiscales totales des régions, et la réduction des droits de mutation à titre onéreux des départements (article 29 de la loi de finances pour 1999) ; la suppression de la fraction de l'assiette de la taxe professionnelle assise sur les salaires, soit près d'un tiers de l'assiette de cet impôt dont le produit représente près de la moitié du produit des quatre taxes directes locales (article 44 de la loi de finances pour 1999) ; l'unification des taux départementaux des droits de mutation à titre onéreux sur les locaux d'habitation (article 9 de la loi de finances pour 2000) ; la suppression de la part régionale de la taxe d'habitation, soit près de 15 % des recettes fiscales totales des régions et 22 % du produit des quatre taxes (article 11 de la loi de finances rectificative pour 2000) ; la suppression de la taxe différentielle sur les véhicules à moteur pour les personnes physiques, les associations et les personnes morales pour les trois premiers véhicules (article 6 de la loi de finances pour 2001 et article 24 de la loi de finances pour 2002) ».

[721] Daniel HOEFFEL, *Projet de loi organique relatif à l'autonomie financière des collectivités territoriales*, *ibid.*, p. 14.

entreprises (CFE) et la cotisation sur la valeur ajoutée des entreprises (CVAE) - est significatif. Le remplacement de la TP par la CET n'étant pas financièrement suffisant, le législateur a accessoirement créé une nouvelle taxe assise sur l'énergie, l'imposition forfaitaire sur les entreprises de réseaux (IFER) (art. 1635-0 *quinquies* du CGI)[722]. Or, si les collectivités fixaient le taux de la taxe professionnelle, sous réserve du respect de l'encadrement légal des taux, elles n'ont en revanche aucune compétence pour moduler les taux de la CVAE et de l'IFER qui sont votés par le Parlement. De même, la loi de finances pour 2015 a supprimé la taxe sur les spectacles portant sur les manifestations sportives et dont le tarif, fixé par le législateur, pouvait être majoré jusqu'à 50 % par les conseils municipaux (art. 1560 du CGI). Afin de compenser la perte de recettes en résultant, le législateur a prévu un prélèvement sur les recettes de l'État et a, ce faisant, privé les communes de l'exercice en la matière de leur pouvoir résiduel. Par conséquent, ce dernier est d'autant plus faible que « le législateur peut donc redessiner les contours de la fiscalité locale, mais aussi, par voie de conséquence, les compétences fiscales des collectivités territoriales »[723]. Aux exemples de la suppression de la taxe professionnelle et de la taxe sur les spectacles portant sur les manifestations sportives, il convient d'ajouter la mise en œuvre par la loi de finances pour 2018 du projet de suppression de la taxe d'habitation ayant conduit le législateur à en dégrever 80 % de ses assujettis, qui ne la paieront plus à compter de 2020[724].

C'est d'ailleurs à l'occasion de la décision du 28 décembre 2017 sur la loi de finances pour 2018, par laquelle le Conseil constitutionnel a validé le dégrèvement de la taxe d'habitation pour 80 % de ses contribuables, que celui-ci a mené à son paroxysme, au regard du principe d'autonomie financière, la logique qu'il avait déjà retenue en 2009 à l'occasion de la suppression de la taxe professionnelle alors qu'elle était, à l'époque, le principal impôt local. A cette occasion, le Conseil constitutionnel avait jugé (décision n°2009-599 DC du 29 décembre 2009) « qu'il ne résulte ni de l'article 72-2 de la Constitution ni d'aucune autre disposition constitutionnelle que les collectivités territoriales bénéficient d'une autonomie fiscale ; que, dès lors, le grief tiré de ce que les régions perdraient le pouvoir de fixer le taux d'une de leurs ressources fiscales est inopérant » (considérant n°64).

---

722 Renaud BOURGET, « Propos sur quelques promoteurs de la fiscalité sur l'énergie », *op. cit.*, p. 292.

723 Xavier CABANNES, « Libre administration des collectivités territoriales et pouvoir fiscal local », *op. cit.*, p. 15.

724 Paul-Maxence MURGUE-VAROCLIER, « Réforme de la taxe d'habitation et autonomie financière du bloc communal », in *Gestion & Finances Publiques*, 2018/4, p. 53 à 62

Poursuivant cette orientation s'agissant, cette fois, du dégrèvement de la taxe d'habitation pour 80 % de ses contribuables, le Conseil constitutionnel, après avoir relevé, d'une part, que le dégrèvement contesté est entièrement pris en charge par l'État sur la base des taux globaux de taxe d'habitation appliqués en 2017, et que, d'autre part, il n'affecte pas l'assiette de cette taxe et ne remet pas en cause son caractère local, a considéré que les communes demeurent libres de fixer un taux de taxe d'habitation différent, auquel les bénéficiaires du dégrèvement contesté seront d'ailleurs assujettis, pour la part supérieure au taux appliqué en 2017. Il en a ainsi conclu qu'« en dépit de l'ampleur du dégrèvement, la taxe d'habitation continue de constituer une ressource propre des communes au sens de l'article 72-2 de la Constitution » (décision n° 2017-758 DC du 28 décembre 2017, considérant n°17). Le problème que pose cette jurisprudence tient à ce que les suppressions successives et récurrentes de recettes fiscales, au-delà de l'érosion du pouvoir fiscal résiduel qu'elles supposent, sont, lorsque l'on en fait l'addition, de nature à générer une perte substantielle de recettes, phénomène que le Conseil constitutionnel a toujours refusé d'examiner dans sa globalité[725].

Avec cette dernière décision, le rapport de l'Assemblée Nationale sur le projet de loi organique relatif à l'autonomie financière des collectivités territoriales note que l'on mesure « enfin le caractère futile de la notion d'autonomie financière telle qu'elle a été définie par le législateur organique de 2003 et interprétée par le Conseil constitutionnel. On mesure surtout son inefficacité à protéger les collectivités territoriales des velléités de l'État de les priver de ressources qu'elles seraient en capacité de maîtriser. Le principe d'autonomie financière n'est aujourd'hui d'aucune utilité pour empêcher, ou même ralentir, le phénomène de « décadence de l'autonomie fiscale locale » décrit par le professeur Michel Bouvier, qui ajoute que la consécration constitutionnelle de l'autonomie financière des collectivités n'a été « qu'un rendez-vous manqué, une illusion »[726].

Comme le résume Xavier Cabannes, « dès lors que la Constitution nie, à l'article 34, aux collectivités territoriales en matière fiscale tout pouvoir normatif primaire et laisse, à l'article 72-2, au législateur la possibilité, en matière fiscale, de leur accorder ou non des compétences voire de les leur retirer, il n'existe pas un pouvoir fiscal local, mais seulement des compétences mises en œuvre en matière fiscale »[727]. D'un point de vue quantitatif, les

725 Mathieu CONAN et Raymond MUZELLEC, *Finances locales*, *op. cit.*, p. 9.

726 Christophe JERRETIE et Charles de COURSON (co-rapporteurs), *Mission flash sur la réforme des institutions*, *op. cit.*, p. 63. Voir aussi Michel BOUVIER, *Les finances locales*, 17e éd., LGDJ, Paris, 2018, p. 31 et 32.

727 Xavier CABANNES, « Libre administration des collectivités territoriales et pouvoir fiscal local », *op. cit.*, p. 16.

recettes fiscales des collectivités territoriales ont été amputées, si l'on s'en tient à la seule période allant de 1997 à 2002, de 15 milliards d'euros, la part des recettes propres dans l'ensemble des ressources des collectivités territoriales passant, entre 1998 et 2002, de 61,5 % à 56,6 % pour les communes et leurs groupements, de 67,2 % à 58,4 % pour les départements, et de 59,9 % à 38,1 % pour les régions[728]. L'exemple le plus significatif de l'érosion de l'autonomie fiscale locale est celui des régions, puisque, si elles bénéficient bien du produit de plusieurs impositions – taxe intérieure de consommation sur les produits énergétiques, CVAE et IFER –, celles-ci n'ont pratiquement plus aucun pouvoir de décision sur ces ressources fiscales. Ne bénéficiant plus du produit des taxes foncières, les régions, avec le remplacement de la taxe professionnelle par la contribution économique territoriale (CET), n'ont plus aucun pouvoir résiduel en matière de fiscalité directe locale. Tout au plus peuvent-elles encore voter le taux de la taxe sur les cartes grise dont le produit est dérisoire. L'on mesure alors la réalité de la soi-disant « autonomie financière locale » en observant qu'« une collectivité aussi emblématique de l'idée de décentralisation en France que l'est la région est considérée comme s'administrant librement alors qu'elle ne vote plus le moindre taux d'un impôt direct »[729]. Et avec la suppression annoncée de la taxe d'habitation, le sort des communes, quant à l'étendue de leur compétence fiscale, risque, à terme, de se rapprocher de celui des régions.

En définitive, la disparition des compétences fiscales régionales illustre parfaitement que l'absence d'un hypothétique principe d'autonomie fiscale des collectivités territoriales n'est pas contraire au principe de l'autonomie financière, puisqu'il suffit alors que l'Etat assume les éléments de fiscalité directe locale supprimés sous la forme de compensation pour les pertes de recettes fiscales, que celles-ci résultent de la suppression d'impositions locales ou bien d'exonération. Si la compensation financière opère, la recette que perçoit alors la collectivité n'est plus de nature fiscale, de telle sorte qu'elle n'en maîtrise plus l'évolution. La situation financière des collectivités locales risque de se dégrader d'autant plus que leurs finances pâtissent également de l'absence de la compensation intégrale des compétences que l'Etat leur a transférées, notamment en matière d'allocations individuelles de solidarité.

---

[728] Daniel HOEFFEL, *Projet de loi organique relatif à l'autonomie financière des collectivités territoriales*, *op. cit.*, p. 15.

[729] Jean-François MONTEILS, « L'autonomie financière des collectivités territoriales : un oxymore juridique », *op. cit.*, p. 263.

e. L'absence de la compensation intégrale des compétences transférées par l'Etat

Le principe de la compensation financière des transferts de compétences n'a pas vu le jour avec l'acte II de la décentralisation et sa consécration au quatrième alinéa de l'article 72-2 de la Constitution. On le retrouvait déjà, certes avec une valeur législative, à l'article L1614-1 du CGTC qui dispose actuellement que « tout accroissement net de charges résultant des transferts de compétences effectués entre l'Etat et les collectivités territoriales est accompagné du transfert concomitant par l'Etat aux collectivités territoriales ou à leurs groupements des ressources nécessaires à l'exercice normal de ces compétences. Ces ressources sont équivalentes aux dépenses effectuées, à la date du transfert, par l'Etat au titre des compétences transférées et évoluent chaque année, dès la première année, comme la dotation globale de fonctionnement. Elles assurent la compensation intégrale des charges transférées ». Le législateur prévoit aussi que les charges résultant du transfert de compétences sont compensées par le transfert d'impôts d'Etat, par les ressources du fonds de compensation de la fiscalité transférée et, pour le solde, par l'attribution d'une dotation générale de décentralisation (art. L1614-4 du CGTC). Si quelques impôts d'Etat ont bien été initialement transférés, ce sont pourtant les dotations qui ont été privilégiées comme mode de compensation financière, celles-là mêmes dont le montant baisse depuis 2012 afin de satisfaire « l'objectif d'équilibre des comptes des administrations publiques » inscrit à l'article 34 de la Constitution, permettant ainsi l'amélioration artificielle, nous l'avons vu, des ratios d'autonomie financière locale. S'évertuant d'en restreindre le montant, l'Etat se voit ainsi accusé de « "spolier" les collectivités territoriales placées dans l'obligation d'assurer le financement de charges qu'elles considèrent comme indues »[730].

Cela a particulièrement été le cas pour les charges sociales des départements. De même, les dépenses des collectivités en matière de collèges et lycées, ou de transport ferroviaire ont augmenté de manière exponentielle tant il a fallu – et il le faut encore – combler des retards dus à des politiques publiques d'investissement largement insuffisantes. Et cela sans que les dotations afférentes ne tiennent compte de ces besoins de mise à niveau ou de rattrapage, de sorte que l'effort qu'elles ont consenti est allé bien au-delà des compensations versées par l'Etat[731]. Aussi, dès 2000, la mission d'information

---

[730] Mathieu CONAN et Raymond MUZELLECc, *Finances locales*, *op. cit.*, p. 12.

[731] Jean-Pierre BRUNEL, *L'avenir de l'autonomie financière des collectivités locales*, t. II, Conseil économique et social, Paris, 2001, p. 47. Le rapporteur note ainsi pour les départements, alors que les dépenses d'investissement des collèges sont passées de 945,18 millions d'euros (1990) à 1,37 milliard d'euros (1994), puis 1,52 milliard d'euros (1999), la dotation départementale d'équipement des collèges est passée de 222,58 millions d'euros (1994) à 260,69 millions d'euros (1999). Pour les régions, les dépenses d'investissement des

du Sénat chargée de dresser le bilan de la décentralisation soulignait-elle que la part des dépenses liées aux transferts de compétences dans les dépenses totales des collectivités territoriales était passée, entre 1987 et 1996, de 13,5 % à 17,8 %, tandis que la part des ressources transférées à ce titre dans leurs ressources totales avait chuté de 9,5 % à 8,3 %[732]. Ce phénomène concerne principalement les budgets des départements dont l'action sociale, en raison des transferts opérés par l'Etat, n'a cessé de croître.

En cette matière, la création de l'allocation personnalisée d'autonomie s'est apparentée à une extension, non compensée, des compétences dévolues aux départements lors de la création de la prestation spécifique dépendance. Comme le relève le sénateur Hoeffel, si le coût de ce dispositif institué par la loi n°2001-647 du 20 juillet 2001 était initialement estimé à 2,53 milliards d'euros, l'Etat devait en assumer une partie – 930 millions d'euros – par le biais du fonds de financement de l'allocation personnalisée d'autonomie, tandis que les départements devaient financer le solde en réaffectant les sommes précédemment consacrées à la prestation spécifique dépendance, d'un montant de 1,1 milliard d'euros, et en dégageant des ressources nouvelles estimées à 500 millions d'euros. Toutefois, le surcoût mis la charge des départements s'est avéré bien plus lourd : « les dépenses d'aide sociale inscrites aux budgets primitifs au titre de l'allocation personnalisée d'autonomie ont augmenté, en moyenne, de 10,5 % en 2002 puis de 90 % en 2003. La plupart des conseils généraux ont été contraints, en conséquence, d'augmenter significativement leurs taux d'imposition, après plusieurs années d'évolution très modérée de la fiscalité départementale »[733].

Face au poids croissant de l'action sociale dans leurs budgets, les départements ont entendu, après la révision constitutionnelle de 2008, faire respecter le principe de leur autonomie financière en soulevant des questions prioritaires de constitutionnalité dans des contentieux concernant aussi bien le revenu de solidarité active (RSA) que la prestation de compensation du handicap (PCH) et l'allocation personnalisée d'autonomie (APA). Concrètement, les départements ont alors contesté, en se fondant sur le quatrième alinéa de l'article 72-2 de la Constitution, l'absence de compensation intégrale des coûts induits par le financement de ces aides, ainsi que l'absence d'évolution dans le temps de cette compensation. Toutefois, le

---

lycées se situaient à 2,13 milliards d'euros (1994) et 2,13 milliards d'euros (1999), tandis que la dotation régionale d'équipement scolaire s'élevait à 449,72 millions (1994) et 524,42 millions d'euros (1999).

[732] Michel MERCIER, *Bilan de la décentralisation*, rapport n°447, Mission commune d'information, t. 1, Sénat, Paris, 2000, p. 243.

[733] Daniel HOEFFEL, *Projet de loi organique relatif à l'autonomie financière des collectivités territoriales*, *op. cit.*., p. 12.

Conseil constitutionnel procédant à une interprétation restrictive de l'article 72-2 de la Constitution, a rendu des décisions qui « se sont avérées décevantes pour la protection de l'autonomie financière des collectivités »[734].

À propos de la portée de l'obligation de compensation des transferts de compétence, les co-rapporteurs de la mission sur l'*Autonomie financière des collectivités territoriales* (rapport n°912) ont relevé que « le Conseil a lu aussi strictement qu'il lui était possible l'alinéa 3 de l'article 72-2, en jugeant que la compensation n'a pas à être intégrale – une simple équivalence [entre] la ressource précédemment employée et (...) celle attribuée en compensation suffit – ni glissante – il n'est pas obligatoire de prévoir une actualisation. La seule limite à ne pas dépasser dans l'absence d'actualisation de la compensation serait le cas où l'évolution de la dépense serait telle qu'elle finirait par entraver la libre administration »[735]. Il s'ensuit qu'en dépit de glissements parfois très conséquents entre la dépense constatée au moment du transfert et la dépense à la charge des collectivités quelques années plus tard, le Conseil constitutionnel « n'a jamais franchi le pas de constater une méconnaissance du principe d'autonomie financière ou du principe de libre administration »[736]. Ainsi, le Conseil a estimé, à propos du revenu minimum d'insertion (RMI) et du revenu minimum d'activité (RMA), que « "l'effet de ciseaux" entre les dépenses transférées qui ont augmenté à un rythme élevé et les ressources de TIPP allouées aux départements qui ont crû à un rythme plus faible »[737], aboutissant chaque année à un reste à charge pour les départements de l'ordre d'un milliard d'euros, n'avait pas pour effet de méconnaître le quatrième alinéa de l'article 72-2 de la Constitution, ni davantage de dénaturer le principe de libre administration des départements (décision n°2011-142/145 QPC du 30 juin 2011, considérant n°27).

Par ailleurs, le législateur a distingué les « transferts de compétences » (art. L1614-1 du CGTC) de la « création ou extension de compétence ayant pour conséquence d'augmenter les charges des collectivités territoriales » (art. L1614-1-1 du CGTC). Si le transfert de compétence s'accompagne du transfert de « ressources équivalentes aux dépenses effectuées », la création ou l'extension de compétence s'accompagne en revanche « des ressources nécessaires déterminées par la loi », sur lesquelles les collectivités territoriales n'auront aucune maîtrise. Cela laisse donc « un grand pouvoir d'appréciation

---

[734] Virginie DONIER, « Les départements et les compétences sociales », in *Revue Française de Droit Administratif*, 2016, p. 474.

[735] Christophe JERRETIE et Charles de COURSON (co-rapporteurs), *Mission flash sur la réforme des institutions*, *op. cit.*, p. 65.

[736] *Ibidem.*

[737] Conseil constitutionnel, « commentaire de la décision n°2011-142/145 QPC du 30 juin 2011 », Paris, 2011, p. 5.

au législateur et les collectivités une nouvelle fois ne trouvent aucun secours après du Conseil constitutionnel »[738]. Dès lors, il n'est pas exagéré de voir dans le principe constitutionnel de compensation financière de transfert de charges non seulement un principe inefficace, mais encore une nouvelle « illusion financière », une « notion virtuelle » ou un « mythe »[739]. D'ailleurs, si les transferts non intégralement compensés de compétences sont venus contraindre les budgets des collectivités locales, manifestant ainsi leur absence de réelle autonomie financière, celle-ci se manifeste également par l'encadrement de leur dépense.

II. L'illusion du pouvoir budgétaire des collectivités locales concernant leurs dépenses

L'autonomie financière des collectivités locales, si elle était réelle, supposerait un pouvoir de décision ou, à tout le moins, de gestion sur les recettes qu'elles perçoivent. Elle supposerait également une « autonomie de la dépense », entendue comme l'autonomie du pouvoir de dépenser. Or, si nous savons maintenant que la première est toute relative, il s'agit maintenant de constater qu'il en va de même s'agissant de la seconde. Tout d'abord, l'on pourrait ici évoquer les cas d'ouverture du contrôle des budgets locaux. En effet, si la loi 2 mars 1982 relative aux droits et libertés des communes, des départements et des régions a remplacé la tutelle qu'exerçait *a priori* le préfet sur les actes des collectivités, rendant ces derniers directement exécutoires dès leur transmission à l'autorité préfectorale – celle-ci exerce depuis lors le contrôle de légalité *a posteriori* –, la loi a maintenu et développé une tutelle financière spécifique exercée en *tandem* par le préfet et la chambre régionale des comptes. Si, avec les Actes I et II de la décentralisation, des transferts de compétences non intégralement financés par l'Etat sont venus restreindre d'autant la marge de manœuvre des collectivités locales s'agissant de leur pouvoir de dépenser librement, le pouvoir de décision budgétaire est donc également contraint en cas d'ouverture du contrôle budgétaire (A), et aussi lorsque l'Etat, par le mécanisme improprement qualifié de « contractualisation », impose aux collectivités territoriales de limiter leurs dépenses en modulant certaines dotations en fonction du respect ou non des engagements qu'elles ont pris au nom de leur participation à « l'objectif d'équilibre des comptes des administrations publiques », désormais inscrit à l'article 34 de la Constitution (B).

---

738 Matthieu ROUVEYRE, « L'autonomie financière des collectivités territoriales : entre fable et légende », *op. cit.*, p. 269.

739 Alain PARIENTE, « le mythe de l'autonomie financière », in *RFFP*, n°129, février 2015, p. 15 et 18.

A. L'encadrement légal du pouvoir budgétaire concernant le vote du budget local et les dépenses obligatoires

Le premier cas d'ouverture du contrôle budgétaire, défini par l'article 7 de la loi n°82-213 du 2 mars 1982, et aujourd'hui inscrit à l'article L. 1612-2 du CGTC, vise le cas du budget non voté dans le délai légal par la collectivité. Si le budget n'est pas adopté avant le 15 avril de l'exercice auquel il s'applique, ou avant le 30 avril de l'année du renouvellement des organes délibérants, le représentant de l'Etat dans le département saisit sans délai la chambre régionale des comptes qui, dans le mois, et par un avis public, formule des propositions pour le règlement du budget. Le représentant de l'Etat règle alors le budget et le rend exécutoire. Le préfet peut s'écarter des propositions de la chambre régionale des comptes, mais il doit alors assortir sa décision d'une motivation explicite. Les effets d'une saisine préfectorale de la chambre régionale des comptes sont importants puisqu'elle donne lieu à une suspension expresse du pouvoir budgétaire de la collectivité concernée, et partant à la mise en œuvre d'une substitution d'action[740].

Le second cas d'ouverture du contrôle budgétaire est celui du vote d'un budget local qui ne respecte pas la règle de l'équilibre réel posée et définie par l'article L.1612-4 du CGTC. La collectivité s'expose alors à une saisine de la chambre régionale des comptes par le préfet et, par suite, à la procédure de rétablissement du budget. Toutefois, contrairement au premier cas – celui du vote du budget hors délai –, il n'y a pas de suspension expresse des pouvoirs budgétaire de la collectivité, ni une substitution d'action à la faveur du préfet. La chambre régionale des comptes, saisie par le préfet, constate alors le déséquilibre et propose à la collectivité territoriale, dans un délai de trente jours à compter de la saisine, les mesures nécessaires au rétablissement de l'équilibre budgétaire et demande à l'organe délibérant une nouvelle délibération (art. L1612-5). La nouvelle délibération, rectifiant le budget initial, doit intervenir dans un délai d'un mois à partir de la communication des propositions de la chambre régionale des comptes. Si l'organe délibérant ne s'est pas prononcé dans le délai prescrit, ou si la délibération prise ne comporte pas de mesures de redressement jugées suffisantes par la chambre régionale des comptes, qui se prononce sur ce point dans un délai de quinze jours à partir de la transmission de la nouvelle délibération, le budget est réglé et rendu exécutoire par le représentant de l'Etat dans le département. Le préfet peut aussi s'écarter des propositions formulées par la chambre régionale des comptes dès lors qu'il assortit sa décision d'une motivation explicite.

---

740 Le 2ème alinéa de l'article L. 1612-2 prévoit en effet qu'« à compter de la saisine de la chambre régionale des comptes et jusqu'au règlement du budget par le représentant de l'Etat, l'organe délibérant ne peut adopter de délibération sur le budget de l'exercice en cours ».

Le troisième cas d'ouverture du contrôle budgétaire est prévu par l'article 9 de la loi du 2 mars 1982 précitée, aujourd'hui repris aux articles L.1612-12 à L.1612-14 du CGTC, et vise le cas de l'absence d'équilibre réel du budget exécuté, c'est-à-dire du compte administratif. L'arrêté des comptes de la collectivité territoriale est constitué par le vote de l'organe délibérant sur le compte administratif présenté selon le cas par le maire, le président du conseil départemental ou le président du conseil régional, après transmission, au plus tard le 1er juin de l'année suivant l'exercice, du compte de gestion établi par le comptable de la collectivité territoriale. Le vote de l'organe délibérant arrêtant les comptes doit intervenir au plus tard le 30 juin de l'année suivant l'exercice (art. L1612-12). Lorsque l'arrêté des comptes des collectivités territoriales fait apparaître dans l'exécution du budget un déficit égal ou supérieur à 10 % des recettes de la section de fonctionnement s'il s'agit d'une commune de moins de 20.000 habitants et à 5 % dans les autres cas, la chambre régionale des comptes, saisie par le préfet, propose à la collectivité territoriale les mesures nécessaires au rétablissement de l'équilibre budgétaire, dans le délai d'un mois à compter de cette saisine (alinéa 1er de l'article L1612-14). Si, lors de l'examen de ce budget primitif, la chambre régionale des comptes constate que la collectivité n'a pas pris de mesures suffisantes pour résorber ce déficit, elle propose les mesures nécessaires au préfet dans le département dans un délai d'un mois à partir de la transmission prévue à l'alinéa précédent. Le préfet règle le budget et le rend exécutoire. S'il s'écarte des propositions formulées par la chambre régionale des comptes, il doit, une nouvelle fois, s'en justifier (alinéa 3e de l'article L1612-14).

Néanmoins, l'hypothèse qui est la plus significative de l'absence d'un réel pouvoir de dépense est celle du défaut d'inscription ou de mandatement d'une dépense obligatoire défini aux articles L.1612-15 et L.1612-16 du CGTC qui reprennent le dispositif prévu par les articles 11 et 12 de la loi du 2 mars 1982. S'agissant du budget communal, sont ainsi concernées, par exemple, les dépenses de fonctionnement des écoles primaires sous contrat d'association de l'enseignement privé. La chambre régionale des comptes saisie, soit par le représentant de l'Etat dans le département, soit par le comptable public concerné, soit par toute personne y ayant intérêt, constate qu'une dépense obligatoire n'a pas été inscrite au budget ou l'a été pour une somme insuffisante. Elle opère cette constatation dans le délai d'un mois à partir de sa saisine et adresse une mise en demeure à la collectivité territoriale concernée (2e alinéa de l'article L.1612-15). Si, dans un délai d'un mois, cette mise en demeure n'est pas suivie d'effet, la chambre régionale des comptes demande au représentant de l'Etat d'inscrire cette dépense au budget et propose, s'il y a lieu, la création de ressources ou la diminution de dépenses facultatives destinées à couvrir la dépense obligatoire. Le préfet règle et rend exécutoire le budget rectifié en conséquence, et s'il s'écarte des propositions formulées par la chambre régionale des comptes, il assortit sa décision d'une motivation explicite (2e alinéa de l'article L.1612-15). Enfin, à défaut de mandatement d'une dépense obligatoire par le maire, le président du conseil départemental ou le président du conseil régional suivant le cas, dans le mois suivant la mise en demeure qui lui en a été faite par le représentant de l'Etat dans le département, celui-ci y procède d'office (art. L.1612-15).

Il est à noter que pour les seules communes, ces dépenses obligatoires représentent une liste non limitative de trente-quatre cas (art. L2321-2 du CGTC) allant des dépenses de services publics – tels que les frais de livrets de famille, clôture des cimetières ou dépenses d'éducation nationale – aux dépenses de personnel – comme les frais de rémunération des agents municipaux, les frais du personnel de la police municipale et rurale ou les dépenses de personnel et de matériel relatives au service d'incendie et de secours. Force est alors d'admettre que « la contrainte est très lourde et l'autonomie du pouvoir budgétaire plus limitée qu'il n'y paraît. On risque d'ailleurs de le voir de plus en plus sous la contrainte des disciplines européennes du Traité de mars 2012 »[741]. Voilà, s'il était encore besoin de le démontrer, l'existence d'une nouvelle illusion financière, concernant cette fois-ci la limitation du pouvoir budgétaire des collectivités locales ; limitation qui a fait écrire à certains que l'acte I de la décentralisation a contribué « dans les faits à une nouvelle "tutelle" financière sur les collectivités locales, celle des chambres régionales des comptes, terrorisant les élus locaux par la redécouverte de la gestion de fait et de l'ingérence. Inégalité, compatibilité de fait, responsabilité pécuniaire personnelle, condamnation pénale [rythment] la vie quotidienne des décideurs locaux, faisant la joie des cabinets d'audit »[742]. Si la tutelle financière en général, et l'imposition de dépenses obligatoires viennent restreindre le pouvoir de dépense des collectivités locales, ce phénomène est aussi accru par la mise en place du mécanisme dit de « contractualisation » visant à obliger certaines collectivités locales à réduire leur niveau de dépenses.

B. L'encadrement légal du niveau de dépenses locales par la contractualisation

L'Etat entend imposer aux collectivités territoriales de participer à « l'objectif d'équilibre des comptes des administrations publiques » de l'article 34 de la Constitution, dans un cadre financier que l'on sait contraint puisqu'il nie très largement l'autonomie financière locale qui semblait pourtant s'imposer à la simple lecture de la lettre de l'article 72-2 de la

---

741 Jean-Claude MARTINEZ, « Critique de la déraison pure. L'autonomie financière territorial », *op. cit.*, p. 42.
742 François WAGNER, « Rapport de synthèse », in J.-C. MARTINEZ (dir.), *L'autonomie financière territoriale*, *op. cit.*, p. 642.

Constitution issu de la loi constitutionnelle du 28 mars 2003. Pour ce faire, les lois de programmation pluriannuelles des finances publiques comprennent des dispositions prévoyant des objectifs en matière de maîtrise par les collectivités territoriales de leurs dépenses. C'est ce qu'ont fait l'article 11 de la loi n°2014-1653 du 29 décembre 2014 de programmation des finances publiques pour les années 2014 à 2019, en créant l'« objectif d'évolution de la dépense publique locale », puis l'article 29 de la loi n°2018-32 du 22 janvier 2018 de programmation des finances publiques pour les années 2018 à 2022, en créant un régime de contractualisation financière entre l'État et les plus grandes collectivités[743].

Les modalités de contribution des collectivités locales à l'effort de réduction des dépenses publiques et du déficit public, figurant à l'article 29 de la loi n°2018-32 du 22 janvier 2018, prévoient la conclusion de « contrats » entre les préfets et les plus importantes collectivités locales. Il convient tout d'abord de vérifier s'il s'agit bien de contrat au sens du Code civil, dont l'article 1101 prévoit qu'il est « un accord de volontés entre deux ou plusieurs personnes destiné à créer, modifier, transmettre ou éteindre des obligations », en sachant que l'article suivant précise que « chacun est libre de contracter ou de ne pas contracter, de choisir son cocontractant et de déterminer le contenu et la forme du contrat dans les limites fixées par la loi ». Lorsque que l'on examine les premiers projets de contrat, l'on y trouve bien l'intitulé de « contrat » entre l'Etat et la collectivité concernée, ou encore l'indication de sa durée[744]. En revanche, lorsque l'on parcourt les obligations, il est frappant de voir que celles-ci pèsent exclusivement sur la collectivité signataire qui s'engage à améliorer ses ratios financiers[745]. Si dans les premiers contrats les sanctions n'étaient pas rappelées, elles figurent toutefois dans les délibérations autorisant le président de la collectivité à conclure les contrats. Ces sanctions figurent au V de l'article 29 de la loi n°2018-32 du 22 janvier 2018[746]. Et le

---

[743] L'article 29 de la loi n°2018-32 du 22 janvier 2018 énonce ainsi que « I. - Des contrats conclus à l'issue d'un dialogue entre le représentant de l'Etat et les régions, la collectivité de Corse, les collectivités territoriales de Martinique et de Guyane, les départements et la métropole de Lyon ont pour objet de consolider leur capacité d'autofinancement et d'organiser leur contribution à la réduction des dépenses publiques et du déficit public. Des contrats de même nature sont conclus entre le représentant de l'Etat, les communes et les établissements publics de coopération intercommunale à fiscalité propre dont les dépenses réelles de fonctionnement constatées dans le compte de gestion du budget principal au titre de l'année 2016 sont supérieures à 60 millions d'euros ».

[744] Matthieu ROUVEYRE, « L'autonomie financière des collectivités territoriales : entre fable et légende », *op. cit.*,p. 266.

[745] *Ibid.*, p. 267.

[746] L'article 29 V de la loi n°2018-32 du 22 janvier 2018 énoncent ainsi qu'« à compter de 2018, il est constaté chaque année la différence entre le niveau des dépenses réelles de fonctionnement exécuté par la collectivité territoriale ou l'établissement et l'objectif annuel

même article de préciser que ces collectivités et établissements se voient appliquer une reprise financière de 100 % du dépassement constaté si l'évolution de leurs dépenses réelles de fonctionnement dépasse le niveau arrêté. Autrement dit, le refus de la contractualisation sera assorti d'une reprise financière conséquente.

Contrairement à ce que pourrait laisser entendre le recours au terme de « contractualisation » et de « contrat », force est de constater que les collectivités concernées « ont un choix assez simple : soit elles contractualisent, soit elles sont punies. Le consentement à la contractualisation est sinon inexistant, à tout le moins extrêmement limité »[747]. Voilà une nouvelle illusion manifestant le recours du législateur au nominalisme juridique. En ce sens, Jean-Marie Pontier relève que l'appellation « contrat » ne signifie « pas obligatoirement qu'il y a contrat au sens juridique du terme. Les pouvoirs ont largement usé et abusé du terme "contrat". Dans le cadre de ce qui avait été appelé l'économie concertée, dans les années [1960], les pouvoirs publics avaient inventé de nouveaux termes, comme par exemple ceux de "contrats de progrès" ou "contrats de programme". Le juge administratif, saisi à plusieurs reprises, avait eu l'occasion de préciser qu'il ne s'agissait pas de contrats, mais d'actes unilatéraux. Ces actes avaient été pris après une procédure de concertation, mais ils demeuraient des actes unilatéraux et l'État pouvait les modifier unilatéralement »[748]. Il s'ensuit, affirme Jean-Marie Pontier, que la contractualisation est plus « un mode de relation entre les personnes publiques que la manifestation de volontés concordantes de passer des contrats. Elle est l'expression d'un para-contractuel plus que du contractuel proprement dit ». La technique de contractualisation entre l'Etat et les collectivités locales ne signifie donc pas, nous l'avons compris, « relation contractuelle entre sujets de droit » au sens de la théorie générale des obligations ou du fameux « *vinculum iuris* » du droit romain[749].

---

de dépenses fixé dans le contrat. Cette différence est appréciée sur la base des derniers comptes de gestion disponibles. Dans le cas où cette différence est supérieure à 0, il est appliqué une reprise financière dont le montant est égal à 75% de l'écart constaté. Le montant de cette reprise ne peut excéder 2% des recettes réelles de fonctionnement du budget principal de l'année considérée »

[747] Matthieu ROUVEYRE, « L'autonomie financière des collectivités territoriales : entre fable et légende », op. cit.,p. 267.

[748] Jean-Marie PONTIER, « Contractualisation et libre administration », in *Revue Française de Droit Administratif*, 2018, p. 201.

[749] Sur cette notion voir Renaud BOURGET, *La science juridique et le droit financier et fiscal, op. cit.*, notamment n°487 à 489, p. 402 et 403.

Dans la jurisprudence judiciaire, est apparu un « lien d'allégeance » prenant la forme d'une « autonomie dans la subordination » et d'une « dépendance dans l'autonomie »[750], que le fameux arrêt « *Ile de la tentation* » - par lequel la Cour de cassation a requalifié, en 2009, la participation à une émission dite de téléréalité en contrat de travail, illustre bien. De la même manière, le phénomène de contractualisation manifeste, lui aussi, l'autonomie financière de collectivités locales *subordonnées*. Et cela n'est pas surprenant pour une double raison. D'une part, les transformations matérielles de la relation de travail constituent « depuis l'ère industrielle la matrice des autres formes de gouvernement ». En matière de droit du travail, Alain Supiot a identifié que la mobilisation de l'employé par « l'autonomie dans la subordination » implique que l'employeur puisse à tout moment mesurer et évaluer son « fonctionnement ». Les objectifs assignés au subordonné sont ainsi « rendus indissociables d'indicateurs chiffrés – définis de manière hétéronome – qui mesure la performance »[751]. Cela vaut pareillement pour la contractualisation, qui impose aux collectivités locales, par leur asservissement à des « indicateurs objectifs », une réduction de leur niveau de dépenses afin de contribuer à « l'objectif d'équilibre des comptes des administrations publiques » (art. 34 de la Constitution). Avec cette recherche de la performance gestionnaire, la contractualisation devient une fin en soi. Cela n'est encore guère surprenant si l'on y ajoute que la contractualisation est une notion extérieure à la libre administration des collectivités locales : « La contractualisation a peut-être été favorisée par la libre administration, elle n'est pas née d'elle, elle ne dépend pas d'elle, elle existe indépendamment d'elle. (…) Ces contrats n'ont jamais été pensés en fonction de la libre administration, ils ne sont pas une application de la libre administration, et pour cause, est-on tenté de dire : ces contrats sont, en vertu de la loi elle-même – loi n°82-653 du 29 juillet 1982 relative à la réforme de la planification – des contrats d'application du plan de la nation. On se trouve même, en quelque sorte, aux antipodes de la libre administration, puisque ces contrats n'expriment pas les préférences ou les politiques des collectivités territoriales – en l'espèce les régions –, mais celles de l'État. Il est demandé aux régions par ces contrats, de la part de l'État, qu'elles contribuent à la réalisation d'objectifs nationaux, définis par l'État »[752].

---

[750] Alain SUPIOT, *la Gouvernance par les nombres (Cours au Collège de France)*, *op. cit.*, p. 335.

[751] *Ibid.*, p. 412. Sur l'idéologie sous-tendant une conception soi-disant « non-autoritaire » de ce type de management où « il appartient au supérieur hiérarchique d'assurer la direction (*Führung*) du domaine délégué à son collaborateur. Le point essentiel de cette direction consiste dans le contrôle », voir Olivier JOUANJAN, *Justifier l'injustifiable. L'ordre du discours juridique nazi*, col. Léviathan, PUF, Paris, 2017, p. 291 à 297, et notamment p. 292 d'où est extrait le passage précité.

[752] Jean-Marie PONTIER, « Contractualisation et libre administration », *op. cit.*, p. 201.

En raison de l'absence de relation axiomatique entre la notion de contractualisation et le principe de libre administration, l'on comprend mieux pourquoi le Conseil constitutionnel n'a pas censuré la première au nom de la seconde. Aussi a-t-il jugé que par l'instauration de ce mécanisme, le « législateur n'a pas porté à la libre administration des collectivités territoriales une atteinte d'une gravité telle que seraient méconnus les articles 72 et 72-2 de la Constitution » (Décision n°2017-760 DC du 18 janvier 2018, considérant n°16). Ce faisant, l'illusion financière que suppose ce mouvement de contractualisation imposée aux collectivités locales n'en est que plus aboutie : « Où est la libre administration des collectivités territoriales quand elles n'ont pas d'autres choix que de contractualiser avec l'Etat ? Où est la libre disposition de leurs ressources consacrée par l'alinéa 1 de l'article 72-2 lorsqu'elles sont contraintes de limiter dans les conditions fixées par l'Etat leurs dépenses ? »[753]. Cette contractualisation limite d'autant plus leur autonomie financière qu'il n'est pas de dépenses d'investissement qui ne génère pas de dépenses de fonctionnement. Par exemple, la construction d'une infrastructure scolaire, sportive ou culturelle va inévitablement nécessiter l'embauche de personnel pour son exploitation, son entretien, et sa sécurité. Force est ainsi de reconnaître que l'autonomie financière locale est réduite à bien peu de choses si les collectivités territoriales ne disposent d'aucun réel pouvoir financier tant sur leurs ressources que sur leurs dépenses.

III. Les raisons inavouées de l'illusion de l'autonomie financière locale

L'érosion du pouvoir de décision des collectivités territoriales concernant le vote des taux des impositions locales, et plus largement le démantèlement progressif de la fiscalité locale, la non-compensation intégrale des transferts de compétence et, enfin, la contractualisation qu'impose l'Etat en vue d'obtenir la réduction de la dépense publiques locales, sont autant de phénomènes qui viennent annihiler tant le principe de libre administration de l'article 72-2 de la Constitution, que le principe d'autonomie financière, qu'un esprit un peu ingénu aurait cru déceler à l'article 72-2 du même texte. Après tout, s'il y a une énième réforme à faire à la lumière de cette réalité financière contrainte, ce serait plutôt celle consistant à adapter la *lex data* à *lex ferenda* ainsi décrite. Aussi, d'aucuns ont-ils proposé de supprimer l'adverbe « librement » de l'alinéa 1er de l'article 72-2 de la Constitution (« *Les collectivités territoriales bénéficient de ressources dont elles peuvent disposer dans les conditions fixées par la loi* »), et du 3e alinéa de l'article 72 (« *Dans les conditions prévues par la loi, ces collectivités s'administrent par des conseils élus et disposent d'un pouvoir réglementaire pour l'exercice de leurs compétences* »).

---

753 Matthieu ROUVEYRE, « L'autonomie financière des collectivités territoriales : entre fable et légende », *op. cit.*,p. 267.

Si certains verront, dans la précédente proposition, de l'ironie, et d'autres, à n'en pas douter, une position réaliste ou pragmatique, y compris du point de vue de l'expérience de la décentralisation que connaît la France à partir du début des années 1980, ainsi que de l'efficacité gestionnaire que l'ensemble des promoteurs du processus de décentralisation n'a cessé de proclamer depuis lors. En effet, à l'ère des contraintes et disciplines budgétaires néolibérales de l'Union européenne – consacrées dès le Traité de Maastricht de 1992, puis par le Pacte de stabilité et de croissance de 1997, et enfin par le Traité sur la stabilité la coordination et la gouvernance de 2012 – reprises, depuis la révision constitutionnelle du 23 juillet 2008, dans les lois de programmation des finances publiques poursuivant « l'objectif d'équilibre des comptes des administrations publiques » de l'article 34 de la Constitution, le principe de l'autonomie financière locale pose surtout la question de son obsolescence. D'une certaine manière, et pour s'exprimer comme Hauriou, il serait temps que la « belle ordonnance du jardin administratif tracé à la française », quelque peu malmenée par les grands actes de décentralisation avec leurs inévitables lots de complications normatives, administratives et financières, soit remis au goût du jour. C'est d'ailleurs plutôt à un vaste mouvement de re-centralisation auquel l'on assiste actuellement.

Pour ne s'en tenir qu'à l'exemple de la contractualisation que nous venons de décrire, la négation des principes de libre administration et d'autonomie financière qu'elle implique dans ses modalités de mise en œuvre, manifeste sans doute la volonté de l'Etat de reprendre en main la dépense publique locale afin d'en soumettre le niveau à la réalisation d'objectifs nationaux. Dès lors, la question qui taraude probablement l'observateur attentif du sujet est la suivante : « le développement de la contractualisation, recherché, voulu, par l'État, ne serait-il pas le moyen pour ce dernier de se "rattraper", de récupérer un pouvoir qu'il a perdu ? L'État n'est pas ou n'est plus en mesure d'assurer de manière convenable le contrôle de légalité, cependant considéré par le Conseil constitutionnel comme essentiel. La contractualisation pourrait être un moyen pour lui de ré-instituer un contrôle sur les collectivités territoriales, y compris pour les relations contractuelles entre les collectivités territoriales »[754]. Cela serait cohérent si l'on considère que l'acte III de la

[754] Jean-Marie PONTIER, « Contractualisation et libre administration », *op. cit.*, p. 201. Pour sa part, l'auteur estime toutefois que « si l'on ne peut exclure tout à fait cette hypothèse, elle n'est cependant pas la plus crédible. Car dans cette contractualisation, qu'il y ait ou non contrat, les collectivités territoriales en retirent un bénéfice. Ce bénéfice n'est pas un bénéfice financier, puisque, à l'inverse, ces collectivités sont sollicitées de participer financièrement, y compris pour des opérations ou des actions pour lesquelles elles ne sont pas compétentes. Mais le bénéfice est autre. Il est en termes d'image et, par exemple, les régions ont été

décentralisation adopté par la loi n°2010-1563 du 16 décembre 2010 de réforme des collectivités territoriales, a été présenté par certains comme constitutive de l'« acte I de la re-centralisation ». François Wagner a ainsi pu dire de cet acte III qu'« il confirme le retour de l'Etat via une centralisation régionale ou métropolitaine, la dernière vidant de leur pouvoir fiscal les communes intégrées dans une métropole, y compris contre leur gré. Celui-ci est d'ailleurs parallèle à la montée en puissance des préfets de régions, comme à la disparition programmée des sous-préfectures »[755].

Dès lors, ce mouvement de re-centralisation initié moins de sept ans après la consécration constitutionnelle du pouvoir fiscal résiduel des collectivités locales interroge. Ne serait-ce pas parce que la décentralisation, source de désordres normatifs, administratifs et financier et fiscaux, a vécu ? Il est exact que « lorsque l'on observe la situation d'une Belgique autonomisée jusqu'au fédéralisme de désagrégation, d'une Espagne aux autonomies régionales en limite du désemboîtement du pays ou de la France dont les autonomies ont fini par faire un empilement de structures en mille-feuilles, ce qui saute aux yeux, c'est le gaspillage des moyens, en une multiplication de doublons, une sédimentation des recrutements et un enchevêtrement des compétences »[756]. La question alors posée est celle de savoir si le paradigme de l'autonomie financière locale conduit à une gestion efficiente, performante et démocratiquement satisfaisante.

Pour répondre à la question – encore et sans doute – iconoclaste de l'efficacité gestionnaire de l'autonomie financière locale, il suffit de parcourir les nombreux rapports d'observations des chambres régionales des comptes qui constatent, depuis bientôt trois décennies, les inéluctables dérives de l'autonomie financière locale, se concrétisant notamment dans l'octroi à visée électoralistes de subventions aux associations, dans l'explosion de la masse de la fonction publique territoriale ou encore dans les dépenses de communication. Il suffit aussi de s'intéresser au seul domaine où l'autonomie financière locale existe réellement, à savoir le pouvoir des collectivités locales de s'endetter puisque, à compter de 1982, les « lois Deferre » ont supprimé les régimes de contrôle et d'approbation préalables en matière d'emprunt, favorisant la souscription par les collectivités locales d'emprunts dont la toxicité s'est révélée à l'occasion de la crise financière de 2008. Afin de mesurer comment l'autonomie financière locale a démultiplié, lorsqu'elle est

largement bénéficiaires du transfert de responsabilités (et non de compétences) en matière de lycées ; c'est ce qui leur a donné une visibilité qu'elles n'avaient pas ».

755 François WAGNER, « Rapport de synthèse », in J.-C. MARTINEZ (dir.), *L'autonomie financière territoriale*, *op. cit.*, p. 643.

756 Jean-Claude MARTINEZ, « Critique de la déraison pure. L'autonomie financière territoriale », *op. cit.*, p. 60.

effective, les dérives financières, il convient d'examiner les effets de la liberté d'emprunt des collectivités locales (A), puis les méfaits dispendieux de la décentralisation pour les finances publiques (B).

A. Les dérives de l'autonomie financière locale liées à la liberté d'emprunt

La loi du 2 mars 1982, en supprimant à son article 2 toute forme de tutelle de l'Etat sur les actes des collectivités locales, est venue leur reconnaître *ipso facto* une compétence pleine et entière pour contracter des emprunts. S'il appartenait, jusqu'en 1982, au préfet d'autoriser ou non les opérations d'emprunt local, depuis lors, aux termes des articles L. 2337-3, L. 3336-1 et L 4333-1 du CGTC, les communes, départements et régions peuvent recourir librement à l'emprunt dans les conditions posées à l'article L 1611-3-1 du même code. C'était oublier un peu vite - les mêmes causes devant produire les mêmes effets dans la France de la non-tutelle - que la liberté d'emprunter sans contrainte avait déjà, au XVIIe siècle, plongé les généralités, les provinces et les villes dans une situation financière désastreuse avant que, sous Louis XIV, n'intervienne une ordonnance de Colbert afin de résorber les dettes communautés et, ce faisant, instituer les premiers mécanismes de contrôle financier des collectivités locales[757]. Avec la mise en place en 1982 d'un régime d'emprunts locaux placés sous le signe de la liberté totale de ses souscripteurs, le même résultat que celui constaté plus de trois siècles plus tôt ne s'est guère fait attendre.

En effet, la liberté totale d'emprunter a amené des collectivités locales à se laisser piéger par la souscription d'emprunts dits « structurés » et, pour davantage les caractériser, spéculatifs. En effet, les collectivités locales, qui sont les premiers investisseurs du pays, financent leurs investissements soit

[757] Marguerite BOULET-SAUTEL (« Villes et communautés sous l'Ancien Régime », in Jean-Pierre MACHELON et François MONNIER (dir.), *Les communes et le pouvoir de 1789 à nos jours*, PUF, Paris, 2002, p. 13) observe que « la désastreuse situation financière des villes, à la mort de Mazarin, justifiait d'elle-même l'intervention du roi : ce fut en effet un des premiers objectifs de Colbert que d'opérer la liquidation des dettes des communautés. Dès octobre 1662, les villes se voient interdire toute dépense nouvelle sans autorisation du roi, les dettes anciennes étant soumises à la vérification de l'intendant. En février 1665, un arrêt du Conseil supprimait les créances reconnues vicieuses. En juillet 1681, la moitié du revenu d'octroi se trouvait affectée au règlement des dettes reconnues sincères. La procédure se révéla bonne : la liquidation des dettes de l'Artois était achevée en 1684, celles de la généralité de Montauban en 1678 ; suivirent celles de la Bourgogne, du Lyonnais, du Languedoc, des provinces de l'Ouest. La mort surprit Colbert avant l'achèvement de son œuvre, mais celle-ci fut poursuivie par ses collaborateurs : la Flandre était libérée de ses charges en 1685, et la Provence en 1692 ». Voir aussi du même auteur *Vivre au Royaume de France*, PUF, 2010, p. 693.

par l'autofinancement résultant de leur capacité à épargner, soit par l'emprunt. La faiblesse des taux d'intérêt constatée au début des années 2000 dans un contexte de croissance économique avait rendu l'endettement attractif. Délaissant les emprunts à taux fixe sur des durées de 20 à 30 ans puisqu'elles ne pouvaient pas profiter de la baisse des taux, et partant, alléger d'autant leurs charges, les collectivités locales se sont alors orientées vers la souscription d'emprunts structurés à taux variables afin de pouvoir moduler leur charge financière au grès des opportunités de marché[758]. Ces emprunts structurés, proposés du reste pour plus de 80 % par la banque Dexia, filiale de la Caisse des dépôts et consignations (CDC), reposaient sur des écarts de taux d'intérêt de court et de long termes, ou sur des parités de devises. Ce faisant, « ces contrats offraient un taux très inférieur aux conditions du marché en début de période, mais ils avaient pour particularité d'"inverser les rôles respectifs et traditionnels de l'emprunteur et du prêteur", car l'emprunteur garantissait un taux au prêteur »[759]. Or, du fait de la crise financière de 2008, et de l'implication de Dexia qui fut directement entrainée dans la crise des « *subprimes* » par l'intermédiaire de sa filiale étasunienne *Financial Security Assurance* qui était détentrice d'importants produits financiers toxiques, les clauses contractuelles furent activées et les collectivités locales se virent imposer des taux très élevés. Tant et si bien que les taux des produits structurés ont alors augmenté jusqu'à 15 %, transformant le bénéfice attendu de faibles taux en pertes illimitées. La crise, d'abord apparue au travers du blocage du marché interbancaire et de la conséquente raréfaction monétaire, a de la sorte connu un développement propre à la détention par les collectivités des produits structurés : « la crise n'est plus celle du défaut de liquidités que celle résultant de la présence d'une part trop importante de ces produits spéculatifs dans leurs encours de dette »[760]. A telle enseigne qu'en 2018, plus de 18 milliards d'euros de dette locale étaient considérés comme toxiques, tandis que seulement 41 % de celle-ci était réputée saine[761].

Le piège dans lequel sont tombées de nombreuses collectivités locales en souscrivant des emprunts structurés fut d'autant plus fréquent que les préfets n'avaient pas pu exercer leur contrôle de légalité *a priori* sur ces opérations. Certes, en ce qui concerne les actes pris par les autorités communales, sont soumis au contrôle préfectoral de légalité, entre autres, les conventions relatives aux emprunts, aux marchés et aux accords-cadres. Cependant, le Conseil d'Etat a qualifié les contrats d'emprunts souscrits par les collectivités locales de contrats de droit privé, et la conséquence de cette qualification

---

758 Mathieu CONAN et Raymond MUZELLEC, *Finances locales*, *op. cit.* p. 167.

759 Rémi PELLET, *Finances Publiques*, t. 1, 2ème éd, col. Thémis, PUF, 2018, n°697, p. 565.

760 Mathieu CONAN et Raymond MUZELLEC, *Finances locales*, *op. cit.* p. 169.

761 Jean-Claude MARTINEZ, « Critique de la déraison pure. L'autonomie financière territoriale », *op. cit.*, p. 45.

privatiste est que les conventions d'emprunt n'ont pas à être transmises au préfet dans le cadre de son contrôle de légalité (CE, 29 décembre 1995, *SA Natio Energie*)[762]. De même, « le Code des marchés publics ne trouve pas à s'appliquer. Enfin, en cas de litiges, le juge se contentera de vérifier que la délibération est conforme aux dispositions contractuelles »[763]. Circonstances aggravantes, les élus ne s'intéressaient guère à la gestion des emprunts. A vrai dire, ces derniers – à l'instar de leurs homologues espagnols ou chinois –, n'étaient préoccupés que par la construction d'infrastructures et de bâtiments institutionnels que permettait la souscription hasardeuse de ces emprunts structurés. C'est effectivement à ce moment que l'on a assisté, en France, à la multiplication de somptueux « palais locaux » avec une « débauche » d'hôtels de ville, de départements et de régions ainsi que le souligne Jean-Claude Martinez dans ses propos sur la bien nommée « critique de la déraison pure : l'autonomie financière territoriale »[764].

Néanmoins, lorsqu'ils comprirent les effets des clauses contractuelles relatives aux taux des produits structurés, les élus locaux entamèrent des procédures judiciaires et demandèrent à l'Etat d'aider les collectivités. Ce qu'il fit en créant en 2013 et en 2014[765] un fonds de soutien, mais en conditionnant le bénéfice de l'aide au renoncement, par les collectivités, de l'exercice de tout recours contentieux à l'encontre de leurs créanciers, en sachant que « l'Etat était actionnaire à 44 % du groupe Dexia et l'actionnaire majoritaire (75 %) de la Société de Financement Local (SFIL) qui avait été créée le 23 janvier 2013 pour compléter l'action de Dexia sur le marché des prêts aux collectivités locales »[766].

Au passage, notons que les collectivités locales ont demandé à l'Etat la création d'une agence de financement, car, à la suite des difficultés financières

---

762 Émilie MOYSAN, « Bilan et enjeux de trente ans de décentralisation en matière d'emprunts locaux », in *RFFP*, septembre 2012, n°119, p. 25. Voir aussi Gabriel ECKERT, « Emprunts "toxique" des collectivités territoriales. Quelles conséquences en tirer ? », in *AJDA*, 2011, p. 1712 à 1717.

763 *Ibidem.*

764 Jean-Claude MARTINEZ, « Critique de la déraison pure. L'autonomie financière territoriale », *op. cit.*, p. 46

765 A la suite de la censure, par le Conseil constitutionnel, du dispositif validant, d'une part, rétroactivement l'ensemble des contrats souscrits et, d'autre part, créant un fonds de soutien aux collectivités tel qu'il figurait dans la loi de finances pour 2014 (décision n°2013-685 DC du 29 décembre 2013), le mécanisme a finalement été mis en œuvre par la loi du 29 juillet 2014 relative à la sécurisation des contrats de prêts structurés souscrits par les personnes morales de droit public

766 Rémi PELLET, *Finances Publiques*, *op. cit.*, n°699, p. 566 et 567. Rémi Pellet ajoute que « comme ces deux établissements [Dexia et SFIL] concentraient une part importante des prêts structurés, la remise en cause de la légalité de ces contrats représentait un risque de 17 Md€ pour les finances publiques ».

résultant de la souscription de produits financiers toxiques, elles ne parvenaient que difficilement à se financer sur le marché. Aussi, la loi n°2013-672 du 26 juillet 2013 de régulation et de séparation des activités bancaires a-t-elle autorisé la création d'une agence de financement des collectivités – Agence France Locale –. Détenue directement par les collectivités locales adhérentes, cette agence a pour mission d'obtenir des financements directs sur le marché obligataire[767]. En définitive, avec la difficulté pour les collectivités d'accéder sur le marché à la suite de leur souscription peu judicieuse d'emprunts toxiques, « l'autonomie juridique d'emprunter, par ses excès, se retournait en une entrave pratique à emprunter. Le marché venait sanctionner la liberté inconsidérée que le droit leur avait donnée »[768]. Avec la création d'un fonds de soutien, puis d'une agence de financement, ainsi que l'élaboration de nouvelles règles prudentielles (loi n°2013-672 du 26 juillet 2013 de séparation et de régulation des activités bancaires) visant notamment à éviter que les collectivités locales ne puissent se reconstituer un stock d'actifs toxiques, l'Etat revenait-il en force sur le terrain de l'autonomie financière locale. Certes, l'Etat, principal actionnaire du Groupe Dexia était bien loin d'être innocent. Bien plus, il avait largement sinon encouragé, du moins couvert les agissements de la filiale de la CDC, laissant ainsi entrevoir aux citoyens que l'autonomie financière et, à défaut de corruption, les conflits d'intérêts et le « lobbying » s'accordent parfois au détriment des deniers publics et de l'intérêt des administrés et contribuables locaux et nationaux.

B. Les dérives de l'autonomie financière locale liées aux méfaits dispendieux de la décentralisation

L'Etat est venu en 2013 aider de manière significative les collectivités locales qu'il avait laissées souscrire des produits toxiques aux effets funestes pour les finances publiques. C'était bien la moindre des choses qu'il pouvait alors faire. D'autant que la remise en cause de la légalité de ces contrats représentait pour l'Etat-actionnaire de Dexia un risque de 17 milliards d'euros. Toutefois, par le rôle insidieux qu'il a indirectement joué auprès des élus locaux dans la mise en œuvre de ce désastre financier, la responsabilité morale de l'Etat ne s'arrête pas là. L'affaire des emprunts souscrits auprès de Dexia illustre en effet « ces incitations ou facilités quasiment institutionnalisées [fleuretant avec] la corruption financière »[769]. En effet, comment les collectivités locales ont-elles été amenées à se constituer en toute confiance un stock d'encours toxiques ? La réponse est simple : « Le directeur de cette banque, ancien directeur général des collectivités territoriales au ministère de

---

767 *Ibid.*, n°700, p. 567.

768 Jean-Claude MARTINEZ, « Critique de la déraison pure. L'autonomie financière territoriale », *op. cit.*, p. 46.

769 *Ibid.*, p. 64.

l'Intérieur, va entourer les élus, les rencontrer, les choyer, les faire voyager, à Rome par exemple et s'en faire des "copains", en les invitant à son conseil d'administration [ou à ceux de Dexia crédit local ou Dexia Banque Belgique], avec des jetons de 20.000 euros par an. (...) En retour, les élus contractent des emprunts chez Dexia évidemment et des emprunts très spéciaux. Les méthodes sont proches de celles des laboratoires pharmaceutiques. Dexia, laboratoire financier, a envoyé ses "visiteurs médicaux" auprès d'élus pour leur vendre ses "médicaments financiers toxiques". Et comme la banque passait presque, par les origines de ses hommes et par son histoire, comme un organisme en périphérie de l'administration, la confusion des genres institutionnalisait quasiment la corruption, la rendant insidieuse »[770].

Ce faisant, l'Etat a encouragé le financement d'infrastructures à l'utilité discutable, ainsi que de somptuaires « palais » locaux, notamment régionaux. Et cela au moment même où il s'apprêtait, avec le démantèlement initié par la réforme territoriale de 2014 avec la réduction des régions métropolitaines de vingt-deux à treize, à devoir en supprimer presque la moitié. Ce qui, pour des raisons électoralistes, n'a d'ailleurs pas été réalisé, alors que la réforme se proposait précisément de réduire la dépense publique à l'occasion de la suppression des hôtels des régions ayant fusionné.

Aussi, la Cour des comptes relevait-elle dans son rapport sur *Les finances publiques locales* de 2019 que « hormis la région Nouvelle-Aquitaine, qui a regroupé la majorité des membres de l'équipe de direction générale dans l'ancienne capitale aquitaine, les régions fusionnées ont affiché très tôt leur souhait de préserver leur équilibre territorial. Cette volonté s'est traduite par le maintien des sites situés dans les chefs-lieux des anciennes régions »[771]. La Cour des comptes observe ainsi qu'au-delà de la question de l'organisation de leurs services, la plupart des régions ont été attentives au maintien d'assemblées délibérantes dans les anciens chefs-lieux, afin de ne pas donner « le sentiment d'une "absorption" d'une région par une autre ». Cela a pu conduire à distinguer entre la capitale administrative, siège du travail délibératif, et l'hôtel de région (Bourgogne-Franche-Comté). De même, la volonté d'équilibre a amené des régions fusionnées à ne pas tenir leurs assemblées délibérantes – à savoir assemblée plénière et commission permanente – sur un seul site. Ainsi, le conseil régional de Normandie a fixé son siège à Caen, mais a décidé d'organiser des réunions annuelles à Rouen et au Havre, tandis que la région Nouvelle-Aquitaine tient des commissions permanentes à Limoges et Poitiers. Pour sa part, l'Occitanie a fait le choix de

---

[770] *Ibidem*.

[771] Cour des comptes et Chambres régionales des comptes, *Les finances publiques. Rapport sur la situation financière et la gestion des collectivités territoriales et de leurs établissements publics*, fasc. 2, Cour des comptes, 2019, Paris, p. 94 et 95.

ne tenir aucune de ses assemblées plénières dans la ville chef-lieu de région. Ce faisant, son conseil régional se réunit en séance plénière à Montpellier, et non à Toulouse. Au-delà de la recherche d'équilibre au sein de la région fusionnée et d'engagements politiques pris en ce sens par l'exécutif régional, cette organisation vient aussi du fait qu'aucun des deux hémicycles ne peut accueillir les 150 élus du conseil régional. C'est pour cette raison technique que la collectivité fait appel « à un prestataire pour l'organisation de ces séances au parc des expositions de Montpellier pour un coût unitaire initial de 140.000 € »[772]. L'on pourrait encore citer le cas de la Région Auvergne-Rhône-Alpes où « la chambre régionale des comptes observe que le maintien du siège de Clermont-Ferrand, sans que l'impact financier de cette décision ait été étudiée, a sans doute en partie relevé de la volonté d'apaiser les inquiétudes et le climat social » liés à la crainte de l'imposition de mobilités géographiques massives à ses agents[773]. Enfin, en Normandie, vingt-huit postes ont été créés pour permettre de « "procéder aux ajustements nécessaires dans le cadre de la réorganisation des services suite à [sic] la fusion et de répondre aux objectifs définis par les nouvelles politiques publiques" », et soixante-huit agents contractuels ont été recrutés en 2017 pour compenser les besoins en compétences générés par les mobilités fonctionnelles des agents pour un coût annuel de 4 millions d'euros.

On le voit, la volonté des régions d'apaiser le climat social et les engagements électoralistes pris avant la fusion ne contribue guère à « l'objectif d'équilibre des comptes des administrations publiques ». Comme le dit pudiquement la Cour des comptes, la mise en place des nouvelles régions est totalement inutile sur le plan financier puisqu'elle « s'est passée sans heurts, mais n'a pas apporté, jusqu'à présent, de gains d'efficience »[774]. Plus largement, la motivation de l'autonomie territoriale semble, au niveau local ou, pour se mettre au goût du jour, « des territoires », bien souvent devoir relever « de l'anthropologie du don décrite par Marcel Mauss[775] ou plus modestement du clientélisme. L'autonomie territoriale est la condition juridique pour que se crée le terreau où va se développer le clientélisme, c'est-à-dire une forme dévoyée de la démocratie locale. Il ne faut pas chercher ailleurs l'explosion de la fonction publique territoriale avec ses 1,8 million d'agents, soit une augmentation de 71 % entre 1988 et 2008, quand la fonction publique de l'Etat n'augmentait que de 14 % »[776]. A titre d'exemple, la région

[772] *Ibid.*, p. 95.
[773] *Ibid.*, p. 85 et 96.
[774] *Ibid.*, p. 13 et 94 et ss.
[775] Marcel MAUSS, *Essai sur le don*, 1924, rééd. PUF, Collection Quadrige, 1973.
[776] Jean-Claude MARTINEZ, « Critique de la déraison pure. L'autonomie financière territoriale », *op. cit.*, p.51.

Languedoc-Roussillon totalisait huit agents en 1978 quand elle en compte aujourd'hui plus de 3.000.

Il faut aussi mesurer le protagonisme des « lobbys » dans la promotion du discours autonomiste. Nous en avons eu une illustration avec les procédés insidieux mis en œuvre par le Groupe Dexia auprès des élus locaux. Ces procédés visaient à financer toutes sortes d'infrastructures plus ou moins conformes à l'intérêt public local. Pour les lobbys, notamment ceux des travaux publics, du bâtiment, des transports et des nouvelles mobilités, de l'eau, du ramassage et du traitement des déchets, l'autonomie financière locale représente autant de perspective de marchés publics de zéniths et salles de fêtes, de médiathèques, de parcs d'attraction, de ronds-points, d'abribus, de lettres d'information et de campagnes de publicité : « Avec 36.783 communes, 100 départements, 26 régions économiques, 18.000 établissement intercommunaux et 525.000 élus locaux, l'autonomie fabrique une infinité de cibles pour susciter des envie d'aéroports, de stades olympiques, de golfs, de centres de tri, d'incinérateurs et de centaines de projets inutiles »[777]. A cela, l'on peut ajouter le « gâchis » des dépenses de communication avec son 1,5 milliard d'euros dépenses annuelles. A tel point qu'en 2012, les seules communes ont dépensé pour ce poste 929 millions d'euros[778]. Dès lors, il n'est guère étonnant, dans le cadre de la compétence pleine et entière reconnue aux collectivités pour emprunter sans contrôle, que les groupes d'intérêts représentant les multinationales aient soutenu depuis les années 1980 le discours autonomiste, et cela « jusqu'à ce la crise économique vienne limiter la liberté financière locale, pendant que les unions douanières, comme celle des 28 Etats européens, imposaient leurs contraintes »[779].

Le discours autonomiste peut donner lieu à des pratiques encore plus insidieuses lorsque « censée amener une démocratie participative de proximité, l'autonomie territoriale amène bien souvent une participation électorale à une corruption de proximité »[780]. Pour s'en convaincre, il suffit de lire les rapports d'observations des chambres régionales des comptes qui depuis les années 1990 pointent les multiples dérives des exécutifs locaux. Ainsi, dans son rapport d'observation, la chambre régionale des comptes des Pays de Loire dénonçait, le 25 novembre 1995[781], les « frais de cocktails, restaurations, hébergement, promotion, brochures touristiques », soit entre 3

---

[777] *Ibid.*, p. 52.
[778] *Ibid.*, p. 63.
[779] *Ibid..*, p. 52.
[780] *Ibid.*, p. 59.
[781] *Ibid.*, p. 58. Voir aussi Nicolas de LA CASINIERE, « Pays de la Loire : la gestion d'Olivier GUICHARD contestée. Plusieurs affaires créent une atmosphère de fin de règne », in *Libération*, 23 décembre 1995.

et 4 millions en deux ans, qu'avait financés la région au bénéfice de la commune de La Baule – le président des deux exécutifs étant la même personne –. Elle visait aussi l'appartement de 102 m^2 loué place du Palais-Bourbon par la région, mais sans délibération du conseil, dont la charge semblait plutôt correspondre « aux fonctions et mandats nationaux du président du conseil régional »[782]. Le rapport évoquait aussi, outre deux secrétaires, un « maître d'hôtel, agent contractuel de la région, à la disposition du président », la « location de voitures sur les lieux de séjour » du président de la région, à proximité de son château[783], ainsi que les dépenses d'affrètement d'avions taxis, pendant que les agents territoriaux recevaient 45.000 tickets de restaurant, et le directeur administratif de la région de la vaisselle, du mobilier et du linge de maison. Pour être complet, il reste à nommer les stages régionaux de formation de laveurs de carreaux et de vente ambulante de frites, comme l'organisation d'une soirée dansante pour 37.000 €. L'on pourrait encore citer le rapport de la chambre régionale des comptes de Picardie[784] qui révélait le 1er novembre 1992 que le président du conseil général de l'Oise faisait financer par le département ses frais de restaurant « situés sans exception à Paris, parmi les plus réputés et les plus chers de la capitale », une étude sur « la brosse à cheveux, avec une analyse fine du marché et des comportements face à cette brosse », ou la promotion par un cabinet à New-York de l'Oise avec de « fréquents déplacements du président du conseil aux Etats-Unis, dont un voyage à Miami pendant les vacances de Noël ». De même, en 1992, le département achetait en moyenne 26 bouteilles d'alcool par jour, sans compter « l'achat en masse de matériels vidéo et hi-fi pour l'usage exclusif du président et de ses enfants ». Voilà autant d'exemples caractérisant en droit public financier « l'extraction irrégulière des deniers publics » dénoncée par les juridictions financières locales.

Si l'on peut penser qu'avec le processus de moralisation de la vie politique de telles pratiques appartiennent au passé, il suffit de parcourir les rapports les plus récents des chambres régionales des comptes pour se rendre compte que l'extraction irrégulières de fonds publics, notamment au bénéfice

[782] De plus, pour son logement de fonction au palais de la région, « le président est dispensé du paiement de la taxe d'habitation, prise en charge depuis 1990 par la région, à la suite d'une demande présentée aux services fiscaux ».

[783] La chambre régionale des comptes observait alors que « ces pratiques relevant d'un usage personnel, donc prohibé des voitures de fonction, devraient donner lieu à déclaration aux administrations fiscales et sociales (…) et doivent disparaître à l'avenir ». En outre, elle a relevé que dix-sept fois en 1992, les péages d'autoroute en Gironde avaient été réglés par la région.

[784] L'ensemble de ces éléments contenus dans le rapport de la chambre régionale des comptes de Picardie est cité par Jean-Claude Martinez, « Critique de la déraison pure. L'autonomie financière territoriale », *op. cit.*, p.58 et 59.

d'associations, perdurent en dépit de l'absence d'intérêt régional[785] et des atteintes répétées que ces subventions, à visée purement électoraliste, supposent à l'égard du principe de neutralité religieuse et politique. L'on pourrait ici citer le cas des subventions à des associations caritatives ou religieuses pour des interventions qui ne revêtent pas d'intérêt direct pour la population concernée[786]. De même, la Chambre régionale des comptes de Provence-Alpes-Côte d'Azur a pu relever, dans son *Rapport sur la gestion du conseil général des Bouches-du-Rhône* entre 2006 et 2012, les interventions parallèles d'un « conseiller » du président sans statut officiel, puisqu'il ne figure dans aucun des organigrammes officiels, donnant lieu à l'octroi de subvention de centres communautaires, en sachant que par ailleurs « certaines interventions se confondent avec les liens personnels qu'il entretient avec plusieurs associations à vocation communautaire de Marseille »[787]. Au moment où nous achevons d'écrire ces lignes, les médias annoncent la publication imminente à la fin juillet d'un rapport – dont ils ont pris connaissance dans son intégralité – par lequel la chambre régionale d'Ile-de-France dénonce les dérives financières liées à une indemnisation irrégulière

785 Chambre régionale des comptes de Provence-Alpes-Côte d'Azur, *Rapport d'observations définitives sur la gestion de la Région Provence-Alpes-Côte d'Azur*, Marseille, 2012, p. 67 : « Il en va ainsi du rassemblement franco-palestinien pour la paix : 20 000 € en 2009 pour la réalisation d'un centre de vacances pour les enfants de Khan-Younis en Palestine durant l'été 2009. La région justifie la démarche qui, selon elle, s'inscrit dans le cadre des relations officielles qu'elle entretient avec le gouvernorat de Khan-Younis malgré le fait qu'il n'y ait pas d'accord de coopération formalisé ». De même, l'absence d'intérêt régional exclut-il « a priori le financement d'un raid humanitaire au Maroc ». La chambre régionale des comptes pointe également (p. 69) le caractère irrégulier des subventions accordées au Syndicat national des officiers de police (SNOP) à Paris, du Syndicat national de l'enseignement technique et agricole public à Paris, à l'Union nationale des étudiants de France (UNEF) à Paris, ainsi qu'aux Unions départementales des syndicats CGT des Bouches-du-Rhône à Marseille, du Var à Toulon et du Vaucluse à Avignon.

786 *Ibid.*, p. 69.

787 Chambre régionale des comptes de Provence-Alpes-Côte d'Azur, *Rapport d'observations définitives sur la gestion du Conseil général des Bouches-du-Rhône (à compter de l'exercice 2006 et suivants)*, Marseille, 2013, p. 47 : « Par ailleurs, certaines de ces interventions se confondent avec les liens personnels qu'il entretient avec plusieurs associations à vocation communautaire de Marseille : - Comité de coopération Marseille Provence Méditerranée : il est membre du bureau de l'association en tant que conseiller de façon continue pendant la période contrôlée (…) ; - Mémoire pour la paix région sud : il est président fondateur (août 2004), démissionnaire désigné porte-parole de l'association (assemblée générale du 6 avril 2006). Cette association a été subventionnée dès sa création en août 2004 (50 000 € par an) ; - Centre Edmond Fleg : la directrice du centre est son épouse et signe les demandes de subventions présentées au conseil général et notamment la demande de subvention concernant une aide à la communauté juive arménienne (Erevan) ; - Comité d'action sociale israélite de Marseille : il est président d'honneur puis président depuis janvier 2009, l'association est également subventionnée par le conseil général ».

de 263 millions d'euros octroyée par la Ville de Paris dans le dossier de la Tour triangle à la société d'exploitation du parc des expositions de la Porte de Versailles – société gérée par Viparis, filiale du groupe multinational Unibail-Rodamco. Il y serait dénoncé un nombre trop important de collaborateurs au sein des arrondissements, de sorte que « sur les 223 collaborateurs recensés, 152 servent plutôt à compenser des postes vacants en occupant des emplois permanents relevant des services administratifs et techniques, une pratique qui doit être corrigée », et enfin une augmentation de 47 % des tarifs d'entrée à la tour Eiffel afin de financer des rémunérations trop élevées à ses agents. Outre les nombreuses irrégularités que constatent les chambres régionales des comptes en matière de financement d'associations, nous pourrions évoquer les autres irrégularités qu'elles dénoncent annuellement en matière de passation et gestion de marchés publics, les pratiques qui contreviennent aux principes de liberté d'accès et d'égalité de traitement dans les marchés publics, les imprécisions dans le respect du principe de séparation des exercices comptables, ou encore, parmi tant d'autres sujets, la violation des cadres légaux et règlementaires relatifs à la gestion du personnel.

Si les vertus de la décentralisation sont bien connues dans un système trop centralisé, nous voyons bien, à la lumière des abus qu'elle a favorisés en matière d'autonomie financière locale, qu'il ne s'agit pas, non plus, d'en sous-estimer les inconvénients. Ainsi que le rappelait Jean-Michel de Forges, « poussée trop loin, la décentralisation est coûteuse, car à chaque collectivité correspondent des services et des dépenses ; elle facilite les tyrannies locales, moins bien supportées que l'autoritarisme central ; elle développe les rivalités locales et nuit ainsi à la cohérence de l'action administrative »[788]. Conscient de ces excès, l'Etat semble s'être engagé, avec le développement de la contractualisation et l'acte III de la décentralisation opérant, nous l'avons vu, « l'acte I de la re-centralisation », dans un travail – pour parler comme Bourdieu – de « dé-particularisation »[789]. D'autant qu'à l'époque de l'érosion de la souveraineté budgétaire[790] et fiscale[791] de l'Etat, ce dernier n'a plus besoin de ce « paradigme fumigène » qu'est l'autonomie financière locale. En effet, si l'autonomie a ainsi été mise en avant, c'est avant tout parce qu'elle opère comme « un joker. Elle sert à gagner du temps en diluant les problèmes,

---

788 Jean-Michel DE FORGES, Les institutions administratives françaises, col. droit fondamental, PUF, 1985, n°57, p. 70.

789 Pierre Bourdieu, *Sur l'Etat (Cours au Collège de France. 1989-1992)*, Seuil, Paris, 2012, p. 377. BOURDIEU voyait dans l'unification ou centralisation à la française un « travail de dé-particularisation ».

790 Martin COLLET, *Finances publiques*, 4ème éd., col. précis Domat, LGDJ, Paris, 2019, n°298 et ss., p. 219 et ss.

791 Jacques BUISSON, « L'érosion de la souveraineté fiscale dans les Etats membres de la Communauté : l'exemple de la France », *Recueil Dalloz*, 1999, p. 129.

les responsabilités et les mécontentements, en une pluralité de niveaux. Les difficultés et les impôts nécessaires sont transférés à la base en un principe de subsidiarité. On a ainsi parlé "d'un transfert d'impopularité"[792]. Ce n'est pas la peine de souffrir d'un problème visible au sommet, quand on peut le masquer en le transférant à la base. Par exemple la fiscalité étatique étant suffisamment élevée, en transférant des impôts aux collectivités on dilue les réactions qu'ils peuvent susciter »[793], réalisant par là même l'une des principales « illusions financières » identifiée par Puviani lorsque que la minorité dominante, c'est-à-dire la classe gouvernante, cherche à susciter une moindre opposition de la part de la classe dominée[794]. C'est d'ailleurs pour cette raison que l'instrument de l'autonomie locale est d'un grand secours pour les gouvernants en tant de crise. La réponse aux évènements de mai 1968 avait, en France, pris la forme d'un référendum sur « le projet de loi relatif à la création de régions et à la rénovation du Sénat » organisé le 27 avril 1969. Un demi-siècle plus tard, la même cause produisant les mêmes effets, la déclaration de politique générale du Premier ministre, à l'Assemblée nationale du 15 juillet 2020, a comporté vingt-cinq fois le vocable « territoire », tandis que Jean Castex a expliqué que la « confiance dans les territoires suppose que le droit à la différenciation soit consacré dans une loi organique. Elle passe également, comme l'a indiqué le président de la République, par une nouvelle étape de la décentralisation ». Dès lors, l'avenir nous dira si la libre administration des collectivités locales continue, ou non, à se développer sans la mise en œuvre pratique de leur réelle autonomie financière.

---

[792] Patrick LE LIDEC, « La décentralisation, la structure du financement et les jeux de transfert de l'impopularité en France », in Philippe Bezes et Alexandre Siné (dir.), *Gouverner (par) les finances publiques*, Presses de Sciences Po, 2011, p. 149 à 192

[793] Jean-Claude MARTINEZ, « Critique de la déraison pure. L'autonomie financière territoriale », *op. cit.*, p.50.

[794] Amilcare PUVIANI, *Teoria della illusione finanziaria, op. cit.*, p. 10. Afin de susciter une moindre opposition populaire, il s'agit, d'une part, d'occulter aux citoyens la charge fiscale qu'ils supportent véritablement et, d'autre part, d'exagérer les bénéfices qu'ils obtiennent des prestations des services publics.

PARTIE 3-
LES COLLECTIVITÉ TERRITORIALES ET LA FONCTION EXTERNE DE L'ÉTAT

UN CADRE CONSTITUTIONNEL PRÉSERVÉ

LA LIBÉRALISATION PROGRESSIVE DE L'ACTION DES COLLECTIVITÉS TERRITORIALES DANS LE PLEIN RESPECT DES EXIGENCES CONSTITUTIONNELLES

Pierre POUGNAUD

Conseiller juridique de la DAECT, rapporteur général de la CNCD, membre fondateur de Global Local Forum

Le droit de l'action extérieure des collectivités territoriales (AECT) repose sur deux piliers qui sont tous deux familiers aux constitutionnalistes :

- la libre initiative des collectivités territoriales ;
- le respect des engagements internationaux de la France ;

Mais c'est leur combinaison qui a quelque chose de plus inhabituel, et c'est donc bien le propos d'en débattre.

L'AECT est une *compétence par détermination de la loi*, en l'occurrence le code général des collectivités territoriales (CGCT), articles L. 1115-1 et suivants, depuis 2007. Cette solution, qui pouvait être discutée, ne fait plus de doute depuis la loi d'orientation de 2014 et la décision du Conseil d'Etat *Conseil Région Rhône-Alpes* du 17 février 2016. On lira à ce propos avec intérêt les conclusions de la rapporteure publique, Mme Cortot-Boucher, sous cette affaire.

Cette compétence est toutefois *essentiellement facultative*, et le fait pour la loi de l'imposer serait probablement discutable du point de vue de la constitutionnalité.

En ce qui concerne les *limites de l'exercice de cette compétence*, il n'y a pas vraiment de décisions spécifiques du Conseil constitutionnel en la matière. Une décision du 26 janvier 1995[795], ses observations sur la loi d'orientation outre-mer de 2000[796] et une interprétation *a contrario* d'une décision de 2014

[795] Décision n° 94-358 DC du 26 janvier 1995.
[796] Décisions n° 2000-435 DC du 7 décembre 2000.

à l'occasion de l'examen de la loi MAPTAM[797] permettent toutefois de préciser ses contours.

La seule limite vraiment contraignante, quant à la qualité des signataires d'une convention de coopération, est l'interdiction faite par l'article L. 1115-5, 1er alinéa, de contracter avec des Etats étrangers, cette notion se restreignant d'ailleurs aux seuls Etats souverains et non aux entités fédérées parfois qualifiées « Etats ».

Encore faut-il remarquer que cette prohibition de principe a fait l'objet d'aménagements, soit dans le cadre des configurations transfrontalières, soit, plus largement, dans les situations prévues par le législateur dans le deuxième alinéa de l'article L. 1115-5, résultant de l'adoption de la loi « Letchimy » du 5 décembre 2016.

Notons bien toutefois que ces exceptions ne sauraient faire des collectivités territoriales signataires des sujets de droit international public, ni les dispenser, dans ces cas bien particuliers, de l'autorisation en bonne et due forme des « autorités de la République ».

Les principes sont donc bien saufs et ces adaptations à la marge pour éviter des situations de blocage sont du type même des exceptions qui, à la fois, confirment la règle et montrent le caractère souple et créatif de notre législation en matière d'action extérieure des collectivités territoriales. La région Sud-PACA ne peut signer un accord de coopération avec le Costa-Rica qu'après avoir été en quelque sorte habilitée par un accord intergouvernemental préalable.

La notion centrale de respect des engagements internationaux de la France implique à tout le moins la *non-contradiction avec les traités et accords* souscrits par elle et la non-coopération avec des entités étrangères non reconnues. Cela a été bien précisé dans le cadre d'une circulaire commune affaires étrangères/intérieur en date du 24 mai 2018[798]. Elle comporte aussi une dimension plus dynamique, généralement reconnue sous le terme de « diplomatie démultipliée », illustrée notamment dans le Livre Blanc *« Diplomatie territoriale : pour une action extérieure démultipliée »*[799]. Et la création, dans le même contexte, du réseau des conseillers diplomatiques des préfets de région (CDPR) a été plus conçue dans un esprit de facilitation de l'action des collectivités territoriales et de leurs groupements que de contrôle, même si cet accompagnement n'est pas leur responsabilité exclusive.

---

[797] Décision n°2013-687 DC du 23 janvier 2014.
[798] NOR/INTB1809792C du 24 mai 2018.
[799] La documentation Française, 2017.

Peut-on pour autant parler de « diplomatie des collectivités territoriales » ? Au sens strict, non, en raison du monopole de l'Etat en la matière et des dispositions du droit international public (Convention de Vienne, etc.), mais il y a une place pour le plaidoyer, l'influence, les partenariats opérationnels, en particulier pour ce qui est de la mise en œuvre des *Objectifs du développement durable (ODD),* en synergie avec la délégation pour l'action extérieure des collectivités territoriales (DAECT), le service diplomatique et les opérateurs du ministère de l'Europe et des affaires étrangères, ainsi que la direction générale des collectivités locales (DGCL) et le corps préfectoral dans ses attributions de contrôle. La réunion de 1000 maires du monde entier à l'Hôtel de Ville de Paris juste avant l'adoption de l'accord concluant la COP 21 n'est en rien anodin, pas plus que la mobilisation des régions dans le cadre du « R 20 », cela aboutissant à une prise de conscience, peut-être tardive, mais sans aucun doute croissante de l'ONU et de ses organisations spécialisées.

Si l'on se place sur le terrain du *droit comparé*, on ne peut que constater l'originalité du « modèle français » de l'AECT. Seule l'Italie s'est dotée, depuis les années 1990, d'un *corpus* juridique un peu semblable. Même les Etats fédéraux ou à caractère autonomique sont souvent plus en retrait quant à la liberté d'engagement des entités infra-étatiques, et ne manquent pas de se placer sur le terrain de la tutelle, voire de l'autorisation préalable, dès qu'il s'agit de relations à mener dans le cadre international, comme on peut s'en rendre compte en Espagne, au Brésil et dans bien d'autres pays..

En conclusion, il s'agit d'un droit à la fois *évolutif* et *collaboratif*, qui a permis la présence des collectivités françaises dans près de 150 pays, réseau unique au monde à bien des égards. Il peut encore plus donner sa mesure dans une situation où la solution des enjeux globaux dépend au premier chef de la maîtrise de leur dimension territoriale.

DÉVELOPPEMENT DE L'ACTION EXTÉRIEURE DES COLLECTIVITÉS TERRITORIALES ET IMMUABILITÉ DU CADRE CONSTITUTIONNEL

Philippe WECKEL,
Professeur de droit public
Université Côte d'Azur, CERDACFF

L'action extérieure des collectivités territoriales (AECT) est une singularité remarquable[800].

Les tensions qu'exerce le processus de décentralisation sur le cadre constitutionnel, observées tout au long de cet ouvrage, n'ont pas de prise dans ce domaine d'activité des collectivités territoriales. Pourtant, les évolutions législatives n'ont pas été moins importantes qu'ailleurs et le rythme des changements a même été particulièrement soutenu. Durant la même période critique des *Lois Deferre* à aujourd'hui, la situation des collectivités a été radicalement transformée. Elles ne connaissaient que les relations protocolaires et amicales des jumelages. Elles se sont imposées depuis, avec le soutien de l'Etat, comme des acteurs émergents des relations internationales. Cette transformation ne concerne pas l'ensemble des collectivités et des groupements territoriaux, mais les plus importants d'entre eux ou ceux qui, a raison de leur situation géographique notamment, trouvent

800 Le programme « diter » (acronyme de « diplomatie territoriale ») du laboratoire CERDACFF est un partenaire officiel de la Métropole Nice Côte d'Azur et de la Région Sud (PACA). Il met en œuvre la méthode adaptée des sciences sociales de la recherche-action collaborative. Elle lui assure une liaison constante avec les praticiens, élus, cadres territoriaux, fonctionnaires d'Etat, CNFPT, etc. « diter » acquiert, en raison de la neutralité du cadre universitaire, une fonction d'animation du réseau des spécialistes à partir d'une région stratégique pour le développement de la coopération territoriale. L'équipe a adopté une charte de bonne conduite qui lui garantit l'indépendance universitaire. Cette démarche inscrit l'activité du programme dans le cadre d'un dialogue interdisciplinaire dont l'esprit dirige la présente communication. Trop souvent les juristes universitaires parlent aux juristes universitaires : des universitaires partageant la même formation et les mêmes apprentissages échangent leur savoir pour conforter leur science. Le programme « diter » rompt avec le confort de cette culture en silo pour promouvoir la fonction sociale du droit dans le champ de la pratique et il bénéficie en retour des savoirs de terrain qui nourrissent la réflexion universitaire. Il contribue ainsi à l'insertion de l'Université dans la Cité.

un intérêt local au développement d'une activité internationale[801]. A cet égard, il y a peu de rapports entre une petite commune rurale du centre de la France et la mégapole de Paris qui a toujours bénéficié d'un rayonnement et d'une attractivité internationale. Cette disparité entre territoires peut masquer l'importance de cette mutation pourtant radicale de l'action des élus locaux et du cadre juridique de leurs actions extérieures. L'internationalisation des territoires se construit, avec l'aide de l'Exécutif, loin des remous et des tensions qui marquent la progression de la décentralisation en France.

Dans son état actuel, le droit de l'action extérieure des collectivités territoriales est unique en son genre. Aucune expérience étrangère n'est vraiment comparable.

La première spécificité porte sur les titulaires de la compétence d'action extérieure que l'article L.1115-1 du Code général des collectivités territoriales attribue à toutes les collectivités territoriales et à leurs groupements. La tendance générale à l'étranger est de n'accorder une capacité juridique d'agir sur le plan extérieur qu'aux Etats fédérés ou aux régions. Toutefois, dans la majorité des pays les collectivités territoriales doivent, faute d'une telle capacité, se contenter, pour développer des coopérations extérieures, de constituer des réseaux informels et de signer des arrangements non contraignants (*MoU*).

La loi « Thiollière » (Loi n° 2007-147 du 2 février 2007) relative à l'action extérieure des collectivités territoriales et de leurs groupements a apporté une innovation majeure qui constitue une deuxième spécificité française : désormais la capacité d'action extérieure de chaque collectivité territoriale ou groupement est détachée de sa compétence interne[802]. En supprimant la

---

[801] D'après les chiffres fournis par la Délégation à l'action extérieure des collectivités territoriales, 4700 collectivités territoriales mènent 10440 actions de partenariat avec 8150 collectivités territoriales étrangères dans 134 pays. L'activité « pèse » 1 milliard d'euros, *Panorama global de l'action extérieure des collectivités territoriales*, Mai 2019,https://www.diplomatie.gouv.fr/IMG/pdf/powerpoint_daect_05-2019__cle024176.pdf.

[802] « À l'exception des champs précités (eau potable, assainissement, distribution d'électricité et de gaz, collecte et traitement des déchets des ménages), et sans préjudice des dispositions propres à la coopération transfrontalière et à la coopération régionale des outre-mer, les domaines dans lesquels les collectivités territoriales peuvent développer des actions de coopération décentralisée ne sont pas limités aux compétences qu'elles détiennent: en effet, la loi n° 2007-147 du 2 février 2007 a supprimé à l'article 1. 1115-1 la disposition indiquant que les collectivités pouvaient mener des actions de coopération décentralisée uniquement dans les limites de leurs compétences. Par conséquent, la suppression de la clause de compétence générale des départements et des régions par la loi n° 2015-991 du 7 août 2015 portant nouvelle organisation territoriale de la République n'a pas d'incidence en la matière.

nécessité de rattacher les actions extérieures à la compétence de la collectivité territoriale, le législateur a répondu à un souci général de clarification et de sécurité juridique. Toutefois, ce rattachement semblait cohérent et il rejoignait la pratique des autres pays. Il serait en effet logique de considérer les capacités d'action extérieures comme étant impliquées par la compétence de la collectivité publique concernée, en tant que prolongement ou projection externe du domaine d'activité déterminé par la loi. Or désormais une région, par exemple, peut prendre une initiative internationale qui relève, sur le plan interne, de la compétence propre des départements. Autonome, l'action extérieure des collectivités territoriales a ainsi été mise à l'abri de l'instabilité dans la répartition des compétences entre les collectivités territoriales et les groupements territoriaux, ainsi que des transferts successifs, voire contradictoires, de compétence. On constate qu'aucun inconvénient de la Loi « Thiollière » n'a été signalé en treize ans. Cette innovation remarquable qui témoigne de l'originalité de l'approche française contraint ainsi à rechercher en dehors des compétences locales un fondement des capacités extérieures attribuées aux pouvoirs locaux par les dispositions de l'article L.1115-1 du CGCT. Ce fondement ne peut être, finalement, que le principe de libre administration. En effet, intuitivement les maires ont rattaché les jumelages à la liberté locale. Depuis, cette activité internationale a creusé son sillon et l'AECT est une faculté d'agir et de ne pas agir que la loi encadre en lui fixant des limites ; elle répond donc à la définition généralement acceptée de la liberté.[803] Ce domaine de l'activité internationale des collectivités territoriales marque donc aussi sa singularité dans le droit des collectivités territoriales, généralement méconnue. Les juristes praticiens et universitaires du droit public ignorent généralement l'existence de la loi *Thiollière* treize ans après son entrée en vigueur et elle leur semble tellement contre-intuitive, qu'ils ont bien du mal à l'accepter pour ce qu'elle est, c'est-à-dire la loi française.

Cette lisière de l'AECT, mystère insoupçonné pour le plus grand nombre, occupe aussi une place particulière au sein du droit constitutionnel. En effet, les initiatives internationales des collectivités territoriales ne s'inscrivent pas dans le champ d'un transfert de compétences de l'Etat. Ce dernier n'a rien

Sous réserve des éléments précités, une collectivité peut ainsi agir en matière extérieure en dehors des compétences que le législateur lui a attribuées, sans toutefois qu'une collectivité ne puisse exercer une tutelle sur une autre (5ème alinéa de l'article 72 de la Constitution) », Circulaire conjointe du 24 mai 2018, *Cadre juridique de l'action extérieure des collectivités territoriales et de son contrôle,* INTB1809792C, p. 5.

[803] On hésite à utiliser le terme de compétence internationale ou externe des collectivités territoriales. Il s'agit d'un ensemble de capacités à la pleine discrétion de ces collectivités qui sont limitées par le domaine réservé de l'Etat. Il n'y a semble-t-il pas d'intérêt concret à soutenir que ces capacités forment une liberté, parce qu'elles ne relèvent pas du champ des libertés publiques, sauf à vouloir alimenter le mythe des libertés locales.

délaissé de la conduite de la politique étrangère qui n'est pas partagé. Les collectivités s'engagent dans une coopération internationale en leur nom et pour leur compte avec la même spontanéité que les associations, fondations ou entreprises qui interviennent également dans ce champ. Elles ne prennent donc rien à l'Etat. Notamment dans la coopération au développement et les actions humanitaires, l'Etat et les territoires sont des acteurs publics français poursuivant des objectifs similaires qui ont vocation à collaborer d'une manière ou d'une autre, dans un souci de cohérence et d'unité vis-à-vis des partenaires extérieurs. S'ils représentent ensemble les intérêts publics français à l'étranger, leurs actions, même lorsqu'elles sont identiques dans leur objet, n'ont jamais la même nature : l'AECT relève toujours de la coopération territoriale, pas de la coopération interétatique.

Dans ce contexte qui est celui d'une forte convergence fonctionnelle et d'une complémentarité réciproque de l'activité internationale des collectivités territoriales (la *diplomatie des territoires*) avec la *diplomatie* (d'Etat), le développement des initiatives locales est d'intérêt national (I). Ainsi s'explique la bienveillance intéressée de l'Etat qui s'est attaché avec une constance remarquable au cours des dernières décennies à lever progressivement, par les réformes législatives, les obstacles juridiques qui entravaient les actions locales. La bienveillance n'exclut cependant pas la vigilance et celle-ci est facilitée par la Constitution. Le cadre constitutionnel français a été élaboré avec le souci de préserver la conduite de la politique étrangère dans son intégrité et il fournit par conséquent les repères immuables qui permettent de tracer les limites de la liberté d'action des collectivités territoriales (II).

I- L'action extérieure des collectivités territoriales et la « diplomatie »

Par nature, l'action extérieure des collectivités territoriales n'empiète pas sur le pouvoir d'Etat. Toutefois, le sens des réalités sociales devrait inciter à nuancer cette affirmation. L'émergence des collectivités territoriales dans le champ des relations internationales génère, au sein de ces collectivités, une activité nouvelle et des services dédiés, concrètement des fiches de poste, donc des « regroupements d'humains » au sens de la sociologie des organisations. Or la *diplomatie* (d'Etat) monopolisait jusqu'à présent cet espace de l'action extérieure. Le développement des polices municipales s'inscrit dans un contexte similaire (il y a *police* et *polices…*). Engager ces « organisations » d'Etat et territoriales dans une démarche collaborative – elle n'est vraiment pas acquise - suppose d'abord un dépassement des malentendus, des clichés et des archétypes. La collaboration dans l'exploitation des synergies, c'est-à-dire des convergences fonctionnelles entre « organisations » poursuivant des objectifs similaires et partiellement identiques, se nourrit d'une vision partagée formée par un appareil conceptuel commun (une *culture* commune).

Or l'Etat s'est engagé dans cette démarche positive de construction d'une vision globale de l'action extérieure en forgeant le concept de la *diplomatie démultipliée*. Elle éclaire sa politique de soutien résolu à l'activité internationale des collectivités territoriales[804], mais elle ne parvient pas encore à surmonter les réticences de nombreux fonctionnaires d'Etat. L'établissement d'un correspondant pour la coopération décentralisée auprès de chaque ambassade et la création de la fonction de conseiller diplomatique auprès du préfet de région devrait néanmoins favoriser à terme l'osmose entre les deux administrations publiques.

Les formules de *diplomatie des villes*, *diplomatie des territoires* ou *diplomatie territoriale* s'installent dans le langage courant. Etonnamment, par sa seule existence, le *Programme diter (diplomatie territoriale)* a déjà contribué à l'acclimatation de la formule *diplomatie territoriale*. L'usage fixe ainsi, avec une déroutante facilité, de nouvelles expressions dans une normalité et une banalité qui semblent dispenser de l'interrogation sur leur signification. Il y a donc un conformisme du discours qui prête une vertu propre au mot (*signe*) indépendamment du mot (*signifié*). Or il est vraisemblablement impossible de lutter contre l'usage des mots et autant peut-être de renverser les certitudes de ceux qui soutiennent que les termes nouveaux sont impropres. Ces emplois actuels du mot *diplomatie* correspondent-ils à une altération de son sens propre, au moins une catachrèse, sinon une catastrophe ? Un abus de langage habillant un empiètement ? En effet, la diplomatie n'est-elle pas étatique par nature ? La discussion sur le mot renvoie donc à l'objet qu'il représente et elle amène ainsi un débat conceptuel dont on ne peut pas faire l'économie, malgré le caractère abstrait de la discussion et la force irrésistible de l'usage.

Il y a désormais des ambassadeurs de tout. Le marketing en tant que science de la commercialisation a développé le concept d'*ambassadeur de marque* (*brand ambassador*), personnalité ou aficionado qui porte le message de la marque (influenceur). On désigne aussi communément comme ambassadeur celui que l'on investit d'une mission de « plaidoyer » d'une cause. Un glissement de sens s'est donc produit, parce qu'on voit ainsi dans l'ambassadeur essentiellement un messager de l'Etat, comme l'ange

---

804 Livre blanc *Diplomatie et territoires, Pour une action extérieure démultipliée*, Ministère des Affaires étrangères et du Développement international, La Documentation Française, 5 avril 2017, 220 pages ; en PDF : https://www.diplomatie.gouv.fr/IMG/pdf/livre_blanc_diplomatie_et_territoires_cle01a131.pdf. Rapport *Laignel*, *Rapport sur l'action extérieure des collectivités territoriales françaises*, Ministère des Affaires étrangères, 23 janvier 2013, 86 pages, https://www.diplomatie.gouv.fr/IMG/pdf/RAPPORT_LAIGNEL_23janvier2013_cle8aa675.pdf.

annonciateur ou l'oracle, alors qu'il en est une figure, un représentant officiel. Dépouillé de son attribut juridique, le titre à représenter l'Etat en tant que haut fonctionnaire, l'ambassadeur en question n'est pas un ambassadeur au sens juridique. Mais il le reste bien-sûr dans les sciences de la commercialisation, comme ambassadeur *de marque*.

Querelle de mots, querelle de sens, y-a-t-il un enjeu dans le choix de nouvelles formules ? L'activité internationale des collectivités territoriales se développe et s'installe dans la durée ; il faut bien pour cela la nommer, c'est-à-dire combler une carence lexicale face à l'émergence du phénomène. Or la discussion sur les mots met en évidence le besoin de clarifier les rapports entre deux catégories de collectivités publiques, infra-étatiques et étatiques, qui agissent dans le champ international et donc de les apaiser. Renvoyer l'action extérieure des collectivités territoriales dans les limbes de la para-diplomatie ou opposer *petite* et *grande* diplomatie n'est pas dans l'esprit de collaboration efficace attendue de ces acteurs des politiques publiques : vu de l'extérieur, leurs initiatives mêlées apparaissent en tant qu'actions internationales de la France. Du seul point de vue de l'utilité publique, il est nécessaire de dépasser les préjugés dans lesquels les mots sont les vecteurs de la confusion (**A**). Les préjugés, même dans la plus grande approximation, n'ont pas de justification et ils fracturent l'Etat considéré dans une approche sociologique, c'est-à-dire comme un regroupement d'humains. Cette remise en ordre est nécessaire pour que les mots deviennent les vecteurs d'une pensée construite (**B**).

A. Le dépassement des préjugés envers l'action internationale des collectivités territoriales

La tendance à réserver aux services de l'Etat l'utilisation du mot *diplomatie* relève d'un malentendu sur le sens et d'une approche stéréotypée de l'Etat souverain.

1. Le malentendu linguistique sur l'usage du mot diplomatie

La réticence à employer le mot de diplomatie hors du contexte de l'action de l'Etat est fondée sur un malentendu. En effet, l'émergence de la formule *diplomatie des territoires* relève du processus de lexicalisation qui, pour les linguistes, désigne l'apparition d'un mot nouveau reconnu avec un sens propre. Toutefois, le nouveau terme n'est pas un mot isolé (*diplomatie*), mais un groupe de mots (*diplomatie des territoires*), un syntagme, qui a acquis un sens propre global différent des sens des mots qui le composent. Fondamentalement, la « diplomatie » associée à des mots satellites (« des villes », des territoires », « territoriale », « démultipliée » « de proximité ») constitue une unité lexicale autonome dotée d'un sens propre, un lemme disent les linguistes. Ceux qui contestent les nouvelles formules le font ainsi sur la base d'une fausse évidence – la *diplomatie des territoires* n'est pas la *diplomatie* tout court - qui ne plaide, ni pour, ni contre, cette évolution du langage. Dire que les pieds *de chaise* ne sont pas de vrais pieds ne fait pas sens. Que penser alors de cet étonnant anthropomorphisme étendu aux choses, si commun pourtant et jamais discuté, qu'illustrent les termes de bras *de mer*, de tête *de lit*, de bouche *d'égout*, etc. ?

2. La (ré) émergence des collectivités territoriales dans le champ international et le cliché de l'Etat « westphalien »

La réticence intuitive à l'égard des formules désignant l'activité internationale des territoires se fonde sur une représentation schématique et magnifiée de l'Etat souverain titulaire de la fonction diplomatique. Dans ce sens elle pourrait n'être qu'un cliché, une représentation réductrice de l'Etat « westphalien » influencée par la culture de science politique dominante dans la fonction publique d'Etat. En effet, la diplomatie des villes a joué un rôle qui n'était pas de figuration dans la formation des traités de 1648 (Traités de Münster et d'Osnabrück dits de Westphalie) et de l'ordre nouveau des Etats nation qui en serait issu à terme. Cette nuance est importante parce que l'internationalisation des territoires d'aujourd'hui s'inscrit précisément dans ce registre qui n'est pas du tout celui de la contestation de la souveraineté de l'Etat, mais celui du renforcement de l'efficacité de son action : l'Etat dit « westphalien » a bien utilisé la diplomatie des villes à son avantage. Le concept actuel de la diplomatie démultipliée élaboré par le Ministère de l'Europe et des affaires étrangères rejoint cette préoccupation pragmatique, puisqu'un « effet démultiplicateur » (concept largement utilisé par les économistes) est attendu de l'association entre la diplomatie de l'Etat et l'action extérieure des collectivités territoriales, à l'image des poulies d'un palan ou des rouages d'une boîte de vitesse. Le cliché de l'Etat « westphalien » n'intègre pas cette démarche opportuniste d'un Etat serein et confiant dans sa propre puissance, très éloignée de l'image d'une forteresse assiégée.

La France et la Suède ont imposé la paix des vainqueurs, mais l'intense négociation des traités, véritable congrès européen, engagée en 1641 et achevée en 1648, a aussi constitué la plus vaste et la plus complexe entreprise de règlement de litiges territoriaux de l'Histoire, en quelque sorte un apurement général des situations inextricables laissées en Europe par l'époque médiévale. Or la République de Venise, généralement considérée comme une cité-Etat malgré ses nombreuses possessions, a été désignée comme médiateur dans cette tâche immense, parce qu'elle incarnait la diplomatie internationale dans cette époque. En ce temps d'émergence de l'absolutisme royal, une aristocratie urbaine détenait donc en son nom collectif l'art de la diplomatie et la souveraineté.

Les villes d'Empire, celles qui bénéficiaient de l'immédiateté impériale, c'est-à-dire vassales directes de l'Empereur, ont participé effectivement aux négociations et ont signé les traités de Münster et d'Osnabrück. Le juriste Johannes Balthazar Schneider a effectué deux longs séjours à Münster et Osnabrück à partir de 1645 et il s'est réellement efforcé de défendre le sort des villes de la Décapole d'Alsace. Le traité homonyme (Traité de Münster du 24 octobre 1648, article XCII) porte l'empreinte de cette négociation et du compromis complexe auquel elle a abouti. Ses dispositions sont un chef d'œuvre de l'ambivalence juridique, a l'avantage de la puissance territoriale (pas simplement du plus fort). Le Traité de Münster signé par les villes, à cet égard charte royale pour la province, a accompagné l'intégration progressive et essentiellement pacifique, mais de fer, de l'Alsace jusqu'à la Révolution française.

Bien sûr, Balthazar Schneider, chargé d'affaires par huit villes de la Décapole, ne s'est pas présenté comme leur ambassadeur. Sa situation n'était pas comparable à celle du Hollandais Hugo de Groot, dit Grotius, Ambassadeur de Suède à Paris, Rue des Saints-Pères, à la même époque. Schneider a bien signé les Traités en question le 24 octobre 1648, mais on se gardera d'attribuer à cette signature la portée d'un engagement d'Etat : malgré la profusion des signatures, les Traités de Westphalie sont des traités bilatéraux. Schneider s'est rendu en Westphalie avec un certain équipage dont un garde armé, mais comme un bourgeois. La thèse de la souveraineté nominale de l'Empire qu'il y a défendue servait magnifiquement le dessein politique de la France, parce qu'elle ouvrait à cette dernière la perspective d'entrer à la Diète impériale, grâce à la possession des deux Landgraviats d'Alsace. Gageons que le chargé d'affaires de la Décapole a eu l'oreille très attentive des diplomates français, même si la version finale du Traité pouvait légitimement l'inquiéter.

Ce n'est certes pas renier l'importance de cette action historique de diplomatie des villes que de souligner la différence de nature qui l'oppose catégoriquement à la diplomatie d'Etat. Il n'en demeure pas moins que les villes ont officiellement participé, en leur qualité propre, a une entreprise diplomatique impliquant de nombreux acteurs et que leur dénier, en référence à un cliché de l'Etat souverain (westphalien), cette capacité serait tout simplement contraire à la vérité historique.

Le système européen westphalien a marqué une étape décisive vers le triomphe mondial de la théorie de la souveraineté territoriale (*dominium*), par opposition aux formes d'organisation politique fondées sur l'autorité interpersonnelle tribale ou féodale (*feodus*). Cependant, le modèle de l'Etat moderne n'est pas encore construit à l'époque westphalienne, parce que la nationalité est à peine esquissée et que la domination territoriale n'est que l'un des éléments de la théorie de l'Etat. Cette époque à cheval sur le XVIIe et le XVIIIe est celle de l'exploration et de l'expérimentation, dans une alliance de la robe et de l'épée, de cette théorie juridique de la domination spatiale. Ainsi, trente ans après la paix de Westphalie, soit avec une grande précision le délai de la prescription acquisitive en droit romain (*usucapion*), la France a procédé à l'annexion de l'Alsace, consolidée par le Traité de Nimègue du 5 février 1679. Or le 5 octobre 1908 l'Autriche a annexé les vilayets de Bosnie et d'Herzégovine, trente ans après avoir bénéficié d'une cession d'administration de ces territoires des Balkans dont le Sultan ottoman avait conservé la souveraineté nominale par le protocole au Traité de Berlin du 13 juillet 1878. Les grandes diplomaties d'Etat, comme celle de la Maison d'Autriche, ont de la mémoire. En effet, c'est précisément une telle souveraineté nominale de l'Empereur Romain Germanique que les villes d'Alsace avaient cru pouvoir préserver en 1648, alors même que le *dominium* est, par nature, une puissance effective[805].

Le modèle « westphalien » de la science politique est une construction du XIXe siècle intégrant le XVIIe siècle : il décrit donc un mouvement, une transformation sur une période de temps significative. Or un modèle est la simplification d'une théorie (schéma). *A fortiori*, la modélisation d'une mutation est schématique et, appliquée à une séquence de temps déterminée, la seconde moitié du XVIIe siècle, elle est largement inexacte. Turenne et Vauban barricadèrent la frontière avec un objectif précis, imposé par les circonstances de l'époque, de développer une défense active contre les invasions d'armées étrangères, mais le gabelou n'était pas encore le douanier du XIXe siècle. Que dire alors de la représentation de la frontière d'un Etat européen du XXIe siècle ? Sans précaution méthodologique, l'évocation très courante actuellement dans les sciences sociales d'un Etat « post-westphalien » transforme le schéma « classique » en un archétype : original, moule, patron, idéal, canon de l'Etat. Or, comme tout système complexe, l'Etat est évolutif et l'évolution va généralement dans le sens de la complexification. Sa transformation au XXIe siècle est une adaptation, pas une dénaturation (altération, viciation, falsification). L'émergence actuelle des collectivités territoriales dans le champ international relève ainsi de ce processus adaptatif qui ne menace pas la souveraineté de l'Etat, parce que

---

[805] Pour déterminer une situation territoriale actuelle, il peut être nécessaire d'identifier le titulaire du titre originaire de la souveraineté territoriale qui aura été éventuellement ultérieurement transféré. La démarche s'apparente à celle d'un notaire ou d'un généalogiste et elle n'est pas historienne. La Cour internationale de justice a ainsi analysé la situation du Sultanat de Johor (Malaisie) à partir du début du XVIIème siècle pour déterminer l'appartenance actuelle de deux petites îles désertiques du détroit de Singapour dans le passé occupées régulièrement par une population de nomades de la mer (*Souveraineté sur Pedra Branca/Pulau Batu Puteh, Middle Rocks et South Ledge (Malaisie/Singapour)*, Arrêt du 23 mai 2008, par. 46-80. La période westphalienne entre donc dans « l'horizon des événements » du droit public positif.

cette évolution est juridiquement encadrée dans un esprit conservateur. Au demeurant, au vu des conditions de fonctionnement des services de l'Etat, l'apport auxiliaire de la diplomatie territoriale est bienvenu.

B. Territoires et diplomatie : de l'origine du mot *diplomatie* à sa lexicalisation

1. Diploma *et diplomatie.*

Le mot *diplomatie* a d'abord désigné l'étude des titres, chartes, diplômes, sauf-conduits, avant de correspondre à l'activité des agents qui sont titulaires (en titre) du pouvoir de représenter l'Etat auprès d'autorités étrangères : le mot « diploma » est d'origine grecque (tablette divisée en deux). Le mot *diplomatie* qui lui a été associé a été repris dans la plupart des langues modernes, ce qui atteste de son origine savante ou technique, en l'occurrence la langue des juristes. Par le caractère officiel de sa fonction de représentation, le diplomate se distingue de l'émissaire, agent qui est envoyé ou missionné (missionnaire). Le bouc émissaire (*Léviatique*, *le bouc vers Azazel*) est chargé symboliquement (représentation) du péché de la communauté, afin que son sacrifice libère du mal. L'agent chargé d'une mission officieuse, y compris d'espionnage, est généralement qualifié d'émissaire. S'il bénéficie, par son origine, d'une capacité de fait de représentation, il n'est ni mandaté, ni député : il est un envoyé. C'est en ce sens que le Traité sur l'espace de 1967 qualifie les astronautes d'*envoyés de l'humanité dans l'espace* (article V). Le formalisme qui encadre l'exercice de la fonction de diplomate est toujours encore son trait distinctif (pleins pouvoirs, accréditation, intégration dans un poste ou une mission diplomatique, qualité d'agent officiel de l'Etat devant une juridiction européenne ou internationale).

On attend du diplomate qu'il fasse preuve de diplomatie. Ce sens figuré s'est également généralisé dans différentes langues, parce qu'il est issu de l'association nécessaire entre la fonction de diplomate et les méthodes de son action. Le tact et l'habileté dans la persuasion sont des qualités indispensables dans les relations collaboratives dont les relations diplomatiques relèvent par excellence. Tout spécialement la diplomatie est nécessaire dans la négociation. La diplomatie est ainsi considérée comme un art, autant qu'une profession.

2. *Action extérieure des collectivités territoriales et* diplomatie des territoires.

La loi attribue à toutes les collectivités territoriales de droit commun et à leurs groupements une capacité d'action extérieure qui atténue la territorialité du service public et est distincte de leur compétence interne (Loi *Thiollière*). Progressivement, par des modifications successives, le législateur leur a ainsi désigné un rôle d'acteurs des relations internationales dont ils usent à discrétion : ils sont maîtres de leurs initiatives internationales et des moyens qu'ils y affectent. Ils peuvent établir des représentations officielles à l'étranger, conclure des conventions avec des entités publiques étrangères, collectivités territoriales, organisations internationales, voire exceptionnellement Etats étrangers, adhérer à des organismes publics étrangers, financer des actions internationales, humanitaires notamment. Les dispositions législatives codifiées aux L.1115-1 et suivants du Code général des collectivités territoriales (Action extérieure des collectivités territoriales) soumettent leurs actes au régime de droit commun du contrôle de légalité et, parfois, à un régime d'autorisation préalable. Les grandes collectivités territoriales et les groupements importants se donnent une politique européenne et internationale, se dotent de services spécialisés, développent des partenariats stables et intègrent des réseaux internationaux. Inscrite dans la durée, l'action extérieure des collectivités territoriales génère ainsi une *diplomate des territoires*, clairement distincte par son statut ordinaire de la diplomatie d'Etat qui bénéficie seule du régime diplomatique.

3. *Diplomatie des territoires et* diplomatie démultipliée.

Dans sa présentation du *Rapport sur l'action extérieure des collectivités territoriales* M. André Laignel rappelle que

« La conduite des relations internationales est et reste un pouvoir régalien de l'Etat, mais les collectivités territoriales, de manière complémentaire, y sont de plus en plus présentes, exerçant ce que l'on peut appeler, vu de leur côté, une « diplomatie de proximité ». Ou, si l'on se place du point de vue du Ministre des affaires étrangères, une « diplomatie démultipliée ».

C'est donc aujourd'hui l'ensemble de la puissance publique – Etat et collectivités territoriales – qui incarne, chacun dans leur domaine de responsabilité et dans le respect du rôle de l'Etat, la diplomatie française aux yeux de nos partenaires étrangers[806]. »

L'aphorisme *diplomatie de proximité* vise manifestement la *diplomatie des territoires* dans une approche scalaire. Cette activité des collectivités territoriales est considérée, du point de vue de l'Etat, comme un renfort extérieur à la conduite des relations internationales. Elle s'accorde avec la

---

806 Rapport précité, p. 7.

diplomatie de l'Etat et elle complète la diplomatie française définie comme étant l'unification de la puissance publique nationale dans l'action extérieure. On ne s'étonnera point que M. Laignel, élu local avant tout, ait tenu à souligner que les collectivités territoriales sont une part de la puissance publique nationale. Toutefois ce rappel a un fondement juridique. Ces démembrements de droit interne sont des *organes de droit* de l'Etat au regard du droit international.

Le terme *diplomatie démultipliée* exprime l'utilité de la *diplomatie des territoires* pour l'action de l'Etat et il fonde l'assistance et le soutien de ce dernier aux projets menés par les élus locaux. Toutefois, ces derniers ne sont pas liés par la politique étrangère du Gouvernement, s'ils sont tenus de se conformer à la légalité, y compris dans sa dimension européenne et internationale. Or les responsables locaux témoignent généralement de leur souci de préserver la cohérence et l'efficacité de l'action extérieure de la France. L'esprit coopératif domine ainsi en pratique les relations entre l'Etat et les collectivités territoriales, par-delà les divergences éventuelles de politique étrangère. La *diplomatie démultipliée* est avant tout un état d'esprit de collaboration favorisé par les mécanismes institutionnels (notamment la Commission nationale de la coopération décentralisée, la Délégation à l'action extérieure des collectivités territoriales, le conseiller diplomatique auprès du préfet de région). Intéressé par l'implication des collectivités territoriales dans la coopération internationale, l'Etat s'est donné pour mission de les y aider.

4. Diplomatie démultipliée et diplomatie territoriale.

Le terme de *diplomatie des territoires* met l'accent sur le développement d'une activité internationale des collectivités territoriales. La *diplomatie démultipliée* intègre cette activité qui est une dimension de l'autonomie locale dans une relation de complémentarité avec celle de l'Etat.

Or l'Etat, l'Union européenne, les organisations internationales, les universités, les acteurs de la solidarité et les entreprises participent à divers titres à la coopération territoriale et régionale, qu'il s'agisse de coopération territoriale européenne ou internationale. Les initiatives internationales des collectivités locales s'inscrivent ainsi dans un schéma multi-acteurs.

La *diplomatie de proximité* évoquée dans le Rapport Laignel ne se réfère pas une proximité géographique des partenaires de la coopération, mais à l'immédiateté liant le niveau de décision à celui de la mise en œuvre du projet, ainsi qu'à la proximité des bénéficiaires de cette action. Le développement de l'activité internationale des collectivités territoriales - *l'internationalisation des territoires* - s'inscrit ainsi dans un vaste processus de mutation de la diplomatie qui se verticalise et se territorialise. La transformation s'accomplit « ici et là-bas », en France même, mais aussi dans les pays partenaires de la coopération. Elle répond au même besoin d'appropriation locale pour atteindre pleinement les objectifs concrets de la coopération : la coopération internationale a vocation à intégrer le niveau des capacités opératives qui déterminent son efficacité. L'Etat décentralisé est d'ailleurs contraint d'associer les collectivités territoriales à la mise en œuvre de sa politique étrangère, parce qu'il leur a transféré une part importante des compétences nécessaires à sa mise en œuvre, développement économique, culture, transports, services publics de base, tourisme, protection de l'environnement, etc. Si cet Etat a conservé l'essentiel de sa compétence normative, les compétences d'exécution sont largement concentrées au niveau local. Souvent et même de plus en plus le rapport de complémentarité entre la diplomatie d'Etat et la diplomatie des territoires est inversé : les élus locaux portent les initiatives, mais ils ont besoin accessoirement de l'aide de l'Etat pour lever des obstacles, juridiques notamment.

Le terme de *diplomatie territoriale* intègre ce double mouvement vertical, ascendant et descendant, qui marque ce siècle de *l'internationalisation des territoires* et de *territorialisation de la diplomatie* et il met, par conséquent, l'action extérieure des collectivités territoriales en perspective.

II. La protection juridique de la fonction extérieure de l'Etat

Dans le champ de l'action extérieure les rapports de l'Etat avec les collectivités territoriales ne sont généralement pas d'ordre conflictuel. Les partenaires de la diplomatie démultipliée ne trouveraient aucun avantage dans une confrontation. Toutefois, la connaissance des règles qui régissent ces rapports contribue au développement de cette *culture* commune qu'appelle leur partenariat quotidien. En effet, elle leur fait prendre conscience de l'étroitesse de leurs liens. M. André Laignel a finement qualifié ce partenariat d'unification de la puissance publique dans l'action extérieure. Tel est bien ce à quoi se résume leur association dans l'analyse juridique. Les besoins pratiques de la diplomatie peuvent parfois amener l'Etat à englober les collectivités territoriales dans le vocable incertain de « société civile ». La méfiance de certains Etats à l'égard des contre-pouvoirs locaux imposerait, à première vue, ce jargon à la France dans la coopération méditerranéenne, par exemple. L'expression n'en demeure pas moins radicalement inappropriée. Dans l'action extérieure, la notion de démembrement de l'Etat prend tout son sens.

Les collectivités territoriales n'ont pas la qualité de *sujets* du droit international, à l'évidence. Elles sont néanmoins un *objet* du droit international qui maintient d'autorité leur lien organique avec l'Etat. Ce dernier répond ainsi de leurs actions (**A**). Il est par conséquent impératif de préserver la conduite de la politique étrangère des incidences défavorables pouvant résulter de l'activité internationale de ses démembrements territoriaux. Cette nécessité correspond à une exigence constitutionnelle. Si les capacités internationales des collectivités territoriales procèdent de la loi, le cadre constitutionnel en fixe les limites (**B**). Sous l'éclairage du droit international, qui est le milieu dans le lequel baigne l'action extérieure, l'importance du droit constitutionnel prend son plein relief.

A. L'incidence négative du lien organique entre l'Etat et les collectivités territoriales

Le problème que soulève l'action internationale des collectivités territoriales au regard de la politique étrangère n'est pas seulement le risque de voir ces dernières se substituer d'une manière ou d'une autre à l'Etat. En effet, la différence de nature de l'activité des entités locales par rapport à celle de l'Etat protège partiellement ce dernier de l'incidence de telles interférences : les entités locales n'agissent pas *en tant qu'Etat* ni *comme un Etat*. Ainsi, lorsque, en application du dispositif établi par la *Loi Letchimy* de 2016, une collectivité territoriale conclut une convention avec un Etat étranger, ce que peut faire d'ailleurs une personne privée dans le champ de l'autonomie de la volonté (*contrat d'Etat*), elle n'exerce pas la capacité de conclure un traité international (*treaty making power*) : l'accord est une convention de coopération territoriale et non pas un traité.

Cependant, les collectivités publiques décentralisées ne sauraient être assimilées à des entités privées et, du point de vue du droit international, elles sont traitées comme des fractionnements ou démembrements de l'Etat *de droit interne*, c'est-à-dire des divisions d'ordre domestique. Si elles n'ont évidemment pas la qualité de sujets du droit international, elles possèdent bien une condition internationale qui les attache à l'Etat par un lien indestructible : au regard de l'attribution de la responsabilité internationale, les collectivités territoriales sont des *organes de droit* (*de jure*) de l'Etat. Par conséquent toute violation d'obligations internationales *imputable* (causalité factuelle : avoir causé un événement) à une collectivité territoriale est *attribuable* (causalité légale : être le responsable légal d'un fait) à l'Etat qui n'est pas en mesure de s'exonérer de cette responsabilité. La Commission du droit international justifie ainsi cette solution qui est admise par tous les Etats depuis toujours :

« Le comportement est (…) attribué à l'État en sa qualité de sujet de droit international et non en celle de sujet de droit interne. En droit interne, il est courant que l'«État» soit subdivisé en entités juridiques distinctes. Par exemple, il se peut qu'en droit interne, les ministères, directions, services de toutes sortes, commissions ou établissements publics soient dotés d'une personnalité juridique distincte, aient des comptes distincts et des obligations en matière de réparation distinctes. Mais en droit international, un État ne peut se soustraire à ses responsabilités internationales du seul fait de son organisation interne. En sa qualité de sujet de droit international, l'État est responsable du comportement de tous les organes, institutions et fonctionnaires qui font partie de son organisation et agissent en cette qualité, qu'ils aient ou non la personnalité juridique en droit interne »[807].

L'attribution à l'Etat des comportements imputables aux collectivités territoriales et aux Etats fédérés est le corolaire du pouvoir d'organisation territoriale de l'Etat. La règle met en œuvre une distinction entre la qualité de sujet actif et celle de sujet passif. S'agissant des capacités de *sujet actif* (le pouvoir de représentation (légation active) et le pouvoir de s'engager), sauf aménagements particuliers, la situation de l'Etat n'est pas affectée par les initiatives prises par les collectivités territoriales. Cependant, dans sa qualité de *sujet passif*, c'est-à-dire de destinataire d'obligations internationales, l'Etat est tenu pour responsable des agissements (actions et inactions) des collectivités territoriales. La règle s'applique à la responsabilité internationale de droit commun (faits illicites), comme aux régimes particuliers de responsabilité.

La règle coutumière d'attribution de la responsabilité internationale à l'Etat est ainsi formulée :

Article 4. Comportement des organes de l'État - 1. « Le comportement de tout organe de l'État est considéré comme un fait de l'État d'après le droit international, que cet organe exerce des fonctions législative, exécutive, judiciaire ou autres, quelle que soit la position qu'il occupe dans l'organisation de l'État, et quelle que soit sa nature en tant qu'organe du gouvernement central ou d'une collectivité territoriale de l'État »[808].

L'Etat est ainsi tributaire des faits des collectivités territoriales, même lorsque ces dernières agissent dans le champ de leurs compétences et se conforment aux prescriptions du droit interne. Cette contrainte pèse d'autant plus fortement sur l'Etat que le droit international est très exigeant en matière de responsabilité : tout écart avec le comportement qui était requis (manquement, même sans faute), toute atteinte aux droits d'un autre Etat (sans nécessité de démontrer l'existence d'un dommage) fait naître une obligation de résultat en ce qui concerne la cessation du fait illicite et la réparation en nature du préjudice (rétablissement du statu quo ante). La vigilance à l'égard de l'activité des collectivités territoriales est donc pleinement justifiée par cette forme de solidarité passive que supporte l'Etat à leur égard.

[807] « Projet d'articles sur la responsabilité de l'Etat pour fait internationalement illicite et commentaires y relatifs », para. 7, p. 86, *A.C.D.I*, 2001, vol. II (2), p. 61-393. https://legal.un.org/ilc/texts/instruments/french/commentaries/9_6_2001.pdf . Le titre du document approuvé par l'Assemblée générale des Nations unies est trompeur. En tant qu'instrument de codification il est le reflet fidèle du droit international général.
[808] *Ibid*, p. 88.

Dans ce cadre très contraignant pour l'Etat, l'activité des collectivités publiques infra-étatiques est susceptible de gêner, voire même d'entraver sérieusement, la conduite de la politique étrangère. Les affaires *LaGrand* et *Avena* portées devant la Cour internationale de justice illustrent parfaitement ce risque[809] : la prévalence de l'autonomie locale et de l'intérêt local peut aussi constituer une forme d'ingérence dans l'exercice de la fonction extérieure de l'Etat attribué au pouvoir exécutif. Il appartient ainsi à la loi fondamentale qui organise les pouvoirs publics constitutionnels de veiller à cette protection nécessaire de la politique étrangère. En effet, on n'attendra pas du droit international la moindre compréhension pour la faiblesse du Pouvoir exécutif.

Dans ces affaires, les difficultés causées par les collectivités infra-étatiques, en l'occurrence des Etats fédérés des Etats-Unis, ont amené l'Etat fédéral dans une impasse juridique. En effet, les autorités (police, procureurs, juges, gouverneurs) dans un petit groupe d'Etats du Sud veulent éviter l'intervention des consuls en faveur des personnes de nationalité étrangère détenues et inculpées pour des crimes graves qui risquent une condamnation à la peine capitale. Ainsi, ces personnes ne sont-elles pas informées de leur droit de contacter leur consulat et la notification de leur situation au consul du pays d'origine n'est pas effectuée. De manière délibérée, quoiqu'officieuse, les organes de ces collectivités infra-étatiques ignorent donc ces obligations procédurales (obligations d'information) qu'impose la Convention de Vienne sur les relations consulaires de 1963. Or ce dispositif de la protection consulaire constitue un élément essentiel du statut des ressortissants des Etats-Unis partout dans le monde, conditionné par la réciprocité. Ainsi, non seulement ces Etats fédérés ont entravé la politique étrangère des Etats-Unis, mais ils ont affaibli, par l'effet de la réciprocité, un droit individuel important établi par un instrument conventionnel et fondé sur la nationalité américaine.

---

[809] Il s'agit en réalité d'un groupe de trois affaires relatives au respect de la protection consulaire. L'Affaire *Convention de Vienne sur les relations consulaires (Paraguay c. Etats-Unis d'Amérique)* a été close par un désistement du Paraguay consécutif à l'exécution du condamné. La Cour avait pourtant indiqué aux Etats-Unis la suspension de la peine : Ordonnance en indication de mesures conservatoires 9 avril 1998, *Rec.* 248-258. Dans l'affaire *LaGrand (Allemagne c. Etats-Unis d'Amérique)*, la Cour a prescrit à nouveau la suspension de l'exécution dont le gouverneur de l'Etat concerné n'a pas tenu compte. Cette fois l'Etat demandeur ne s'est pas désisté et la procédure poursuivie sur le fond a débouché sur une condamnation nette des Etats-Unis du fait du manquement aux obligations d'information établies par la Convention de Vienne de 1963. La Cour mondiale a estimé que la violation de la Convention imposait aux Etats-Unis de reconsidérer la situation du condamné à mort : Arrêt du 27 juin 2001, *Rec.* 466-517. L'affaire *Avena et autres ressortissants mexicains (Mexique c. Etats-Unis d'Amérique)* a concerné le sort d'une cinquantaine de ressortissants mexicains condamnés à mort qui n'avaient pas encore épuisé l'ensemble des voies de recours à leur disposition. La Cour internationale a réitéré la condamnation de la pratique des Etats-Unis : Arrêt du 31 mars 2004, *Rec.* 12-65.

Or l'Exécutif fédéral s'est trouvé démuni face à cette politique locale dont il a été contraint d'assumer la responsabilité internationale. Dans le dernier épisode judiciaire devant la Cour internationale de justice, les Etats-Unis ont reconnu sans restriction qu'ils manquaient à leurs obligations internationales, tout en avouant qu'ils étaient dans l'impossibilité de prendre les mesures correctrices imposées par leur responsabilité. A l'évidence, l'aveu d'une telle incapacité à tenir ses engagements affecte fortement le crédit de l'Etat dans ses relations extérieures[810].

L'Exécutif fédéral qui assume la fonction de représentation internationale des Etats-Unis a ainsi perdu, dans ce contexte, le contrôle de la mise en œuvre des engagements internationaux. Il est exposé, dans une vulnérabilité totale, à une redevabilité (*accountability*) internationale pour des actes d'entités de droit interne qui échappent à son autorité. L'impasse juridique annoncé ici ne procède donc pas d'une lacune ou d'une contradiction du droit, mais de la rupture de la correspondance nécessaire entre le champ de la redevabilité qui pèse sur une autorité publique et celle du pouvoir effectif dont elle dispose (c'est-à-dire le fait de ne pas avoir les moyens d'action correspondant à la responsabilité). Toutefois, cette liaison nécessaire entre la redevabilité et l'autorité n'est pas invocable à l'égard du droit international et chaque Etat assume ainsi pleinement les conséquences négatives qui résultent des options qu'il privilégie en ce qui concerne les conditions de l'application du droit international en droit interne. Un Etat fédéral ne saurait donc exciper de son impuissance à l'égard de l'activité des Etats fédérés pour se libérer de ses obligations internationales. Cette règle prétorienne du droit international qui a

---

810 Affaire *Avena 2* : *Demande en interprétation de l'arrêt du 31 mars 2004 en l'affaire Avena et autres ressortissants mexicains (Mexique c. Etats-Unis d'Amérique) (Mexique c. Etats-Unis d'Amérique)*. Le Gouvernement fédéral a tenté, par une communication aux Etats fédérés, d'imposer à ces derniers de se conformer à l'arrêt de la Cour internationale de justice. L'arrêt *Medellín v. Texas* (552 U.S. 491 (2008) rendu le 25 mars 2008 par la Cour suprême des Etats-Unis lui a donné tort. Elle considère que la Convention de Vienne de 1963 n'a pas d'effet direct dans l'ordre juridique interne. L'arrêt de la Cour de La Haye ne pourrait donc être rendu contraignant que par l'effet d'une loi fédérale de transposition en droit interne. Or cette voie suggérée par la Cour suprême était fermée par l'opposition prévisible du Sénat. Dans ce contexte, le Gouvernement fédéral a dû se résoudre à employer un expédient : il a dénoncé en 2005 le protocole à la Convention de Vienne donnant compétence à la CIJ pour trancher les différends relatifs à cette convention, afin de prévenir de nouveaux contentieux. Cette dénonciation a effectivement empêché le Mexique de saisir à nouveau la CIJ pour faire constater l'inexécution de l'arrêt de 2004. A défaut, l'Etat en question a introduit une requête en interprétation de cet arrêt. Toutefois, il n'y avait pas de divergence substantielle entre les deux Etats au sujet de cette interprétation, les Etats-Unis ne contestant pas qu'ils manquaient à leurs obligations internationales : Arrêt du 19 janvier 2009, *Rec.* 3-52. Les gouverneurs locaux avaient donc finalement gagné le bras de fer qu'ils avaient engagé avec le monde extérieur.

été dégagée dès 1875 dans la sentence rendue dans l'affaire du *Montijo (Etats-Unis c. Colombie)*[811], s'impose d'autant plus à l'activité des collectivités territoriales.

Chaque Etat assume ainsi pleinement les inconvénients qui résultent des options qu'il privilégie en ce qui concerne les conditions de l'application du droit international en droit interne. Le respect du droit international n'impose, ni la forme unitaire de l'Etat, ni le monisme juridique, qui relèvent de choix souverains, face auxquels les exigences du droit international s'inscrivent dans une stricte neutralité. Ces options constitutionnelles assurent cependant la meilleure protection de l'action extérieure de l'Etat. Ainsi le choix du monisme juridique s'inscrit en France dans le processus de rationalisation des rapports entre les pouvoirs publics constitutionnels engagé par la Quatrième République et renforcé par la Cinquième République. L'action extérieure des collectivités territoriales se développe par conséquent en France dans un cadre constitutionnel qui sanctuarise la conduite de la politique étrangère. Cette protection de la fonction extérieure de l'Etat encadre l'activité internationale de ces collectivités.

B. Le cadre constitutionnel de l'action extérieure des collectivités territoriales.

La jurisprudence administrative est peu présente dans le domaine de l'action extérieure des collectivités territoriales. D'ailleurs, lorsqu'il est apparu que l'exigence d'un intérêt local amenait, du fait du développement de la jurisprudence, une complexité menaçant la sécurité de la coopération territoriale le législateur (loi *Thiollière* de 2007) a jeté à bas cette construction juridique. Or quelques décisions seulement ont suffi au Conseil constitutionnel pour dessiner avec une certaine précision les limites constitutionnelles de l'activité internationale des collectivités territoriales.

Les situations relevant de l'action extérieure sont soumises au droit international dont l'éclairage est ainsi nécessaire à la pleine connaissance de cet objet. Par ailleurs, il a été souligné au cours du colloque que les compétences des collectivités territoriales sont l'œuvre de la loi. Il en résulte que le soubassement constitutionnel de la matière n'est évidemment pas apparent dans la loi. Les éléments normatifs qui structurent le droit de l'action extérieure, du « dehors » et du « dedans », relèvent ainsi du droit international et du droit constitutionnel, mais par une nécessité logique, ils sont seulement sous-jacents dans les formules de la loi.

Le travail d'interprétation du droit - on pense à celui qu'a effectué la circulaire conjointe de 2018 sur le cadre juridique de l'AECT – devrait être

---

[811] Sentence du 26 juillet 1875, *Lapradelle-Politis*, t. 3, 651 et s.

alimenté par l'étude de cas. Or on manque singulièrement de cette matière concrète nécessaire à une approche clinique du droit, parce que les services juridiques des collectivités territoriales parviennent à bloquer les initiatives aventureuses des élus. D'ailleurs les collectivités territoriales ne s'inscrivent pas dans une démarche de confrontation avec l'Etat et le contentieux est pratiquement inexistant.

L'article L.1115-1 du CGCT est la disposition de principe qui introduit le droit de l'action extérieure des collectivités territoriales. Les remaniements successifs du texte – vraisemblablement stabilisé dans sa version de 2014 - témoignent d'une démarche empirique d'amélioration progressive du droit menée à travers la concertation institutionnalisée entre les services de l'Etat et les élus locaux (Commission nationale de la coopération décentralisée).

L'alinéa premier énonce les capacités d'action internationale des collectivités territoriales :

« Dans le respect des engagements internationaux de la France, les collectivités territoriales et leurs groupements peuvent mettre en œuvre ou soutenir toute action internationale annuelle ou pluriannuelle de coopération, d'aide au développement ou à caractère humanitaire ».

L'évocation du respect des engagements internationaux explicite l'exigence constitutionnelle de cohérence avec la politique étrangère, mais la portée de la formule interpelle (1). La compétence internationale des collectivités territoriales est affirmée, sans indication néanmoins du domaine de compétence réservé à l'Etat par la Constitution (2).

Les actions extérieures des collectivités territoriales sont soumises au contrôle de légalité de droit commun, mais les services de l'Etat sont tenus de veiller à prévenir les interférences défavorables engendrées par les initiatives locales dans la conduite de la politique étrangère (3).

Enfin, l'observation de l'ensemble des dispositions législatives relatives à l'AECT fait apparaître l'usage répété de régimes d'autorisation préalable par l'Etat qui relèvent d'aménagements limités des principes constitutionnels, spécialement les conditions de l'exercice de la souveraineté nationale (4).

1. L'exigence du respect des engagements internationaux de la France.

Dans l'article L.1115-1 du CGCT le respect des engagements internationaux de la France est affirmé comme un primat (du latin *primas*, qui est au premier rang et bénéficie à ce titre d'une primauté). On voit ainsi dans cet énoncé une condition majeure à laquelle l'octroi de capacités d'action extérieure aux collectivités territoriales est subordonné. La signification précise de la formule, par-delà un renvoi général au droit international, n'est pas évidente.

- *Les difficultés d'identification de cette condition*

La Circulaire Mauroy de 1983[812]

La circulaire a justifié la création de la délégation à l'action extérieure des collectivités territoriales en relevant qu'il « importe que le gouvernement soit informé de façon systématique et régulière de l'action extérieure des communes, des départements et des régions afin de les conseiller à ce sujet et d'être à même de veiller à ce que leurs initiatives en ce domaine respectent les règles fixées par la constitution et la loi et n'interfèrent pas défavorablement avec la politique étrangère de la France ». Le délégué, agissant en coordination avec les commissaires de la République, préfets aujourd'hui, assure donc la surveillance des initiatives extérieures des collectivités territoriales. L'Etat veille ainsi au respect de la Constitution et de la loi, mais aussi à ce que l'action des territoires « n'interfère pas défavorablement avec la politique étrangère de la France ». Autonomes politiquement, les collectivités territoriales ne sont pas soumises à une obligation de loyauté à l'égard de la politique étrangère du gouvernement et la formule employée dans la *Circulaire Mauroy* interpelle.

L'article L.1115-1 du code général des collectivités territoriales

Il subordonne les actions internationales des régions, départements, communes et groupements territoriaux au « respect des engagements internationaux de la France ». Plusieurs fois déplacée dans le texte, la formule est demeurée inchangée depuis la loi ATR de 1992[813]. Le Sénateur Paul GRAZIANI, rapporteur pour la commission des lois, écrivait à l'époque au sujet de la formule que la « restriction (était) essentielle, mais (pouvait) être considérée comme allant de soi »[814]. Cela va donc sans dire, mais guère mieux en le disant.

Les actes relevant de l'action extérieure des collectivités territoriales sont soumis au contrôle de légalité de droit commun sous la réserve de leur transmission au préfet de région. L'action extérieure territoriale est donc placée dans un rapport de conformité avec le bloc de légalité formé par la Constitution, les traités internationaux et la loi. Toutefois, la formule « respect des engagements internationaux de la France » a une portée plus large que le « respect des traités » dont le Président de la République est le garant aux termes de l'article 5 de la Constitution et il convient donc d'en rechercher la portée.

---

[812] Circulaire n°1789/S.G du Premier ministre sur l'action extérieure des collectivités locales du 26 mai 1983, *JORF* du 24 décembre 1983, page 29.

[813] Loi n° 92-125 du 6 février 1992 relative à l'administration territoriale de la République.

[814] Rapport du 5 juin 1991, p. 229.

La Circulaire conjointe MEAE/Intérieur du 24 mai 2018, Cadre juridique de l'action extérieure des collectivités territoriales et de son contrôle[815].

Elle relie dans une analyse unique le respect des engagements internationaux de la France avec celui des compétences régaliennes de l'Etat : « 1) Le respect des engagements internationaux de la France et le respect des compétences régaliennes de l'État » (page 3). Ces exigences mêlées sont en rapport avec la préservation des compétences de l'Etat par opposition au « respect des compétences des autres catégories de collectivités territoriales » qui est l'objet de développements particuliers dans la circulaire (page 5). Hors des cas cités par ce document qui relèvent incontestablement des compétences régaliennes de l'Etat, on ne trouve mentionnés que les accords de coopération territoriale avec des entités étrangères non reconnues par la France, faible indice du sens et de la portée de la formule « respect des engagements internationaux de la France ».

Le *Guide juridique de l'action extérieure des collectivités territoriales*[816]

L'ouvrage rédigé par M. Pierre POUGNAUD, Rapporteur spécial pour la Commission nationale de la coopération décentralisée et approuvé par cette dernière permet de progresser dans la compréhension de la formule mentionnée à l'article L.1115-1 du CGCT. L'auteur souligne que

« Les collectivités et leurs groupements ont une obligation absolue de ne pas contrevenir à ces engagements (internationaux de la France). Il est en outre hautement souhaitable que leur action se situe en conformité avec les orientations de la politique étrangère du pays, dans le cadre d'une approche de « diplomatie démultipliée » (*cf.* la circulaire du 24 mai 2018), ce qui est le plus souvent réalisé dans les faits »[817].

Si la convergence des politiques locales avec les orientations de la politique étrangère est souhaitable dans un souci d'efficacité de la diplomatie démultipliée, le respect des engagements internationaux de la France est un impératif catégorique relevant du contrôle de légalité. Ces engagements comprennent notamment selon l'auteur :

« – les traités et accords souscrits par la France en application de l'article 52 de la Constitution, dès leur entrée en vigueur ;

– les actes de notre diplomatie portant reconnaissance d'un pays ou d'un gouvernement, retrait de cette reconnaissance, les décisions d'appliquer des sanctions ou des restrictions aux déplacements des personnes ;

– les résolutions du Conseil de sécurité des Nations unies, d'autant plus que la France, membre permanent, n'a pu qu'y souscrire, au moins par abstention ;

---

815 Circulaire du 24 mai 2018, 43376, INTB1809792C.

816 La Documentation Française, 5 février 2019, 73 pages.

817 *Ibid.*, p. 30.

– les engagements résultant de notre appartenance à l'Union européenne, etc. »

L'auteur souligne que, « en cas d'interrogations sur l'existence de tels traités ou accords, les collectivités qui souhaitent s'engager dans des conventions sont priées de contacter au préalable la DAECT. Cette précaution est parfois négligée et on peut le regretter, ce comportement pouvant conduire à des contentieux qui nuisent en fait à la crédibilité des collectivités, en les exposant à être désavouées, soit par les autorités diplomatiques, sous forme par exemple de note verbale aux autorités étrangères, soit par le juge administratif. Il est de la mission de nos postes diplomatiques d'alerter les collectivités territoriales elles-mêmes qui viendraient à y contrevenir, et d'informer l'administration centrale de tout comportement qui, même dans le cadre de conventions non censurées par le contrôle de légalité, pourraient matériellement porter atteinte à ces engagements, par exemple (cas visé par l'arrêt *Commune de Pierrefi tte-sur-Seine* précité) en apportant un soutien inapproprié aux parties impliquées dans des troubles civils ou des con fl its armés à l'étranger. On notera que cette position, qui est stricte et rappelée de manière constante, est à certains égards moins contraignante pour les collectivités territoriales françaises que cela n'est le cas dans de nombreux États plus décentralisés, voire fédéraux, qui vont parfois assez loin dans le contrôle d'opportunité »[818].

L'auteur relève à juste titre que l'appréciation du respect des engagements internationaux de la France relève du contrôle de légalité et non pas d'un contrôle d'opportunité. Pour cette raison même, l'appréciation du juge administratif ne dépendra pas d'une consultation préalable de la Délégation à l'action extérieure des collectivités territoriales.

La jurisprudence administrative

La jurisprudence relative à l'action extérieure des collectivités territoriale est ténue. L'arrêt *Commune de Pierrefi tte-sur-Seine* fonde toujours la position des tribunaux administratifs, malgré son ancienneté. Cependant, il peut être interprété en dehors de toute référence à des engagements internationaux qui n'apparait pas dans les motifs[819]. A vrai dire, il correspond à l'application la

---

[818] *Ibid.*, p. 31.

[819] « Considérant qu'il ressort des pièces du dossier que l'action entreprise par le comité national "un bateau pour le Nicaragua" et par le comité "93 Solidarité Nicaragua libre", bien qu'avant pour but d'apporter des secours matériels à la population du Nicaragua, se fondait explicitement, en la critiquant, sur l'attitude d'un Etat étranger à l'égard du Nicaragua et imputait aux interventions de cet Etat les difficultés économiques, sanitaires et sociales de la population du Nicaragua ; qu'ainsi, en accordant des subventions à ces comités, les conseils municipaux de Pierrefitte-sur-Seine, de Saint-Ouen et de Romainville ont entendu prendre parti dans un conflit de nature politique ; que, dès lors, les communes de Pierrefitte-sur-Seine,

plus ordinaire du principe de neutralité du service public appliqué sans aucune spécificité par le Conseil d'Etat au domaine de l'action extérieure des collectivités territoriales.

Dans cette affaire, trois conseils municipaux avaient entendu prendre parti dans le conflit politique au Nicaragua en votant des subventions à des organisations pro-gouvernementales. Si cette aide politiquement ciblée poursuivait bien un but humanitaire (financement de biens ou prestations « humanitaires »), elle avait un caractère politique qui a motivé l'annulation des délibérations en cause par la juridiction administrative. La *Loi Thiollière* du 2 février 2007 n'a pas remis en question cette solution dégagée par le Conseil d'Etat dans l'arrêt *Commune de Pierrefi tte-sur-Seine*. A la lecture des travaux préparatoires, il est en effet manifeste que le législateur a, par la formule « actions à caractère humanitaire », visé notamment les actions de premiers secours aux populations illustrées par les initiatives de collectivités territoriales « après le tsunami en Asie du Sud-Est fin 2004 ou le passage de l'ouragan Katerina en 2005 ». Dans un jugement du 27 avril 2010, *Association des contribuables de l'intercommunalité d'Aubagne*, le Tribunal administratif de Marseille a estimé que les actions financées par les communes sur la base de la Loi Thiollière de 2007 peuvent bénéficier aussi aux victimes civiles dans un conflit armé, mais que la loi en question n'a pas mis fin à l'interdiction de prendre parti dans un conflit politique international découlant du principe de neutralité[820]. Les initiatives politiques habillées d'un prétexte humanitaire sont donc toujours exclues.

Hasard des circonstances, la Cour internationale de justice s'est prononcée sur cette question de la définition de l'action humanitaire dans le même contexte factuel que celui de l'arrêt du Conseil d'Etat *Commune de Pierrefi tte-sur-Seine* de 1989 marqué par les ingérences des Etats-Unis au Nicaragua. Dans l'arrêt du 27 juin 1986, *Activités militaires et paramilitaires au Nicaragua et contre celui-ci (Nicaragua c. Etats-Unis)*, la Cour internationale de justice a rappelé que pour être qualifiée d'humanitaire une action d'assistance devait être neutre et impartiale[821]. Le Conseil d'Etat a examiné

de Saint-Ouen et de Romainville ne sont pas fondées à soutenir que c'est à tort que par les trois jugements attaqués en date du 28 octobre 1987, le tribunal administratif de Paris a annulé les délibérations susmentionnées », C. E., 23 octobre 1989, n°93331, 93847, 93885, *Commune de Pierrefitte-sur-Seine*.

[820] Tribunal administratif de Marseille du 27 avril 2010 (*Association des contribuables de l'intercommunalité d'Aubagne, M.Szabo de Edelenyi*, n° 0902358) ; Yves GOUNIN, « Coopération décentralisée : les limites de la loi Thiollière », *A.J.D.A.*, n° 24 - 12/07/2010, 1372-1374.

[821] « Un élément essentiel de I 'aide humanitaire est qu'elle doit être assurée « sans discrimination » aucune. Selon la Cour, pour ne pas avoir le caractère d'une intervention condamnable dans les affaires intérieures d'un autre Etat, non seulement I' « assistance humanitaire » doit se limiter aux fins consacrées par la pratique de la Croix- Rouge, à savoir

une aide apportée par des communes françaises à des organisations sandinistes ; la Cour internationale de justice a considéré de son côté l'aide apportée par les Etats-Unis au mouvement antisandiniste des « contras ». Les deux juridictions convergent ainsi pour exclure le subventionnement d'actions partisanes et discriminantes présentées comme étant humanitaires.

La jurisprudence administrative est pertinente et utile, mais elle n'éclaire en rien la formule manifestement essentielle qui ouvre l'énoncé de la compétence internationale des collectivités territoriales : « dans le respect des engagements internationaux de la France ». Bien entendu, les actions de politique internationale sanctionnées par le principe de neutralité du service public placent les services diplomatiques dans une situation délicate. Elles sont illicites au regard du droit international, lorsqu'elles constituent une ingérence dans les affaires intérieures d'un Etat étranger.

- *La formule « engagements internationaux » vise les obligations internationales de l'Etat*

La formule de l'article L.1115-1 du CGCT se réfère à un bloc normatif distinct du bloc de légalité. Il intègre les traités en vigueur, mais aussi le droit dérivé de l'Union européenne et la règlementation internationale constitué par les résolutions du Conseil de sécurité qui sont obligatoires pour les Etats membres en vertu de l'article 25 de la Charte des Nations unies. La mention des actes de reconnaissance invite à y intégrer les actes unilatéraux étatiques, ainsi que la coutume internationale. En somme l'énumération non exhaustive qui figure dans le *Guide juridique* vise la « légalité internationale ». L'expression est trompeuse, parce que, sous réserve des obligations internationales *erga omnes*, le contenu du « bloc » varie en fonction du rapport de droit entre les sujets du droit international dans lequel il s'inscrit. Ainsi s'explique l'invitation justifiée à s'enquérir, si besoin, auprès du Ministère de la situation juridique précise du pays concerné par une action internationale d'une collectivité territoriale. La réalité des obligations internationales peut d'ailleurs dépendre d'actes informels et de pratiques.

Les travaux préparatoires de la loi montrent que l'exigence du respect des engagements internationaux de la France a été perçue comme une évidence. L'évidence en question est que l'étendue de cette prescription ne saurait être moindre que celle des obligations internationales assumées par l'Etat. Les collectivités territoriales sont tenues, dans leur action extérieure de respecter toutes les obligations internationales, quelle que soit leur nature.

« prévenir et alléger les souffrances des hommes » et « protéger la vie et la santé [et] faire respecter la personne humaine » : elle doit aussi, et surtout, être prodiguée sans discrimination à toute personne dans le besoin au Nicaragua, et pas seulement aux *contras* et à leurs proches », *Rec.* p. 115, par. 343.

Le terme « engagements internationaux de la France » se rapporte ainsi à la somme des obligations internationales de l'Etat. Il n'y a pas lieu de s'étonner de l'emploi du mot « engagements » en raison du caractère volontariste du droit international. Le célèbre *dictum* de la Cour permanente de justice internationale dans l'arrêt du *Lotus (France et Turquie)* du 7 septembre 1927 illustre cette approche du droit international en tant que limitation volontaire de la souveraineté (engagement) qui n'écarte pas l'effet de la contrainte sociale :

« Le droit international régit les rapports entre des États indépendants. Les règles de droit liant les États procèdent donc de la volonté de ceux-ci, volonté manifestée dans des conventions ou dans des usages acceptés généralement comme consacrant des principes de droit et établis en vue de régler la coexistence de ces communautés indépendantes ou en vue de la poursuite de buts communs »[822].

Tout manquement aux « engagements internationaux de la France » commis par une collectivité territoriale dans son action extérieure « interfère défavorablement avec la politique étrangère de la France » (termes utilisés dans la circulaire Mauroy), parce qu'il est attribuable à l'Etat qui en porte la responsabilité internationale, conformément à l'article 4 du document de codification intitulé *Projet d'articles de 2001* examiné précédemment. En formulant comme une exigence préalable le respect des engagements internationaux, l'article L.1115-1 du CGCT attribue aux collectivités territoriales des capacités légales d'action extérieure, tout en préservant les « conditions essentielles de l'exercice de la souveraineté nationale ». Le respect des engagements internationaux de la France a été explicitement mentionné par le Conseil constitutionnel dans ce sens dans sa Décision du 26 janvier 1995[823].

Convient-il de s'inquiéter de l'intrusion sans filtre du droit international dans l'activité des collectivités territoriales ? L'expérience est plutôt rassurante. Les très rares cas, anecdotiques donc, qui ont été rapportés au sujet de manquements aux engagements internationaux de la France ne concernent que l'établissement par des collectivités territoriales de relations avec des entités non reconnues par la France. On cite les sympathies arméniennes d'élus locaux conduisant à l'établissement de liens avec l'entité séparatiste du Haut-Karabagh. Au demeurant, les règles régissant la reconnaissance internationale peuvent être aisément expliquées pour les besoins limités des collectivités territoriales. Tout d'abord, il convient de garder à l'esprit que l'acte de reconnaissance des situations internationales, tout spécialement la

---

822 *Rec.* Série A, n°9, p. 18.

823 Conseil constitutionnel, décision n° 94-358 DC du 26 janvier 1995, *loi d'orientation pour l'aménagement et le développement du territoire*, par. 52.

reconnaissance d'un Etat étranger, est un acte discrétionnaire et souverain de l'Etat. Une collectivité territoriale qui s'aviserait de désigner l'Autorité palestinienne comme étant l'Etat palestinien et alors même que l'entité en question bénéficie du statut d'« Etat observateur » à l'Assemblée générale de l'ONU, subirait le tonnerre et le foudre de Zeus. Ensuite, la reconnaissance est parfois illicite. En effet, la reconnaissance ou tout autre acte ayant pour effet de contribuer à la consolidation d'une situation territoriale portant atteinte à l'intégrité territoriale d'un autre Etat ou résultant de l'emploi de la force contraire à la Charte des Nations unies serait contraire aux engagements internationaux de la France. Ainsi un comportement appuyant la déclaration d'indépendance de la Catalogne serait une source potentielle d'un différend juridique avec l'Espagne. Les relations de jumelage avec des collectivités territoriales de Crimée ne sauraient servir à conforter l'annexion de fait de ce territoire ukrainien par la Russie. Une obligation de non-reconnaissance des situations territoriales contraires au droit international pèse ainsi sur la France et elle expose la responsabilité internationale de l'Etat. En outre, cette obligation est fréquemment renforcée par un régime international de mesures restrictives adopté par le Conseil de sécurité de l'ONU ou l'Union européenne. Sur ce point la circulaire développe une pédagogie très efficace.

2. Le respect du domaine réservé des compétences nationales

Il conviendrait de considérer la question du domaine réservé de l'Etat dans lequel l'action extérieure des collectivités territoriales est exclue. Or elle n'apparaît pas à la simple lecture de l'article L.1115-1 du CGCT. Ce silence de la loi est aisément explicable. La détermination des compétences décentralisées relève du domaine de la loi et l'octroi aux collectivités locales et régionales de capacités internationales s'inscrit dans cette démarche législative. Toutefois, le rappel de la Constitution ne fait pas partie de ce domaine (la fonction du législateur n'est pas de faire œuvre de pédagogie). Logiquement l'article L.1115-1 en question ne mentionne pas les missions nationales que le cadre constitutionnel attribue à l'Etat et qui constituent son domaine réservé dans lequel les transferts de compétence seraient inconstitutionnels, telles que la défense, la justice ou l'éducation. Dans une approche consolidée, le droit de l'action extérieure des collectivités territoriales comporte des parties législative et règlementaire, mais aussi constitutionnelle. L'identification du domaine réservée de l'Etat n'a rien d'un questionnement spéculatif, parce qu'elle détermine concrètement le domaine d'action des collectivités régionales et locales. On se gardera néanmoins d'examiner dans sa globalité cette question générale des limites constitutionnelles de la décentralisation que soulève ainsi l'action extérieure des collectivités territoriales, mais qui ne lui est pas propre.

Les atteintes au domaine réservé de l'Etat peuvent aussi interférer « défavorablement avec la politique étrangère de la France ». Toutefois cette incidence négative ne se rapporte pas à l'engagement de la responsabilité internationale de la France, même si elle se rattache tout de même au droit de la responsabilité internationale de l'Etat. En effet, en empiétant sur le domaine réservé de l'Etat, une collectivité territoriale risque de porter atteinte à la substance des droits dont la France se prévaut sur le plan international. Une telle situation est illustrée par l'affaire *Savarkar* qui concerne le principe de l'exclusivité de la juridiction de l'Etat sur son territoire[824].

Dans son arrêt du 7 septembre 1927 dans l'*Affaire du Lotus*[825] précité la Cour permanente de justice a affirmé que
« la limitation primordiale qu'impose le droit international à l'État est celle d'exclure - sauf l'existence d'une règle permissive contraire - tout exercice de sa puissance sur le territoire d'un autre État. Dans ce sens, la juridiction est certainement territoriale ; elle ne pourrait être exercée hors du territoire, sinon en vertu d'une règle permissive découlant du droit international coutumier ou d'une convention ».

Le Conseil constitutionnel s'est référé une fois dans un considérant à l'alinéa quatorze du préambule de la Constitution de 1946 auquel renvoie celui de la Constitution de 1958 dans sa décision de 1992, *Traité sur l'Union européenne*[826]. Cet alinéa proclame que la France se conforme aux règles du droit public international. Le Conseil cite parmi ces règles celle de l'autorité des traités internationaux (*pacta sunt servanda*). L'exclusivité de la compétence territoriale fait nécessairement partie de ce bloc de règles internationales et le principe de territorialité du service public en découle. L'aménagement général des compétences des collectivités territoriales et de leurs groupements est soumis à cette territorialité : la frontière d'Etat limite le champ spatial des compétences locales. Précisément l'article L.1115-1 du CGCT atténue cette territorialité en attribuant aux collectivités territoriales un ensemble de capacités collaboratives formant l'action extérieure des collectivités territoriales. Or l'affaire *Savarkar* porte sur le corolaire de la territorialité : le droit pour L'Etat français de s'opposer à toute activité d'une autorité publique étrangère sur le territoire français. Ainsi l'action inconsidérée d'un agent local, manifestement illégale au regard du droit interne, qui a facilité une telle action étrangère, en l'occurrence une arrestation, a privé la France de son droit de réclamation internationale.

En effet, le tribunal arbitral a jugé que la France ne pouvait réclamer au Royaume-Uni la restitution du militant indien Vinayak Damodar Savarkar

---

824 CPA, sentence du 24 février 1911, *R.S.A.*, XI, p. 254.

825 *Affaire du Lotus (France – Turquie), Série A* - N"9, p. 18-19.

826 Décision n° 92-308 DC du 9 avril 1992, paragraphe 7.

convaincu de complicité du meurtre d'un magistrat britannique. Le nationaliste avait profité de l'escale à Marseille du navire le Morea (9-10 juin 1910) qui le transportait à Londres en vue de son jugement pour s'échapper. Le brigadier de la police de Marseille qui l'avait arrêté, l'avait ramené au navire et remis aux agents britanniques du bord. Le policier était présent au port sur instructions du préfet (pour prévenir une éventuelle évasion du célèbre nationaliste indien), mais il n'avait pas la compétence et il n'avait pas reçu l'ordre de transférer le suspect à une autorité étrangère (acte *ultra vires*). Cette affaire, à certains égards, cocasse, illustre le besoin d'autoprotection de l'Etat : il lui appartient de prendre les mesures législatives et autres nécessaires pour préserver effectivement l'intégrité de sa compétence territoriale, spécialement pour se prémunir contre les maladresses et les erreurs d'appréciation d'autorités locales.

La Circulaire de 2018 prend en considération cette nécessité de préserver les droits de la France qui pourraient être affectés par le comportement de collectivités territoriales qui sont - il faut le rappeler encore - des organes *de jure* de l'Etat au regard du droit international.

« Une collectivité territoriale ou un groupement ne peut enfreindre ni les intérêts de la Nation, ni les pouvoirs constitutionnellement reconnus au Président de la République et au Gouvernement en matière de conduite de la politique étrangère de la France (articles 5, 14,20 et 52 à 55 de la Constitution). Cette règle emporte deux conséquences principales. D'une part, une convention conclue par une collectivité locale ne saurait porter atteinte à l'intégrité territoriale de la France, en remettant en cause la souveraineté de l'État sur un territoire spécifique ou bien le tracé d'une frontière »[827].

A vrai dire, la question de la préservation du domaine constitutionnel de compétence de l'Etat se pose indépendamment de la question d'une incidence dommageable de l'action locale sur les intérêts de l'Etat. Ainsi la demande de libération d'un militant palestinien exprimée en l'espèce dans la forme d'une banderole accrochée à la mairie « constitue une prise de position dans une matière relevant de la politique internationale de la France dont la compétence appartient exclusivement à l'Etat »[828]. Le risque de telles incidences justifie néanmoins la vigilance particulière dans le contrôle des actions internationales des collectivités territoriales.

---

[827] *Ibid.*, p. 4.

[828] CAA de Versailles, 2ème chambre, 23/03/2017, 16VE02774, *Commune de Stains*.

3. La mise en œuvre de l'obligation constitutionnelle de veiller à prévenir les interférences défavorables à l'exercice de la fonction extérieure de l'Etat

L'autoprotection de l'Etat contre les interférences défavorables des collectivités territoriales dans la conduite de la politique étrangère répond à l'exigence supérieure de préserver les « conditions essentielles de l'exercice de la souveraineté nationale ». En ce domaine plus qu'ailleurs, le contrôle de légalité des actes des collectivités territoriales est déterminant et il est mentionné dans ce sens par le Conseil constitutionnel dans sa Décision du 26 janvier 1995[829]. Il s'exerce essentiellement sur les délibérations locales, c'est-à-dire en amont du processus de mise en œuvre des initiatives engagées par les exécutifs territoriaux et notamment de la signature des conventions de coopération territoriale. Le contrôle de légalité acquiert ainsi une vertu préventive. En tant que mécanisme de prévention des interférences défavorables pour l'action extérieure de l'Etat ce contrôle du préfet est-il efficace ? La création récente de la fonction de conseiller diplomatique auprès du préfet de région devrait y contribuer, mais le métier reste à inventer. Idéalement, l'évaluation du risque pour l'Etat pouvant résulter d'une action illégale devrait être immédiate, mais toute illégalité n'est pas préjudiciable à l'action extérieure de l'Etat.

Parce que le contrôle de légalité n'est pas toujours efficace, le désaveu de l'action locale par l'Etat est une démarche essentielle, nécessaire. Cette démarche diplomatique remplit la même fonction de conservation des intérêts juridiques de l'Etat que la protestation internationale. En outre, le désaveu emporte la reconnaissance formelle de la violation d'une obligation internationale et elle constitue donc généralement une satisfaction appropriée accordée à l'Etat qui été atteint dans ses droits. Le désaveu permet ainsi d'éteindre un différend interétatique avant qu'il ne se cristallise.

La circulaire Mauroy a évoqué une fonction de veille assumée par l'Etat qui, en définitive, est une mission constitutionnelle de préserver les conditions essentielles de l'exercice de la souveraineté nationale. Elle impose aux services de l'Etat la diligence, c'est-à-dire la réactivité face aux actions locales. Dans l'affaire *Savarkar* le comportement du brigadier de police de Marseille n'a pas été la cause immédiate du dommage causé à l'Etat, parce que le préfet a manqué de diligence : la France a laissé le navire britannique quitter le port de Marseille, sans réagir immédiatement à l'arrestation du militant indien par des agents étrangers. L'Etat a agi tardivement, uniquement

[829] Conseil constitutionnel, décision n° 94-358 DC du 26 janvier 1995, *loi d'orientation pour l'aménagement et le développement du territoire*, par. 52.

sous la pression d'une opinion publique sensible à la cause du militant nationaliste indien.

Si l'Etat expose sa responsabilité internationale à raison des manquements aux engagements internationaux de la France imputables aux collectivités territoriales, il devrait leur réclamer le remboursement des réparations pécuniaires dont il aura supporté la charge. En outre, la Loi NOTRE du 7 juillet 2015 établit un mécanisme de répartition et de remboursement des pénalités financières imposées à la France à raison du retard dans l'exécution d'un arrêt en manquement prononcé par la Cour européenne de justice (Article L1611-10 du CGCT).

4. L'aménagement législatif des principes constitutionnels : les régimes d'autorisation administrative

Le régime de l'action extérieure des collectivités territoriales peut être considéré comme une atténuation de portée générale du principe de territorialité du service public. Il est marqué par la liberté d'action des autorités locales dans le cadre du contrôle de légalité. Toutefois, le développement des dispositions législatives relatives à cette activité se traduit par la multiplication de mécanismes d'autorisation préfectorale qui ouvrent encore de manière contrôlée le champ d'action des collectivités territoriales. Cette démarche d'extension du domaine des initiatives locales par voie de dérogations acceptées par l'Etat est pleinement conforme à l'exigence supérieure de préserver la conduite de la politique étrangère des dommages que les actions locales pourraient lui causer. D'ailleurs, la sauvegarde des *conditions essentielles* de l'exercice de la souveraineté nationale n'est pas atteinte par des aménagements législatifs limités justifiés par l'intérêt général. Leur répétition tend à faire des dispositifs dérogatoires un instrument de la collaboration renforcée entre l'Etat et les collectivités territoires, voire de leur pleine inclusion dans l'action extérieure de la France. Le procédé de la dérogation, parce qu'il étend le champ de l'action locale, traduit un esprit d'ouverture dans la ligne de la « diplomatie démultipliée ».

Toutefois l'Etat ne saurait transférer ou déléguer l'un de ses pouvoirs constitutionnels aux collectivités territoriales. Ainsi dans sa Décision du 7 janvier 2000 le Conseil constitutionnel a veillé à ce que la délégation aux présidents des régions et départements d'outre-mer du pouvoir de signer un accord international au nom de l'Etat soit opérée en préservant la pleine discrétionnarité et les caractères de la délégation de signature[830].

[830]Décision n° 2000-435 DC du 7 décembre 2000, *Loi d'orientation de l'outre-mer*, par. 17 à 25.

La volonté d'encadrement strict des dérogations inspire également la rédaction de l'article L.1115-5 du CGCT. Initialement l'interdiction pour les collectivités territoriales de conclure une convention avec un Etat étranger (« *amendement Pasqua* ») avait une portée absolue[831]. Dans sa Décision du 26 janvier 1995 le Conseil constitutionnel a rattaché cette interdiction aux conditions essentielles de l'exercice de la souveraineté nationale[832]. Des exceptions y ont été progressivement apportées dans le cadre d'un régime d'autorisation préalable bien entendu. La *loi Letchimy* du 5 décembre 2016 a opéré une ouverture substantielle en permettant d'autoriser la signature de conventions de coopération avec des Etats étrangers « pour la mise en œuvre d'un accord international en vigueur ». Cette condition témoigne du souci d'éviter les dérogations de portée générale.

Le législateur est intervenu également pour permettre l'application des mécanismes de la coopération transfrontalière européenne qui dérogent à la territorialité du service public. Là encore l'autorisation de l'Etat est requise et le Conseil constitutionnel note cette exigence[833]. Si ces dispositifs ont évolué dans le sens de la simplification, la participation majoritaire à une entité de droit étranger demeure exclue : le Conseil constitutionnel relève aussi dans sa Décision du 26 janvier 1995 que la loi écarte « une participation au capital ou aux charges d'une même personne morale de droit étranger des collectivités territoriales et de leurs groupements supérieure à 50 % de ce capital ou de ces charges »[834]. Une telle participation conférant un pouvoir de direction ou de contrôle sur l'entité en question ferait passer l'activité d'une collectivité territoriale française sous l'autorité d'un Etat étranger. On identifie donc également un seuil d'admissibilité des dérogations à la territorialité.

Les services de l'Etat veillent ainsi, sous la surveillance du Conseil constitutionnel[835], à ce que la facilitation de l'action extérieure des collectivités territoriales qui inspire les réformes législatives ne porte pas atteinte aux principes constitutionnels qui protègent la conduite de la politique étrangère. Cette approche bénéficie du consensus politique. Les élus locaux qui sont le plus impliqués dans la « diplomatie territoriale » ne s'inscrivent pas dans une démarche d'affaiblissement de l'action extérieure de la France.

---

[831]LOI n° 95-115 du 4 février 1995 d'orientation pour l'aménagement et le développement du territoire (LOADT), JORF n° 31 du 5 février 1995.

[832] Conseil constitutionnel, décision n° 94-358 DC du 26 janvier 1995, *loi d'orientation pour l'aménagement et le développement du territoire*, par. 52.

[833] *Idem.*

[834] *Idem.*

[835] Pratiquement tous les choix d'encadrement de l'action extérieure des collectivités territoriales qui ont été effectués par le législateur ont été validés par le Conseil constitutionnel dans le paragraphe 52 de sa Décision du 26 janvier 1995 précitée.

UN AMÉNAGEMENT DE LA FONCTION EXTERNE DE L'ETAT NÉCESSAIRE À L'INSERTION DE LA FRANCE DANS L'ESPACE RÉGIONAL ULTRA-MARIN

Pierre-Yves CHICOT

Maître de conférences de droit public, Habilité à Diriger les Recherches, CREDDI EA 2438

On est plutôt loin aujourd'hui du vieil article 65 de la loi n° 82-213 du 2 mars 1982 relative aux communes, des départements et des régions conférant la prérogative de l'action internationale aux seules régions transfrontalière. Concomitamment, les collectivités municipales étaient déjà autorisées à se livrer à ce qu'on a appelé la « diplomatie chaude »[836] pour rendre compte des jumelages qui peuvent autant avoir la tonalité folklorique ou qui confinent à la coopération entre autorités locales[837].

Des progrès tout de même significatifs ont été progressivement accomplis en matière d'action extérieure des collectivités territoriales. En effet, la coopération transfrontalière ne vise plus exclusivement les régions situées aux frontières européennes de la France. Il est précieux de citer la loi n° 92-125 du 6 février 1992 d'Administration territoriale de la République[838] qui disposera ensuite de coopération décentralisée pour prendre le soin de ne que considérer que la seule coopération internationale et non pas la diplomatie, apanage exclusif de l'Etat.

La loi n° 2007-147 du 2 février 2007 relative à l'action extérieure des collectivités territoriales et de leurs groupements modifie pour sa part l'article L1115-1 du Code Générale des Collectivités Territoriales :

Les collectivités territoriales et leurs groupements peuvent, dans le respect des engagements internationaux de la France, conclure des conventions avec des autorités locales étrangères pour mener des actions de coopération ou d'aide au développement. Ces conventions précisent l'objet des actions envisagées et le montant prévisionnel des engagements financiers. Elles entrent en vigueur dès leur transmission au représentant de l'Etat dans les conditions fixées aux articles L. 2131-1, L. 2131-2, L. 3131-1, L. 3131-2, L.

[836] La diplomatie froide étant celle conduite par l'Etat.

[837] A. Vion, « L'invention de la tradition des jumelages (1951-1956) : mobilisations pour un droit », *Revue française de science politique*, vol. vol. 53, no. 4, 2003, pp. 559-582.

[838] JORF n°33 du 8 février 1992 page 2064.

4141-1 et L. 4141-2. Les articles L. 2131-6, L. 3132-1 et L. 4142-1 leur sont applicables.

En outre, si l'urgence le justifie, les collectivités territoriales et leurs groupements peuvent mettre en œuvre ou financer des actions à caractère humanitaire.

L'action extérieure des collectivités désigne d'une manière générale l'ensemble des actions menées par les collectivités territoriales et leurs groupements en lien avec d'autres pays, quels qu'ils soient. Le terme de coopération décentralisée n'en constitue qu'une de ses formes, qui se caractérise par l'existence d'une convention de coopération passée avec une collectivité étrangère.

La loi n° 2016-1657 du 5 décembre 2016 relative à l'action extérieure des collectivités territoriales et à la coopération des outre-mer dans leur environnement régional[839] comporte à la fois un article qui s'applique à toutes les collectivités françaises, leur permettant dans certains cas de passer des conventions avec des États étrangers, et des dispositions relatives à la coopération régionale des collectivités d'outre-mer, dans leurs voisinages respectifs.

Le régime juridique d'ensemble exige que les conventions avec des États souverains, lorsqu'elles sont possibles, sont toujours soumises à l'accord préalable des autorités de la République dans la cadre d'une procédure qui sauvegarde la cohérence de l'action diplomatique de la France.

Cette loi harmonise et élargit par ailleurs le champ géographique des coopérations régionales menées dans l'océan Indien, la Caraïbe et autour du plateau Guyanais. Les collectivités d'outre-mer pouvant également désormais situer leurs actions extérieures vers les pays voisins dans le cadre de programmes-cadres de coopération régionale, donnant ainsi une perspective à moyen terme aux actions entreprises. Dans certains cas, elles peuvent même adhérer à des banques régionales de développement et participer à leur capital. Enfin, elles peuvent affecter des agents territoriaux auprès des représentations diplomatiques de la France, par des conventions établies selon les règles fixées par décret en Conseil d'État.

L'action extérieure des collectivités territoriales d'outre-mer de droit commun ont depuis le départ bénéficié d'un régime juridique dérogatoire qui les rapproche du régime juridique des collectivités territoriales des collectivités d'outre-mer qui obéissent au statut de la spécialité législative.

Il ne fait aucun doute que la géographie non continentale de ces collectivités territoriales influence le droit de l'action extérieure qui leur est

---

[839] JORF n°0283 du 6 décembre 2016 texte n° 1.

applicable. Nous l'expliquons par le concept de « l'altérité de proximité » qui est du reste consubstantiel aux relations internationales de voisinage.

La thématique de l'action extérieure des collectivités territoriales entretient un lien étroit avec la thématique de l'Etat car une compétence régalienne par excellence est en jeu, il s'agit de la politique étrangère qui ne doit souffrir d'aucun défaut dans l'homogénéité fortement souhaitée par les autorités centrales. Pour autant, il est possible avec l'évolution du droit public en matière de décentralisation des compétences de l'Etat d'évoquer l'idée de l'aménagement de la fonction externe de l'Etat qui se trouve alors confrontée à l'action publique locale internationale en général (I) et dans les outre-mers en particulier (II).

I - La fonction externe de l'Etat confrontée au développement de l'action publique locale

Le droit public de l'Etat est dominé par la souveraineté. C'est l'apanage essentiel de l'Etat, son élément principalement structurant. Aussi, les collectivités infraétatiques ne peuvent pas en principe s'en prévaloir. Toutefois, les changements de circonstances marqués par l'irruption des collectivités décentralisées sur la scène internationale conduisent à envisager, non pas une répartition de la compétence internationale entre le niveau supérieur et l'échelon local, mais la possibilité offerte d'associer le local à l'action internationale de l'Etat.

A - L'affirmation de la souveraineté étatique qui constitue *l'alpha et l'oméga* du raisonnement juridique en droit public en général et en droit des collectivités territoriales en particulier

L'Etat a la compétence de sa compétence qui s'exprime par la *suprema potestas* : il n'existe pas d'autorité au-dessus de lui sauf à mettre en œuvre le volontarisme juridique, l'Etat faisant ainsi le choix de limiter sa souveraineté.

L'exercice de la souveraineté étatique emporte au moins trois principales conséquences dans les rapports entre l'Etat et les collectivités dites locales. Tout d'abord, il est question d'un rapport asymétrique indémodable et incontestable entre l'Etat et les personnes publiques locales décentralisées même si les deux sont des collectivités territoriales. Ensuite, comme l'affirme le Conseil d'Etat, l'ordre des pouvoir doit être respecté au sein de la République, d'où la prééminence de l'Etat comme garant de l'unité du territoire, de l'égalité, et de la satisfaction de l'intérêt général[840]. Enfin, le

[840] J-M Sauvé, *La justice dans la séparation des pouvoirs*, Versailles, le vendredi 17 juin 2011, https://www.conseil-etat.fr/actualites/discours-et-interventions/la-justice-dans-la-separation-des-pouvoirs

Conseil Constitutionnel indique sans ambages qu'il n'est pas possible pour les collectivités territoriales de formuler des injonctions à l'endroit de l'Etat[841].

Dès lors que la centralisation des pouvoirs atteignait un degré si élevé laissant alors aux collectivités territoriales un pouvoir d'intervention résiduel doublé de la tutelle légalisée de l'autorité déconcentrée, la discussion juridique relative à la répartition des compétences entre l'Etat et les collectivités territoriales ne présentait guère d'intérêt.

La notion de compétence régalienne par nature ne soulevait pas non plus de controverses. Mais à mesure que la décentralisation des compétences de l'Etat au profit des collectivités territoriales est légalisée et confortée toujours plus, l'administration territoriale de la République relève du double niveau de la puissance publique (l'Etat central et le pouvoir local)[842]. C'est ainsi que les collectivités territoriales sont associées à des fonctions d'autorité qui sont pourtant l'expression de la souveraineté en matière de défense et d'affaires étrangères et en matière de sécurité intérieure (police municipale). Force est de constater, qu'aujourd'hui, le principe traditionnel de séparation des compétences fondé sur la répartition matérielle des compétences est impuissante à rendre compte de la réalité de l'action des collectivités territoriales, notamment à la faveur de la révision constitutionnelle du 28 mars 2003[843].

B – La portée du transfert des compétences de l'Etat vers les collectivités territoriales et l'exercice concurrent de compétences

La démonopolisation des fonctions régaliennes aboutit à l'immixtion de l'échelon local dans la conduite des affaires de l'Etat. Il est possible d'affirmer d'observer qu'aucune politique publique n'échappe aux collectivités territoriales y compris l'action extérieure des collectivités territoriales.

« L'expression compétences locales renvoie à la décentralisation que l'on qualifie de territoriale, l'expression « politiques publiques » à l'État. Dans la mesure, en effet, où nous nous trouvons dans un État unitaire décentralisé, ce qu'affirme la Constitution, cela signifie, d'une part, que le pouvoir central reconnaît l'existence de collectivités disposant d'une certaine autonomie – qu'on les qualifie de « locales » ou de « territoriales » – et, d'autre part, que l'unité de l'État (pour nous, français, républicain), soit maintenue, ce qui implique une définition des politiques dans les principaux domaines par les organes reconnus constitutionnellement comme pouvant engager l'État.

---

841 Décision n° 2000-435 DC du 7 décembre 2000, https://www.conseil-constitutionnel.fr/decision/2000/2000435DC.html

842 V. J.M. Pontier, *L'Etat et les collectivités locales. La répartition des compétences*, 1978, LGDJ, 630 p.

843 Loi constitutionnelle n°2003-276 du 28 mars 2003 relative à l'organisation décentralisée de la République, JORF n°75 du 29 mars 2003 page 5568.

Les collectivités territoriales se voient reconnaître des compétences, l'expression compétences locales renvoyant à des autorités locales décentralisées. La compétence, au sens juridique du terme, comporte nécessairement une double composante, la première étant l'aptitude légale à intervenir, la seconde un ou des domaines d'intervention. Parler de compétences, c'est faire référence indissolublement à ces deux dimensions »[844].

La contractualisation de l'action publique impliquant l'Etat et ses collectivités territoriales induit-elle désormais une démarche de codécision de l'action publique ? Rien n'est moins sûr dans la mesure où le rapport asymétrique demeure entre les deux niveaux principaux d'interventions publiques ainsi que le principe de la prééminence de l'Etat. Mais dans le même temps, comment ne pas considérer qu'après 37 ans de décentralisation symbolisées par l'abolition de la tutelle qu'il n'y a pas l'émergence d'une forme de co-construction (central/local) de la décision publique ?

Par ailleurs, la territorialisation de l'action publique[845] est rendue possible par diverses réformes constitutionnelles et législatives favorables à la décentralisation : l'extension des compétences dévolues à l'échelon local, l'expérimentation constitutionnalisée, les habilitations législatives et réglementaires pour les collectivités d'outre-mer de droit commun présageant l'attribution d'un pouvoir réglementaire à toutes les collectivités territoriales de la République pour l'exercice de leurs compétences, la consécration des lois du pays pour la Polynésie Française et la Nouvelle-Calédonie.

Une nouvelle étape est en cours et concerne la différenciation. La Délégation aux collectivités territoriales et à la décentralisation de l'Assemblée nationale a organisé, le mercredi 13 mars 2019, un colloque sur le thème « Différenciation territoriale : quelles possibilités de différenciations des compétences et des normes dans le nouveau cadre ouvert par la révision constitutionnelle ? »[846]. Jean-René Cazeneuve, président de la délégation aux collectivités territoriales a commencé son intervention en s'interrogeant sur « qu'est-ce que la différenciation territoriale ? » : D'après ce qu'il expose, le terme de différenciation, appliqué à l'action des collectivités territoriales, désigne en réalité deux choses : la possibilité pour des collectivités de disposer de compétences dont ne disposent pas toutes les collectivités de leur

844 J-M Pontier, Compétences locales et politiques publiques, *Revue française d'administration publique,* vol. 141, no. 1, 2012, pp. 139-156.

845 A. Faure, *Territoires/Territorialisation,* Laurie Boussaguet éd., Dictionnaire des politiques publiques. 4e édition précédée d'un nouvel avant-propos. Presses de Sciences Po, 2014, pp. 623-632.

846 http://www.assemblee-nationale.fr/dyn/15/rapports/colter/l15b1816_rapport-information.pdf, p. 13.

catégorie ; la capacité donnée à des collectivités de déroger, de façon durable, et pas uniquement à titre expérimental, à certaines normes.

Dans le cadre du sujet qui nous occupe la différenciation a déjà cours puisque les collectivités d'outre-mer de droit commun jouissent déjà d'un régime dérogatoire en matière d'action extérieure des collectivités territoriales.

II – La fonction externe de l'Etat confrontée à l'action publique internationale des collectivités d'outre-mer de droit commun

Les collectivités territoriales de droit commun font l'objet d'une *summa divisio*. En droit constitutionnel, on distingue les collectivités territoriales hexagonales de droit commun des collectivités territoriales ultramarines de droit commun. Les secondes sont référencées dans l'article 73 de la Constitution qui dispose :

Dans les départements et les régions d'outre-mer, les lois et règlements sont applicables de plein droit. Ils peuvent faire l'objet d'adaptations tenant aux caractéristiques et contraintes particulières de ces collectivités.

Ces adaptations peuvent être décidées par ces collectivités dans les matières où s'exercent leurs compétences et si elles y ont été habilitées selon le cas, par la loi ou par le règlement.

Par dérogation au premier alinéa et pour tenir compte de leurs spécificités, les collectivités régies par le présent article peuvent être habilitées, selon le cas, par la loi ou par le règlement, à fixer elles-mêmes les règles applicables sur leur territoire, dans un nombre limité de matières pouvant relever du domaine de la loi ou du règlement.

Ces règles ne peuvent porter sur la nationalité, les droits civiques, les garanties des libertés publiques, l'état et la capacité des personnes, l'organisation de la justice, le droit pénal, la procédure pénale, la politique étrangère, la défense, la sécurité et l'ordre publics, la monnaie, le crédit et les changes, ainsi que le droit électoral. Cette énumération pourra être précisée et complétée par une loi organique.

La disposition prévue aux deux précédents alinéas n'est pas applicable au département et à la région de La Réunion.

Les habilitations prévues aux deuxième et troisième alinéas sont décidées, à la demande de la collectivité concernée, dans les conditions et sous les réserves prévues par une loi organique. Elles ne peuvent intervenir lorsque sont en cause les conditions essentielles d'exercice d'une liberté publique ou d'un droit constitutionnellement garanti.

La création par la loi d'une collectivité se substituant à un département et une région d'outre-mer ou l'institution d'une assemblée délibérante unique pour ces deux collectivités ne peut intervenir sans qu'ait été recueilli, selon les formes prévues au second alinéa de l'article 72-4, le consentement des électeurs inscrits dans le ressort de ces collectivités.

A – Le régime juridique des collectivités d'outre-mer de droit commun

Conformément à l'article 73 les collectivités d'outre-mer de droit commun sont ainsi appelées en raison de l'identité législative : *Dans les départements et les régions d'outre-mer, les lois et règlements sont applicables de plein droit. Ils peuvent faire l'objet d'adaptations tenant aux caractéristiques et contraintes particulières de ces collectivités.*

Ce principe juridique inscrit dans la Constitution procède de la politique d'assimilation qui vise à atténuer le plus possible les différences qui peuvent exister entre les collectivités territoriales hexagonales de droit commun et les collectivités territoriales ultramarines de droit commun. C'est à partir d'un régime juridique identique de l'application de la loi et du règlement que la dimension géographique perd de sa valeur. Il ne s'agit plus de collectivités françaises sises en Amérique Centrale (Guadeloupe, Martinique), du Sud (Guyane française) ou dans l'océan Indien (La Réunion), mais tout simplement de collectivités françaises. Le droit l'emportant sur la géographie.

Cette manière de voir savamment rôdée depuis des années ne sera plus aussi systématique au fur et mesure du temps, car l'identité législative peut être, en vertu de la Constitution, infléchie par la notion d'adaptation introduite en 1958 et réaffirmée davantage encore à l'occasion de la révision constitutionnelle du 28 mars 2003. Du reste, à l'occasion de cette réforme constitutionnelle, les collectivités ultramarines de droit commun obtiendront le droit de s'immiscer dans la fabrication législative et réglementaire grâce à la constitutionnalisation des habilitations législatives.

Cette dérogation est motivée par la prise en compte d'une géographie particulière propre à chacune de ces collectivités que la Constitution nomme « caractéristique particulière » et qui justifie la coopération régionale avec le bassin caribéen (Guadeloupe et Martinique), Sud-américain (Guyane française) et indianocéanique (La Réunion).

B – Le retour de la persistance du facteur géographique dans l'analyse de la fonction externe de l'Etat rapporté à la situation des collectivités d'outre-mer

L'Action Extérieure des Collectivités Territoriales suppose au moins deux éléments : un élément d'extranéité qui postule que l'intérêt public local est situé à l'extérieur du territoire national ou dans la rencontre de deux volontés locales (une française et une étrangère) et un élément de restriction qui exige que l'action internationale locale soit assortie du strict respect de la politique étrangère de l'Etat.

Dans le cas des collectivités territoriales ultramarines de droit commun le facteur géographique, singulièrement de proximité influe sur le régime juridique dérogatoire qui leur est octroyé. En effet, il faut avoir conscience qu'il existe une France d'Amérique (Guadeloupe, Guyane, Martinique, Saint-Pierre et Miquelon), une France indianocéanique (la Réunion, Mayotte) une France du Pacifique (Polynésie Française, Nouvelle-Calédonie, Wallis et Futuna). Par conséquent, il n'est pas possible de tordre le cou à la géographie. Les frontières nationales s'étendent donc, au-delà du continent européen.

La revendication de la coopération des collectivités ultramarines naît du rejet du principe de l'exclusif qui profite exclusivement à la métropole. Cette contestation qui remonte au XVIIe siècle est repris par le monde entrepreneurial dans les outre-mers au début des années 80 en vue de favoriser la liberté de commercer avec des pays de la zone géographique d'appartenance desdites collectivités ultramarines.

Le régime juridique dérogatoire de l'action extérieure des collectivités territoriales ultramarines de droit commun procède d'une nécessité d'aménagement du droit commun pour ne pas verser dans l'absurdité dont peut se revêtir parfois l'assimilation législative.

Dès 1982, les départements-régions d'outre-mer sont investis de l'exercice d'une compétence afin de développer des actions de coopération régionale dans leur zone géographique[847]. Alors que pour les collectivités territoriales de France hexagonale c'est l'article 65, très restrictif, de la loi n° 82-213 du 2 mars 1982 qui s'impose, pour les régions d'outre-mer, on admet qu'il est parfaitement possible d'associer les régions d'outre-mer (de droit commun) à la coopération régionale de la France dans leur zone géographique.

Le palier qualitatif le plus important est certainement franchi avec la loi n° 2000-1207 d'orientation pour l'outre-mer du 13 décembre 2000 (la LOOM), des dispositions importantes sont prévues en ses articles 42 et 43 codifiés depuis dans le code général des collectivités territoriales.

Les articles L3441-2 et suivants du code général des collectivités territoriales prévoit que le conseil départemental « de chaque département d'outre-mer peut adresser au Gouvernement des propositions en vue de la conclusion d'engagements internationaux concernant la coopération régionale entre la République française et, selon le cas, les Etats de la Caraïbe, les Etats voisins de la Guyane et les Etats de l'océan Indien, ou d'accords avec des

---

[847] Loi n° 84-747 du 2 août 1984 relative aux compétences des régions de Guadeloupe, de Guyane, de Martinique et de la Réunion.

organismes régionaux des aires correspondantes, y compris des organismes régionaux dépendant des institutions spécialisées des Nations unies ».

Dans les domaines de compétence de l'Etat, les autorités de la République peuvent délivrer pouvoir au président du conseil départemental des départements d'outre-mer pour négocier et signer des accords avec un ou plusieurs Etats ou territoires situés, selon le cas, dans la Caraïbe ou dans la zone de l'océan Indien, ou avec des organismes régionaux des aires correspondantes, y compris des organismes régionaux dépendant des institutions spécialisées des Nations unies.

Le président du conseil départemental pouvant le cas échéant, être associé, ou participer au sein de la délégation française, aux négociations d'accords de même nature.

Celui-ci peut aussi être chargé par les autorités de la République de les représenter au sein d'organismes régionaux relevant des catégories mentionnées au premier alinéa du présent article. Les autorités de la République le munissent des instructions et pouvoirs nécessaires.

Dans les domaines de compétence du département, les conseils départementaux des départements d'outre-mer peuvent, par délibération, demander aux autorités de la République d'autoriser leur président à négocier, dans le respect des engagements internationaux de la République, des accords avec un ou plusieurs Etats, territoires ou organismes régionaux

Lorsque cette autorisation est accordée, les autorités de la République sont, à leur demande, représentées à la négociation.

A l'issue de la négociation, le projet d'accord est soumis à la délibération du conseil départemental pour acceptation. Les autorités de la République peuvent ensuite donner, sous réserve du respect des engagements internationaux de celle-ci, pouvoir au président du conseil départemental aux fins de signature de l'accord.

Lorsque les accords internationaux portent à la fois sur des domaines de compétence de l'Etat et sur des domaines de compétence du département, le président du conseil départemental ou son représentant participe, au sein de la délégation française, à la négociation de ces accords. Les présidents des conseils départementaux d'outre-mer, ou leurs représentants, participent, également, au sein de la délégation française, à leur demande, aux négociations avec l'Union européenne intéressant leur département.

Les présidents des conseils départementaux d'outre-mer peuvent demander à l'Etat de prendre l'initiative de négociations avec l'Union européenne en vue d'obtenir des mesures spécifiques utiles au développement de leur terri Enfin, les conseils départementaux des départements d'outre-mer peuvent saisir le Gouvernement de toute proposition tendant à l'adhésion de la France à des organismes régionaux.

Aux articles Art. L. 4433-4-1 et suivants du même code les mêmes prérogatives sont consenties aux conseils régionaux d'outre-mer. La Guyane et la Martinique sont devenues au terme de la loi n° 2011-884 du 27 juillet 2011 des collectivités territoriales de la Guyane et de la Martinique issues de la fusion du département et de la région[848].

L'exposé juridique ne serait pas complet s'il n'était pas évoqué l'adhésion consentie des trois collectivités ultramarines d'Amérique à l'Association des Etats de la Caraïbe[849] en qualité de membre associé d'abord au titre de la République française et dans un second temps en leur nom propre. La Guadeloupe et la Martinique ont officiellement intégré l'Organisation des Etats Orientaux de la Caraïbe en qualité de membres associés[850].

Conclusion

La participation des collectivités territoriales à l'action internationale de l'Etat est-ce un droit ou une liberté ? A la lumière du rapport introductif de ce colloque ainsi qu'à la lumière de la contribution du professeur Jean-François Brisson, on déniera la qualité de liberté locale à la diplomatie territoriale compte tenu de sa nature très particulière. En revanche, on pourrait y voir un droit strictement encadré par le législateur, par le pouvoir réglementaire ainsi que par le juge, à l'occasion d'éventuels contentieux.

---

848 JORF n°0173 du 28 juillet 2011 page 12821.

849 L'association des Etats de la caraïbe est issue de la volonté des trente-deux (32) États, pays et territoires de la Grande Caraïbe afin d'améliorer la coopération au sein de la région, une initiative basée sur des proximités géographiques évidentes et des liens historiques connu de tous. Comme le précise la convention établissant l'AEC, son objectif principal est d'être une organisation de « consultation, coopération et d'action concertée » pour ses pays membres. Son enceinte fournit un forum de dialogue politique qui permet aux membres d'exprimer et d'identifier des domaines d'intérêts et de préoccupations communes à un niveau régional auxquels des solutions peuvent être apporte via la coopération.

850 L'Organisation des États de la Caraïbe orientale (OECO), en anglais *Organisation of Eastern Caribbean States*, *OECS*) est une organisation de consultation, de coopération et d'action concertée entre plusieurs pays et dépendances des Antilles orientales. Ses domaines d'activité prioritaires sont actuellement le commerce, le transport, le tourisme durable et la gestion des catastrophes naturelles. Le secrétariat de l'OECO est basé à Castries, capitale de Sainte-Lucie. L'organisation vise à établir dans l'avenir un état fédéral, mais il reste difficile à définir et à établir, car il y a certaines rivalités historiques entre les îles, et chacune d'entre elles revendiquent une représentation égalitaire.

Pour aller jusqu'au bout de l'analyse, quand bien même la diplomatie territoriale pourrait être une liberté locale, peut-on considérer qu'une liberté locale peut échapper au droit ? Certainement pas.

L'idée de liberté locale relevant des compétences qui sont attribuées aux CT dans le respect de la loi. En posant cette question on part à la recherche du bon équilibre. La recherche constante de l'équilibre est traduite par cette belle pensée chantée par Paul Valéry : *« si l'Etat est fort il nous écrase, s'il est faible nous périssons »*. L'action internationale est une chose tellement importante qu'il serait sage de ne pas partir à la quête du dépérissement.

LA PROPOSITION DE RÈGLEMENT ECBM[851] ET LA SOUVERAINETÉ NATIONALE

Petia Tzvetanova

Docteur en droit public, Responsable de l'expertise juridique à la Mission Opérationnelle Transfrontalière (MOT)

La proposition d'un nouveau mécanisme transfrontalier européen est issue des réflexions menées pendant plusieurs années au sein d'un groupe de travail intergouvernemental européen. Celui-ci a été mis en place en 2015 sous présidence luxembourgeoise du Conseil de l'Union européenne, et chargé de rechercher des solutions innovantes aux obstacles transfrontaliers en Europe. Le groupe de travail a été lancé à la suite de la *Cross-border Review* (Etude transfrontalière) menée par la DG REGIO de la Commission européenne entre juillet 2015 et février 2017, basée sur des recherches et un dialogue avec les acteurs aux frontières. L'étude a débouché sur un plan d'action en dix points présenté dans le document de communication intitulé « *Boosting growth and cohesion in EU border regions* » (COM, 2017a)[852]. La *Cross-border Review* et la communication concluent que les mesures visant à réduire les obstacles juridiques et administratifs restent essentielles pour permettre aux régions frontalières de libérer leur potentiel.

C'est dans ce contexte que la proposition de règlement européen a été présentée par la Commission européenne le 29 mai 2018[853] en même temps que la proposition de règlement d'application (2021-2027) relatif aux Fonds structurels (à l'exception du FEADER), au Fonds « Asile et migration », au Fonds pour la sécurité intérieure et à l'instrument relatif à la gestion des frontières et aux visas. Elle suit, depuis cette date, les étapes de la procédure législative ordinaire. A ce jour, seuls le Parlement européen et les organes

---

[851] *European cross-border mecanism*, mécanisme transfrontalier européen en français

[852] "Stimuler la croissance et la cohésion dans les régions frontalières de l'UE" (COM, 2017a)

[853] Proposition de règlement du Parlement européen et du Conseil relatif à la création d'un mécanisme visant à lever les obstacles juridiques et administratifs dans un contexte transfrontalier, 2018/0198 (COD),
https://eur-lex.europa.eu/legal-content/FR/TXT/?uri=CELEX%3A52018PC0373

consultatifs que sont le Comité des régions et le Comité économique et social ont pu rendre respectivement un rapport[854] et des avis[855].

Au cours de cette procédure, de nombreux Etats membres, parmi lesquels la France, ont émis des réserves quant à la conformité du texte de la proposition portant création d'un mécanisme visant à lever les obstacles juridiques et administratifs dans un contexte transfrontalier avec un certain nombre de principes liés à la souveraineté nationale[856]. Il appartient dès lors à l'auteure de ces lignes d'apporter un certain nombre de clarifications quant aux objectifs du futur mécanisme, aux dispositions de la proposition qui visent à atteindre ces objectifs et à la méthode employée eu égard au respect qui s'impose tant de la souveraineté nationale et de l'ordre juridique interne que des principes qui gouvernent les relations interétatiques, notamment ceux du droit de l'Union européenne.

Pour ce faire, sera exposé dans un premier temps le contenu du mécanisme européen tel que proposé par la Commission européenne, à la lumière des principes du droit européen en vigueur, et de son caractère optionnel dans la droite ligne des principes du droit international public, afin de préserver la volonté souveraine des Etats membres. Puis, dans un second temps, ce contenu sera confronté au cadre juridique national dont il relève pour sa mise en œuvre et qui prévoit d'ores et déjà des mécanismes d'application du nouvel outil européen, à savoir notamment les dérogations aux règles de compétences de droit commun des acteurs locaux.

Dès lors et au cours des lignes qui vont suivre il s'agira d'essayer de comprendre dans quelle mesure le mécanisme transfrontalier européen

---

[854]https://www.europarl.europa.eu/RegData/seance_pleniere/textes_deposes/rapports/2018/0414/P8_A(2018)0414_FR.pdf

[855]Comité européen d es régions : https://eur-lex.europa.eu/legal-content/FR/TXT/?uri=uriserv:OJ.C_.2019.086.01.0165.01.FRA&toc=OJ:C:2019:086:TOC; Comité économique et social : https://eur-lex.europa.eu/legalcontent/FR/TXT/?uri=uriserv:OJ.C_.2018.440.01.0124.01.FRA&toc=OJ:C:2018:440:TOC

[856] Voir à cet égard le site Internet de la Mission Opérationnelle Transfrontalière (MOT), notamment la rubrique qui centralise et présente l'ensemble de la documentation et des comptes rendus des réunions du groupe de travail intergouvernemental à l'origine de la proposition, dont elle a assuré le secrétariat : http://www.espaces-transfrontaliers.org/activites-ue/groupe-intergouv-obstacles/

pourrait présenter un caractère nouveau susceptible de heurter la souveraineté nationale des Etats membres ou, au contraire, ne serait qu'une nouvelle modalité d'application de principes juridiques en vigueur dont il serait amené à se servir pour déployer ses pleins effets.

I- Un mécanisme européen visant à lever les obstacles juridiques et administratifs dans un contexte transfrontalier : des principes des relations interétatiques consacrés ?

Force est de constater que ce mécanisme transfrontalier européen visant à lever les obstacles juridiques et administratifs dans un contexte transfrontalier se déploie au moyen de dispositifs européens reconnus, avec pour objectif de contribuer à la construction européenne par la réalisation de projets communs aux frontières internes et externes de l'UE ; il consacre également une pratique de reconnaissance de normes étrangères déjà largement expérimentée ; enfin, le nouveau mécanisme conserve un caractère optionnel afin de répondre aux exigences des principes régissant les relations interétatiques.

A- Un mécanisme européen visant à lever les obstacles juridiques et administratifs dans un contexte transfrontalier

La proposition de règlement crée un nouvel instrument juridique qui a pour objectif de remédier aux obstacles à la coopération transfrontalière nés de l'application de normes de plusieurs Etats frontaliers, entravant l'exécution d'un projet commun de type infrastructure transfrontalière ou service public transfrontalier. Ce nouvel instrument juridique aurait pour effet de permettre l'application, dans une région transfrontalière, de certaines normes issues de l'ordre juridique interne d'un seul Etat frontalier lorsque l'application de normes nationales différentes à un seul projet transfrontalier entrave sa bonne exécution. Pour l'Etat d'accueil des normes il s'agirait de reconnaitre et d'appliquer directement les règles juridiques de l'Etat voisin uniquement pour la durée et l'étendue territoriale du projet transfrontalier.

En raison de coûts et délais élevés de signature des accords binationaux de mise en place des infrastructures et services transfrontaliers, qui nécessitent systématiquement des adaptations couteuses des équipements au moment du franchissement de la frontière, le mécanisme transfrontalier européen tente d'éviter une cassure et d'assurer la continuité du service dans les meilleurs délais et à moindre coût. En appliquant le mécanisme, l'Etat d'accueil reconnaitrait le caractère équivalent et suffisant en termes de sécurité, des normes de son voisin applicables au service transfrontalier en permettant à celui-ci de se déployer en continuité. La coopération transfrontalière accueille ainsi un principe au cœur même de l'intégration européenne, à savoir le principe de la reconnaissance mutuelle qui, défini très tôt de méthode, permet de reconnaitre le caractère équivalent des normes d'autres Etats membres. Consacré dans le cadre de la réalisation du marché intérieur afin de libérer la circulation des biens[857], le principe de la reconnaissance mutuelle est aujourd'hui prévu aux articles 53, 67, 70, 81 et 82 du TFUE dans le cadre de la réalisation de l'espace de liberté, de sécurité et de justice. Selon l'article 70 du TFUE, le principe est au cœur même des politiques de l'Union qui sont mises en œuvre par les autorités des Etats membres dans le respect des droits fondamentaux et des différents systèmes et traditions juridiques des États membres.

La proposition de règlement ECBM s'inscrit pleinement dans le caractère de « méthode » du principe de la reconnaissance mutuelle[858], un principe qui permet un rapprochement *soft* des législations nationales au vu de l'intégration européenne. Il contribue ainsi à la réalisation de celle-ci en surmontant les obstacles et les entraves aux règles régissant les libertés de circulation.

Cela étant, le mécanisme transfrontalier européen introduit une nouvelle modalité d'application du principe de la reconnaissance mutuelle, en permettant de déplacer territorialement l'application des règles nationales reconnues équivalentes, ces règles suivant en effet le déploiement spatio-temporel du projet transfrontalier concerné.

Enfin, le mécanisme transfrontalier européen présente deux modalités différentes d'application en fonction des normes et règles concernées par la reconnaissance.

- Soit la conclusion d'une *convention* transfrontalière européenne : elle concerne des règles administratives ou réglementaires relevant des compétences communes des autorités locales qui peuvent dès lors conclure une convention transfrontalière à condition, côté français, que celle-ci

[857] CJCE., 20 février 1979, *Cassis de Dijon*, C-120/78.
[858] Voir les conclusions du Conseil européen de Tampere de 1999.

s'inscrive dans le cadre des engagements de l'Etat[859]. Ainsi, après sa conclusion, certaines normes administratives ou règlementaires d'un Etat régissant le fonctionnement d'une infrastructure transfrontalière ou d'un service public transfrontalier s'appliqueraient sur le territoire de l'Etat membre voisin[860] ;

-Soit une *déclaration* transfrontalière européenne : elle concerne des règles de nature législative ne relevant pas directement des compétences des autorités locales. Ainsi, les autorités locales ne peuvent que s'engager, *via* une déclaration, à enclencher, dans un délai donné, une procédure interne, notamment au sein du Parlement national afin d'examiner les règles législatives étrangères applicables au projet transfrontalier et envisager leur introduction, leur adaptation, mais aussi, le cas échéant, les motifs d'une éventuelle impossibilité d'introduction dans l'ordre juridique concerné. En cas d'acceptation de leur application sur le territoire national, une procédure législative devrait se mettre en place pour permettre de déroger explicitement à la législation nationale normalement applicable[861].

B- Un mécanisme visant à lever les obstacles juridiques et administratifs dans un contexte transfrontalier : une pratique transfrontalière consacrée ?

Force est de constater que la démarche visant à reconnaitre l'application des normes d'un autre Etat membre sur le territoire national n'est pas nouvelle, cette « importation » des normes étant toujours commandée par le souci de supprimer les obstacles aux libertés de circulation européennes.

Outre le système européen général de reconnaissance mutuelle des qualifications professionnelles entre l'UE, les pays de l'EEE non membres de l'UE et la Suisse, organisé par la directive 2005/36/CE du Parlement européen et du Conseil du 7 septembre 2005[862], qui ouvre des possibilités sans pour autant établir un régime de reconnaissance automatique de normes précisément identifiées, il existe de nombreux régimes conventionnels bi ou

---

[859] Article L1115-1 du Code général des collectivités territoriales

[860] « La convention devrait être directement applicables, ce qui signifie qu'à la suite de sa conclusion, certaines dispositions légales d'un Etat membre doivent être appliquées sur le territoire de l'Etat membre voisin….» : Considérant (10) de la proposition de règlement, *Ibid.*

[861] Considérant (11) de la proposition de règlement, *Ibid.*

[862] https://eur-lex.europa.eu/legal-content/FR/TXT/?uri=LEGISSUM:c11065

multilatéraux qui prévoient expressément l'application de normes déterminées d'un Etat sur le territoire d'un autre. Cette démarche est largement admise dans le domaine de la coopération transfrontalière lorsque des impératifs supérieurs commandent la reconnaissance de l'applicabilité des normes du voisin. Ainsi par exemple, dans le domaine de l'aide médicale urgente, l'article 6 de la Convention franco-belge en matière d'aide médicale urgente signée entre le Ministère de la Santé et des Solidarités français et le Ministère des Affaires Sociales et de la Santé du Royaume de Belgique en 2007 prévoit que « Les parties reconnaissent que les *SMUR* (Service Mobile d'Urgence et de Réanimation) de chaque pays [signataire], ainsi que leur équipement, soumis au contrôle des autorités compétentes respectives, satisfont aux critères fixés par la législation, dans le cadre de la présente Convention »[863].

Il en résulte donc que lorsque les véhicules d'aide médicale urgente français ou belges traversent la frontière pour porter secours, ils appliquent leurs propres procédures internes qu'ils mettent en œuvre avec leurs propres équipements. De cette manière, leurs propres normes sont applicables sur le territoire de l'Etat voisin. Force est de constater par ailleurs, que cette reconnaissance se révèle être assez générale, elle a été donnée une fois pour toutes en 2007, sans limites eu égard à toutes les futures évolutions de la législation du voisin qui échappe ainsi au contrôle de l'Etat d'accueil. Il s'agit d'un accord de principe indifférent au contenu des normes futures inspiré directement du principe européen de la confiance mutuelle. Cette précision est d'autant plus importante que, comme il sera question dans la deuxième partie de la présente note, la question se pose dans le cadre de l'ECBM des futures modifications des règles du voisin « importées ». Il a par ailleurs été convenu dans ce cas que l'Etat d'accueil ne serait pas tenu de continuer à appliquer les règles sans enclencher de nouveau une procédure d'acceptation expresse.

Cela étant, la démarche consistant en la reconnaissance du caractère suffisant des normes du voisin n'est généralement pas suivie lors de la réalisation de projets transfrontaliers. C'est ainsi que dans le cas des tramways transfrontaliers de type Strasbourg (FR) Kehl (DE) ou encore Bâle (CH) Saint-Louis (FR), les projets d'infrastructures transfrontalières aboutissent à la faveur de procédures longues et couteuses de négociation d'accords sur des normes applicables communément acceptables. Pour la mise en place du

[863]https://www.cleiss.fr/docs/cooperation/Belgique-Convention-aide-m%C3%A9dicale-d-urgence-20-03-07.pdf

tramway Strasbourg Kehl par exemple, l'Allemagne n'a pas reconnu comme suffisantes les normes techniques et de sécurité applicables à l'équipement français qui allait traverser le Rhin. Par conséquent, il a fallu passer par la conclusion de nombreuses conventions locales ayant pris de nombreux mois et alors même que le cadre et le consentement étatiques étaient présents[864].

Enfin, il ne s'agit nullement à travers le mécanisme transfrontalier européen d'aller plus loin que de proposer un mécanisme de reconnaissance de normes précisément identifiées, dans le strict respect des procédures internes. Il s'agit simplement de généraliser le recours à la méthode à chaque fois qu'un obstacle juridique ou administratif ralentit la coopération transfrontalière. Dans ce cas, il y aura un cadre préétabli permettant aux autorités des deux côtés de la frontière de se concerter pour arriver plus vite à la solution.

C- Un mécanisme visant à lever les obstacles juridiques et administratifs dans un contexte transfrontalier de nature optionnelle

Le mécanisme est optionnel à double titre : en amont, quant au fait de savoir s'il doit être appliqué ou non, mais aussi en aval quant aux modalités nationales de son application.

Ainsi, d'une part, dès lors que les Etats frontaliers disposent d'un autre mécanisme efficace de résolution des obstacles juridiques à leur coopération transfrontalière, ils peuvent recourir à leur propre mécanisme sans avoir à appliquer l'ECBM ; d'autre part, une fois le mécanisme adopté, les Etats sont libres de laisser un obstacle non résolu, notamment lorsque sa résolution irait à l'encontre de règles constitutionnelles supérieures. Il n'est prévu aucune ingérence dans les procédures internes d'introduction et de validation de la convention ou de la déclaration transfrontalières européennes.

a. La volonté étatique préservée

Les Etats membres ont le choix entre appliquer le mécanisme sur l'intégralité de leurs frontières, l'appliquer sur certaines zones frontalières de

[864] Le cadre et l'accord étatique étaient constitués de l'accord de Karlsruhe sur la coopération transfrontalière entre les collectivités territoriales et organismes publics locaux du 23 janvier 1996, et l'accord entre le Gouvernement de la République française et le Gouvernement de la République fédérale d'Allemagne relatif à la construction et l'entretien de ponts frontières sur le Rhin dont les Parties contractantes n'assurent pas la maîtrise d'ouvrage (ensemble une annexe), signé à Fribourg-en-Brisgau le 12 juin 2001.

leur territoire seulement ou ne pas l'appliquer s'ils ne souhaitent pas recourir à ce mécanisme, auquel cas, ils devaient, conformément au texte initial de la proposition de règlement, être en mesure de prouver qu'ils disposent d'un mécanisme efficace équivalent. Un tel mécanisme pourrait, par exemple, être trouvé parmi les outils prévus par le Traité Benelux[865], traité qui va plus loin dans l'objectif d'intégration européenne dans la mesure où les objectifs de l'Union entre la Belgique, les Pays-Bas et le Luxembourg ne sont pas atteints en application des traités européens[866]. Les mécanismes de résolution des obstacles à la coopération transfrontalière qui peuvent être adoptés par les organes Benelux visent tout comme le principe de la reconnaissance mutuelle européen à assurer le « développement d'une union économique comportant la libre circulation des personnes, des biens, des capitaux et des services » et « la coopération dans les domaines de la justice et des affaires intérieures »[867]. Les mécanismes parmi lesquels l'accord administratif, l'organe commun ou encore le Groupement Benelux de Coopération Territoriale[868], sont en particulier prévus par une décision du Comité de Ministres Benelux établissant une Convention Benelux de coopération transfrontalière et interterritoriale afin « d'apporter une solution aux obstacles mis en évidence par la coopération en vertu de cette convention »[869]. Ces mécanismes peuvent être considérés comme équivalents à l'ECBM dès lors qu'ils visent les mêmes objectifs en mettant en œuvre la même méthode.

A cet égard, la proposition prévoyait initialement que c'est la « Commission [qui] sera en mesure de déterminer si l'Etat membre a opté pour un mécanisme différent pour la frontière qui n'est pas mentionnée »[870], disposition interprétée comme laissant un pouvoir de contrôle des mécanismes mis en œuvre par les Etats à la discrétion de la Commission. Des voix étatiques se sont dès lors levées contre la légitimité de ce contrôle du choix de l'Etat,

---

[865] Traité portant révision du traité instituant l'Union économique Benelux signé le 3 février 1958, 17 juin 2008
https://www.benelux.int/files/3914/0067/7093/trait_Benelux_17.06.2008Ondertekend.pdf
[866] *Ibid.*, p.4
[867] *Ibid.*, article 2.2.a) et c)
[868] A l'image du Groupement européenne de coopération territoriale issu du règlement (CE) n°1082/2006
[869] Décision du Comité de Ministres Benelux établissant une Convention Benelux de coopération transfrontalière et interterritoriale du 20 février 2014, considérant 1, https://www.benelux.int/files/5813/9600/0759/Trait_Benelux_GS_M20142-FR.pdf
[870] Considérant (25) de la proposition de règlement, *Ibid.*

ainsi que de celui du caractère également efficace des mécanismes équivalents.

De même, le choix de mécanisme applicable était définitif et devait être effectué par l'Etat membre pour chacune de ses régions frontalières dès l'entrée en vigueur du règlement, ce qui constituait une autre disposition mal accueillie au nom de la souveraineté étatique.

C'est ainsi que pour préserver la liberté des Etats membres d'appliquer le mécanisme de leur choix ainsi que de revenir sur leur choix initial, le Parlement européen a, dans son rapport, supprimé la disposition sur le contrôle opéré par la Commission, tout en précisant à la place que le « règlement devrait respecter le principe de subsidiarité. Il est, en tout état de cause, sans effet sur la souveraineté des Etats membres ni ne s'oppose à leur constitution »[871].

b Des procédures nationales de validation et de mise en œuvre du mécanisme transfrontalier européen

Le volontarisme étatique semble préservé également dès lors que la décision a été prise d'adopter le mécanisme, notamment au moment de sa mise en œuvre.

Ainsi, en France, tant l'adoption de la convention transfrontalière que la mise en œuvre de la déclaration transfrontalière obéissent aux règles et procédures nationales applicables.

Concrètement, la convention transfrontalière locale, qui ne peut être signée que dans les domaines et pour introduire des dispositions pour lesquelles les acteurs locaux sont compétents, obéira aux règles de validité nationales. D'une part, elle ne peut s'inscrire que dans un cadre interétatique sécurisé[872] et, d'autre part, pour connaitre les domaines dans lesquels elle pourra intervenir, il faudra se référer au droit interne régissant les compétences des acteurs locaux.

---

[871] Parlement européen, Rapport sur la proposition de règlement du Parlement européen et du Conseil relatif à la création d'un mécanisme visant à lever les obstacles juridiques et administratifs dans un contexte transfrontalier, ((COM(2018)0373 – C8-0228/2018 – 2018/0198(COD)), Commission du développement régional, 29 décembre 2018, Considérant 30 bis (nouveau), https://www.europarl.europa.eu/doceo/document/A-8-2018-0414_FR.html

[872] Article L1115-1 du Code général des collectivités territoriales.

Il en va de même de la déclaration transfrontalière européenne. Une fois le constat d'un obstacle à leur projet de coopération transfrontalière fait par les acteurs locaux, ceux-là vont saisir les autorités nationales compétentes pour y donner suite. A ce stade, les autorités nationales n'auront que l'obligation d'examiner l'obstacle. Si elles constatent, à l'issue de cet examen, que la modification de la législation nationale irait à l'encontre de principes constitutionnels supérieurs, la procédure s'arrête et l'obstacle demeurer irrésolu. La hiérarchie des normes interne est pleinement respectée. La seule obligation à la charge de l'Etat dans ce cas est de motiver sa décision de refus.

Pour l'introduction des règles étrangères, afin de respecter les compétences attribuées au législateur et les principes de la souveraineté nationale et de la séparation des pouvoirs, le renvoi au droit de l'Etat membre voisin ne sera pas suffisant. Le législateur devra reprendre matériellement les dispositions législatives de cet autre Etat. Cependant, à ce niveau-là le mécanisme transfrontalier européen n'intervient pas.

De même, la liberté d'agir dans ses domaines de compétences du législateur national est préservée, et cela quand bien même des dispositions législatives étrangères en vigueur auraient inspiré l'adaptation de la loi française. C'est ainsi que par la suite, il demeure libre de modifier les dispositions dérogatoires adoptées dans la loi[873].

Enfin, une éventuelle modification ultérieure des règles du droit étranger introduites en France nécessiterait une nouvelle procédure française à la faveur d'un nouveau document d'initiative du niveau local.

II- Un mécanisme visant à lever les obstacles juridiques et administratifs dans un contexte transfrontalier : des mécanismes de dérogations applicables dans l'ordre juridique interne consacrés ?

La méthode qui consiste pour les collectivités territoriales d'appliquer des règles dérogatoires à celles normalement applicables à un service public ou à une infrastructure qu'elles gèrent est d'ores et déjà consacrée dans le droit interne français et elle permet de s'adapter aux spécificités locales afin d'agir

[873] Le législateur ne peut s'interdire lui-même de modifier la loi en vigueur : CC, Décision n°83-160 DC du 19 juillet 1983 relative à la loi portant approbation d'une convention fiscale avec le territoire d'outre-mer de la Nouvelle-Calédonie et dépendances.

à moindre coût et plus efficacement. C'est exactement la même logique qui guide le mécanisme transfrontalier européen.

Les dérogations aux règles applicables en droit interne aux compétences locales s'inscrivent dans les modalités d'application de deux grands principes interdépendants que sont le principe d'égalité devant la loi[874] et la différenciation des compétences[875].

Quant au fait de savoir quelles peuvent être la source et l'origine de ces règles dérogatoires applicables, les acteurs locaux sont aujourd'hui encouragés à s'inspirer, voire à « examiner systématiquement, dans les régions transfrontalières en particulier, les normes en vigueur chez nos voisins européens, afin d'évaluer l'efficacité de nos propres normes et la nature des applications »[876].

Cela étant, il faut distinguer, d'une part, l'attribution de compétences particulières à des collectivités territoriales d'une même catégorie et, d'autre part, l'application de règles différentes à l'exercice des compétences des collectivités d'une même catégorie[877]. Tandis que la différenciation des compétences relève du seul domaine de la loi[878], les dérogations aux modalités d'exercice des compétences relèvent, selon le cas, de la loi ou du règlement. De surcroît, les collectivités territoriales disposent elles-mêmes d'un pouvoir

---

[874] Article 1er de la Constitution de 1958.

[875] Actuellement, la différenciation résulte du principe d'égalité et des expérimentations prévues aux articles 74, al.4 et 37-1 de la Constitution de 1958. Selon le Conseil d'Etat, l'expérimentation, qui « un outil pour des politiques publiques plus efficaces et innovantes », permet de trouver des solutions « différenciées pour chaque territoire », « elle différencie le droit applicable pour tenir compte des spécificités des territoires » : Étude « Les expérimentations : comment innover dans la conduite des politiques publiques ? », p.3.

[876] Discours d'Emmanuel Macron au Sénat lors de la Conférence nationale des territoires du 18 juillet 2017.

[877] C'est ainsi que le projet de loi constitutionnelle pour un renouveau de la vie démocratique du 29 août 2019 distingue en son article 10, portant modification de l'article 72 de la Constitution, d'une part, les attributions de compétences, et, d'autre part, les dérogations aux modalités d'exercice des compétences des collectivités territoriales.

[878] Selon l'article 34 de la Constitution de 1958 : « La loi détermine les principes fondamentaux (…) de la libre administration des collectivités territoriales, de leurs compétences et de leurs ressources ; »

réglementaire[879], notamment pour l'organisation des services publics qu'elles créent et l'usage des ouvrages qu'elles gèrent[880]. Ainsi, la modulation de l'exercice d'une compétence par un acteur local parait susceptible d'être beaucoup plus largement admise à droit constant et sans pour autant qu'elle s'inscrive systématiquement en marge du droit applicable et des principes généraux précités[881].

Dans le cadre de la gestion transfrontalière d'un service public ou d'une infrastructure, c'est précisément un nouveau mode d'exercice d'une compétence qui permette à un acteur de la coopération transfrontalière d'en adapter les modalités de mise en œuvre. Il sera plus rarement question de nouvelles compétences dont aurait besoin l'acteur local pour ce faire, car, dans tous les cas de figures, il ne pourra agir avec son homologue étranger que dans les domaines relevant de leurs compétences communes propres. Ou alors cette possibilité qui lui est ouverte lui permettrait-elle d'agir en amont auprès du législateur en cas d'évolution de son statut à la manière de la nouvelle Collectivité européenne d'Alsace[882], laquelle, tout en remplaçant les deux départements du Haut-Rhin et du Bas-Rhin, s'est vue confiée par le législateur de nouvelles compétences[883].

A. Des mécanismes de dérogations : le principe d'égalité devant la loi et la différenciation des compétences locales

« Dans le cadre constitutionnel actuel, les règles d'attribution des compétences et les règles d'exercice des compétences sont, en principe, les mêmes au sein de chaque catégorie de collectivité territoriale. Il n'en résulte pas pour autant que les règles applicables aux compétences des collectivités territoriales doivent être identiques pour toutes les collectivités relevant de la même catégorie. Le principe constitutionnel d'égalité, applicable aux

[879] Aux termes de l'article 72, alinéa 3, de la Constitution de 1958 : « Dans les conditions prévues par la loi, les collectivités territoriales (…) disposent d'un pouvoir réglementaire pour l'exercice de leurs compétences ».
[880] CE, 25 janvier 1978, *Imbert*, *RDP* 1978, p.1486 ; CE, 13 février 1985, *Syndicat communautaire d'aménagement de Cergy-Pontoise*, Rec. 37, *AJDA* 1985, p.271.
[881] CE, Assemblée générale, Avis sur la différenciation des compétences des collectivités territoriales relevant d'une même catégorie et des règles relatives à l'exercice de ces compétences, 7 décembre 2017, n° 393651, point 12.
[882] Loi n° 2019-816 du 2 août 2019 relative aux compétences de la Collectivité européenne d'Alsace.
[883] Voir ci-après.

collectivités territoriales « ne s'oppose ni à ce que le législateur règle de façon différente des situations différentes, ni à ce qu'il déroge à l'égalité pour des raisons d'intérêt général pourvue que, dans l'un et l'autre cas, la différence de traitement qui en résulte soit en rapport avec l'objet de la loi qui l'établit (...) »[884]

« A cet égard, il convient de distinguer, d'une part, l'attribution de compétences particulières et, d'autre part, leur mode d'exercice.

S'agissant de l'attribution des compétences, la loi ne peut attribuer des compétences différentes à des collectivités territoriales d'une même catégorie, que pour des raisons d'intérêt général ou pour des motifs tirés d'une différence de situation, dans le cadre de transferts limités et précisément identifiés. »[885].

La différenciation du droit applicable aux compétences des collectivités territoriales permet de tenir compte des spécificités des territoires, notamment frontaliers. Elle constitue une exception au principe d'égalité. Dans le cadre constitutionnel actuel, il est donc possible que la loi attribue des compétences spécifiques à un acteur local, à l'une des deux conditions suivantes, à savoir que cette différenciation corresponde à un motif d'intérêt général, ou qu'elle soit justifiée par l'existence d'une spécificité liée à la situation particulière de l'acteur local. Afin de pouvoir attribuer, dans l'une de ces deux hypothèses, des compétences différentes à des collectivités territoriales d'une même catégorie, quelques conditions préalables doivent être remplies : les collectivités bénéficiaires et les compétences transférées doivent être précisément identifiées et limitées, les collectivités concernées doivent avoir donné leur accord exprès, les nouvelles compétences doivent permettre une exécution meilleure et plus efficace et au moindre coût, les compétences transférées doivent faire l'objet d'une contrepartie financière si elles impliquent une augmentation des charges pour son bénéficiaire[886], et enfin, elles ne doivent pas porter atteinte aux conditions essentielles d'exercice d'une liberté publique ou d'un droit constitutionnellement garanti[887].

---

884 CC, Décision n°91-291 DC du 6 mai 1991 ; Décision n°2016-539 QPC du 10 mai 2016, considérant 5.

885 CE, Avis d'Assemblée générale sur un projet de loi relatif aux compétences de la collectivité européenne d'Alsace, du 21 février 2019.

886 CE, Avis sur la différenciation des compétences des collectivités territoriales relevant d'une même catégorie et des règles relatives à l'exercice de ces compétences, *Ibid.*

887 Projet de loi constitutionnelle pour un renouveau de la vie démocratique du 29 août 2019, article 10.

Le Conseil constitutionnel a déjà estimé que le principe d'égalité ne faisait pas obstacle à ce que le législateur édicte des mesures d'incitation au développement et à l'aménagement de certaines parties du territoire national dans un but d'intérêt général[888], par exemple à propos de l'attribution de compétences particulières aux métropoles[889]. C'est ainsi que seules les trois métropoles limitrophes d'un Etat étranger, la métropole européenne de Lille, l'eurométropole de Strasbourg et la métropole Nice Cote d'Azur, se sont vues confier par la loi Maptam[890] l'obligation d'élaborer un schéma de coopération transfrontalière[891].

Par ailleurs, dans la même lignée d'octroi de compétences différenciées, le nouveau département, la Collectivité européenne d'Alsace (CEA), qui replacera le 1er janvier 2021 les deux départements du Haut-Rhin et du Bas-Rhin, sera « chargée d'organiser sur son territoire, en qualité de chef de file, les modalités de l'action commune des collectivités territoriales et de leurs établissements publics en matière de coopération transfrontalière » et « [à] ce titre, la Collectivité européenne d'Alsace élabore un schéma alsacien de coopération transfrontalière »[892]. De même, elle a acquis les compétences de proposer sur son territoire un enseignement facultatif de langue et culture régionales, en complément des heures d'enseignement dispensées par le ministère de l'éducation nationale[893] ; de créer un conseil de développement[894] à la manière de certaines structures transfrontalières de type Groupement européen de coopération territoriale[895] ; de coordonner l'action des acteurs du territoire dans le domaine du tourisme[896] ; et enfin, elle s'est vue transférer certaines routes et autoroutes non concédées, classées dans le domaine public routier national et situées dans les départements du Bas-Rhin et du Haut-

888 CC, Décision n°94-358 du 26 janvier 1995 relative à la loi d'orientation pour l'aménagement et le développement du territoire, considérant 34.
889 CC, décision n° 2010-618 DC du 9 décembre 2010 sur la loi de réforme des collectivités territoriales, considérant 50.
890 Loi n° 2014-58 du 27 janvier 2014 de modernisation de l'action publique territoriale et d'affirmation des métropoles.
891 Article L5217-2, VIII, al.2 du Code général des collectivités territoriales.
892 Futur article L3431-1 du Code général des collectivités territoriales
893 Futur article L3431-4 du Code général des collectivités territoriales
894 Futur article L3431-6-I du Code général des collectivités territoriales
895 Voir par exemple, l'Eurométropole Lille-Kortrijk-Tournai : http://www.espaces-transfrontaliers.org/ressources/territoires/agglomerations-transfrontalieres/eurometropole-lille-kortrijk-tournai/eurometropole-lille-kortrijk-tournai-2/
896 Futur article L132-1 du code du tourisme

Rhin[897]. Or, les autres collectivités territoriales de niveau départemental ne disposent pas de telles compétences qui se justifient par des raisons d'intérêt général et au regard d'une différence de situation.

B. Des mécanismes de dérogations : la différenciation des modes d'exercice des compétences locales

Dès lors que les collectivités territoriales se sont vues reconnaitre un pouvoir réglementaire, la Constitution de 1958 ayant consacré la jurisprudence qui a reconnu aux collectivités la capacité de prendre des mesures réglementaires, notamment pour l'organisation des services publics qu'elles créent et l'usage des ouvrages qu'elles gèrent[898], elles devraient pouvoir par ce moyen-là adapter les modalités d'exercice de leurs compétences. Autrement dit, dès lors que l'application de règles différentes à l'exercice des compétences des collectivités territoriales peut être d'origine règlementaire et que les collectivités territoriales disposent d'un pouvoir réglementaire, une collectivité pourrait prévoir elle-même de nouvelles modalités d'exercice dans les domaines qui relèvent de sa compétence réglementaire. Ainsi, par exemple, dans le cadre de la gestion d'une cantine scolaire en France relevant de la compétence de la commune, celle-ci a qualité pour en réglementer l'accès : horaires d'ouverture, tarifs, etc. Il en va de même pour une piscine municipale et autres services publics locaux. Ces mesures d'organisation du service ne nécessitent pas d'habilitation législative particulière, elles relèvent du pouvoir réglementaire propre de la commune.

Ainsi, dans le cadre de l'application du mécanisme transfrontalier européen, lorsqu'il est mis en œuvre par la conclusion d'une convention transfrontalière, dans l'hypothèse où sont en cause des normes administratives et réglementaires applicables à un service public transfrontalier ou à une infrastructure transfrontalière, il s'agirait pour l'autorité locale d'agir dans le cadre de ses propres compétences prévues par la loi, afin de prévoir les modalités d'exercice particulières du service et cela en concertation avec son homologue étrangère. Dans l'exemple de la cantine ou de la piscine municipale, la commune française aura exactement la même compétence de décider des modalités d'exercice de sa compétence de gestion si elle décidait

---

[897] Article 6 de la Loi n° 2019-816, *Ibid.*

[898] *Ibid.*, le pouvoir administratif général du maire en est également une illustration : CE, 19 mai 1933, *Benjamin*, GA n°52.

de mutualiser ces services publics *via* une convention transfrontalière avec une commune située de l'autre côté de la frontière.

Par ailleurs, des règles relatives à l'exercice des compétences qui seraient applicables à une seule collectivité territoriale devraient être justifiées par la situation particulière de celle-ci[899]. C'est ainsi que les modulations de l'exercice des compétences découlant de la loi ont pu préciser les critères de distinction. Ceux-ci peuvent, en effet, être démographiques[900], sociaux ou encore géographiques pour imposer, dans l'exercice de leurs compétences, des obligations particulières à certaines communes et en dispenser d'autres, le Conseil d'Etat ayant estimé justifiées les obligations particulières imposées à des communes situées en zone de montagne[901].

La situation particulière des collectivités frontalières, souvent situées en zone de montagne et géographiquement et démographiquement en difficulté, devrait s'en trouver reconnue. Il n'y a, par conséquent, pas de difficultés particulières à ce que dans le cas d'application du mécanisme transfrontalier européen par la signature d'une convention transfrontalière, les autorités locales françaises frontalières agissent pour adapter les modalités d'exercice de leurs compétences et cela dans les limites de leurs compétences réglementaires propres.

Pour ce qui est des compétences de source législative en revanche, la collectivité territoriale devrait remonter la question au législateur.

Conclusion

Dès lors qu'elle applique les procédures internes d'introduction dans l'ordre juridique interne, les principes de la séparation des pouvoirs et de la hiérarchie des normes, et s'inscrit dans les procédures d'octroi de nouvelles

---

[899] CE, Avis sur la différenciation des compétences des collectivités territoriales relevant d'une même catégorie et des règles relatives à l'exercice de ces compétences, *Ibid.*, point 12.

[900] La loi du 13 décembre 2000 a dispensé les communes non urbanisées, les communes isolées, ainsi que les petites communes de l'obligation des communes de disposer d'au moins 20 % de logements sociaux, en raison de leur situation différente des autres communes au regard de l'objet de cette obligation (CC, décision n° 2000-436 DC du 7 décembre 2000).

[901] CE, Assemblée générale et commission permanente, avis n° 391883 des 8 et 13 septembre 2016 sur un projet de loi de modernisation, de développement et de protection des territoires de montagne.

compétences ou de nouvelles modalités d'exercice des compétences des collectivités territoriales, l'application en France des normes de l'Etat voisin, dans le but de faciliter la mise en œuvre d'un service public transfrontalier ou d'une infrastructure transfrontalière respecte pleinement la souveraineté nationale.

A la lumière de ses caractéristiques, examinées précédemment, il s'avère que dans la méthode qu'il met en œuvre, le mécanisme transfrontalier européen reflète des principes et techniques juridiques en vigueur, tant de droit international que de droit interne.

D'une part, il ne fait qu'acter des principes de droit européen qui commandent la construction européenne *via* le rapprochement des législations nationales des Etats membres, mais également de droit international public en s'inscrivant pleinement dans le respect du volontarisme étatique. Des techniques de reconnaissance de l'applicabilité sur le territoire national de normes étrangères sont, par ailleurs, d'ores et déjà mises en œuvre notamment lorsqu'une urgence vitale entre en jeu.

D'autre part, le cadre juridique interne régissant notamment les compétences et les marges d'action dont disposent et peuvent disposer les acteurs locaux français de la coopération transfrontalière existe afin d'accueillir le nouveau règlement européen. « Les règles et principes constitutionnels [parmi lesquels le principe d'égalité], tels qu'interprétés par le Conseil constitutionnel, n'imposent pas un cadre légal uniforme et figé aux compétences des collectivités territoriales de droit commun - bien que celles-ci soient un élément constitutif de leur statut, mais ont au contraire permis des évolutions importantes et la prise en compte de situations différentes »[902]. Quel meilleur modèle pour ce faire que celui des régions frontalières, dont la prise en compte des situations différentes a permis des évolutions importantes au point d'en faire les « véritables laboratoires de l'intégration européenne »[903] ?

---

[902] CE, Avis sur la différenciation des compétences des collectivités territoriales relevant d'une même catégorie et des règles relatives à l'exercice de ces compétences, *Ibid.*, point 8.
[903] Sources : acteurs institutionnels au service des territoires européens, parmi lesquels la DG REGIO de la Commission européenne et le CGET (ANCT) en France.

RAPPORT DE SYNTHÈSE

Doyen Christian VALLAR
Professeur de droit public, UCA, Directeur du CERDACFF,
Avocat au Barreau de Nice

Le thème choisi a donné lieu à des débats multiples, mais finalement des trames et des lignes de force en résultent.

Tout d'abord, le Président VERPEAUX a rappelé la question qu'on lui avait posée ou qu'il s'était posé à lui-même : y a –t-il un droit constitutionnel des collectivités locales ou un droit constitutionnel local ? Ce qui, pour un non juriste, paraît un jeu de mot, pour un juriste est une question de concept, puisque, nous disait-il, pour beaucoup d'autres Etats, il est évident qu'il y a une facette constitutionnelle du droit des collectivités locales. En France, l'on adore poser des questions que les autres ne se posent pas, et sans doute vice-versa. Michel VERPEAUX rappelait la démonstration de notre collègue André Roux sur cette question du droit constitutionnel local, dont les textes fondateurs sont relativement peu nombreux, et a retracé l'historique de cette notion. Il faut attendre grosso modo 1946 et la Constitution de la IVe République, avec l'apparition du principe de libre administration, puis les articles 34 et 72 de la Constitution de 1958, la révision constitutionnelle du 28 mars 2003, jusqu'au projet de révision constitutionnelle déposé en mai 2018, dont l'avenir reste suspendu. Le principe de libre administration des collectivités territoriales s'affirme avec deux décisions importantes du Conseil constitutionnel, dont l'une relative à la Corse, en 1982. Ce principe, pour le Conseil d'Etat, est une liberté fondamentale, mais, pour autant, il n'y a pas pour le Conseil constitutionnel de principe fondamental reconnu par les lois de la République. Le bilan de la jurisprudence constitutionnelle est très réduit concernant ce principe de libre administration, le principe d'égalité ayant été plus développé. Il existe donc un droit constitutionnel des collectivités territoriales plus qu'un droit constitutionnel local. Aucun cours de droit local, au sens courant du terme -pas au sens du droit alsacien mosellan évidemment - ne peut plus faire l'impasse sur le droit constitutionnel.

Le professeur Laetitia JANICOT, lors du colloque dont est issu cet ouvrage, a ensuite présenté le cadre constitutionnel sous tension, et rappelé l'unité normative française qui caractérise en principe le cadre des collectivités territoriales : une seule loi pour tous, l'unicité de la souveraineté, une même catégorie, des règles communes. Ce qui était vrai il y a un certain nombre d'années l'est de moins en moins, comme cela ressort de nombreuses contributions, notamment sur la différenciation, l'Outre-Mer ou la Corse. La reconnaissance de la diversité remet en cause, au regard de la reconnaissance des spécificités de l'Outre-Mer, de la création de collectivités à statut particulier telle la Corse, cette unité normative. La Constitution autorise cette diversité, pondérée par le principe d'égalité, dans les projets de loi constitutionnelle, y compris le second projet du 28 août 2019, qui propose de consacrer le droit à la différenciation.

Le premier volet des contributions porte donc sur le cadre constitutionnel « sous tension », au regard des évolutions du droit des collectivités territoriales et des débats issus des projets de lois constitutionnelles de 2018 et 2019.

Le professeur Bertrand FAURE s'est penché sur le principe d'indivisibilité traité par le juge constitutionnel. Ce principe, souvent connu, repris, apparaît tellement évident qu'on ne l'explicite guère. Et pourtant, si l'on y regarde bien, il est plus évanescent que consistant. Il fait cause commune avec l'unité du peuple, l'égalité, le contrôle par l'Etat des collectivités territoriales. Allusion est faite à la fameuse décision du 9 mai 1991 du Conseil constitutionnel qui refuse la notion de peuple corse dans la Constitution, un peuple corse composante du peuple français n'existant pas. Il y a bien des populations particulières, mais pas des peuples, l'Outre-Mer étant un cas différent, sans que la Corse puisse être rapprochée de l'Outre-Mer. En réalité, selon le Professeur FAURE, ce principe d'indivisibilité semble être « un manteau commun sans contenu propre ». La définition qui en est donnée est proprement tautologique, et lorsqu'il y a un choix à faire pour le juge constitutionnel entre indivisibilité et égalité, c'est toujours l'égalité qui l'emporte. En réalité, le juge ne peut pas gouverner – est fait ici référence au regretté Professeur Jean Rivero - et ce principe d'indivisibilité, qui a été transformé par l'histoire, est devenu un mythe, dont il n'existe aucun contenu objectif prédéfini. Le juge l'applique, sans pour autant, curieusement, en donner une interprétation. Il pourrait être, à la limite, un principe général du droit, non pas au sens classique des PGD, mais au sens du droit privé, à savoir des modalités de mise en œuvre d'un texte écrit, ce qui est une signification complètement différente de celle qu'on peut lui donner en droit administratif. Mais cette approche est critiquée par notre collègue. En réalité, est-ce que, implicitement, le Conseil constitutionnel ne désire pas tout de même gouverner ? Ce qu'il crée apparait comme une référence, il y a une confusion du juridique et du normatif, l'argumentation est circulaire, les règles se fondent les unes dans les autres.. En réalité, le Conseil constitutionnel, de manière subtile, adopte une attitude d'opportunité parfaitement stratégique, derrière une apparente vacuité du concept d'indivisibilité.

Notre collègue Marc VERDUSSEN nous a exposé la problématique belge, la complexité intrinsèque de ce pays de dix millions d'habitants, trente mille kilomètres carrés, dix provinces, 588 communes, trois régions, trois communautés, plus des commissions sur lesquelles il n'a pas voulu épiloguer, une République fédérale et décentralisée. Les Régions, depuis 2003, gèrent les collectivités locales. L'asymétrie caractérise les rapports entre régions, communes, entités fédérées, avec des distinctions au sein d'une même catégorie, avec le cas de Bruxelles où un traitement particulier est accordé aux flamands qui sont minoritaires, mais qui sont non seulement représentés, mais surreprésentés par rapport à l'équilibre démographique, ce qui est appelé en Belgique, des « asymétries rééquilibrantes ». A quand, pour la France, des asymétries rééquilibrantes, pour la plus grande joie de la doctrine et des étudiants ? La diversité domine le paysage constitutionnel et administratif belge et il existe très nettement des ruptures d'égalité entre les collectivités décentralisées et entre les groupes composés de citoyens. En fait, ceci s'explique non pas par une volonté – quelque peu perverse - de faire des édifices intellectuels incompréhensibles, mais par la diversité de la population belge. Le Professeur VERDUSSEN a souligné la coexistence des wallons, des flamands et d'une minorité allemande non négligeable dans le pays. Parmi les limites à cette construction complexe, l'exigence démocratique de clarté. Si les citoyens ne comprennent plus leurs institutions, évidemment la démocratie en souffrirait. L'histoire et la culture peuvent permettre de comprendre la complexité, à condition que celle-ci n'aille pas trop loin.

Notre collègue Julien MARTIN s'est penché sur l'autonomie des collectivités face au principe d'égalité, des enjeux de ce principe face à la différenciation. La différenciation introduit, par définition, une diversité des règles applicables dans les mêmes catégories de collectivités, ce qui est tout de même peu habituel dans la tradition juridique française. Les limitations sont posées par le principe d'égalité, dans une dialectique très claire entre autonomie et l'égalité. Le Conseil d'Etat, dans son rapport du 1er mars 2018, développe ce principe d'autonomie : interdire, justifier, limiter ? Est-ce que l'uniformité persiste de manière sous-jacente ? Des lois semblent bien l'indiquer. Les constitutions ont été très discrètes sur le thème de la différenciation, au moins jusqu'en 1946. Ce thème apparaît plus clairement avec la loi de 2003, puis dans les projets de loi constitutionnelle de 2018 et 2019. Le professeur MARTIN rappelle que l'égalité n'est pas l'uniformité. S'il y a une différenciation, il doit y avoir une différence de situation. Il ne doit pas y avoir de choix politique pur, de choix politique d'opportunité, et il faut un minimum d'éléments objectifs pour justifier la différenciation, étant donné que le principe d'égalité entre citoyens doit être préservé.

Le Professeure Patrizia VIPIANA montre à cet égard que l'Italie constitue, en matière de différenciation, un modèle relativement élaboré et complexe, prévu par la Constitution elle-même. Le régionalisme italien permet en effet, comme elle le démontre, une distinction entre les Régions avec autonomie spéciale ou avec autonomie ordinaire, et concrétise ainsi le principe de différenciation au point que l'on ne parle pas de régionalisme italien, mais plutôt de régionalismes, au pluriel.

A la lumière des revendications liées au « spécificités identitaires locales », en Moselle, en Bretagne ou au Pays basque par exemple, notre collègue Reine WAKOTE s'est penchée également sur les perspectives d'une consécration constitutionnelle de la différenciation. Elle s'est notamment interrogée sur le point de savoir si l'on doit parler en réalité d'un « droit de la différenciation » ou d'un « droit à la différenciation » des compétences au niveau local, non sans s'inquiéter d'un risque d'altération des principes d'unité et d'indivisibilité de l'Etat, si ce droit à la différenciation est instrumentalisé à des fins autonomistes.

A cheval entre le droit, la sociologie électorale et le droit constitutionnel, les enjeux constitutionnels de la représentation des territoires dans les instances délibératives démocratiques a été traitée par plusieurs intervenants.

Pauline TÜRK a rappelé d'emblée les enjeux d'un passage à une part de proportionnelle pour les élections législatives, et le signal donné par l'abandon des huit grandes circonscriptions dans le cadre des élections au Parlement européen, au titre de l'actualité de la prise en compte des logiques territoriales lors des élections nationales. La dialectique entre le thème de l'unité du peuple - les élus représentent le peuple français, la Nation française toute entière - et le thème de la diversité des territoires qu'ils représentent réapparait sous cet angle. Les élus représentent à la fois la Nation et leur territoire. Je rappelle ici - cela remonte à l'annexion de l'Alsace et la Moselle par l'Allemagne - que les députés de ces territoires ont pu, même s'ils ont démissionné ensuite, continuer à siéger à la chambre des députés, alors que leur circonscription, par définition avait disparu puisqu'étant annexée par l'Allemagne : ils restaient bien députés de la Nation. Le Professeur TÜRK a souligné l'équilibre établi par le Conseil constitutionnel entre des critères démographiques et géographiques pour la désignation des membres des assemblées parlementaires, dont dépend l'égalité devant le suffrage. S'il faut bien que les territoires soient représentés, avec l'utilisation de la méthode par tranche, qui atténue la stricte égalité arithmétique démographique et permet même aux plus petites collectivités, parfois isolées, d'être représentées au parlement, se pose la question de savoir si cela peut perdurer, surtout si le nombre des parlementaires devait diminuer d'un tiers, comme proposé par le gouvernement. Ces problématiques concernent les deux assemblées, bien que différemment, au regard des spécificités sénatoriales.

Ces questions sont étudiées également, s'agissant du cas italien, par le Professeur Dario TOSI, qui en expose les enjeux particuliers pour le parlement italien, lequel devait aussi subir, en 2020, une réduction du nombre de ses membres, validée par référendum après un report lié à la crise sanitaire Covid, en septembre 2020. Outre les conséquences pour la représentativité des parlementaires italiens, notre collègue italien montre, par une analyse à la fois historique et d'actualité, que, finalement, la question de la représentation territoriale au parlement est relativement marginalisée, ou contournée, dans l'histoire constitutionnelle et électorale italienne.

Après la France des territoires métropolitains, le Professeur POUJADE, portant la voix de nos collègues Alain MOYRAND et Antonino TROIANELLO, a évoqué le cas de la Polynésie française, grand territoire du Pacifique. Ont été présentés la succession de ses modifications statutaires, les refus de clarifier le droit national applicable sur le territoire ultra-marin, et le rejet de réformes attendues par les élus polynésiens. Le rejet de la dotation de reconnaissance de la Nation après les essais nucléaires de MURUROA, auxquels le Président Chirac a mis un terme après les huit derniers essais, les atermoiements à faire reconnaitre la compétence de la Polynésie en matière de terres rares, ou encore la question des rapports de la Polynésie avec ses propres communes et des transferts de moyens : peu a été fait, y compris la question des syndicats mixtes. Emerge une impression un peu pessimiste, d'occasions manquées au niveau droit des collectivités territoriales intra-polynésien.

La Polynésie, avec la Nouvelle Calédonie, est ce qui rapproche le plus la France d'Outre-Mer d'une fédération. Précisément, notre collègue Jean-Jacques URVOAS a posé la question de savoir si « la France ne fait pas du fédéralisme sans le savoir ». Il a souligné que l'archipel de Nouvelle Calédonie, collectivité *sui generis*, échappe au statut général des collectivités locales défini par le titre XII de la Constitution, et il a souligné ses nombreuses singularités, telles l'existence d'une citoyenneté calédonienne. Cela contribue aux tensions qui s'exercent sur le cadre constitutionnel, et les principes classiques rappelés d'indivisibilité et d'unité, à moins qu'il ne s'agisse que d'une situation transitoire ouvrant un « chemin vers l'émancipation ».

Ile lointaine, île proche, retour en Corse avec le professeur Wanda MASTOR, qui a réaffirmé, comme elle l'avait déjà fait devant d'autres instances, qu'il ne faut pas confondre l'autonomie et le séparatisme, ou, même si ce n'est pas le mot qu'elle a utilisé -mais je me l'autorise moi - l'indépendantisme. Il est vrai que, dans le langage courant, à tort, on confond autonomiste et séparatiste. Défendant l'idée d'un statut pour la Corse dans la Constitution, projet à l'étude depuis quelques années, elle a présenté des arguments permettant une avancée sur ce terrain sans remise en cause profonde du cadre constitutionnel. L'on revient à la question lancinante : est-ce qu'une autonomie trop prononcée ne peut pas finalement ouvrir la voie au séparatisme ou à l'inverse : l'autonomie bien faite bloque-t-elle les tentations séparatistes en enlevant les principaux sujets de critique et de revendication ? Son choix est clair, exposé dans le rapport qu'elle a dressé pour l'Assemblée des collectivités de Corse. Après tout, la Corse, au regard de son histoire, est une île insérée dans la République, et elle doit y rester, mais il lui faut une autonomie, inspirée du régionalisme italien ou espagnol, ou même du Portugal, au regard du statut des Açores. Pour l'instant, la déception règne en Corse. A quoi sert-il de reconnaître des spécificités si les outils normatifs ne sont pas offerts ?

La table ronde suivante est relative au cadre constitutionnel en ce qu'il serait, sur certains aspects, « dépassé » par certaines évolutions déjà à l'œuvre, qu'elles résultent de réformes, de la jurisprudence ou de la pratique.

Notre collègue le Professeur GOHIN défend, de son côté, un point de vue tout aussi tranché sur une autre question, relative à l'existence – ou non - de la fameuse – prétendue - clause générale de compétences. Elle est, selon lui, un mythe juridique. Il nie son existence par référence à la souveraineté de l'État, lequel reste maître des compétences attribuées aux collectivités territoriales. Notre collègue Olivier GOHIN considère aussi que si le droit public peine à rendre compte de cette notion, d'autres sont plus porteuses ou pertinentes, telles celle d'affaires locales, d'intérêt public local, ou de libre administration.

Le professeur BRISSON a traité du thème de la liberté locale dans la Constitution. Ces libertés locales sont quasiment fantasmatiques, elles sont évanescentes. Le concept a disparu, mais son fantôme subsiste. En réalité, comme tout fantôme, il n'a pas beaucoup de consistance, même s'il y a des emphases dans l'analyse politique, tel l'appel de Marseille du 25 septembre 2018 des assises des collectivités locales, alors même que le projet de 2018 n'y fait pas référence. Ce principe au XIXe siècle était d'usage courant chez les libéraux, la figure emblématique de Tocqueville l'illustre à merveille. A cette époque, la grande affaire est celle de l'élection des maires au suffrage universel direct. Les tenants de la centralisation sont présentés comme des ennemis de la liberté, les décentralisateurs apparaissent plus libéraux et finalement, l'avènement de la démocratie locale conduira à ce type d'élection. Mais pour autant, la « liberté locale est une formule cliniquement morte », même si son cadavre bouge encore. Certains élus locaux, par exemple en Région Bourgogne, font un contresens lorsqu'ils voient dans la liberté locale la liberté des élus, alors qu'il s'agit de la liberté des collectivités locales. En réalité, cette notion de liberté locale n'existe plus. Les collectivités ont finalement un seul droit, celui de disposer des compétences très contraintes attribuées par la loi. Bref, la notion de liberté locale n'en est pas une !

Notre collègue Maylis DOUENCE a analysé ensuite la libre administration des collectivités locales sous le prisme de la QPC, réalisant une synthèse très complète de la jurisprudence du Conseil constitutionnel sur le sujet. Celle-ci apparait finalement peu prolifique, si l'on considère que le Conseil, à partir de 1982, s'est prononcé sur la libre administration des collectivités territoriales, conçue par référence aux attributions effectives et à l'autonomie financière des collectivités. Mme DOUENCE a rappelé les espoirs placés dans la QPC, qui ont été relativement déçus. Effectivement les collectivités territoriales, les départements, les associations d'élus ont pu poser des QPC. Pour la Nouvelle-Calédonie, les provinces et communes ont pu le faire aussi. Ce principe de libre administration implique l'autonomie financière et n'est que rarement appliqué seul. Finalement, peu de décisions ont été rendues (quarante-deux décisions sur le sujet dont sept de non-conformité, ce qui est peu par rapport à la proportion des QPC qui aboutissent positivement, une sur sept, grosso modo 16 %). Sur le fond, il y a eu quatre censures pour atteinte à la liberté des collectivités, mais sur les quatre, en réalité deux d'entre elles reposaient sur des questions de procédure et pas sur des questions de fond. Mme DOUENCE en conclut que trop d'atteintes à ce principe d'autonomie des collectivités territoriales sont tolérées par le Conseil constitutionnel, ce qui pourrait bien vider de sa substance ce principe.

Le doyen Xavier LATOUR s'est tourné ensuite vers les questions de sécurité, qui présentent *a priori* moins de problème sur le plan conceptuel. Le code de la sécurité intérieure associe les collectivités locales à la politique de sécurité, et singulièrement les communes et le maire, pièce maîtresse de la politique locale de sécurité. D'ailleurs, quatre mille communes en France sont dotées de polices municipales, pour un peu plus de vingt-deux mille agents. Donc si l'exécutif, selon la Constitution, dispose de la force publique, il ne peut agir seul, même s'il reste le chef de file, garantissant dans ce domaine régalien la prééminence de l'Etat. Par exemple, en matière de police municipale, non seulement le maire, mais aussi le préfet, beaucoup plus que le

Premier ministre, vont intervenir. Si la dimension locale est dépassée, la reprise en main sera faite par l'Etat (exemple du couvre-feu des mineurs). Le rapport Fauvergue- Thourot démontre qu'il y a une volonté de reprise en main par l'Etat des instances partenariales et que, même si les communes régissent la police municipale comme elles le veulent, il n'y a pas de doctrine nationale d'emploi des polices municipales. Cela reste cependant limité, sans développement des compétences en matière de police judiciaire. La notion même de police territoriale ne recueille pas vraiment l'assentiment des autorités de l'Etat qui, en tout état de cause, veillent à ce que le droit des libertés soit garanti par rapport au pouvoir de police municipale au sens large, pas les forces de police. Xavier LATOUR a d'ailleurs incidemment critiqué l'ordonnance du Conseil d'Etat sur l'arrêté « anti- burkini » de 2016, rappelant qu'une décision très adaptée du tribunal administratif de Nice avait été invalidée par une décision du Conseil d'Etat, manifestement complètement hors sol, y compris sur la question de l'ordre public immatériel. Il a souligné la situation particulière de la Côte d'Azur, pas seulement de Nice frappée si durement par te terrorisme. Quoi qu'il en soit, si les élus locaux ont un rôle important à jouer en matière de sécurité, c'est toujours sous le contrôle étroit, sinon sourcilleux de l'Etat, du Préfet ou du juge administratif.

Le professeur Virginie DONIER s'est alors tournée vers le droit à l'expérimentation, mis en œuvre selon des modalités distinctes et sur des fondements divers. C'est l'article 72-4 de la Constitution qui permet ces dérogations à titre expérimental, que les lois et règlements doivent autoriser à condition qu'il n'y ait pas d'atteinte aux droits et aux libertés. La loi de 2003 définit une procédure lourde, tellement lourde qu'en quinze ans, il n'y a eu que quatre expériences, ce qui est très peu (RSA, tarif social de l'eau, taxe d'apprentissage et accès à l'apprentissage). Il y a une pression des élus locaux, mais très nettement une sous-utilisation. Des avis et rapports du Conseil d'Etat en 2018 et 2019, une mission parlementaire en 2018, l'article 15 du projet de loi constitutionnelle de 2019, permettent de porter, sur le sujet, un nouveau regard. Mme DONIER a montré les enjeux, en lien avec la différenciation territoriale, de l'exploitation de dispositions constitutionnelles déjà existantes. Il s'agit de sortir du tout ou rien. Jusqu'à présent, c'était soit la généralisation de l'expérimentation, soit son abandon. Or l'idée proposée est de soutenir l'expérimentation par les collectivités qui ont joué le jeu, ce qui nourrirait la différenciation, si les conditions s'y prêtent. Cette expérimentation permet également de concrétiser certains principes constitutionnels, la subsidiarité et le pouvoir réglementaire local. En 2019, le Conseil d'Etat considérait, dans son rapport, que le législateur devrait laisser plus de place au pouvoir règlementaire local, dans le cadre de l'expérimentation normative. Ces perspectives sont intéressantes, mais encore à l'état de perspectives.

Anne RAINAUD s'est alors intéressée au droit à la participation sous le prisme de la charte de l'environnement. Elle a rappelé que pour Jean-Marc Sauvé, le droit de l'environnement innerve l'ensemble du droit, fondé sur un cadre à la fois international et national, et que la QPC permet d'exploiter davantage les dispositions de la charte de l'environnement. La démocratie participative s'impose aux collectivités locales, et d'une certaine façon restreint leur liberté d'administration. La démocratie environnementale a ses exigences, qui se sont accrues d'ailleurs, puisque la participation n'est plus réservée aux décisions à incidence importante, et s'étend au droit de l'urbanisme. Cela implique, sur le plan sociologique, des titulaires très actifs du droit à la participation. Pour autant, il n'y pas là que des contraintes portant atteinte au principe de libre autonomie des collectivités : libre à celles-ci, et beaucoup le font, de déclencher la participation ou d'émettre des vœux, de jouer un rôle proactif et pas seulement de subir la contrainte de la méthode participative.

A propos de démocratie locale, reprenant le thème des enjeux constitutionnels de la composition des assemblées délibérantes, Bertrand GASIGLIA, éclairé par sa double casquette de chercheur et d'élu local, s'est penché sur les perspectives de l'élection au suffrage universel direct des conseillers métropolitains. D'emblée, il nous annonce que les perspectives ouvertes par la Maptam en 2014 ne sont toujours pas concrétisées en 2020. Il a exposé les principes applicables, aussi, aux élections locales, telle l'égalité devant le suffrage et le respect des « bases essentiellement démographiques », et il a rappelé les conditions du débat, mentionnant même l'auto-censure d'un rapport parlementaire sur le sujet, qui montre la difficulté à résorber le déficit de légitimité démocratique des structures intercommunales et le blocage sur la question. Selon nous, les élus locaux, les maires en particulier, n'ont pas envie d'avoir une espèce de concurrence démocratique locale, avec des conseillers métropolitains ayant la même légitimité que les conseillers municipaux. C'est la raison, à l'évidence, du blocage, politique et non juridique.

Le troisième volet des contributions porte, en lien avec le programme *diter* mené à Nice au sein du laboratoire CERDACFF sur la diplomatie territoriale, sur l'action extérieure des collectivités territoriales, qui semble pouvoir se développer sans remise en cause du cadre constitutionnel, donc « préservé ».

M. Pierre POUGNAUD a traité de l'action extérieure des collectivités décentralisées, et non de la diplomatie territoriale, parce que cette notion même est contestable. Cet acquis français inspire l'Union Européenne. La France est sensible certes à l'unité de la Nation. Pour autant, l'action diplomatique ou extérieure des collectivités territoriales est acceptée depuis les années 50, mais surtout sur le fondement l'article 1115-1 du CGCT. Elle permet aux collectivités de conclure des accords avec des entités politiques, des Etats, des entités juridiques infra-étatique. La loi n'énumère pas les domaines, ni ne prévoit d'obligation à ce sujet : les collectivités ne sont aucunement obligées d'avoir une politique extérieure. Une règle intangible : il faut absolument respecter les engagements internationaux de la France, sans contradiction entre la politique de l'Etat et celle des collectivités. La démocratie démultipliée n'est pas une démocratie multiple. Elle est démultipliée dans le cadre de l'Union européenne, déjà, et le juge administratif a su le rappeler lorsque les collectivités ont voulu travailler avec des Etats sécessionnistes. Le corps diplomatique est peut-être réticent, mais il faut qu'il comprenne que la diplomatie des collectivités territoriales, telle qu'elle fonctionne en France, travaille main dans la main avec l'Etat qui, en tout état de cause, reste le maître de la diplomatie française.

D'une manière plus globale, a rappelé le professeur WECKEL dans une double approche de droit constitutionnel et de droit international, la coopération extérieure des collectivités se fait dans le cadre de la constitution, sans remise en cause. C'est une diplomatie des territoires évolutive, qui contribue à la puissance publique. La diplomatie de la France est une, tout en étant plurielle et nous avons la chance de ne pas avoir les problèmes qu'ont certains Etats fédéraux, tels les Etats Unis d'Amérique qui sont dans des situations paradoxales où la fédération ne peut pas imposer quelque chose à un Etat membre, au point que l'Exécutif fédéral, qui assume la fonction de représentation internationale des Etats-Unis, a quelque peu « perdu le contrôle de la mise en œuvre des engagements internationaux ». En France, la structure de l'Etat unitaire fait que nous ne rencontrons pas cette difficulté. Les obstacles juridiques ont été progressivement levés, et l'activité internationale des collectivités territoriales peut se développer dans un contexte de bienveillance et de vigilance.

Pierre-Yves CHICOT a enchaîné sur le cas de la Guadeloupe. Il a montré comment l'aménagement de la fonction externe de l'Etat est « confrontée à l'action publique locale internationale en général et dans les outre-mers en particulier ». Il a souligné les spécificités ultra-marines, et notamment les aspects historiques et géographiques, dès lors qu'il existe selon lui « une France d'Amérique » et une « France indianocéanique », ce qui a des conséquences sur les rapports transfrontaliers et diplomatiques. Nous sommes loin du monopole régional laissé à la politique extérieure pour les collectivités de la loi

1982. Depuis les lois de 1992 et de 2007, il y a des ouvertures, mais toujours dans le respect de la souveraineté étatique. Les Outre-Mer ont des statuts effectivement différents, leur accordant la possibilité d'avoir une action extérieure plus développée. Mais, le cadre de l'Etat perdure, même si certains élus locaux ont tendance à oublier que, dans ces cadres de négociation, ils sont des représentants de l'Etat et non pas de leurs collectivités, même si celles-ci sont intéressées.

Enfin, Petia TZVETANOVA, de la Mission Opérationnelle Transfrontalière, nous a parlé du projet ECBM, en français le mécanisme transfrontalier européen. C'est un mécanisme optionnel : les Etats décident d'y prendre part ou non. Cela leur permet de favoriser des projets transfrontaliers, par exemple d'infrastructures de transport, tel l'exemple du tramway de Strasbourg (FR) -Kehl (DE) ou encore Bâle (CH)- Saint-Louis (FR). La volonté étatique est préservée à tous les stades et l'Etat peut toujours revenir sur son choix initial, ce qui peut occasionner d'évidentes difficultés. Parmi les incertitudes, outre le devenir des projets de loi constitutionnelle français, on peut ajouter celle de la ratification du traité Traité franco-allemand d'Aix-la-Chapelle dont dépend la coopération transfrontalière avec l'Allemagne. L'ECBM reste pour le moment virtuel pour la France.

ANNEXES

Annexe n° 1 : Tableau des décisions QPC relatives au principe de libre administration (art. 72 Const.)

Annexe n° 2 : Analyse statistique de la jurisprudence constitutionnelle en matière de libre administration

Annexe n° 1 : Tableau des décisions QPC relatives au principe de libre administration (art. 72 Const.)

<u>Sources</u> : *Tables analytiques du Cons. constitutionnel et Legifrance*

<table>
<tr><th>Numéro décision</th><th>Date</th><th>Auteur de la QPC</th><th>Question soulevée</th><th>Sens de la décision</th></tr>
<tr><td>2010-12 QPC</td><td>2 juil. 2010</td><td>Commune de Dunkerque</td><td>[Fusion de communes]</td><td>Conformité</td></tr>
<tr><td colspan="5">Art. L. 2113-2 du code général des collectivités territoriales, dans sa rédaction issue de l'article 123 de la loi du 13 août 2004 susvisée : « Les personnes inscrites sur les listes électorales municipales sont consultées sur l'opportunité de la fusion de communes. - Les dépenses résultant de la consultation sont à la charge de l'État…
2. Considérant que la commune requérante soutient qu'en prévoyant un référendum pour toutes les fusions de communes, les dispositions précitées sont contraires à la dernière phrase du troisième alinéa de l'article 72-1 de la Constitution qui autorise uniquement une consultation des électeurs en matière de modification des limites des collectivités territoriales ; qu'elles méconnaîtraient le principe de la souveraineté nationale en conférant à une section du peuple un pouvoir de décision ; qu'elles porteraient atteinte au principe de libre administration des collectivités territoriales ;
3. Considérant qu'aux termes de la dernière phrase du 3ème alinéa de l'article 72-1 de la Constitution : « La modification des limites des collectivités territoriales peut également donner lieu à la consultation des électeurs dans les conditions prévues par la loi » ; qu'en tout état de cause, l'habilitation ainsi donnée au législateur n'institue pas un droit ou une liberté qui puisse être invoqué à l'appui d'une QPC sur le fondement de l'article 61-1 de la Constitution
4. Considérant que la décision de procéder à la fusion de communes ne constitue pas un acte portant atteinte à la libre administration des collectivités territoriales
5. Considérant qu'en tout état de cause, la décision de procéder à la fusion de communes à la suite d'une consultation des électeurs ne met en cause ni la définition de la souveraineté nationale ni les conditions de son exercice ;
6. Considérant que les dispositions contestées ne sont contraires à aucun autre droit ou liberté que la Constitution garantit….</td></tr>
<tr><td>2010-29/37 QPC</td><td>22 sept. 2010</td><td>Commune de Besançon et autre</td><td>[Instruction CNI et passeports]</td><td>Conformité</td></tr>
<tr><td colspan="5">5. Considérant, en premier lieu, qu'aux termes du dernier alinéa de l'article 72-2 de la Constitution : « La loi prévoit des dispositifs de péréquation destinés à favoriser l'égalité entre les collectivités territoriales » ; que, si cette disposition a pour but de concilier le principe de liberté avec celui d'égalité par l'instauration de mécanismes de péréquation financière, sa méconnaissance ne peut, en elle-même, être invoquée à l'appui d'une question prioritaire de constitutionnalité sur le fondement de l'article 61-1 de la Constitution
6. Considérant, en deuxième lieu, qu'en vertu de l'article 72 de la Constitution, les collectivités territoriales s'administrent librement par des conseils élus « dans les conditions prévues par la loi » qu'aux termes du quatrième alinéa de son article 72-2 : « Tout transfert</td></tr>
</table>

de compétences entre l'État et les collectivités territoriales s'accompagne de l'attribution de ressources équivalentes à celles qui étaient consacrées à leur exercice. Toute création ou extension de compétences ayant pour conséquence d'augmenter les dépenses des collectivités territoriales est accompagnée de ressources déterminées par la loi 7. Considérant que les compétences confiées aux maires au titre de la délivrance de cartes nationales d'identité et de passeports sont exercées au nom de l'État ; que, par suite, est inopérant le grief tiré de la violation des dispositions précitées de l'article 72-2 de la Constitution qui ne sont relatives qu'aux compétences exercées par les collectivités territoriales ; 8. Considérant que la délivrance de cartes nationales d'identité et de passeports a entraîné, pour les communes, un accroissement de charges ; que, toutefois, le législateur a fixé, pour toutes les communes et non seulement celles ayant introduit une instance en responsabilité, dans la limite de 97,5 millions d'euros, une dotation forfaitaire de 3 euros par carte nationale d'identité ou passeport, en fonction du nombre de titres que les maires ont délivrés de 2005 à 2008 en leur qualité d'agents de l'État ; qu'il a entendu réparer de façon égalitaire les conséquences des décrets ayant mis de façon irrégulière à la charge des communes des dépenses relevant de l'État ; qu'il n'a pas institué des restrictions disproportionnées par rapport aux objectifs d'intérêt général qu'il s'est assignés ; qu'eu égard au montant des sommes en jeu, les dispositions qu'il a adoptées n'ont pas eu pour effet de dénaturer la libre administration de ces collectivités ; que, pour les mêmes motifs, il n'a porté aucune limitation inconstitutionnelle au principe de responsabilité qui découle de l'article 4 de la Déclaration de 1789 ; qu'il n'a pas davantage méconnu le droit de propriété garanti par ses articles 2 et 17 ; …				
2010-56 QPC	**18 oct. 2010**	**Département du Val-de-Marne**	[Mesure d'accompagnement social personnalisé MASP]	Conformité
4. Considérant qu'en vertu de l'article 72 de la Constitution, les collectivités territoriales s'administrent librement par des conseils élus « dans les conditions prévues par la loi » ; qu'aux termes du quatrième alinéa de son article 72-2 : « Tout transfert de compétences entre l'État et les collectivités territoriales s'accompagne de l'attribution de ressources équivalentes à celles qui étaient consacrées à leur exercice. Toute création ou extension de compétences ayant pour conséquence d'augmenter les dépenses des collectivités territoriales est accompagnée de ressources déterminées par la loi » ; 5. Considérant qu'aux termes du premier alinéa de l'article L. 121-1 du code de l'action sociale et des familles : « Le département définit et met en œuvre la politique d'action sociale, en tenant compte des compétences confiées par la loi à l'État, aux autres collectivités territoriales ainsi qu'aux organismes de sécurité sociale. Il coordonne les actions menées sur son territoire qui y concourent » ; 6. Considérant qu'en adoptant les dispositions contestées, le législateur a organisé un dispositif d'accompagnement social individualisé des personnes fragiles ou en difficulté qui perçoivent déjà des prestations sociales ; qu'il a entendu conforter la subsidiarité des mesures judiciaires par rapport aux mesures administratives en matière d'aide et d'assistance à ces personnes ; qu'il n'a pas créé une nouvelle prestation sociale ; qu'il s'est borné à aménager les conditions d'exercice de la compétence d'aide sociale de droit commun qui relève des départements depuis la loi du 22 juillet 1983 susvisée et qui a été précisée par l'article L. 121-1 précité du code de l'action sociale et des familles ; qu'il n'a procédé ni à un transfert aux départements d'une compétence qui relevait de l'État ni à une création ou extension de compétences ; que, par suite, en adoptant l'article 13 de la loi du 5 mars 2007 qui instaure la mesure d'accompagnement social personnalisé et son article 46 qui prévoit un rapport sur sa mise en œuvre, notamment financière, le législateur n'a pas méconnu le quatrième alinéa de				

<table>
<tr><td colspan="5">l'article 72-2 de la Constitution ; qu'il n'a pas davantage porté atteinte au principe de libre administration des collectivités territoriales</td></tr>
<tr><td>2010-95 QPC</td><td>28 janv. 2011</td><td>SARL du Parc d'activités de Blotzheim et autre</td><td>[Projet d'intérêt général]</td><td>Conformité</td></tr>
<tr><td colspan="5">4. Considérant que, s'il appartient au législateur, en vertu de l'article 34 de la Constitution, de déterminer les principes fondamentaux de la libre administration des collectivités territoriales et de leurs compétences ainsi que ceux du régime de la propriété, la fixation des modalités de mise en œuvre de ces principes a le caractère réglementaire en application de l'article 37 de la Constitution ; qu'il revient, en conséquence, au seul législateur de répartir les compétences en matière d'aménagement du territoire et d'urbanisme entre l'État et les collectivités territoriales ainsi que d'imposer à ces dernières de tenir compte des projets d'intérêt général dans l'élaboration de leurs documents locaux d'urbanisme ;
5. Considérant que l'article L. 121-9 du code de l'urbanisme se borne à renvoyer à des décrets en Conseil d'État le soin de déterminer les conditions d'application du chapitre Ier du titre II du livre Ier du code de l'urbanisme, relatif aux dispositions générales communes aux schémas de cohérence territoriale, aux plans locaux d'urbanisme et aux cartes communales ; qu'il ne met pas en cause les principes fondamentaux susmentionnés ; que la définition de la nature des projets d'intérêt général ne met pas davantage en cause ces principes ; qu'il s'ensuit qu'en tout état de cause, le grief tiré de l'incompétence négative du législateur doit être écarté ;
6. Considérant que l'article L. 121-9 du code de l'urbanisme n'est contraire à aucun droit ou liberté que la Constitution garantit,</td></tr>
<tr><td>2010-107 QPC</td><td>17 mars 2011</td><td>Syndicat mixte chargé de la gestion du contrat urbain de cohésion sociale de l'agglomération de Papeete</td><td>[Contrôle de légalité des actes des communes en Polynésie française]</td><td>Non conformité partielle arrêté du maire pouvant être déclaré nul de droit = prive de garanties suffisantes la libre administration ….</td></tr>
<tr><td colspan="5">3. Considérant que le syndicat requérant fait grief à ces dispositions de permettre au haut-commissaire de la République d'annuler à tout moment les actes des communes de la Polynésie française ; qu'il estime que ce pouvoir d'annulation par une autorité administrative est contraire au principe de libre administration des collectivités territoriales
4. Considérant que le troisième alinéa de l'article 72 de la Constitution, relatif aux collectivités territoriales de la République, dispose : « Dans les conditions prévues par la loi, ces collectivités s'administrent librement par des conseils élus et disposent d'un pouvoir réglementaire pour l'exercice de leurs compétences » ; qu'aux termes de son dernier alinéa : « Dans les collectivités territoriales de la République, le représentant de l'État, représentant de chacun des membres du Gouvernement, a la charge des intérêts nationaux, du contrôle administratif et du respect des lois » ;
5. Considérant que le paragraphe II de l'article 8 de l'ordonnance du 5 octobre 2007 maintient provisoirement, pour les délibérations du conseil municipal des communes de la Polynésie française, le régime de contrôle administratif qui était applicable, avant l'entrée en vigueur de la loi du 2 mars 1982 susvisée, aux délibérations du conseil municipal ; qu'en vertu du paragraphe III de l'article 7 de la même ordonnance, ce régime n'est maintenu que si les</td></tr>
</table>

<table>
<tr><td colspan="5">communes n'ont pas demandé à être soumises, par anticipation, au régime de contrôle de légalité institué par la loi du 2 mars 1982 ; qu'il prend fin le 31 décembre 2011 ; que, dans ces conditions, en tant qu'elles sont applicables aux délibérations du conseil municipal des communes de la Polynésie française, les dispositions contestées ne sont pas contraires à la libre administration des collectivités territoriales ; qu'en outre, elles ne portent atteinte à aucun autre droit ou liberté que la Constitution garantit ;
6. Considérant que les dispositions du paragraphe II, en tant qu'elles sont rendues applicables aux arrêtés du maire par le paragraphe IV, autorisent le haut-commissaire de la République à déclarer, à toute époque, nuls de droit les arrêtés du maire ; que, par la généralité des pouvoirs de contrôle ainsi conférés au représentant de l'État sur les actes du maire quelles que soient leur nature et leur portée, ces dispositions privent de garanties suffisantes l'exercice de la libre administration des communes de la Polynésie française; que, par voie de conséquence, les trois premiers alinéas du paragraphe IV précités doivent être déclarés contraires à la Constitution ;</td></tr>
<tr><td>2010-109 QPC</td><td>25 mars 2011</td><td>Département des Côtes d'Armor</td><td>[Financement de la protection de l'enfance par les départements]</td><td>Conformité</td></tr>
<tr><td colspan="5">3. Considérant qu'en vertu de l'article 72 de la Constitution, les collectivités territoriales s'administrent librement par des conseils élus « dans les conditions prévues par la loi » ; qu'aux termes du quatrième alinéa de son article 72-2 : « Tout transfert de compétences entre l'État et les collectivités territoriales s'accompagne de l'attribution de ressources équivalentes à celles qui étaient consacrées à leur exercice. Toute création ou extension de compétences ayant pour conséquence d'augmenter les dépenses des collectivités territoriales est accompagnée de ressources déterminées par la loi » ;
6. Considérant qu'en adoptant la loi du 5 mars 2007 susvisée, le législateur a modifié les conditions d'exercice des missions des services de protection maternelle et infantile et d'aide sociale à l'enfance exercées par les départements depuis les lois du 22 juillet 1983 et du 6 janvier 1986 susvisées; qu'il n'a pas élargi le champ de leurs bénéficiaires ; qu'il n'a pas créé une nouvelle prestation sociale ; qu'en particulier, l'établissement d'un bilan de santé pour les enfants âgés de trois à quatre ans, l'entretien psychosocial pour les femmes enceintes au cours de leur quatrième mois de grossesse ainsi que la mise en œuvre d'actions sociales et médico-sociales pour les parents en période postnatale, qui relevaient déjà des attributions de la protection maternelle et infantile, ne sauraient être regardés comme remettant en cause la nature ou l'objet de cette compétence ; qu'ainsi il n'a procédé ni à un transfert aux départements d'une compétence qui relevait de l'État ni à une création ou extension de compétences ; que, par suite, il n'a pas méconnu le quatrième alinéa de l'article 72-2 de la Constitution ; qu'il n'a pas davantage porté atteinte au principe de libre administration des collectivités territoriales ;</td></tr>
<tr><td>2011-144 QPC</td><td>30 juin 2011</td><td>Départements de l'Hérault et des Côtes-d'Armor</td><td>[Concours de l'État au financement par les départements de la prestation de compensation du handicap] PCH</td><td>Conformité – réserve (il appartient au pouvoir réglementaire de fixer…)</td></tr>
</table>

<table>
<tr><td colspan="5">7. Considérant qu'aux termes du quatrième alinéa de l'article 72-2 de la Constitution : « Tout transfert de compétences entre l'État et les collectivités territoriales s'accompagne de l'attribution de ressources équivalentes à celles qui étaient consacrées à leur exercice. Toute création ou extension de compétences ayant pour conséquence d'augmenter les dépenses des collectivités territoriales est accompagnée de ressources déterminées par la loi » ; que ces dispositions ne visent, en ce qui concerne les créations et extensions de compétences, que celles qui présentent un caractère obligatoire ; que, dans ce cas, il n'est fait obligation au législateur que d'accompagner ces créations ou extensions de compétences de ressources dont il lui appartient d'apprécier le niveau, sans toutefois dénaturer le principe de la libre administration des collectivités territoriales énoncé par l'article 72 de la Constitution ; que cette exigence constitutionnelle n'impose pas au législateur d'affecter une ressource particulière au financement d'un transfert, d'une création ou d'une extension de compétences, ni de maintenir dans le temps une telle affectation ;
11. Considérant qu'il résulte de ce qui précède qu'il appartient au pouvoir réglementaire de fixer ce pourcentage à un niveau qui permette, compte tenu de l'ensemble des ressources des départements, que le principe de la libre administration des collectivités territoriales ne soit pas dénaturé ; qu'en outre, si l'augmentation des charges nettes faisait obstacle à la réalisation de la garantie prévue par l'article L. 14-10-7 du code de l'action sociale et des familles, il appartiendrait aux pouvoirs publics de prendre les mesures correctrices appropriées ;</td></tr>
<tr><td>2011-142/145 QPC</td><td>**30 juin 2011**</td><td>**Départements de la Seine-Saint-Denis et autres**</td><td>[Concours de l'État au financement par les départements du **RMI, du RMA et du RSA**]</td><td>Conformité - réserve - non lieu à statuer</td></tr>
<tr><td colspan="5">**RMI** : 19. ces dispositions, qui ont pour objet d'accroître les ressources des départements pour faire face aux dépenses qui sont mises à leur charge, ne méconnaissent pas le quatrième alinéa de l'article 72-2 de la Constitution ; qu'elles n'ont pas eu pour effet, non plus, malgré l'évolution de ces dépenses, d'entraver la libre administration des départements ;
RSA : 27. Considérant que ces dispositions maintiennent le versement aux départements du montant des ressources que l'État consacrait au RMI avant son transfert à ces collectivités ; qu'elles ont pour effet de prévoir également le versement aux départements d'une somme équivalant aux ressources consacrées par l'État à l'exercice des compétences transférées aux départements en matière d'allocation de parent isolé ; qu'ainsi, elles ne méconnaissent pas le quatrième alinéa de l'article 72-2 de la Constitution ; qu'elles n'ont pas davantage pour effet de dénaturer le principe de libre administration des départements ;</td></tr>
<tr><td>2011-143 QPC</td><td>**30 juin 2011**</td><td>**Départements de la Seine-Saint-Denis et de l'Hérault**</td><td>[Concours de l'État au financement par les départements de **l'allocation personnalisée d'autonomie**] **APA**</td><td>Conformité **– réserve : le CC s'en remet au pouvoir réglementaire...**</td></tr>
<tr><td colspan="5">selon les départements requérants, ces dispositions, qui fixent les modalités du concours de l'État aux départements pour le financement d'une partie des charges exposées par eux au titre de l'allocation personnalisée d'autonomie, ne permettent de répondre, en l'absence de ressources suffisantes, ni à l'importance ni à l'augmentation de ces charges ; qu'ainsi, elles entraveraient la libre administration des collectivités territoriales en méconnaissance des articles 72 et 72-2 de la Constitution ;
7. Considérant que, si, en vertu de l'article 72 de la Constitution, les collectivités territoriales « s'administrent librement par des conseils élus », chacune d'elles le fait « dans les conditions prévues par la loi » ; que son article 34 réserve au législateur la détermination des principes</td></tr>
</table>

fondamentaux de la libre administration des collectivités territoriales, de leurs compétences et de leurs ressources ; que, toutefois, les règles fixées par la loi sur le fondement de ces dispositions ne sauraient avoir pour effet de restreindre les ressources des collectivités territoriales au point d'entraver leur libre administration ; qu'aux termes du quatrième alinéa de l'article 72-2 de la Constitution : « Tout transfert de compétences entre l'État et les collectivités territoriales s'accompagne de l'attribution de ressources équivalentes à celles qui étaient consacrées à leur exercice. Toute création ou extension de compétences ayant pour conséquence d'augmenter les dépenses des collectivités territoriales est accompagnée de ressources déterminées par la loi » ; qu'aucune exigence constitutionnelle n'impose au législateur d'affecter une ressource particulière au financement d'un transfert, d'une création ou d'une extension de compétences, ni de maintenir dans le temps une telle affectation ; 10. Considérant que, par suite, est inopérant le grief tiré de la violation des dispositions précitées de l'article 72-2 de la Constitution ; - Sur le grief tiré de la violation de l'article 72 de la Constitution 13. Considérant qu'il résulte de ce qui précède qu'il appartient au pouvoir réglementaire de fixer ce pourcentage à un niveau qui permette, compte tenu de l'ensemble des ressources des départements, que la libre administration des collectivités territoriales ne soit pas entravée ; qu'en outre, si l'augmentation des charges nettes faisait obstacle à la réalisation de la garantie prévue par l'article L. 14-10-6 du code de l'action sociale et des familles, il appartiendrait aux pouvoirs publics de prendre les mesures correctrices appropriées ; 14. Considérant que, sous les réserves énoncées au considérant précédent, les dispositions contestées ne sont pas contraires à l'article 72 de la Constitution ;				
2011-146 QPC	**08 juillet 2011**	**Département des Landes**	[Aides publiques en matière d'eau potable ou d'assainissement]	**Non conformité totale**
1. Considérant qu'aux termes de l'article L. 2224-11-5 du code général des collectivités territoriales : « Les aides publiques aux communes et groupements de collectivités territoriales compétents en matière d'eau potable ou d'assainissement ne peuvent être modulées en fonction du mode de gestion du service » ; 2. Considérant que, selon le département requérant, cette disposition, en ce qu'elle ôte à une collectivité la liberté de décider des modalités selon lesquelles elle accorde ses subventions, porte atteinte au principe de la libre administration des collectivités territoriales ; qu'il soutient également que le législateur, en imposant à celles-ci « d'opérer un traitement identique de l'octroi de leurs deniers publics » à des situations juridiques différentes, a méconnu le principe de l'égalité devant les charges publiques qui est le corollaire du principe d'égalité devant la loi ; 3. Considérant que, si, en vertu des articles 72 et 72-2 de la Constitution, les collectivités territoriales « s'administrent librement par des conseils élus » et « bénéficient de ressources dont elles peuvent disposer librement », chacune d'elles le fait « dans les conditions prévues par la loi » ; que l'article 34 réserve au législateur la détermination des principes fondamentaux de la libre administration des collectivités territoriales, de leurs compétences et de leurs ressources ; 4. Considérant que, si le législateur peut, sur le fondement des articles 34 et 72 de la Constitution, assujettir les collectivités territoriales ou leurs groupements à des obligations, ou les soumettre à des interdictions, c'est à la condition, notamment, que les unes et les autres répondent à des fins d'intérêt général ; 5. Considérant que, par la disposition contestée, le législateur a entendu interdire aux collectivités territoriales, et notamment aux départements, de moduler les aides allouées aux communes et groupements de collectivités territoriales compétents en matière d'eau potable ou d'assainissement en fonction du mode de gestion du service en cause ; que cette interdiction de moduler les subventions, selon le mode de gestion du service d'eau potable et				

<table>
<tr><td colspan="5">d'assainissement, restreint la libre administration des départements au point de méconnaître les articles 72 et 72-2 de la Constitution ;</td></tr>
<tr><td>2011-149 QPC</td><td>13 juillet 2011</td><td>Département de la Haute-Savoie</td><td>[Centres d'orientation scolaire]</td><td>Conformité - réserve</td></tr>
<tr><td colspan="5">le département requérant fait valoir que ces dispositions contraignent les collectivités territoriales à financer les dépenses de fonctionnement et d'investissement relatives aux centres d'information et d'orientation qui ont été créés à leur demande, tant que ceux-ci n'ont pas été, soit transformés en service d'État, soit supprimés, alors que la création, la gestion et la suppression de ces centres relèvent de la compétence de l'État ; qu'ainsi, elles méconnaîtraient tant le principe de la libre administration des collectivités territoriales que celui de la libre disposition de leurs ressources ;
3. Considérant que si, en vertu du troisième alinéa de l'article 72 et du premier alinéa de l'article 72-2 de la Constitution, les collectivités territoriales « s'administrent librement par des conseils élus » et « bénéficient de ressources dont elles peuvent disposer librement », chacune d'elles le fait dans les conditions prévues par la loi ; qu'aux termes de l'article 34 de la Constitution: « La loi détermine les principes fondamentaux... de la libre administration des collectivités locales, de leurs compétences et de leurs ressources » ;
4. Considérant que, si le législateur peut, sur le fondement des articles 34 et 72 de la Constitution, assujettir les collectivités territoriales ou leurs groupements à des obligations, c'est à la condition notamment que celles-ci concourent à une fin d'intérêt général ;
5. Considérant, d'une part, que, selon l'article L. 313-1 du code de l'éducation, « le droit au conseil en orientation et à l'information sur les enseignements, sur l'obtention d'une qualification professionnelle sanctionnée dans les conditions définies à l'article L. 6211 1 du code du travail, sur les professions ainsi que sur les débouchés et les perspectives professionnels fait partie du droit à l'éducation » ; que ce même article prévoit que les collectivités territoriales contribuent à l'élaboration par les élèves de « leur projet d'orientation scolaire et professionnelle avec l'aide des parents, des enseignants, des personnels d'orientation et des autres professionnels compétents » ; qu'ainsi, la contribution d'une collectivité territoriale au financement d'un centre public d'information et d'orientation répond à une fin d'intérêt général ;
6. Considérant, d'autre part, que l'article L. 313-4 du code de l'éducation impose l'organisation d'un centre public d'orientation scolaire et professionnelle dans chaque département ; qu'en dehors de cette exigence légale, un ou plusieurs centres supplémentaires peuvent être créés par l'État à la demande d'une collectivité territoriale ; que, si cette collectivité demande à ne plus assumer la charge correspondant à l'entretien d'un centre supplémentaire dont l'État n'a pas décidé la transformation en service d'État, l'article L. 313-5 a pour conséquence nécessaire d'obliger la collectivité et l'État à organiser sa fermeture ;
7. Considérant qu'il s'ensuit que, sous la réserve énoncée au considérant précédent, les dispositions contestées ne méconnaissent pas les articles 72 et 72-2 de la Constitution ; qu'elles ne sont contraires à aucun autre droit ou liberté que la Constitution garantit,</td></tr>
<tr><td>2011-210 QPC</td><td>13 janvier 2012</td><td>M. Ahmed S.</td><td>[Révocation des fonctions de maire]</td><td>Conformité</td></tr>
<tr><td colspan="5">6. Considérant que, si, selon le troisième alinéa de l'article 72 de la Constitution, les collectivités territoriales « s'administrent librement par des conseils élus », chacune d'elles le fait « dans les conditions prévues par la loi » ; que son article 34 réserve au législateur la détermination des principes fondamentaux de la libre administration des collectivités territoriales ;
7. Considérant que les dispositions contestées permettent de prendre des sanctions contre le maire qu'il ait agi en qualité d'agent de l'État ou d'autorité exécutive de la commune ; que l'institution de sanctions réprimant les manquements des maires aux obligations qui s'attachent à leurs fonctions ne méconnaît pas, en elle-même, la libre administration des</td></tr>
</table>

<table>
<tr><td colspan="5">collectivités territoriales ; que la suspension ou la révocation, qui produit des effets pour l'ensemble des attributions du maire, est prise en application de la loi ; que, par suite, les dispositions contestées ne méconnaissent pas la libre administration des collectivités territoriales</td></tr>
<tr><td>2012-230 QPC</td><td>06 avril 2012</td><td>M. Pierre G.</td><td>[Inéligibilités au mandat de conseiller général]</td><td>Conformité</td></tr>
<tr><td colspan="5">7. Considérant que, par les dispositions du 14° de l'article L. 195 du code électoral, modifiées postérieurement à la Constitution du 4 octobre 1958, le législateur n'a pas méconnu l'étendue de sa compétence ; que ces dispositions ne sont contraires ni au principe de la libre administration des collectivités territoriales ni à aucun autre droit ou liberté que la Constitution garantit,</td></tr>
<tr><td>2012-255/265 QPC</td><td>29 juin 2012</td><td>Départements de la Seine-Saint-Denis et du Var</td><td>[Fonds national de péréquation des droits de mutation à titre onéreux perçus par les départements]</td><td>Conformité</td></tr>
<tr><td colspan="5">5. Considérant que si, en vertu de l'article 72 de la Constitution, les collectivités territoriales « s'administrent librement par des conseils élus », c'est « dans les conditions prévues par la loi » ;
6. Considérant qu'aux termes des trois premiers alinéas de l'article 72-2 de la Constitution :…
7. Considérant qu'aux termes du dernier alinéa de l'article 72-2 de la Constitution : « La loi prévoit des dispositifs de péréquation destinés à favoriser l'égalité entre les collectivités territoriales » ; qu'il est loisible au législateur de mettre en œuvre une péréquation financière entre ces collectivités en les regroupant par catégories, dès lors que la définition de celles-ci repose sur des critères objectifs et rationnels ; que cette péréquation peut corriger non seulement les inégalités affectant les ressources, mais également les inégalités relatives aux charges ; qu'elle peut être mise en œuvre par une dotation de l'État ou grâce à un fonds alimenté par des ressources des collectivités territoriales ; que les règles fixées par la loi sur le fondement du dernier alinéa de l'article 72-2 de la Constitution ne doivent pas restreindre les ressources des collectivités territoriales au point de dénaturer le principe de libre administration de ces collectivités, tel qu'il est défini par l'article 72 de la Constitution ;
8….. que les critères de détermination des départements contributeurs et des départements bénéficiaires comme les critères de redistribution retenus sont objectifs et rationnels ; qu'ils sont en lien direct avec l'objectif poursuivi par le législateur de redistribuer les recettes provenant de la part départementale des droits de mutation à titre onéreux ; qu'il n'en résulte pas de rupture caractérisée de l'égalité des collectivités territoriales devant les charges publiques ; qu'il n'est pas davantage porté atteinte à la libre administration des départements</td></tr>
<tr><td>2012-277 QPC</td><td>05 oct. 2012</td><td>Syndicat des transports d'Île-de-France</td><td>[Rémunération du transfert de matériels roulants de la Société du Grand Paris au Syndicat des transports d'Île-de-France]</td><td>Conformité</td></tr>
<tr><td colspan="5">6. Considérant que l'article 20 de cette même loi est relatif au transfert de propriété ou à l'usage des biens mentionnés à l'article 7 appartenant à la Société du Grand Paris après leur réception ; que le I de cet article prévoit que les lignes, les ouvrages et installations sont « confiés » à la Régie autonome des transports parisiens qui en assure la gestion technique et que les matériels roulants sont transférés en pleine propriété au Syndicat des transports d'Île-</td></tr>
</table>

de-France ; que son II renvoie à un décret en Conseil d'État le soin de préciser, notamment, les conditions de rémunération de la Société du Grand Paris pour l'usage ou le transfert de propriété de ses lignes, ouvrages, installations ainsi que de ses matériels ; qu'en ne déterminant pas les modalités particulières de la participation financière susceptible d'être réclamée en contrepartie du transfert de biens entre la Société du Grand Paris et le Syndicat des transports d'Île-de-France, personnes publiques, les dispositions contestées n'ont pas pour effet de priver de garanties légales les exigences découlant du principe constitutionnel de libre administration des collectivités territoriales qui composent le Syndicat des transports d'Île-de-France ;				
2012-290/291 QPC	**25 janv. 2013**	**Société Distrivit et autres**	[Droit de consommation du tabac dans les DOM]	Conformité
18. Considérant que l'assiette du droit de consommation sur les tabacs est définie par le conseil général par la fixation d'un pourcentage, supérieur à 66 % et au plus égal à 110 % du prix de vente au détail en France continentale ; que le pourcentage ainsi fixé s'applique aux tabacs importés ou fabriqués par des entreprises locales ; que cette définition de l'assiette de ce droit ne porte aucune atteinte à la libre administration des communes, départements et régions d'outre-mer ;				
2013-305/306/307 QPC	**19 av. 2013**	**Commune de Tourville-la-Rivière**	[Taxe locale sur la publicité extérieure]	Conformité
12. Considérant que l'article 34 de la Constitution réserve au législateur la détermination des principes fondamentaux de la libre administration des collectivités territoriales, de leurs compétences et de leurs ressources ; que, si, en vertu des articles 72 et 72-2 de la Constitution, les collectivités territoriales « s'administrent librement par des conseils élus » et « bénéficient de ressources dont elles peuvent disposer librement » , chacune d'elles le fait « dans les conditions prévues par la loi » ; 13. Considérant que les dispositions des paragraphes B et C de l'article L. 2333-16 du code général des collectivités territoriales, qui déterminent les tarifs maximaux applicables à la taxe locale sur la publicité extérieure dans certaines communes, ne portent, en elles-mêmes, aucune atteinte à la libre administration des communes ; que le tarif de référence résultant du plafonnement prévu par les dispositions contestées, qui peut dans certains cas se révéler supérieur aux tarifs de droit commun prévus par le paragraphe B de l'article L. 2333-9 et dans d'autres cas inférieur à ces tarifs, n'a pas pour effet, eu égard au produit de cette imposition et aux écarts de tarifs résultant de ces dispositions, de réduire les ressources propres de certaines communes dans des proportions telles que serait méconnue leur autonomie financière ; que, par suite, le grief tiré de la méconnaissance du principe constitutionnel de libre administration des collectivités territoriales doit être écarté ;				
2013-315 QPC	**26 avril 2013**	**Commune de Couvrot**	[Fusion d'EPCI en un EPCI à fiscalité propre]	Conformité
3. Considérant, en premier lieu, que l'article 34 de la Constitution réserve au législateur la détermination des principes fondamentaux de la libre administration des collectivités territoriales, de leurs compétences et de leurs ressources ; qu'en vertu du troisième alinéa de l'article 72 de la Constitution, les collectivités territoriales « s'administrent librement par des conseils élus»; qu'aux termes du cinquième alinéa de cet article : « Aucune collectivité territoriale ne peut exercer une tutelle sur une autre. Cependant, lorsque l'exercice d'une compétence nécessite le concours de plusieurs collectivités territoriales, la loi peut autoriser l'une d'entre elles ou un de leurs groupements à organiser les modalités de leur action commune » 4. Considérant que, si le législateur peut, sur le fondement des articles 34 et 72 de la Constitution, assujettir les collectivités territoriales ou leurs groupements à des obligations,				

ou les soumettre à des interdictions, c'est à la condition, notamment, que les unes et les autres répondent à des fins d'intérêt général ; que le principe de la libre administration des collectivités territoriales, non plus que le principe selon lequel aucune collectivité territoriale ne peut exercer une tutelle sur une autre, ne font obstacle, en eux-mêmes, à ce que le législateur organise les conditions dans lesquelles les communes peuvent ou doivent exercer en commun certaines de leurs compétences dans le cadre de groupements ;

10. Considérant, en premier lieu, que les règles relatives à la fusion des établissements publics de coopération intercommunale affectent la libre administration des communes faisant partie de ces établissements publics ; qu'en imposant à des communes de faire partie d'un établissement public de coopération intercommunale, notamment lorsqu'elles souhaitent appartenir à un autre établissement public de coopération intercommunale, le législateur a entendu favoriser « la rationalisation de la carte de l'intercommunalité » et le renforcement de l'intercommunalité à fiscalité propre ; qu'en particulier, la procédure prévue au huitième alinéa du paragraphe III de l'article 60, qui permet au préfet de passer outre à l'opposition des communes, n'est applicable que jusqu'au 1er juin 2013 ; que le législateur a pu, dans les buts d'intérêt général de renforcement et de « rationalisation de la carte de l'intercommunalité », apporter ces limitations à la libre administration des communes ; que tout maire qui en fait la demande est entendu par la commission départementale de la coopération intercommunale; que, dans ces conditions, le grief tiré de la méconnaissance de la libre administration des collectivités territoriales doit être écarté

11. Considérant, en second lieu, que la méconnaissance par le législateur de sa propre compétence ne peut être invoquée à l'appui d'une question prioritaire de constitutionnalité que dans le cas où cette méconnaissance affecte par elle-même un droit ou une liberté que la Constitution garantit ; qu'il appartenait au législateur compétent, en vertu de l'article 34 de la Constitution, pour déterminer les principes fondamentaux de la libre administration des collectivités territoriales, de leurs compétences et de leurs ressources, de définir de façon suffisamment précise les modalités de fusion des établissements publics de coopération intercommunale ; qu'en fixant, par les dispositions contestées, les règles de cette fusion et en confiant sa mise en œuvre aux représentants de l'État, le législateur n'a pas méconnu l'étendue de sa compétence ; ……

2013-303 QPC	**26 avril 2013**	**Commune de Puyravault**	[Intégration d'une commune dans un EPCI à fiscalité propre]	Conformité

3. Considérant, en premier lieu, que l'article 34 de la Constitution réserve au législateur la détermination des principes fondamentaux de la libre administration des collectivités territoriales, de leurs compétences et de leurs ressources ; qu'en vertu du troisième alinéa de l'article 72 de la Constitution, les collectivités territoriales « s'administrent librement par des conseils élus»; qu'aux termes du cinquième alinéa de cet article : « Aucune collectivité territoriale ne peut exercer une tutelle sur une autre. Cependant, lorsque l'exercice d'une compétence nécessite le concours de plusieurs collectivités territoriales, la loi peut autoriser l'une d'entre elles ou un de leurs groupements à organiser les modalités de leur action commune »

4. Considérant que si le législateur peut, sur le fondement des articles 34 et 72 de la Constitution, assujettir les collectivités territoriales ou leurs groupements à des obligations, ou les soumettre à des interdictions, c'est à la condition, notamment, que les unes et les autres répondent à des fins d'intérêt général ; que le principe de la libre administration des collectivités territoriales, non plus que le principe selon lequel aucune collectivité territoriale ne peut exercer une tutelle sur une autre ne font obstacle, en eux-mêmes, à ce que le législateur organise les conditions dans lesquelles les communes peuvent ou doivent exercer en commun certaines de leurs compétences dans le cadre de groupements ;

10. Considérant, en premier lieu, que les règles relatives à l'intégration des communes dans un établissement public de coopération intercommunale affectent la libre administration de

<table>
<tr><td colspan="5">celles-ci ; qu'en imposant à des communes de faire partie d'un établissement public de coopération intercommunale, notamment lorsqu'elles souhaitent appartenir à un autre établissement public de coopération intercommunale, le législateur a entendu favoriser « l'achèvement et la rationalisation de la carte de l'intercommunalité » ; qu'en particulier, la procédure prévue au huitième alinéa du paragraphe II de l'article 60, qui permet au préfet de passer outre à l'opposition des communes n'est applicable que jusqu'au 1er juin 2013 ; que le législateur a pu, dans les buts d'intérêt général « d'achèvement et de rationalisation de la carte de l'intercommunalité », apporter ces limitations à la libre administration des communes ; que tout maire qui en fait la demande est entendu par la CDCI ; que, dans ces conditions, le grief tiré de la méconnaissance de la libre administration des collectivités territoriales doit être écarté ; que ces dispositions n'ont pas davantage pour effet de méconnaître les dispositions du cinquième alinéa de l'article 72 de la Constitution en vertu desquelles aucune collectivité territoriale ne peut exercer une tutelle sur une autre ;</td></tr>
<tr><td>2013-309 QPC</td><td>26 avril 2013</td><td>SARL SCMC</td><td>[Constat de carence - Exercice par le préfet du droit de préemption des communes ayant méconnu leurs engagements de réalisation de logements sociaux]</td><td>Conformité Atteinte justifiée par un but d'intérêt général Proportionnée à cet objectif</td></tr>
<tr><td colspan="5">selon la société requérante, le pouvoir de substitution ainsi conféré au préfet pour exercer le droit de préemption en lieu et place de la commune, en vue de la construction ou de la réalisation de logements sociaux, est soustrait à tout contrôle du juge et porte une atteinte disproportionnée à la libre administration
3. Considérant que l'article 34 de la Constitution réserve au législateur la détermination des principes fondamentaux de la libre administration des collectivités territoriales, de leurs compétences et de leurs ressources ; qu'en vertu du troisième alinéa de l'article 72 de la Constitution, dans les conditions prévues par la loi, les collectivités territoriales s'administrent librement par des conseils élus ; qu'aux termes du dernier alinéa de cet article « Dans les collectivités territoriales de la République, le représentant de l'État, représentant de chacun des membres du Gouvernement, a la charge des intérêts nationaux, du contrôle administratif et du respect des lois » ; qu'il appartient donc au législateur de prévoir l'intervention du représentant de l'État pour remédier, sous le contrôle du juge, aux difficultés résultant de l'absence de décision de la part des autorités décentralisées compétentes en se substituant à ces dernières lorsque cette absence de décision risque de compromettre le fonctionnement des services publics et l'application des lois; que les conditions posées pour l'exercice par le représentant de l'État de ses pouvoirs de substitution doivent être définies quant à leur objet et à leur portée ;
5. Considérant, en premier lieu, qu'afin de renforcer l'efficacité de ce pouvoir de substitution, le législateur, en modifiant l'article L. 210-1 du code de l'urbanisme par la loi du 25 mars 2009, a conféré au préfet, pendant la durée d'application de l'arrêté de carence, l'exercice du droit de préemption lorsque l'aliénation porte sur un terrain, bâti ou non bâti, affecté au logement ou destiné à être affecté à une opération ayant fait l'objet de la convention prévue à l'article L. 302-9-1 ; que ces dispositions ont pour objet de remédier au non-respect par la commune en cause de l'objectif de construction ou de réalisation de logements sociaux fixé par le législateur, afin d'atteindre cet objectif ; que, d'une part, elles sont justifiées par un but d'intérêt général ; que, d'autre part, l'objet et la portée de la compétence ainsi conférée au préfet est précisément définie en adéquation avec l'objectif poursuivi ; que l'atteinte portée</td></tr>
</table>

<table>
<tr><td colspan="5">à la libre administration des collectivités territoriales qui en résulte ne revêt pas un caractère disproportionné au regard de l'objectif poursuivi ;</td></tr>
<tr><td>2013-304 QPC</td><td>26 avril 2013</td><td>Commune de Maing</td><td>[Retrait d'une commune membre d'un EPCI]</td><td>Conformité
Atteinte au principe de libre administration justifiée par un but d'intérêt général</td></tr>
<tr><td colspan="5">CGCT L. 5211-19
Selon la commune requérante, en interdisant à une commune de se retirer d'un EPCI sans l'accord d'une majorité qualifiée des conseils municipaux des communes membres de cet EPCI, alors même que celle-ci entendrait adhérer à un autre groupement de coopération intercommunale, les dispositions contestées méconnaissent le principe de la libre administration.
3. Considérant, en premier lieu, que l'article 34 de la Constitution réserve au législateur la détermination des principes fondamentaux de la libre administration des collectivités territoriales, de leurs compétences et de leurs ressources ; qu'en vertu du troisième alinéa de l'article 72 de la Constitution, dans les conditions prévues par la loi, les collectivités territoriales s'administrent librement par des conseils élus ; qu'aux termes du cinquième alinéa de cet article : « Aucune collectivité territoriale ne peut exercer une tutelle sur une autre. Cependant, lorsque l'exercice d'une compétence nécessite le concours de plusieurs collectivités territoriales, la loi peut autoriser l'une d'entre elles ou un de leurs groupements à organiser les modalités de leur action commune » ;
4. Considérant que si le législateur peut, sur le fondement des articles 34 et 72 de la Constitution, assujettir les collectivités territoriales ou leurs groupements à des obligations, ou les soumettre à des interdictions, c'est à la condition, notamment, que les unes et les autres répondent à des fins d'intérêt général ; que le principe de la libre administration des collectivités territoriales, non plus que le principe selon lequel aucune collectivité territoriale ne peut exercer une tutelle sur une autre, ne font obstacle, en eux-mêmes, à ce que le législateur organise les conditions dans lesquelles les communes peuvent ou doivent exercer en commun certaines de leurs compétences dans le cadre de groupements ;
6. Considérant, en premier lieu, que les règles relatives au retrait d'une commune d'un établissement public de coopération intercommunale affectent la libre administration de celle-ci ; qu'en subordonnant ce retrait à l'accord de l'organe délibérant de l'établissement public et d'une majorité qualifiée des conseils municipaux des communes intéressées, le législateur a entendu éviter que le retrait d'une commune ne compromette le fonctionnement et la stabilité d'un tel établissement ainsi que la cohérence des coopérations intercommunales; que le législateur a pu, dans ces buts d'intérêt général, apporter ces limitations à la libre administration des communes ; que le grief tiré de la méconnaissance de la libre administration des collectivités territoriales doit être écarté</td></tr>
<tr><td>2013-323 QPC</td><td>14 juin 2013</td><td>Communauté de communes Monts d'Or Azergues</td><td>[Répartition de la DCRTP et du FNGIR des communes et établissements publics de coopération intercommunale à fiscalité propre lors de la</td><td>Non conformité totale - effet différé
Pas d'atteinte à la libre administration</td></tr>
</table>

<table>
<tr><td></td><td></td><td></td><td>modification du périmètre des établissements]</td><td>Atteinte au principe d'égalité (entre EPCI ici)</td></tr>
<tr><td colspan="5">l'article 78 de la loi de finances pour 2010 susvisée instaure à compter de 2011 une « dotation de compensation de la réforme de la taxe professionnelle au profit des communes et EPCI à FP »
Selon la CC requérante, en instaurant un mécanisme de répartition de la dotation de compensation de la réforme de la taxe professionnelle et du prélèvement ou du reversement au titre du Fonds national de garantie individuelle des ressources fondé sur le seul critère de population des communes membres des EPCI à FP lorsque le périmètre de ces établissements est modifié, les dispositions contestées méconnaissent le principe de la libre administration
5. Considérant que l'article 34 de la Constitution réserve au législateur la détermination des principes fondamentaux de la libre administration des collectivités territoriales, de leurs compétences et de leurs ressources ; qu'en vertu du troisième alinéa de l'article 72 de la Constitution, les collectivités territoriales « s'administrent librement par des conseils élus » dans les conditions prévues par la loi ;
6. Considérant, en 1er lieu, que, lorsque les EPCI à FP sont soumis au régime de la contribution économique territoriale unique, une attribution de compensation est versée aux communes membres de l'établissement en application du … code général des impôts ; que, par suite, les règles relatives à la répartition de la dotation de compensation de la réforme de la taxe professionnelle et du prélèvement ou du reversement du Fonds national de garantie individuelle des ressources entre des EPCI à FP dont le périmètre est modifié affectent la libre administration des communes faisant partie de ces EPCI ;
7. Considérant que, par les dispositions contestées, le législateur a introduit un dispositif permettant de corriger la répartition des montants versés au titre de la dotation et des prélèvements ou reversements au titre du Fonds de garantie en cas d'évolution de la carte intercommunale ; qu'en prévoyant une modalité de calcul de cette nouvelle répartition fondée exclusivement sur la population des communes membres des EPCI, le législateur a retenu un critère qui n'a ni pour objet ni pour effet de restreindre les ressources de certaines communes concernées par la modification de périmètre des EPCI au point de dénaturer le principe de libre administration des collectivités territoriales ; que le grief tiré de la méconnaissance de la libre administration des collectivités territoriales doit être écarté ;
toutefois, que le législateur a réservé le nouveau régime juridique prévu par la loi du 28 décembre 2011 susvisée aux modifications de périmètre des EPCI intervenant à compter du 1er janvier 2012 ; qu'en conséquence, à compter de l'année 2012, la différence de traitement entre les EPCI repose uniquement sur la date à laquelle la modification de leur périmètre est intervenue et n'est pas limitée dans le temps…..
….contraires à la Constitution ;</td></tr>
<tr><td>2013-326 QPC</td><td>05 juillet 2013</td><td>M. Jean-Louis M.</td><td>[Inéligibilité du directeur de cabinet du président du Conseil régional au mandat de conseiller municipal]</td><td>Conformité</td></tr>
<tr><td colspan="5">selon le requérant, l'inéligibilité du directeur de cabinet du président du conseil régional aux élections municipales revêt un caractère disproportionné et porte atteinte au droit d'éligibilité dont jouit tout citoyen en vertu des articles 3 de la Constitution et 6 de la Déclaration des droits de l'homme et du citoyen de 1789 ; que seraient également méconnus le droit de chacun</td></tr>
</table>

d'obtenir un emploi garanti par le cinquième alinéa du Préambule de 1946 et le principe de la libre administration 8. Considérant que le 8° de l'article L. 231 du code électoral, qui ne méconnaît ni le principe de la libre administration des collectivités territoriales ni aucun autre droit ou liberté que la Constitution garantit, doit être déclaré conforme à la Constitution,				
2013-353 QPC	**18 oct. 2013**	**M. Franck M. et autres**	[Célébration du mariage - Absence de « clause de conscience » de l'officier de l'état civil]	Conformité
11. Considérant que les dispositions contestées, qui ne méconnaissent ni le principe de pluralisme des courants d'idées et d'opinions, ni le principe de la libre administration des collectivités territoriales, ni aucun autre droit ou liberté que la Constitution garantit, doivent être déclarées conformes à la Constitution				
2013-350 QPC	**25 oct. 2013**	**Commune du Pré-Saint-Gervais**	[Mise en œuvre de l'action publique en cas d'injure ou de diffamation publique envers un corps constitué]	Non conformité partielle = atteinte au droit au recours effectif, art. 16 DDHC
Loi prive les collectivités territoriales victimes d'injure ou de diffamation du droit de mettre en mouvement l'action publique, les dispositions de l'article 47 et des 1er et dernier alinéas de l'article 48 de la loi du 29 juillet 1881 7. Considérant qu'il résulte de la combinaison des dispositions précitées que, lorsqu'elles sont victimes d'une diffamation, les autorités publiques dotées de la personnalité morale autres que l'État ne peuvent obtenir la réparation de leur préjudice que lorsque l'action publique a été engagée par le ministère public, en se constituant partie civile à titre incident devant la juridiction pénale ; qu'elles ne peuvent ni engager l'action publique devant les juridictions pénales aux fins de se constituer partie civile ni agir devant les juridictions civiles pour demander la réparation de leur préjudice ; que la restriction ainsi apportée à leur droit d'exercer un recours devant une juridiction méconnaît les exigences de l'article 16 de la Déclaration de 1789 et doit être déclarée contraire à la Constitution ; 8. Considérant, en second lieu, que les dispositions de l'article 47 et du surplus du dernier alinéa de l'article 48 de la loi du 29 juillet 1881, relatifs aux pouvoirs respectifs du ministère public et de la victime en matière de mise en œuvre de l'action publique, ainsi que les dispositions du 1° de ce même article 48, qui subordonnent la mise en œuvre de l'action publique par le ministère public à une délibération prise en assemblée générale ou, pour les corps n'ayant pas d'assemblée générale, à une plainte « du chef du corps ou du ministre duquel ce corps relève », ne méconnaissent ni le principe d'égalité, ni le principe de la libre administration des collectivités territoriales, ni aucun autre droit ou liberté que la Constitution garantit ; qu'elles doivent être déclarées conformes à la Constitution ;				
2013-355 QPC	**22 nov. 2013**	**Communauté de communes du Val de Sèvre**	[Compensation du transfert de la taxe sur les surfaces commerciales aux communes et aux établissements publics de coopération	Conformité

<table>
<tr><td></td><td></td><td></td><td>intercommunale à fiscalité propre]</td><td></td></tr>
<tr><td colspan="5">Loi instituant pour l'année 2011, en contrepartie de l'affectation de la TASCOM aux communes ou aux EPCI à FP, un prélèvement portant sur certaines de leurs dotations ainsi que, le cas échéant, sur certaines de leurs ressources fiscales à due concurrence du produit de la taxe sur les surfaces commerciales perçu par l'État en 2010 sur leur territoire
4. Considérant que l'article 34 de la Constitution réserve au législateur la détermination des principes fondamentaux de la libre administration des collectivités territoriales, de leurs compétences et de leurs ressources ; que, si, en vertu des articles 72 et 72-2 de la Constitution, les collectivités territoriales « s'administrent librement par des conseils élus » et « bénéficient de ressources dont elles peuvent disposer librement », chacune d'elles le fait « dans les conditions prévues par la loi » ;
6. Considérant qu'en modifiant l'affectation de la taxe sur les surfaces commerciales, dont l'assiette est locale, le législateur a entendu renforcer l'autonomie financière des communes ; que, dans le même temps, le législateur a également confié aux communes ou aux établissements publics de coopération intercommunale à fiscalité propre le pouvoir de moduler les tarifs de cette taxe, à compter de 2012, dans des limites définies
que les dispositions contestées, qui déterminent une règle de compensation financière de ce transfert d'une ressource fiscale, ne portent, en elles-mêmes, aucune atteinte à la libre administration des communes ; que cette règle de compensation, qui peut dans certains cas conduire à une diminution des ressources pour les budgets des communes ou de leurs groupements, et dans d'autres cas à une augmentation de ces ressources, en fonction de l'évolution de l'assiette locale de la taxe transférée, n'a pas pour effet de réduire les ressources propres de certaines communes dans des proportions telles que serait méconnue leur autonomie financière ; que, par suite, le grief tiré de la méconnaissance des principes constitutionnels de la libre administration et de l'autonomie financière des collectivités territoriales doit être écarté</td></tr>
<tr><td>2014-386 QPC</td><td>28 mars 2014</td><td>Collectivité de Saint-Barthélemy</td><td>[Dotation globale de compensation]</td><td>Conformité</td></tr>
<tr><td colspan="5">seul objet d'assurer l'équilibre financier de la compensation des transferts de compétences à la collectivité de Saint-Barthélemy ; que ces dispositions, ne portent, en elles-mêmes, aucune atteinte à la libre administration de cette collectivité ;</td></tr>
<tr><td>2014-391 QPC</td><td>25 avril 2014</td><td>Commune de Thonon-les-Bains et autre</td><td>[Rattachement d'office d'une commune à un EPCI à fiscalité propre]</td><td>Non conformité totale Atteinte manifestement disproportionnée</td></tr>
<tr><td colspan="5">CGCT L. 5210-1-2 : impose à une commune son rattachement un EPCI à FP, même dans le cas où cette commune a exprimé sa volonté de rejoindre un autre groupement de coopération intercommunale
3. Considérant que l'article 34 de la Constitution réserve au législateur la détermination des principes fondamentaux de la libre administration des collectivités territoriales, de leurs compétences et de leurs ressources ; qu'en vertu du troisième alinéa de l'article 72 de la Constitution, « dans les conditions prévues par la loi, ces collectivités s'administrent librement par des conseils élus » ; qu'aux termes du cinquième alinéa de cet article : « Aucune collectivité territoriale ne peut exercer une tutelle sur une autre. Cependant, lorsque l'exercice d'une compétence nécessite le concours de plusieurs collectivités territoriales, la loi peut autoriser l'une d'entre elles ou un de leurs groupements à organiser les modalités de leur action commune»;</td></tr>
</table>

<table>
<tr><td colspan="5">4. Considérant que si le législateur peut, sur le fondement des articles 34 et 72 de la Constitution, assujettir les collectivités territoriales ou leurs groupements à des obligations ou les soumettre à des interdictions, c'est à la condition, notamment, que les unes et les autres répondent à des fins d'intérêt général ; que le principe de la libre administration des collectivités territoriales, non plus que le principe selon lequel aucune collectivité territoriale ne peut exercer une tutelle sur une autre ne font obstacle, en eux-mêmes, à ce que le législateur organise les conditions dans lesquelles les communes peuvent ou doivent exercer en commun certaines de leurs compétences dans le cadre de groupements ;
6. Considérant que les règles relatives au rattachement à un établissement public de coopération intercommunale à fiscalité propre des communes isolées ou en situation d'enclave ou de discontinuité territoriale affectent la libre administration de celles-ci ; qu'en imposant à ces communes d'être rattachées à un EPCI à FP, même si elles souhaitent appartenir à un autre EPCI à FP, le législateur a entendu favoriser « l'achèvement et la rationalisation de la carte de l'intercommunalité » ;
8. Considérant que les dispositions contestées ne prévoient aucune prise en compte du SDCI préalablement établi pour décider du rattachement d'une commune à un EPCI ; que si la décision de rattachement est soumise à l'avis de l'organe délibérant de l'EP auquel le rattachement est envisagé ainsi qu'à celui de la CDCI, qui est composée d'élus locaux représentant notamment les communes et les EPCI, seul un avis négatif de l'organe délibérant de l'EP impose de suivre la proposition émise à la majorité qualifiée par la CDCI ; que les dispositions contestées ne prévoient aucune consultation des conseils municipaux des communes intéressées par ce rattachement et, en particulier, du conseil municipal de la commune dont le rattachement est envisagé ; que, par suite, ces dispositions portent à la libre administration des communes une atteinte manifestement disproportionnée ; .....</td></tr>
<tr><td>2014-392 QPC</td><td>**25 avril 2014**</td><td>**Province Sud de Nouvelle-Calédonie**</td><td>[Loi adoptée par référendum- Droit du travail en Nouvelle-Calédonie]</td><td>Conformité - non lieu à statuer</td></tr>
<tr><td colspan="5">11. Considérant, en premier lieu, qu'en vertu du troisième alinéa de l'article 72 de la Constitution, « dans les conditions prévues par la loi », les collectivités territoriales « s'administrent librement par des conseils élus » ; que les institutions de la **Nouvelle-Calédonie** sont régies par les dispositions du titre XIII de la Constitution ; qu'il s'ensuit que l'article 72 ne leur est **pas applicable de plein droit** ;
12. Considérant qu'en vertu de l'article 76 de la Constitution, « les populations de la Nouvelle-Calédonie sont appelées à se prononcer avant le 31 décembre 1998 sur les dispositions de l'accord signé à Nouméa le 5 mai 1998 et publié le 27 mai 1998 au Journal officiel de la République française »; qu'en vertu de son article 77, « après approbation de l'accord lors de la consultation prévue à l'article 76, la loi organique, prise après avis de l'assemblée délibérante de la Nouvelle-Calédonie, détermine, pour assurer l'évolution de la Nouvelle-Calédonie dans le respect des orientations définies par cet accord et selon les modalités nécessaires à sa mise en œuvre. . .- les règles d'organisation et de fonctionnement des institutions de la Nouvelle-Calédonie. . . » ; qu'aux termes de l'article 3 de la loi organique du 19 mars 1999 susvisée prise en application de l'article 77 de la Constitution : « Les provinces et les communes de la Nouvelle-Calédonie sont des collectivités territoriales de la République. Elles s'administrent librement par des assemblées élues au suffrage universel direct, dans les conditions prévues au titre V en ce qui concerne les provinces » ; que par ces dispositions, le législateur organique a, ainsi qu'il lui était loisible de le faire, étendu aux institutions de la Nouvelle-Calédonie des dispositions du titre XII applicables à l'ensemble des autres collectivités territoriales de la République, sans que cette extension soit contraire aux orientations de l'accord signé à Nouméa le 5 mai 1998 auxquelles le titre XIII confère valeur constitutionnelle</td></tr>
</table>

<table>
<tr><td colspan="5">13. Considérant que, selon les dispositions contestées, telles qu'interprétées par la jurisprudence constante du Tribunal des conflits, les agents contractuels recrutés par une personne publique en Nouvelle-Calédonie ne sont pas soumis à un statut de droit public ; que ces dispositions n'ont pas pour effet de priver les autorités territoriales de Nouvelle-Calédonie de la faculté de recruter librement des collaborateurs de cabinet ; qu'elles n'ont pas davantage pour effet de priver ces autorités de la faculté de mettre fin aux fonctions de ces collaborateurs dans les conditions prévues par la loi ; que, par suite, elles ne méconnaissent pas le principe de la libre administration des collectivités territoriales de la Nouvelle-Calédonie ;</td></tr>
<tr><td>2014-411 QPC</td><td>09 sept. 2014</td><td>Commune de Tarascon</td><td>[Application immédiate de certaines dispositions du projet de plan de prévention des risques naturels prévisibles]</td><td>Conformité</td></tr>
<tr><td colspan="5">selon la commune requérante, l'opposabilité immédiate de certaines dispositions d'un projet de plan de prévention des risques naturels prévisibles prive les communes de la possibilité d'exercer pleinement leurs compétences en matière d'urbanisme et d'aménagement du territoire conformément aux documents qu'elles ont élaborés et approuvés en faisant usage des compétences dont elles disposent….
9. Considérant que l'article 34 de la Constitution réserve au législateur la détermination des principes fondamentaux de la libre administration des collectivités territoriales ; que, si, selon le troisième alinéa de son article 72, les collectivités territoriales « s'administrent librement par des conseils élus», chacune d'elles le fait « dans les conditions prévues par la loi » ;
10. Considérant qu'en vertu de l'article L. 562-1 du code de l'environnement, l'élaboration du plan de prévention des risques naturels prévisibles relève de la compétence de l'État ; qu'ainsi, la décision du préfet de rendre opposables par anticipation certaines dispositions de ce projet de plan ne prive pas les communes des compétences qui leur sont dévolues par la loi ; que les communes ne sont pas davantage dessaisies de leurs compétences en matière d'urbanisme, celles-ci étant seulement soumises à l'obligation de respecter les dispositions rendues opposables par anticipation du projet de plan de prévention des risques naturels prévisibles ; que, par suite, les dispositions contestées ne portent aucune atteinte à la libre administration des collectivités territoriales</td></tr>
<tr><td>2015-521/528 QPC</td><td>19 fév. 2016</td><td>Commune d'Éguilles et autre</td><td>[Répartition des sièges de conseillers communautaires entre les communes membres de la métropole d'Aix-Marseille-Provence]</td><td>Conformité</td></tr>
<tr><td colspan="5">CGCT L. 5211-6-1 (Dans la métropole d'Aix-Marseille-Provence, sont attribués en supplément, à la représentation proportionnelle à la plus forte moyenne, aux communes ayant bénéficié de la répartition des sièges prévue au 1° du présent IV, 20 % de la totalité des sièges)
13. Considérant que, si les règles relatives au rattachement de communes à un EPCI à FP affectent la libre administration de ces communes, les règles relatives à la répartition des sièges au sein de l'organe délibérant de l'établissement public entre les communes membres</td></tr>
</table>

<table>
<tr><td colspan="5">de cet établissement public ne portent en revanche, en elles-mêmes, aucune atteinte à la libre administration de ces collectivités</td></tr>
<tr><td>2016-547 QPC</td><td>24 juin 2016</td><td>Ville de Paris</td><td>[Dérogations temporaires au repos dominical des salariés des commerces de détail à Paris]</td><td>Non conformité totale</td></tr>
<tr><td colspan="5">le maire peut, après avis du conseil municipal et, dans certains cas, après avis conforme de l'organe délibérant de l'EPCI à FP dont la commune est membre, autoriser les établissements de commerce de détail à supprimer, dans la limite de douze fois par an, le repos hebdomadaire dominical de leurs salariés.
6. En premier lieu, le fait que la ville de Paris soit soumise à un régime particulier en raison de sa qualité de siège des pouvoirs publics ne la place pas dans une situation différente des autres communes au regard de l'objet des dispositions contestées, qui désignent l'autorité compétente pour déterminer les règles de repos hebdomadaire dominical des salariés des établissements de commerce de détail.
7. En second lieu, aucun motif d'intérêt général ne justifie que, s'agissant du pouvoir de déterminer les dimanches durant desquels les établissements de commerce de détail sont autorisés à supprimer le repos hebdomadaire dominical, la ville de Paris soit traitée différemment de toutes les autres communes.
8. Les dispositions contestées méconnaissent par conséquent le principe d'égalité devant la loi de sorte que, sans qu'il soit nécessaire d'examiner les autres griefs, elles doivent être déclarées contraires à la Constitution.</td></tr>
<tr><td>2016-549 QPC</td><td>01 juillet 2016</td><td>Collectivité de Saint-Martin</td><td>[Dotation globale de compensation]</td><td>Conformité</td></tr>
<tr><td colspan="5">8. L'ensemble des recettes fiscales précédemment émises sur le territoire de la collectivité sont ainsi prises en compte pour abonder la dotation globale de compensation, et contribuent à assurer la compensation financière des charges résultant des compétences transférées à la collectivité. Les dispositions contestées ne portent donc pas atteinte à la libre administration de cette collectivité.</td></tr>
<tr><td>2016-565 QPC</td><td>16 sept. 2016</td><td>Assemblée des départements de France</td><td>[Clause de compétence générale des départements]</td><td>Conformité</td></tr>
<tr><td colspan="5">2. L'association requérante estime qu'en supprimant la clause dite « de compétence générale » reconnue aux départements, sans prévoir de dispositif leur permettant d'intervenir dans les domaines pour lesquels aucune autre personne publique ne dispose d'une compétence attribuée par la loi, le législateur a méconnu le principe de libre administration des collectivités territoriales. Elle soutient qu'un tel dispositif est rendu nécessaire par la décision du Conseil constitutionnel du 9 décembre 2010 mentionnée ci-dessus, qui en aurait fait une condition du respect du principe de libre administration des collectivités territoriales.
4. Selon le troisième alinéa de l'article 72 de la Constitution, les collectivités territoriales s'administrent librement par des conseils élus « dans les conditions prévues par la loi ». L'article 34 de la Constitution détermine les principes fondamentaux « de leurs compétences ». Ces dispositions impliquent que toute collectivité territoriale doit disposer d'une assemblée délibérante élue dotée par la loi d'attributions effectives, qu'il est loisible au législateur d'énumérer limitativement.
5. D'une part, le troisième alinéa de l'article 72 de la Constitution n'implique pas, par lui-même, que les collectivités territoriales doivent pouvoir intervenir dans les domaines pour lesquels aucune autre personne publique ne dispose d'une compétence attribuée par la loi.</td></tr>
</table>

<table>
<tr><td colspan="5">6. D'autre part, compte tenu de l'étendue des attributions dévolues aux départements par les dispositions législatives en vigueur, qu'il s'agisse de compétences exclusives, de compétences partagées avec d'autres catégories de collectivités territoriales ou de compétences susceptibles d'être déléguées par d'autres collectivités territoriales, les dispositions contestées ne privent pas les départements d'attributions effectives.
7. Par conséquent, le grief tiré de la méconnaissance du principe de libre administration des collectivités territoriales doit être écarté.</td></tr>
<tr><td>2016-589 QPC</td><td>21 oct. 2016</td><td>Association des maires de Guyane et autres</td><td>[Répartition, entre la collectivité territoriale et les communes de Guyane, de la fraction du produit de l'octroi de mer affectée à la dotation globale garantie]</td><td>Conformité</td></tr>
<tr><td colspan="5">6. En premier lieu, selon les trois premiers alinéas de l'article 72-2 de la Constitution ....
Il résulte de la combinaison de ces dispositions que les recettes fiscales qui entrent dans la catégorie des ressources propres des collectivités territoriales sont constituées, au sens de l'article 72-2 de la Constitution, par le produit des impositions de toutes natures non seulement lorsque la loi autorise ces collectivités à en fixer l'assiette, le taux ou le tarif, mais encore lorsqu'elle en détermine, par collectivité, le taux ou une part locale d'assiette.
7. Les communes de Guyane ne peuvent agir ni sur le taux ni sur l'assiette de l'octroi de mer. Le législateur n'a pas non plus déterminé, pour chaque commune, le taux ou la part locale d'assiette de cette imposition. Dès lors, le produit de l'octroi de mer ne constitue pas une ressource propre des communes de Guyane. Le grief tiré de la méconnaissance du principe d'autonomie financière doit donc être écarté.
8. En deuxième lieu, selon l'article 72 de la Constitution, « dans les conditions prévues par la loi », les collectivités territoriales « s'administrent librement par des conseils élus ».
9. Les dispositions contestées répartissent le produit de l'octroi de mer affecté à la dotation globale garantie entre la collectivité territoriale de Guyane et les communes de Guyane. Elles n'ont pas pour effet de restreindre les ressources des communes de Guyane au point de dénaturer leur libre administration. Par conséquent, le grief tiré de la méconnaissance du principe de libre administration de ces collectivités doit être écarté.</td></tr>
<tr><td>2016-588 QPC</td><td>21 oct. 2016</td><td>Communauté de communes des sources du lac d'Annecy et autre</td><td>[Choix de l'EPCI de rattachement pour les communes nouvelles]</td><td>Non conformité totale - effet différé</td></tr>
<tr><td colspan="5">CGCT L. 2113-5 : les dispositions contestées autorisent le préfet à imposer à la commune nouvelle, lors de sa création, son rattachement à un EPCI à FP autre que celui en faveur duquel elle s'est prononcée
- Sur le fond :
5. L'article 34 de la Constitution réserve au législateur la détermination des principes fondamentaux de la libre administration des collectivités territoriales, de leurs compétences et de leurs ressources. En vertu du troisième alinéa de l'article 72 de la Constitution, « dans les conditions prévues par la loi, ces collectivités s'administrent librement par des conseils élus ». Aux termes du cinquième alinéa de cet article : « Aucune collectivité territoriale ne peut exercer une tutelle sur une autre. Cependant, lorsque l'exercice d'une compétence nécessite le concours de plusieurs collectivités territoriales, la loi peut autoriser l'une d'entre elles ou un de leurs groupements à organiser les modalités de leur action commune ».</td></tr>
</table>

6. Si le législateur peut, sur le fondement des articles 34 et 72 de la Constitution, assujettir les collectivités territoriales ou leurs groupements à des obligations ou les soumettre à des interdictions, c'est à la condition, notamment, que les unes et les autres répondent à des fins d'intérêt général. Ni le principe de la libre administration des collectivités territoriales, ni le principe selon lequel aucune collectivité territoriale ne peut exercer une tutelle sur une autre, ne font obstacle, en eux-mêmes, à ce que le législateur organise les conditions dans lesquelles les communes peuvent ou doivent exercer en commun certaines de leurs compétences dans le cadre de groupements. 7. En application des dispositions contestées, lorsqu'une commune nouvelle est créée à partir de communes appartenant à plusieurs établissements publics de coopération intercommunale à fiscalité propre, son conseil municipal choisit l'établissement public dont elle souhaite être membre. Si le préfet n'est pas d'accord, il saisit la commission départementale de coopération intercommunale d'un autre projet de rattachement. Cette commission peut, à la majorité des deux tiers de ses membres, faire prévaloir le souhait de rattachement de la commune nouvelle. À défaut, la commune nouvelle rejoint l'établissement public de coopération intercommunale à fiscalité propre retenu par le préfet. 8. Ces règles affectent la libre administration des communes concernées. En autorisant le préfet à imposer à la commune nouvelle un autre rattachement que celui qu'elle souhaite, le législateur a entendu éviter que son choix puisse porter atteinte à la cohérence ou à la pertinence des périmètres intercommunaux existants. Il a ainsi poursuivi un but d'intérêt général. 9. En revanche, alors que le rattachement à un EPCI à FP a nécessairement des conséquences pour la commune nouvelle, pour les communes membres des établissements publics concernés et pour ces établissements publics eux-mêmes, les dispositions contestées ne prévoient ni la consultation de l'organe délibérant de l'EPCI à FP auquel le rattachement est envisagé, ni celle des organes délibérants des EPCI à FP dont la commune nouvelle est susceptible de se retirer. Elles ne prévoient pas, non plus, la consultation des conseils municipaux des Cnes membres de ces EP. Par ailleurs, en cas de désaccord avec le projet de rattachement, ni ces EP, ni ces communes ne peuvent, contrairement à la commune nouvelle, provoquer la saisine de la CDCI. Dès lors, compte tenu des conséquences qui résultent du rattachement de la commune nouvelle à un EPCI à FP, les dispositions contestées portent à la libre administration des communes une atteinte manifestement disproportionnée. 10. Il résulte de ce qui précède que, sans qu'il soit besoin d'examiner les autres griefs, le paragraphe II de l'article L. 2113-5 du code général des collectivités territoriales doit être déclaré contraire à la Constitution. - report de cette abrogation au 31 mars 2017				
2016-597 QPC	**25 nov. 2016**	**Commune de Coti-Chiavari**	[Plan d'aménagement et de développement durable de Corse]	Conformité
CGCT : « La collectivité territoriale de Corse élabore le plan d'aménagement et de développement durable de Corse. « La destination générale des différentes parties du territoire de l'île fait l'objet d'une carte, dont l'échelle est déterminée par délibération de l'Assemblée de Corse dans le respect de la libre administration des communes et du principe de non-tutelle d'une collectivité sur une autre, et que précisent, le cas échéant, les documents cartographiques prévus à l'article L. 4424-10 et au II de l'article L. 4424-11. 7. L'article 34 de la Constitution réserve au législateur la détermination des principes fondamentaux de la libre administration des collectivités territoriales, de leurs compétences et de leurs ressources. En vertu du troisième alinéa de l'article 72 de la Constitution, « dans les conditions prévues par la loi, ces collectivités s'administrent librement par des conseils élus ». Aux termes du cinquième alinéa de cet article : « Aucune collectivité territoriale ne peut exercer une tutelle sur une autre ».				

<table>
<tr><td colspan="5">10. En vertu du paragraphe III de l'article L. 4424-9 du CGCT, les documents d'urbanisme élaborés par les communes et leurs groupements doivent être compatibles avec le plan d'aménagement et de développement durable de Corse. Aussi, lorsqu'elle fixe les échelles cartographiques et la localisation mentionnées ci-dessus, l'assemblée de Corse est tenue de veiller, sous le contrôle du juge administratif, à la préservation d'un rapport de compatibilité, et non de conformité, entre les documents d'urbanisme et le plan d'aménagement et de développement durable de Corse. Les dispositions contestées, qui ne sont pas entachées d'incompétence négative, ne méconnaissent donc ni le principe de libre administration des collectivités territoriales, ni le principe d'interdiction de toute tutelle d'une collectivité territoriale sur une autre.</td></tr>
<tr><td>2017-633 QPC</td><td>02 juin 2017</td><td>Collectivité territoriale de la Guyane</td><td>[Rémunération des ministres du culte en Guyane]</td><td>Conformité</td></tr>
<tr><td colspan="5">QPC relative à la conformité aux droits et libertés que la Constitution garantit de l'article 36 de l'ordonnance royale du 27 août 1828 concernant le Gouvernement de la Guyane française et de l'article 33 de la loi du 13 avril 1900 portant fixation du budget général des dépenses et recettes de l'exercice 1900.
Dispositions prévoient, d'une part, que les ministres du culte catholique de la Guyane sont rémunérés par la collectivité publique et, d'autre part, que cette dépense est prise en charge par la collectivité territoriale de la Guyane.
14. En vertu de l'article 72 de la Constitution, si les collectivités territoriales « s'administrent librement par des conseils élus », chacune d'elles le fait « dans les conditions fixées par la loi ». Si le législateur peut, sur le fondement des articles 34 et 72 de la Constitution, assujettir les collectivités territoriales ou leurs groupements à des obligations, ou les soumettre à des interdictions, c'est à la condition, notamment, que les unes et les autres répondent à des fins d'intérêt général.
15. Compte tenu de la faible importance des dépenses mises à la charge de la collectivité territoriale de la Guyane sur le fondement des dispositions contestées, ces dernières ne restreignent pas la libre administration de cette collectivité au point de méconnaître l'article 72 de la Constitution. Le grief tiré de la méconnaissance du principe de libre administration doit donc être écarté.</td></tr>
<tr><td>2017-644 QPC</td><td>21 juil. 2017</td><td>Communauté de communes du pays roussillonnais</td><td>[Validation de la compensation du transfert de la TASCOM aux communes et aux EPCI à fiscalité propre]</td><td>Conformité</td></tr>
<tr><td colspan="5">Loi du 29 décembre 2016 de finances rectificative pour 2016, loi de Validation d'arrêtés préfectoraux constatant le prélèvement sur la dotation de compensation du transfert de la TASCOM aux communes et aux EPCI à fiscalité propre
9. En dernier lieu, les arrêtés préfectoraux validés, qui avaient pour objet d'appliquer la règle de compensation financière du transfert de la taxe sur les surfaces commerciales aux communes et EPCI à FP ne méconnaissent ni les principes constitutionnels de la libre administration et de l'autonomie financière des collectivités territoriales, ni aucun autre principe ou règle de valeur constitutionnelle.</td></tr>
<tr><td>2017-678 QPC</td><td>08 déc. 2017</td><td>Département de La Réunion</td><td>[Fonds exceptionnel à destination des collectivités territoriales connaissant une situation</td><td>Conformité</td></tr>
</table>

<table>
<tr><td></td><td></td><td></td><td>financière particulièrement dégradée]</td><td></td></tr>
<tr><td colspan="5">1. L'article 131 de la loi du 29 décembre 2016 prévoit : « I. - Il est créé, pour 2016, un fonds exceptionnel à destination des collectivités territoriales mentionnées aux 1° et 2° du présent I, connaissant une situation financière particulièrement dégradée.
« Ce fonds comprend deux enveloppes, dont les montants sont répartis par décret, destinées, respectivement
« 1° Aux départements de métropole et à la métropole de Lyon ;
« 2° Aux départements d'outre-mer, aux CT de Guyane et de Martinique, au Dpmt de Mayotte ainsi qu'aux collectivités de Saint-Martin, de Saint-Barthélemy et de Saint-Pierre-et-Miquelon.
8. En 2d lieu, la méconnaissance par le législateur de sa propre compétence ne peut être invoquée à l'appui d'une QPC que dans le cas où cette méconnaissance affecte par elle-même un droit ou une liberté que la Constitution garantit.
9. Si, selon l'article 34 de la Constitution, la « loi détermine les principes fondamentaux… de la libre administration des collectivités territoriales, de leurs compétences et de leurs ressources », il ne résulte ni de ces dispositions, ni d'aucune autre disposition constitutionnelle, que le législateur était tenu de fixer lui-même le montant des enveloppes instituées par les dispositions contestées, ni de définir des critères de répartition du montant global du fonds entre ces deux enveloppes. Par conséquent, et en tout état de cause, le grief tiré de l'incompétence négative du législateur doit être écarté.</td></tr>
<tr><td>2018-727 QPC</td><td>13 juil. 2018</td><td>Commune de Ploudiry</td><td>[Régime indemnitaire de la fonction publique territoriale]</td><td>Conformité</td></tr>
<tr><td colspan="5">1. L'article 88 de la loi du 26 janvier 1984, dans sa rédaction résultant de la loi du 20 avril 2016, prévoit que les organes délibérants des CT et de leurs EP fixent les régimes indemnitaires de leurs agents, dans la limite de ceux dont bénéficient les différents services de l'État. Ses 2e et 3e phrases prévoient :
Ces régimes indemnitaires peuvent tenir compte des conditions d'exercice des fonctions et de l'engagement professionnel des agents. Lorsque les services de l'État servant de référence bénéficient d'une indemnité servie en deux parts, l'organe délibérant détermine les plafonds applicables à chacune de ces parts et en fixe les critères, sans que la somme des deux parts dépasse le plafond global des primes octroyées aux agents de l'État
2. Selon la Cne requérante, ces dispositions méconnaîtraient le principe de libre administration des collectivités territoriales, en ce qu'elles contraignent celles qui mettent en place un régime indemnitaire tenant compte des conditions d'exercice des fonctions et de l'engagement professionnel de leurs agents publics, à l'organiser en deux parts distinctes, ….
5. Si le législateur peut, sur le fondement des articles 34 et 72 de la Constitution, assujettir les collectivités territoriales ou leurs groupements à des obligations et à des charges, c'est à la condition que celles-ci répondent à des exigences constitutionnelles ou concourent à des fins d'intérêt général, qu'elles ne méconnaissent pas la compétence propre des collectivités concernées, qu'elles n'entravent pas leur libre administration et qu'elles soient définies de façon suffisamment précise quant à leur objet et à leur portée.
7. En 1er lieu, les dispositions contestées visent à garantir une certaine parité entre le régime indemnitaire applicable aux agents de l'État et celui applicable aux agents des collectivités territoriales. En les adoptant, le législateur a entendu contribuer à l'harmonisation des conditions de rémunération au sein des fonctions publiques étatique et territoriale et faciliter les mobilités en leur sein ou entre elles deux. Ce faisant, il a poursuivi un objectif d'intérêt général.
8. En 2d lieu, les collectivités territoriales qui décident de mettre en place un tel régime indemnitaire demeurent libres de fixer les plafonds applicables à chacune des parts, sous la</td></tr>
</table>

seule réserve que leur somme ne dépasse pas le plafond global des primes octroyées aux agents de l'État. Elles sont également libres de déterminer les critères d'attribution des primes correspondant à chacune de ces parts. 9. Il résulte de ce qui précède que les dispositions contestées, qui ne sont pas entachées d'incompétence négative, ne méconnaissent pas le principe de libre administration des collectivités territoriales. La dernière phrase du premier alinéa de l'article 88 de la loi du 26 janvier 1984, qui ne méconnaît aucun autre droit ou liberté que la Constitution garantit, doit être déclarée conforme à la Constitution.				
2018-734 QPC	**27 sept. 2018**	**Comité d'entreprise EP d'aménagement de la Défense Seine Arche**	[Composition et droits de vote au sein du conseil d'administration]	Conformité
L'EP Paris La Défense est administré par un CA composé majoritairement de représentants du département des Hauts-de-Seine. En outre, sont représentées les Cnes de Courbevoie, Nanterre, Paris et Puteaux, la région d'Île-de-France et la métropole du Grand Paris + la Cne de La Garenne-Colombes avec voix consultative sur les décisions qui la concernent : « 8. En déterminant ainsi, à la fois, les CT et leurs groupements représentés au sein du CE de l'EP ainsi que les principes régissant l'attribution des droits de vote à leurs représentants, le législateur a suffisamment précisé sur ce point les règles constitutives de l'EP qu'il a instauré. Il lui était ainsi loisible de renvoyer au pouvoir réglementaire la détermination du nombre de ces représentants. 9. En second lieu, la compétence en matière d'aménagement urbain ou de gestion de certains aménagements relatifs aux opérations d'intérêt national mentionnées ci-dessus ayant été transférée […], à l'EP Paris La Défense, le grief tiré de ce qu'il résulterait de la majorité délibérative conférée au département des Hauts-de-Seine au sein du conseil d'administration de cet établissement une méconnaissance du principe d'interdiction de la tutelle d'une collectivité sur une autre est inopérant. 10. Il résulte de tout ce qui précède que doivent être écartés les griefs tirés de la méconnaissance des articles 34 et 72 de la Constitution et du principe d'interdiction de la tutelle d'une collectivité sur une autre »				

Annexe n° 2 : Analyse statistique de la jurisprudence constitutionnelle en matière de libre administration

Entre le 1er janvier 1959 et le 7 novembre 2019

Le Conseil constitutionnel a rendu **5832** décisions au total.

En contrôle de constitutionnalité 1518 décisions (+ Élections : 3797 + Autres compétences 517 dont déclassement 282) :

- Loi ordinaire 528
- Question prioritaire de constitutionnalité **722**
- Loi organique 161
- Traité 14
- Règlement des assemblées 84
- Loi du pays de Nouvelle-Calédonie 6
- Référendum d'initiative partagée 3

Entre le 1er avril 2010 et le 7 novembre 2019

Le Conseil constitutionnel a rendu **2070** décisions au total.

En contrôle de constitutionnalité 916 décisions (+ Élections : 1031 + Autres compétences : 123 dont déclassement 63) :

- Loi ordinaire 128
- Question prioritaire de constitutionnalité **722**
- Loi organique 45
- Traité 2
- Règlement des assemblées 12
- Loi du pays de Nouvelle-Calédonie 4
- Référendum d'initiative partagée 3

Analyse statistique de la QPC

Décisions de conformité : 364 sur 722 soit 50,4 % de décisions de conformité et 49,6 % de décisions de non-conformité (totale ou partielle)

En matière de libre administration : non-conformité 7 sur 42 soit 16,7 % de non-conformité.

Structures éditoriales du groupe L'Harmattan

L'Harmattan Italie
Via degli Artisti, 15
10124 Torino
harmattan.italia@gmail.com

L'Harmattan Hongrie
Kossuth l. u. 14-16.
1053 Budapest
harmattan@harmattan.hu

L'Harmattan Sénégal
10 VDN en face Mermoz
BP 45034 Dakar-Fann
senharmattan@gmail.com

L'Harmattan Cameroun
TSINGA/FECAFOOT
BP 11486 Yaoundé
inkoukam@gmail.com

L'Harmattan Burkina Faso
Achille Somé – tengnule@hotmail.fr

L'Harmattan Guinée
Almamya, rue KA 028 OKB Agency
BP 3470 Conakry
harmattanguinee@yahoo.fr

L'Harmattan RDC
185, avenue Nyangwe
Commune de Lingwala – Kinshasa
matangilamusadila@yahoo.fr

L'Harmattan Congo
67, boulevard Denis-Sassou-N'Guesso
BP 2874 Brazzaville
harmattan.congo@yahoo.fr

L'Harmattan Mali
Sirakoro-Meguetana V31
Bamako
syllaka@yahoo.fr

L'Harmattan Togo
Djidjole – Lomé
Maison Amela
face EPP BATOME
ddamela@aol.com

L'Harmattan Côte d'Ivoire
Résidence Karl – Cité des Arts
Abidjan-Cocody
03 BP 1588 Abidjan
espace_harmattan.ci@hotmail.fr

L'Harmattan Algérie
22, rue Moulay-Mohamed
31000 Oran
info2@harmattan-algerie.com

L'Harmattan Maroc
5, rue Ferrane-Kouicha, Talaâ-Elkbira
Chrableyine, Fès-Médine
30000 Fès
harmattan.maroc@gmail.com

Nos librairies en France

Librairie internationale
16, rue des Écoles – 75005 Paris
librairie.internationale@harmattan.fr
01 40 46 79 11
www.librairieharmattan.com

Librairie l'Espace Harmattan
21 bis, rue des Écoles – 75005 Paris
librairie.espace@harmattan.fr
01 43 29 49 42

Lib. sciences humaines & histoire
21, rue des Écoles – 75005 Paris
librairie.sh@harmattan.fr
01 46 34 13 71
www.librairieharmattansh.com

Lib. Méditerranée & Moyen-Orient
7, rue des Carmes – 75005 Paris
librairie.mediterranee@harmattan.fr
01 43 29 71 15

Librairie Le Lucernaire
53, rue Notre-Dame-des-Champs – 75006 Paris
librairie@lucernaire.fr
01 42 22 67 13

www.ingramcontent.com/pod-product-compliance
Lightning Source LLC
LaVergne TN
LVHW021139061026
849535LV00002B/294